GÖTZ FREIHERR VON PÖLNITZ
DIE FUGGER

GÖTZ FREIHERR VON PÖLNITZ

DIE FUGGER

J. C. B. Mohr (Paul Siebeck) Tübingen

FÜR GUDILA

Die Deutsche Bibliothek – CIP-Einheitsaufnahme
Pölnitz, Götz von:
Die Fugger / Götz Frhr. von Pölnitz – 6., durchges. Aufl. –
Tübingen : Mohr, 1999.
 ISBN 3-16-147013-3

1. Auflage 1959 (Verlag Heinrich Scheffler, Frankfurt/M.)
2. Auflage 1960 (Verlag Heinrich Scheffler, Frankfurt/M.)
3. Auflage 1970 (durchgesehen, Verlag J. C. B. Mohr (Paul Siebeck) Tübingen)
4. Auflage 1981 (unverändert)
5. Auflage 1990 (unverändert)
6. Auflage 1999 (durchgesehen)

Das Fuggerwappen des Titels entstammt dem Antikenwerk von P. Apian und B. Amantius (1534). Die Karte auf dem Vorsatz zeigt die Faktoreien und Haupthandelsstraßen der Fugger um 1545.

© 1999 J.C.B. Mohr (Paul Siebeck) Tübingen

Das Werk einschließlich aller seiner Teile ist urheberrechtlich geschützt. Jede Verwertung außerhalb der engen Grenzen des Urheberrechtsgesetzes ist ohne Zustimmung des Verlags unzulässig und strafbar. Das gilt insbesondere für Vervielfältigungen, Übersetzungen, Mikroverfilmungen und die Einspeicherung und Verarbeitung in elektronischen Systemen.

Gedruckt von Gulde-Druck in Tübingen, auf archivfähigem Werkdruckpapier der Papierfabrik Weissenstein in Pforzheim, gebunden von Heinr. Koch in Tübingen.

INHALTSVERZEICHNIS

Vorwort		7
1. Kapitel	Kaiser, Bischof und Reichsstadt	9
2. Kapitel	Vom Weber zum Kaufmann	25
3. Kapitel	Der Aufstieg in das große Geschäft	41
4. Kapitel	Der Bergsegen	55
5. Kapitel	Begegnung von Wirtschaft und Politik	71
6. Kapitel	Krise der Gesellschaft	95
7. Kapitel	Die Kaiserwahl Karls V.	117
8. Kapitel	Der Wechsel der Generationen	136
9. Kapitel	Ein Griff in die neue Welt	155
10. Kapitel	Zwischen Frieden und Krieg	179
11. Kapitel	Der Schmalkaldische Feldzug	205
12. Kapitel	Die letzte Stütze des Kaisers	229
13. Kapitel	Der Ausgang der großen Zeit	247
14. Kapitel	Firma und Stiftungen	277
15. Kapitel	Wandel der Familie — Ende der Gesellschaft	303
Quellen und Literatur		327
Zeittafel		335
Verzeichnis der Abbildungen		378
Register		380
Stammtafel		395

VORWORT

Die Geschichte jeder Nation besitzt ihren wirtschaftlichen und finanz=
politischen Sektor. Er dürfte in irgendwelcher Form immer bestanden
haben, auch wenn er wegen der Vertraulichkeit seiner Vorgänge oft
verborgen bleibt. Nicht alle Völker haben auf seinen Gebieten Einzel=
persönlichkeiten oder gar Geschlechter hervorgebracht, deren Wirken
für ihre Zeit wegweisend wurde und das sich in seinen Ausstrahlungen
über Jahrhunderte hinweg verfolgen läßt.

In der europäischen Geschichte zählen zu diesen Erscheinungen neben
den italienischen Medici und den Frankfurter Rothschild vornehmlich
die Fugger von Augsburg. Ihr Schaffen beginnt in der sozialen Schicht
bäuerlich=handwerklicher Kreise. Es steigt in der Hoch= und Spätrenais=
sance zum Range eines finanzpolitischen Phänomens von Weltgeltung
auf, das sich in wirtschaftlicher, politischer, sozialer, kultureller und
kirchlicher Beziehung mit der ihm eigentümlichen Art durchzusetzen
wußte.

Als Triebkräfte erscheinen vornehmlich die großen Unternehmerper=
sönlichkeiten des Hauses, Jakob der Reiche und Anton Fugger, neben
ihnen aber auch ihre nächsten Verwandten, Haupt= und Tochterfirmen,
Stiftungen sozialen wie kulturellen Charakters und tausend andere
große und kleine Dinge. Aufgabe des Verfassers war es nun, den
Schicksalsweg dieses bewundernswürdigen Hauses durch seine verschie=
denen Stadien zu verfolgen. Höhepunkte galt es darzulegen, Krisen zu
erklären, geheime Verbindungen aufzuzeigen, gesellschaftliche Um=
schichtungen kritisch zu würdigen. Denn gerade auf diesem Gebiete
bleiben die Fugger eine Erscheinung sondergleichen, weil keine Familie
des 20. Jahrhunderts, gleichgültig welcher Nation, ihnen vergleichbar
nebeneinander in fürstlichen, gräflichen, freiherrlichen und bürgerlichen
Linien jemals geblüht hat.

Um die Einzigartigkeit dieses Vorganges aufzuweisen, wurden der
Darstellung außer einer Karte zur Veranschaulichung der Handelsorga=
nisation und der Zeittafel zum Vergleich des Ineinandergreifens der
allgemeinen Geschichte mit den besonderen firmen= und familienge=
schichtlichen Vorgängen ein genealogischer Überblick beigefügt, der ne=
ben wichtigsten Namen und Daten die berufliche Stellung des einzelnen
und der Gesamtheit, also die sozialen und strukturellen Wandlun=

gen des Geschlechts erkennen läßt. Eine knappe Einführung in die Quellenlage, den Forschungsstand und die wichtigste Literatur will Anhaltspunkte zum Eigenstudium bieten. Sie mag dem Leser manche weitreichenden, obwohl häufig unsichtbaren Zusammenhänge zwischen politischer und wirtschaftlicher, kultureller, kirchlicher und der Geistesgeschichte persönlich näherbringen. Die Dinge wollen als Ganzes und nicht als getrennte Gebiete oder abgesonderte Erscheinungen aufgefaßt sein.

Der wesentliche wissenschaftliche Beitrag der Arbeit zum Aufbau der Fuggerforschung darf endlich in der Tatsache einer Art Zwischenbilanz erkannt werden, die sich mit der Zeit etwas korrigieren mag, und dann darin, daß in diesem Band erstmals das Lebenswerk Anton Fuggers während der mittleren und späten Jahre seiner Zeit, also von 1536—1560, gleichsam im Vorgriff zu den ausführlichen 2. und 3. biographischen Bänden des Verfassers, umrißweise dargestellt wurde. Bei gleicher Gelegenheit sei noch hingewiesen auf die Notwendigkeit, sobald das Lebensbild dieses ungewöhnlichen Mannes feststeht, in der Folge die fesselnden Figuren seiner Söhne und Neffen, Enkel und Großneffen zu erarbeiten.

Dem Fürstlichen und Gräflichen Hause Fugger, den Vorständen zahlreicher europäischer Archive und Bibliotheken, vielen wissenschaftlichen Freunden und dem Verlag sei für jedes Wohlwollen, Verständnis und jede Förderung des gegenwärtigen Beginnens herzlicher Dank gesagt. Derselbe gilt für die Eigentümer der Abbildungsvorlagen und ihre liebenswürdige Erlaubnis zur Veröffentlichung oder Wiedergabe.

Wenn das Beginnen der Forschung neue Freunde, Förderer oder gar Mitarbeiter zuführen sollte, hat es seinen Zweck beglückend erfüllt. Seine Widmung gilt meiner Frau in treuer Dankbarkeit.

Augsburg, Fuggerei am 6. März 1959,
dem 500. Geburtstag   *Götz Freiherr von Pölnitz*
Jakob Fugger des Reichen

Nachtrag:

Die dritte Auflage des nachstehenden Buches erscheint zwei Jahre nach dem Tode des Verfassers. Soweit nötig, wurden kleinere Korrekturen vorgenommen. Der vom Autor im Vorwort angekündigte 2. Band „Anton Fugger" erschien in zwei Teilen 1963 (Band II/1) und 1967 (Band II/2). Das hinterlassene Manuskript des ersten Teils des 3. Bandes (III/1) wird im Frühjahr 1970 beim Verlag J. C. B. Mohr (Paul Siebeck), Tübingen herauskommen.

Hundshaupten, im Herbst 1969   *Gudila Freifrau von Pölnitz-Kehr*

1. Kapitel

KAISER, BISCHOF UND REICHSSTADT

Als ein gewaltiger, wohlgegliederter, steinerner Würfel liegt das Rathaus an jener festlich breiten Straße, die Augsburg wie vor bald zweitausend Jahren mit dem Ewigen Rom verbindet. Von majestätischen Giebeln grüßt der Adler des Reiches. Ein uraltes Wappenzeichen der Bürgerschaft, der üppige Pinienzapfen, — Symbol von Fruchtbarkeit und Wohlstand — überragt die doppelköpfigen Raubvögel, deren Abbild für Europa Macht und Kraft des Imperiums verkörperte. Offenbar wußten die Augsburger guten Bescheid um den heimlichen Zusammenhang der Dinge. Vielleicht bekrönten sie darum die beiden zwiebelförmigen Kupferhauben ihrer Rathaustürme hoch über dem First mit goldenen Kugeln. Auf ihnen glitzert, gleichgültig, ob die Adler sich im Lichte baden oder in Schatten versinken, von morgens bis abends eine strahlende Sonne, selbst heute nach manchen hundert Jahren.

In den Stadtvätern lebt durch eine Kette von Generationen ununterbrochen das Bewußtsein, wem diese stolze Gemeinde ihren Ursprung dankte. Zu Ehren des Begründers schuf ein niederländischer Meister mit der vollendeten Eleganz europäischer Spätrenaissance den prächtigen Bildnisbrunnen des Kaisers Augustus. Seine huldreich=grandiose Gebärde weist über greise Götter, liebliche Nymphen, spielerische Putten zum Rathaus. Kriegerischer Ernst, gepaart mit staatsmännischer Größe, kennzeichnet das vom Feldherrnlorbeer umrankte Antlitz. Dennoch erscheint es kaum als Zufall, wie relativ zierlich die imperiale Gestalt der getürmten Pracht einer bürgerlichen Großresidenz gegenübersteht. Sie dünkt dem Beschauer nicht eindrucksvoller als ihr bronzener Nachbar, der geschmeidige Handelsgott Merkur, der, von seinem eleganten Podest aus zum Zunfthause der Weber eilend, mit Hand und Stab vielsagend nach oben deutet.

Wurden einst das Denkmal für den Schöpfer der Römerstadt sowie des Römerreiches im Angesicht des kommunalen Palastes und jenes für den Gott der Kaufleute — nach Auskunft boshafter Zungen auch der Diebe — im Zentrum der damaligen Augsburger Wirtschaft errichtet, so standen und stehen sie noch jetzt zugleich mitten zwischen den bei=

den die große Reichsstraße flankierenden Heiligtümern: dem wuchtigen Bischofsdom im Norden und dem zu Ehren der antiken Martyrin Afra und ihres vornehmsten Verehrers Bischof Ulrich im Süden der Stadt himmelwärts strebenden Münster. Alle fünf Wahrzeichen — Rathaus und Kaiserbrunnen, Merkurdenkmal, Kathedrale und Basilika der Heili= gen — umfassen gemeinsam die Brennpunkte der beziehungsreichen Geschichte, üppigen Kultur und des realistischen Lebens einer unge= wöhnlichen Gemeinde sowie ihrer hervorragenden Bürgerschaft.

Von dem bunten Dasein, das in den dörflichen Siedlungen der Kelten zwischen dem Fuße der Alpen und dem Donauufer blühte, wird die Hauptstadt der Welt um Christi Geburt nur wenige Namen, Stämme und Orte gewußt haben. Rom war mit völlig anderen Sorgen befaßt. Der Adoptivsohn des großen Cajus Julius Cäsar, der spätere Kaiser Octavianus, ward zum Augustus, lebenslänglichen Tribun, Konsul und schließlich zum Obersten Priester erhoben. An der Spitze seiner sieg= gewohnten Heere erschien der Römer in Frankreich sowie am Balkan, in Griechenland und am Rhein. Auf spanischem Boden huldigte ihm eine Abordnung aus Britannien. Vorderasien widmete dem Unvergleich= lichen göttliche Verehrung.

Was konnten die gesamten unerschlossenen, gleichsam unterentwik= kelten Gebiete Mitteleuropas, wo Germanen und Kelten sich drängten, daneben bedeuten? Dennoch stellte sich ein den Erdkreis umfassender Ordnungswille auch dort jegliche Grenzen menschlichen Vermögens überschreitende Aufgaben. Die Stiefsöhne und mutmaßlichen Nachfol= ger des Staatsoberhauptes mußten deshalb als Vollstrecker kaiserlicher Gebote in die Räume jenseits der Alpen ziehen. Durch eine Kriegs= oder Befriedungsaktion, je nach dem, von welchem Standpunkt aus man ihren Feldzug des Jahres 15 n. Chr. beurteilt, unterwarfen die Prinzen Titus und Drusus die Lande von der Schweiz bis zur mittleren Donau dem künftigen Vater des Vaterlandes.

Mit der Eroberung war allerdings nur ein erster Teil von Schwierig= keiten bewältigt, denen Rom in seinen rätisch=vindelizischen Provinzen begegnete. Wollte der kaiserliche Sieg Nachhaltigkeit gewinnen, dann mußte er jeden künftigen Einfall von Österreich, Bayern, Schwaben und der Schweiz nach Oberitalien ausschließen. Zu diesem Zwecke galt es, das oberflächlich errungene Gebiet militärisch, verwaltungsmäßig, ver= kehrstechnisch und wirtschaftlich zu organisieren. Kleine, unabhängige Stämme mußten zu tausend Gliedern am Riesenleibe des Imperiums werden. Bisher freie Kelten sollten sich als provinzialrömische Unter= tanen, bei günstigen Umständen sogar als Bürger des Reiches, fühlen lernen. Eine mühsame, heikle und langwierige Umerziehungsarbeit wurde von den römischen Behörden verlangt, obwohl ihre Träger sich aus heiteren, südlichen Regionen an das kalte Ende der Welt versetzt fühlen mochten. Das konnte auf die Dauer kaum ohne Fehlgriff und Rückschlag geschehen.

Kolonialarmeen denken seit dem Altertum meist in einer für sie typischen Verbindung militärischer Maßnahmen mit zivilisatorischen Zwecken und wirtschaftlichen Nebenabsichten. Diese werden gerne religiös verbrämt. Nur die Überzeugung von der gottgewollten Richtigkeit der durch vorgesetzte Behörden gebotenen Pflichten und die erstaunliche Fähigkeit, unbeirrbar hieran zu glauben, schenken den Provinzial= und Kolonialbürokratien ihre Kraft zu Leistungen, die Zweiflern versagt bleiben. Aus einem Gemisch von Fügung, Zufall und Planung wird zuweilen Geschichte.

Im Zuge solchen Werdens erfolgte nach dem Einmarsch des römischen Generals Drusus an jenem strategisch klug gewählten Platze zwischen den zwei Flüssen Lech und Wertach mitten im heutigen bayerischen Schwaben der Aufbau eines bedeutsamen Truppenlagers. Es besaß gute Deckung und günstiges Vorfeld, somit jede Aussicht für die Zukunft. Augsburg war geboren. Man begnügte sich übrigens nicht lange mit einem gewöhnlichen Militärstützpunkt, dessen Reiterei und Fußvolk die umliegenden keltischen Völkerschaften in Schach hielt. Bald erwuchs am späteren Domberg eine rührige Stadt. Ihre Anlage brauchte keiner älteren Siedelung auszuweichen. Kaiser Claudius knüpfte die emsige, frühzeitig auf Geschäft und Geldverdienst bedachte Bürgerschaft durch seine berühmte Fernstraße an das Herzland des Mittelmeers. Nun war es zum höchsten an der Zeit, jenes Gemeinwesen nicht mehr bloß mit hölzernen Planken, sondern einer gemauerten Wehr zu umgürten.

Bald wurde offenkundig, welchen Vorteil sich Rom mit der Errichtung Augsburgs gesichert hatte. Warenballen von übermenschlicher Größe, deren erstaunliches Format Reliefbilder festhalten, wanderten auf knarrenden Karren oder, zu kleinen Lasten verteilt, auf den Rücken geduldiger Saumtiere über die Pässe nach dem Süden. Andere, die man auf schwankenden Schiffen den ungebärdigen Flüssen anvertraute, gelangten über die beiden anderen Römerstädte Bayerns, Regensburg und Passau, in das nördlich angrenzende Germanien, auf den Balkan oder bis zum Schwarzen Meer. Von Art, Umfang und Aufbau der Wirtschaft dieser angesehenen „Augusta Vindelicorum", wie man das römische Augsburg hieß, fehlt näheres Zeugnis. Selbst stattliche Bodenfunde vermitteln vom Leben der antiken Gemeinde, über die sich hernach eine mittelalterliche Kommune und zuletzt die moderne Großstadt türmten, keine so anschauliche Vorstellung, daß sich ihr Wesen von jenem sonstiger kolonialer Stätten in Grenzbezirken des Imperiums als Individualität abhöbe.

Wenn der Kronzeuge römisch=germanischer Beziehungen, Cornelius

Tacitus, bereits gegen Ende des ersten nachchristlichen Jahrhunderts eine glanzvolle Stadt in der schwäbischen Provinz Raetien erwähnt, darf man seine temperamentvolle Neigung zum Übertreiben nicht unterschätzen. Der Verfasser erklomm persönlich wohl niemals die Höhe zwischen beiden Augsburger Flüssen. Trotzdem scheint es unbestreitbar, daß sich zu seiner Zeit ein ausgedehnter Handel von Römern, Germanen und Kelten dort entwickelte. Er verhalf Augsburg früh zu wirtschaftlicher Blüte.

Man soll gewisse Dinge richtig verstehen. Der religiöse und staatliche Bezirk der Augsburger Verwaltungsgebäude, Regierungspaläste, Tempel, Theater, Kasernen, Bäder und Versammlungshallen wiederholte im großen und ganzen das standardisierte Leitbild der Reichshauptstadt. Das herrliche Rom wurde unter wechselnden Himmeln an ungezählten Plätzen der Welt zwischen Persien und dem Atlantik, zwischen Afrika und der Nordsee kopiert. Besonderheiten nennenswerten Ausmaßes, die der schematischen Einheit des Ganzen wenig förderlich gewesen wären, dürften in der zur Selbstverwaltung aufrückenden Römerstadt am Lech kaum bestanden haben. Sie waren unerwünscht und hätten die Verschmelzung sämtlicher Reichsteile zu einem gewaltigen Ganzen erschwert.

Jede Provinz sollte sich nach dem Muster der unvergleichlichen Metropole ausrichten. Trotzdem führten die kaiserlichen Gouverneure und Militärbefehlshaber im schwäbischen Vindelizien mit ihrer schmalen Oberschicht dasselbe kulturell differenzierte Sonderleben wie anderwärts. Es bliebe begreiflich, wenn diese wenigen echten Römer auf ein Gemisch von Halbblut und Provinzlern hochmütig herabblickten. Liebedienerische, von Geltungsdrang gesteuerte Geschäftigkeit verleugnet rasch die eigene Herkunft. Manche Neurömer dürften sich im Tempeldienste, bei der Verwaltung oder im gesellschaftlichen Leben weit römischer gebärdet haben als die bewunderten Herren selbst.

Ein Durcheinander bunter Gestalten schob sich täglich durch die Stadttore. Die farbige Menge trat auf den nach griechisch=italienischen Vorbildern gestalteten Mosaikböden der öffentlichen Bauten herum. Sie trieb ihr Wesen zwischen den unter nördlichem Himmel unbegreiflich farbigen Wandfresken. Primitive Kleidung aus Pelz, Wolle und Leinwand, fremde Haar= und Barttrachten wechselten mit den glattrasierten Gesichtern und dem priesterhaften Weiß altrömischer Togen. Von den Gassen spritzte der Schmutz empor. Dennoch wurden die Gewänder manchen Unbilden der Witterung zum Trotze umso glücklicher getragen und zu desto festlicherer Pose gebauscht, je kürzer ihre Inhaber diesen auszeichnenden Besitz genossen.

Die wenigen Male, wenn ein römischer Kaiser in erhabener Herrschergestalt aus politisch=militärischer Einsicht oder zum Zweck unauf=

fälliger Kontrolle seine Randprovinzen jenseits der Alpen besuchte, deren Hauptstadt sich daraufhin seinen Namen beilegte, dürften Offi=
ziere und Kavaliere des Gefolges die koloniale Gesellschaft belächelt haben. Ihre Mitglieder prunkten bis zu den Grabmälern hin mit hoch=
trabenden Titeln. Man spielte so ungestört Italien, als lebten diese Menschen nicht bei germanischen Wäldern und Sümpfen, sondern in der strahlenden Süße eines mittelmeerländischen Raumes. Das Provin=
zialrömertum und Emporkömmlinge taten so, als wandelten sie im kühlen Schatten aventinischer Palastgärten oder als stammten ihre Vorfahren von Bewohnern des sagenumwobenen kapitolinischen Hü=
gels. Dennoch wurden sie niemals wirkliche Römer.

Unheimlich geschichtskundige Regierungsweisheit verbarg sich in einem System, das den Neulingen seiner Zivilisation scheinbare Mög=
lichkeiten zum Aufstieg mit dem Nebengedanken ihrer Angleichung gewährte. Diese Methode, bedrohten Provinzen durch Übertragung des ins Koloniale abgewandelten römischen Hoheitsstiles das zauber=
hafte Gefühl der Allgegenwart des Kaisers zu vermitteln, blieb ihres Erfolges gewiß. Man vergaß an der Peripherie, wie stark die sagenhafte Wölfin alterte, wie sehr die stolzen Adler ermüdeten. Beide Symbole des Römerreichs hatten ihren Sinn verloren.

Im dritten Jahrhundert nach Christus kam es dahin, daß die stumpf gewordenen Schwerter der Legionen an neuralgischen Punkten zur Verteidigung der Zivilisation zusammengezogen werden mußten. Das geschah nicht so sehr aus überlegener Strategie denn infolge des unauf=
haltsamen Zerfalles eines Weltstaates, für den Soldaten Mangelware bedeuteten. Wo mit Geld einiges ausgerichtet werden konnte, wollte man Truppen sparen.

Augsburger Ausgrabungen lassen an Denkmälern und Inschriften die stillschweigende Ablösung des Kriegers durch den Kaufmann als tragende Säule des Imperiums verfolgen. Der militärische Schwerpunkt wurde bald nordwärts nach Regensburg verlegt, das sich als Bollwerk gegen die Germanenflut bewährte. Ein leitender Beamter mit über=
wiegend ziviler Aufgabe, vermutlich umgeben von Würdenträgern der militärischen, ökonomischen und bürokratischen Etappe, blieb am Lech zurück. Zur eigentlichen Stütze des spätantiken Lagers, der Stadt und ihrer Tempel war längst eine andere soziale Gruppe geworden.

Es wimmelte von Textilkaufleuten en gros und en detail, von Impor=
teuren neben Exporteuren, von Purpurkaufmännern, Transportunter=
nehmern, Delikateßspezialisten, Weinhändlern und Viehmaklern. Be=
zeichnenderweise tauchten schon Financiers auf, vorderhand freilich in offizieller Funktion. Sie regelten durch ihr System untereinander ver=
bundener Adern den Blutkreislauf des Reiches vom Herzen bis zur Haut. Man dürfte hierbei des eigenen Vorteils schwerlich vergessen

haben. Wozu wäre sonst der göttliche Merkur, der über das Bankwesen wachte, mit Altären und Weihegaben so freigebig bedacht worden?

Als seit dem vierten Jahrhundert die Geschäfte sich nach Osten verschoben, welkte die treibhausartige Blüte Augsburgs dahin. Das Römerreich war an seiner „Augusta Vindelicorum" nicht mehr interessiert. Weshalb sollte die landfremde Kaufmannschaft unter gewandelten Umständen im rauhen Norden bleiben? Sie verschwand, ohne Aufsehen zu bereiten. Die städtische Restbevölkerung paßte sich auf dem Wege stiller Rebarbarisierung dem bäuerlichen Umlande wieder an. Der Behördenstab und die am Ende unerhebliche Scheingarnison bedeuteten nicht mehr viel. Auch für sie schlug nun die Abschiedsstunde. Sobald um das Jahr 400 germanische Heerspitzen gegen die oberitalienische Reichsverteidigung anstürmten, wurden letzte Reserven über die Alpen zurückgenommen. Um seine stolze Beute nicht kläglich zu verlieren, zog der römische Aar die Krallen ein.

Wann und wie das letzte kaiserliche Bataillon sich vom Feind absetzte, ist unbekannt. Den Sturz Roms vermochte es nicht aufzuhalten. Inzwischen geriet die nun halb entvölkerte Stadt, in der eine römisch-keltische Mischbevölkerung zurückblieb, so kampflos in den Besitz nachdrängender Germanen, daß keine Überlieferung noch Funde das Jahr verraten, in dem Augsburg an die Alemannen als neue Herren überging. Wer hätte die langen Mauern oder zahlreichen Tore verteidigen sollen? Sie dürften verfallen sein. Wo bisher der Marschtritt römischer Legionen und das Hufeklappern von Reit- und Saumpferden erschollen, schlichen nun zwischen den Ruinen halbwilde Tiere umher. Ihr Raunen wurde vernehmbar, sobald das Feilschen der Kaufleute verstummte. Ein ungezähmtes Donnern von Wasser und Eis drang durch dichte Nebel empor zu den geängstigten Bewohnern der einsamen Höhe. Augsburgs Herrlichkeit schien für immer entschwunden.

Daß die Stadt, deren Bauten eine Weile als Steinbruch dienten, nicht völlig zwischen Weide und Trümmern verschwand, und ihre strahlend begonnene Geschichte nicht nach vierhundert Römerjahren verlosch, dankt sie weder Kaisern noch Kaufherren. Auch die Soldaten haben Augsburg nicht gerettet. Dies ist vielmehr das Werk einer vom Geheimnis umwitterten Frau. Außer blühenden Legenden und ehrwürdigem Gebein hat sich fast nichts erhalten als ihr Name: Sankt Afra.

Zu den Fundamenten jeder Gesellschaft zählt ihr Glaube. Inwieweit die römischen Oberschichten dem staatlichen Götterkult überzeugungsgemäß anhingen, bleibe dahingestellt. Gefordert wurde nichts weiter als die formale Anerkennung einer vielköpfigen olympischen Familie, so wie umgekehrt Rom den Göttern der von ihm besiegten Völker himmlische Ehren zubilligte. Sie sollten mit magischer Kraft den welken Zauber der einstigen Schutzmächte auffrischen.

Ausdruck der pflichtschuldigen Unterwerfung jedes Bürgers unter die politisch=theokratische Ordnung des Reiches war das offizielle Opfer an den Kaiser. Wen dieser sakrale Staatsakt unbefriedigt ließ, der konnte seinem religiösen Streben durch Anschluß an unzählige Mysterien und Riten Erfüllung bieten. Allein die Reichstheologie mit ihren kultischen und liturgischen Anforderungen durfte nicht vernach= lässigt werden. Die Ablehnung jeder aktiven Teilnahme am imperialen Kult blieb unverzeihlich. Sie galt für eine Rebellion gegen die obersten Autoritäten Himmels und der Erde. Die Weigerung war schlimmer als Ketzerei, wurde als Hochverrat betrachtet und darum mit strengsten Strafen belegt.

Aus solchem Denken erklärt sich die Unerbittlichkeit kaiserlicher Re= former der Antike, etwa jene Diocletians. Er spürte Abtrünnigen der Reichsreligion bis in alle Schlupfwinkel nach. Die Kolonialstadt am Lech wurde hiervon nicht verschont. Das beweist der Opfertod ihrer um 304 n. Chr. hingerichteten Blutzeugin Afra. Von woher der Kreu= zesglaube zu ihr und ihren Gesinnungsfreunden kam, läßt sich nicht mehr klären. Ebenso ist das Ausmaß der frühchristlichen Gemeinde unbekannt. Entweder wollten örtliche Behörden durch Aburteilung einer nicht weiter hervorragenden Person der Verordnung dem Wort= laut nach genügen ohne besonderes Aufsehen zu erwecken. Oder ihr Opfer wurde aus angesehenen Kreisen erwählt, um der brutalen Hin= richtung den nötigen Eindruck zu verschaffen. Beides läßt sich nicht mit Sicherheit behaupten. Beides wäre möglich.

Jedenfalls fiel das Wissen um dieses heilige Mädchen, dessen irdische Reste gleich jenen des Apostelfürsten auf einem allgemein gebrauchten Gräberfelde beigesetzt wurden, nicht in Vergessenheit. Mit der Erhe= bung des Christentums zur Staatsreligion blieb das Gedenken an die Anfänge der römerchristlichen Gemeinde aber noch keineswegs vor dem Untergange bewahrt. Zwar verwandelten sich in der schwäbischen Provinz jetzt Heidentempel zu christlichen Gotteshäusern. Allein selbst der Platz jener Kathedrale, in der antike Bischöfe Augsburgs ihres Amtes walteten, ist nicht zweifelsfrei belegt. Ebenso erweisen sich deren Namenslisten als gutgemeinte Fabel. Schließlich scheint die Reichweite des frühen Augsburger Bischofsprengels in ähnliches Dunkel gehüllt wie das Problem seines hierarchischen Ranges. Alles befindet sich im Unklaren.

Es erscheint keineswegs ausgeschlossen, daß die beamteten Träger des durch Einführung der Taufe noch nicht im Kerne veränderten römi= schen Staatskultes mit weltlichen Kollegen vor den nachrückenden Germanen sich nach Süden absetzten. Sie brachten sonderbarerweise nur ihre Person und ihre Habe, nicht aber den Märtyrerleib in Sicherheit. Dieser verblieb zum Troste der kolonialrömischen Restbevölkerung wie zur Erbauung der keltischen und alemannischen Christen in seiner Grabkammer an der Augsburger Römerstraße. Dort genoß die heldenmütige Tote so herzliche Verehrung, daß ihr zu Ende des 6. Jahrhunderts französisch=italienische Pilger in Augsburg huldigten.

Deswegen brauchte noch kein Bischof über die halb mönchische Gemeinde um das Afrakirchlein und die Trümmer der antiken „Augusta Vindelicorum" den Hirtenstab zu schwingen. Wahrscheinlich lebten sie als Überbleibsel einer Katastrophe in der zerstörten Prunkhülle der vormaligen Römerstadt mehr oder minder einträchtig beisammen. Die Vergessenen eines allgemeinen Unterganges werden aus schmerzlicher Erinnerung an jenen geringen Rückhalt, den das herrliche Römerreich ihnen während der kritischen Jahre bot, sich bald zu einer kommunalen Gemeinschaft wieder gefunden haben.

Als schließlich das alemannische Herzoghaus, vielleicht unter dem Druck fränkischer Nachbarn, zum römisch=katholischen Glauben sich bekannte, und die westeuropäische Großmacht ihre Grenzen an den Lech vorschob, wandelte sich die Situation. Bald überwog die Autorität der Augsburger Bischöfe das Ansehen der Glaubensboten und Missionare. Als spürbare Gewichte standen die Macht der fränkischen Verwaltung, die Schärfe des fränkischen Schwertes und die Lockung der fränkischen Wirtschaft im Hintergrunde. Sie holten Augsburg aus seiner Vergessenheit hervor. Es errang gehobene Beachtung, seitdem der Schöpfer der neuen Weltmonarchie, Kaiser Karl der Große, um das Jahr 800 mit seinem Verwandten Sintpert einen verlässigen Mittelsmann auf den Thron der schwäbischen Kathedrale erhob.

Die Blickrichtung des Augsburger Episkopates änderte sich. Seine Romtreue schwand darum nicht. Freilich politisch hielt man fortan die Wacht gegen Osten und empfing seine Befehle aus dem Westen. Was an südlichen Kontakten vorlag, dünkt bescheiden, mindestens unbedeutender als die Fühlung der benachbarten Bayern zu den stammesverwandten Langobarden in Oberitalien. Das Bistum Augsburg empfand sich im neunten Jahrhundert als fränkische Schutzwehr. Seine Prälaten, vielfach westeuropäischen Adelshäusern entsprossen, zählten unter die vornehme Schicht der Erzieher, Diplomaten, Feldherren und Bildungsträger der karolingischen Kaiserzeit. Ihre Dynastie übertrug den Bischöfen zur Entlohnung erste weltliche Befugnisse. Der Umraum des aufblühenden Hochsitzes, das „Lechfeld", bewährte sich als ideales Aufmarschgebiet und Manövergelände für königliche und kaiserliche Armeen. Sie erwiesen sich aber außerstande, den Schrecken des Abendlandes, die Ungarn, von Land und Stadt, Bistum und Christenheit während der 9. und 10. Jahrhunderte dauernd fernzuhalten.

Damals erfolgte Augsburgs erste Berührung mit jenem Volk, das später Bedeutung für die schwäbische Wirtschaft gewinnen sollte. Durch Plünderung der Kirchen und Siedlungen zwangen magyarische Reiterscharen die Einwohner der Bischofsgemeinde zur Selbstverteidigung unter Führung ihres Oberhirten. Jetzt war der Anstoß zum Aufbau eines stadtähnlichen Gemeinwesens mit stark agrarischen Zügen bei fester kirchlicher Leitung gegeben. Die überragende Persönlichkeit jener Zeit war Bischof Ulrich von Augsburg. Nicht nur als Heerführer oder Staatsmann in königlichen Diensten, sondern als der moralische Faktor des christlichen Widerstandes bei der Entscheidungsschlacht vor den Mauern seiner Kathedralstadt erlangte dieser Kirchenfürst im Sommer 955 europäischen Ruf.

Nach dem blutigen Abwehrsieg des Reiches gegen seinen östlichen Feind wandte sich das Leben des seltenen Mannes wieder eindringlicher priesterlichen Aufgaben seines hohen Amtes zu. Durch die erste offizielle Heiligsprechung in der Geschichte der römisch-katholischen Kirche empfing Bischof Ulrich unvergleichliche Ehre. Auch seine Gemeinde stieg damit, nicht nur vom Religiösen her beurteilt, im abendländischen Ansehen. Augsburg galt für einen Umschlagplatz geistiger und wirtschaftlicher Güter Europas mit orientalischen oder mediterranen Importen. Die durch Jahrhunderte verschollene Stadt wurde zu einem ökonomischen und politischen Machtfaktor hohen Ranges. Sie fand sich umworben und umkämpft. Ihre Oberhirten prägten als Fürsten des Reiches Silbermünzen. Purpurgewebe und zarte, farbig schillernde byzantinische Seide umhüllten ihre ragenden Gestalten im Leben wie im Tode.

Den strahlenden Morgenstunden des mittelalterlichen Augsburg folgten schwere Schatten. Da seine Prälaten in die gewaltige Auseinandersetzung zwischen Kaiser und Papst sowie in die Rivalitäten des Reiches sich verwickelt fanden, blieben ihnen Spannungen nicht erspart. Sie machten sich beim Verkehr mit der eigenen Stadt bemerkbar. Der erstaunliche Reichtum Augsburger Bischöfe und ihres Domkapitels, nicht zu vergessen die Klöster und Stifte, teilte sich jenen Kreisen mit, die als Kaufleute zur Befriedigung des gehobenen Lebensbedarfes der adelig-geistlichen Herrenschicht beitrugen. Damit gewann eine erste bürgerliche Gruppe, die vorderhand näherer Organisation entbehrte, aus Fernhandel und Geldgeschäft klingenden Gewinn. Die Unbilden hochmittelalterlicher Politik brachen trotzdem immer wieder über die zukunftsfreudige Gemeinde herein. Noch und noch hüllten sie den Augsburger Dom in Rauch und Flammen.

Die Stadt sah sich mehrfach berannt, erobert, zerstört und wieder aufgebaut. Jedesmal erstand an dem hohen Weg vom Dom und der Bischofsburg zur Grabeskirche Afras, wo St. Ulrich der letzten Ruhe pflog, in verjüngter Kraft die Handelssiedlung südlich des Römerhügels. Diesen krönte die mehrtürmige Kathedrale. Mit einer Handvoll Hütten, die im Vergleich mit der Pracht des Gotteshauses, seiner Bronzetüren, Fresken, Bücher, Geräte, Glasgemälde einer Erwähnung kaum bedürfte, hatte der bürgerliche Platz begonnen. Allmählich wuchs der Haufen unscheinbarer Holz= und Fachwerkhäuser jedoch empor. Eine Peterskirche gesellte sich ihnen bei, und über dem Ganzen erhob sich als mächtiger Turm, der „Perlach", ein stiller, doch eindrucksvoller Wächter gegen Feuer und Feind.

Anfangs mochte es genügen, wenn die wichtigsten Bewohner dieses Großdorfes als Fernkaufleute einen gesteigerten Schutz der Krone genossen. Für die Dauer gab sich dieser Kreis, der sich als eigenwillige Gemeinschaft fühlte, damit aber nicht zufrieden. So oft weltliche und geistliche Große jener Schätze bedurften, die in den Augsburger Truhen lagen, und wann immer die Parteiführer des Reiches um den Besitz der Bischofsstadt haderten, weil sie wichtige Alpenpässe oder Reichsstraßen kontrollierte, konnten die Bürger, wenn sie mit Scharfsinn vorgingen, etwas gewinnen.

Dennoch blieb ihr Verhältnis zum bischöflichen Stadtherrn einstweilen unangetastet. Was früheren Geschlechtern als gottgewollte Ordnung erschien, vermochte die mit den Lebensverhältnissen ferner Kommunen vertrauten Kaufherren nicht länger zu überzeugen. Weshalb sollte jene Selbstverwaltung und Freiheit, die Städte Italiens, Frankreichs und Englands sich erkämpften, ihnen versagt bleiben? Man konnte nichts ändern, wenn der leidige Bruderzwist von Päpsten und Gegenpäpsten, Königen und Gegenkönigen, Bischöfen und Gegenbischöfen die berühmte Gemeinde mit blutigem Elend heimsuchte. Dafür bot es den ehrgeizigen Geschlechtern Augsburgs günstige Voraussetzungen, um ihr eidgenössisch anmutendes Freiheitsstreben unter wechselnden Parolen voranzutreiben.

Einst waren der Klerus mit dem Bischof nebst seinen ritterschaftlichen Gefolgsleuten der Augsburger Führungsgruppe vorgestanden. Als sich im Laufe der Kreuzzüge dann für die von Mauern umhegte schwäbische Metropole die Bezeichnung einer „civitas" — also Stadtgemeinde — einbürgerte, gedachte man kaum mehr des hochwürdigsten Herrn. So begeistert viele die Herrlichkeit Augsburgs priesen, die Lobeshymnen galten meist der bürgerlichen und zugleich wahrhaft königlichen Kommune.

Ihre Herrschaft lag einstweilen in denselben geweihten Händen wie zuvor. Da die aristokratischen Bischöfe sich aber weltlichen Geschäften zukehrten, die nicht unbedingt ihres Amtes waren, entglitten ihnen die Zügel der Regierung. Das junge Blut ließ sich nicht länger ruhig und sicher lenken. Beim Markt= und Kaufmannsrecht, beim Geldwechsel oder den Bürgerfreiheiten, hinsichtlich der Steuerpolitik und des Zoll= wesens, unter den Gerichts= und Polizeibefugnissen, kurz allenthalben, waren Einbrüche zu verzeichnen. Traditionelle Bindungen lösten sich, ohne daß Ketten gesprengt wurden. Am bedeutsamsten wirkten die geräuschlosen und doch klingenden Kontakte zwischen dem Bischofs= palast und den Kaufmannsstuben. Die Großbürger ließen sich jene Darlehen, durch die sie ihren geistlichen Herrn aus Verlegenheit be= freiten, mit einem systematischen Abbau seiner stadtherrlichen Vor= mundschaft entgelten.

Augsburgs alemannisch zäher, wesensmäßig bürgerlicher Eigensinn behielt gegen Kaiser, Prälaten und Ritter die Oberhand. Es genügte nicht, daß die feudale Welt das Vorhandensein der kaufmännischen und handwerklichen Gemeinde hinnahm, sich ihrer bediente und sie von Fall zu Fall entlohnte. Auch wenn vorderhand keine Neuordnung der Beziehungen zwischen Bischof und Stadt erfolgte, war die schrift= liche Zusammenfassung der erwirkten Zugeständnisse nicht zu verwei= gern. In diesem Sinne wurde der für Augsburg geltende Rechtsbrauch als eines der frühesten deutschen Stadtrechte durch den von Märchen umwitterten Kaiser Friedrich I. Barbarossa 1156 verbrieft und be= siegelt. Die Bürger hatten viel erreicht, doch bald war ihnen auch das nicht mehr genug.

Die Hoheit des Stadtherrn ward einstweilen nicht beseitigt, nur das Schachbrett für die nächste Partie aufgestellt. In ihr erwies sich der König als wichtigste Figur. Mit seiner Schutzherrschaft über die Kauf= mannsstadt war es nicht getan. Weltpolitische Entscheidungen, die das Kaisertum der Hohenstaufen zu Augsburg mit dem Blicke nach Mittel= meer und Vorderem Orient fällte, ließen eine große Zukunft ahnen. Trotzdem blieb das Bündnis zwischen Krone und Bischof so haltbar, daß die Gemeinde eine günstigere Stunde erwarten mußte, um vorzu= stoßen. Ihre Bezeichnung als „Königsstadt" war kaum mehr als ein schmeichelhaftes Wort, dem alle staatsrechtliche Gültigkeit noch fehlte. Zunächst schien der Bischof und nicht der Kaiser ihr Herr.

Je steilere Klüfte der Streit zwischen den hochmittelalterlichen Gewal= ten aufriß, desto tiefer griffen seine Auswirkungen in das städtische Geschehen ein. Unter dem Druck des Bannes mußten die Bürger zeit= weilig der Tröstungen ihrer Kirche entbehren. Wahrscheinlich scha= dete diese Methode der Bischofs= und Kirchentreue auf die Dauer mehr als dem Unabhängigkeitsdrang der Geschlechter. Bürgerliche Bettel= orden, die in Augsburg. früher als anderwärts Aufnahme fanden, be= währten sich als geistliche Ersatzkräfte zur Beruhigung verwirrter Ge= müter. Da ihr seelsorgerliches Beginnen sich überdies freihielt von jedem Anspruch auf politische Geltung oder wirtschaftliche Macht, gewannen die neuen religiösen Gemeinschaften freudigen Widerhall. Sie genossen das Wohlwollen jener Schicht, deren politisches Beginnen die Mönche durch juristische und literarische Arbeiten emsig förderten.

Manche Augsburger Privilegien lagen nur als Gewohnheitsrecht, andere hingegen beurkundet vor. Die Gemeinde siegelte schon mit ihrem eigenen Zeichen. Die Stadttore gingen jetzt in die Obhut der Bürger über. Unter sie waren keineswegs alle Insassen, sondern vorerst nur die Mitglieder patrizischer Sippen zu rechnen. Der geistliche Stadtherr konnte seine frühere Steuerhoheit gegen den unstillbaren Eigenwillen der einst getreuen Bischofsgemeinde nicht länger behaupten. Sobald noch die schiefe Bahn offener oder heimlicher Verpfändungen von Besitzungen und Rechten an die Bürger beschritten wurde, war es um den entmachteten Prälaten geschehen. Kein Herrscher hielt über ihn seinen schützenden Arm. Bis zum Aussterben des kaiserlichen Hauses der Hohenstaufen mußten die Bischöfe fast sämtliche Privilegien der Gemeinde überlassen, die sich ihre eigene Ordnung schuf.

Die neuen Herren wachten über die Geschicke der Stadt in einem Rathaus, das Augsburg bislang fehlte. Von den Befugnissen der Verwaltung fiel eine nach der anderen wohlhabenden Familien zu und zwar als Sicherheit für Kredite, die der Bischof empfing. Eine wichtige Neuerung war das Amt des Bürgermeisters. Niemals konnten sich die Prälaten, auch wenn sie persönlich kämpferisch dachten, einer solchen Entwicklung auf die Dauer widersetzen, weil sie zur Wahrung ihrer Rechte gegen feindliche Nachbarn die Streitkraft städtischer Untertanen brauchten. Dieser Einsatz war mit der Preisgabe des Münzrechts und sonstiger Vorteile zu vergüten.

Das Fehlen jedes anerkannten Reichsoberhauptes in der wirren Zeit zwischen dem Ende der Staufer und dem Anbruch des späten Mittelalters ließ einem ungebundenen Spiel politischer und sozialer Kräfte freien Raum. Damit wurde in Augsburg die Lage zum Vorteil der Bürger entschieden. Als es kurz darauf seinen König beherbergte, erlangte man von ihm die Vervollständigung der kommunalen Rechte. Binnen rund 120 Jahren erwuchs aus der kleinen Stadtrechtsurkunde ein vollständiges Stadtrechtsbuch. Daß die Begünstigung jener Fernhändler, Textilkaufherren und Gewürzleute, die im Süden ihre Geschäfte von Venedig über die Alpen nach Augsburg und nordwärts zum Rhein- und Maingebiet bis an den Kanal betrieben, ohne Darlehen an das Reichsoberhaupt gleich günstig ausgefallen wäre, dünkt wenig glaubhaft.

Augsburg fand allmählich seine eigene Art. Die Krone empfing von den Geschlechtern, was sie an Kaufmannshilfe oder Krediten benötigte. Die Bürger ihresteils genossen als Entgelt die Hilfe des Reichsoberhauptes fast überall dort, wo sie seine Unterstützung zur Ausweitung ihrer Gewalt und zur Verankerung der patrizischen Vorherrschaft brauchten. Offenkundig sprach bei ihrem Beginnen der Wille zur Nachahmung südlicher Vorbilder mit. Ein bürgerliches Stadtfürstentum wäre in Italien keineswegs aufgefallen. In Schwaben blieb es undenk= bar. Der Fehlschlag jedes bewaffneten Handstreichs, der in dieser Rich= tung unternommen wurde, kündigt den Umbruch von der patrizischen Ära zum Zeitalter der klein= und mittelbürgerlichen Stadt an. Dennoch ward den aristokratischen Bürgerfamilien nicht vergessen, daß es im Grunde einige von ihnen gewesen, die so zäh, hartnäckig und eigen= nützig handelten, daß sie das kirchliche Stadtregiment zurückdrängten. Sie entwanden die Gewalt dem Bischof und rissen sie an sich. Damit eröffneten sie den Weg zur Beseitigung seiner Vormacht, zum Anbruch bürgerlicher Jahrhunderte.

Die nächste Zeit wurde von wechselnden Umständen geprägt. Seit dem Ende des hohen Mittelalters stand Augsburg in den politischen Kämpfen meist auf Seiten der Krone. Trotzdem darf man die Haltung der Gemeinde nicht insgemein als gefühlsmäßige Kaisertreue anspre= chen. Denn sie trug kein Bedenken, das Stadtrechtsbuch 1275 von den österreichischen Habsburgern zu empfangen, um sich im Jahre 1316 von deren erbittertem Gegner, dem bayerischen Herzog aus dem Hause Wittelsbach, im Kampf gegen Österreich, für das der Bischof focht, die Reichsfreiheit gewähren zu lassen. Beides geschah vermeintlich für ewige Zeiten. In beiden Fällen handelte man ausschließlich nach eige= nem Interesse. Das schwäbische Großbürgertum war mündig gewor= den. Sein finanzpolitischer Stil zeigte sich erstaunlich elastisch. Die festen Ordnungen wurden flüssig. Neue Bevölkerungskreise drängten in das Licht des wachsenden Tages.

„Unter dem Schatten deiner Fittiche beschirme uns", betet der Psalmist. Ähnliches mochte die Reichsstadt gegenüber dem Heiligen Römischen Imperium Deutscher Nation empfinden, dessen Adlerwap= pen sie mit ihrer Zirbelnuß als Herzschild belegte, um die Verbunden= heit von Gemeinde und Reich bildhaft auszudrücken. Die Stadthoheit des Bischofs war beseitigt. Sie sollte durch keine tatsächliche Herrschaft der spätmittelalterlichen Kaiser ersetzt werden. Sonst wäre die Ge= meinde vom Regen in die Traufe geraten und hätte dafür die Zeche bezahlen müssen. Die Befugnisse der Krone wurden vielmehr durch Geschlechtersöhne gegen Vergütung ausgeübt. Den Kaiser oder König wußte man am liebsten in der Ferne, seinen Namen freilich in den Schuldbüchern von Stadt und Bürgern. Dann konnte nach mensch= licher Voraussicht nichts Widriges erfolgen. Mindestens geschah keine bischöfliche Reaktion auf den Freiheitsbrief, obwohl dieser eine Re= volution, wenn auch in legaler Form, gewesen war. Augsburg blieb auf eigene Art eine getreue Stadt des Reiches. Die vornehmsten Bürger bewährten sich in der Rolle geschäftstüchtiger Gläubiger seines Oberhauptes.

Das unablässige Wandeln und allgemeine soziale Gleiten im Gefolge jeglicher gesellschaftlichen Entwicklung gönnte den schwäbischen Patriziern keinen ungetrübten Genuß ihres Sieges. Hatten sie sich bislang selbst aggressiv betätigt, so sahen sich die nämlichen Sippen plötzlich zur umgekehrten Rolle verurteilt. Die Revolutionäre von gestern wurden heute zu Konservativen und morgen zu Erzreaktionären. Aus wendigen oder skrupellosen Angreifern entwickelten sich leidenschaftliche Verteidiger einer vorgeblich heiligen Ordnung. Sie war freilich noch so jungen Ursprungs, daß die Tinte auf dem Pergament kaum getrocknet, das Siegelwachs der Privilegien gerade erstarrt war. Trotzdem nahmen aufstrebende Schichten an den Verhältnissen als überholtem Zustand bereits öffentliches Ärgernis.

Binnen zwei oder drei Generationen wurde die innere Situation wieder reif zum Sturze. Alle glücklich Besitzenden sollten zu ihrer Überraschung die Beute mit kleinen Leuten teilen, die bislang keine Beachtung gefunden hatten. Das dem Fürstbischof abgerungene Szepter war Dritten weiterzugeben, die den Siegern im Kampf mit den Prälaten einen trügerischen Schein repräsentativer Mitherrschaft zugestanden. Den Stolz angesehener Stadthäuser machten die Unteren den Vornehmen durchaus nicht streitig. Diese durften auch ihre ritterlichen Landsitze, die gleich einem System von Planeten die Sonne der Reichsstadt umgaben, beibehalten. Hingegen das Recht genossenschaftlichen Zusammenschlusses nach beruflichen Grundsätzen ließen sich die in zahlreichen Schlachten erprobten Handwerker nicht verweigern. Ähnlich wie einst das Patriziat gegen den Fürstbischof operierte, gedachten jetzt die bisher zweitrangigen Einwohner ihre soziale und politische Ebenbürtigkeit mit Waffengewalt durchzusetzen.

Der Zündstoff häufte sich bedenklich. Während es nüchternen Rechnern um sachliche Dinge, wie die Kontrolle der Steuerverwendung oder ein Mitspracherecht bei Haushaltfragen der Gemeinde, ging, erregte sich die öffentliche Stimmung unter der Einwirkung von Seuchen oder Bußbewegungen. Man erkennt nicht klar, wieviel an der Volksempörung des Spätmittelalters echt war und was als Ergebnis unsichtbarer Regie anzusprechen ist.

Die Mitte des Augsburger 14. Jahrhunderts kennzeichnen dazu Judenverfolgungen, die einer Entschuldung vornehmer Debitoren dienten. Möglicherweise unterstützten regierende Kreise aus kommunalpolitischer Taktik die Ablenkung der aufgespeicherten Volkswut. Man warf der Masse ein Opfer vor, um selbst unbehelligt zu bleiben. Andere dürfte zur Mißhandlung des Judentums die Absicht bewogen haben, nach Zerstörung des Ghettos ausgedehnte Geschäfte mit Staat und Kirche in die eigene Hand zu nehmen.

Während der greifbare Vorteil inszenierter Pogrome, deren Drahtzieher nicht aus dem Dunkel traten, bloß wenigen zufiel, führten breitere Kräfte die soziale Spannung zu heftiger Entladung. Die Unzufriedenheit der Handwerker wurde offenkundig. Sie begnügten sich kaum noch mit halbreligiösen Verschwörungen. Die für geringwertig erachteten Gewerbe wollten jede politische Bevormundung abstreifen, da man ihre Steuerkraft für die städtische Wehrfähigkeit voll in Anspruch nahm. Ein unablässiger Zustrom neuer Bewohner, die vom Lande nach Augsburg zogen, ließ die Stadt zahlenmäßig gewaltig anwachsen. Weil dort Freiheit und Wohlstand winkten, verschob sich das Mißverhältnis unerbittlich zum Nachteil der alten Familien. Bisher stiegen nur gelegentlich erfolgreiche Insassen in den exklusiven Kreis auf. Aus den Reihen der Neubürger aber, die von der ländlichen Abhängigkeit her den großen Märkten und ihren Privilegien zustrebten, gewannen die Augsburger Geschlechter keinen Zuwachs. Jene Menschen stießen mit Naturnotwendigkeit zu den Handwerksgemeinschaften, für deren Meister viele bereits außerhalb der Stadt gearbeitet hatten. Die herrschende Gruppe verfiel fortschreitender Isolation. Als die Gewerbe, voran die Weber, zum Schlage wider das Patriziat ausholten, drehte sich das Rad der Geschichte. Es rollte unblutig, doch unerbittlich über die großbürgerlichen Revolutionäre hinweg.

1367 verzeichnete der städtische Rechnungsschreiber Augsburgs die Einwanderung des ersten Fugger. Sie erfolgte ein Jahr vor der Zunftrevolution. Dieser Mann war zunächst nichts weiter als einer jener Ungezählten, die, vom Lechfeld kommend, den späteren Textilzünften sich beigesellten. Seine Hoffnung ging dahin, daß die Stadt ihm Gelegenheit zu Vermögensbildung, wirtschaftlicher Entwicklung und sozialem Aufstieg biete, die selbst tüchtigen Familien im bäuerlichen Milieu verwehrt blieben. Dennoch war Hans Fugger etwas anderes. Er wirkte als Vorbote des raschen Endes der Alleinmacht des Handwerks. Seine Nachfahren sollten von derselben Stadt aus, die den Vorvater als mittelbürgerlichen Meister aufgenommen hatte, das Zünftische in Wesen und Gesellschaft der spätmittelalterlichen Gemeinde aufsprengen, um eine in solchem Maßstab unbekannte großwirtschaftliche Raum= und Kreditpolitik privater Firmen und Banken, den frühen Kapitalismus der Neuzeit und sein politisches System, zu begründen.

Kaufmann
Holzschnitt von Hans Weiditz

2. Kapitel

VOM WEBER ZUM KAUFMANN

Wer Augsburg der alten Heer= und Handelsstraße folgend in süd= licher Richtung verläßt, den begleitet bei Überschreitung des Lechfeldes am Horizont ein sanfter Höhenrücken. Diesem schmiegt sich eine Kette freundlicher Dörfer an. Ihre Häuserfronten blitzen in der Sonne. Die ansehnlichen Kirchtürme erwecken den Eindruck gediegener Wohl= habenheit. Sie war in jener Heimat selbstbewußter Bauernhöfe trotz aller politischen Zersplitterung der Landschaft von je zu Hause.

Zu diesen Gemeinden gehört das Dorf Graben. Von dort her gelangte Hans Fugger nach Augsburg. Er wollte vermutlich Absatz= möglichkeiten für die Webwaren seines Vaters erkunden. An taug= lichen Beziehungen zur Bischofsstadt hat es ihm gewiß nicht gefehlt. Schon die Hoheit des Domkapitels über den kleinen Ort schuf solche Verbindungen. Auch die Flurnachbarschaft mit dem Augsburger Stern= kloster, einer Vereinigung von Jüngerinnen des heiligen Franz von Assisi, mag mitgesprochen haben. Endlich gab es geschäftliche Kon= takte mit den aufstrebenden Webern der schwäbischen Reichsstadt. Diese begegneten ihren auswärtigen Konkurrenten allerdings zumeist abweisend. Dafür förderte das Augsburger Patriziat die ländlichen Meister. Mit ihren preisgünstigen Erzeugnissen, die als städtische Ware weiterverkauft wurden, ließ sich beträchtlicher Gewinn erzielen.

Hans Fugger traf als kein armer Mann am Stadttor ein. Dennoch dürfte er seine Tätigkeit anfangs mit gemischten Gefühlen aufgenom= men haben. Nach der Übersiedlung verging nur ein Jahr, dann erhoben sich die Handwerker. Haufenweise drangen sie bewaffnet zum Rat= haus vor, um ihre Forderungen darzulegen. Man verlangte nicht weni= ger als den Ersatz der patrizischen Ordnung durch eine neue Ver= fassung, die den Zünften als Vereinigung der aufstrebenden Gewerbe nahezu jede Gewalt preisgab. Ferner wurde die Auslieferung des städtischen Rechtsbuches, der Privilegien und Siegel, aller Schlüssel zu den Stadttoren sowie der Sturmglocke begehrt. Wenn die einstige Oberschicht ähnlich streitbar vorging, wie man dem Recht der bischöf= lichen Stadtherrn begegnete, war des Blutvergießens kein Ende.

Erstaunlicherweise geschah nichts dergleichen. Entweder die vornehmen Sippen wurden vom Streiche der Weber überrascht oder sie entbehrten jener Kräfte, die bisher als Bewaffnete für sie ins Feld zogen. Außerdem befanden sich die alten Kaufmannshäuser wahrscheinlich unter der Nachwirkung des Aufstandes der Florentiner Volkspartei. In Italien wurden die Weltbanken der Bardi, Peruzzi und Acciaiuoli von der aufgeregten Menge geplündert. Die Könige von Frankreich, England und Neapel samt dem Papst ließen ihre unermüdlichen Helfer aus zahllosen Nöten, die Handlanger auf sämtlichen Märkten von den britischen bis zu den griechischen Inseln, fallen. Es mußte sich nur noch zeigen, inwieweit den Dynastien die Preisgabe ihrer wirtschaftlichen Getreuen letztlich bekam.

Das Augsburger Patriziat wollte ähnliche Enttäuschungen vermeiden. Von dem deutschen Kaiser aus luxemburgischem Hause ließ sich keine durchgreifende Hilfe erwarten. Er ging seinem Interesse in Böhmen nach. Ferner hatte sich ein Teil der ritterschaftlichen Familien durch Gewerbe und Kaufmannshandel den Handwerkern schon derart genähert, daß eine Verständigung möglich schien. Folglich dünkte jeder maßvolle Kompromiß zweckmäßiger als ein Bürgerkrieg mit zweifelhafter Chance. Wenn es sogar gelang, die Revolte heute niederzuwerfen, konnte sie morgen desto blutiger sich wiederholen. In Wirklichkeit kam kein Ausgleich der Interessen zustande. Eine mühsam verkleidete Kapitulation des Patriziates vollendete den erinnerungswürdigen Tag.

Dennoch fühlten sich bloß wenige Glieder der herrschenden Schicht zum Verlassen Augsburgs bewogen. Die meisten ließen sich bei Zünften einschreiben. Manche suchten unterzutauchen, damit die Geschlechter weiterhin als Kaufleute ihren Geschäften nachgehen konnten. Dafür duldeten die Meister der reichsstädtischen Revolution eine Art Mitregierung der früheren Häuser. Das letzte Mißtrauen ward freilich nicht ausgetilgt. Besonders die Schwerpunktbildung bei der alten Geschlechterstube wurden widerwillig vermerkt. Wer wußte, ob nicht eines Tages von hier aus der Rückschlag gegen die Errungenschaften des Zunftaufruhrs geschah?

Kein Wort verlautet von einer Beteiligung Hans Fuggers an dieser über die demokratische Stadtentwicklung entscheidenden Erhebung. Der erste Fugger hielt sich zunächst jeglicher Kommunalpolitik ferne. Seine Familie war in Augsburg fremd. Sie entbehrte jeglicher verläßlicher Beziehungen am Ort selbst. Dem deutschen Rechtssprichwort getreu, daß „Stadtluft frei mache", hatten wirtschaftliche Erwägungen Hans Fugger zur Übersiedlung in die große Kommune bestimmt. Dort eingetroffen, suchte er, sich den Umständen realistisch anzupassen. Die Sache der gestürzten Partei war nicht die seine. Weshalb sollte er sich mit ihren Sorgen belasten? Die Zukunft lag im Schoße der Zünfte, und zwar hauptsächlich bei den ihm beruflich verbundenen Webern. So führte der erste Augsburger Fugger schon bald, nachdem er im Raum zwischen dem Bischofsdom und St. Ulrich sich niedergelassen hatte, ein Kind des Zunftmeisters der Weber zum Altar. Nach ihrem frühen Tod ging er eine zweite Ehe mit der Tochter eines anderen Weber=meisters ein. Auch diesen hatte das Vertrauen seiner Berufsgenossen zum Amt eines Ersten Zunftmeisters berufen. Ob Hans noch selbst am Webstuhl saß, läßt sich nicht mit Sicherheit beweisen. Jedenfalls blieb seine Familie während ihrer ersten städtischen Generation dem Schick=sal dieses Gewerbes treu.

Wohl überlegt und bürgerlich nüchtern erscheint, was sich an Wissen vom Leben des frühen Fugger erhielt. Der Erfolg begleitete sein Vor=haben. Dagegen glückte es Hans nicht, nach dem Tode des Vaters die Mutter in seine Wohn= und Geschäftsgemeinschaft einzubeziehen. Die Witwe gab zwar ihren ländlichen Haushalt auf. Sie kam in die Stadt, fand jedoch eine Austragsstube bei ihrem anderen Sohne, Ulrich, weil sie vielleicht die zu ausgeprägte Geschäftstüchtigkeit des Älteren scheute.

Solches Wesen gelangte bei ihm nicht bloß in seiner wenig genauen Erfüllung der Steuerpflicht zum Durchbruch. Es offenbarte sich noch stärker gelegentlich eines Hauskaufes an der Reichsstraße. Dieses erste Fuggeranwesen gewann, sobald man die störenden Ladenvorbauten ent=fernte, erheblichen Wert. War der Erwerb des Gebäudes aus spekula=tiver Absicht rechtzeitig geschehen, bevor die Grundstückspreise an=zogen? Oder erkannte der wirtschaftliche Sinn Fuggers die Bedeutung der zentralen Lage des „Hauses zum Rohr", dicht bei jenem Viertel, das einst jüdische Händler beherbergte? Augsburg errichtete hier sein prächtiges Weberhaus, und Fugger gewann jene Atmosphäre, deren sein Unternehmen für den Aufstieg in das große Geschäft dringend be=durfte. Er hatte ebenso klug gehandelt wie damals, als er sein Bürger=recht lieber erheiratete als kaufte.

Welche Höhe das Vermögen des Hans erreichte, läßt sich nicht mehr klarstellen. Seine Angaben wurden von den Finanzbehörden angezwei=felt. Das geschah zu jener Zeit häufig und besagt nichts Außergewöhn=liches. Andererseits waren die Berechnungsmethoden derart undurch=sichtig, daß Fuggers eigene Zahlen, selbst wenn man sie gelten läßt, keine Unterlage für die Ermittlung seiner Habe bieten. In der Frühzeit muß man sich mit rohen Schätzungen zufrieden geben. Fugger dürfte das elterliche Landgut erhalten haben. Wahrscheinlich wurde es durch Zukäufe erweitert. Trotzdem gelang es ihm bis zu seinem Tode im Jahre 1408, den Wert des städtischen Besitztums auf annähernd 2 000 Gulden zu steigern.

Die Versteuerung von 180 000 Goldgulden durch den Stammvater

des Florentiner Bankhauses Medici im Jahre 1429 zeigt, welchen unter=
geordneten Platz oberdeutsche Bürger innerhalb der Weltvermögens=
träger einstweilen besetzten. Sicher waren andere Augsburger oder
Nürnberger Familien reicher als Fugger. Das Bild wandelt sich aber
nicht grundsätzlich, wenn man erwägt, daß jener gleiche Giovanni di
Bicci Medici seinen Florentiner Mitbürger Pala Strozzi an Vermögen
noch keineswegs eingeholt hatte. Die Tatsache, daß der früheste Fugger
nur über etwa 1 bis 2 Prozent der Habe des ersten ihm zeitgenössischen
Kapitalisten der Toscana verfügte, bietet eine Vorstellung von den
Größenordnungen. Die italienischen Ziffern verlangen allerdings die
gleiche Vorsicht wie jene aus Schwaben. Man ist bei der Überprüfung
von Vermögen des späten Mittelalters niemals sicher, wieviel aus Kre=
ditrücksichten übertrieben wurde, oder ob steuerliche Erwägungen eine
Unterbewertung herbeiführten. Beides kam vor.

Wo taugliche Grundlagen fehlen, muß sich die Schätzung zurecht=
finden. Der älteste Fugger in Augsburg blieb nach Gewerbe und We=
sen ein Weber. Er nahm an ihrer Zunftleitung Anteil. Die allgemeine
Konjunkturwelle trug das Geschäft empor. Hans Fuggers Vermögen
erscheint 1396 unter den 2 930 Steuerzahlern Augsburgs auf dem
41. Platze. Seine Habe entsprach freilich nur rund 6 Prozent des Gutes
seiner reichsten Mitbürgerin.

Der Eintritt in kühnere Transaktionen blieb eine Sache der folgenden
Generation. Freilich nicht sämtlichen Mitgliedern der Familie war das
gleiche Glück beschieden. Manche begannen ähnlich wie Hans. Jedoch
sie wurden von äußerem Unheil oder persönlichem Mißgeschick nach=
weislich verfolgt. Diese gerieten in Konflikt mit der Zunft, Zollwäch=
tern oder Steuerbehörden. Schließlich glitten diese bald wieder Ano=
nymen unter die breite Schicht der Namenlosen ab. Für sie gebrauchte
das Augsburger Spätmittelalter trotz seiner sonstigen Menschenliebe
keinen freundlichen, aber den doch sehr treffenden Ausdruck der
„Habenichtse". Unter ihnen befand sich zweifellos mancher Fugger,
dem der große Wurf mißlungen war. Denn auch bei dieser Familie
blieb der steile Aufstieg wenigen Vertretern vorbehalten. Neben dem
vom Glanz des Erfolges umstrahlten Figuren breiten sich hintergrün=
dige Schatten aus. Sie verhüllen manche heimliche Katastrophe. Und
selbst die Lieblingskinder des Glückes umfing dauernd die Möglichkeit
jähen Absturzes.

Nach dem Hinscheiden des Augsburger Stammvaters der Familie
blieb das Vermögen seiner Witwe im Geschäft. Dessen Profil wurde
jedoch bald stärker durch den ältesten Sohn Andreas als vom jüngeren
Jakob Fugger bestimmt. Dem Namen nach stand die Mutter Elisabeth
Fugger=Gfattermann bis 1436 der mittelgroßen Firma vor. Über ihren

Tod hinaus blieb die anfängliche Verbundenheit der Sippe im Geschäft gewahrt. Erst knapp vor dem Ableben des Andreas setzte man sich 1454 auseinander. In jene Epoche gemeinsamer Unternehmungen rei= chen die Wurzeln des eigentlichen Aufstiegs der Familie zurück. Ver= mutlich produzierte sie damals ihre Webwaren nicht mehr selbst. Diese wurden durch Handwerker auftragsgemäß für sie hergestellt. Eine Fuggersche Großweberei in Augsburg hat offenbar niemals bestanden. Man wird auch den Erfolg der Sippe keinesfalls mit günstigen Kon= junkturverhältnissen ausschließlich erklären können. Die ungewöhn= liche wirtschaftliche Begabung und die persönliche Genialität hervor= ragender Mitglieder gaben vielmehr den Ausschlag.

Zeitliche wie räumliche Umstände kamen dem Erfolge der Fugger in der Zeit zwischen 1430 und 1450 zugute. Dabei dürfte die eher unblutige und geräuschlose Austreibung der Juden den Augsburger Finanzleuten jener Jahrzehnte namhaftere Gewinne zugespielt haben als Andreas oder Jakob Fugger. Diese befaßten sich damals noch nicht mit Geldleihe gegen Zinsen oder auf einträgliche Pfänder. Ihr Sinnen und Trachten galt dem Aufbau des Textilfernhandels. Aus ihm zog Andreas so klingenden Gewinn, daß die Mitbürger ihn bald den „rei= chen Fugger" hießen, obwohl Jakob der Alte mit einem größeren Ver= mögen zur Steuer veranlagt wurde. Der brüderlichen Liebe beider kam solche Verschiedenheit in der öffentlichen Beurteilung wenig zustatten. Neben der kaufmännischen Leidenschaft des Wettbewerbs gelangten persönliche Eifersucht und charakterliche Gegensätze zum offenkun= digen Durchbruch.

Das Geltungsbedürfnis des Andreas und die Verletzbarkeit Jakobs verschärften unsichtbare Differenzen. Ihre Rivalität genügte, um nach dem Tode des Andreas die Familie in verfeindete Zweige aufzuspalten. Andere Augsburger Geschlechter zeigten sich während der Jahre stei= gender Prosperität bestrebt, menschliche Kräfte und materielle Mittel ungeteilt zur Mehrung ihrer Initiative und Konkurrenzfähigkeit zu ge= brauchen. Im Gegensatz hiezu gingen die Fugger einen gefährlicheren, für die Zukunft allerdings klärenden Weg. Unvereinbares blieb zu keiner spannungsgeladenen Gemeinschaft verkettet. Die eindeutige Entscheidung zugunsten der unternehmerischen Individualität und gegen die herkömmlichen Formen einer kaufmännischen Familienge= sellschaft schenkten ihnen mit erhöhtem Risiko zugleich höhere Chancen.

Jene Großvermögen, die durch Gewinne aus dem Handel mit Web= waren und Metallen während der ersten beiden Drittel des 15. Jahr= hunderts erworben wurden, stießen die bisher gültige Rangfolge des schwäbischen Kapitals um. Auf seiner Stufenleiter stand in Augsburg 1461 Jakob der Alte Fugger am zwölften, die Witwe seines Bruders auf dem dreiundzwanzigsten Platze. Unzerteilt wäre das Familienvermögen mit 10 390 Gulden etwa zur vierten Stelle aufgestiegen. Es hätte sich dicht hinter der Gruppe maßgeblicher Finanzmänner aus den Sippen Meutting, Hämmerlin und Öhem befunden.

Allein wie bescheiden wirken die gesamten oberdeutschen Vermögen, sobald man sie dem Gut der Florentiner gegenüberstellt. Das Wort Großkapital scheint für die Deutschen noch zu hoch gegriffen. Um 1459 wurde die Habe Cosimo des Alten Medici allein auf 270 000 Gulden veranschlagt. Vorderhand waren diese Ordnungen für deutsche Geschäfte unerreichbar. Augsburger, Ravensburger, Ulmer, Regensburger und Nürnberger Kaufherren blieben indessen bemüht, ihren toscanisch=lombardisch=venezianer Vorbildern nachzueifern. Was nicht war, konnte noch werden. Die Söhne Andreas Fuggers strebten jedenfalls weit über die eigene Vaterstadt hinaus. Mit spekulantenhafter Freude suchten sie um jeden Preis und mit einer beinahe überstürzten Hast den Eintritt unter die europäische Finanzaristokratie durchzusetzen.

Welch zweifelhaften Dienst sie dadurch sich selbst erwiesen, gelangte ihnen kaum zum Bewußtsein. Und doch hätte sie das trübe Beispiel des französischen Münzmeisters, Großhändlers und königlichen Bankiers Jacques Coeur warnen dürfen. Dieser empfing wenige Tage zuvor durch Gefangennahme und tausenderlei Not eine harte Lehre über den Wert seiner für die Krone geleisteten Arbeit. Damit soll nicht behauptet werden, jener einfallsreiche Geschäftemacher und Pläneschmied sei unschuldig verurteilt worden. Aber der schlecht arrangierte Prozeß gegen ihn blieb ein Justizskandal, an dem man kaum vorbeikam. Denn der schwache König Karl VII. war nicht minder schuldig als sein zu begabter Kaufmann. Für jenen hatte Coeur die Truppen der Jungfrau von Orléans und die Krönung in der Kathedrale von Reims durch planmäßige Münzverschlechterung finanziert. Es ging nicht anders. Coeur war bestimmt kein so lauterer Idealist wie jene wehrhafte, heilige Jungfrau, die ihren himmlischen Traum von der Befreiung Frankreichs am Scheiterhaufen büßte. Jedoch auch keine tiefere Schuld als den Monarchen selbst hielt den französischen Geschäftsmann verstrickt. Der König richtete seinen Bankier mit zweifelhaften Methoden zugrunde, um die Krone über alle Stürme eines hundertjährigen Krieges hinwegzuretten. Coeurs Lebenswerk und sein Ruin vollzogen sich unter dem Vorzeichen einer Entfaltung der französischen Monarchie und ihres kontinentalen Primats.

In das gotische Augsburg drang offenbar keine nähere Kunde von der tragischen Verflechtung solcher Schicksale, die Westeuropa zu heller Erregung entflammten. Das jugendliche Ungestüm der Söhne Andreas Fuggers übersah, wie verheißungsvoll und bedrohlich zugleich es für jeden Bürger blieb, geschäftlichen Umgang mit gekrönten Häuptern zu pflegen. Diese wähnten sich zu Hütern eines Rechtes gesetzt, an das sie selbst nicht gebunden waren. Man konnte durch Fürstengunst unheimlich rasch aufsteigen. Ihre Ungunst freilich, schon die Gleichgültigkeit der Monarchen, gebar indessen heilloses Verderben, Schande und Tod.

Ohne solche Möglichkeiten zu bedenken, schritten Lukas Fugger und seine Brüder als echte Söhne des Andreas ihrer Wege. Man war trunken vom Erfolg der Mitbürger Rehm und Meutting, die zu Venedig, in Tirol, Brügge oder Antwerpen unvorstellbaren Gewinn einheimsten. Dabei wurde die Geldknappheit der Habsburger rücksichtslos ausgenützt. Die technischen Einzelheiten des Verfahrens einer Geldleihe auf landesfürstliche Bergwerksrechte und die planmäßige Wahrung der Vorteile eines Hoflieferanten waren längst erprobt. Sie konnten sogar zur Ausbeute des staatlichen Münzrechtes durch Private führen. Jetzt wollte ein Teil der Fuggergeschwister und =vettern auf seine Art dasselbe, aber noch großartiger versuchen.

Dem Namen nach blieb Lukas Mitglied der Weberzunft. Persönlich dürfte er jedoch an keinem Webstuhl mehr gearbeitet haben. Seine Aufmerksamkeit galt Fäden, die weiter reichten als der schwäbische Barchent. Im Großen Rat der Stadt vertrat dieser Mann sein Handwerk. Zugleich häuften sich Ämter auf seine Schultern. Er scheint sie gerne übernommen zu haben. Ansehen und Ehre steigerten den Kredit. Auch der Drang zur Sammlung zeitraubender oder brotloser Aufgaben, sein Hang zu gesellschaftlicher Geltung mögen ihre psychologischen Gründe gehabt haben. Vielleicht galt es, Unsicherheiten zu übertönen. Oder Lukas mußte stärker auftragen, um seine Gleichwertigkeit vor Ehegattinnen und Schwiegertöchtern aus Altaugsburger, zum Teile patrizischen Familien in strahlendes Licht zu rücken.

Trotzdem hätte die Reichsstadt, die tüchtige und ehrgeizige Meister in wahrer Fülle besaß, diesen Mann niemals soviel gebraucht, wenn Fuggers Leistung nicht ehrliches Lob verdient hätte. Seine Arbeit als kommunaler Schiedsrichter brachte reichlichen Ärger. Dazu schufen die Ämter eines Steuermeisters und Sachverständigen für die Abgabe vom Barchent manche Mißhelligkeit. Hier galten keine Rücksichten, weil diese Ware zu den bevorzugten Erzeugnissen der städtischen und ländlichen Textilindustrie zählte. Von ihrer Qualität hing die wirtschaftliche Zukunft Schwabens ab.

Lukas Fugger scheint seine heiklen Pflichten geschickt erfüllt zu haben. Beinahe kein Jahr verging, ohne daß ihm weitere Posten zufielen. Dabei verlagerte sich seine Tätigkeit in den repräsentativen Bereich des Gemeinwesens. Er wirkte auch als militärischer Beobachter gegenüber verdächtigen Operationen fürstbischöflicher Truppen in Augsburgs Nähe. Bald öffneten sich dazu politische Aspekte. Mit seinen Amtsbrüdern durfte Lukas Fugger 1489 als Zunftmeister der Weber dem römisch=deutschen König Maximilian festlichen Willkomm entbieten. Auch bei sonstigen diplomatischen Anlässen sollten die Beziehungen Fuggers seine Heimat aus Verlegenheit befreien. Ihm blieb es überlassen, den kaiserlichen Unwillen über die Hinrichtung Augsburger Bürger, denen die Majestät Vertrauen geschenkt hatte, und die vielleicht gerade deshalb verurteilt wurden, zu besänftigen. Lukas sollte endlich Fürstbischof und Kapitel umstimmen, als sie sich jeder Zulassung bürgerlicher Domherren aus politischen und sozialen Motiven widersetzten.

Wenn irgendetwas die Gemeinde in ihrer Vorstellung vom weitreichenden Einfluß Lukas Fuggers bestärkte, dann war es seine Begünstigung durch das Erzhaus Österreich. Kaiser Friedrich III. hatte ihm 1462 mit herkömmlicher Festlichkeit ein Wappen verliehen. Dessen Schild zeigte auf blauem Grund ein springendes goldenes Reh. Persönlicher oder gar erblicher Adel war hiermit nicht verbunden. Auch sonstige Standesprivilegien fehlten. Dennoch fand diese Gunst solche Beachtung, daß fortan die Linie des Lukas im Gegensatz zu seinem Oheim Jakob dem Alten und dessen Abkommen die „Fugger vom Reh" hieß. Als solche ist sie in die deutsche Finanzgeschichte eingegangen. Mit ihr verbindet sich zugleich die erste Fuggersche Tragödie.

Das Ehrenbuch der Fugger klagt in seinen Versen mehrfach über den Hochmut dieses Familienzweiges. Etwas von Härte, wenn nicht gar Schroffheit geben häufige Prozesse zu erkennen. Mit ihnen verfolgten die Agenten des Lukas lässige Kunden. Sie duldeten keine Abweichung von vertragsmäßigen Lieferungspflichten, nicht einmal bei den durch Rohstoffzuwendungen an die Firma gebundenen Meistern. Daß solche Rechtsstreitigkeiten dritte Personen statt des Lukas selbst durchfochten, mochte mit dem Anwachsen fremder Beteiligungen an seiner Firma zusammenhängen. Oder der Chef des Hauses vermied aus Rücksicht auf die Volksgunst leidigere Debatten. Der eigentliche Grund für seine Zurückhaltung lag aber wahrscheinlich bei dem Übermaße kommunaler Aufgaben. Sie ließen dem begabten, doch zur Betriebsamkeit neigenden Manne kaum die nötige Zeit für seine eigenen Belange.

Brüder, Söhne, angeheiratete Verwandte und Pfleglinge des Lukas Fugger übergaben ihre Habe vertrauensvoll seinem Unternehmen. Er ging verschiedensten merkantilen Möglichkeiten auf den europäischen Märkten großzügig nach. Ein echter Angelpunkt blieb wie bei sämtlichen Transaktionen schwäbischer Handelsherren auch für ihn der Venezianer Fondaco dei Tedeschi. In seinen Räumen mußten alle deutschen Geschäftsleute der adriatischen Republik wohnen, ob sie wollten oder nicht. Sämtliche kaufmännischen Abschlüsse hatten sie unter Beiziehung einheimischer Makler dort abzuwickeln. Unsichtbare Transaktionen mögen zuweilen jenseits solcher Kontrolle gelaufen sein. Aber es blieb für Leib und Leben der Ausländer gefährlich, wenn sie den listenreichen Löwen von San Marco zu prellen trachteten. Die traditionelle Kampfbereitschaft des verherrlichten Fabeltieres ließ wohl auf dem Lande und zur See nach. Trotzdem hielten seine Pranken außer dem Evangelium noch die Geschäfte seiner handelseifrigen Bürger in grausamer Hut. Ein einziger Hieb, im Sammetdunkel einer Lagunennacht geführt, genügte, um lästige Konkurrenten auszulöschen. Zuweilen verschwanden Gegner auch in den wässernen Schatten der Märchenstadt.

Lukas Fugger wußte, weshalb er seine Venezianer Verbindungen hin= gebend pflegte. Der Weg nach Rom führte über die Gondeltreppe des Rialto. Von dort aus hoffte er, mit der Kurie Kontakt zu gewinnen. Selbst seine Beziehung zur Wiener Hofburg lief unauffällig über den Dogenstaat. Bei den festländischen Pfaden quer durch die süddeut= schen Lande konnten Bote und Fuhre leicht beobachtet werden. Das war unwillkommen. Hiermit verglichen erschienen gewisse Umwege als kleineres Übel.

Ungeachtet namhafter Summen, die am Canal Grande durch die Kassen der Fugger vom Reh flossen, begnügten sie sich südlich der Alpen nicht mit dieser Bastion. Auf dem Bozener Markt unterhielten sie gleichfalls ihre Agentur. Und wenn ein Bruder des Lukas wahr= scheinlich als Opfer eines spätmittelalterlichen Verkehrsunfalles in den Fluten des Comer Sees ertrank, äußerte sich selbst darin das Streben der Gesellschaft, nicht nur vom Brenner her, sondern auch über Mem= mingen und Lindau mit den westlichen Alpenpässen den Weg nach Italien zu gewinnen. Deshalb waren die Fugger sofort zur Stelle, als der Mailänder Herzog Gian Galeazzo Sforza aus der beherrschenden Lage seiner Residenz in der Poebene zwischen Genua und Venedig Ka= pital zu schlagen suchte. Lukas bemühte sich mit anderen Handelsher= ren um die Errichtung eines deutschen Kaufhauses in Mailand, und bat, hieran teilnehmen zu dürfen.

Bezeichnend für sämtliche wirtschaftlichen Vorhaben der Fugger vom Reh dünkt, daß sie sich weder auf eine Warengattung noch auf Ein= zelräume als Domäne beschränkten. Nach einem alten französischen Sprichwort weiß aber jener Liebhaber, der allzuviele umarmen möchte, nur schlecht zu umfangen. Dieselbe Kritik gilt für das Geschäft eines Lukas Fugger vom Reh. Man frägt sich, ob er sein Unternehmen für derart fundiert ansah, daß er so Unterschiedliches anpackte. Die selbstmörderische Unersättlichkeit seiner Vorhaben bleibt schwer be=

greifbar. Alle kaufmännische Konzentration fiel letztlich einer Unzahl von Nebendingen zum Opfer.

Außer italienischen Wirtschaftsgebieten galt die Aufmerksamkeit der Fugger vom Reh den unerschöpflichen Möglichkeiten im europäischen Osten. Nürnberg stand diesen Landschaften nahe und pflegte zu ihnen wirtschaftliche Beziehungen. Darum baute man hier das Ausfallstor der ostdeutschen Unternehmungen Lukas Fuggers. Er hätte gerne seine Verbindungen über den gesamten Ostseeraum ausgedehnt. Aber das wirtschaftliche „Dominium maris Baltici" lag vorderhand beim Kaufmann der hanseatischen See= und Landstädte sowie den Deutsch= ordensrittern. Sie sahen nur widerwillig fremde Kräfte in den von ihnen beherrschten Wirtschaftsräumen. Wenn die Niederdeutschen abgelöst wurden, dann rückten die Krone Polens und der mosko= witische Zar nach.

Übrigens blieb der Nordosten nur eines der verzweigten Arbeitsge= biete Fuggers. Auch das westdeutsche Frankfurt am Main zählte Agen= ten des Lukas vom Reh unter die Besucher seiner aufblühenden Messe. An diesem Platze künftiger wirtschaftlicher Initiative gaben sich die Männer vom Reh anfangs mit lokalen Umsätzen zufrieden. Daneben läßt sich Köln als Mittelstation bisher nicht ausdrücklich nachweisen. Aber die Dreikönigsstadt am Rhein wird als Angelpunkt kaum ge= fehlt haben. Außerdem erlangte Fuggers Aktivität in manchen Teilen Burgunds, im ehrwürdigen Brügge wie im jungen Antwerpen, so über= raschende Dimensionen, daß man hierfür einer niederrheinischen Basis bedurfte.

Das Format der angestammten Handelshäuser und der zugewanderten italienischen Firmen wurde zunächst von den Augsburgern dort eben= sowenig erreicht wie anderwärts. Folglich besteht wie überall so auch hier die Frage, ob es für ein Zeugnis kaufmännischer Begabung gelten konnte, wenn derselbe Handelsmann an so vielen Plätzen gleichzeitig sein Glück versuchte. Fugger wurde damit zu einer Rolle zweiten oder dritten Ranges genötigt, statt daß er seine Firma an einem einzigen Ort zum wirklichen Siege führte.

Etwas Unstetes kennzeichnet Persönlichkeit und Geschäft des be= rühmten Fugger vom Reh. Er dehnte seine Vorhaben über die nieder= ländisch=belgische Küste und die stürmischen Breiten des Kanals hin= weg bis an die Themse aus. Später waren Augsburger Kaufmanns= namen hier geläufiger und für die englische Wirtschaft wichtiger, als gemeinhin vermutet wird. Damals klangen sie ungewohnt. Jene wenigen Deutschen, die im London des 15. Jahrhunderts einen ange= sehenen Platz besaßen, kamen meist aus hansischen Häfen. Die Fest= setzung der berühmten Augsburger Welser und Höchstetter am Hofe von St. James läßt sich schwerlich so weit zurückverfolgen. Der eng=

lische Korrespondenzplatz Lukas Fuggers zu London verdient deshalb Beachtung. Er gehört zu den frühesten Brücken der oberdeutschen zur angelsächsischen Wirtschaft.

Fuggers außergewöhnliches Maß an Phantasie und die Menge seiner Einfälle bilden ein Merkmal dieses selbst in seinen Schwächen für das süddeutsche Spätmittelalter charakteristischen Kaufmanns. Wie so viele seiner Generation gab er sich trügerischen Träumen hin. Er wähnte, sein überwaches Erfassen der Lage und seine elastische Reaktions= fähigkeit könnten die wünschenswerte Solidität des eigenen Beginnens ersetzen. Glücksritter und Condottiere der oberdeutschen Wirtschaft wußte Lukas Fugger trotz oder dank solcher zweifelhaften Methoden sich erstaunlich durchsetzen. Dennoch nahmen die Dinge schließlich ihren Ausschlag zu seinem Verhängnis.

Fast jeder rechte Handelsherr des 15. Jahrhunderts traute sich die Fähigkeit zum Aufstieg in die Spitzengruppe zu. Er suchte früher oder später Fühlung mit einer staatsschöpferischen Dynastie. Denn bei keiner ward der Finanzbedarf durch die überlieferten mittelalterlichen Einkünfte gedeckt. Die Kaufkraft der Münze hatte sich selbst dort, wo eine Verschlechterung ausblieb, durch Krieg und Spekulation ge= mindert. Der Lebensstandard sämtlicher Bevölkerungsschichten war aufwendiger geworden. Die politisch=militärischen Forderungen mo= derner Armeen und die Organisation einer verfeinerten Bürokratie schienen ohne Zuschuß unerfüllbar. Dabei zeigten sich die Räte kei= neswegs umgänglicher als früher. Außerdem waren sie im Durch= schnitt nicht ehrlicher geworden.

Hinter der Unzahl neuzeitlicher Ansprüche stand als Triebkraft der Lebensdurst der Fürsten, gleichviel welchen Geblütes. Ihre leiden= schaftliche Neigung zur Verschwendung übertraf bis in die kleinsten Gebilde das bisher Dagewesene. Die caritative Stiftergesinnung dieser Generation diente nicht selten als Ventil zur Beruhigung eines gestei= gerten Schuld= und Sühnegefühles oder des überreizten Bußwillens vitaler Gebieter der Vorrenaissance. Ähnlich wie bei den Bankiers der Toscana und ihren zum Primat gelangten Heerführern rührten sich all= gemein kulturelle Anliegen aus humanistischem Antrieb. Universitäts= und Bibliotheksgründungen, Palastbauten und Kunstsammlungen der Mäzene jungen oder alten Blutes verschlangen unbegreifliche Summen.

Die Anhänger des verwandelten Lebensgefühles kamen von gewis= sen Ideen der Ritterromantik nicht frei. Sie wollten dabei ebenso schlau und geschäftstüchtig sein wie jüdische oder italienische Wechsler. Ihr dilettantischer Geschäftstrieb stürzte sie aber in ausweg= lose Gefahren. Es ging nicht, gotischer Rüstungsträger oder Ordens= könig alter Art mit liturgischem Zeremoniell, Purpurröcken und blan=

kem Harnisch bleiben zu wollen und sich zugleich in der Sehnsucht nach einem Rüstungskönigtum neuen Stiles zu verzehren. In den Gewölben der Residenzen stapelten sich Waffen moderner Fabrikation, die der einstigen Herrlichkeit raschen Garaus machten. Die Zeit zählte fast weniger patriarchalische Herren über die Erzvorkommen ihrer Lande als fürstliche Montanunternehmer, wenn nicht gar gekrönte Geschützgießer, Metall=, Textil= und Gewürzspekulanten auf den Thronen des alternden Europa. Die mächtigsten Bombarden der Zeit gähnten mit breitem Schlund und weit aufgerissenem Maul in den Arsenalen. Ihnen reihten sich zierliche, damenhaft graziöse Geschütze an. Daneben aber standen mächtige Turnierlanzen und bunte Schilde, Streitkolben oder Stechhelme, als ob es mit ritterlichem Spiel Kavaliershändel durchzufechten gelte.

Eine solche Mischung widersprechender Motive, der Galanterie früherer Jahrhunderte mit dem robusten militärisch=finanziellen Herrschaftstrieb neuer Zeit, führte Österreich in den Kreis der bisher bürgerlichen Kunden Lukas Fuggers. Solange es nur um die Behebung einer augenblicklichen Bargeldknappheit der Grafschaft Tirol ging, war nichts einzuwenden. Der bedrohliche Wetteifer von Geldnot und Geltungsbedürfnis im Wesen einzelner Mitglieder rückte jedoch die Dynastie an den Rand finanzieller Abgründe. In derartiger Verlegenheit befand sich der Innsbrucker Erzherzog Sigmund der Münzreiche, nachdem ihm eine unzulängliche Aktion gegen Venedig mißlungen war. Er muß sich auch in den Kosten seiner Hofhaltung und persönlicher Lustbarkeiten verrechnet haben. Dennoch drohte den Helfern dieses Fürsten keine Gefahr. Mit dem Ertrag seiner Münzstätten und der Bergwerke von Hall, Rattenberg und Schwaz konnte der Habsburger beliebige Gläubiger zufriedenstellen. Er war nicht genötigt, auf Rohstoffe oder Reserven des südlichen Alpenraumes zurückzugreifen. Aus dem Inntal ergoß sich ein Strom gemünzten und ungemünzten Silbers. Sein Funkeln erregte das schwäbische Unternehmertum. Man wollte ihn den Stauwerken Augsburger Schatztruhen zuleiten.

Noch mißlicher gestaltete sich die pekuniäre Situation des jungen Erzherzogs Maximilian von Österreich. Er besaß kein Geld, doch hinreißende Illusionen. Mit ihm traten die Fugger vom Reh spätestens 1489 in geschäftliche Verbindung. Der reichbegabte Sohn des letzten spätmittelalterlichen Kaisers Friedrich III. erging sich in schrankenlosen Zukunftsplänen. Glänzende Aussichten bot ihm seine Ehe mit der Erbtochter des märchenhaften Herzogs Karl des Kühnen von Burgund. Sie beraubten ihn allerdings jedes nüchternen Urteils über die Realitäten der Welt. Man verlor den Boden der Tatsachen unter den Füßen. Folglich schien Maximilian der rechte Partner für den selbst von zahllosen Träumen umgaukelten Lukas.

Die Firma Fugger riskierte für den Prinzen zunächst nicht mehr als andere Kaufleute. Die schwäbische Geschäftswelt ließ sich ihren Umgang mit dem Letzten Ritter etwas kosten. Es galt, seine Kundschaft für später zu gewinnen. Lukas Fugger sandte Geld zur Entlöhnung habsburgischer Soldtruppen in die Niederlande. Ebenso zeigte er sich beim Verkehr zwischen den rentablen, aber renitenten Provinzen und den österreichischen Stammgebieten behilflich. Fürst und Kaufmann durften miteinander zufrieden sein.

Nicht nur die Fugger, auch sonstige Gesellschaften nahmen solche Barsendungen und Wechselgeschäfte vor. Man brachte sie meist zu einem nützlichen Ende. Wenn sie Lukas Fugger verhängsnivoll wurden, dann aus einer besonderen Ursache. Er wie sein hoher Kunde verwechselten echte Festungen mit schwanken Wolkenburgen. Sie unterschieden wenig zwischen klarem Geschäft und reiner Spekulation. Die Fugger vom Reh sprangen mit drei Darlehen von zusammen über zehntausend Gulden Maximilian bei. Das bedeutete nach damaliger Rechnung eine hohe, aber keineswegs unerschwingliche Summe. Die Gefahr lag vielmehr darin, daß die Firma mit der Bürgerschaft der belgischen Stadt Löwen eine unerschütterliche Sicherheit zu besitzen wähnte. Hier begann der Irrtum. Die Erklärung war ein pathetisches Versprechen, ein durchaus romantisches Stück Pergament, doch kein taugliches Pfand.

Nach Meinung Lukas Fuggers durfte niemand die Zahlungsfähigkeit der berühmten Gemeinde Brabants anzweifeln. Die Glaubwürdigkeit seines Rates und von 26 der reichsten Bürger stand außer Frage. Gewiß konnten diese zahlen, falls sie wollten. Jedoch wer wußte, ob sie wollten? Es war begreiflich, wenn die stolze Stadt, ihrer dauernden Inanspruchnahme müde, keine Lust spürte, Schulden des ihr landfremden Österreichers zu begleichen. Dann aber blieb der Zahlungsbefehl eines niederländischen Gerichtshofes wertlos. Löwen ließ die Boten unbekümmert walten. Sie verrichteten, was ihres Amtes war. Man schlug eine Vorladung des Kammergerichtes als oberster Instanz der Reichsjustiz an die Pforten der Kirchen. Dem Recht war in jeder Form genügt. Trotzdem blieb alles beim alten.

Maximilians eigener Sohn, Erzherzog Philipp der Schöne von Österreich, sein Kanzler und der Großrat von Brabant bürdeten den Löwenern die Begleichung der königlichen Schuld auf. Abermals wurde der Vorschrift entsprochen. Wieder geschah darüber hinaus nichts. Lukas mochte sehen, wie er zu seinem Gelde kam. Früher hatten die Fugger vom Reh kleinere Schuldner vor Augsburger Tribunalen verklagt. Nun eröffneten sie einen langen erfolglosen Prozeß gegen die belgische Stadt. Als Höchststrafe konnte die Acht über Löwen verhängt werden. Das geschah 1499. Die Kommune wurde nach deutschem

Rechtsbrauch aus dem Friedensschutze des Reiches ausgeschlossen. Allein die erschreckende Zeremonie entbehrte längst ihrer Wirkung. Sie zu dulden, war die billigste Form, sein Geld zu behalten. Das Geschehen verblaßte zur Formel, seitdem keine Strafgewalt zum Vollzug bereitstand.

Fuggers Verfahren gegen Löwen wurde sinnlos. Die Sache war demütigend für den Kläger, wenn der deutsche König niemand zur Exekution der angeblich furchtbaren Maßnahme gewann. Eine Anzahl von Fürsten und Kommunen wurde gegen Löwen aufgeboten. Niemand dachte daran, solchem Geheiß zu folgen. Warum sollten sie einem mittleren Kaufmann zuliebe sich dem geballten Zorn niederländischer Städte aussetzen? Das durfte sich kein Fürst mehr erlauben. So heftig die Bürger rivalisierten, an ihrer einhelligen Verteidigung ließ sich kaum zweifeln.

Nicht einmal König Maximilian selbst rührte einen Finger zum Heil seines Geldgebers. Solange die Krone Kredite brauchte, stand Lukas in hohen Ehren. Kaufleute in Bedrängnis durften kein Interesse erwarten. Hierfür war die eigene Verlegenheit der Krone zu groß. Es blieb ein hartes Gesetz dieser ritterlich liebenswürdigen Zeit: Die Kaufherren bereicherten sich an der Finanznot der Fürsten, die Fürsten sanierten sich an den Konkursen ihrer Kaufleute. Maximilian I. und sein Sohn Philipp der Schöne hielten sich unbeirrbar an diese durch Mißbrauch geheiligte Regel. Fugger hatte sie aus Geschäftsbegeisterung unklugerweise vergessen.

Nun sammelte sich ein Unglück zum anderen. Lediglich sein gesellschaftliches Ansehen bewahrte Lukas vor dem Äußersten. Das Vertrauen der Augsburger Weber blieb ihm länger treu als der geschäftliche Kredit. Daß die Republik von San Marco seinen Sohn, der vor Gläubigern zu flüchten trachtete, anfangs schonte, geschah aus Rücksicht auf den einflußreichen Zunftmeister. Allmählich wurde jedoch südlich der Alpen ruchbar, daß irgendetwas nicht stimmte. Kreditschwäche wog schwerer als sonstige Fehler. Geldmangel zählte zu den ärgsten Sünden. Angehörige und Mitbürger wurden unruhig. Trotzdem unterblieb vorderhand eine amtliche Klage. Sie hätte zur Katastrophe geführt, folglich den Gläubigern mehr geschadet als genützt. Jeder magere Vergleich war besser als ein vollendeter Konkurs.

Nachdem Unternehmen fallierten, für die Lukas seinesteils bürgte, ließ sich sein Fiasko nicht aufhalten. Auch die nächsten Verwandten kannten keine Gnade. Ihr einstiger Stolz auf ihn war weggeblasen. Letzte Hemmungen fielen aus Sorge um Gold und Gut. Die Kinder erster Ehe forderten rücksichtslos ihr Muttererbe, selbst wenn der Vater zugrunde ging. Dabei schwang Eifersucht mit. Allein auch die zweite Frau suchte ihre Mitgift zu retten. War die eigene Zukunft ge=

sichert, mochte mit Lukas geschehen, was rechtens schien. Das Bild zeigt wenig erfreuliche Züge. Wenn schon die eigene Familie sich derart verhielt, weshalb sollten Fernerstehende ihre mühsam erworbenen Gulden der Firma belassen? Man wußte, wie nahe sie am Konkurse stand.

Der Einsturz jenes bewunderten, doch zu luftigen Gebäudes der Fugger vom Reh offenbart erschütternd, wie gefährdet oberdeutsche Kaufleute des 15. Jahrhunderts lebten. Das Dasein des Menschen Lukas hatte sich von innen her brüchig gestaltet. Nun gedachte niemand mehr seiner Verdienste. Nachdem der Wohlstand entschwunden war, durfte man ihn ungestraft beschimpfen. Söhne aus ersten Familien lockerten ihre Messer, um ihn zu verwunden. Anstand und Achtung gingen mit dem Gelde verloren. Bankrotteure waren Wesen ohne Schutz und Ehre.

Beklagt und gejagt suchte der gebeugte Greis im heimatlichen Dorf Zuflucht. Sie blieb ihm versagt. Als ein geschäftsklügerer Vetter dem Unglücklichen zu Hilfe kam, mußte Lukas die letzten schwäbischen Äcker opfern. Er verlor buchstäblich den Boden unter seinen Füßen und durfte froh sein, wenn man die Felder ihm überhaupt abnahm. Dank der Intervention der Söhne Jakobs des Alten Fugger wurde ein offener Skandal vermieden. Aber Lukas war damit wenig geholfen. Nachdem der Run der Kreditoren auf die leeren Kassen eines Verarmten anhob, stellte König Maximilian, um die eigene Ritterehre stärker besorgt als um den Kaufmannsnamen seines Gläubigers, den zwecklosen Prozeß gegen Löwen ein. Entgelt ward nicht geboten.

Das Leben des Lukas Fugger vom Reh war meteorengleich aufgestrahlt und verglühte nach kurzer, leuchtender Bahn. Es mochte zur Warnung dienen. Manche, die sich in Glanz und Sicherheit wiegten oder für unantastbar galten, gingen ähnliche Wege. Andere neigten trotz händlerischen Ehrgeizes fortan zu größerer Vorsicht bei ihrer Kreditgewährung an gekrönte Häupter. Den Fuggern vom Reh half die teuer bezahlte Lehre nichts mehr. Ihre Familie stürzte scheinbar in das Nichts ab. Sie bestand wohl mit Zweigen zu Augsburg, Nürnberg, Regensburg, auch in mittel= und ostdeutschen Städten weiter. Aber ihre Bedeutung schien verloren. Man nährte sich schlecht und recht durch Kaufmannsarbeit. Zumeist geschah das für fremde Rechnung. Nur wenige gelangten zu Geltung, dann freilich meist als Angestellte reicher Verwandter. Allerlei Gewerbe wurden versucht, darunter als Kürschner, Schriftkünstler oder Trompeter, um die Fugger vom Reh wieder zu Geld und Ansehen zu bringen.

Nur zögernd vollzog sich ihre bescheidene Erholung. Ein Abkomme, der Albrecht Dürer nahestand, gewann in Nürnberg Achtung. Ein anderer, vermeintlich zu den letzten Fuggern vom Reh gehörig, errang jene Würde eines Augsburger Bürgermeisters, die dem toten Lukas offenbar vorschwebte und sein sinnloses Wagnis verursachte. Letztlich schwand das Gedenken an die einstmals „reichen Fugger" in deutschen Landen soweit dahin, daß ihre eigenen Vettern sie ausgestorben glaub= ten. Erst in jüngerer Zeit glückte die Feststellung, daß die Fugger vom Reh über 450 Jahre nach dem Fall des berühmten Lukas noch fort= bestanden. Weitab von der Urheimat lebten sie als frühere Großhändler in Polen. Nach manchem Krieg und trotz aller Verwüstung blühte im Herzen Warschaus ihre berühmte Weinwirtschaft, das Haus der „Fukier", Nachklang der einstmals bourgeoisen Prosperität ihrer Familie.

3. Kapitel

DER AUFSTIEG IN DAS GROSSE GESCHÄFT

Wenn es ein Kennzeichen hervorragender Persönlichkeiten ist, Wesentliches vom Unwesentlichen zu unterscheiden und ihre Entschlüsse hiernach auszurichten, dann war Lukas vom Reh ein reicher, doch kein großer Mann. Seiner kritiklosen Vorliebe für gewagte Geschäfte, ehrenvolle Ämter und abgelegene Aufgaben fiel der begabte Kaufherr zum Opfer. Sein eigener Mangel an Einsicht trug erhebliche Schuld.

Anders ging es dem Vatersbruder, Jakob dem Alten Fugger. Das Bildnis schon, wahrscheinlich eines der frühesten deutschen Kaufmannsporträts, zeigt sein kluges, besonnenes, schier derbes Gesicht mit alemannischem Realismus. Wenn der Hintergrund der Bildtafel in Goldfarbe schimmert, wollte der Meister dadurch keineswegs die Vorstellung erwecken, als habe sich das Aufleuchten des Fuggernamens an seine Persönlichkeit gekettet. Dieser erste Jakob Fugger hielt sich im Halbdunkel. Dafür ließ er sich nicht die Nüchternheit des Überlegens rauben, noch seine Pläne verwirren, was bei Bruder und Neffen dauernd geschah.

Jakob der Alte blieb zeitlebens unsichtbarer als diese beiden. Bescheidenheit oder Hemmung dürften mitgesprochen haben. Auch sein Geschäft, das mindestens anfänglich mit dem Textilberuf zusammenhing, griff vorerst nur zögernd aus. Während Hastige unter den Trümmern ihrer Laufbahn begraben wurden, setzte dieser Kluge achtsam Schritt vor Schritt. Sein Geschäft war solider und minder anfällig für Krisen oder konjunkturelle Rückschläge als rasch aufstrebende Unternehmungen. Dennoch ließ sich Jakobs Vorsicht nicht mit der Ängstlichkeit Kleinmütiger verwechseln. Der stille, bürgerliche Mann gab sich keineswegs damit zufrieden, das elterliche Geschäft weiterzuführen. Die zeitbedingte Versuchung des großen Wagnisses blieb ihm nicht erspart. Auch hinter dieser kantigen Stirn wohnte ein verbissener Wille zum Aufstieg. Nur die Art seiner Auseinandersetzung mit schwierigen Dingen verlief anders als bei dem großartigeren Lukas vom Reh.

Der Durchbruch der Fugger aus einer gehobenen Mittelklasse zur anerkannten Spitzengruppe ließ sich unmöglich mit dem Vertrieb von Webwaren erreichen. Dafür blieb die Konkurrenz zu groß. Die Chance des Ungewöhnlichen war hier längst verbaut. Man mußte andere Wege finden. Jakob der Alte geriet dabei nicht auf den abschüssigen Pfad kaufmännischer Glücksritter. Er zog aus seiner Einsicht, wie wenig auf den üblichen Routen nach Italien und in die Niederlande, nach Süd=frankreich, zu den iberischen Monarchien und auf die osteuropäischen Märkte in der Textilbranche sich gewinnen ließ, nüchterne Konsequen=zen. Die Trennung seines Unternehmens von jenem des Bruders An=dreas um 1454 gab Jakob die Unabhängigkeit seiner Entscheidungen zurück. Verwandten, geschweige denn Fremden gewährte er keinen Einblick. Vielleicht war es gerade solche Neigung zur Verschleierung, die das Mißtrauen städtischer Steuerbehörden erweckte. Ihre Nachfor=schungen gelangten freilich den Dingen nie auf den Grund.

Schon Jakobs Schwiegervater Bäsinger befaßte sich als Augsburger Münzmeister nicht mehr ausschließlich mit kommunaler Geldprägung. Gewisse rechtliche Vorzüge seiner Stellung wurden der Sitte gemäß zum eigenen Edelmetallhandel gebraucht. Man genoß Ausnahmen und wußte sich ihrer zu bedienen. Manche Gemeinden sahen derlei Unter=nehmungen nicht ungern. Bei vorteilhaften Geschäften konnten sie mit=profitieren. Vom Risiko mißlungener Abschlüsse hingegen wurden sie nirgends betroffen. Der finanzielle Zusammenbruch Franz Bäsingers zeigt allerdings, daß er die Möglichkeiten wohl erkannte, doch bei ihrer Auswertung keine glückliche Hand besaß. Oder andere waren geschick=ter als er.

Obwohl Kaiser Friedrich eingriff, ließ sich Bäsingers Konkurs im Jahre 1444 nicht vermeiden. Die Gefangennahme des Schuldners tat dem Recht formale Genüge. Sie blieb nur von kurzer Dauer. Als nach einer Senkung der Verbindlichkeiten seine Angehörigen einschließlich des Schwiegersohnes Jakob Fugger für den Rest bürgten, wurde Bäsin=ger in Freiheit gesetzt. Nun verließ er Schwaben. Der Weg wies nach Süden zum Herzraum des europäischen Silbergeschäftes. Bäsinger wandte sich nach Schwaz. In der reichen Tiroler Silbergemeinde been=dete er sein zerbrochenes Leben.

Der Vorgang warf Schatten auf die geschäftlichen Anfänge Jakob des Alten. Sie mögen seinen Beginn erschwert haben. Aber das Lehrgeld ward nicht umsonst entrichtet. Durch die Fühlung mit dem erfahrenen Münzmeister gewannen die Fugger auffällige Vertrautheit mit dem europäischen Metallgeschäft, seinen Gefahren und Chancen. Jakob war nicht der Mann, sich durch Mißerfolg abschrecken zu lassen. Es galt vielmehr, ihn auszuwerten. Auf seinem Weg über den Bergsegen der Alpen zu Geldgeschäften mit dem Tiroler Landesherrn winkte mehr als listige Kontrakte. Hier konnte man die zünftische Enge sprengen. Vor einem Jahrhundert zog die Familie vom Dorf in die Stadt. Nun wurde ihr Augsburg zu klein. Das Tor zur großen Karriere tat sich auf.

Jakob der Alte Fugger wird vorsichtigerweise solches erst geplant, doch keinem hiervon gesprochen haben. Denn jede Verwirklichung hemmten in seiner Generation die ungetilgten Schulden des Schwie=
gervaters. Eine wachsende Kinderschar, eigene Verpflichtungen und seine stattliche Reihe kommunaler Ämter nahmen ihn gleichfalls in Anspruch. Als er 1469 die Augen schloß, war die Krise des Bäsinger=
Konkurses überwunden. Seitens der Stadt war höchstens ein hinter=
gründiges Mißtrauen zurückgeblieben. Sie bezweifelte Jakobs An=
gaben über die Höhe seines Vermögens. Man argwöhnte, dieser habe gleich anderen sparsamen Mitbürgern aus angeborener Abneigung gegen überhöhte Steuerlasten sein Gut zu niedrig veranschlagt. Da solche Vorkommnisse zum täglichen Brot kommunaler Behörden des 15. Jahrhunderts zählten, erregte der Vorfall nirgends Aufsehen. Er zeitigte auch keine Unannehmlichkeiten für das folgende Geschlecht.

Nach dem Heimgang des Eheherrn beließ seine Witwe Barbara Fug=
ger=Bäsinger ihr Vermögen im Geschäft. Die Leitung fiel wie her=
kömmlich dem Ältesten unter den elf Kindern des Toten zu. Wäre eine sofortige Erbauseinandersetzung geschehen, hätte die wirtschaft=
liche Basis des Unternehmens vermutlich eine schmerzhafte Minderung erfahren. Die Firma wäre um Jahrzehnte zurückgeworfen worden oder verkommen. Im Falle sinnloser Zersplitterung der Habe zwischen Söhnen und Töchtern entfiel für Fugger außerdem jede Hoffnung auf baldigen Eintritt in die Oberschicht bürgerlicher Vermögensträger. Die=
ses blieb aber jenes Ziel, das keiner erwähnte, dem man aber mit heißem Herzen sich entgegensehnte.

Aus verwandten Überlegungen war der Übertritt aus dem Kreise der Weber unter die Kaufleute geschehen. Um sich in ihren anspruchs=
vollen Reihen zu behaupten, mußte das Betriebskapital beisammen bleiben. Jede Aufnahme fremden Geldes führte zur Einweihung fern=
stehender Teilhaber. Sie sollte ebenso vermieden werden wie die Ein=
beziehung angeheirateter Schwäger. Beide brauchten nicht zu ahnen, mit welchem Projekt die Fugger sich trugen. In einer unerhörten Kon=
zentration jeglicher Betriebsmittel erblickte Ulrich Fugger seine vornehm=
ste Aufgabe. Zwei Brüder waren dem Vater im Tode vorangegangen. Einer starb bezeichnenderweise zu Venedig. Auch eine jüngere Schwe=
ster lebte nicht mehr. So verminderte sich die Zahl der Erben um drei Köpfe. Die unverheirateten Schwestern und die Gattin des Hektor Müelich, der geistigen Bestrebungen nachging, bereiteten Ulrich wenig Schwierigkeiten. Der beim Heimgang seines gleichnamigen Vaters erst zehnjährige jüngere Jakob besaß vollends kein Recht zur Mitsprache. Man gedachte, ihn durch die Mithilfe von Freunden mit einer Chor=
herrnpfründe abzufinden. Später mochte er selbst entscheiden, inwie=
weit seine Kräfte für den Handel taugten. Oder er wurde von seinen

Brüdern als Helfer herangezogen, wenn sie seines Kopfes und seiner Hand bedurften. Eine geistliche Vorbildung stand der Kaufmannschaft nicht im Weg.

Zunächst verblieben nur Ulrich, Markus, Peter und Georg Fugger, um mit der Mutter über die Zukunft des elterlichen Geschäftes zu ver= fügen. Von ihnen schied Markus, ältester Träger dieses in der Familie häufigen Namens, aus. Auf Grund wissenschaftlicher Studien hatte er die Würde eines Magisters der Freien Künste errungen. Im faltigen Talar des jungen Gelehrten schlug ein Kaufmannsherz. Es drängte ihn mehr als nur Kirche und Gelehrsamkeit nach Rom. Dort zollte die deut= sche Kolonie dem gescheiten, allen Realitäten des Lebens aufgeschlos= senen Mann ungeteilte Anerkennung. Vornehmlich durch die Brüder des Nationalhospizes an der Anima gewann er Zutritt zu verriegelten Pforten.

Den Schlüssel für seine Wirksamkeit gewann Markus mit der Würde eines Sekretärs im päpstlichen Amte für Bittschriften. Dieses war dem Namen nach eine mittlere Verwaltungsstelle. Die spätmittelalterliche Kurie besaß sie zu Hunderten. Es fragte sich aber, was ein rühriger und findiger Mensch hieraus zu machen wußte. Obwohl Markus den wahren Problemen der Seelsorge, Theologie und sogar päpstlicher Politik fernstand, lief jetzt ein Strom vertraulicher Briefschaften durch seine Hände. Er gewann Einblick in Maschen und Knoten, Lücken und Bruchstellen des Fischernetzes Petri. Die Verknüpfung einer Unzahl eu= ropäischer Fäden der kirchlichen Organisation wurden ihm zum täg= lichen Berufe. Wer diese Zusammenhänge als ökonomische Tatsache hinnahm, mochte klingenden Lohn ernten. Der junge Augsburger be= griff die Situation mit angeborenem Talent.

Spätestens um 1471 widmete sich Markus im Vatikan der Bullen= vermittlung für schwäbische Landsleute. Nachdem diese Arbeit ihm geläufiger und er selbst an der päpstlichen Residenz bekannter gewor= den, zog sein Beginnen weitere Kreise. Aus bescheidenen Anfängen entfaltete die Kaufmannsnatur allen Mahnungen der Reform zum Trotz eine gut funktionierende Agentur. Es fehlte nicht viel, dann war eine Generalvertretung für deutsche Benefiziensachen geschaffen. Sie ent= sprach gleich beflissen dem häufig gerügten kurialen Fiskalismus wie der Habgier heimatlicher Pfründenjäger. Der Grund zu einem blühen= den Augsburger Geschäftszweig am Tiber wurde gelegt. Ehrliche An= hänger der Kirchenerneuerung mußten ihre verfeinerten Methoden kon= zessionierter Simonie verurteilen. Allzu wirtschaftlich orientierte Naturen aus deutschen Gauen setzten sich indessen über die letzten Bedenken hinweg. Angesichts der Zeitneigung zu literarischer Aus= einandersetzung wog ihnen die Kritik von der Kanzel und in Flugschrif= ten nicht schwer. Was die einen sich zuviel ereiferten, fehlte den an=

deren an innerem Verhältnis zu jenen Dingen, um die es ging. Im übrigen gewöhnte sich das Ohr rasch an die bittern Klagen und stumpfte ab, als man sie zu oft vernahm.

Der erste römische Markus Fugger zählte bei weitem nicht zu den schlimmsten Beamten der kurialen Bürokratie. Er hätte jedoch allem Gebrauche seiner zeitgenössischen Kollegen zuwider gehandelt, würde der Vielbeschäftigte bei seiner Mühe um fremde Interessen die eigene Versorgung übersehen haben. Noch von der Ewigen Stadt aus blickte er gleichsam mit einem Auge nach Augsburg zurück. Darum ließ sich der erfolgreiche Makler vom Papst eine Domherrnstelle an der schwäbischen Kathedrale verleihen. Nach dem Urteil der Zeit war das ein unerhörtes Vorhaben, weil adelige Kapitulare keine Söhne von Kaufleuten und Handwerkern neben sich wünschten. Sein Pfründenbesitz schenkte Markus zugleich sozialen wie materiellen Gewinn. Der Vorgang entfesselte heftige Auseinandersetzungen zwischen Kapitel und Gemeinde. Sie trat für die Ebenbürtigkeit ihrer Söhne und deren umstrittenes Recht ein. Dabei war Markus keineswegs auf diese Präbende angewiesen. Die Propsteien der Regensburger Alten Kapelle und von St. Johann im bayerischen Freising durften für noch einträglicher gelten. Und wenn das Leben ihm die Zeit ließ, bot sich gewiß häufig Gelegenheit zu weiteren Erwerbungen. War der Versuch aber einmal gewagt, durften Familie und Kommune ohne Verlust an Prestige nicht mehr zurückweichen.

Das Schicksal lähmte den Aufstieg des durch Vorzüge und Schwächen seiner Zeit enge verbundenen Dreißigjährigen. In der deutschen Marienkirche nahe beim römischen Bankenviertel, wohin Markus wesensmäßig gehörte, fand er sein Grab. Durch diesen Todesfall erfuhren die kurialen Kontakte der Fuggerbrüder nach einer frühen Ernte ihre erste Unterbrechung. Freilich die Erinnerung an das für sie buchstäblich goldene Rom mit seinen endlosen, nie erschöpften Möglichkeiten blieb unvergessen. Man wollte hierauf zurückkommen.

Inzwischen traten an der Augsburger Zentrale Ereignisse ein, die sich noch tiefer auf das Geschick der Brüder und ihre geschäftliche Bahn auswirkten. Jene verließ einstweilen den Rahmen wohlsituierter und in ihrem Kreis angesehener Firmen nicht. Der unbestreitbare Generationswechsel nach dem Abscheiden Jakobs des Alten läßt sich niemals mit dem Umsturz auf italienischem Boden nach dem Tode des Piero Medici vergleichen. Dort übernahm 1469 Lorenzo der Prächtige die Medici-Gesellschaft. Beide Ereignisse verhielten sich zueinander wie ein gewaltiger Palazzo toskanischer Renaissance mit seinen wuchtigen Quadern, Marmorarkaden und schimmerndem Zierat zum schwäbischen Bürgerhaus aus spätmittelalterlichem Fachwerk und den altväterisch niederen Stuben. Über dem Arno brannte die Sonne im Zenith der Renaissance. Augsburg hingegen erlebte seine von Nebeln verhangenen, aber an Verheißung reichen Morgenstunden der neuen Zeit.

Im Florentiner Brunelleschipalast der Casa Medici kreuzten sich unsichtbare Diagonalen europäischer Hochfinanz. Hier rätselte man an der wirtschaftspolitischen Quadratur des abendländischen Kreises. Die Namen römischer Päpste sowie der König von Frankreich und England gehörten unter die alltäglichen Gegenstände der Konversation. Nur wandte sich das Interesse neuerdings stärker als in den Jahren des toten Cosimo auch der Erbauung von Kirchen, Palästen und Villen, den Büchern und Figuren, Antiquitäten und ästhetischen Kostbarkeiten zu. Die kulturellen Wünsche des alten Fuggerhauses an der Augsburger Reichsstraße klangen dagegen bescheiden. Sie kümmerten sich vorerst nur um die Planung von Gewölben und Altären im heimischen Ulrichsmünster oder den Ankauf bürgerlicher Kirchenstühle in der Augsburger Moritzpfarre. Deutsche Ritter waren keine französischen Seigneurs, deutsche Bürger keine italienischen Signori.

Freilich der Geist wurde in Schwaben während der letzten Jahrzehnte merklich leichter. Sein Flug richtete sich allerdings noch nicht steil zur Höhe und umspannte keine so köstlichen Weiten wie am Mittelmeer. Dort öffnete sich ein gläserner Himmel dem Aufwärtsdrang williger als die schweren Wolken deutscher Landschaft. Was endlich das Geschäft mit Fürsten betraf, blickten die Jakobssöhne neidisch auf die vom Erfolge scheinbar begünstigteren Vettern vom Reh. Ulrich Fugger und seine Brüder harrten jenes Moments, der die Entscheidung bringen sollte. Eines Tages aber betraten vornehme Gäste das Kontor. Ulrich Fugger wurde kurzerhand in das Augsburger Quartier Kaiser Friedrichs III. beschieden.

Das unermüdliche Tauziehen der burgundischen Herzöge Philipps des Guten und seines Sohnes Karls des Kühnen mit König Ludwig XI. von Frankreich berührte die schwäbische Wirtschaft zunächst nur am Rande. Ebensowenig betraf sie die britische Rivalität zwischen dem Schwager des Burgunders, Eduard IV. aus dem Hause York, und Heinrich VI. Daß dieser Sohn der Dynastie Lancaster im Londoner Tower unter mysteriösen Umständen sein Leben aufgab, ging die Reichsstädte nichts an. Hauptsache war, daß der Bürgerkrieg ihr Geschäft nicht trübte. Sobald indessen König Eduard IV. und Herzog Karl von Burgund im Verein mit dem Herzog der Bretagne eine Teilung Frankreichs erwogen, griff ihr Wettkampf in kaufmännische Bereiche über.

Der französische Transitverkehr sollte über Caen statt Antwerpen laufen. Damit wären die Wege von Schwaben und Franken über den Rhein zum Kanal abgedrängt worden. Folglich verloren die Oberdeut=

schen den Vorteil ihrer verkehrspolitischen Lage. Sie gerieten über Nacht gleichsam in den Hinterhof des Kontinents. Noch lebhafter mußte sich Augsburg von Auseinandersetzungen im alemannischen Umraum angesprochen fühlen. Die Ausdehnung des burgundischen Einflusses auf Schweizer Boden bereitete Sorge. Desgleichen verdiente die Bestrafung der Eidgenossen mit der Reichsacht Kaiser Friedrichs III. größte Aufmerksamkeit. Denn von nun an zogen sich die Schweizer aus der Gemeinschaft deutscher Reichstage zurück. Sie suchten Anleh= nung bei Frankreich. Schließlich konnte eine schwäbische Stadt, sobald ihre Zünfte vielleicht infolge einer Verschiebung des Lohn= und Preis= gefüges in Unruhe gerieten, die bündische Entwicklung im Herzraum der Alpen nicht außeracht lassen. Dort begann ein demokratisches Wesen unter Mißachtung der Fürstenterritorien seiner Nachbarschaft wie der italienischen und deutschen Stadtstaaten als neues Ganzes sich herauszuformen.

Für die Zukunft hing neben dieser Frage die Gestaltung des Kräfte= parallelogramms zwischen England, Frankreich, Österreich und Burgund davon ab, wie weit Karl der Kühne mit Kaiser Friedrich III. zur Ver= ständigung gelangte. Bis nach Osteuropa und auf den Balkan konnte sich das Abkommen auswirken. Denn der Habsburger erwarb sich auch für seine dortigen Pläne Beistand aus den prallen Kassen des Herzogs. Sonst war es um die Herrlichkeit des Reiches in jenen Landschaften geschehen. Polen, Böhmen und Ungarn gingen aus nationalen Impulsen eigene Wege, und die Vorhut des Türken stand 1469 bereits in der Krain. Mißglückten die finanziellen Abreden, mußte in der europäischen Kriegsgeschichte den letzten Kreuzzügen eine Ära siegreicher Heerfahrt des Halbmondes gegen Budapest und Wien folgen.

Für das rechte Heilmittel gegen sämtliche Altersbeschwerden des Reiches galt den Habsburgern nach wie vor ihre überlegte Heirats= politik. Sie huldigten der sympathischen Staatsweisheit, daß manche Probleme, um die andere Völker einander bekriegten, sich durch Ehen besser lösen ließen. Solcher Tradition entsprang der Gedanke, Maxi= milian als Erben Österreichs und künftigen Kaiser, einen Mann mit herrlichen Titeln, aber wenig Bargeld, mit Prinzessin Maria von Bur= gund, einer Dame von edler, wenn auch nicht ganz so vornehmer Ab= kunft, doch stattlicher Mitgift, zu vermählen. Verwegenere Projekte folgten. Aus ihnen ging die vereinigte Monarchie der Österreicher, Ungarn und Böhmen hervor.

Zunächst wollten der deutsche Kaiser und der Herzog von Burgund einander Herbst 1473 in Trier begegnen. Karl der Kühne wünschte, die Herrschaft über sein Beuteland Geldern aus den gesalbten Händen Friedrichs III. als Lehen zu empfangen. Vielleicht lag außer dem Respekt vor traditionellem Recht darin etwas Snobismus, wenn man

einen materiellen Gewinn durch die imponderablen Werte einer feu=
dalen Liturgie zu sichern gedachte. Es ist die ewig gleiche Krankheit der
Neureichen aller Jahrhunderte. Die Österreicher wollten als Gegenwert
ein Verlöbnis des jungen Paares unter Dach und Fach bringen. Auf der
Reise zu dieser Begegnung trafen April 1473 der Kaiser und sein Sohn
Maximilian in Augsburg ein. Sie wurden nach Gebühr empfangen. An=
gesichts der Üppigkeit schwäbischer Bürger dämmerte dem Habsburger
Schwiegervater und seinem Sohne, dem Bräutigam, die Einsicht, wie
ungenügend man nach Luxusbegriffen der westlichen Welt für das
Treffen gerüstet war. Die Fahrt mußte mit stattlicherer Garderobe fort=
gesetzt werden, falls Österreich nicht vor seinen künftigen Verwandten
kärglich dastehen wollte. Es galt, passende Helfer zu gewinnen.

Auf der Suche nach kreditwilligen Lieferanten wurde der Majestät
Ulrich Fugger als „redlicher und habhafter Mann" gepriesen. Er ver=
sorgte das hohe Paar mit wollener und seidener Gewandung. Am Ein=
zelfalle ließ sich kaum viel verdienen. Aber solche Kundschaft mußte
weitere Interessenten anlocken. Der Kaiser blieb Ulrich den Preis ge=
nauso schuldig wie anderen Geschäftsleuten. Dennoch gingen die Brü=
der nicht leer aus. Offenbar auf ihre Bitte verlieh Friedrich III. den
Fuggern am 9. Juni 1473 gebührenfrei ein eigenes Wappen. Sein mit
zwei Büffelhörnern und einer Lilie geschmückter Helm überragt den von
Gold und Blau gespaltenen Schild, dessen beide Felder je eine heral=
dische Lilie in umgekehrten Farben aufweisen. Eine Wappenverleihung
war längst fällig gewesen. Dieses anspruchslose Pergament mit seiner
Wiedergabe des Lilienschildes steht am Beginn eines hinreißenden Auf=
schwunges. Die Familie nannte sich unter Bezug auf ihr blühendes
Kleinod fortan die „Fugger von der Lilie". Der Tag des Wappenbriefes
aber blieb in doppelter Hinsicht denkwürdig. An ihm trat das Ge=
schlecht ehemaliger Lechfeldweber in die entscheidende Phase seines
Anstieges ein. Ein neues Gestirn erstrahlte am Himmel der europäi=
schen Hochfinanz. Die Zeit mußte lehren, ob es eine Sternschnuppe,
ein Komet oder gar ein Fixstern war. Dieselbe Urkunde schenkte
Habsburg den unentbehrlichen finanziellen Helfer für das größte Jahr=
hundert seiner neuzeitlichen Geschichte.

Wie es zuweilen mit denkwürdigen Ereignissen geschieht, trat im
Gefolge der kaiserlichen Auszeichnung anfangs kein wahrnehmbarer
Wandel ein. Das geschäftliche Leben des Alltags lief in überkommenen
Bahnen weiter. Der Umschwung erfolgte von anderer Seite. Bald nach
dem festlichen Geschehen legte sich Peter Fugger zum Sterben. Ein
verwitterter Gedenkstein mit der Madonna über dem Lilienschild an
der nördlichen Außenseite der Nürnberger Sebalduskirche erinnert an
den jungen Mann. Er fiel vermutlich einer Seuche zum Opfer. Der

Augsburger Weber

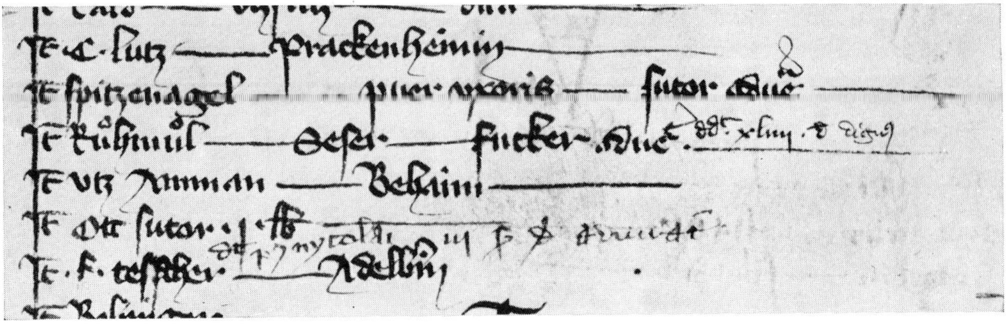

Erster Eintrag des Hans Fugger im Augsburger Steuerbuch 1367

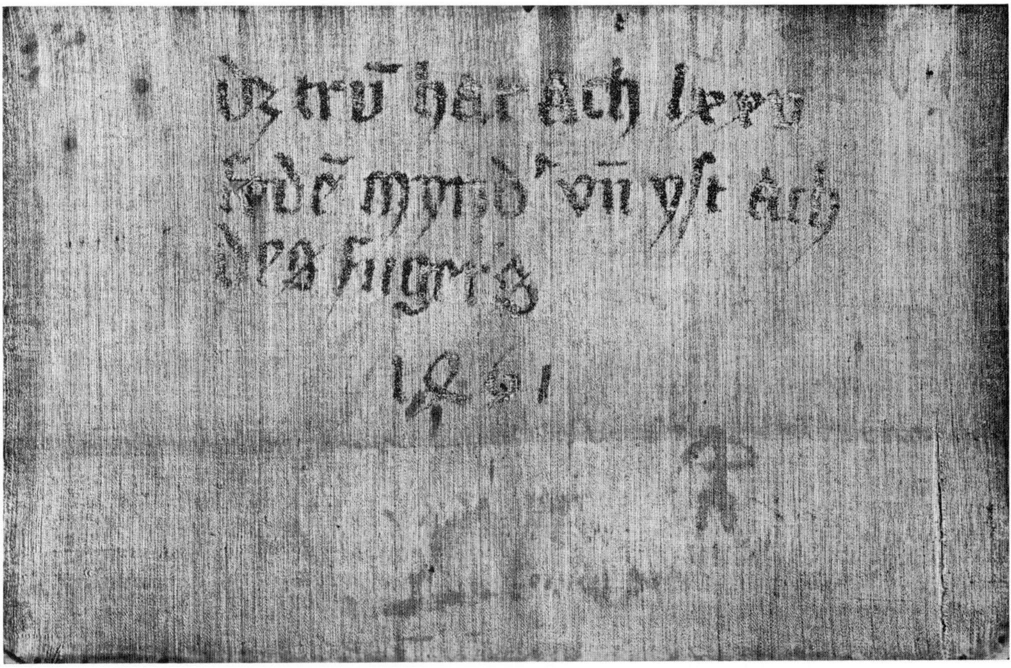

Fuggersches Webstück 1461

Plan, das brüderliche Geschäft von Franken nach Schlesien, Polen und in das Baltikum vorzuschieben, blieb in den Anfängen stecken. Jedoch das Entscheidende seiner Konzeption sollte später ein Größerer ver= wirklichen.

Obwohl dem Leben dieses Nürnberger Fugger der Erfolg versagt war, löste sein Tod große Rückwirkungen aus. Ulrich Fugger glaubte sich außerstande, die Last der Verantwortung allein zu tragen. Auch die Hilfe des Bruders Georg, der sich lange zu Venedig aufhielt, bot keinen passenden Ausgleich. Georgs festlich heiteres Bildnis von Maestro Giovanni Bellini, das einzige deutsche Kaufmannsporträt sei= ner Hand, läßt menschliche Hintergründe ahnen. Es zeigt den rot= blonden Deutschen modisch und nach Venezianer Sitte gekleidet. Man kann sich diesen Nobile schwäbischer Abkunft schwer beim Einkauf oder Absatz von Baumwolle und Barchent, beim Feilschen mit Zöllnern oder Gondolieri denken. Sein sieghaftes Strahlen vermochte indessen jene Sorgen nicht zu zerstreuen, die den Ältesten seit dem Tode Peters bedrängten.

Die Wetterzeichen Europas wiesen auf Sturm. Also mußte ein be= sonnener Geschäftsmann vom Schlage Ulrich Fuggers darauf ausgehen, die Firma gefährlichen Überraschungen anzupassen. Eine unmittelbare Bedrohung lag freilich nicht vor. Selbst die Hinrichtung des Augsburger Bürgermeisters Ulrich Schwarz und seine von konservativen Schichten umkämpfte Alleinherrschaft berührte die Fugger nicht. Übrigens blieben ähnliche Aufregungen auch größeren Kommunen keineswegs erspart. In Florenz beispielsweise unternahmen die Pazzi einen Anschlag auf das Haus Medici. Giuliano verblutete unter der Domkuppel und sein Bruder Lorenzo Medici entging demselben Schicksal mit knapper Not. Hier stand die Kurie fördernd hinter der Revolte, während sich in Schwaben kirchliche Einflüsse auf den Bürgerkampf nicht auswirkten.

Die oberitalienischen Wirren um die toskanischen Großkaufleute dürften Augsburg nur mäßig interessiert haben. Lombardischen Aus= einandersetzungen kam dagegen höhere Beachtung zu. Denn im Mai= land des Herzogs Lodovico il Moro standen Fuggersche Geschäfte auf dem Spiele. Noch größere Aufmerksamkeit galt allerdings den west= europäischen Anliegen. Das verrieten niederländische Bestrebungen der Linie vom Reh. Gleiches bekräftigten jene Umstände, denen die Söhne Jakobs des Alten ihre Lilienwappen dankten.

Für die Ausrichtung der Fugger nach Belgien und auf die Nieder= lande war zu berücksichtigen, welche Wichtigkeit Herzog Karl dem Kühnen von Burgund innerhalb ihrer Planungen zukam. Unter dem leuchtenden Gestirn dieses Mannes geschahen erste Schritte in die große Welt. Daß sich Österreich neben der Gunst noch um die Reichtümer des mächtigen Pairs bewarb, führte zur entscheidenden Situation. Aus ihr heraus erfolgte die Gleichschaltung der Gesellschaft mit dem Kurs des habsburgischen Hauses.

1475 überschritt der burgundische Stern seinen Gipfel. Die Bahn begann sich zu neigen. Am Niederrhein brach der Herzog die Belagerung der Stadt Neuß unter dem Drucke des Reiches ab. Ein Ausgleich an der Südgrenze des burgundischen Herrschaftsgebietes gegenüber der Schweiz wollte gleichfalls nicht glücken. Auf dem Schlachtfeld zu Grandson verlor Karl der Kühne im Frühjahr 1476 an die Eidgenossen den Sieg und erhebliche Teile seines Schatzes. Stücke hiervon tauchten in der Verwahrung Basels wieder auf, um heimlich in den Besitz der Fugger einige Zeit hernach überzuwechseln.

Die glänzenden Jahre und die Macht des letzten Burgunders endeten 1476 vor den Mauern der Stadt Nancy. Hierdurch ward der schwäbische Lebenskreis nicht unmittelbar angesprochen. Vom Standpunkte der Fuggerbrüder beurteilt, gewann die Katastrophe Karls des Kühnen freilich ihre besondere Wichtigkeit. Seine verwaiste Erbin heiratete ohne Rücksicht auf die Werbung Eduards IV. von England im Folgejahr Erzherzog Maximilian. Dessen Zukunft wurde zum ausschlaggebenden Faktor der schwäbischen Kalkulation. Als sich darnach die Lage wegen der Kräfteverschiebung am westlichen Kontinent zuspitzte und Ludwig XI. von Frankreich Vorbereitungen traf, um das Erlöschen Burgunds für sich zu nutzen, mußte Fuggers Unternehmen sich auf die neue Lage umstellen.

Die Firma hatte europäisches Ausmaß erreicht. Dennoch blieb sie genötigt, ihre Maßnahmen dem wechselnden Klima anzugleichen. Deshalb konnte Ulrich Fugger die Zügel nicht länger allein führen. Damit wären er und sein Haus überfordert worden. Es reichte in Verzweigungen bis nach Skandinavien. Schwedische Ablaßgelder wurden über Nürnberg dem Heiligen Stuhl zugeführt. Ohne Zweifel verfügten die Augsburger über taugliche Kräfte. Aber diese hätten nie hingereicht, um Geschäfte von derartiger Ausdehnung über alle Fährnisse hinwegzusteuern. Dazu brauchte Ulrich qualifizierte Hilfe. Unter diesen Umständen scheint es auffällig, wie hartnäckig die Firma sich gegen jede Hereinnahme Fremder wehrte. Selbst die Möglichkeit zur Verbreiterung ihrer kapitalmäßigen Basis vermochte sie nicht umzustimmen. Wichtiger als Geld und personelle Überlegungen blieb die Wahrung absoluter Diskretion.

Aus handelsorganisatorischen Erwägungen oder hellsichtigem Begreifen der psychologischen Umstände schlug der Älteste andere Bahnen ein. Möglicherweise war Fugger von den Vorteilen einer ausschließlichen Familiengesellschaft derart überzeugt, daß er lieber Belastungen in Kauf nahm, als Dritten Einblick zu gewähren. Oder Ulrich erkannte, daß sein jüngster, zum geistlichen Stande bestimmter Bruder verborgene Begabungen aufwies, die nicht länger brach liegen durften.

Der Abschied aus dem Stift fiel Jakob leicht. Er war nicht für das Leben eines Geistlichen geschaffen. Die kirchliche Laufbahn bedeutete keine Lockung. Seine erste Ausbildung war durch die Mutter Barbara oder an einer Augsburger Pfarrschule vielleicht schon im Hinblick auf eine spätere Kaufmannschaft geschehen. Auffällig dünkt höchstens, daß sich Jakob an keiner Universität einschrieb, da man sonst den Wert akademischer Bildung für Kleriker und Laien hoch anschlug. Ohne sie blieb einem Bürgersohn jeder bessere Platz verwehrt. Beim Alter Jakobs mußte sich dieser schon Vorstellungen über seine Berufsentwicklung gemacht haben. Literarische oder wissenschaftliche Neigungen humanistischer Art lagen auch nicht vor. Wenn ihm die Würden eines Magisters oder Doktors unnötig schienen, darf man annehmen, daß er entschlossen war, sein Glück weder bei kirchlichen, noch in staatlichen Ämtern zu suchen. Er wollte offenbar zur Wirtschaft übertreten. So fand Ulrichs Ruf williges Gehör, wenn nicht überhaupt vom Jüngeren der Anstoß zur schicksalsvollen Veränderung ausging.

Wie wenig Jakob an seinem Stift Herrieden hing, davon zeugt ein vielsagender Umstand. Kein einziger Brief seiner Hand und kein Vermächtnis erwähnen diesen Namen. Der Platz wurde von heute auf morgen vergessen. Und das geschah durch einen Mann, der sich seiner Fähigkeit rühmte, Sorgen und Gedanken nach Belieben abzustreifen. Offenbar hatte Jakob die ländliche Einsamkeit nur ungern ertragen. Sein Sehnen ging in die Weite. Er wollte nicht in einem friedlichen Winkel verkümmern, sondern realistische Dinge zur Entscheidung in die Hand bekommen. Hätte Ulrich den Bruder nicht aus der Zelle geholt, würde Jakob sie wahrscheinlich seinesteils verlassen haben. Zahlreiche begabte Söhne dieser Generation taten das Gleiche, wenn ein fremder Beruf ihnen aus irgendwelchen Rücksichten aufgenötigt war. Jakob wurde vom Ungestüm seiner Altersgenossen wohl nicht beherrscht. Noch weniger durfte er für einen Rebellen gelten. Allein seine Persönlichkeit ward sich im Widerspruch mit der Umwelt ihrer selbst bewußt. Sie spürte Gesetz und Drang zum Handeln. Somit bedurfte es fast nur eines Vorwands, um mit einem verfehlten Anfang zu brechen, ihre Individualität zu entfalten und sie in neue Formen zu prägen.

Mit Herzog Karl dem Kühnen starb nicht der letzte Ritter. Aber einer der vornehmsten Seigneurs des Spätmittelalters ging dahin. Während die Niederlande Anstalten zur Beisetzung ihres Fürsten trafen, dehnte sich keine makabre Stimmung aus. Sie hätte flämischem Wesen schlecht zu Gesichte gestanden, etwa so wenig wie die von Staatsvernunft gesteuerte Politik eines Richards III. von England, der auf die lebensfrohen Menschen am Südufer des Kanals zu düster wirkte. Den flämischen Bürgern würde die kaufmännische Stimmung eines Tudor besser entsprochen haben. Allein ihre große Stunde war noch nicht angebrochen. England geriet bei den nächsten festländischen Entscheidungen beinahe in das Hintertreffen. Sein inneres Klima vertrug sich mit der niederländischen Atmosphäre kaum. Aber auch einem süddeutschen Kaufmann fiel es schwer, dem Wechsel des Spannungsgefüges sich anzugleichen. Dennoch hing für die Augsburger alles davon ab, in menschlichen und sachlichen Bereichen den rechten Platz beim Ringen um Geld und Macht zu gewinnen.

Welch glücklichen Griff Ulrich Fugger mit der Betreuung seines Bruders Jakob tat, war anfangs schwer zu erkennen. Dieser fühlte frische Luft, sobald er den Weg über Nürnberg nach Augsburg einschlug. Vergangenes schien vergessen, der Lebensbeginn rechtzeitig korrigiert. Der neue Abschnitt hob an. Jakobs schwäbischer Aufenthalt dürfte diesmal kurz gewährt haben. Dann ging es über die Alpen zum Deutschen Kaufhaus auf den Venezianer Lagunen. Von hier aus führte die Reise nach Rom. Erbschaftsfragen des Bruders Markus und das Problem der Wiederbesetzung seiner Pfründe zu Herrieden harrten ihrer Erledigung. Solche Transaktionen brachten Jakobs Debüt im kirchlichen Geschäft der Firma.

Dann begann die allgemeinere italienische Lehrzeit. Aus ihr erhielt sich kein einziger Brief. Es wird deren nicht viele gegeben haben. Für seine wortkarge Natur bestand geringe Neigung zu persönlicher Aussage jenseits der kaufmännischen Korrespondenz. Der zeitweise Gebrauch des italienischen „Jacopo" statt des deutschen „Jakob" als Vorname besagt nicht viel. Derartige Zugeständnisse an den südlichen Zeitgeschmack schliffen sich bald wieder ab. Wahrscheinlich stand kaum mehr dahinter als eine im humanistischen Oberdeutschland beliebte Modespielerei, die sich in sprachlicher Vermummung gefiel. Das schwäbische Wesen wurde nicht preisgegeben.

Von der erwachenden Antike, ihren Bildnissen, Bauten, Figuren oder Schriften blieb an dem Jünger lukrativerer Künste wenig haften. Dafür verdichteten sich sonstige Eindrücke. Sie erinnerten an jene bunte, offene Welt, deren Zugang Jakob bis dahin verwehrt war. Über dreißig Jahre später sollte der scheinbar trockene und kantige Mann sich als Augsburger Mäzen bewähren. Es geschah nicht ohne eine gewisse Parallele zum Leben des Florentiner Magnifico, wenn sich Fugger bei städtischen Hausbauten und bei der Errichtung seiner Grabkapelle in Augsburg künstlerischer Anregungen früherer Zeiten entsann. Sie waren ihm aus der Welt des Rialto und in Rom zugeströmt.

Dagegen darf man Jakobs wirtschaftspolitische Entscheidungen der folgenden Jahre nicht durchweg auf Venezianer Bekanntschaften zurück=führen. Es hieße die Zusammenhänge anekdotisch vereinfachen, wollte einer seine Persönlichkeit mit primitiven Kausalitäten erklären. An Jakob Fugger vollzog sich eine echte Daseinsveränderung. Die Dyna=mik seines Lebens brach während dieser Jahre auf. Wenn ein Kaufherr später lediglich aus dem Schatz reicher Erinnerungen schöpfte und einstige Beziehungen fortspann, war er höchstens zur allgemeinen Schar deutscher Handelsjünger des Fondaco zu rechnen. Jeder von ihnen ging auf adriatischen Inseln händlerischem Gewerbe nach. Trotzdem sind ihre Taten verweht, die Namen vergessen. Niemals wäre aus solch dürftigen Ansätzen ein Jakob Fugger erwachsen.

Der junge Signore im Kaufmannsstaat von San Marco oder im mor=biden Milieu um Papst Sixtus IV. erlebte das widerspruchsvollste Ge=schehen. Aber man soll dieser Umstände halber nicht die eigenen Triebkräfte eines Menschen von der Art Jakobs übersehen. Sicher begegnete Fugger unter italienischem Himmel einer Menge bedeutender Kaufleute, kleiner Geschäftemacher und gerissener Betrüger. Ohne ihre Methoden im einzelnen nachzuahmen oder in ihre Fehler zu verfallen, konnte sein wacher Kopf an jedem irgend etwas lernen. Es kam nur darauf an, die Fähigkeit zu entwickeln, das Geschehene zu verarbeiten. Man mußte Anregungen neugestaltet nachschaffen, durfte sie nicht kopieren. Deswegen liegt die unbestreitbare Auswirkung der Vene=zianer Zeit nicht oberflächlich zutage. Sie erschöpft sich keineswegs in der Übernahme buchhalterischer Prinzipien, organisatorischer Erfah=rungen oder wirtschaftspolitischer Finessen. Der renaissancebedingte Italianismus griff bei Jakob trotz aller Bindung an das deutsche Spät=mittelalter menschlich tiefer, als man glaubte. Eben dort, wo die We=senswandlung unsichtbar geschah, erlangte sie ihre nachhaltigste Ent=faltung für die Zukunft.

Das Urteil über die italienische Lehrzeit kommt der Wirklichkeit umso näher, je weniger ihre Auswirkung im Formalen oder bei be=stimmten Übernahmen gesucht wird. Auf der Gestaltung seiner Unter=nehmerpersönlichkeit liegt der Akzent, weil sie Generationenketten späterer Kaufleute in ihren Bann zog. Jede sonstige Deutung bliebe dem Schülermäßigen verhaftet. Davon war nicht die Rede. Gewisse und nicht die unwichtigsten Seiten der Renaissance wurden erst durch die kongeniale Fortbildung oder wesensnahe Neukonzeption Fuggers auf deutschem Boden in verarbeiteter Gestalt wirksam.

Als Jakob 1479 aus Italien heimkehrte, hegte er wohl den Vorsatz, im Betriebe der Brüder kein drittes oder fünftes Rad am Wagen zu werden. Die verschiedenen Stadien seiner Wandlung ließen sich aber nicht voraussehen. Niemand ahnte, wie sich durch die seltenen Medien von Mensch und Begabung des Kaufmanns oberdeutsche Überlieferung mit italienischem Stil zum unnachahmlichen Ganzen verschmolzen. Erst am Ende dieser Entwicklung steht eine neue Individualität, der Prototyp ihrer Generation, vorbildhaft zusammengefaßt in der Gestalt Jakob Fuggers als des Meisters europäischer Finanzpolitik auf der Schwelle vom Spätmittelalter zur Renaissance. Der Weg dorthin war allerdings unabsehbar weit. Er führte über Treppen mit zahllosen Stufen.

4. Kapitel

DER BERGSEGEN

Die Rückkehr Jakob Fuggers aus der Fremde schenkte dem Geschäfte der Brüder zunächst keine vollgültige Kraft. Es fehlte dem Neuling vorderhand an Vielseitigkeit der Erfahrung. Um 1480 lag deshalb die Verantwortung auf den Schultern Ulrichs. Georg und der Jüngste hat= ten fast nichts mitzusprechen. Sie gehorchten den Anordnungen des Ältesten, der als Oberhaupt der Firma den Platz des Vaters einnahm. Aus praktischen Erwägungen gegenüber der Konkurrenz hatte sich im Schoße der Familie die alleinige Führung des an Jahren überragenden Ulrich — bereits eine Art von Familienseniorat — durchgesetzt.

Dieses geschah, obwohl Ulrich zwar ein fleißiger und tüchtiger, aber kein außergewöhnlicher Kaufmann war. Wenn die rechte Mischung von Vorsicht und Kühnheit den wahren Handelsherrn auszeichnet, so überwog bei ihm die Vorsicht. Da sich diese Eigenschaft jedoch mit einem bemerkenswerten Maß an Initiative paarte, zog die Gesellschaft weitere Kreise. Sie gewann solche Achtung, daß nunmehr die erste Patrizierin, Veronika Lauginger, als Gattin Ulrichs in das noch zünftische Milieu einzog. Damit hatte sich ein sozialer Aufstieg vollzogen, der nicht zu unterschätzen war. Das Unternehmen befaßte sich mit Textilien sowie mit Gewürzhandel. In den verschiedensten Teilen des Reiches und Italiens, außerdem in Polen, Ungarn und wahrscheinlich in Skan= dinavien verbreitete sich die Firma.

Einen Teil der Arbeit nahmen Ulrich die Brüder Georg und Jakob ab. Von ihnen widmete sich der Ältere dem Nordosten Europas. Er saß zu diesem Zweck in Nürnberg. Trotzdem schien es klüger, wenn das Risiko in der fränkischen Reichsstadt nicht diesem ausschließlich auf= gebürdet wurde. Die Fugger wirkten dort längere Zeit in Gemeinschaft mit einem gewissen Hans Kramer. Er dürfte den Hauptteil der ein= facheren Mühen bestritten haben. Georg hingegen eignete sich durch seine italienischen Erfahrungen besser für kirchliche Aufträge. Nach= dem schwedische Ablaßsammler bereits 1476 ihre Einnahmen über die Nürnberger Fuggerfiliale nach Rom geleitet hatten, glückte 1488 wie= derum ein ähnliches Geschäft. Diesmal waren es schlesische Indulgenz=

gelder. Ihre Spender bestimmten sie zum Kriege gegen die Türken. Durch Fugger gelangte der Betrag an die Kurie. Wesentlich blieb, daß die Brüder auf solche Art in Stadt und Land Breslau vom Glanze weltweiten Unternehmertums umstrahlt wurden. Treue Handelsfreunde besorgten die Verbreitung solchen Rufes. Der Vatikan aber gewöhnte sich daran, zur Wahrung von Forderungen in Nord= und Osteuropa die Schwaben zu gebrauchen.

Für die Zukunft boten derlei Kontakte unabsehbare Perspektiven. Im Moment dürften Ulrich Fugger andere Zusammenhänge mit drängenderer Sorge erfüllt haben. Maria von Burgund, die Gemahlin des deutschen Königs Maximilian, starb an den Folgen eines Jagdunfalls. Ihr Tod stellte die Firma vor die Frage, ob man sich stark fühlte und die Beziehungen zwischen Nord und Süd ausreichend beherrschte, um dem jugendlichen Witwer unentbehrlich zu werden. Beim Habsburger lag die Chance der kommenden Zeit. Sie galt es wahrzunehmen, doch gleichzeitig den Fortbestand des Fuggerunternehmens gegen jeden Rückschlag, die politische Unbeständigkeit des temperamentvollen Österreichers sowie seinen wirtschaftlichen Leichtsinn abzusichern. Deutlich offenbarte sich, wieviel auf das Fingerspitzengefühl der Firma ankam. Was die Fugger betrieben, waren weder reine Geld= noch auch nur Warengeschäfte. Ihre Umsätze blieben bis in die Einzelheiten verknüpft mit der allgemeinen Situation und den individuellen Notwendigkeiten ihrer vornehmen, oft politischen Kundschaft.

Da für die früheste Zeit Rechnungsbücher fehlen, gewinnen zufällig erhaltene Hinweise größte Wichtigkeit. Sie belegen, daß Ulrich nach dem Tode seines geistlichen Bruders durch Mittelsleute die römische Verbindung unablässig pflegte. Außer verschiedenen Vorhaben der schwäbischen Vaterstadt erfreuten sich deutsche Bischöfe dort seiner Unterstützung. Entsprechender Lohn, der den Fuggern als Preis ihrer Anstrengungen gebührte, ward ihnen zuteil. Daß die Firma bei der Erhebung des hervorragendsten Prälaten des Spätmittelalters, des Grafen Bertold von Henneberg, zum Mainzer Erzbischof, Kurfürsten und Erzkanzler des Reiches mitwirkte, verdeutlicht die Ausstrahlung ihrer Geschäfte. Denn eben dieser Kirchenfürst sollte sich als Vorkämpfer der staatlichen Reform Mitteleuropas bewähren.

Eine Geheimhaltung solcher Transaktionen war nur beschränkt möglich. Zu viele Menschen hatten mit ihnen zu tun. Zu viele Konkurrenten spekulierten auf die gleichen Gewinne. Vollends offenkundig wurde die Aktivität der Brüder, als diese sich dem Metallgeschäft im südöstlichen Alpenraum zuwandten. Durch überlegte Kreditgewährung an kleine Unternehmer des Salzburger Landes fiel den Augsburgern eine namhafte Anzahl von Silber= und Goldbergwerken zu, weil die Schuldner ihren Verpflichtungen nicht nachkamen. Vielleicht hatte man gewollt, daß die Gewerken tilgungsunfähig wurden. Die Firma übernahm jetzt die Führung des Metallgeschäfts im Gebiete von Gastein, Rauris, Schladming und Rottenmann. Ein für die Zukunft schicksalsvoller Schritt war getan. Das schwäbische Kapital schob sich an den Platz der Einheimischen. Die italienische Konkurrenz wurde zeitweilig zurück= gedrängt. Im Technischen scheinen Verbesserungen erfolgt zu sein. Die Zusammensetzung der Bergarbeiterschaft, meist freie Leute der Gegend, blieb indessen dieselbe. Erst später begannen die Fugger, ihre regionale Belegschaft durch auswärtige Spezialkräfte zu verbessern, um ihre Pro= duktion zu steigern.

Weitere Konsequenzen solcher Taktik ließen nicht auf sich warten. Seit geraumer Zeit kontrollierte die Kaufmannschaft der österreichischen Stadt Judenburg den Verkehr zwischen dem Tauernbergbau und Venedig. Sie zählte zu den wichtigsten Kunden am Edelmetallmarkt des Rialto. Venedig brauchte diese Lieferungen dringend. Ebenso warteten seine Handelsherren auf Gold und Silber zur Versorgung der staatlichen Münze und zum Unterhalt der Juweliere. Darum besaßen die Juden= burger im Deutschen Handelshaus ihre eigenen Kammern. Sie wurden ihnen 1484 unter Hinweis auf die überragende Bedeutung Fuggers ent= zogen. Die Republik überließ sie der Gesellschaft. Eine offiziellere An= erkennung der Geschäfte Ulrichs war im Bereich der adriatischen Wirt= schaft schwer denkbar. Der Umschwung mußte Aufsehen und Wider= spruch zugleich erregen.

Gebührte das Verdienst an dieser Auszeichnung wirklich dem Älte= sten unter den Fuggerbrüdern? Sein leutseliges Wesen paßte mit jenem harten Konkurrenzwillen, der die Firma außerordentlich ansporte, schlecht zusammen. Auch jenes Doppelspiel, womit die Fugger sich auf den Lagunen in der Gunst der Venezianer sonnten und zugleich ihren Gegner, Sigmund den Münzreichen von Tirol, unterstützten, verrät eine andere Hand. Es war wohl die gleiche, die den Kampf um die Gold= und Silbergruben der Salzburger Alpen einleitete. Denn auch der Inns= brucker Kredit wurde mit Silberlieferungen gesichert und sollte letztlich der Übernahme des landschaftlichen Edelmetallgeschäftes dienen.

Als Erzherzog Sigmund sich durch sein Vorgehen in Südtirol die Feindschaft des Dogen zuzog, standen mehrfach Fuggersche Summen bereit. Die Gesellschaft wollte im Gegensatz zu den einsässigen Kreisen seine Politik eher ermutigen als zügeln. Offenbar mißverstand der lebensfrohe und geschäftsunkundige Fürst die Zusammenhänge. Bis zum Friedensschluß im Jahr 1487 verkannte er, daß man ihn auf der fal= schen Bahn voranschob. Ein Teil dieser Triebkräfte saß in München. Das dortige Wittelsbacher Herzogshaus suchte durch bayerische Firmen sei= nen Einfluß auf Tirol zu stärken. Sigmund sollte entweder auf dem

Wege des Verkaufs oder in anderer Weise seine Herrschaft dem nördlichen Nachbarn abtreten. Dieser hatte schon früher nach Vereinigung der Lande zwischen Donau und Etsch gestrebt. Denn jene Zeit, wo Süd= und Nordalpen bayerischer Führung unterstanden, blieb an der Isar unvergessen.

Seit dem Tode der Gattin Maria focht König Maximilian mit wechselndem Kriegsglück um das burgundische Erbe. Dieses sollte zunächst ihm und hernach dem Sohne, Erzherzog Philipp, erhalten bleiben. Im selben Jahr 1483, als König Richard III. sein blutiges Regiment in England aufrichtete, unterwarf sich Amsterdam dem Österreicher. Die Ablenkung der englischen Krone durch den Streit mit Buckingham und Heinrich Richmond nutzte Habsburg zur Konsolidierung seiner Macht. Österreichs Stellung war im Osten durch die Ungarn, im Westen von Frankreich und Lothringen bedroht. Alles kam darauf an, einen Zerfall der Stammlande auszuschließen. Nachdem Maximilian 1486 Kärnten, Steiermark sowie Krain gewonnen hatte und die Königskrone empfangen, hätte ein Verlust des Zentralgebietes der Alpen schwere Rückschläge bedeutet. Dieses galt umsomehr, als 1487 im Südosten Friede eintrat. Der Krieg gegen Frankreich lief allerdings so unglücklich weiter, daß sich der Widerstand in den Niederlanden dauernd verstärkte.

Nun begann der Wettlauf zwischen bayerischem und schwäbischem Geld am Innsbrucker Hof. Augsburger Kapital warb für das Interesse Maximilians und die herkömmliche Einheit des Erzhauses. Gleichzeitig schuf Habsburg im Schwäbischen Bund ein brauchbares allianzpolitisches Werkzeug für sein südwestdeutsches Großmachtstreben.

Während dieser Zeit besaß König Maximilian in Tirol als den sichersten Parteigänger Jakob Fugger. Er füllte die Staatskasse unermüdlich auf. Die obersten Hofchargen und Beamten empfingen von der Gesellschaft ihr Gehalt. Damit schlug sie sämtliche Bewerber aus dem Felde. Freilich die Unerschöpflichkeit der goldenen und silbernen Ströme gab zu denken. Wie ließ sie sich erklären, da die Fugger noch über keine namhaften Reserven verfügen konnten? Doch die Tatsache als solche blieb derart eindrucksvoll, daß Landesherr und Landstände ihr Gewissen über die Hintergründe solcher Gebefreudigkeit hinwegtrösteten. Möglicherweise strebte Jakob durch die Ausschaltung der Konkurrenz als Hauptgläubiger nach einer Mitbestimmung im Staatsgeschehen. Diese besaß aber für ihn keinen Eigenwert, weil er sie nicht ausnutzen konnte. Also wurde die Veränderung für fremde Rechnung begehrt.

Die Ausrichtung der Finanzpolitik Fuggers unterlag keinem Zweifel. Zahlungen an flandrische Söldner und die neue Allianz in Schwaben kennzeichnen seinen Kurs. Denn sie erfolgten weiterhin, obwohl Maximilian in die Gewalt niederländischer Bürger fiel. Wenn zu Brügge

der Augsburger Kaufmann Höchstetter seinem König aus der Verlegen=
heit half, so stand bei den Kämpfen um Rotterdam wieder Fuggersches
Kapital im Gefecht. Der Hilfsbereitschaft der Brüder war neben
anderen Umständen die Rettung des habsburgischen Ansehens im
flämischen Bereich zu danken.

Der Schwerpunkt sämtlicher Bemühungen der Firma verblieb einst=
weilen in Tirol. Dort lieh sie 1488 dem Landesfürsten 150 000 Gulden.
Auf solche Art gewann man die Vorherrschaft an der Münze von Hall.
Dazwischen ließen sich die Fugger Tiroler Silber verschreiben. Das
Geschäft war üblich und einfach. Die Gesellschaft verkaufte das Edel=
metall, welches sie zu Vorzugspreisen erhielt, nach auswärts oder an
die landesherrliche Behörde zurück. Diese brauchte es für die Ab=
tragung von Schulden, zur Münzprägung und zu mancherlei Bedürfnissen.
Unter ihnen stand der höfische Verbrauch obenan. Allmählich begann
sich aber doch ein Verdacht gegen die gefälligen Schwaben zu regen.
Man zweifelte an ihrer Selbstlosigkeit. Manches kam von allein. An=
derwärts hetzten Bayern und Venezianer. Es hieß, die Fugger strebten
ein Tiroler Silbermonopol an. München nährte eifrig jegliches Miß=
trauen. Die Republik Venedig aber vermerkte vorderhand wohlge=
fällig das Einvernehmen zwischen Fugger und Sigmund dem Münz=
reichen. Jakob gab ihm 122 000 Gulden. Aus Höflichkeit dem Fürsten
gegenüber erließ der Doge Fugger die übliche Miete für Geschäftsräume
im Fondaco. Lag hier vielleicht eine indirekte Vergütung an die
Firma vor?

Speise, Trank und Kleidung des hohen Schuldners in der Innsbrucker
Burg wurden mit Fuggerschen Gulden bezahlt. Seine Würdenträger und
Behörden fühlten sich freilich zu einseitig den schwäbischen Geldleuten
ausgeliefert. Das hatte man nicht gewollt. Nur Sigmund selbst glaubte
sich wohlbehütet. Er baute auf die Finanzkraft jenes jungen Mannes,
der wenige Schritte von der Residenz entfernt sein finanzielles Haupt=
quartier im Herzen Tirols aufschlug.

Jakob blieb scheinbar willfährig bis zum äußersten. Jeder Anlaß
für begründete Klage wurde beseitigt. Allerdings seine Vorhaben er=
schienen kritischen Beobachtern undurchsichtig. Noch eines kam den
Tirolern zum Bewußtsein. Ulrich Fugger, dem die Firma ihren Namen
dankte, war nicht mehr die entscheidende Persönlichkeit. An seine
Stelle trat der Jüngste. Durch seine Nähe schienen alle Schwierig=
keiten überbrückt. Die Behörden schrieben offen von „Jakob Fuggers
Gesellschaft". Zuweilen geschah das leise verstimmt, meistens aber
aus uneingeschränkter Bewunderung. Wer Jakob nicht liebte, lernte ihn
fürchten. Der junge Bankier hielt sich nach außen zurück. Er wurde
trotzdem binnen einiger Jahre zum Beherrscher des Landes, seiner
Wirtschaft und Politik.

Wie weit die Beziehungen des schwäbischen Bürgers in die Umgebung des Kaisers und zum persönlichen Freundeskreis König Maximilians reichten, blieb in Tirol verborgen. Ahnungslos trat Sigmund im Frühjahr 1490 seinen Landständen gegenüber. Er dachte nicht, daß die Firma inzwischen zu diesen brauchbare Brücken gewonnen hatte. Erst als sich Jakob wider Erwarten des Fürsten weigerte, dem Überschuldeten auszuhelfen, traten die Zusammenhänge unverhüllt zutage. Augsburger Darlehen hatten den Boden staatlicher Hoheit systematisch aufgeweicht. Der Landesherr verfügte nicht mehr über den unermeßlichen Schatz seiner Berge. Kupfer und Silber waren verpfändet. Weil aber die Firma ihren Beistand versagte, sah sich der Erzherzog zum Rücktritt und zur Überlassung seiner Grafschaft an König Maximilian gezwungen. Für diesen hatte Jakob mit vernebelten Fronten emsig gearbeitet. Der Tiroler Umsturz von 1490 durfte als Leistungsprobe für künftige Geschehnisse gelten.

Wenn die Augsburger Firma dem König zu seinem kostbarsten Lande verhalf, war das ein Vorzeichen des politisch=finanziellen Zeitalters in der Geschichte des Erzhauses. Dazu kam aus Florenz die Nachricht, daß Lorenzo der Prächtige seine Augen für immer geschlossen hatte. Der ehrgeizige junge Schwabe durfte es als günstiges Omen nehmen. Nun winkte ihm der Thron unter den Kaufherren Europas. Es war keiner da, der ihm ernstlich im Wege stand. Die Epoche der Medici neigte sich ihrem Ende zu. Das Zeitalter der Fugger sollte sie ablösen.

Die formale Führung des Unternehmens verblieb zu Augsburg unter der Bestimmung Ulrichs. Der Eintritt in das europäische Metallgeschäft und in die fürstliche Finanzpolitik verlagerte allerdings den Akzent zunehmend auf Jakobs überragende Begabung. Daß er nach den staatsstreichähnlichen Innsbrucker Vorgängen vom Frühling 1490 einen Kontakt mit Maximilian im Berggeschäft anstrebte, war begreiflich. Er sollte Fugger den Lohn für seine Beteiligung am Umschwung und der Firma Sicherheit für die Zukunft schenken.

Auf Seiten des Königs hegte man hierfür Verständnis. So gediehen Jakobs erste große Tiroler Verträge nach dem Herrschaftswandel zum Abschluß. In ihren Bestimmungen, die eine Aufrundung alter Forderungen vorsahen, übernahm sich der Habsburger keineswegs. Sonstige dynastische Pläne geboten ihm vielmehr die Konzentration seines Hauses auf das Ziel einer Habsburger Universalmacht. Dieses war nur mittels des erprobten schwäbischen Beistandes zu erreichen.

Während Jakob in Tirol mit den Bevollmächtigten Maximilians finanzielle Probleme erörterte, starb König Matthias von Ungarn, Böhmen, Polen, der Moldau und Walachei. Nun schlug für Österreich die Stunde. Es galt, in einem Zugriff die verlorene Hauptstadt Wien zu=

rückzugewinnen. Dagegen unterblieb die Fortsetzung des Siegeszuges gegen König Ladislaus VII. nach Ungarn. Der deutsche König durfte sich glücklich schätzen, als 1491 ein Friede zustande kam. Neue Sorgen umdüsterten den europäischen Westen. In beiden Himmelsrichtungen, gegen Ungarn wie gegen Karl VIII. von Frankreich, brauchte er Fuggers Reserven, um sein Staatsschiff zwischen allen Klippen hindurchzusteuern.

Die ersten 120 000 Gulden Jakobs vom Frühjahr 1491 zeigen, daß der Kaufmann verstand, wessen Maximilian als Landesherr von Tirol bedurfte. Umgekehrt wußte der Österreicher, wenn er seine Hauspolitik gegen Karl VIII. von Frankreich durch eine Ehe mit Anna von der Bretagne abrunden wollte, kam man ohne Fugger nicht aus. Die Firma bezahlte ihm Salpeterlieferungen auf der Frankfurter Messe. Auch diese dürften zum Krieg in Westeuropa bestimmt gewesen sein.

Fugger hielt den Rückschlag in Frankreich nicht auf. Maximilians neue Braut ging verloren. Dafür trug ein Bündnis des geprellten Freiers mit Heinrich VII. von England und König Ferdinand von Aragon den Krieg wieder nach Frankreich. Ein Spiegelbild solcher Auseinandersetzungen auf höchster Ebene bieten Jakobs wirtschaftliche Dispositionen aus der Zeit um 1492. Sie vermerken das Anschwellen seiner Tiroler Silberkäufe. Dort erwarb die Firma in einem einzigen Jahr Edelmetall für rund eine Viertelmillion Gulden. Davon brachte sie das wenigste im Lande selbst zur Prägestätte. Vielmehr erfolgten, ähnlich wie beim Kupfer, umfangreiche Exporte nach Deutschland oder Italien. Wo Kriegführung und Politik ihrer bedurften, wollte die Gesellschaft mit blanker Hilfe zur Stelle sein. Die Brüder statteten außer dem österreichischen Herrscher vorsorglich seine Bürokratie großzügig aus. Ferner überging es Fugger mit Konzilianz, wenn einzelne Beamte im Widerspruch zu den Augsburger Rechten konkurrierende Firmen belieferten.

Eine Hand wusch die andere. Jedoch beide Partner blieben bei diesen trüben Geschäften auf der Hut. Wegen ihrer monopolistischen Eigenart scheuten sie das Licht der Öffentlichkeit. Dennoch wollte jeder, Regierung wie Gesellschaft, des nachhaltigen Gewinnes sicher sein. Ob dabei der Reichtum der Berge zum Segen des Landes gedieh oder das Silber den königlichen Pläneschmied zu unnötigen Abenteuern verführte, mochte die Zukunft lehren.

Pflichtbewußte Ratgeber vermerkten sorgenvoll unendliche Silbermengen, die nach auswärts flossen. Dem Staat entging jener Münzgewinn, der ihm beim Ausprägen zugefallen wäre. 1492 kauften die Fugger für nahezu eine halbe Million Gulden Tiroler Silber. Hiervon liefen drei Viertel über die Grenzen. Dabei genoß die Gesellschaft noch im Kupferhandel Vorzugspreise. Sie selbst billigte den Behörden weni=

ger Vorteil zu, so daß Tiroler Münzmeister und Geschützgießer zu verlustreichen Rückkäufen schritten, um das Unentbehrliche zu sichern. Solche mißlichen Geschäfte ließen sich nicht verheimlichen. Gekränkte Nebenbuhler taten ein übriges. Alles zusammen minderte die Tiroler Sympathie für den schwäbischen Unternehmer. Die naive Begeisterung schlug in ihr Gegenteil um. Eine Krise zwischen den Verwaltern der Erzschätze oder Bergrechte des Fürsten und seinen auswärtigen Geldgebern bahnte sich an. Maximilians umfangreiche Kredite begannen sich zu rächen. Die Firma wünschte weiter, an den landesherrlichen Befugnissen mitzuprofitieren. Jedoch die Flitterwochen der Vernunftehe zwischen König und Kaufmann waren vorüber.

Maximilian wollte eine solche Entwicklung nicht wahr haben. Er brauchte die Liquidität Fuggers zur Fortsetzung seines einfallreichen Kurses und für seine Jagd nach utopischen Zielen. Die einheimischen Räte mochten zusehen, wie sie sich aus der Verlegenheit zogen. Derlei Mühe war nach Maximilians Auffassung nicht Sache des Fürsten.

Daß der Landesherr den Künsten seiner Behörden Untragbares zumutete, ward in Kürze offenbar. Anderseits griff die Regierung beim Verkehr mit bürgerlichen Gläubigern zu peinlichen Täuschungsmanövern. Unzulässige Kunstgriffe wären besser unterblieben. Denn Fugger und andere Vertreter des schwäbischen Großhandels antworteten darauf mit Umgehung staatlicher Exportverbote. Bei formaler Wahrung der zulässigen Zinssätze erfolgte eine indirekte Überhöhung der Gewinne. Diese sollten den Kaufmann für Gewalttaten, Rechtsbrüche und endlose Risiken, die der Staat ihm aufbürdete, schadlos halten.

Die Verstimmungen mehrten sich in ägerlicher Weise. Allein nirgends fand Habsburg Gelegenheit zur Erfüllung seiner dynastischen Pläne ohne Fugger. Dieser sollte das bayerische Element aus dem Tiroler Wirtschaftsleben noch stärker zurückdrängen als bisher. Auch die Ausweitung des österreichischen Herrschaftsbesitzes in Ostschwaben mußte durch Fugger gefördert werden. Der Wittelsbacher Nachbar war mit friedlichen Mitteln über den Lech als Grenze zwischen Bayern und Schwaben zurückzuwerfen.

Die Willfährigkeit des jungen Handelsherrn verleitete zu dem Mißverständnis, er werde ähnlich den eitlen Emporkömmlingen seines Standes keine Absage an die Krone wagen. Die Dinge fügten sich bei ihm jedoch anders. Fugger vergaß niemals die Sicherheit und das Interesse der Firma. Weder Stolz noch Freude über seine Verbindung zum Erzhaus trübten Jakobs Urteil.

Welches Gewicht das Bündnis mit dem Hause Tudor für Österreich wegen ihrer gemeinsamen Franzosenfeindschaft besaß, lag auf der Hand. Der Vorteil eines Erscheinens englischer Truppen vor Boulogne war begreiflich. Sobald aber Maximilian den Fuggern zusätzliches Geld unter dem Vorwand entlocken wollte, britische Subsidien seien unterwegs, fand er taube Ohren. Die Firma bezog aus der Umgebung der Fürsten gute Informationen. Vielleicht reichten Jakobs Fäden bis an den Hof von St. James. Jedenfalls wußte er, daß die Angaben des deutschen Königs wenig Glauben verdienten. Mit dieser Einsicht ging moralisches Kapital der Krone verloren.

Als dann der Reichstag sich zu keinen ausreichenden Steuern für einen Feldzug gegen Frankreich aufraffte, mußte die Majestät monatliche Zahlungen Fuggers erbitten. Es ging bei diesen Gesprächen nicht grundsätzlich um den Primat von Wirtschaft oder Politik. Sie besaßen überhaupt keine prinzipiellen Vorzeichen. Aber die Krone sah sich gezwungen, ihr Vorgehen den wirtschaftlichen Gegebenheiten anzupassen. Jakob verstand, das Demütigende einer solchen Lage zu umkleiden. Er zeigte sich willig. Selbst zur Bereinigung finanzieller Verstimmungen zwischen Maximilian und Mitgliedern des Kardinalkollegs bot er seine Hand. Dagegen wollte die Gesellschaft in Auseinandersetzungen zwischen Frankreich und Österreich nicht verwickelt werden. So gerne die Firma das Erzhaus vor ihren Wagen spannte oder umgekehrt jenen Habsburgs zog, bestanden hier vorsichtig gehütete Grenzen. Vermutlich hatten die Fugger nicht so unbedingt auf die französischen Messen und Märkte verzichtet, wie König Maximilian hoffte.

Österreich beschritt mit eidgenössischer Hilfe die Bahn der westlichen Verständigung. Auch hierbei mußte Fugger Unterstützung gewähren. Maximilians Gesandte am Friedenskongreß von Senlis, nämlich der Fürstbischof von Eichstätt, der Markgraf von Baden, der Graf von Zollern und andere Kavaliere, gerieten 1493 in finanzielle Bedrängnis. Sie entbehrten des Reisegeldes, da die Krone sie unzulänglich ausstattete. Sofort beschaffte ihnen Georg Fugger bare Hilfe und Ulrich ersetzte die weiteren Auslagen. Nochmals, dicht vor der Schlacht von Salins bewahrte eine Fuggersche Soldzahlung an Schweizer Knechte die Westfront vor dem Zusammenbruch aus wirtschaftlicher Schwäche.

Der Vertrag von Senlis zwischen Karl VIII. von Frankreich und König Maximilian erneuerte nicht bloß den Frieden. Er bewies, daß Krieg oder Waffenruhe nicht mehr von den Fürsten allein abhingen. Die Antwort konnte auch durch Kreditüberlegungen oder Handelsabsichten der Kaufleute bestimmt werden. Diese entschieden weniger aus dynastischer Treue als nach ökonomischen Gesetzen.

Dem europäischen Westen und für Italien war das Ineinandergreifen von Finanz und Politik keineswegs neu. Dagegen hatte es der zentraleuropäische Raum bisher nur selten erlebt. Oder die Vorgänge waren unsichtbar geblieben. Gewiß fehlte bei den Taten vergangener Jahr=

hunderte keineswegs die Triebkraft wirtschaftlicher Motive. Allein das Bewußtsein des Zusammenhangs politischen und finanziellen Denkens hatte sich in Deutschland nicht durchgesetzt, während es anderwärts als unbestrittene Tatsache zum Gleise zahlloser fürstlicher Handlungen der Renaissance geworden war.

So erging es den iberischen Monarchien. Hinter den Entdeckungs=fahrten zu afrikanischen Inseln und Küsten stand seit Generationen neben dem Anspruch auf Ausdehnung der Unternehmersinn lusitani=scher Könige. Wenn im Verlaufe solcher Vorhaben 1485 Martin Behaim als erster Deutscher an die Kongomündung gelangte, mochten seine astronomisch=technischen Kenntnisse den Antrieb zur Beauftragung gegeben haben. Durch die Mittlerschaft des ungewöhnlichen Mannes dürften glaubhafte Nachrichten von den Seefahrtsplänen der Portu=giesen zum Kreise der süddeutschen Handelsherren und Humanisten gelangt sein. Diesen folgten Meldungen über die Festsetzung Portugals in Goa, 1486 die Entdeckung des Kaps der Guten Hoffnung. Seine Um=schiffung sollte Vasco da Gama erst elf Jahre später wagen. Damit ward der europäischen Wirtschaft ein Seeweg nach Indien gewiesen.

Weit früher scheinen sich bereits fränkische und vielleicht schwä=bische Handelskreise Gedanken über ihre Teilnahme an weltbewegen=den Projekten gemacht zu haben. Der Impuls konnte wiederum auf den seefahrenden Ritter zurückgehen. Er schuf kaum aus reiner Er=kenntnisfreude oder purer Dankbarkeit für Nürnberger Ratsherren den frühesten erhaltenen Erdglobus. Seine Eintragungen gewähren neben unbegreiflichen Irrtümern handelsgeographischen Vermerken umfangreichen Raum. Hiernach läßt sich das Beginnen am ehesten aus wirtschaftlichen Gedanken und Absichten erklären.

Eine Wiederverwendung Behaims im portugiesischen Wissenschafts= und Entdeckungsprogramm erreichten die Oberdeutschen, so lebhaft sie sich bemühten, nicht. Trotz der Protektion durch König Maximilian sowie angesehener literarischer Persönlichkeiten ließ sich nichts machen. Vielleicht befürchtete Lissabon Konkurrenz und Spionage von seiner Seite. Ob solche Mutmaßungen zu Recht bestanden, scheint fraglich. Das blieb auch gleichgültig, seitdem sich die Situation mit Christoph Kolumbus von Grund auf änderte. Sonderbar dünkt immerhin, daß Behaims Interesse, wie man sagte, sich vorzüglich der Meeresstraße des Magalhães zuwandte, für die sich die Fugger später lebhaft interes=sierten. Die Möglichkeit hintergründiger Zusammenhänge bleibt ge=geben, doch nicht erweisbar.

Durch Isabella von Kastilien und ihren Gemahl Ferdinand den Katho=lischen von Aragon wurde das kriegerische Werk der Rückeroberung ihrer arabisch okkupierten Länder mit der Einnahme Granadas voll=endet. Neben nationalen bewogen religiöse Impulse das Herrscherpaar

Wappenbrief Kaiser Friedrichs III. für die Fugger von der Lilie 1473

Venedig, Fondaco dei Tedeschi

zur maritimen Ausdehnung des Kreuzesglaubens nach Westen. Die politischen Vorgänge blieben untrennbar mit ökonomischen Entscheidungen verbunden. Jenen wie diesen kam äußerste Tragweite zu. Auf das Drängen des Großinquisitors Torquemada wurde die jüdische Führungsschicht der spanischen Wirtschaft etwa gleichzeitig mit der Auffindung Westindiens zur Auswanderung genötigt, nach grausamen Pogromen ihre Glaubensgenossen aus dem Portugal König Manuels vertrieben.

Inwieweit bei solchen für die iberische Entwicklung folgenschweren Aderlässen religiöser Fanatismus mit kaufmännischer Mißgunst wetteiferte, läßt sich nachträglich kaum klären. Jedenfalls litten die südwesteuropäischen Staaten, als sie sich durch kühnste Leistungen ihrer Admiräle und Konquistadoren zum Gipfel ihres Ruhmes erhoben, an einem verhängnisvollen Investitionsbedarf. Landfremde Firmen drangen als Gewinner der Tragödie des sephardischen Judentums und der hierdurch geschaffenen Konjunktur über die Grenzen. Neben Italienern waren das frühzeitig Franken und Schwaben. Sie errangen bei Hof, im Handel, Bergwesen und Geldgeschäft Schlüsselpositionen. Von diesen Stellungen aus gedachten die Deutschen in Spanien und zum Teil in Portugal einheimische Kaufherren zu überflügeln. Der Grund zu leidenschaftlichen ökonomischen wie nationalen Rivalitäten war gelegt.

Daß süddeutsche Firmen frühzeitig an ihre Beteiligung beim Indien- und Amerikageschäft dachten, kann für sicher gelten. Wegen der großen Heimlichkeit derartiger Nachrichten erhielt sich jedoch keine nähere Korrespondenz. Man muß die Dinge zwischen den Zeilen lesen. Als vornehmster Befürworter wirkte offenbar wieder König Maximilian. Bereits 1493 schuf er den Kontakt des portugiesischen Diplomaten Diego Fernandez mit Fugger. Freilich ging es damals nicht um amerikanische Pläne. Jakob sollte vielmehr zur Beteiligung seiner Firma an einer Chinaexpedition bestimmt werden. Die Himmelsrichtungen waren grundverschieden. Dennoch blieb das Vorhaben ähnlich. Es galt, die Deutschen in das Weltgeschäft einzuschalten. Der Versuch zeitigte allerdings nur bescheidene Resultate. Obwohl er schon vor der Teilung kolonialer Sphären durch Papst Alexander VI. und ihrer Überlassung an Portugal oder Spanien erfolgte, verfingen sich die oberdeutschen Überseewünsche im Dickicht kleinlicher Schwierigkeiten. Sie gelangten wegen ungünstiger Startbedingungen nicht zur Erfüllung. Außerdem wußten andere Völker rascher zu handeln.

Welche unvorstellbare Entwicklung die transatlantische Wirtschaft erlebt hätte, falls eine ostasiatische Interessengemeinschaft der Oberdeutschen als Wettbewerber in die mittelamerikanische Kolonialpolitik eingetreten wäre, läßt sich nicht abschätzen. Derart zukunftsträchtige Pläne lagen aber so weit außerhalb des Vorstellungsvermögens damaliger Zeit, daß der Bankier des Erzhauses seine Kräfte greifbareren Zielen zuwandte. Man wollte sich nicht im Nebel fragwürdiger Ent= deckungschancen oder widerstreitender kosmographischer Systeme ver= lieren.

Außerdem kannte Fugger das Meer anscheinend nur von seinen mediterranen Küsten. Niemals erlebte er körperhaft die unendliche Weite des Atlantik. Er hielt sich lieber an das Festland. Wahrscheinlich fiel es ohnehin schwer, den Launen seiner vornehmen Kunden und damit verbundener Mittelsleute gerecht zu werden. Der Gesellschaft lag jedoch viel daran, die bis zur Grenze des Wunderbaren ausgeweitete Vorstellung ihrer heimlichen Allmacht zu pflegen. Hierauf beruhte ihr erstaunlicher Aufstieg. Das Wissen um die bezaubernde Kraft der Suggestion im Bereich nüchternsten Rechnens zählt zu den Geheimnis= sen Fuggerschen Erfolgs.

Nach zahllosen Sorgen, die der franzosenfreundliche Kurs des lom= bardischen Herzogtums ihm bereitet hatte, entschloß sich König Maxi= milian 1493, eine Mailänder Prinzessin, Bianca Maria Sforza, zu ehe= lichen. Als Enkelin eines Heerführers paßte sie schlecht unter die erlauchten Stammütter. Die Hoffnung auf 400 000 Dukaten Mitgift gab indessen den Ausschlag. Zu diesem Zweck geschahen Beratungen des Herrschers mit Fugger. Der Kaufmann schoß Maximilians Ge= sandten Geld vor, ähnlich wie er Diplomatenfahrten nach Rom und Neapel finanzierte. Schließlich erfolgte noch die Überweisung von min= destens 84 000 Gulden der Mailänder Mitgift durch die Gesellschaft. Auch weiterhin bewiesen ihre Mailänder und Venezianer Faktoreien unermüdliche Gefälligkeiten. Wenn Maximilian mit dieser Heirat sich wirtschaftlicher Schwierigkeiten zu entledigen wünschte, ergab es sich von selbst, daß sein aktivster Finanzmann mitverdiente.

Noch bevor es zu der ökonomisch ausgerichteten Eheschließung kam, starb im Sommer 1493 nach unglaublich langer Regierung Maximilians Vater, der greise Kaiser Friedrich III. Zeitgenossen und Nachwelt be= dachten ihn mit billigen Spottnamen. Dennoch überbrückte sein Glaube an die Berufung des eigenen Geschlechts trübste Schicksalszeiten. Um= sicht und Zuversicht, die dem Monarchen neben mystischen Sonder= barkeiten frischen Mut schenkten, ließen Friedrich die Grundlage für eine zukünftige Macht des Erzhauses legen. Hierbei verschmähte er die Hilfe der Fugger keineswegs. Überhaupt entsprach bürgerlich=wirt= schaftliches Denken seinem Wesen mehr als manchem Fürsten der Zeit. Es wurde zum Glück der Habsburger, daß ihr geschmähtes Ober= haupt ahnte, wo sich schicksalsträchtige Kräfte rührten. So gingen Hausmacht und Hochfinanz eine lange Weile gemeinsame Wege.

Wenn nun Maximilian an die Spitze des Reiches trat, war mit einer Verstärkung dieser kaufmännischen Rückversicherungspolitik zu rech=

nen. Erneut stand Fugger in der vordersten Reihe. Seine Gestalt bildete die realistische Komponente im Verein jener Kräfte, die um Einfluß rangen.

Im Südosten befanden sich seit dem Falle Konstantinopels türkische Armeen im Vormarsch. Was Europa der mohammedanischen Offensive entgegenwarf, blieb jedoch so geringfügig, daß unersetzbare Stellungen am Nordufer des Schwarzen Meeres, frühere Kolonien der Republik Genua, verloren gingen. Man begrüßte die Ablenkung der Stoßrichtung des Islams auf Rußland sogar als Entspannung für Westeuropa und den zentralen Kontinent. Dem siegreichen Mohammed II. folgte 1481 ein anderer Sultan. Bajesid II. verzichtete trotz dynastischen Zwistes innerhalb der Türkei nicht auf die Expansion gegen Europa. Wiederum begann die alte Not.

Für kurze Zeit schien es, als könne eine Verständigung zwischen Österreich und Iwan dem Großen als Hüter der oströmischen Kaisertradition zur Aufrichtung einer Abwehrfront wider den Islam führen. Sie hätte von Moskau bis zum Kanal gereicht. Jedoch solche Erwartungen blieben unerfüllt. Sie scheiterten an konfessionellen Gegensätzen oder fürstlichem Wettstreit. Sobald sich Karl VIII. von Frankreich vom Anwärter auf die byzantinische Krone, Andreas Paläologus, noch dessen Rechte im Nahen Orient abtreten ließ, wollte Österreich nicht länger zögern. Seine Berater meinten, der Prestigekrieg um die Wirtschaftsgebiete in Italien und am Rhein gehe allen Aufgaben vor.

Nachdem der Habsburger nicht Schwiegersohn Zar Iwans des Großen geworden war und deshalb nicht vom russischen Boden her um den Balkan kämpfen konnte, wollte Maximilian dieses an der ungarischen Front versuchen. In seiner Eigenschaft als Titularkönig von Ungarn gedachte der deutsche Herrscher, seine Position durch wirtschaftliche Maßnahmen so weit zu stärken, daß sich der nötige Rückhalt für einen österreichischen Stoß nach Südosten finden ließ. Abermals standen ihm die Fuggerbrüder zu Seite. Die Firma wird bei diesen Unternehmungen kaum an gesamteuropäische Belange gedacht haben. Sie versuchte, zu den vorhandenen Rechten im Salzburger und Tiroler Bergbau Stützpunkte im Gebiet der Ungarn gehörigen Slowakei zu erwerben. Kupfer und Silber versprachen ihr reichen Gewinn.

Erste Schritte waren durch Georg Fugger längst geschehen. Allerdings die Firma ging vorsichtshalber das ungarische Vorhaben nicht direkt an. Sie wählte einen taktischen Umweg über Nürnberg und Breslau. Von hier aus wurde die Infiltration des deutschen Unternehmertums durch befreundete Handelskreise angebahnt. Dabei ließ sich ein Mann niemals übergehen. Es war Johann der Ältere Thurzo. Dieser verfügte über die nötigen Privilegien sowohl in Ungarn wie in Polen. Ferner erfreute sich der gleiche Krakauer Bürger des Wohlwollens der polnischen Krone. Wegen wichtiger Unternehmungen im Silberbergbau von Goslar besaß sein Name zudem bei der deutschen Wirtschaft guten Klang.

Diese Vorzüge enthoben Thurzo nicht bestimmter Schwierigkeiten. Ihm fehlte das Geld für technische Neuerungen. Ohne sie blieb aber jede Modernisierung des magyarischen Bergwesens aussichtslos. 1475 hatte er von König Matthias Corvinus Vollmachten zur Erschließung der ungarischen Montangebiete empfangen. Bis rund 1491 konnte Thurzo freilich nichts beginnen, was zu einem echten Umschwunge geführt hätte. Erst der Preßburger Friedensschluß vom gleichen Jahr gab ihm freie Hand. Mittel zur Begründung seines Dominats über das oberungarische Erzgebiet von Neusohl ließen sich in Oberdeutschland mobilisieren.

Persönlich oder unter Beiziehung von Strohmännern wurde eine Grube nach der anderen gekauft. Man konnte sich nur wundern, woher Thurzo soviel Geld besaß. Weil das Krakauer Kapital zu solchen Dispositionen niemals reichte, dürfte sich hinter seinen Operationen ein fremder Financier verborgen haben. Den ungarischen Bergstädten Kremnitz, Neusohl, Schemnitz, Königsberg, Pukancz, Dilln, und Libethen kam das nicht zum Bewußtsein. Ihnen fehlte jede Orientierung und Thurzo verschwieg, wer zwischen 1491 und 1494 den Erwerb fernerer Stollen ermöglichte. Auch sein stiller Partner unterließ jede Äußerung, so daß selbst wirtschaftlich orientierte Persönlichkeiten auf Vermutungen angewiesen blieben. Denn Thurzo und Fugger taten, als ob sie sich nicht kennen würden. Man verschob, sobald die Dinge offenkundig waren, die Ursprünge der Beziehung auf gemeinsame Jugendjahre in Venedig. Selbst gut informierte Kaufleute ahnten nicht, wie weit und seit wann sich Augsburg über seine Nürnberger Vertretung an der Breslauer Gesellschaft der Thurzo, Auer und Metzler beteiligte. Es geschah mindestens schon seit 1488, wenn nicht länger. Krakauer Vorschriften verboten strengstens derartige Konsortien, deshalb blieb unbedingte Diskretion geboten.

Sämtliche Privilegien, Urkunden, Schutzbriefe oder Quittungen über das ungarische Geschäft lauteten auf den Namen des älteren Johannes Thurzo. Er geriet in den Ruf eines mächtigen Geldmannes, obwohl ihm bares Geld fehlte. Erst als sein Ansehen nicht mehr genügte, um Widerstände des Bischofs von Fünfkirchen auszuräumen, ließ man die Tarnung fallen. Der Prälat wehrte sich dagegen, daß ein Bastard des ungarischen Königs Matthias Corvinus wertvolle Güter, die er für sein Eigentum hielt, verpachtete. Nun empfing der Prälat 1494 einen Brief des deutschen Königs. Maximilian empfahl ihm unter Hinweis auf Fugger einen Vertragsabschluß mit Thurzo. Seither löste sich jeder Zweifel, wer Thurzos Hintermann gewesen war. Zugleich wurde offen=

sichtlich, daß die Firma in Schlesien, Polen und Ungarn wie vor kurzem auf Tiroler Boden die dynastischen Vorhaben Maximilians mit klingenden Waffen verfocht. Vor dieser Allianz strichen König Ladislaus VII. von Ungarn wie der Bischof von Fünfkirchen ihre Segel. Sie kamen gegen eine gemeinsame Arbeit Maximilians und Jakob Fuggers nicht an.

Nun wußte die Öffentlichkeit, mit welchem Faktor sie im Westen, Süden und Osten Deutschlands rechnen mußte. Man sprach von Jakob und meinte Maximilian. Oder wenn im wirtschaftlichen Bereiche der Name des Königs fiel, ging im Kern von Fugger die Rede. Auch den Augsburger Mitbürgern war der Aufschwung der Gesellschaft nicht verborgen geblieben. Solange sich die Familie mit einem bescheidenen Anwesen gegenüber dem Weberhaus ganz zufrieden gab, wurde sie ähnlich bewertet wie in beiden vorausgegangenen Generationen. Nachdem die Fugger aber 1488 ihr neues Haus erwarben und es durch berühmte Meister verschönern ließen, weil es den Ansprüchen eines zahlreichen Geschlechtes, seiner Gesellschaft und ihrem Bedürfnis an Geschäftsräumen, Lagern und Repräsentation genügen sollte, war die einstige Vorstellung durchbrochen.

Den Aufstieg unter das Patriziat zu erzwingen, lag nicht in Fuggers Gewalt. Jedoch seine Einbeziehung in die kapitalistische Oligarchie Süddeutschlands wurde jetzt Tatsache. An ihr konnten selbst neiderfüllte Nebenbuhler nichts ändern. Das letzte Rätsel bestand darin, ob und wie es glückte, die eroberte Stellung zu behaupten und zu erweitern. Denn jenes Vermögen, das die Steuerbücher auswiesen, war 1494 noch keineswegs überragend. Ulrich besaß 21 666 Gulden. Georg verfügte über 17 177 Gulden. Jakob Fugger hieß nur 15 552 Gulden sein eigen.

Das entscheidende Geheimnis des Geschäftes lag anderwärts. An seiner Wahrung hing das Schicksal von Firma und Familie. Es bestand in zwei Dingen. Das eine war jene innere Organisation, deren Grundzüge schon der erste Gesellschaftsvertrag mit vorbildlicher Klarheit ordnete. Das zweite und größere Problem stellte sich mit der Frage, wie es den Brüdern gelang, bei systematischem Abbau nahezu sämtlicher Fremdbeteiligungen ihre Kapitalkraft zu steigern. Die volle Aufklärung dieses Rätsels ist, obwohl es in mancher Beziehung gelüftet wurde, bisher nicht geglückt. Woher die Fugger um 1494 das Geld für ihre Vorhaben holten, läßt sich heute allerdings klarer umschreiben als vor zwanzig Jahren. Möglicherweise harrt aber die Herzkammer ihres wirtschaftlichen Organismus noch immer der Entdeckung.

Ostindienfahrt des Balthasar Sprenger im Auftrag der Fugger, Welser, Höchstetter und anderer Kaufherren 1505/06. Holzschnitt des Jörg Glockendon nach Hans Burgkmair d. Ä.

5. Kapitel

BEGEGNUNG VON WIRTSCHAFT UND POLITIK

Zwei Fragen stellen sich jedem, der die Erfolge der Fugger um 1494 betrachtet. Es sind Rätsel des inneren Gefüges der Firma und der Herkunft ihrer Mittel. Von beiden ließ sich nur das erstere durch die Mitbürger lösen. Das Zusammenleben im Verband einer Stadt duldete auf die Dauer wenig Geheimnis. Ziemlich bald dürfte sich darum die Nachricht verbreitet haben, daß bei „Ulrich Fugger und Gebrüder von Augsburg" die Vorherrschaft des Ältesten einer Gleichberechtigung aller Teilhaber gewichen war. Den Namen gab wohl der Seniorchef. Jedoch hinter ihm stand bereits der Jüngste. Er machte sich als kommende Kraft bemerkbar. Seine Entscheidungen hatten, obwohl sie geringeren Umfang besaßen, schon höheres Gewicht als überdimensionale Dispositionen späterer Zeit. Die Schwerpunktbildung innerhalb der Gesellschaft ging von ihrem Gründer auf die dynamische Figur Jakobs über.

Nach außen trat vorerst keine Verschiebung ein. Aber es bleibt vielsagend, wenn nicht nur höfische Luxusgegenstände aus Fuggerlieferungen herrührten. Auch staatliche Münzbücher Tirols trugen die Handelsmarke der Firma als Kennzeichen. Damit sprachen sie nichts anderes aus, als was die habsburgische Politik ohnehin verriet. Der König regierte, aber die Banken herrschten.

Die Bindung an das Kaiserhaus mehrte unter anderem Fuggers Beziehung zur Nürnberger Gesellschaft Hirschvogel, die den Seefahrer und Geographen Martin Behaim als Agenten beschäftigt hatte. Desgleichen besaß Jakob gute Fühlung zu dem Brixener Fürstbischof, Melchior von Meckau, der persönlich oder von Amtes wegen über hohe Summen verfügte, aber zunächst unter die Kunden Hirschvogels zählte. Die fränkische Wirtschaft durfte auf der Hut sein, damit sie einen so wertvollen Klienten nicht verlor. Denn angesichts des Augsburger Kapitalbedarfs mußten die Schwaben Auswege ersinnen, wie sie durch Hereinnahme zusätzlicher Mittel ihre Leistungskraft steigern konnten. Falls es auf Kosten der Konkurrenz gelang, war das nur ein Gewinn.

Um 1494 wären die Brüder aus verschiedenen Umständen nicht abgeneigt gewesen, zum Zweck innerer Festigung eine Pause eintreten zu lassen. Die Zeit der Ruhe mochte auch dem Wiederanknüpfen des Gespräches mit Sigmund dem Münzreichen dienen. Das erhoffte Silber- und Kupfermonopol ließ sich ohnehin nicht so rasch aufrichten, wie man vermutet hatte. Selbst an eine friedliche Ausnützung der eingeräumten Privilegien war kaum zu denken. Die Fugger dankten ihre juristischen Vorteile zumeist der Gunst Maximilians und mußten folglich auch die Nachteile seiner Bundesgenossenschaft in Kauf nehmen.

Jakobs Kunst bewährte sich darin, selbst aus mißlichen Situationen Vorteil zu ziehen. Wenn ihm die unerwünschte Aktivität des Kaiserhauses derzeit keine Besinnung gönnte, dann gebrauchte er die nächste Gelegenheit, um die erprobte Verbindung mit dem Fürstbischof von Brixen zu befestigen. Aus seinem eigenen Erbgut besaß Meckau keine wirtschaftliche Macht. Jedoch er wußte aus dem Erzsegen der Alpen Gewinn zu schöpfen. Nachdem die Fugger erreicht hatten, daß der Kirchenfürst sein Vermögen illegal bei ihnen anlegte, waren diese bald unter die ersten Kapitalmächte des Reiches zu rechnen.

Nicht bloß die Fiskalbürokratie beugte sich aus peinlicher Erbötigkeit den wirtschaftlichen Kräften, gleichviel woher sie kamen. Auch die Majestät warb um Fuggers Wohlwollen. Vom englischen Königshaus der Tudor war für Maximilian keine sichere Unterstützung zu erwarten. Also mußte ihm das schwäbische Bürgertum aushelfen. Da andere Firmen Mißtrauen gegen die Vorhaben des Königs bewiesen, gedachte er, die Fugger mit unwiderstehlichem Charme zu bezaubern. Allein schon die beiden Älteren werden nach den Erfahrungen der Fugger vom Reh nicht vergessen haben, wie gering seine Huld wog. Sie schlug unbegreiflich rasch in ihr Gegenteil um. Vollends wird Jakob, nachdem er bei der Ausschaltung Sigmunds von Tirol nicht nur Zuschauer gewesen, sondern an dem erfolgreichsten Coup Maximilians mitgewirkt hatte, sich erinnert haben, wie übergangslos seine Liebenswürdigkeit zur Erpressung sich wenden und den Partner zugrunde richten konnte.

Solche warnenden Erfahrungen blieben Goldes wert; denn seither war mit derlei Methoden gegenüber der Gesellschaft nichts auszurichten. Ihre Willfährigkeit bemaß sich nach rheinischen Gulden, Zentnern Kupfers und Mark von Silber. Schöne Worte schlugen nicht an. Sie waren hier als Valuta kaum gefragt. Eine derartige Entmythologisierung oder Desillusionierung aller Beziehungen, die mit dem landläufigen Bilde des romantischen Ritterkönigs disharmonierten, führte noch zu keiner Verstimmung. Es scheint vielmehr, als habe der tatsachennah und kaufmännisch orientierte Fürst diese Sprache durchaus verstanden. Daß die Fugger zwischen 1487 und 1494 über 620 000 Gulden Darlehen gewährten, beweist den praktischen Erfolg der prosaischen Note im Wesen des Königs. Seine anpassungsfähige Natur wußte jedem auf andere Art zu begegnen. Er empfing deshalb von dem „Vertreter der großen Fugger zu Antwerpen" auf Wunsch fühlbaren Beistand. Freilich der Agent blieb an die Weisungen der Zentrale gebunden. Sie bemaßen sich nach kaufmännischen Grundsätzen. Die Auszeichnung einer Audienz, die den Agenten betören sollte, konnte daran nichts ändern.

Das waren Grenzen, mit denen die Krone zuweilen nicht rechnete. Bisher zeigten sich Kaufleute nur selten unbestechlich für das Lächeln ihrer Monarchen. Man sonnte sich in der Gunst gekrönter Häupter und verbrannte häufig die Flügel. Bei Fugger glückte solches nicht. So stieg in Maximilian die erste Mißstimmung auf. Jakob sparte nicht mit respektvollen, jedoch klugen Mahnungen. Dazu kam ein Gerücht von 400 000 Gulden, die Fugger beim Tiroler Silber während jener Jahre angeblich verdiente. Selbst wenn diese Botschaft nicht zutraf, genügte sie, um die Atmosphäre zu trüben. Nebenbuhler verschiedener Herkunft werden kaum nachgelassen haben, die Kontakte zwischen König und Bankier, sobald sich diese als anfällig erwiesen, zu vergiften. An Phantasie bestand hierbei kein Mangel. Wenn überdies Geschäftsverbindungen zwischen Fugger und den badischen sowie bayerischen Fürstenhäusern vorlagen, glaubte sich der Habsburger genötigt, das Recht des Kaufmanns wider Vertrag und Siegel zu beschneiden. Was Vorteil bringt, gilt gerne für zulässig.

Der Verdacht, daß Jakob eine Umstellung seiner Arbeit auf andere Wirkungsgebiete erwäge, mag berechtigt gewesen sein. Er nahm es widerspruchslos hin, wenn bei gewissen Lieferungen andere Firmen bevorzugt wurden. Besonders im Spezereihandel ließ er untergeordneten Geschäftsleuten freie Hand. Jedoch das sagte nicht viel. Fuggers Interesse galt den Gewürzen erst in zweiter und dritter Linie. Wer das nicht wußte, konnte es so verstehen, als ob sich eine Absetzbewegung aus dem Habsburger Lager ankündige, ähnlich wie vor Jakob zahllose Firmen der europäischen Renaissance durchaus nicht immer derselben Partei anhingen. Man stellte unter wechselnden Bedingungen und bei steigenden Preisen heute diesem, morgen jenem Machthaber die eigenen Dienste nach Angebot und Nachfrage zur Verfügung. Wer zynisch und mit guter Intuition rechtzeitig die falschen gegen die besseren Pferde wechselte, war einer großen Zukunft sicher. Freilich Fehler bedeuteten bei diesen Größenordnungen und der Unbarmherzigkeit ihres Wettstreites hoffnungsloses Verderben.

Das Phänomen als solches ward richtig gesehen. In seiner Deutung gingen Fuggers Kritiker aber in die Irre. Maximilians Hang zur Zersplitterung und zur Jagd nach Phantomen war unbezähmbar. Er konnte nicht verstehen, weshalb der Kaufmann sich seinem Werben nur zögernd erschloß. Dabei war es lediglich Jakobs Wunsch, jede Lähmung der eigenen Liquidität zu verhüten und ihre Schlagkraft für große

Stunden zu erhalten, die Fuggers Sprödigkeit in Kreditfragen verur=
sachte. Eine intime Kenntnis der menschlichen Eigenheiten seines hohen
Herrn empfahl äußerste Zurückhaltung, um hernach bei entscheiden=
den Ereignissen energisch mitsprechen zu können.

Zur Verteidigung der Reichs= und Bischofsstadt Konstanz, welche die
Eidgenossen im Schwabenkrieg bedrängten, wurde die Gesellschaft
offenbar nicht aufgeboten. Wenigstens ist kein Hinweis in dieser Rich=
tung erkennbar. Dagegen stand sie dem König auf italienischem Boden
mehrfach zur Hand. Dieser fühlte sich der Augsburger dort sicherer
als bei der Auseinandersetzung mit den stammesverwandten Schweizern.

Als der Florentiner Predigermönch Girolamo Savonarola seinem Amt
als strafendem Propheten folgend die Medici aus Florenz vertrieb, er=
warteten gläubige Anhänger das Weltende. Innsbruck und Augsburg
urteilten kühler. Ihre Handelskreise werden die Befreiung von über=
mächtiger Konkurrenz begrüßt haben. Für sie lag auch kein Grund
zur Beteiligung an jenen Verwickelungen vor, die sich dem Auftreten
Karls VIII. von Frankreich in Italien, seinem Zuge nach Neapel und
den Auseinandersetzungen mit Papst Alexander VI. anschlossen. Im
Urteil Fuggers blieben diese Geschehnisse Vorgänge, die sich zumeist
in Gebieten abspielten, wo die Gesellschaft kein eigenes Interesse ver=
folgte. Einstweilen besaßen die Brüder in der Toskana, am Tiber und
gar in Unteritalien noch freie Hand. Weshalb sollten sie sich dort für
Dritte mit Unannehmlichkeiten belasten?

Die Situation veränderte sich, als im Frühjahr 1495 eine gemeinsame
Front des Papstes, der Könige Maximilian I. und Ferdinand von Aragon
mit Mailand und Venedig glückte. Man wollte die Franzosen vom
Boden Italiens vertreiben. Für diese weitreichenden Absichten bedurf=
ten die Großmächte wirtschaftlicher Hilfe. Ihr Beginnen blieb ohne
finanzielle Organisation unerfüllbar. Bei Aktivierung der Beziehungen
zwischen dem Dogen und dem deutschen König zeigte die Niederlas=
sung Fuggers am Rialto vielseitige Verwendbarkeit. Ihre Unterstüt=
zung durfte umso höher bewertet werden, als westdeutsche Fürsten
mit dem Gedanken einer Annäherung an Frankreich spielten, die auch
dem Kaufmann vorteilhaft gewesen wäre. Der folgende Wormser
Reichstag bewies wenig Neigung, die europäische Großmachtpolitik
der Krone steuerlich zu fördern. Folglich waren die schwäbischen Geld=
leute Maximilians Zuflucht. Es schien unerheblich, ob er an ihnen
echtes Gefallen fand oder sich nur wohl oder übel dieser Hilfe bediente.
Jedenfalls mußten das Erzhaus und seine Beamten ihre verständliche
Sehnsucht nach Befreiung aus dieser latenten Vormundschaft einst=
weilen aufschieben.

Den eifersüchtigen Hütern über die Unabhängigkeit der Krone ver=
blieb ein letzter Ausweg. Wenn es gelang, konkurrierende Firmen wie

die Fugger, Gossembrot und Herwart in einem gemeinsamen Projekt zu vereinigen, schien die Gefahr ausschließlichen Dominates einer Gesellschaft durchkreuzt. Diese Erkenntnis besaß allerdings nur solange Richtigkeit, wie keine Firma die widerstrebend erduldete Gemeinschaft dazu mißbrauchte, ihre Rivalen auf solchem Umweg mattzusetzen. Allein derartige Möglichkeiten schienen einstweilen außer Reichweite. Sie wurden darum kaum ernsthaft bedacht. Daß die drei Augsburger Häuser ihre 64 000=Gulden=Anleihe für Maximilian mit der Einräumung von Vorzugspreisen bei 48 000 Mark Tiroler Silber sich entlohnen ließen, brachte dem König keine Sorge. Denn nun eröffneten sich ihm triumphale Aussichten. Sie mochten Habsburg die Demütigung der Valois, ihm persönlich aber die Kaiserkrone bescheren. Daß man damit noch keineswegs sämtliche Schwierigkeiten ausräumte, hätte den jungen Fürsten die Erinnerung an seinen Vater lehren müssen.

Maximilian zählte zu jenen vermeintlich glücklichen Naturen, die Unangenehmes sich rasch aus dem Sinn zu schlagen wissen. Vielleicht war es nötig, Risiken einzugehen, wenn einer aus dem Glücksspiel um die Macht als Gewinner hervorgehen wollte. Der König blieb aber zu sehr geneigt, unzulänglich vorbereitete Kriege vom Zaune zu brechen. Er mußte sie hernach unter bittersten Einbußen an Geld, Land, Leuten und Ansehen wieder einstellen. Solches geschah dann, um sich knapp darauf in das nächste gleich schlecht vorbereitete Abenteuer zu stürzen. Alles erfolgte im Zeichen steten Vertrauens auf die Unerschöpflichkeit schwäbischer Schatztruhen.

Die Augsburger Geldleute vermochten mehr als andere. Indessen Maximilian übersah, daß man die Hilfe der Kaufherren irgendwann und auf irgendeine Weise bezahlen mußte. Die vermeintliche Sympathie der Wirtschaft ward der Krone nicht auf das Geratewohl zuteil. Gewiß kann Reichstreue, die in oberdeutschen Städten für traditionell galt, mitgesprochen haben. Dennoch verfolgten die Großbürger hinter der Kulisse ihrer Königstreue persönlich kühne, aber greifbare Interessen. Es war töricht anzunehmen, daß Fugger anders handeln werde als seine gesamte Schicht. Er kam aus ihr und führte deren Wesen zur Vollendung.

Ohne sich um die Konkurrenz oder ein Nachlassen der königlichen Gnade zu kümmern, gingen die Brüder in mancher Hinsicht eigene Wege. Mit ihren Kollegen und Rivalen Sigmund Gossembrot und Georg Herwart steuerten sie im Sommer 1495 zur Kriegführung Maximilians bei. Trotzdem wurde ein Vierteljahr vor Abschluß dieser unfreiwilligen Vereinbarung am 16. März des gleichen Jahres ein neuer Vertrag der Fugger über den Ungarischen Handel geschlossen. Dieser beraubte Thurzo der hauptsächlichen früheren Vorteile. Er behielt zwar den Be=

trieb seiner Schmelzhütte bei Krakau. Aber fortan galten beide Familien, Fugger wie Thurzo, als gleichberechtigte Teilhaber ihres ostwirtschaftlichen Unternehmens. Der letzte Schein eines Vorwaltens der Krakauer ward hiermit ausgetilgt.

Die gleiche Neigung zur Konzentration von Führung und Initiative in der eigenen Hand ließ sich bei sonstigen Geschäften feststellen. Jedoch Thurzo gegenüber mußte Jakob auf seine übliche Taktik der Ausschaltung entbehrlich gewordener Helfer verzichten. Vielleicht hätte man sich des Kompagnons gerne entledigt. Aber dessen Position war doch zu stark. Die Firma konnte es nicht versuchen. So fand Fugger Mittel, um Thurzos Stellung außer in seiner prozentualen Beteiligung auch mit anderen Maßnahmen sehr zurückzustufen. Nachdem an eine Beseitigung nicht zu denken war, sollten die Thurzo in den Bergstädten und an den ungarischen oder polnischen Königshöfen, im Durcheinander verfeindeter Nationalitäten diplomatische Wege zur Ausweitung des gemeinsamen Unternehmens bauen. Das Produktionszentrum Neusohl ging in Fuggers Kontrolle über. Johann Thurzo standen auf dem heiklen Boden Osteuropas durch Herkunft, Bekanntschaft wie Erfahrung bessere Hilfsmittel zu Gebote als seinen schwäbischen Freunden. Diese mußten Rücksicht üben. Denn die ostpolitische Geltung ihres Protektors König Maximilian war stark umstritten. Folglich durften die Augsburger keinen Anschlag auf die Mitbestimmung des einstigen Urhebers neuzeitlichen Bergbaues in jenen Räumen wagen. Solches kam erst in Frage, wenn Jakob Fuß gefaßt hatte und sich günstige Umstände für einen Wandel boten. Die erzwungene Zurückhaltung änderte nichts an der Tatsache, daß Fugger auch diesen Wirtschaftsraum ausschließlich zu beherrschen suchte.

Das Ansehen der Thurzo sank schrittweise zusammen. Johann der Alte hielt nur mehr über die technische Gewinnung der Rohstoffe seine schirmende Hand. Die Verwaltung, das Ausschmelzen, Metallscheiden, Kupfer- und Silberverkäufe samt den Fabrikationen von Kesseln und Geräten bis zu Kanonen und Särgen wurden seiner Einwirkung entzogen. Dieses erschien Jakob als passender Weg, um den Gemeinschaftsbetrieb in ein reines Fuggergeschäft unter Wahrung der Thurzo-Allianz zu verwandeln.

Es fiel nicht leicht, die richtigen Standorte für die Verarbeitungsbetriebe zu wählen. Solche Werkstätten mußten unter der alleinigen Aufsicht der schwäbischen Gesellschaft erstehen. Wenn Thurzos Ruhm verblassen sollte, war es klug, alle Veredelungsbetriebe dem osteuropäischen Gebiet so weit fernzuhalten, wie sich das mit dem regionalen Vorkommen der Erze vertrug. Man durfte von den Fundplätzen allerdings auch nicht zu weit abrücken, um jede sinnlose Steigerung der Transportspesen zu unterbinden.

Fugger mied die ungewissen Machtsphären der ungarischen, böhmi=
schen und polnischen Kronen. Andererseits wollte der Schwabe sich
nur ungern im österreichischen Bereich ansiedeln. Sonst war sein Vor=
haben dem Willen der dortigen Behörden ausgeliefert. Diese brauchten
keineswegs mit den Planungen der Augsburger zu harmonieren. End=
lich sollte die Zurückhaltung vor dem Eigenwillen großmachtlüsterner
Territorialfürsten nicht übertrieben werden. Um ihrer Sicherheit wegen
durften die künftigen Schmelzwerke, Gießhütten und Erzhämmer auch
nicht in Landschaften außerhalb der üblichen Verkehrswege und lei=
stungsfähiger Absatzräume verpflanzt werden. Sonst hätte eine Summe
kleinlicher Reibungsmomente das großartige Beginnen lahmgelegt.

Die kaufmännische Erwägungen kreisten um eine Unzahl von Pro=
blemen. Fugger hat ihr Detail keinem Schriftstück anvertraut, oder es
ward rechtzeitig für Vernichtung gesorgt. Dennoch gediehen seine Be=
mühungen so rasch voran, daß die Firma 1495 zur Gründung zweier
Auswertungsbetriebe schreiten konnte. Der eine befand sich zu Fug=
gerau im Kärntner Herrschaftsgebiet der Fürstbischöfe von Bamberg
bei der Abtei Arnoldstein nächst Villach. Der andere entstand im säch=
sischen Herrschaftsraume Mitteldeutschlands zu Hohenkirchen unter der
Obhut der Äbte von Georgental bei Ohrdruf. Diese Plätze lagen ver=
kehrstechnisch günstig für die Verbindungswege zwischen Ungarn, der
Adria und den Niederlanden. Trotzdem erlaubten sie den Habsburgern
keine Ausübung unmittelbaren Druckes.

Jeweils gehörte die örtliche Gewalt ohnmächtigen kleinen Prälaten.
Beide wollten sich den Nutzen industrieller Anlagen durch Gewährung
weitgespannter Privilegien sichern. Sie bedurften nebenher im kirch=
lichen Bereich Fuggerschen Beistands. Während die Bamberger Bischöfe
hierauf bauten, erhielten die sächsischen Herzöge durch Lieferungen
von Süßwein eine schmackhafte Belohnung für ihren moralischen, recht=
lichen und militärischen Schutz. Die deutschen Kurfürsten und Herzöge,
Bischöfe und Äbte gewährten Jakobs Transporten und Betrieben obrig=
keitlichen Beistand. Daß sich unter ihrer Obhut mancherlei abspielte,
was ihnen weniger zusagte, falls sie davon erfuhren, bleibt keineswegs
ausgeschlossen.

Auf= und Ausbau der teilweise durch Schlösser, Mauern, Wälle und
Gräben behüteten Industrieanlagen in Kärnten und Thüringen ver=
schlangen seit 1495 gewaltige Summen. Das einmal Begonnene konnte
man nicht wieder abbrechen. Andernfalls entglitten die Zügel den Hän=
den der Brüder. Darum wurden so hohe Beträge auf diesen Zweck ver=
wandt, daß die Gesellschaft zeitweise das Erzhaus enttäuschen mußte.
Selbst Fugger konnte nicht allen Herren gleichzeitig dienen. Mitunter
kam es zu peinlichen Szenen. Als König Maximilian eine Sonderge=
sandtschaft zur Beratung mit Jakob auf die Frankfurter Messe ab=

ordnete, wußte er dieser Begegnung auszuweichen. Die Gesellschaft wünschte das Eingeständnis der eigenen Anspannung mit Rücksicht auf Kredit und Prestige möglichst zu unterlassen.

Eine vorübergehende Trübung des Verhältnisses zwischen Fugger und dem Erzhause ließ sich im Gefolge der ungarischen Investitionen nicht vermeiden. Eine Verknappung des Bargeldvorrats hätte die Krone wahrscheinlich verziehen. Sobald man aber von Sendungen über Ostdeutschland und Polen, Danzig und Frankfurt a. d. Oder nach Kopenhagen, Hamburg, Amsterdam und Antwerpen hörte, blieb es den Beamten unerfindlich, weshalb Fugger sein Geld auf diese Arbeit konzentrierte, statt es dem König zur Verfügung zu stellen. Nachdem schließlich noch Unternehmungen der Firma zu Goslar und Lüneburg ruchbar wurden, war eine Entzweiung fast zwangsläufig. Wenn Jakob am rheinischen und englischen Zinnmarkt als Käufer auftrat und für diese Pläne dauernd Geld bereitstand, wirkte jede Absage an die Krone und deren Räte äußerst peinlich.

Fast überall im Reiche tauchten die Fugger seit 1495 im Zusammenhang mit Kupfer= und Edelmetallgeschäften auf. Sie errichteten Niederlassungen in Österreich, Ungarn, Polen, Schlesien und Franken, in Niederdeutschland und am Rhein. Auch in den hervorragenden Wirtschaftsmetropolen des europäischen Nordwestens wie den berühmtesten Handelsstädten Italiens hausten ihre Vertreter in eigenen Palästen oder verfügten über besondere Lager. Diese Tatsache übte auf den Geist Maximilians eine hervorragende Lockung aus. Obwohl sich Jakob etwas von ihm geschieden hatte, konnte der Herrscher seiner nicht entbehren. Sehnsüchtig gedachte der König jener runden Million Gulden Einnahmen, die von 1495 bis 1504 durch die Kassen des Ungarischen Handels der Fugger und Thurzo rollte, ebenso eines Reingewinns von 365 000 ungarischen Gulden Jakobs. Die Rechnungsbücher der Firma wiesen unheimliche Beträge aus, während die Ebbe in den österreichischen Kammern dauernd zunahm.

Es blieb ärgerlich, wenn die Gesellschaft, ohne daß der König es bemerkte, sich zu einer Macht von derartiger Unabhängigkeit aufschwang, daß ihr nicht mehr wie früher befohlen werden durfte. Der Monarch mußte Jakob als Bittsteller nahen. Immerhin schien es klüger, auf solche Weise unter obrigkeitlicher Einwirkung Fuggers Geschäfte mit jenen seiner Konkurrenten zu koppeln, als beide überscharf gegeneinander auszuspielen. Wie rasch konnten sonst statt Österreichs die Franzosen oder andere Potentaten im Wettstreit um die Gunst der Großbank die Oberhand erringen. Vielleicht gelang es auf stille Weise, die widerstrebenden Augsburger Pferde mit fester Faust vor den Triumph=Wagen des Erzhauses zu spannen.

Maximilian ahnte nicht die kreditmäßigen Untergründe, auf denen sich die Gesellschaft von der Adria bis zum Sund, vom Kanal bis an die Tatra erhob. Er würde den Brüdern gezürnt, möglicherweise ihr Beginnen gestört haben. Als Walter des königlichen Vertrauens war der Fürstbischof von Brixen mit Jakob in Fühlung gekommen, und dieser erfaßte die ihm dargereichte Gelegenheit mit hellen Augen. Unsichtbar spann der Kaufmann Fäden, die den Prälaten nach wenigen Monaten mit der Gesellschaft verbanden. Im Frühjahr 1496 erhielt Meckau durch seine Nürnberger Vertrauensbank vom König 20 000 Gulden zurück. Fürstbischof Melchior stellte diese Summe seinem Landesherrn nicht wieder zur Verfügung, obwohl der König darauf hoffte. Das Geld sollte im Unsichtbaren verschwinden.

Die aus verständlichen Gründen von Jakob persönlich ausgestellte Quittung bestätigte die früheste Großinvestition kirchlicher Mittel im Unternehmen der Brüder. Für den Brixener bot diese ungewohnte Regelung den Vorteil, daß weder Papst noch König oder Domherren seine Reserve antasten konnten. Zugleich gewann der Bischof, wiewohl im Gegensatze zur herrschenden Lehre, regelmäßig Renten. Die ihm zugedachten Zinszahlungen wurden aber meistens zur Summe der Einlage geschlagen, weil der Vorgang so am sichersten verborgen blieb.

Dem sächsischen Realisten war diese Regelung willkommener als jede Gnade, die er empfangen konnte, wenn Meckau sein aufgehäuftes Vermögen in den Abgrund der österreichischen Staatsfinanzen warf. Jakob ließ nicht mehr locker. Im Falle gewissenhafter Einhaltung seiner Zusagen bestand Aussicht, daß dem ersten Depot größere folgten. Wenn dem staatlichen und kurialen Kreditbereich immer höhere Beträge verloren gingen, war das kein Verbrechen. Krone und Tiara mochten selbst darauf achten, daß sie nicht durch nachlässige Behandlung wichtiger Gläubiger ihrer Sache schadeten. Fuggers Initiative gewann jedenfalls durch die Blutvermehrung der Gesellschaft wesentlichen Auftrieb. Ohne materielle Stärkung der Firma ließen sich Vorhaben wie der Ungarische Handel niemals durchführen.

Man hat oft jene Summen bestaunt, die den Fuggern aus ihren Unternehmungen zuflossen. Dabei wurde meist übersehen, daß ihnen die nötigen Mittel keineswegs von Anfang an zu Gebote standen. Als ihre großen Geschäfte begannen, waren die Brüder über das oberste Drittel der Augsburger Finanzwelt noch nicht hinausgewachsen. Erst durch Jakobs genialen Einfall, Vermögenswerte aus der Verwahrung geistlicher Würdenträger an sich zu ziehen und im Dienste der Gesellschaft zu aktivieren, gelang eine Erweiterung der Basis. Auf sie gestützt, glückte um 1496 die Überflügelung der oberdeutschen Konkurrenz, wiewohl die Fugger selbst deren Vermögensziffern zunächst nicht einholten.

Allerdings fehlten umgekehrt keineswegs Belastungen. Es konnten auf die Dauer Gefahren winken, wenn der Fürstbischof von Brixen durch seine Einlagen zum überragenden Kapitalgeber der Fugger wurde. Meckaus Vermögen in der Firma ließ sich mit der Beteiligung der drei Brüder nicht vergleichen. Ihre Gesamtsumme stand wesentlich hinter seinem Betrag zurück. Derartige Verlagerungen bedrohten Führung und Struktur des Unternehmens. Augsburg mußte auf der Hut bleiben, damit die Umwälzung nicht zum Verhängnis der Firma ausschlug.

Jakob ließ sich aber von Risiken keineswegs einschüchtern. Jeder gut orientierte Mann wie Melchior von Meckau besaß in seinen Augen noch weitere Vorzüge als nur blankes Bargeld. Der Kirchenfürst verfügte über Beziehungen und konnte der Gesellschaft als Verbündeter bestimmte goldene Bälle zuwerfen. Seine Informationen bewahrten die Firma vor mancherlei Nachteil und legten tatkräftiges Zupacken nahe, wo schlechter unterrichtete Kaufleute ihre Beutel ängstlich zuhielten.

Unabdingbare Voraussetzung für das Ineinandergreifen aller Räder blieb die Vertraulichkeit des unterirdischen Bündnisses. Solches Stillschweigen ersparte dem Brixener Bischof störende Eingriffe geistlicher und weltlicher Autoritäten. Zugleich ward die Gesellschaft durch den Zwang zur Verheimlichung vor Ungemach behütet. Meckau scheint das Recht zur Mitsprache trotz seiner hohen Partnerschaft niemals angestrebt zu haben. Für jenen, der diese Befugnis nicht gebrauchen durfte, war sie wertlos.

In seinem Tatendrang durch Brixener Geld ermutigt, wagte Jakob das finanzpolitische Spiel der Jahre 1496 bis 1499. Ohne den Beistand Melchiors von Meckau hätte es zum Zusammenbruch seines komplizierten Gebäudes führen können. Einheimische und auswärtige Rivalen wirkten einhellig auf dieses Ziel hin. Fugger wich der unvermeidlichen Auseinandersetzung nicht aus. Er verschärfte Tempo und Härte. Die Gesellschaft ging aus der Deckung zum Gegenangriff auf ihre Konkurrenz über, weil sie sich dank hoher Protektion überlegen fühlte, und die Widersacher sich zu keinem geschlossenen Vorgehen aufrafften.

Das Jahr 1496 begann für die schwäbische Wirtschaft mit einem gemeinsamen Darlehen von 12 000 Gulden der Gossembrot, Herwart und Fugger an den deutschen König. Der Vorgang verdiente Beachtung. Allerdings seine Dimension war bescheiden. Darum setzten die Brüder daneben private Darlehen und Rentenzahlungen an Maximilian fort. Ohne sie wäre er in Verlegenheit geraten. Auch das Streben Karls VIII. von Frankreich nach finanziellem Einfluß auf die Schweiz forderte eindrucksvolle Gegenmaßnahmen der Schwaben. Da dem

Jakob Fugger und sein Hauptbuchhalter Matthäus Schwarz

Vordere Seite: *Italienisches Fugger-Gebetbuch um 1500*

Habsburger die hierfür nötigen Gelder fehlten, fand er sich zu einer Condottierestellung mit Venezianer Gehalt bereit, ohne darum auf Fuggers Subsidien zu verzichten.

So skeptisch einsichtige Politiker das Verlöbnis zwischen Doppeladler und Markuslöwen beurteilten, die neuesten Erfahrungen Maximilians stellten alles Bisherige in den Schatten. Der Doge zeigte ihm die kalte Schulter, wenn deutsche Truppen in Oberitalien erschienen. Man hatte am Rialto die habsburgische Allianz nicht zur Unterstützung des Reiches in der Poebene geschaffen. Aber Maximilian I. wollte eine wirtschaftliche Aktion unter Einbeziehung der Venezianer für sich ins Werk setzen. Zu diesem Zweck sollte ein Konsortium der Fugger, Herwart und Gossembrot geschaffen werden und nach dem Vertrieb der eigenen Metallvorräte österreichische Reserven unter dem Namen schwäbischer Firmen auf dem adriatischen Markt absetzen. Welche Schwierigkeiten einem derartigen Vorhaben drohten, begriff die Majestät nicht. Was ihr vorteilhaft schien, sollten die Gesellschaften riskieren.

Schon die Gleichschaltung verfehdeter Kräfte bedeutete erhebliche Gefahr. Keine wollte wegen des Erzhauses die eigene Sicherheit, Namen, Achtung und Kredit vor der Republik auf das Spiel setzen, um mit der Freundschaft des Königs zu prunken. Von seinem Wohlwollen durfte in Oberitalien nichts verlauten. Blind für solche Komplikationen, trieb Maximilian seine Helfer zu bedenklicher Hast an. Inzwischen kaufte er bei Fugger zu Mailand Gewürze verschiedenster Art und ließ sich über die Frankfurter Zahlstelle Rüstungen, Pulver und Pfeile nach Genua besorgen. Selbst die Überfahrt seiner Armee von diesem Hafen nach Pisa glückte erst, als Jakob dem Genueser Grimaldi gutstand. Für Schuldbriefe der deutschen Krone bestand keine Meinung. Nach bescheidenen Anfangserfolgen mißglückte dem König die Einnahme von Livorno. Auch der Florentiner Gottesstaat brach vor der Offensive nicht zusammen. Sie verlief als großspuriges Unternehmen im Sande. Bei solchen Phantastereien durfte man keine Beihilfe reiner Geschäftsleute erwarten. Obwohl der Erfolg ausblieb, tröstete sich das unbeschwerte Naturell Maximilians über den Fehlschlag rasch hinweg. Weshalb sollte er sich für Papst= und Finanzdynastien mit der ekstatischen Republik herumschlagen, wenn Alexander VI. keine Neigung zeigte, ihm zur Kaiserkrönung zu verhelfen.

Auch den Fuggern ward wohler, als die Trompeten zum Rückzug bliesen. Eine Offensive hätte sie Geld und Freunde gekostet. Zudem war Jakob auf keine politischen Einzel= oder Irrgänge seines hohen Herrn finanziell gefaßt. Die Firma durfte sich zwar aus tausend Rücksichten nicht vom Erzhause lösen. Sie empfand es jedoch dankbar, wenn man dieses Wohlwollen mit keinen sinnlosen Darlehen zu bezahlen brauchte.

Die Krise am deutschen Geldmarkt und das angespannte Verhältnis unter den schwäbischen Metallhändlern verboten Jakob um 1497 jedes Experiment. Seine Position im römischen Bankviertel hatte den Rückschlag nach dem Tode Markus Fuggers noch nicht überwunden. Man erholte sich nur allmählich und jeder Vergleich mit den führenden italienischen Firmen blieb unangebracht. Voll zäher Planmäßigkeit strebten die Fugger nach einer Konzentration der deutschen Pfründen= vermittlungen in ihrer Hand. Die Überweisungen von Gebühren aus solchen Kirchensprengeln wie etwa Straßburg, Mainz, Augsburg, Kon= stanz, dem masovischen Plock und dem schwedischen Lund, ferner den französischen Diözesen Tours, Le Mans, Beauvais, Poitiers, Auch, Cahors, Narbonne, dazu aus den Bereichen von Genf, Aosta, Brixen und Padua bewiesen, auf welch breiter Front die Gesellschaft zum Angriff auf den Dominat italienischer Banken antrat. Jakob wollte sich um jeden Preis durchsetzen. Auch hierbei werden die Thurzo, da mehrere Söhne Johanns bischöflichen Rang erwarben, und Melchior von Meckau zuweilen mitgeholfen haben.

Fugger ging es nicht mehr um kleine Okkasionen. Es war wenig gedient, wenn man dem oder jenem Finanzinstitut, das sorglos seinen Dingen nachging, Gelegenheitsumsätze abjagte. Statt dessen sollte eine kirchenfiskalische Organisation im Bereiche zentral= und osteuro= päischer Landschaften aufgerichtet und von Augsburg dirigiert wer= den. Mit diesem Apparate gedachte Jakob in das politische Finanzge= schäft und den Erzhandel einzugreifen. Er wollte nicht kleine Fische angeln, sondern große Netze auslegen, um einen mächtigen Fang zu tun.

Der römische Zweig der Gesellschaft arbeitete unter dem Namen eines Florentiner Klerikers. Das schien klug und unauffällig. Mög= licherweise kamen dadurch infolge der Beziehungen zwischen Frank= reich und der Toskana merkliche französische Geschäfte für die Fugger= bank zustande. Selbst Paris und Lyon wurden unter den Kunden Jakobs genannt. Am Hofe Karls VIII. von Frankreich dürfte man freilich den Fuggernamen erst von der Ferne gekannt haben. Es war unklug, wenn der Allerchristlichste König seine Orientierung über personelle Verschiebungen im internationalen Bankwesen vernachlässigte. Um 1497 erschien ihm die Anknüpfung geschäftlicher Kontakte zu den Brü= dern jedenfalls noch uninteressant. Der Monarch vergaß zu seinem eigenen Schaden auf die Ausnützung eines wesentlichen Umstandes. Die wichtigste Bank des Erzhauses bemühte sich sehr ernsthaft, ob= wohl heimlich, um die Gewinnung guter Verbindungen nach Westen. Offenbar dachte Jakob an Geschäfte mit Lyon. Karl VIII. konnte ihm diesen Weg bahnen und sich selbst damit den besten Dienst erweisen. Jedoch nichts dergleichen geschah.

Eine weitschauende französische Finanzpolitik hätte nach dem Tode Piero Medicis mit einem so aufstrebenden Kaufmannsgeschlecht wie den Fuggern Freundschaft geschlossen. Würde man die Brüder mit Offerten an die Fahnen der Könige aus dem Hause Valois zeitig gekettet haben, wäre der französischen Politik gut vorgearbeitet worden. Durch Mißachtung dieser unerhörten Gelegenheit wurde ein Teil der oberdeutschen Hochfinanz in die habsburgische Umarmung zurückgebracht. So gewandt und geduldig die Staatsführung Frankreichs das alemannisch=schweizerische Element aus militärischen Überlegungen vom österreichischen Machtblock trennte, versagte ihr Instinkt bei der Beurteilung schwäbischer Wirtschaftskräfte.

Den Königen lag der Krieg näher als das Geschäft. Sie wußten trotz mancher Ausnahmen besser als Soldaten denn als Kaufleute zu denken. Man täuschte sich in Paris bei der Auswahl jener Firmen, die in das westliche Lager übergeführt werden konnten. Als die Krone zwei Jahrzehnte hernach Jakobs dringend bedurfte, war es für seinen Wechsel schon zu spät. Vielleicht kam die Fehlentscheidung daher, daß bestimmte Gesellschaften zum Schutze ihrer eigenen Interessen Fugger von Lyon fernhalten wollten und dem König darum irrige Nachrichten zuspielten. Jedenfalls verblieb den Fuggerbrüdern in seinem Lande keine bedeutsame Rolle. Wo sie dennoch wirksam wurden, geschah es unter fremdem Namen.

Um 1497 war die Lage noch nicht derart festgefahren, daß jede Umgruppierung ausgeschlossen gewesen wäre. Das Verhältnis der Gesellschaft zum deutschen König hatte sich abgekühlt. Die Fugger „von der Lilie" fühlten sich durch die Gleichgültigkeit des Erzhauses gegenüber dem Fiasko ihrer Vettern „vom Reh" gedemütigt und gewarnt. Eine ausgesprochene Entzweiung verhinderten nur die gemeinsamen Montaninteressen. Der Franzose mußte tauglichen Ersatz bieten, falls er Jakob für sich gewinnen wollte. Frankreich wäre das auf dem Umweg über die Jagellonen als Beherrscher von Ungarn, Böhmen und Polen vermutlich möglich gewesen. Doch die Undifferenziertheit einzelner Räte ohne Gespür kündigte Zusammenstöße zwischen der Gesellschaft und König Maximilian an. Die Krone durfte, falls weiteres Kreditinteresse vorlag, die Fugger nicht auf dieselbe Linie mit beliebigen Geldgebern stellen und gegen ihren Ungarischen Handel intrigieren. Der nachträgliche Beschauer staunt, wie schlecht die Franzosen trotz ihrer berühmten Vertrautheit mit wirtschaftlichem Denken auf diesen Klimawandel reagierten. Sollte er ihnen entgangen sein? Der König versäumte dadurch, einen Grundstein aus dem Fundament des Erzhauses zu lösen. Schon damals und nicht erst 1519 fiel im Kern die Entscheidung über die Kaiserwahl Karls V. als Nachfolger seines Großvaters Maximilian.

Die Beweglichkeit Jakobs und seine Gabe zum Anpassen an jede Situation bewahrten die Firma vor steriler Abkapselung. Als der König im Frühjahr 1498 ohne Rücksicht auf die monopolfeindliche Einstellung der deutschen Öffentlichkeit außer bei Herwart, Paumgartner und Gossembrot auch von Fugger den Abschluß eines Kupfersyndikates erzwang, dürfte dessen Bereitschaft zur Abwehr einer obrigkeitlich diktierten Wirtschaftspolitik bereits festgestanden haben. So primitiv ließ sich die Gesellschaft ihr ungarisches Geschäft nicht entwinden. Falls Maximilian die Brüder aber zu einer Stützung konkurrierender staatlicher oder privater Kupfergeschäfte nötigte, wußte man taugliche Mittel, um das aufgezwungene Syndikat zum Schaden der Nebenbuhler, wo nicht gar zur Vorbereitung eines Fuggerschen Kupferdominates auszunützen.

Wenn geistliche Würdenträger wie der Kardinal von Brixen zur Wahrung ihres Vorteils kirchliche Wirtschaftsvorschriften umgingen, warum sollte sich dann ein Kaufmann an die Ablehnung des Monopolwesens für stärker gebunden halten? Jede an Sentimentalität grenzende Treuherzigkeit war in der harten Kaufmannswelt der europäischen Renaissance ungebräuchlich. Obwohl Fugger sich von den Kreditwünschen der Krone nur mühsam distanzierte, blieb es widersinnig, seine Nebenbuhler aus Rücksicht auf Maximilian zu schonen. Der Kampf blieb erbittert, jegliche Waffe zu seiner vorteilhaften Entscheidung willkommen. Die anderen hätten, falls sich ihnen die Gelegenheit bot, kaum menschenfreundlicher gehandelt. Eine Entschuldigung war das wohl nicht, doch ein hinreichendes Motiv für Jakobs weiteres Vorgehen.

Die spürbare Aktivierung der französischen Außenpolitik seit der Thronbesteigung Ludwigs XII. und die Vermählung des voraussichtlichen österreichischen Erben, Erzherzogs Philipp des Schönen, des Sohnes König Maximilians, mit der spanischen Infantin Johanna der Wahnsinnigen, Erbtochter von Kastilien und Aragon, empfahlen dem deutschen König, allen Zwist mit Jakob zu vergessen. Die Ursachen zur Verstimmung wurden von dritter Hand geflissentlich aufgetürmt, eine schwelende Glut durch sie geschürt. Jetzt endlich schien der Moment für die Brüder gekommen, um gegen ihre Syndikatspartner mit List vorzugehen. Solches geschah am besten, wenn Jakob sich mit seinem österreichischen Kupfer formal an die Preisabrede hielt, aber dessen Venezianer Absatz in die Hand nahm. Dann konnte seine Gesellschaft durch Schleuderpreise des „Ungarischen Handels", für den ein Thurzo als Strohmann am Rialto wirken mußte, das Augsburger Syndikat von sich aus mattsetzen. Jakobs Firma erlitt keine Einbußen, als sie scheinbar sich selbst Konkurrenz machte. Alles Verlorene ließ sich, sobald das lästige Syndikat zerschlagen war, durch Wiederanziehen der Kupferpreise ausgleichen.

Die oberdeutschen Rivalen wurden an der Venezianer Metallbörse mattgesetzt. Sie konnten nicht einmal ernstlich mitsprechen, da sie selbst ihre Sache den Fuggern anvertraut hatten. Das geschäftliche Ansehen der Brüder blieb unerschüttert. Nur ihr menschliches Renommée erlitt vorübergehend eine Trübung. Letztlich entschied aber doch der Erfolg. Zwischen 1497 und 1504 vertrieben sie neben ihren Kupfertransaktionen im Venezianer Deutschen Kaufhaus noch für 150 000 Gulden Silber und für 57 000 Gulden Gold.

Wer Jakobs Unerbittlichkeit gegen seine Syndikatskollegen kritisiert, darf nicht vergessen, worum es Fugger ging. Die Vereinigung durfte 1499 nach schwachen Kompromißversuchen ruhig auseinanderbrechen. Er trauerte ihr nicht nach. Im übrigen handelte es sich für die Brüder um keine sehr grundsätzliche Angelegenheit. Sondern gefährliche Gegenspieler hatten unter Ausnützung des königlichen Ansehens versucht, die ungarische Aktivität der Firma zu lähmen. Man wollte auch ihre Tiroler Arbeit in die Zwangsjacke des Syndikates schnüren. Mit solchen Methoden war ein Jünger der italienischen Renaissance unmöglich zu bändigen. Er entzog sich diesen Unternehmungen genau so skrupellos, wie die Familienpolitik eines Papstes Alexanders VI. oder König Maximilians I. die üblichen Bindungen von Herkommen, Recht oder Sitte verneinte, sobald Zukunft oder Karriere eines Cesare Borgia oder Philipps des Schönen zur Diskussion standen.

Der Augsburger Stadtschreiber Konrad Peutinger mochte in gelehrten Gutachten die rechtliche oder moralische Erlaubtheit des verflossenen Syndikates darlegen. Seine literarischen Leistungen waren dankenswert. Es blieb dem schwäbischen Humanisten ferner unbenommen, damit den eigenen Scharfsinn oder seine Belesenheit in das rechte Licht zu rücken. Aber Jakob als Condottiere eines modernen, noch nicht näher durchgeformten, doch im Detail schon unbarmherzigen Wirtschaftsstiles fühlte sich von papierenen Einwänden, selbst wo sie seine ideologischen Schwächen scharf herausstellten, keineswegs behindert. Es ging ihm nicht darum, wer recht hatte. Das mochten Theologen und Philosophen, weltliche und geistliche Juristen klären. Für ihn und seinesgleichen galt in damaliger Zeit allein, wer die Oberhand behielt.

Jakobs Syndikatsgenossen konnten ruhig zürnen, nachdem sie schon vordem Fugger grollten. Ihr Ärger bedeutete einem jungen, in seinen Methoden noch unbekümmerten Manne kaum mehr als die zu belächelnde Entrüstung des betrogenen Betrügers. Wäre er ihren Ränken unterlegen, wie sein Vetter vom Reh den Kürzeren zog, hätte ihm auch niemand geholfen. Man würde über ihn hergefallen sein, um ehrgeizigem Nachwuchs aus günstigem Anlaß den Garaus zu machen. In der Welt nüchterner Wirklichkeiten, die Niccolo Macchiavelli für die Politik festhielt, war mit emotionalen Überlegungen nichts gedient. Selbst die wirt=

schaftliche Moral bedeutete jenen, denen ihr Erfolg obenan stand, kaum mehr als schöner Schein.

Für die nackten Realisten auf der Schwelle zur Neuzeit galt es nicht, darauf zu horchen, was man sollte oder durfte. Sie mußten erlauschen, woher und wohin der Wind des Geschehens in höheren Regionen blies. Solange man hierfür wach, das eigene Verhalten wendig blieb, konnten König und Papst den Fugger nicht übergehen, soviel andere gegen die Brüder haderten. Die Fugger waren gut beraten, wenn sie den Augs= burger Reichstag von 1500 dazu benützten, Maximilian näher zu kom= men. Das Mißtrauen unzähliger Fürsten und Städte gegen seine Be= trauung mit dem Kommando einer Reichsarmee machte den König priva= ten Argumenten zugänglich. Es geschah auf Kosten der erbländischen Behörden. Diese mußten endlich klar erkennen, wie bedenkenlos Herrscher und Kaufleute über sie hinweggingen. Der König und sein Bankier verständigten sich unmittelbar. Maximilian wollte sich von keinem wohlmeinenden Ratgeber stören lassen, wenn er Jakob brauchte.

Angesichts der merkwürdigen Überschneidungen verwirrten sich die Unterhandlungen. Die Dinge wurden vieldeutig. Fugger trachtete, seine Tiroler Stellung wegen der Kupfer= und Monopolpläne zu wahren. Da= für feindeten ihn Beamte an, die früher ihren Sold aus seiner Kasse bezogen hatten. Maximilian selbst, durch französische Erfolge unsicher, begünstigte die Gesellschaft. Er wollte sie nicht an seinen Feind König Ludwig XII. verlieren. Dieser hielt Genua und Mailand in festem Besitz und verwahrte Herzog Lodovico Moro, den Herrn von Mailand, in sei= nem Gefängnis. Falls es jemals zur Bereinigung zwischen Habsburg und den französischen Valois kam, blieb Fuggers Hilfe unentbehrlich. Sie konnte geradezu entscheidend sein.

Einstweilen sah es in Europa keineswegs danach aus, als ob dessen oberste Häupter sich einigen und den Türken Konstantinopel samt den heiligen Stätten abjagen würden. Die Fugger mußten zwar päpstliche Gelder über Venedig zur Absicherung der ungarischen Front auf den Balkan schaffen. Das Ausmaß solchen Beistandes hielt sich aber in bescheidenem Rahmen. Die päpstlichen Subsidien blieben eine sym= bolische Geste. Man wußte, daß die Energie Alexanders VI. dynasti= schen sowie nationalen Zielen galt. Der gleiche Papst erlebte wegen des glücklichen Ausgangs eines gefährlichen Unfalles zeitweise mildere Phasen seiner Entwicklung. Insgesamt änderte sich aber nichts an den beklagenswerten Zuständen um den einstigen Kardinal Rodrigo Borgia. Nach Ermordung seines Bruders tötete Cesare Borgia, der Sohn des Papstes, seinen Schwager, den Herzog von Bisignano und Gatten seiner Schwester Lucrezia. Das alles geschah unter dem Signal einer künf=

tigen Einigung Italiens, dem der Kirchenstaat selbst zum Opfer fallen mußte und mit der auch Fugger zu rechnen hatte.

Man durfte bezweifeln, ob dieses das richtige Milieu war, um die Verteidigung des Kreuzes gegen den Islam zu wagen. Dafür lagen Kirchliches und Weltliches in zu enger Verstrickung. Fuggers hurtige Mittelsleute gebrauchten die zweifelhaften Zeiten zu Juwelengeschäften mit dem ungarischen Königspaar und Venezianer Kupfertransaktionen. In Rom wirkte mit Johannes Zink ein Faktor der Firma, dem nahezu sämtliche Schwächen jener Zeiten eigneten. Seine rund sechzig Pfrün= den und Versorgungsbullen, die er binnen acht Jahren empfing, ver= raten, wessen Geistes Kind er war.

Reformer oder Humanisten mochten wider Zink wettern. Er blieb davon ungerührt. Sein Versuch, die römische Fuggerbank zur Zentrale päpstlicher Ablässe in Nord=, Mittel= und Osteuropa auszubilden, unter= streicht den typischen, hemmungslosen Fiskalismus einer organisatorisch begabten Persönlichkeit, die ihren Beruf verfehlt hatte. Seine Ein= hebung von Kreuzzugsgebühren an der Kurie blieb ohne Beziehung zu den Anliegen der bedrohten Christenheit. Der Augsburger gedachte lediglich, damit eine Konjunkturflaute des südosteuropäischen Ge= schäftes zu überwinden. Außerdem mochten die ungarischen und Kärnt= ner Anlagen der Firma durch politische sowie militärische Vorkehrungen gegen die türkische Springflut abgeschirmt werden.

Man sollte keinen Versuch zur Ehrenrettung derart eindeutiger Ge= stalten wie Johannes Zink unternehmen. Diese Menschen gehören zu den unausbleiblichen Schattenseiten jener Epoche. Jedes Bemühen, ihr Andenken reinzuwaschen, hinterläßt auf dem Bilde nur noch ärgere Flecken, entkleidet es seines morbiden Charmes zwischen aller Kor= ruption. Peinlich berührt allerdings, daß die Zentrale diesen selbst= süchtigen Repräsentanten nicht frühzeitig zurechtwies. Zink ward auch nicht abberufen, vielmehr manches unter seinem Namen zum Vorteil der Firma unternommen, was gleichfalls besser unterblieben wäre. Allein das kam vor und somit wäre es müßig zu rechten, was noch anging und was vermieden werden mußte. Jede Einzelheit und zwar die erfreulichen wie die unerfreulichen Dinge gehören gleichberechtigt zu einer Generation, die strahlendes Licht und schmutziges Dunkel dicht beisammen brüderlich vereinte.

Im übrigen befand sich Jakob in solcher Verlegenheit, daß er sich keine Umstände bei der Auswahl seiner Einnahmen gestatten durfte. Trotz einer großzügigen finanziellen Auflockerung im Kreis der Wür= denträger mehrten sich die nationalen Oppositionsgruppen vornehmlich am magyarischen Reichstag. Sie konnten bedrohlich werden. Gleich= zeitig holten die deutschen Widersacher zum Schlage gegen Fugger aus. Auf ihr Betreiben kündigte die Innsbrucker Bürokratie Jakobs

Kontrakte, so daß die Firma froh sein durfte, wenn die Kurie und Maximilian zuweilen ein Auge zudrückten. Papst und Herrscher hielten sich lieber an Jakob oder seinen römischen Mittelsmann, als daß sie den Einflüsterungen von Rivalen oder vormals bestechlicher, neuerdings aber wahrheitsfanatischer Räte folgend, sich von der Gesellschaft lösten, um von deren Gegenspielern Geld und Applaus zu ernten.

Daß ein Mensch, der sich viel zumutete und hoch hinaus wollte, irgendwann in Verlegenheit geriet, blieb Maximilian völlig geläufig. Jakob zeigte in Krisenstunden eine bewundernswerte Festigkeit. Ohne Anflug von Schwäche nahm er Rückschläge so hin, daß sie ihn härter schmiedeten. Seine Antwort auf das Kesseltreiben und Querschüsse gegen ihn gab er dadurch, daß die Firma sich der königlichen Gunst nachdrücklich versicherte. Weitere Teile des slowakischen Bergbaues und der Nachbarstädte wurden der Firma verschrieben. Innsbrucker Anfeindungen erwiderte sein Vertreter mit der Forderung nach Ab= rechnung über die staatliche Schuld, wobei die Firma sich Einwände gegen die Angaben der Regierung vorbehielt. Auf ostwirtschaftliche Ränke hin erfolgten Gegenmaßnahmen. Die Geschäfte der Brüder wurden über die alten Grenzen nach Iwangorod und Lemberg, wenn nicht gar bis Moskau und Kiew ausgeweitet.

Den Einwänden kirchlicher Kreise und ihren aus religiösem Eifer oder humanistischem Idealismus errichteten Sperren ließ sich unschwer be= gegnen. Die Fugger warben für den päpstlichen Jubelablaß, von dem die Kurie umfangreiche Einnahmen erwartete. Somit waren Hemmun= gen von geistlicher Seite schnell überwunden. Jakobs Widersacher, zu einer gemischten Liga vereint, hatten seine Demütigung mit Sicherheit erwartet. Da man Fugger nicht klein kriegen konnte, wuchsen er und seine Geschäfte unablässig weiter, so daß sie schließlich jedes Bisherige bei weitem übertrafen.

War es möglich, daß unter den Brüdern Ulrich, Georg und Jakob zuweilen Uneinigkeit über Ziel und Methode der Gesellschaft oder jenen Kurs auftraten, den der Jüngste steuerte? Vornehmlich Georg scheint im Führungskreise der Firma trotz ostwirtschaftlicher Perspek= tiven seines Denkens einer traditioneller geprägten Handelsform zuge= neigt zu haben. Was Jakob unternahm, galt für revolutionär in Stil und Methoden. Ulrich als Ältester und früher alleiniger Beherrscher erin= nerte sich, wie der Bruder noch die Schule besuchte oder als schmäch= tiger Jüngling kaum seinen Chorstuhl zu Herrieden ausfüllte. Vielleicht empfand er es schmerzlich, wenn dieser ihn nun beiseite schob. An= dererseits ließ sich die ganz ungewöhnliche Begabung Jakobs auch nie= mals bestreiten.

Man erkennt nicht, ob der zweite Fuggersche Gesellschaftsvertrag

von Weihnachten 1502 als Sicherung der älteren Brüder vor dem angeb=
lich jetzt erst gleichberechtigten Jakob gedacht war. Oder wollte dieser
sich Rückendeckung schaffen? Beides wäre vorstellbar. Denn die
minder unternehmungslustigen Brüder konnten ihren Partner fallen
lassen, um das eigene Vermögen vor Risiken zu bewahren. Mindestens
kam ähnliches bei anderen Firmen vor und beendete deren Laufbahn.

Aus bedingungsloser Diskretion schirmten die Fugger sämtliche
internen Angelegenheiten gegen zudringliche Blicke ab. Sicher ist
nur, daß die Welt, obwohl sämtliche Brüder für gleichberechtigt galten,
von Ulrich und Georg nur mehr wenig hörte. Sobald der Kanzler des
Grafen von Henneberg wegen einer Wiedereröffnung thüringischer
Gruben sich um Augsburger Ratschlag und Kredite bewarb, wünschte
dieser Beamte eines mitteldeutschen Fürsten keinen der älteren Fugger
zu sprechen, soviel diese einst gegolten hatten. Nach seiner Kenntnis
der Dinge konnte ihm nur einer helfen, Jakob Fugger. Das war „der
rechte Schaffierer".

Im Gefüge der Firma traten solche Abstufungen wenig in Erschei=
nung. Selbst wenn sie wahrnehmbar gewesen wären, hätte der König
sich nicht daran gestoßen. Chronischer Geldmangel bedeutete das aus=
schlaggebende Hemmnis seiner Politik. Er zwang Maximilian, auch
offenkundige Bestechlichkeit unter seinen Beamten zu ignorieren. Sonst
kamen er und die Großfirmen nicht mehr in Kontakt. Sämtliche auf
Boykott der Fugger berechneten wirtschaftspolitischen Absichten der
Regierung mußten abgebaut werden. Um diesen Preis ließ sich Jakob
zu Vereinbarungen herbei, die dem Vorteil der Krone besser dienten
als die bisherigen Kontakte. Der ungute Schein einer Abhängigkeit des
staatlichen Apparates von der privaten Wirtschaft wurde vermieden.
War er beseitigt, minderten sich für Fuggers Gegner die Angriffs=
flächen. Dieser selbst entließ wesentliche Persönlichkeiten des Hofes,
wie Großschatzmeister Jakob Villinger und den nachmaligen Kardinal
Matthäus Lang, freilich nicht aus ihrer Abhängigkeit. Sie galten als
Garanten des fortdauernden Dominates der Gesellschaft.

Da der König aus Anlaß der Hochzeiten von Kindern Ulrich Fuggers
und wahrscheinlich auch bei der Vermählung Jakobs mit der Augs=
burger Bürgerstochter Sibylle Artzt die Fugger öffentlich auszeichnete,
durfte die Gesellschaft auf anderweitige Schaustellungen verzichten. So
konnten die Brüder sich mit einer formalen und zum Teil realen Mit=
wirkung anderer Unternehmer im Tiroler Metallgeschäft abfinden.
Voraussetzung blieb allerdings, daß sie sich in maßvollen Grenzen
hielt. Ein jeder kam zu seinem Recht. Auf diesem Weg blieb ehestens
der Eindruck von Monopolbildungen Fuggers vermieden. Die finanz=
politischen Operationen der Gesellschaft wurden immer differenzierter.
Man unterließ robuste Aktionen und gelangte zur sublimierten Vor=

herrschaft. Sie erschien minder anstößig, bot dafür aber erhöhte Sicherheit.

Jenes Unmaß an Bedrohung durch die Verflechtung von Wirtschaft und Politik ließ sich nicht unterschätzen. Beispielsweise war die Ausdehnung der Eidgenossenschaft nach ihrem Friedensschluß mit Maximilian keineswegs zum Stillstand gelangt, weil die Schweiz den Tessin besetzte und Bellinzona von Ludwig XII. von Frankreich gegen ein Bündnisversprechen erhielt. Eine auf zehnjährige Dauer bestimmte Allianz mit Württemberg verriet vielmehr, daß sich in der Südwestecke Mitteleuropas eine oberdeutsch=alemannische geballte Großmacht in Ausbildung befand. Ihre wirtschaftlichen Projekte, falls sie gegen Schwaben, Tirol oder Frankreich und Italien ausgriffen, mußten zur Gefährdung der Augsburger Firma führen. Nicht besser lagen die Dinge auf der Apenninenhalbinsel. Der neapolitanische Konflikt zwischen Franzosen und Spaniern gab dem Hause Borgia den Weg für seine Großmachtpolitik frei, während sich Florenz und Bologna widerstrebend zu Tributen genötigt fanden.

Als Papst Alexander VI. im Frühjahr 1503 starb, wechselten damit lediglich die Figuren des Schauspiels. Das Drama und seine Rollen blieben die gleichen. Nach dem friedlichen Intermezzo Pius III. Piccolomini hob die Schreckensherrschaft des gewaltigen Julius II. Rovere an. Sie zwang Deutschland und die Franzosen, italienische Kleinstaaten und europäische Finanzmächte für ein Jahrzehnt zu dauernden Kraftproben und Meisterleistungen ihrer wirtschaftlichen Diplomatie.

Die Fugger erwarteten sich vom Heimgang des Borgia eine leise Besserung, vielleicht weniger im Sinne einer Erneuerung der Kirche als für ihre Interessen am Vatikan. So kam die Wahl des Piccolomini=Papstes unter Gefälligkeiten der Gesellschaft für das Konklave zustande. Jedoch dieses Pontifikat gewann keine Dimension. Nach seinem Beispiel zögerte der Sieger der nächsten Papstwahl nicht, die Firma durch Anerkennung ihrer Forderungen zu begünstigen, um den Heiligen Stuhl der finanziellen Treue Fuggers zu vergewissern.

In den letzten Jahren der abgelaufenen kurialen Regierungszeit hatte sich Johannes Zink als Leiter der römischen Vertretung durch Servitiengelder, Annaten, Palliengebühren, Ablaßsummen und kirchliche Einkünfte unentbehrlich gemacht. Wahrscheinlich stand ihm der jüngere Markus Fugger, ein Sohn Georgs, zur Seite. Denn er wirkte etwa seit 1503 als geschäftstüchtiger Agent der Gesellschaft in Rom. Nunmehr sollte aber eine persönlichere Note angeschlagen werden. Die Ehrenpforten der Fuggerbank zum Preise Julius II. feierten diesen mit zeitnahem Überschwang in lateinischen Versen als neuen Cäsar. Das humanistische Augsburg fand seinen eigenen merkantilen Ausdruck.

Währenddessen schweifte der Blick schwäbischer Handelsherren zum Atlantik und Indischen Ozean. Dort hielt man nach einer deutschen Unterbeteiligung an der kolonialhändlerischen Tätigkeit der Spanier und Portugiesen Ausschau. Im Jahre 1503 glückte den Welsern ihre Einschaltung in diesen weltwirtschaftlichen Vorgang. So hohe Beträge wollte Jakob für eine Beteiligung am Gewürzfernhandel nicht wagen. Er machte ihnen deshalb ihre führende Stellung zu Lissabon nicht streitig. Auch jede Verlegung des Venezianer Aktionszentrums unter= blieb, obwohl in dieser Richtung Anstrengungen erfolgten. Als aber die erste Handelsfahrt zu den Molukken unter deutscher Beteiligung geschah, fehlten die Brüder nicht. Sie verhinderten mit bescheidenen Summen ein Welser=Monopol auf dem kolonialen Gewürzsektor und im überseeischen Bereiche des deutschen Außenhandels. Gleichzeitig hielt sich Jakob die Türe offen für den Fall, daß die Firma später in dieser Branche ihr Glück versuchen wollte.

In der nächsten Zeit befaßten sich die Fugger mit vordringlicheren Angelegenheiten. Das jagellonische Königspaar von Ungarn und Böh= men brauchte Augsburger Beistand. Dafür war es geneigt, Fuggerinteres= sen bei Maximilian I. zu vertreten. Seit Begründung des Ungarischen Handels hatten sich die Verhältnisse im europäischen Südosten merk= würdig umgedreht. Jener Habsburger, der Jakob in den Sattel der magyarischen Geschäfte geholfen hatte, mochte darüber nachdenken, für wen die Zeit mehr arbeitete und wer sie geschickter nutzte. Wahr= scheinlich verblieb dem König aber nicht die Muße zu fruchtbarer Be= sinnung. 1504 überließ er Mailand dem militärischen Ansturm der Franzosen. Sie verbanden sich mit König Ferdinand von Aragon gegen ihn, nachdem sie knapp zuvor eine österreichische Allianz wider Venedig eingegangen waren. In blindem Durcheinander folgte bei jeder Situa= tionsverschiebung die nächste Allianz oder Entente der vorhergehenden. Ehe sie selbst noch zum Tragen gelangt war, gehörte sie bereits wieder der Vergangenheit an. Wo besaß die Krone da noch Gelegenheit zu echter Wahl? Am wenigsten, seit der Reichstag mit schärferen Gesetzen gegen die Großkaufleute einschritt, durfte dieses behauptet werden. Damit bedrohte er vorsätzlich oder unabsichtlich die realen Grundlagen österreichischen Großmachtstrebens und deutscher Weltgeltung.

Nach außen wahrte die Kölner Tagung dürftig das Ansehen Maxi= milians. Aber weder Fürsten noch Städte ersparten ihm Demütigungen, erst recht nicht, als dem König gleich seinem kaiserlichen Vater die Be= gleichung laufender Rechnungen schwer fiel. Fuggers Niederlassung am Rhein kam mit maßvollen Summen zu Hilfe. Dabei würde Jakob seinen Herrn aus jeglicher Bedrängnis unschwer erlöst haben, wenn nicht seit dem Herbst 1504 eine andere Gattung unerhörter Geschäfte in Deutschland seiner ganzen Kraft bedurft hätte.

Im März 1476 eroberten die Schweizer Eidgenossen das Lager Karls des Kühnen von Burgund bei Grandson. Unabsehbare Schätze fielen den Plünderern zu. Verschiedene Tagungen in Luzern wollten die unrechtmäßigen Besitzer zur Ablieferung bewegen, damit der Gewinn gerecht verteilt werde. Das Resultat fiel bescheiden aus. 26 Jahre später begannen heimliche Beauftragte des Engeren Rates von Basel ihr Gespräch mit Jakob Fugger. Hauptsächlich wurden ihm vier Juwelen angeboten, deren Abbild, auf Pergament in ursprünglicher Größe gemalt, die schwäbische Kauflust anregen sollte.

Von diesen Pretiosen zählte ein Schmuckstück, „Die drei Brüder", zu den Kostbarkeiten des Großvaters Karls des Kühnen. Er selber hatte im Jahr 1469 von seinem Schwager Eduard IV. von England den Hosenbandorden erhalten. Sein blaues Knieband zierte in Diamanten die Devise „Honny soyt, qui mal y panse". Mit diesen Insignien gemeinsam wurde als weiteres englisches Königssymbol dem letzten Burgunder die kleinodienhafte Wiedergabe der Weißen Rose des Hauses York verliehen. Sie fand sich mit einem Köcher für Schmuck= federn, der einer Mode fürstlicher Hüte entsprach, dem „Federlein", in der Schweizer Juwelenofferte nach Augsburg wieder.

Jakob ließ Gold und Tiroler Silber zu St. Gallen vermünzen. Damit und aus seinen baren Rücklagen zahlte er bis Herbst 1506 über 40 000 Gulden an die Strohmänner der Baseler Verkäufer. Zum Teil geschah das auf dem Umweg über Straßburg. Erst dann gingen die köstlichen Sinnbilder spätmittelalterlicher Fürstenpracht Westeuropas in Fuggers Schatztruhe über. Weshalb Jakob diese Erwerbung vornahm, erscheint unklar. Vielleicht geschah sie zur krisenfesten Anlage einer Reserve. Die Firma hätte sich mit der gleichen Summe einen stattlichen Anteil am Indiengeschäft verschaffen können. Fugger verzichtete aber bewußt darauf, in der vordersten Reihe „der ersten Deutschen, die Indien suchen", zu stehen, so lebhaft sein Freund Peutinger dieses Unterneh= men pries. Wahrscheinlich wollte man vorsichtig handeln und übersah, daß auch der Wert von Goldschmiedearbeiten sowie Juwelen durch Käufergeschmack Schwankungen unterworfen blieb. Die Gesellschaft konnte erst nach langer Zeit mit erheblichem Verlust das letzte Stück verkaufen, obwohl der Erwerb zur Zeit Jakobs als ein gewaltiger Erfolg gegolten hatte.

Fugger hortete heimliche Schätze. Vom Standpunkt der Kapitalisten des beginnenden 16. Jahrhunderts betrachtet, konnten sie weder Rost noch Motten verzehren. Wenn Jakob trotz der fürstlichen Kredit= wünsche solche Ankäufe gelangen, so blieb seine Firma für künftige Angriffe gewappnet. Dann hing die Entscheidung über Krieg und Frie= den wesentlich von ihm ab. Denn er versorgte neben dem deutschen König auch den römischen Papst mit Geld und Truppen.

Seit 1497 schützte eine Schweizer Wache Leib und Leben der französischen Monarchen. Ähnlich leisteten Söhne der freiheitsliebenden Bergtäler bei deutschen und italienischen Potentaten als besoldete Landsknechte Dienst, während zuhause Stadt und Dorf einander bekriegten. Der großartige Vermittlungsversuch des frommen Einsiedlers Nikolaus von der Flüe war fehlgeschlagen. Seinem Eingreifen gelang keine Befriedung der Heimat. Als der heilige Klausner aus jenem Leben schied, das er um höherer Werte willen zeitlebens verachtete, starb das Inbild dessen, was alemannische Menschen des 15. Jahrhunderts an Weltverzicht und Jenseitsdrang zu vollbringen vermochten. Die unmittelbare Läuterung der spätmittelalterlichen Kirche erreichte das Obwaldener Eremitendasein allerdings so wenig wie der Prophetentod des Florentiner Predigermönchs.

Wieder traten 1505 Schweizer Bauernsöhne in den Dienst der Kirche. Diesmal kamen sie nicht als Büßer. Peter von Hertenstein, Sohn eines Luzerner Schultheißen, hatte in der unvergeßlichen Murtener Schlacht die Freiheit der Eidgenossen gegen Karl den Kühnen verteidigt. Nun empfahl er dem Papst einen Vetter als Organisator der Schweizer Hilfstruppe für den Kirchenstaat. Die Eidgenossen wehrten sich gegen jede Ausschöpfung ihres Reservoirs an kriegerischer Manneskraft. Jedoch ein römisches Mahnschreiben und die baren Zahlungen Fuggers, der für Papst Julius II. in Rom Goldmünzen mit seinem Handelszeichen prägte, überwanden jeglichen Widerstand.

Jakob und sein Neffe, der jüngere Markus Fugger, arbeiteten einander in die Hand. Mit dem Geld der Firma ausgestattet, zogen die Eidgenossen aus der Schweiz nach Mailand. Dort erhielten sie von Fuggerschen Agenten ihren Sold. Im Januar 1506 trafen sie am Tiberufer ein. Der Heilige Vater begrüßte sie segnend an der Loggia des römischen Campo dei fiori. Fernere Zahlungen Fuggers erfolgten zur Befriedigung der Schweizer Truppe durch die vatikanische Filiale, während in den heimischen Gemeinden ein Freund Jakobs, Kardinal Matthäus Schinner von Sitten, mit Fuggerschen Gulden für Nachschub sorgte. Der Friedensruf des großen Einsiedlers aus Obwalden war verklungen. Das neue Geschehen war jene Art, wie die nächste Generation aus ihrer Denkweise der römischen Kirche zuhilfe kam.

Jedesmal, wenn unter dem strahlenden Blau der Ewigen Stadt Schweizer Gardisten an den Toren des Vatikans Wache halten, in bunter Tracht mit blanker Wehr, Helm, Küraß, Helmbarte und geflammten Schwertern dem Papst auf seinem Tragstuhl folgen, seinen Leichnam zu den Grotten von St. Peter geleiten oder auf der flatternden Fahne als Soldaten des Schlüsselpaares unter der Tiara durch ihren Schwur Blut und Leben einem neuen Papste weihen, verjüngt ihr farbenfrohes Bild die Tradition des Dienstes der Schweizer am Heiligen

Stuhl. Zugleich erneuern sie das Gedenken an jenes rettende Zusam=
menwirken von Schweizern und Schwaben vor 450 Jahren, an das
Bündnis von Politik und Wirtschaft im denkwürdigen Zeitalter Jakob
Fuggers und Julius II. Rovere.

6. Kapitel

KRISE DER GESELLSCHAFT

Sicher gab es stets Kaufleute, die aus den politischen Auseinander=
zungen ihrer Zeit Vorteil zogen. Ebenso wird man vonseiten des Staates
beim Kampf um die Herrschaft niemals völlig auf die Mitwirkung
finanzieller Mächte verzichtet haben. Wirtschaft und Staat hängen in
ihrer Geschichte derart eng zusammen, daß dort, wo Querverbindungen
zu fehlen scheinen, es sich höchstens um den Ausnahmefall, wenn nicht
einen Mangel an ausreichender Überlieferung handelt. Politik und
Finanz dürften zu keiner Zeit ihren hintergründigen Kontakt verloren
haben. Sie sind ohne einander kaum denkbar; sie bedingen sich
wechselseitig.

Die Planmäßigkeit einer Zusammenarbeit beider Faktoren wurde
zuerst von außerdeutschen Geldgebern angestrebt und verwirklicht.
Das Augsburg der Fugger schuf im Vergleich zu früheren Jahrhunderten
allerdings einen neuen Tatbestand. Er tritt gleichberechtigt, wenn nicht
mit noch fundamentalerer Kraft zu den künstlerischen, literarischen
und ästhetischen, das Urteil sonst beherrschenden Aspekten der Renais=
sance. Sie wäre ohne den harten Realismus der Schöpfer dieses Systems
niemals zu ihren sublimen Leistungen befähigt worden.

Der Erwerb des burgundischen Fürstenschmuckes durch Fugger bildet
einen symbolischen Vorgang. Er bezeichnet den Umschwung vom spät=
feudalen Hof eines Herzogs Karl des Kühnen zur Mitregierung der
oberdeutschen Hochfinanz im Weltgeschehen der Generation um 1500.
Das Erzhaus Österreich hat diesen Wandel mehr aus persönlicher
Vorliebe als infolge dauernder wirtschaftlicher Verlegenheit und der
Inkongruenz seiner politischen Pläne mit den verfügbaren ökono=
mischen Mitteln unablässig vorangetrieben. Der Zweischneidigkeit sol=
cher Taktik war man sich nicht immer bewußt. Die Mitwirkung Habs=
burgs hat das Einwurzeln der Fugger im Tiroler oder ungarischen
Berggeschäft und Münzwesen praktisch erst ermöglicht. Die schwäbi=
schen Bürger wären ihren ständischen und nationalen Widersachern
sowie der geschäftlichen Konkurrenz andernfalls erlegen.

König Maximilian hat eine Sanierung der Erblande und seiner Welt=
politik durch Fugger trotzdem nicht erreicht. Eine solche lag nicht im

Aufgabenkreise dieser Gesellschaft, mindestens nicht während ihrer Frühzeit. Der König war es schon zufrieden, wenn trotz der Störungs=versuche seiner eigenen Bürokratie und höfischer Gruppen die Unter=stützung der schwäbischen Wirtschaft ihm erhalten blieb. Das galt von Heiratsverhandlungen des Erzhauses mit der Jagellonen=Dynastie in Ungarn und von Venezianer Besprechungen im Interesse einer Kaiser=krönung des Herrschers. Dennoch war nicht zu übersehen, mit welchem Preis das einheimische Unternehmertum seinen schwäbischen Beistand für Maximilian I. bezahlen mußte.

Jedes Heraussheben der Einzelfirma, die fast zu monopolarer Stel=lung aufstieg, widersprach dem staatlichen, fürstlichen wie dem volks=wirtschaftlichen Interesse. Der deutsche König konnte diese Nachteile aber nicht stets vermeiden. Er nahm deshalb keinen Anstand, auf diesem ihm wenig sympathischen Kurs zu operieren, wenn andere Wege verbaut schienen. Maximilian I. hatte durch den Tod seines Sohnes Philipp des Schönen einen harten Rückschlag erfahren. Dieser zwang ihn zu manchem Nachgeben, das Augsburg sonst schwerlich erlebt hätte. Trotzdem gefiel der Habsburger sich, wenn es um die Erzbeschaffung für seine technisch führenden Kanonengießereien ging, in weltfremden Redensarten. Man tat, als gelte die Bezahlung von Roh=stoffen, die zur Aufrüstung benötigt wurden, für eine Minderung der eigenen Ritterehre. In Wirklichkeit dürfte die Ursache idealistisch um=kleideter Hemmungen nicht bei moralischen Bedenken gelegen haben. Sie ergab sich aus der wirtschaftlichen Unfähigkeit des Staatsober=hauptes, die man feudal verbrämte.

Jakob ließ sich durch keine Einreden beirren. Er wußte, daß sein hoher Herr ihn für „den vermöglichsten Handelsmann" im Reiche ansah. Wahrscheinlich besaß diese Einstufung Jakobs damals bereits ihre Richtigkeit. Fugger brauchte sich nicht um Wolken zu kümmern, die gelegentlich die Sonne umdüsterten. Sie wurden vom nächsten Windstoß ohnehin vertrieben.

Der Habsburger durfte die Ausdehnung der kolonialen Herrschaft Spaniens und Portugals zu Inseln und Küsten der Neuen Welt, die Expansion Almeidas im Einklang mit den westlichen und südlichen europäischen Handels= und Seemächten nach Indien nicht stillschwei=gend hinnehmen. Man mußte dazu irgendwie Stellung beziehen. Eine Untätigkeit von seiner Seite blieb ausgeschlossen, seit sich zu jenen Vorgängen die Anerkennung des Franz von Valois als Thronerbe durch die französischen Stände in Tours gesellte. Das Erzhaus geriet in das Hintertreffen. Wollte es politisch wirksam bleiben, dann mußte Öster=reich als aktive Verfechterin weitreichender diplomatischer Vorhaben sich erweisen. Hiezu bedurfte man einer Unterstützung der Banken. Sie sollten die eigene Schwäche verdecken.

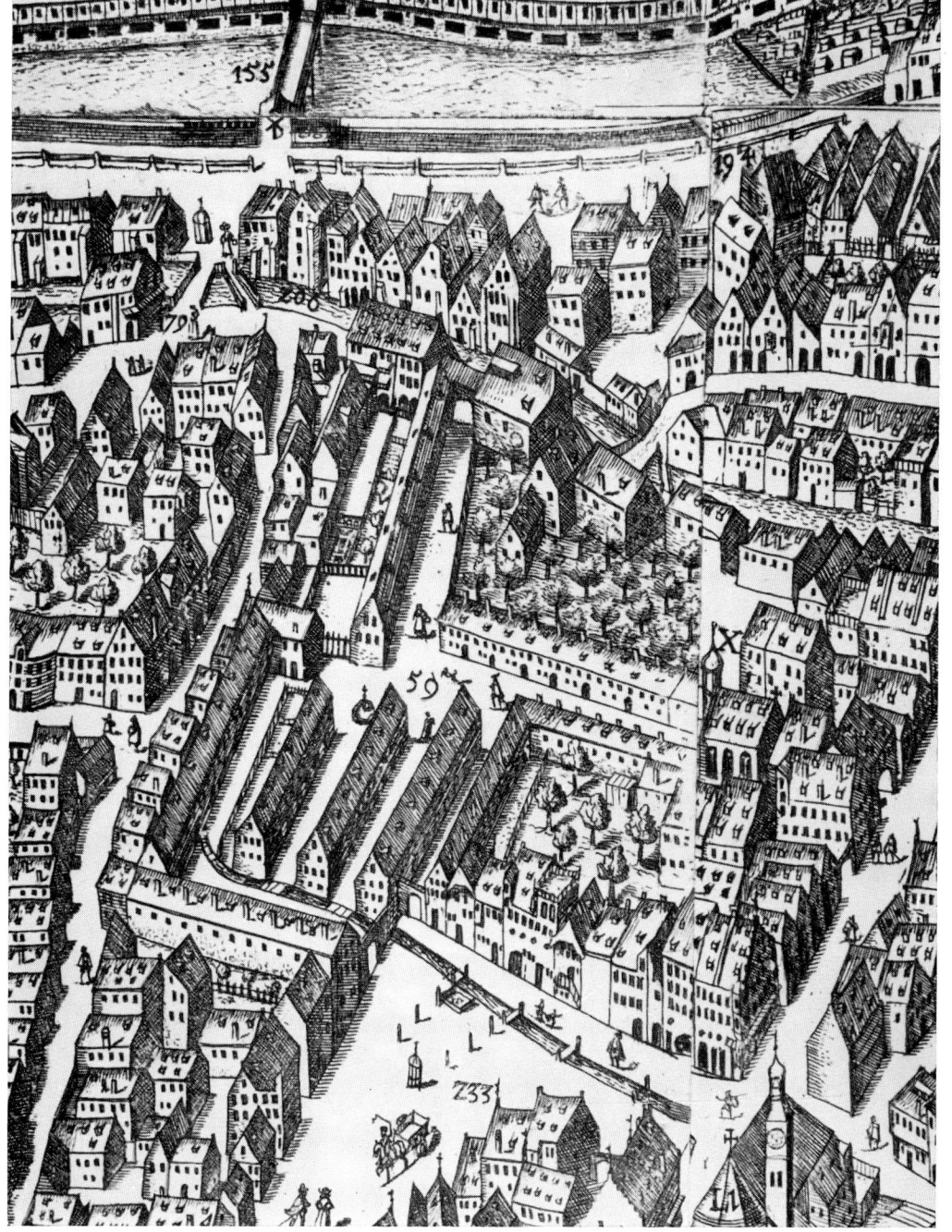
Wolfgang Kilian, Fuggerei

Ältester Brief König Karls von Spanien (Kaiser Karls V.) an Jakob Fugger
zur Eröffnung der Finanzverhandlung über die Kaiserwahl

Maximilian hätte jede reguläre Beseitigung seiner Hemmungen der unheimlichen Verschuldung vorgezogen. In dieser Absicht entschloß sich der deutsche König, einem Konstanzer Reichstag von 1507 finanzielle Pläne zu unterbreiten. Diese zielten auf den Erwerb der Kaiserkrone. Für Maximilian I. besaß der von Sagen umwobene Reif ganz magische Anziehungskraft. Der Glanz aller wirtschaftlich besser dotierten Monarchien ward hiervon übertroffen. Mißlicherweise zeigten die Fürsten nur geringe Neigung, dem skeptisch beurteilten Österreicher zu diesem zauberhaften Besitze zu verhelfen. Sein mangelnder politisch=moralischer Kredit zwang das Staatsoberhaupt in immer größere Abhängig= keit von der Augsburger Bank.

Nachdem der normale Pfad zu keinem brauchbaren Ergebnis führte, wurde ein tauglicher Ausweg beschritten. Wenn Jakob manchem Dut= zend europäischer Bischöfe hohe Ämter durch seine organisatorische Mittlerschaft besorgt hatte, weshalb sollte der König dieses römischen Beistands ermangeln? Jüngste Abschlüsse im Erzhandel und die Vor= bereitung zum Aufbau eines norditalienischen Post= und Nachrichten= wesens zeigten zur Genüge, was Jakob vermochte, sobald ihm an einer Sache gelegen war.

Wahrscheinlich blieb die angedrohte Kündigung der Fuggerschen Metallkontrakte seitens der Krone im Kern gar nicht ernst gemeint. Maximilian I. hatte sie zwar 1506 befohlen. Aber es war nicht der Moment, um liquide Freunde zurückzuweisen. Die Krone mußte eher erwägen, ob sie nicht Tiroler, bayerische und schwäbische Erwerbungen aus ihrer zweideutigen Maklertätigkeit im Erbstreit zwischen den wittelsbachischen Vettern gegen Fuggers bare Gulden eintauschen sollte. Diese allein vermochten für Maximilian den holperigen Weg über die Alpen nach St. Peter zu ebnen.

Am Konstanzer Reichstag von 1507 hegte niemand wirkliches Ver= trauen zur geplanten Romfahrt. Fürsten und Städte beherrschte der Verdacht, Darlehen von ihrer Seite würden bloß zur Abfindung habs= burgischer Gläubiger oder zur Anbahnung neuer Hausmachtabenteuer mißbraucht. Diese verletzende Unzugänglichkeit tat ein übriges, um die Krone der unternehmungsfreudigen Hochfinanz auszuliefern. Die Fürsten wünschten, die Allianz zwischen der Dynastie und dem Bankier zu lockern. Ihre knauserige Taktik erreichte aber das Gegenteil. Bereits im Juni 1507 sahen sich Freunde und Ratgeber der Majestät nach leistungsfähigen Handelsleuten um. Diese sollten aus der Bedrängnis helfen. Dafür erwartete man in Kaufmannskreisen, das Erzhaus werde dem durch wirtschaftliche Überlegungen und sozialen Geltungs= willen diktierten Streben seiner Gläubiger nach ländlichem Gutsbesitz verständnisvoll entgegenkommen.

Noch immer hat jede Hand, die gewaschen werden will, eine andere gefunden, die sich hierzu bereit erklärte. Auffälligerweise wurde diesmal nicht ausschließlich an Jakob gedacht. Glaubte man, Fugger bliebe geldlichen Erfordernissen einer Krönung nicht gewachsen? Nachdem aber der Venezianer Diplomat Vincenzo Querini seiner Behörde meldete, Jakob sei mit 80 000 Gulden in der Reichstagsstadt eingetroffen, klärte sich die Situation. Man konnte vermuten, der Bankier habe solche Beträge ohne näheren Zweck bereitgestellt oder sich nur um die Übermittlung fürstlicher Bergwerkseinkünfte bemüht.

Es ging um mehr. Freilich der Gegenstand der heimlichen Gespräche blieb dem Gewährsmann des Dogen verborgen, obwohl er über goldene Schlüssel verfügte. Anscheinend war beiden Partnern an der Vertraulichkeit ihrer Unterhaltung so stark gelegen, daß diese gegen unerwünschte Mitwisser abgesichert wurde. Die Öffentlichkeit ahnte nicht, wie lange schon Boten zwischen Augsburg und dem Hof hin und her ritten. Objekt der Beratungen war die ansehnliche Grafschaft Kirchberg bei Ulm an der Donau mit einigen Nebengütern. Sie und ihre ganzen Nachbargebiete samt dem Städtchen Weißenhorn, von dessen Zinnen bis vor kurzem die Bayernfahne wehte, sollten in den Besitz Fuggers übergehen. Am 27. Juli 1507 war es so weit. Jakob verpflichtete sich zur Zahlung von 50 000 Gulden an den König und empfing dafür diese Bereiche, Burgen, Gemeinden und Rechte zu einem „rechten, redlichen, aufrichtigen und ewigen Kauf".

Einzig das Streben nach seiner Krönung bewog Maximilian zu dieser ungewöhnlichen Urkunde. Mit ihr wurde manches geopfert, was für südwestdeutsche Herrschaftspläne empfindlichen Verlust bedeutete. Da der gesamte Preis außerdem nur ein Drittel der voraussichtlichen Kosten deckte, und erhebliche Mengen alter Schulden große Beträge verschlangen, rührte sich bei Fugger die Sorge, es werde die Krone den Fehlbetrag gleichfalls seinem „Säckel" entnehmen.

Jakobs Dienstbereitschaft in der Lieferung von Waffen und Rüstungen für Mann und Pferd vermochte die Eigenwilligkeit Maximilians nicht zu bändigen. Sie wirkte beinahe als Ansporn. Entschlossen, sein Kaisertum durch den reichsstädtischen Finanzstrategen zu erringen, es aus bürgerlichen und nicht aus päpstlichen Händen entgegenzunehmen, kannte der Habsburger keine Schonung. Zweimal erschien Kardinal Bernardino Caravajal als Vertrauter des Heiligen Stuhles im Fuggerhaus. Dort bewirtete man ihn mit gebührendem Prunk. Der einflußreiche Gastgeber ehrte durch einen solchen Empfang die eigene Firma mehr als den Legaten, und Fuggers Absichten bekam der päpstliche Diplomat doch nicht zu wissen.

Wahrscheinlich ging jede unmittelbare Befragung des Kaufherrn überhaupt zu weit. Der Vatikan überschätzte das Ausmaß seiner Mitsprachemöglichkeit. Denn während man bei Jakob eine der Triebkräfte vermutete, setzte dieser sich gegen die Schrankenlosigkeit seines Herrschers in Wirklichkeit zur Wehr. Versuchen des Königs, römische Ablaßerträge zu beschlagnahmen, begegnete die Firma mit heftigem Widerstande. Sie wußte durch solches Tun ihre Kaufmannsehre und Kreditwürdigkeit gefährdet. Fugger wurde keineswegs zum Dank für seine schwäbischen Gebiete ein willenloses Werkzeug in der Hand des Herrschers. Eher schien das Gegenteil der Fall. Einem König, der solch wertvollen Besitz preisgab, konnte die Gesellschaft weitergehende Zugeständnisse abnötigen als jedem Fürsten, der ihrer wirtschaftlich nicht bedurfte.

Die Firma besaß Grund zur Vorsicht. Maximilians jüngster Plan ging dahin, von den Großfirmen eine Art Körperschaftssteuer zu erheben. Dabei hatte er die Oberdeutschen anscheinend stärker im Auge als niederdeutsche Städte, weil die Schwaben und Franken angeblich erhöhten Schutz genossen. Im übrigen war der Einfall nicht von volkswirtschaftlichen Erwägungen, sondern rein vom Augenblicksbedarf geleitet. Man hoffte, durch diese Abgabe eine Lücke im Finanzplan zu schließen. Mit erbittertem Nachdruck wehrten sich die Unternehmer. Angesichts der gemeinsamen fiskalischen Bedrohungen stellten sie interne Spannungen zurück, bis die Krone vor der Einheitsfront der Gesellschaft notgedrungen zurückwich. Mit wessen Beistand hätte Maximilian sich gegen seine unentbehrlichen Helfer behaupten, durch wen sie im Falle ihrer Verärgerung ersetzen sollen?

Die Taktik der Handelskompanien war geschickter als die steuerpolitische Offensive des Monarchen. Da jene zur Abwehr reichsstädtische Bindungen ausnützten, mußte Maximilian vor dem solidarischen Nein der Gemeinden kapitulieren. Diese wollten eine Doppelbesteuerung ihrer Oberschicht keinesfalls dulden. Der Fortbestand tragender wirtschaftlicher Kräfte des oberdeutschen Raumes galt durch Maximilians Einfall für gefährdet. Ebensowenig glückte es dem König, die Verantwortung für eine Teuerung, die mancherlei Gründen entsprang und an der preispolitische Fehler von Kaiser und Reichstag Mitschuld trugen, dem Großhandel aufzubürden. Es wäre bei allem guten Einvernehmen gerne geschehen, um der Öffentlichkeit Objekte zur Entladung ihres Zornes darzubieten.

Man dürfte in den oberdeutschen Städten das Ausmaß der Gefahr rechtzeitig begriffen haben. Vermutlich gab es hinreichend Zuträger, sodaß Fugger einen juristischen oder publizistischen Kleinkrieg nicht zu führen brauchte. Die nüchterne Menschenkenntnis schwäbischer Unternehmer wollte sich auf keine sinnlosen Debatten einlassen. Prinzipienerörterungen schienen diesen reinen Praktikern abwegig. Ihre Diskussionen blieben anderer Art. Sie bewegten sich auf konkreten

Bahnen. Von der Erkenntnis beherrscht, daß solche Experimente meist brennender Geldknappheit entstammten, trachteten die Kaufleute, durch Ausräumung materieller Hemmnisse das Problem unmittelbar zu lösen. Nach Behebung seiner Illiquidität war der König an zweideutigen Vorhaben nicht weiter interessiert. Weshalb sollte er, der die Banken benötigte, diesen in den Rücken fallen? Hauptsache blieb, daß er zu Geld kam.

Der spätere kaiserliche Kanzler Mercurino Gattinara berichtete im November 1507 der Herzogin von Savoyen über 100 000 Gulden. Ihr Vater Maximilian I. hatte diese Summe im Fuggerhaus erhalten. Eine knappe Weile danach erfuhr Niccolo Macchiavelli aus Genueser Wirtschaftskreisen Näheres über den gleichen Vorgang. Wahrscheinlich handelte es sich um kein neues Darlehen der Firma, sondern um die Übermittlung kirchlicher Hilfsgelder. Jakob unterstützte Papst Julius II. bei derartigen Arbeiten genau so, wie er sich an sonstigen Transaktionen des Kirchenstaates beteiligte und dem Heiligen Vater die erwünschten Rohstoffe für Geschützgießereien, Münzen und Werften zubrachte.

Jakobs hohe Zahlung könnte allerdings auch einen anderen Sinn gehabt haben. Der Zweck wurde jedenfalls erreicht und die finanzielle Not der Krone beseitigt. Das körperschaftssteuerliche Projekt verschwand aus der Diskussion. Allein wolkenlos war der Himmel zwischen Augsburg und Rom noch lange nicht, mindestens nicht für den Anwärter auf die Kaiserkrone.

Als sich der Habsburger zu seinem Empfang über die Alpen begab, wurde ihm die bitterste Lehre seines Lebens zuteil. Während das jeder Wirklichkeit offene Denken des Schwaben Vorsorge getroffen hatte, um eine Realisierung der Konstanzer Vereinbarung von 1507 zu garantieren, blieb das Beginnen seines Königs beim Anlauf stecken. Maximilian fehlten verlässige Praktiker. Zu Anfang des Januar 1508 schworen Bauern und Bürger von Kirchberg, Weißenhorn und anderer Orte Fugger die Treue. Auch ritterschaftliche Lehensträger mußten den Großkaufmann als Herrn anerkennen. Staunend gewahrte man, wie gut dieser mit feudalen Ordnungen zurecht kam, die man durch ihn bedroht wähnte. Fugger vergab sich nichts und wußte zugleich, der Entwicklung seiner Gebiete dank engster Vertrautheit mit den kommerziellen Chancen der Zeit frischen Auftrieb zu vermitteln. Er war ein Konservativer mit modernen Methoden geworden.

Inzwischen fuhr sich der Heerzug Maximilians aus Geldnot am Südrande der Alpen zu Trient fest. Venedig erlaubte keinen Durchmarsch durch sein Gebiet. Die stillen Reserven, mit denen man den Einzug des Habsburgers in die Ewige Stadt erleichtern wollte, schmolzen dahin wie Schnee in der Sonne. Sie wurden von der Armee und einem viel=

köpfigen Gefolge mit der unerbittlichen Konsequenz alles Banalen ein=
fach aufgegessen. Der österreichische Kassenstand sank so tief, daß
für dieses Mal Maximilians Aussicht auf eine römische Krönung zu
Nichts zerfloß.

Immerhin wurde das Gesicht einigermaßen gewahrt. Zu Beginn des
Februars 1508 nahm der König im ehrwürdigen Trienter Dom den Titel
eines „Erwählten Römischen Kaisers" an. Eigentlich gab es diese Be=
zeichnung nicht, doch sie klang gut, und man gewann einen Ersatz für
jenes Ziel, das der Fürst nicht erreicht hatte. Weil aber selbst zu dieser
Lösung Fuggers goldene Brücken benötigt wurden, umgab Jakob seither
ein märchenhafter Ruf. Er schien nicht nur Kaufmann und Grundherr,
sondern als Kaisermacher für seine Zeit das zu sein, was im Mittel=
alter römische Päpste und deutsche Kurfürsten gewesen waren.

Bis zu diesem Punkte durfte die Gesellschaft befriedigt den Anstieg
ihrer Erfolgskurve vermerken. Die Situation komplizierte sich freilich,
als kurz nach der zweifelhaften Proklamation von Trient der politische
Horizont sich umdüsterte. Die Aufrüstung Österreichs, Frankreichs,
Ungarns und des Papstes führte nirgends zu gemeinsamer Aktion wider
den Türken. Der Sultan hatte seine freundschaftlichen Beziehungen zu
den italienischen Seerepubliken nicht umsonst gepflegt. Im Spätjahr
1508 verständigte sich daher eine Anzahl der Kontinentalmächte nach
Abschluß einer Liga in Cambrai zu einem Feldzug gegen Venedig. Sein
Resultat blieb allerdings problematisch. Insoweit der Kaiser unzu=
längliche Vorstöße gegen Festlandsgebiete des Dogen wagte, wurde
er zurückgeschlagen.

Die deutsche Kaufmannschaft geriet durch diese Verwickelung in eine
peinliche Lage. Sie wünschte aus nüchternen Überlegungen den Stütz=
punkt am Rialto zu behaupten. Weshalb sollten die Schwaben ihren
Vorsprung an der Adria opfern, da es ohnehin für sicher galt, daß die
unnatürliche Koalition noch rascher zerfiel, als sie zustande gekom=
men war.

Unter solchen Umständen mußte die Krone „wahrlich seltsame" Aus=
wege einschlagen. Jakob half sich dadurch, daß er mit einem Metall=
vertrag im Werte von 300 000 Gulden die Bedrängnis seines Kaisers
erleichterte. Anderseits trat er nicht vorbehaltlos auf die Seite
Österreichs. Ohne die Bedeutung eines Venezianer Plünderkommandos
gegen Kärntner Fuggerwerke zu überschätzen, suchte die Firma ein
Auskommen im östlichen Oberitalien und an den Pforten zu den habs=
burgischen Erblanden. Ihr Handel sollte nicht durch verhärtete Prestige=
politik leiden. Die Wirtschaft schien wichtiger als jedes Kriegsereignis
und selbst als die eigentliche Staatsführung. Jakob und seinesgleichen
hielten sich, auch wenn die kaiserlichen Trommeln geschlagen wurden

und Venezianer Trompeten schmetterten, neutral. Mochten die Musen schweigen. Hinter dem Rücken des Mars blieb Merkur rührig.

Man konnte daran zweifeln, ob es zulässig war, wenn die Wirtschaft eigene Wege ging. Möglich schien es jedenfalls. Der Versuch erwies sich sogar als praktische Methode, nachhaltiges Unheil zu verhüten. Schließ= lich gingen die kämpfenden Parteien ganz gerne auf das Versteckens spiel der Firmen ein. Die Heerführer duldeten, daß Kaufleute ihre Arbeit nicht durch lokale Konflikte mit kriegerischem Beiwerk stören ließen. Beide Gegner, der Kaiser wie Venedig, gestanden Jakob und anderen Gesellschaften Sonderrechte zu. Sie schufen einen juristisch unmöglichen, doch sinnvollen Zustand. Dabei wurde der in der Theorie abgebrochene Handel unter Mißachtung der militärischen Fronten zwischen diesen hindurch fortgesetzt. Damit war für das erste eine Basis zur späteren Verständigung der scheinbar verfeindeten Gruppen gewonnen. Sie konnte einen Ausweg aus der Sackgasse allgemeiner Wirtschaftslähmung nebst diplomatischen Anknüpfungspunkten bieten.

Zunächst sollte die Erfahrung des Einzelfalles lehren, inwieweit die Ausnahmebedingungen taugten. Außerdem blieb es von grundsätzlicher Bedeutung, wenn Eigenständigkeit und Eigenrecht der ökonomischen Zu= sammenhänge gegenüber dem engräumigen Denken damaliger Kriegs= führung anerkannt wurden. Ihre Sanktionierung, die von beiden kämpfenden Parteien geschah, eröffnete hoffnungsvolle Perspektiven.

Auf Fugger fiel kein Verdacht, daß er aus mißverstandener Kaiser= treue für eine Kriegsführung um jeden Preis eingetreten wäre. Er zählte nicht zu den militanten Schwärmern jenes Zeitalters. Nur daß seine Geschäfte auf sichtbaren und unsichtbaren Bühnen sich fantastisch gestalteten, erweckte mancherlei Bedenken. Kritiker wurden laut; denn beinahe überall hatte er seine Hand im Spiel. Außer Österreich finan= zierte Jakob den ungarischen Hof. An König Heinrich VII. von Eng= land lieferte man Juwelen und vermittelte seine Subsidien der Römi= schen Majestät. Seit 1508 befand sich auch die päpstliche Münzprä= gung wieder in Fuggers Pacht. Das Geschäft zeigte sich hier ähnlich günstig wie die Organisation europäischer Ablässe. Erstaunlich ist nur, wieso die Beteiligung kirchlichen Kapitals am Fuggergeschäft unter solchen Umständen geheim blieb. Die Übertragung der Kardinalswürde an Fürstbischof Melchior von Meckau geschah kurz vor dem Ableben Alexanders VI. Vermutlich zeigte sich die Firma auch hierbei behilflich. Sie verfügte über weitreichende Verbindungen. Nachdem aber das Bei= spiel des Brixeners sich herumsprach, machte es zum Vorteil der Firma Schule. Auch andere Eminenzen vertrauten Bestandteile ihres inoffi= ziellen Vermögens dem stillen Schwaben an. Das anfangs mittelgroße Unternehmen wuchs auf diese Weise zum Rang einer Weltbank empor.

Was sollte aber geschehen, wenn durch Zufall das Firmengeheimnis offenkundig wurde? Dann ging Fugger seiner gesamten Einlagen aus dem Kreise des Heiligen Kollegs verlustig. Die Würdenträger der Deut=schen Nationalhospizstiftung der Anima zu Rom verschwiegen absicht=lich die Zusammenhänge, weil sie sich den Nachlaß des Kardinals von Meckau erhofften. Als auf ihr Betreiben 1509 ein Notar erschien, um seinen Letzten Willen zu verbriefen, kamen die Ereignisse ins Rollen. Drei Tage darauf weilte die Eminenz nicht mehr unter den Lebenden. Sobald dann Angaben über ihr Guthaben von 300 000 Gulden durch=sickerten, ließ sich die Krise nicht aufhalten. Man hatte im Kleid des Toten Quittungen gefunden. Die zugehörigen Summen sollten in Fug=gers Behältnis liegen. Die Anima=Stiftung dachte, man werde ihr wenigstens ein Vermächtnis lassen. Allein Papst Julius II. gab zu ver=stehen, daß er kraft des Kanonischen Rechtes das gesamte Erbe bean=spruche. Diese Fluten sollten das Schifflein Petri, das in den Schären italienischer Territorialkämpfe auf Klippen geraten war, wieder dem Meer der Weltpolitik entgegentragen.

Sämtliche anderen Interessenten, nämlich das Animahospital, die Blutsverwandten Meckaus und das Bistum Brixen, bemühten sich um=sonst, Forderungen durchzusetzen. Auf wie schwachen Füßen ihr Vor=bringen ruhte, wußten die Erben ebensogut wie die Fuggerfaktorei. Dieser dünkte es deshalb zur Vermeidung jeden Skandales am klüg=sten, auf kuriale Teilwünsche einzugehen.

Bald zeigte sich, daß der Rovere=Papst zu gut unterrichtet war, als daß man ihn mit halben Geldern abfinden konnte. Er bestand auf seinem Schein. Jakob hegte für die Gesellschaft wegen des einsetzenden Sturmes auf ihre römische Kasse ernste Sorgen. Hier konnte nur ein taktischer Schachzug helfen. Weil der Beschwichtigungsversuch an der Kurie mißlang, erhielt der Kaiser Andeutungen, daß sein Finanzmann infolge hoher Forderungen nach Meckaus Tod „jählings nicht bei Geld" sei. Welche Reaktion ein derartiger Hinweis auslöste, ließ sich im voraus berechnen. Einesteils sah der Herrscher durch das Versiegen der schwäbischen Geldquelle seine Kriegspläne gefährdet. Andererseits witterte er Bargeld, das es auf seine Mühlen zu leiten galt. Ein Tau=ziehen begann. Das staatliche Verbot von Zahlungen aus der Erb=schaftsmasse vor Klärung des Falles kam Jakob gelegen. Man möchte vermuten, es sei bestellt gewesen. Zudem wollte der Habsburger nicht leer ausgehen. Die Schwierigkeiten seines Bankiers bildeten für ihn keinen wesentlichen Gesichtspunkt. Der Monarch wünschte für den Fall eines Fugger=Konkurses, den Löwenanteil der Beute an sich zu ziehen.

Schon daß der Sieg über Venedig bei Agnadello wegen mangelnder Augsburger Hilfe 1509 den Franzosen zufiel, empfand Habsburg als Einbuße seines Ansehens. Da sich dieses aber ohne Mitwirkung Jakobs kaum wahren ließ, trachtete das Erzhaus nach Vereinbarungen mit dem Heiligen Stuhle. Dieser sollte Maximilian den Hauptbetrag der Meckau=Erbschaft überlassen. Als nach einigem Widerstreben die Verständigung glückte, sah der Kaiser dem künftigen Geschehen tatenfroher entgegen. Sobald er Gold in Händen hatte, empfand er selbst den Zerfall des Bundes von Cambrai oder die päpstliche Verständigung mit Venedig und Aragon durch eine neue „Heilige Liga" des Jahres 1510 nur mehr halb so schlimm.

Vor allem sicherte die Übereinkunft zwischen Krone und Tiara den Fortbestand der Gesellschaft. Nach dem Tode des Kardinals von Brixen stand die Firma vor ihrem Zusammenbruch. Aus diesem Erlebnis zog Jakob die notwendigen Folgerungen. Er ließ es in Zukunft nie mehr zum Übergewicht eines einzelnen Kunden innerhalb seines Kreditgefüges kommen. Geschickt meisterte er die Krise des Unternehmens und verwandelte die drohende Katastrophe zu einem Triumph.

Jahre später verlautete innerhalb der um ihre Aussicht geprellten Anima, Fugger habe dem Papst binnen einer Stunde drei Tonnen Goldes erlegen können. Die englischen und französischen Monarchen hätten dieses nicht vermocht. In solcher Weise drang das Wissen um die finanzielle Allmacht des Bankhauses, wenn auch ziemlich verklärt, zur Kenntnis Martin Luthers.

Jakob täuschte sich nicht über die Bedrohung, in der sein Haus schwebte. Eben darum trachtete er, vor der Öffentlichkeit den gegenteiligen Eindruck zu erwecken. Die mäzenatische Ausstattung von Kirchen, der Ankauf ländlicher Liegenschaften und reichsstädtischer Paläste sollten Ansehen und Geltung der Gesellschaft jedem Zweifel entheben. Ähnliches geschah gegenüber den Fürsten Europas. Antwerpener Geldgeschäfte und gewürzhändlerische Abschlüsse zu Lissabon stellten die Firma beim Verkehr mit den Königreichen Kastilien, Aragon und Portugal heraus. Gefälligkeiten für die Nuntien verbanden sich mit der Beschaffung von Kupfer und Zinn für den Kirchenstaat. Die entschiedene Verteidigung von Ablaßdepots gegen das Begehren der Krone schuf am Vatikan eine freundlichere Atmosphäre. Zum Schlusse ward bei Maximilian selbst die Überwindung der Krise unterstrichen. Da der Herrscher wieder Bargeld, Waffen, Truppensold und Erz, dazu sonstige Hilfe an der Veroneser Front empfing, verflog alle Enttäuschung. So wohl fühlte er sich unter Fuggers Dach, daß der Kaiser in Jakobs Räumen die Kleidung anlegte zum letzten Waffenspiel mit Kurfürst Friedrich dem Weisen von Sachsen.

Dieses geschah anläßlich eines Augsburger Reichstages im Jahr 1510, der noch in anderer Beziehung unvergeßlich bleiben sollte. Im Verlaufe jener Wochen starb der rund siebzigjährige Ulrich Fugger, Seniorchef der Firma. Sein Bruder Georg war im Tode ihm vorausgegangen. Als

Mitglied der Gründergeneration befand sich nur mehr Jakob am Leben. Ihm fiel nun die volle Herrschaft zu.

An diesem Vorgang erstaunt höchstens, wie wenig er mit den Vermögensziffern der Familienmitglieder im Einklang stand. Obwohl die Mehrzahl der gewinnbringenden Geschäfte jüngerer Zeit Jakobs Werk waren, betrug sein Anteil an den 196 791 Gulden des Gesellschaftsvermögens von 1510 erst 80 999 Gulden. Der Rest gehörte den Neffen. Da jedoch ihre Ausgabefreudigkeit die des Oheims übertraf, verschob sich das Bild während der folgenden fünfzehn Jahre zu Jakobs Gunsten.

Eine Aufstellung der verschiedenen Gesellschaftsquoten von 1527 ergibt, daß Jakob in seinen letzten Lebensjahren durchschnittlich 54,5 Prozent verdiente. Von ihnen wurden jeweils nur ein bis zwei Prozent verbraucht. Somit wuchs die Habe in der Schlußepoche seiner Führungszeit dermaßen an, daß man sie für das Ende des Jahres 1525 auf 667 790 Gulden berechnete. Da der letzte Überlebende der Gesellschaftsgründer sämtliche weiblichen Angehörige verdrängt hatte, stieg seine Beteiligung von den 41 Prozent des Jahre 1510 auf eine gewaltige Majorität zum Zeitpunkt seines Todes an. Jeder Vergleich mit den Inhabern anderer Großvermögen bekräftigt, wie weit sich Jakob über die Spitzengruppe der eigenen Schicht erhob.

Solche Umstände erklären jene Behandlung, die der Kaiser Fugger auch dann gewährte, als Maximilian 1510 sich mit den Franzosen in der Allianz von Blois vereinigte. Die Firma hielt sich aus Rücksicht auf den Heiligen Stuhl zurück. Jakobs Scheu schloß indessen nicht aus, daß er Habsburg spanische Hilfssummen zuleitete. Freilich persönliche Begegnungen, etwa am folgenden Kongreß zu Mantua, wo Jakob sich durch einen Neffen vertreten ließ, unterblieben. Man wollte jede sichtbare Annäherung ausschließen. Sie hätte in Rom keinen guten Eindruck erweckt oder der Gesellschaft unwillkommene Engagements aufgenötigt.

Die neue Zurückhaltung lag keineswegs im Sinne des Kaisers. Sobald dieser wahrnahm, wie Papst Julius II. sich von der Verdichtung seiner Kontakte mit Fugger außer einer Förderung der Pläne für St. Peter noch anderes erwartete, suchte das Erzhaus, Jakob als Sachwalter seiner Partei herauszustellen. Vertrauensbeweise können kompromittieren. Wahrscheinlich sollten sie einem Kurswechsel der Gesellschaft vorbeugen. Aus diesem Wunsche wird nach Überwindung eines Tiefpunktes der Beziehungen die Erhebung Jakobs in den Adelsstand des Reiches erfolgt sein. Das kaiserliche Privileg vom 8. Mai 1511 stellte dem Kaufherrn frei, in welchem Umfang er sich der gewährten Titel bedienen möchte. Die Krone wußte, daß sie es mit einem aristokratischen Bürger und keinem bourgeois gentilhomme zu tun hatte.

Wappenverleihungen an erfolgreiche Kaufleute entsprachen in der deutschen Renaissance allgemeiner Übung. Die Nobilitierung von Wirtschaftsführern war freilich noch derart ungebräuchlich, daß es Jakob nicht verwunderte, als die tieferen Ursachen der Kaiserlichen Huld zutage traten. Sie hingen mit der verfehlten Kaiserkrönung Maximilians zusammen. In der zweiten Septemberhälfte 1511 berichteten voreilige Gewährsmänner vom baldigen Ende Papst Julius II. Unleugbar sprach dabei Maximilians Wunsch als Vater dieses Gedankens mit. Ein verlässiger Fühlungsmann sollte Augsburg die heimlichen Absichten der Majestät für den Fall einer päpstlichen Sedisvakanz eröffnen. Der Habsburger wollte mit spanischer Unterstützung in Rom den Kaiserreifen holen. Darnach mochte dieser ohne Rücksicht auf verbriefte Rechte der deutschen Wahlfürsten seinem Enkel, dem späteren Karl V., abgetreten werden. Maximilian hingegen konnte sich, da er gerade Witwer war, zur päpstlichen Würde erheben lassen. Der Großvater im Besitze der Tiara und sein Enkel im Glanze der Kaiserkrone — strahlender ließ sich der Weltherrschaftstraum des Erzhauses unmöglich verwirklichen. Dann hatte Friedrich III. seine unablässigen Entbehrungen nicht umsonst getragen. Allein wie hoch war der Grad der Wahrscheinlichkeit für die Erfüllung dieser an hellen Wahn reichenden Projekte?

Sehr problematisch blieb schon, ob sich die Kardinäle zu einem solchen Vorhaben herbeiließen. Maximilian hoffte, der Rovere=Papst werde ihn zum Koadjutor bestellen. Seine Tage galten ohnehin für gezählt. Der Kaiser gedachte ohne Sorge um innerkirchliche Wirren das Heilige Kolleg bei der Nachfolgefrage auszuschalten. Alles weitere sollte der wendige Bischof Matthäus Lang von Wellenburg, auch ein Augsburger, unter Einsatz der üblichen Mittel in das rechte Lot bringen. Voraussetzung für den Erfolg seiner Mission blieb, daß Fugger nicht nur die mit 10 000 Gulden veranschlagten Spesen des zum Makler berufenen Prälaten aufbrachte. Die Firma sollte weiterhin 300 000 Dukaten beischaffen. Mit ihnen schien die Umstimmung der Papstwähler dem Kaiser denkbar.

Die Entscheidung darüber, ob solche simonistische Absichten in der katholischen Kirche zum Erfolg gelangten, blieb praktisch Fugger anheimgestellt. Es war von einem Kaufmann etwas viel verlangt. Denn sicher hatte der Habsburger ihm gegenüber mit Versprechungen nicht geknausert. Jedoch Jakob kannte den Wert solcher Beteuerungen zu gut, um sich von ihnen bestimmen zu lassen. Selbst das Adelsdiplom, hinter dem sich die geschäftliche Krise dekorativ verbarg, riß ihn zu keiner Unbedachtsamkeit hin. Die Frage lautete ganz einfach: Wieviel blieb im Ernstfalle von den österreichischen Zusagen, wonach man die kirchlichen Finanzbehörden dem Hause Fugger ausliefern wollte, übrig? Ferner scheint Jakob als überzeugter, wenn auch eigenwilliger Anhänger spätmittelalterlicher Laienreform der Kirche religiöse Bedenken zu diesem Gegenstand gehegt zu haben.

Der kaiserliche Vertreter dürfte befehlsgemäß jeden „Fleiß" gebraucht haben, um Fuggers Zusage heimzubringen. Maximilian wünschte, daß auch nach einer Absage „du nichts desto minder wieder anhaltest und dermaßen handelst", bis die Sache abgeschlossen werde. Jakob scheint jedoch nicht bloß aus Mißtrauen gegen kaiserliche Ankündigungen oder wegen bestimmter Geschäfte mit Julius II. sich den Österreichern versagt zu haben. Zudem geschah die Ablehnung in so diskreter Form, daß selbst Fuggers Hauschronik diesen denkwürdigen Vorgang mit keiner Silbe erwähnt. Dennoch läßt sich an seiner historischen Echtheit kaum zweifeln.

Vielleicht bieten gleichzeitige Anstrengungen Jakobs um eine Reform seiner Augsburger Heimatpfarrei St. Moritz gewisse Fingerzeige. Er bemühte sich dort in diktatorischer Art um eine religiöse Erneuerung, so wie er sie verstand. Man sollte einer modernen Denkungsart gegen angestammte Rechte der Stiftsherren und gegen überlieferte Mißbräuche zum Siege verhelfen. Gleich so vielen Gliedern seiner Schicht dürfte Jakob aber keine wahre menschliche Beziehung zur religiösen Problematik der Zeit noch besessen haben, wie sie auch den meisten Fürsten damals abging. Trotzdem wurde Fugger von der Bewegung des Jahrhunderts, ihren Andachts= und Predigtforderungen und dem Mitsprachewunsch der Laienwelt erfaßt. Sie bewogen ihn wohl nicht zur Preisgabe seiner mit kirchlichen Schwächen verwobenen Transaktionen. Dennoch ward ihm, dem Sohn einer Epoche der Wende, bewußt, daß höhere Dinge, denen er nur widerspruchsvoll anhing, mit dem kaiserlichen Projekt unvereinbar blieben. Es verlangte nicht weniger als eine Altersversorgung des gegenwärtigen Monarchen durch seine Versetzung auf den päpstlichen Stuhl. Außerdem wurde das seit der Goldenen Bulle von 1356, dem verfassungsähnlichen Grundgesetz des spätmittelalterlichen Reiches, verbriefte Wahlrecht der deutschen Kurfürsten mit solchen Anschlägen gröblich verletzt.

Die bergenden Schleier um den zweideutigen Vorgang wurden so dicht gewoben, daß der Papst kaum ahnte, wie ernsthaft man zu seinen Lebzeiten die Frage des kurialen Wechsels bereits erörterte. Dennoch bewährte sich die seit dem Brixener Fehlschlag gesteigerte Vorsicht Jakobs. Die kaiserlich gesinnten Kardinäle hatten den peinlichen Eindruck ihrer Revolte gegen das Oberhaupt der Kirche erst schwach verlöscht, als sich Julius II. zur Aussöhnung mit dem Erzhause bewogen fand, weil die Franzosen Bologna und Brescia an sich rissen. Folglich mußten die Kardinäle sich in die neue Lage schicken, wie wenn niemals anderes erwogen worden wäre.

Es geschah, was nach mißlichen Ereignissen oft für das Beste gilt und zugleich das Bequemste ist. Jeder tat so, als sei nichts vorgefallen. Maximilian verständigte sich mit dem Papste. Dieser zeichnete Matthäus Lang durch die Kardinalswürde aus. Und Fugger als geschäftlicher Vermittler zwischen Papst und Kaiser, Fürsten und Städten überwies deutsche und außerdeutsche Ablaßgelder in das Ewige Rom. Dort verhalf ihm eine Mehrung der päpstlichen Münzprägearbeit zu stattlichem Gewinn. Julius II. endlich erhielt das von ihm heiß begehrte Bargeld. Keiner erwähnte den mißglückten Griff Maximilians I. nach der päpstlichen Krone. Die Dinge waren vorüber, warum sollte man weiter von ihnen sprechen. Es wäre nur peinlich gewesen.

Allmählich wurde Jakob zu einer sagenumwobenen Gestalt. Daraus zog er seine eigenen Folgerungen. Als man am 14. Februar 1512 nach einer Gesellschafterversammlung zum monarchischen Umbau der Firma schritt, handelte Jakob gemäß dem Geiste seiner Zeit. Nach allen Erfahrungen konnte der Wandel nur in der Weise erfolgen, daß er „für sich selbst den Handel aufrichtete". Seine Neffen durften ihr ererbtes Vermögen in der Gesellschaft wohl belassen. „Die ganze und vollkommene Macht allein" verblieb aber dem großen Manne. Für die nächste Zeit gab es nicht mehr die Fugger insgemein, sondern nur noch Jakob den Reichen.

Kaum eine jener ausgesuchten Persönlichkeiten, die zum Kreise der Unterrichteten zählten, wird um 1512 mehr daran gedacht haben, welch kurze Zeit zuvor die Firma noch von den Wogen des Zusammenbruchs gefährdet war. Diese Erinnerung wurde durch mäzenatische und soziale Großtaten, wirtschaftliche und politische Leistungen unerhörter Ordnung verwischt. Nur das Oberhaupt selbst kann solches Wissen niemals verlassen haben. Jakob zog weiterhin so unerbittliche Konsequenzen, daß die Zahl seiner Neider, Kritiker und Widersacher sich zwangsläufig vermehrte. Aber er war nicht gewohnt, auf sie zu achten. Statt dessen befaßte sich der Kaufherr mit der Überlegung, wie man weitere Rückschläge vermeiden könne. Sie brauchten nicht durch eine Art Naturereignis gleich dem Tod Meckaus ausgelöst zu werden. Vielmehr bestand die Möglichkeit, daß erbitterte Konkurrenten oder geistige Gegenspieler sie in das Werk setzten. Solche Geschehnisse konnten bedrohlicher werden als das Ableben jenes kurialen Gönners, dessen Gebeine der kühle Boden seiner römischen Titelkirche Santa Maria in Aracoeli barg.

Nordeuropäische Verbindungen, besonders über die Ostsee nach Skandinavien, zählten zu den frühen geschäftlichen Beziehungen der Fugger. Auf diesen Wegen hatten sie in ihren ersten Jahrzehnten für fiskalische Interessen der Päpste gewirkt. Seit der Türkenkrieg die südlichen Ausfuhrtore des ungarischen Kupfer- und Silberhandels bedrohte, forderten erzhändlerische Belange der Gesellschaft ihre stärkere Verankerung an der Ostsee. Von dort her ließen sich durch Sund und Belt die Niederlande und England, Spanien und Portugal erreichen. Andere Schiffe mit Fuggerwaren konnten von denselben Häfen Danzig und Stettin aus die baltische Küste anlaufen. Hier ergaben sich Absatz= möglichkeiten in das Innere Rußlands bis Moskau und Kiew.

Aus politischer Tradition und kaufmännischem Lebensinteresse widersetzte sich Lübeck diesen Versuchen mit leidenschaftlicher Energie. Danzig warb bei Rostock, Stralsund und Wismar vergeblich um Liebe für seine oberdeutschen Freunde. Der Hanse ging es um die Wahrung eines Prinzips. Es galt, die schwäbischen Landratten von der See fernzuhalten. Wenn die Fugger trotzdem das Meer erreichten, waren sie so unbarmherzig zu jagen, bis ihnen die Lust verging, nochmals als Wettbewerber in den Gewässern Lübecks und seiner Genossen auf= zutreten.

Zu diesem Zweck erfolgte aus grundsätzlichen Erwägungen 1510 die Kaperung eines Fuggerschen Kupfertransportes in der Ostsee. Da die Gesellschaft durch Unwetter, Krieg und Seeräuberei schon wiederholt Einbußen erlitten hatte, waren solche Verluste bei ihren Metallpreisen einkalkuliert. Das Geschehnis verdiente darum geschäftlich keine über= mäßige Beachtung. Allein die vorsätzliche Ausschließung von den nas= sen Straßen der Welt durfte Jakob nicht hinnehmen. Weil sie als Ant= wort auf die provokatorischen Vorstöße der Gesellschaft nach Nord= und Nordosteuropa gemeint war, mußte Fugger seine Ansprüche um jeden Preis verfechten.

Den Augsburgern willfährige Beamte alarmierten den Kaiser. Ein Lübeck feindliches Mandat wollte die Königin der Hanse geächtet sehen. Damit nicht genug, suchte die Firma die Verhängung des Inter= diktes und andere Kirchenstrafen in Rom zu erwirken. Wenn den Fuggern beides glückte, war der Anschlag auf die Geltung der Ge= sellschaft demonstrativ abgewehrt und ihr Recht zu unbegrenzter Ex= pansion behauptet.

Allein die Sache lief nicht nach Jakobs Wunsch. Seine niederdeut= schen Nebenbuhler besaßen intime Kenntnis von den Hintertreppen= verbindungen bei Hofe. Sie fanden dort hohle Hände. Womöglich waren es die gleichen, die man knapp zuvor mit Fuggerschen Gulden gefüllt hatte. Als Ergebnis dieser Gegenaktion verzichtete Maximilian auf eine Aburteilung Lübecks. Jetzt gedachte er als Vermittler zwischen ober= und niederdeutschen Kaufleuten zu wirken. Möglicherweise trieb ihn die Aussicht auf Maklerlohn zu solchem Vorgehen. Sie erwies sich als verfehlt. Der Aufhebung des kaiserlichen Erlasses gegen Lübeck entging jener Erfolg, den sich die Krone und hansische Freunde ver= sprachen.

Lübecks letzter Schachzug, den Streit mit Fugger vor den Kölner Reichstag zu bringen, war klug ersonnen. Hier besaßen die Nieder= deutschen eine Reihe ergebener Stimmen. Jakob hingegen konnte nicht einmal auf die Schwaben sicher rechnen, noch weniger auf fränkische Kommunen. Unter dem Stichwort einer Ablehnung des Monopolwesens förderte ein Teil angeblicher Geschäftsfreunde Fuggers den Kampf der Lübecker mit den Konkurrenten. Statt als Sieger vom Reichstag zu scheiden, durfte Fugger froh sein, wenn die Verurteilung seiner Firma unterblieb. Da der Kaiser die Gesellschaft brauchte, ward ihr aber bestätigt, daß der Fuggerhandel als „besondere Gnade von Gott" „für göttlich, billig und redlich und nicht für Monopolium" gelte.

Angesichts der Prozeßlust der Reichsjustiz gegen Fugger besaß ein Freibrief namhaften Wert. Der Kläger Dr. Marth suchte nach Gelegen= heiten, um Großfirmen entgegenzutreten. Das kaiserliche Dokument wurde deshalb durch die Gewährung von Krediten an die Krone keines= wegs überzahlt. Jakob hatte an der Ostsee eine Schlappe erlitten. Man mußte sie ausgleichen, wenn der Gesellschaft an ferneren Brennpunkten der Weltwirtschaft nicht ähnliches widerfahren sollte. In überlegener Abschätzung der Gegebenheiten änderte der Schwabe nunmehr den Einsatz seiner Mittel. Sobald die Reichstagsgesandten Lübecks zu ob= siegen meinten, zog Fugger seinen Fall aus der Debatte. Wieder be= währte sich die erstaunliche Wendigkeit seines politisch=wirtschaft= lichen Stils. Wer sich zu gedulden vermochte, war des Erfolgs gewiß.

Nun aktivierte die Gesellschaft ihren Konkurrenzkampf an einer anderen Front. Er sollte sie für Einbußen entschädigen, den Hanse= städten aber einen Denkzettel geben. Die Gemeinde von Dorpat wies Reval auf Geschäfte hin, die Jakob über Narwa verfolgte. Der Schwabe war nicht geneigt, abzuwarten, ob der Kaiser Fuggers Sache am Reichstag wieder energischer vertrat, sobald er bei seiner Werbung um Schweden der Firma bedurfte. Selbst eine Koppelung der habsburgi= schen Hausmachtidee mit Hoffnungen der Firma auf skandinavisches Kupfer führten zu keiner Mäßigung der verschärften Augsburger Wirtschaftsexpansion. Man wollte infolge der italienischen Unver= trautheit mit nordeuropäischen Spannungsfeldern auch nicht abwarten, was der Papst für sie unternahm. Sonst mochte die Gesellschaft erleben, daß die Kurie sich darauf verließ, Fugger werde ihr den Peterspfennig oder sonstige Einkünfte aus Norwegen, Schweden, Island und den Fär= Öer beschaffen und mit seinen Widersachern selbst fertig werden. Desgleichen ließ sich kein Umschwung im klassischen Krieg um die spätmittelalterliche Wirtschaft von der Lübecker Filiale aus herbeifüh= ren. Sie konnte den Oberdeutschen nicht als Trojanisches Pferd im hansischen Raume dienen.

Darum führte der Kaufherr seinen eigenen Gegenschlag. Mittels eines litauischen Geschäftsfreundes bedrohte er unter fremder Flagge das niederdeutsche Narwageschäft. Iwangorod galt seit 1513 für die westliche Handelspforte Rußlands. Hier faßte der Schwabe so sicheren Fuß, daß Lübeck darüber seine Führung und Fassung verlor. Wiewohl untereinander zerstritten, ließen der Polenkönig, der Hochmeister des Deutschen Ordens, Danzig und einzelne ihm nahestehende Gemein= den sowie die livländischen Städte Fugger gewähren. Sie boten ihm sogar Hilfe an. Den edelmetallarmen Ländern des Nordens ging für den Unterhalt ihrer Münzstätten sein Silber schmerzlich ab, während Jakob infolge seiner Tiroler und ungarischen Montanpolitik über stattliche Mengen verfügte, und zeitweise beinahe an großen Silber= vorräten erstickte.

Nachdem Jakob schließlich neben der Danziger noch die Hamburger Eifersucht gegen Lübeck mobilisierte und sich die Unterstützung des Dänenkönigs als eines Erbfeindes der Hanse sicherte, wurde die Kölner Scharte ausgewetzt. Nun durfte die Wolmarer Tagung der Hansestädte von 1513 ruhig Vorkehrungen gegen den baltischen oder russischen Handel der Schwaben beschließen. Die nächste Zusammenkunft sah sich drei Jahre später wieder vor derselben Frage. Inzwischen hatte die Firma den urkundlich verbrieften Schutz Christians II. von Dänemark erlangt. Unter seiner Obhut konnten ihre Kupferlasten den Sund passieren, um in Amsterdam oder Antwerpen gelöscht zu werden. Selbst die Härten des dänischen Strandrechtes wurden zum Vorteil Fuggers gemildert. Sein Stern begann an den Küsten der Ost= und Nordsee aufzustrahlen.

Gewiß mußten sich die neuen Kontakte erst bewähren. Es galt, Rei= bungen abzuschleifen. Der eigentliche Zweck war indessen erreicht. Wenn der Gesellschaft eine reichs= und kirchenrechtliche Bestrafung Lübecks mißglückte, ließ sich das ertragen. Hauptsache blieb, daß der schwäbische Handel nicht mehr von der See abgeriegelt wurde. Jakob hatte mit seinen Kampfformen einen Sieg für die Freiheit der Meere errungen. Allerdings ging es ihm nicht um Prinzipien. In den Depots des Fugger=Thurzo=Konsortiums lagen im Mai 1513 Waren im Werte von 300 000 Gulden. Sie harrten ihrer Ausfuhr. Die Firma konnte un= möglich dauernd auf Vorrat produzieren. Sonst ertrank sie in jenen Kupferreserven, die anderwärts fehlten. Man mußte zu einer Normali= sierung des Güteraustausches gelangen. So fanden sich Theorie und Praxis, um einem natürlichen Bedürfnis zu genügen, unter gewandelten Vorzeichen wieder zusammen.

Trotz warnender Erfahrung, daß der Kaiser sich im Ernstfalle nie= mals exponierte, durften die Fugger auf seine Bundesgenossenschaft zählen. Wenn diese sie auch manchmal teuer zu stehen kam, ließ sich keineswegs darauf verzichten. Die Gesellschaft bedurfte einer Anlehnung. Von der Absicht planmäßigen Ineinanderspiels der Kräfte angetrieben, übermittelte Jakobs römische Vertretung dem Habsburger die Nachricht vom Tode Papst Julius II. Kurze Zeit zuvor hätte diese Botschaft vielleicht Geschichte gemacht. Jetzt sollte mit Hilfe der Firma die Erhebung des Kardinals Medici auf den Stuhl Petri hintertrieben werden. Allein man kam zu spät und fühlte bald die Folgen. Leo X. gebrauchte zwar anfangs die Gesellschaft zur Finanzierung eines Schweizer Söldnerheeres sowie des Nachschubs. Bald darauf war dieser freundliche Morgenwind aber verflogen.

Den Fuggern wurde der Betrieb der päpstlichen Münze entzogen. Sie ging an toskanische Landsleute des Heiligen Vaters über, ohne daß man sich um die Verträge kümmerte. Die Augsburger hegten Sorge, daß im Sog der Initiative Leos X. auch ihre Allianz mit dem Erzhaus fraglich werde. Sie zeigten sich deshalb bereit, dem Kaiser englisches Hilfsgeld zu übermitteln. Beinahe Tag um Tag galt es, die eigene Unentbehrlichkeit unter Beweis zu stellen. Ob damals eine Niederlassung Jakobs an der Themse errichtet wurde, ist ungewiß. Es wäre jedoch denkbar, daß man sich nicht damit zufrieden gab, die wichtigen Dienste für das Haus Tudor als Nebenzweig der Antwerpener Vertretung zu behandeln. Dafür erschienen sie zu aussichtsreich. Möglicherweise waren aber auch hansische Agenten am Londoner Stalhof der deutschen Kaufherren ebenso für Fugger tätig, wie Lübecker Bürger in ihrer Heimatstadt seine Interessen vertraten. Geschäft blieb Geschäft, gleichviel von wo die Einnahmen kamen.

Kaiser Maximilian zeigte sich in der Beurteilung finanzieller Möglichkeiten, auch wenn sie plötzlich auftauchten, erstaunlich rege. Darum erwies sich die Aussicht, englisches Gold über Fugger in seine Kassen zu leiten, als beweiskräftiges Argument für jede Wiederannäherung der Krone an die Firma. Jakob persönlich wurde — zufälligerweise? — zur selben Zeit am 17. Juli 1514 mit dem Titel eines Grafen des Römischdeutschen Reiches ausgezeichnet.

Für diese bemerkenswerte Erhebung fehlte in deutschen Landen jedes vergleichbare Vorbild. Sie wirkte sensationell, obwohl vonseiten Fuggers nichts geschah, um sie allgemeiner bekannt zu machen. Jakob hätte im Moment auch bestimmter Möglichkeiten entbehrt, die gebotene kaiserliche Hand zu fassen. Derzeit standen andere Unternehmungen im Vordergrunde. Kurfürst Albrecht von Mainz wollte die Würden eines Erzbischofs von Magdeburg und Administrators der Diözese Halberstadt mit seiner Hauptpfründe vereinigen. Sein unablässiges Drängen nahm im Sommer 1514 die Aufmerksamkeit der Gesellschaft in Anspruch. Wie weit der Kaufherr dabei an unerfreulichen Handlungen seiner römischen Vertretung beteiligt wurde, läßt sich nicht mehr klären. Mindestens ging ihr Leiter Johann Zink scharf auf Garantien für die Schuldentilgung des Prälaten aus. Durch eine Beteiligung der Firma an Einhebung und Verrechnung des Ablasses, der gelegentlich des Neubaus des St. Peterdomes in allen Bistümern Albrechts gepredigt wurde, glaubte er, seiner Gesellschaft einen wertvollen Dienst zu leisten. Dennoch wird man das Oberhaupt der Fuggerschen Kompanie von einer Mitverantwortung für diese Transaktion nicht ganz freisprechen können. Ein Geschäftsmann von der Erfahrung Jakobs wußte, weshalb man derartige Vorgänge verschleierte. Sie kosteten Fugger zumindest runde 50 000 Gulden und setzten ihn vor zeitgenössischen Reformern und Humanisten wie im Urteil der Nachwelt ernster Kritik aus.

Es war nicht leicht, die rechte Bahn einzuschlagen, wenn man die rentable Verbindung mit großen Reichsfürsten und der Apostolischen Kammer wahren und doch mit den Forderungen der Kirchenreform, den Bestimmungen des weltlichen Rechtes sowie den Lehren kirchlicher Wirtschaftsethik in keinen Konflikt geraten wollte. Die Entwicklung von Idee und Wirklichkeit des Monopolsystems sowie des Zinswesens lag auf verwandten Ebenen. Während Pius II. bei Auswertung des kirchenstaatlichen Alaunvorkommens schier monopolistisch vorging, und die Kurie selbst sich mit einer eleganten Beschönigung der unvermeidlich gewordenen Zinswirtschaft beugte, erwartete man von einer süddeutschen Firma, wie den Fuggern, sie solle sich auf dem gleichen Gebiet päpstlicher zeigen als der Papst.

Jakob ließ sich durch keine moralische Entrüstung, ob sie echt war oder nicht, einschüchtern. Wiewohl kommerziell und pfründenhändlerisch erfahrene Literaten die öffentliche Meinung gegen ihn mobilisierten, stand noch immer Auffassung gegen Auffassung. Es kam darauf an, den gelehrten Verfechtern einer Modernisierung der kirchlichen Wirtschaftsethik den Rücken zu stärken und goldene Brücken zu bauen. Sie durften nicht von dem Pathos der entweder zu idealistischen oder durch die Konkurrenz ermunterten Publizisten anderer Denkart in das Hintertreffen gedrängt werden.

Aus diesem Anlaß nahm die Gesellschaft spätestens 1513 Fühlung zu der bayerischen Universität Ingolstadt. Der Begriff des Mäzenatentums erscheint hier verfehlt. Es handelte sich um realistische Vorhaben. In dem schwäbischen Landsmann, Professor Johannes Eck, gewann die Firma einen begabten und ehrgeizigen, seinem Rufe nach den materiellen Einwirkungen nicht unzugänglichen Vorkämpfer für die Sache der modernen Wirtschaft. Freilich mit seinen zinsfreundlichen Vorlesungen des Jahres 1514 war nichts geholfen. Was kümmerte es die weite Welt, ob an einer Landesuniversität die Zinspraxis minder hart beurteilt wurde als in anderen Kollegien. Um aus sachlichen Erwägungen oder ehrlicher Überzeugung die mittelalterlichen Lehrsysteme abzustreifen, genügte der Anbruch einer ökonomisch und sozial anders gearteten Zeit. Jedoch dann durfte die neue Lehre nicht nur in einer altbayerischen Vorlesung oder Augsburger Disputation verkündet werden. Solche Debatten mußten auf ein europäisches Forum verlegt werden. Nur dann besaßen sie echten Sinn. Alles bisherige Bemühen konnte höchstens als Hauptprobe zur Neuauflage des Streitgesprächs über die Zulässigkeit maßvollen Zinses gewertet werden. Die Uraufführung der Melodie fand am besten in Italien statt, wo man sich auf derlei Weisen trefflich verstand. Ging sie hier erfolgreich über die Bühne, gewann das Lied Sang und Klang und fand vermutlich den erwünschten Widerhall.

Im Juni 1515 trat Johannes Eck unter Fuggers Betreuung seine Fahrt nach Bologna an. Dort wurde durch den Ingolstädter Gelehrten in öffentlichem Streitgespräch die Statthaftigkeit eines bescheidenen Zinses vertreten. Dem gewandten Wortfechter war sein Erfolg gewiß. Allein der Triumph schien nicht so überzeugend, daß sich das Augsburger große Kapital hiervon eine fundamentale Umkehr der öffentlichen Meinung erwarten durfte. Das Bologneser Experiment trug Eck die üblichen Lorbeeren ein. Es dürfte ihn den Auftraggebern aber zu keiner ähnlichen Wiederverwendung empfohlen haben. Ecks Name, bis dahin eher unbekannt, hatte in der Welt Beachtung gefunden. Der Professor wurde von den Fuggern am römischen Hof eingeführt. Seine Person ward deshalb, als er wenige Jahre später bei seinen Auseinandersetzungen mit Dr. Martin Luther hervortrat, abermals, wenn auch jetzt wohl zu Unrecht, mit Jakob in Verbindung gebracht.

Für einen Kaufmann war die Durchsetzung moderner Wirtschaftsformen keine Angelegenheit abstrakter Diskussionen oder gar des Bekenntnisses. Es handelte sich um ein aus der Wirtschaftswirklichkeit zu betrachtendes Problem. Erst nachträglich ließ sich die kirchliche Billigung für dessen Lösung erwarten. Während Eck noch der Verbreitung seines Disputationsruhmes nachging, hatte sich die Gesellschaft längst weiter ausholenden Fragen des politischen Lebens zugewandt.

Wie meistens in solchen Fällen geizte Jakob nicht mit Geschenken an hochstehende Persönlichkeiten. So kam 1515 in Wien eine Begegnung Maximilians I. mit den Königen Sigismund von Polen und Ladislaus von Ungarn zustande, von der für die Oberdeutschen wie für die Fürsten viel abhing. Das Ergebnis der Besprechungen verdichtete sich zu einer Heiratsabrede zwischen der jagellonischen Dynastie Osteuropas und den Habsburgern. Der Kaiser behielt sich für die Zukunft einzig die Entscheidung vor, welchem seiner Enkel die ungarisch=böhmische Prinzessin, die als Braut gedacht war, angetraut werden sollte. Zunächst freilich übernahm er selbst vertretungsweise die Rolle des Bräutigams.

Den Fuggern brachten die Wiener Tage eine politische Sicherung ihrer Wirtschaftsposition am Balkan. Sie wurde durch Abreden mit Prälaten, Kaufherren und Diplomaten des osteuropäischen Raumes verankert. Als im Spätherbst 1515 Jakobs Metallkontrakte mit dem Erzhaus, kartellähnliche Vereinbarungen mit den bisherigen Konkurrenzfirmen sowie die Übermittelung gewaltiger Subsidien Heinrichs VIII. aus England für Maximilian folgten, war die Stellung der Gesellschaft nach allen Erschütterungen derart befestigt, daß nahezu jeder Angriff fehlschlagen mußte.

Was den Fuggern für Ungarn erlaubt schien, blieb den Welsern im Verkehr mit nordostdeutschen Kommunen untersagt. Die Reichsjustiz konnte oder durfte Jakob zu dieser Stunde aus höheren Rücksichten nicht belangen. Sie hätte den Kaiser mitverstrickt. Die Gesellschaft besaß außerdem deutsche und außerdeutsche Schutzbriefe in Hülle und Fülle. Aber keine Privilegien noch wissenschaftliche Debatten, vielmehr einzig die überwältigende Kraft wirtschaftspolitischer Maßnahmen und die Macht einer ungewöhnlichen Persönlichkeit, die alle Schwierigkeiten der realistischen Welt meisterte, erhoben Fugger zu jenem Range, der ihn nahezu immunisierte. Jakob hatte in überlegener Genialität das erreicht, was keinem deutschen Kaufmann vor ihm gelang. Es geschah allerdings erst zu einer Stunde, in der er selbst schon anfing, müder zu werden. Und das gab zu Sorgen Anlaß.

Der Wettlauf mit dem Alter begann. Nur falls Fugger noch beizeiten seinen Erfolg zu verewigen wußte, blieb dieses Leben mehr als nur Episode. Ob andere nach ihm gleiches vermochten, schien fraglich. Höchstens wenn der kinderlose König des oberdeutschen Handels einen tauglichen Thronfolger fand, überdauerte das Werk seinen Schöpfer. Dann allerdings wurde der Fuggername in der Geschichte der europäischen Wirtschaft und Politik nicht bloß zum Ausdruck für eine historisch bemerkenswerte Einzelerscheinung. Er blieb Summe und First einer unvergeßlichen Epoche, eine weltgeschichtliche Realität.

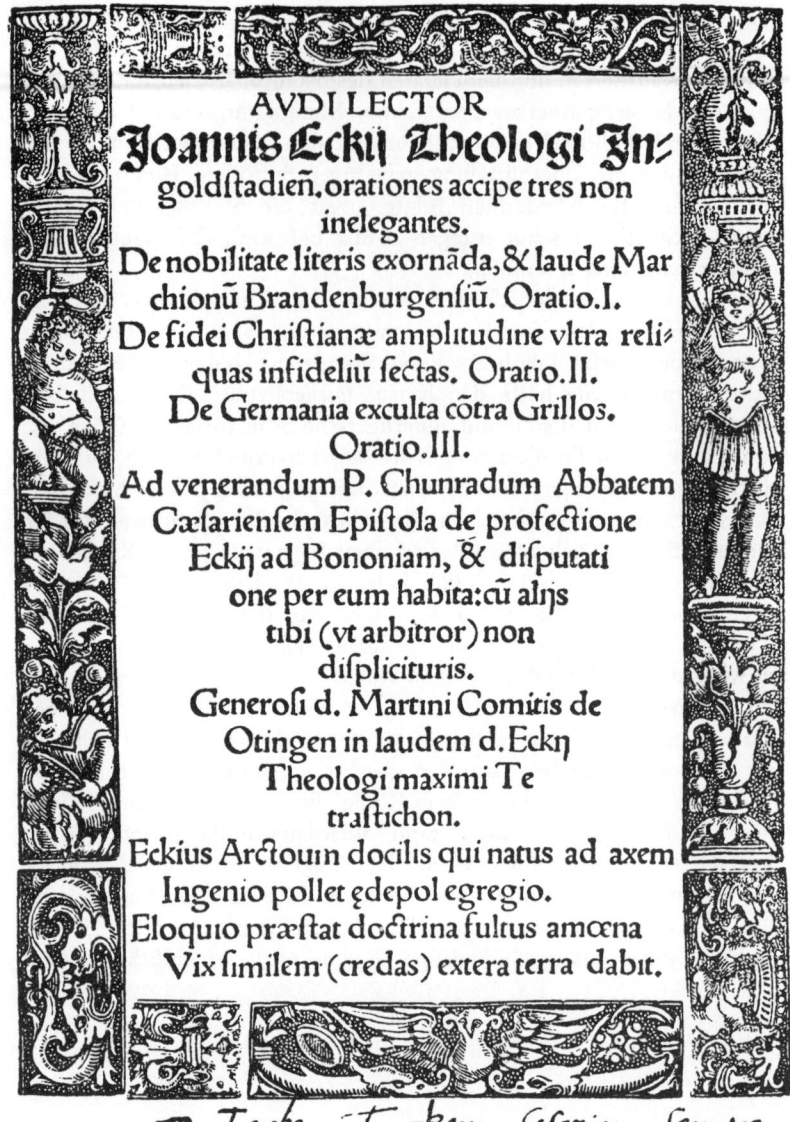

AVDI LECTOR
Joannis Eckij Theologi Ingoldstadien. orationes accipe tres non inelegantes.
De nobilitate literis exornāda, & laude Marchionū Brandenburgensiū. Oratio.I.
De fidei Christianæ amplitudine vltra reliquas infideliū sectas. Oratio.II.
De Germania exculta cōtra Grillos. Oratio.III.
Ad venerandum P. Chunradum Abbatem Cæsariensem Epistola de profectione Eckij ad Bononiam, & disputatione per eum habita:cū alijs tibi (vt arbitror) non displicituris.
Generosi d. Martini Comitis de Otingen in laudem d. Eckij Theologi maximi Tetrastichon.
Eckius Arctouin docilis qui natus ad axem
Ingenio pollet edepol egregio.
Eloquio præstat doctrina fultus amœna
Vix similem (credas) extera terra dabit.

Johannes Eck, Bericht über die Zinsdisputation zu Bologna 1515
Titelblatt mit eigenhändiger Widmung des Verfassers an Jakob Fugger

7. Kapitel

DIE KAISERWAHL KARLS V.

Nach Überwindung der ersten kritischen Epoche in der Geschichte seiner Firma fühlte Jakob Fugger um 1515 eine tiefe Erschöpfung. Sie wurde nicht etwa aus Nebenabsichten vorgetäuscht. Die Last seiner Verantwortung ließ ihn ein Dutzend Jahre betagter erscheinen, als er war. Dazu kamen die Kinderlosigkeit und seine zunehmende Einsam= keit. Sie legten ihm nahe, sich aus den Geschäften zurückzuziehen. Kaiserliche Ratgeber drangen dennoch ohne Pause mit ihren Wün= schen auf Fugger ein. Bis in den Gottesdienst verfolgte man ihn mit Gesuchen. Jakobs steigende Unlust ward darum nicht länger verborgen. Man wollte sie nicht glauben. Statt dessen wurde von der Nachwelt jener Satz verallgemeinert, den der Kaufherr einem jüngeren Kom= pagnon aus der Familie Thurzo zurief, als dieser sich jeder Verantwor= tung zu entschlagen wünschte: Er — Jakob — wolle „lieber gewinnen, so lange er könne."

Aus dieser betonten Ablehnung des ihm unbegreiflichen Ermüdens eines jüngeren Mannes ward zuviel herausgelesen. Sie galt den Späteren als Schlüssel zu Fuggers Persönlichkeit, wenn nicht gar des Wirtschaftsgeistes einer neuen Zeit. Man hat sie für den Ausdruck einer frühkapitalistischen Wirtschaftsgesinnung im Kreise oberdeut= scher Unternehmer gehalten und glaubte, diese hätten sich zu unersät= lichem Gewinnstreben bekannt. Allein der überzeugende Beweis für die Richtigkeit dieser Auslegung fehlt. Viel eher scheint es, als habe eine um Jahrhunderte spätere Generation unter Berufung auf Fugger die Denkweise ihrer Wirtschaftsmagnaten von seinem Geschlecht an der Wende zwischen spätem Mittelalter und Neuzeit herleiten wollen. Es bleibt außerdem fraglich, ob jene gelehrten Interpreten mit derglei= chen Formulierungen und trügerischen Parallelismen das Lebensgefühl der Industriekapitäne ihrer Tage wirklich zutreffend erfaßten oder es mißverstanden. Im Wesen Jakobs hat sich dieser Versuch zeitnaher Auslegung und geschichtswidriger Angleichung an die Gegenwart be= stimmt getäuscht. Mit ihm dürften viele weitere durch „Großgeld mächtige Herren", modern gesprochen: Kapitalisten, um 1515 wesentlich

anders empfunden haben, als es jene aus dem Zusammenhange geris=
sene Äußerung verriet.

Die knappe Weile des Erlahmens war rasch überwunden. Seitdem Fugger zu europäischer Geltung aufgestiegen war, verblieb ihm keine Zeit zur Muße. Mächtige dürfen sich nicht ausruhen. Sie gefährden damit ihren Anspruch auf Führung. Dieser aber hielt Jakob im Bann. Er half dem Kaiser zu kurialen Subventionen, sobald die Neigung Leos X. für Frankreich erkaltet war. Die päpstliche Truppenwerbung in der Schweiz, durch den Kardinal von Sitten umsichtig gefördert, erfuhr ihre Realisierung mit dem Gelde der Gesellschaft. Somit ent= schied sie indirekt über das künftige militärische Kräfteverhältnis in Italien.

Ähnliche Beobachtungen mögen König Heinrich VIII. von England bewogen haben, durch einen Mittelsmann Fühlung mit Jakob zu suchen. Er sollte Reisige aus den Kantonen Schwyz und Uri für Kaiser Maximilian entlohnen und dessen Position in Oberitalien bei Brescia und Verona stärken. Auf weitere Zukunft begann sich freilich eine andere Sicht abzuzeichnen. Es ging nun nicht darum, derbfäustige Söhne der Alpentäler auf fremdem Feld für den Doppeladler in das Feuer zu schicken. Denn die Kriegführung des Hauses Tudor plante längst nicht mehr ausschließlich die Wahrung festländischer Hoheits= ansprüche der Krone gegenüber den französischen Valois.

Aus der finanziellen Intervention Englands aufseiten des Reiches sprach der mittelbare Wunsch, eines Tages dessen Kaisertum für den englischen Monarchen zu erwerben. Das Vorhaben galt keineswegs als fantastisch. Dazu war die Art, nach der Heinrich VIII. Beschlüsse faßte, weitaus zu kommerziell. Ähnlich versuchte Maximilian selbst nach dem Vorbilde seines Vaters mehrfach, durch Lockung mit der imperialen Würde Geld und Bundesgenossen für sich zu gewinnen. Über diese Pläne unterrichteten britische Diplomaten ihre Staatsmänner, aber auch Fugger. Das heimliche Tauziehen konnte nicht verborgen bleiben; denn bei ihm gingen die Agenten des Hofes von St. James aus und ein. An= scheinend wurde dem Kaufherrn desto willigerer Aufschluß zuteil, je klarer man erkannte, daß sich ein Vertrag des Schwaben mit dem Hofe von Westminster gut in seinen Wirtschaftskampf gegen die Kon= kurrenz der Hanse einfügte.

Dagegen scheinen in London andere Zweifel aufgetreten zu sein. Sie richteten sich nicht gegen die Firma, doch gegen Österreich. Kardinal Wolsey warnte den Monarchen vor jedwedem habsburgischen Engage= ment, ohne seinen Kontakt mit der Gesellschaft zu lösen. Es blieb denk= bar, daß England für kontinentale Vorhaben auf den Augsburger zu= rückgriff, auch wenn es sonst mit seinen Dispositionen nicht harmo= nierte. Jakob selbst verdichtete, soweit das ging, im Wettkampf mit den italienischen Banken, so den Spinelli und Frescobaldi, seine vorderhand schwachen Beziehungen über den Kanal. Vielleicht lag dort die Zukunft der Gesellschaft.

Man darf Fuggers Entscheidungen, wenn man die Firma erfassen will, niemals von einer einzigen Front her sehen. Das mächtige Spiel ungezählter Räder griff ineinander. Allein schon in den Jahren zwischen 1513 und 1516 berechnete sich die Roheinnahme aus dem Ungarischen Handel auf annähernd 660 000 rheinische Gulden. Von ihnen durfte beiläufig die Hälfte für Gewinn gelten. Um die dort erzeugten und zum Teil schon verarbeiteten Rohkupfer abzusetzen, mußten neue Märkte erobert werden. Dabei kreisten die Gedanken neben Amsterdam und Antwerpen offenbar bereits um London.

Die wichtigste Frage für den alternden Kaiser und seinen Finanzmann blieb indessen die Sorge um Maximilians Nachfolge im Reich und den Erblanden. Angesichts der großen Jugend seiner Enkel scheint die Gesellschaft unter dem Einfluß kirchlicher Kreise zeitweilig mit der Königswahl eines Engländers gerechnet zu haben. Die Firma richtete sich unauffällig hierauf ein. Sie zeigte aber keine Neigung, ihre wirtschaftliche Freiheit durch die britische Majestät oder deren Agenten einengen zu lassen. Als Heinrich VIII. sich nicht deutlich genug für die Augsburger statt der Italiener entschied, bewies Fugger seine Verstimmung. Trotz Intervention der Regentin der Niederlande und des Schweizer Kardinals Schinner bei Kardinal Wolsey verfolgte Jakob einen führenden Diplomaten des Hofes von St. James wegen seiner Schuld bis an den Rand des Gefängnisses. 1517 glückte eine gütliche Regelung des Vorfalles, so daß peinliche Konsequenzen im letzten Moment vermieden wurden.

In Wirklichkeit ging es dem Kaufmann bei der Verteidigung seines Geldes gar nicht nur um dieses selbst. Man wollte dem Tudor gewisse Grenzen zeigen. Aller staatlicher Eigenwille und die monarchische Politik der Krone mußten Privateigentum und persönliches Recht des ausländischen Kaufmannes schonen. Die Scheidelinien waren eng gezogen, seit Jakob im Widerspruch zum Optimismus kaiserlicher Ratgeber die Überzeugung gewann, daß England das österreichische Lockspiel längst durchschaute. Fugger wollte nicht die Zeche dafür bezahlen, wenn Maximilian I. mehreren Interessenten nebeneinander den deutschen Königsreif anbot. Daß Heinrich VIII. sich plötzlich um die schwäbische Großbank nicht mehr kümmerte, bewies Jakob mit der Logik wirtschaftlicher Vorgänge, daß sich der Hof von Westminster möglicherweise unter italienischem Einfluß von Österreich abwandte.

Wer die finanziellen Auswirkungen richtig deutete, wußte über den Kurs Londons Bescheid. Das deutsche Projekt wurde an der Themse zu den Akten gelegt. Mit ähnlicher Reaktionsgeschwindigkeit wie der Hof von St. James faßte Fugger seine Beschlüsse. Falls die britische Krone durch ihre Subventionen nur die Aussöhnung zwischen Maximilian und den Franzosen hinauszögern wollte, galt es, rasch umzudisponieren.

Zusammen mit den Welsern bemühte sich Jakob um die Organisation der Übersiedlung des spanischen Infanten und österreichischen Erzherzogs Karl aus den Niederlanden nach Spanien. Er war der älteste Kaiserenkel und stand deshalb bei der Thronfolge obenan. Fuggers Vertrauensmann, der Nürnberger Patrizier Wolf Haller, begleitete wie ein allgegenwärtiger Schatten seinen künftigen Herrn aus der burgundischen Heimat der Großmutter in die Lande seiner kastilianischen Mutter, Johanna der Wahnsinnigen. Die Monate des englischen Flirts der Österreicher gingen zur Neige. Mit dem Wandel der Anwartschaft auf die Krone verwandelte sich die Sympathie der Firma. Die Fugger hielten ihren Kurs unverändert im Kielwasser der habsburgischen Sukzessionspolitik. Ihre jüngste Parole hieß darum Spanien.

Die iberische Neigung der Gesellschaft galt dem Lande keineswegs um seiner selbst willen. Auch die bedeutsamen Bodenschätze oder überseeischen Besitzungen gaben vorerst nicht den Ausschlag. Spanien hieß vielmehr Habsburg. Darum bestand, wenn der gebrechliche Kaiser sein Wohlwollen dem eigenen Enkel statt fremden Bewerbern zukehrte, für Jakob eine Fülle von Gründen, diesem Beispiel zu folgen. Außer den ungarischen und niederländischen Räumen, wo er österreichische Protektion genoß, verblieb das erzreiche Kerngebiet der Alpen. Die Gesellschaft durfte es unter keinen Umständen preisgeben. Fugger wünschte, Finanzen und Metallproduktion unter seiner Kontrolle zu halten. Das geschah am ehesten durch umfangreiche Kontrakte, mit denen Habsburg und die Kaufleute sich wechselseitig verbanden.

Jetzt begegnete die Firma weiterem Verständnis als in vergangenen Tagen. Der Innsbrucker Bürokratie bangte vor einem Durchbruche der Venezianer Soldtruppen. Man stellte darum das verbissene Mißtrauen einstweilen zurück. Fugger sollte die Südfront abschirmen. Wenn den Kaufleuten das glückte, wobei die Feldherren versagten, konnte die Regierung nach Abwendung jeder Katastrophe an der Etsch weitere Beschlüsse fassen.

In dieser Hinsicht herrschte unter beamteten und nichtbeamteten Mitgliedern der oberösterreichischen Verwaltung annähernde Einigkeit. Weder durch Heinrich VIII. von England noch durch Karl von Spanien, nicht einmal durch den Kaiser persönlich wurde der Vorstoß des Dogen gegen Verona zurückgewiesen. Es geschah am besten mittels oberdeutscher Banken, wahrscheinlich Fuggers, der über ausgedehnte Möglichkeiten verfügte. Aus dieser Ursache erklärte sich der Landsknechtsvater Georg von Frundsberg mit den Häuptern Tiroler Behörden bereit, dafür zu bürgen, daß staatlicherseits alles geschah und nicht die Gesellschaft zur Leidtragenden wurde.

Nötigenfalls wollte die Regierung ihr Hüttenwerk Rattenberg zur Sicherung der Südtiroler und Veroneser Bastionen Fugger bereitstellen. Freilich hätte man sich nur mit Widerstreben dazu geneigt erklärt, weil vom Dominat einzelner Firmen der Niedergang des alpenländischen Montanwesens erwartet wurde. Dennoch gelang es nicht, Jakob umzu=
stimmen. Ihm erschien keine andere Frage neben dem Leitproblem der Nachfolge von namhafter Bedeutung.

Daß Franz I. von Frankreich sich auf seine Kandidatur einrichtete, war längst in weitere Kreise gedrungen. Deshalb hielt Erzherzogin Marga=
rete mit der Antwerpener Niederlassung Fuggers gute Verbindung. Sie suchte Einfluß auf Jakobs Haltung. Ähnliche Absichten beherrschten den kaiserlichen Großschatzmeister Villinger. Auch dieser wünschte, trotz seiner tiefen Skepsis die Firma im habsburgischen Lager zu halten. Das schien nur aussichtsreich, wenn man dem Schwaben wirtschaftliche Solidarität vortäuschte. Jakob hatte sie bisher vermißt. Sonst „wird er stutzig. Man muß mit den Leuten mit gutem Fleiß und Aufsehen um=
gehen und handeln". Bei der Wirtschaft lag das letzte Wort darüber, ob der Valois neben Trier und dem Hause Brandenburg fernere An=
hänger unter den wahlberechtigten Reichsfürsten gewann. Die Stim=
menmehrheit entschied formal, die Macht der Banken hingegen real über die Zukunft der Krone, des Reiches und damit des europäischen Kontinents.

Die Fugger sollten 100 000 Gulden König Karls von Antwerpen nach Deutschland seinem kaiserlichen Großvater übermitteln. Ihnen wurde ferner die Begleichung österreichischer Pensionen in der Schweiz anvertraut. Die Einstellung von Soldtruppen am Mittelrhein mußte auf den Ablauf des nächsten Reichstages einen unsichtbaren Druck aus=
üben. Auch das ward Fugger überlassen. Eines blieb freilich seiner Wirkung entzogen. Karl selbst zeigte wenig Neigung, sich neben nie=
derländischen und iberischen Pflichten die Last des Imperiums auf=
zubürden.

Der Habsburger bemühte sich wenig um den Antritt seiner Erbschaft. Vermutlich lag dieser scheinbar absurden Hemmung eine wirklichkeits=
nähere Begabung zugrunde, als man sie von dem jungen, seiner feu=
dalen Welt verbundenen Menschen erwartete. Gerade deshalb verdiente es Beachtung, wenn er unter Preisgabe eigener Sparsummen dem Kaiser zuhilfe kam. Nur auf eine Kandidatur beim nächsten Wahlgang wollte er sich nicht festlegen. Die Gesellschaft gab sich aber mit solch kühler Reserve kaum zufrieden. Jakobs Begegnung mit Kardinal Ludwig von Aragon dürfte in der Absicht geschehen sein, durch das Eingreifen des

Würdenträgers König Karl auf die unerhörte Leistungsfähigkeit der Firma hinzuweisen. Wer sonst als Fugger konnte von zehntausenden von Bergleuten berichten, die edles und unedles Metall aus den Bergen holten? Oder wer außer ihm mochte sich auf hunderttausende von Gulden berufen, welche einsatzbereit jederzeit zu Gebote standen?

Ein so hervorragender Prälat schien den Augsburgern der rechte Mittler zwischen der spanischen Krone und dem oberdeutschen Kapital. Wahrscheinlich hörte Aragon von örtlichen Wirren und daß Fugger in Widerspruch mit dem lokalen Klerus, zuweilen sogar dem Bischof, sich befand. Allein derlei Vorgänge ereigneten sich im Süden so häufig, daß sie den Vertreter des Vatikans nicht beeindruckten. Jene Nachricht aber, die von einem Giftanschlag gegen Jakob am Dillinger Bischofshof munkelte, verdiente keinen Glauben. Was ging die spanische Eminenz das Ringen um die Emanzipation oder die kirchliche Mitbestimmung des Laientums deutscher Reichsstädte an?

Reformtendenzen lagen der Absicht des Kardinals von Aragon fern. Hingegen wird er von geheimnisvollen Aktionen der römischen Fuggerfiliale gewußt haben. Unter Ausnützung hintergründiger Kontakte hatte die Firma dem Mainzer Erzbischof zu einer stattlichen Erweiterung seines Pfründenbesitzes verholfen. Das war interessant.

Der gewiegte Kenner des römischen Milieus um 1516 und 1517 wird weiterhin Näheres über die von der schwäbischen Bank organisierte Ertragsbeteiligung des Hohenzollern und ihrer selbst an dem Ablaß für den Neubau von St. Peter gehört haben. Diese sollte dem Brandenburger die Tilgung seiner Schuld bei der Gesellschaft ermöglichen, außerdem Agenten der Firma die Kontrolle Mittel= und Norddeutschlands, zum wenigsten des dortigen Indulgenzwesens, zuspielen.

Die Fugger waren in die Vorgeschichte jenes Ablasses eingeschaltet, der sich kirchengeschichtlich mit den Namen des Dominikaners Tetzel und Dr. Martin Luthers verbindet. Wie weit die Gesellschaft daneben zum Mitträger von Ereignissen wurde, die den Durchbruch der Reformation auslösten, ließ sich für einen Zirkel merkantil orientierter Würdenträger und Geschäftsleute unmöglich durchschauen. Dazu fehlte ihnen trotz Begeisterung für manche Reformforderungen noch jedes Ergriffensein von religiösen Anliegen ihrer Zeit.

Die Dinge ließen sich sehr wohl auch anders betrachten. Im Falle des unglückseligen Mainz=Magdeburger Ablasses bewies Jakob die Reichweite seiner finanzpolitischen Fähigkeiten. Deutsche Humanisten und römische Kardinäle mißbilligten in der literarisch=satirischen Manier ihrer Zeit die Allmacht des „Geldkönigs". Ratsherren der Reichsstadt Nürnberg würdigten Fugger als ökonomisches, doch zugleich politisches Faktum. Deshalb gingen sie in vertraulichen Briefen dazu über, ihn nicht mehr bei seinem Namen zu nennen. Man erwähnte ihn vor=

sichtshalber unter der Chiffre eines gewissen „Herrn Silberkuchen". Doch selbst darin noch paarte sich Respekt und Ironie.

Beim Verkehr mit dem Erzhaus Österreich diente jede Bemerkung über die Kapazität der Firma einer Befestigung ihres Zusammenhaltes mit Kaiser Maximilian. Fugger ermöglichte den Hohenzollern die Sammlung höchster geistlicher Würden. Durch seine Beteiligung an den Ablaßeinkünften des Papstes garantierte die Gesellschaft die Tilgung unentbehrlicher Vorschüsse. Folglich schien Jakob das passende Werkzeug, um den Besitz der deutschen Krone in den Händen des Erzhauses zu verewigen. Das hieß nicht weniger als Fuggers Berufung zum Mittler bei der bevorstehenden Kaiserwahl.

Seit 1517 ging Maximilian sichtlich dem Tode entgegen, von dem er nicht vor Klärung seiner Nachfolge überrascht werden wollte. Zugleich schritt Jakob, dessen Leben sich den Sechzig näherte, der stolzesten Leistung entgegen. Bei ihm wie seinem hohen Kunden handelte es sich um die gleiche Frage, wer nach ihrem Ausscheiden die Zügel in die Hand nehmen sollte. Fugger entschied sich zögernd für den jüngeren der überlebenden Söhne seines Bruders Georg, Anton Fugger, der die Firma in römischen Pfründensachen und bei ihrem Bestreben nach Rückgewinnung der päpstlichen Münze geschickt vertrat. Hingegen befand sich im Falle des Enkels Maximilians I. vieles in der Schwebe.

Karl gedachte keineswegs, auf die Nachfolge zu verzichten. Sie sollte aber weniger kosten. Dieser Widerspruch konnte peinlich werden. Der Kaiser sah sich, um den Augsburger Reichstag von 1518 vorbereiten zu können, auf die Geschäftswelt, vorzüglich Jakob den Reichen, angewiesen. Sein Generalschatzmeister mußte diesem für neue Kredite haften. Diese personelle Abhängigkeit der Verwaltung vom Zugriff der Kaufmannschaft verärgerte die Tiroler Opposition. Erst der jüngste Landtag hatte sich wieder mit dem unerwünschten Einfluß der kaiserlichen Geldgeber befaßt. Bei gleichem Anlasse war die Barschuld Maximilians I. an Fugger auf 350 000 Gulden veranschlagt worden. Die Feststellung genügte noch zu keiner Umwälzung, obwohl die Stände dem Habsburger ihre Leistungen ins Gedächtnis riefen.

Daß die Gesellschaft derartige Summen lieh und zugleich ihre Beziehungen über Estland, Livland und Kurland bis in das Innere Rußlands steigerte, nötigte sogar Widersacher zur Bewunderung. Der gleiche Umstand ermutigte freilich die Abgesandten König Karls zu Augsburger Darlehensgesprächen. Von Seiten der Firma waren sie durch den Wunsch gesteuert, einem Vorstoß Genueser Finanzkreise für Franz I. von Frankreich als westlichem Kronanwärter Schach zu bieten.

Im Frühjahr 1518 prüfte der spanische Kammerherr Jean de Courte=

ville die Situation in Österreich und Deutschland. Sein Auftraggeber befand sich nach wie vor im Unklaren. Von jenen 100 000 Gulden, die König Karl für die Krone anzulegen gedachte, war kein Erfolg zu erwarten. Ebenso herrschte bei seinen Beratungen über die passendste Bankverbindung noch keine sichere Meinung. Das Leistungsvermögen der in Spanien vorderhand bekannteren Welser=Gesellschaft wurde samt der Taktik der Genuesen falsch eingeschätzt. Beide mußten auf den Markt von Lyon Rücksicht üben. Hingegen ward die Kapazität und Hilfsbereitschaft Jakobs zu niedrig veranschlagt. Dieser Fehler machte sich peinlich bemerkbar. Deutsche Fürsten, Diplomaten und Heerführer ließen bereits vor Reichstagsbeginn durchblicken, von welchem Arzte sie sich Heilung ihrer finanziellen Schmerzen erhofften. Dabei war Maximilian „an Geld so sehr erschöpft, daß Ihre Kaiserliche Majestät ohne sonderliche Hilfe und Aufbringen solchen Reichstag sich nicht getrauten zu halten".

Im Gegensatze zu dieser schlecht verhehlten Not wurden die französischen Beauftragten 1518 nicht müde, die Reichtümer ihres Monarchen zu rühmen. Franz I. habe sich zu einer Ausgabe von 400 000 Gulden gerüstet. Der Kaiser mußte beinahe um jeden Kreuzer geizen, während der Valois aus dem Vollen schöpfte. Die Königswähler wollten keineswegs in den Ruf nackter Bestechlichkeit geraten. Dennoch wohnten Eigennutz und Staatsraison Tür an Tür. Wer durfte von fürstlichen Wählern, die zumeist nicht unter die europäischen Mächte zählten, erwarten, daß sie von jedem Egoismus frei ihre Entscheidung trafen. Es verdient rühmliche Erwähnung, daß einzelne, beispielsweise Trier und Sachsen, sich materiellen Argumenten gegenüber fast unempfindlich zeigten. Dafür besaßen innerhalb des Kurkollegs die Brandenburger Brüder eine erstaunliche Witterung für jeden Gulden, der in fremden Taschen locker saß. Da Maximilian nicht abließ, „Abbruch, Schande und Beschwerde" vom Erzhaus abzuwenden, kletterten Gebote und Forderungen der Kandidaten und Wähler auf jener schwarzen Börse, wo Stimmen gehandelt wurden, zu schwindelnder Höhe. Die Öffentlichkeit des Reichstages von 1518 blieb in diese Gespräche uneingeweiht. Allein ihre Situation besaß einen doppelten Boden.

Neben Heiratszusagen und Schmuck gaben vornehmlich Fuggers Obligationen den Ausschlag beim Wettlauf um das Kaisertum. Mühsam hatten sie ihm die habsburgischen Unterhändler in einer Augustnacht des Jahres 1518 abgerungen. Dennoch wurde bei Lebzeiten Maximilians I. die Krone nicht mehr verfügbar. Nach Reichsrecht durfte nicht einmal ein deutscher König erkoren werden, da Maximilian ungekrönter Kaiser war. Trotzdem verpflichteten sich fünf Kurfürsten am 1. September 1518, beim nächsten Frankfurter Wahltag, wenn dieser binnen einer gewissen Zeit stattfand, Karl von Spanien zum Kaiser zu erheben. Jakobs Unterschriften triumphierten über die problematische Zusage des Allerchristlichsten Monarchen. Der Franzose scheiterte an dem Problem, seine Wahlmittel über den Rhein an jene Plätze zu schaffen, wo man sie brauchte. Als gar der päpstliche Legat bei Fugger Quartier nahm, um dort Dr. Martin Luther zu begegnen, dünkte der letzte Zweifel ausgeschlossen, daß die Municeer=Kurie eine Nachfolge Karls in den Würden seines Großvaters billigte. So zähe hatte die Augsburger Spinne ihr goldenes Netz um Europa gewoben.

Diesmal stand den Fuggern kein Kardinal von Brixen hilfreich zur Seite, so dringend sie ihn gebraucht hätten. Jakob mußte andere Mittel für die Mobilisierung unerhörter Barsummen ausfindig machen. Er dürfte zur Wahl von 1518 in solchem Umfange Fremdkapital beigezogen haben, daß in Oberdeutschland kein Geld für sonstige Zwecke aufzutreiben war. Die Firma ließ niemand ahnen, woher sie Unterstützung gewann. Es scheint aber sicher, daß Herzog Georg von Sachsen sich unter den Financiers befand. Er brauchte ohnehin Fugger für die Heiligsprechung des Bischofs Benno von Meißen, zur Förderung des Ablasses und bei Geschäften mit dem Erzhaus. Der Herzog besaß Österreich gegenüber hohe Ansprüche. Sie konnten nur im Falle eines Erfolges Karls realisiert werden. Folglich lag es nahe, daß von dieser Seite eine finanzielle Unterstützung der Kandidatur in der Erwartung geschah, auf diese Weise zum früheren Gelde wieder zu gelangen.

Die monopolare Stellung des Brixener Kardinals wird Jakob keinem Geschäftsfreund mehr eingeräumt haben. Er suchte weitere Möglichkeiten. Fugger konnte Räten getrost zu begreifen geben, daß seine Firma, wenn sie die Wahl in das Werk setzte, das ausschließlich und allein zu tun wünschte. Er mochte sich weder in den Ruhm noch in das Geschäft mit deutschen, toskanischen, florentiner und spanischen Konkurrenten teilen. Diese schoben ihm doch nur das Risiko zu. Gegen eine Unterbeteiligung privaten, fürstlichen oder kirchlichen Kapitals war hingegen nichts einzuwenden.

Den Franzosen wurde die Schlüsselstellung Jakobs bald klar. Man dürfte deshalb von ihrer Seite eine Revision der Haltung durch lockende Angebote erstrebt haben. Nach früheren Versäumnissen sollte jetzt der Faden zur „Goldenen Schreibstube" angeknüpft werden. Sonst fehlte diese realistische Erkenntnis. Selbst angesichts des Verhaltens der Königswähler wollten manche nicht zugeben, daß die Nachfolgefrage weniger von Politikern als durch Kaufleute entschieden werde. Diese besaßen ausschlaggebende Gewalt über die geldbedürftigen Fürsten von Mainz, Brandenburg und der Pfalz. Aber auch Trier und Sachsen konnten sich ihrer Verheißung nicht gänzlich entziehen.

Die Bürokratie kämpfte aus redlichen, doch engherzigen Überlegun=

gen gegen Fugger an. Deshalb konnte sie sich nur schwer zu Einsichten durchringen, die unerläßlich wurden. Bloß einzelne Männer traten für das Bündnis zwischen Österreich und Jakob dem Reichen ein. Zu diesen gehörte der Großschatzmeister. Er zählte sonst keineswegs unter die Vertrauten der Firma, dachte aber in anderen Maßstäben als das Innsbrucker Regiment. Diese Entwicklung ward von Augsburg mißtrauisch beobachtet. Um ihre Störung auszuschließen, wollte man jüngste Angriffe der Tiroler Landtagsopposition auf die Gesellschaft verheimlichen. Denn trotz der von Spanien erbetenen 400 000 bis 500 000 Gulden blieb die Transaktion ohne Fugger unrealisierbar. Beim Einsatz dieser Summe mit Hilfe Jakobs schien dagegen die Erhebung Karls zum König spätestens im Frühjahr 1519 gesichert. Immerhin blieb noch zweierlei zu bedenken. Der Weg zur Weltmonarchie ward unter Beistand bürgerlicher Wirtschaftsmächte gewonnen. Weiterhin waren Jakobs Zusagen zeitlich begrenzt. Sie verloren ihre Verbindlichkeit für die Bank ebenso wie die Wahlfürsten, falls der Spanier nicht schnell die nötigen Folgerungen zog.

Ein Brief von Ende Oktober 1518 aus Saragossa an Heinrich VIII. von England rechnete mit einer deutschen Wahlentscheidung im Sinne des Habsburger dank dem Eingreifen Fuggers. Allein es war nicht zu übersehen, daß die Anhäufung von Wahlgeldern bei der schwäbischen Großbank dem französischen Rivalen zufallen konnte, wenn sich Karl der Summen nicht zeitig bediente. Jedes Hinzögern verteuerte das Beginnen einschließlich seines Risikos dermaßen, daß die Firma nicht beliebig zuwarten konnte. Ungeachtet seiner Anhänglichkeit drängte Jakob die Tatsache der Kapitalakkumulation zum Handeln, um seine Firma vor wirtschaftlichem Selbstmorde zu bewahren. Die Unerbittlichkeit solcher Logik konnte das zaudernde Tempo kaiserlicher Diplomatie notfalls sogar überspielen.

Die Natur der Beziehungen zwischen dem greisen Herrscher und der schwäbischen Wirtschaft war häufig Gegenstand kritischer Betrachtung. Hierbei wurden die städtische Anhänglichkeit wie das väterliche Wohlwollen des Fürsten überbewertet. Anderseits kam es bei Beurteilung der vom Gewinnstreben diktierten Unternehmervernunft des Kaufmanns leicht zu Fehleinschätzungen. Man entlarvte ihn vorschnell als zynischen Erpresser, wenn nicht gar „Räuber", wie Ulrich von Hutten schrieb. Die geschichtliche Wahrheit befindet sich zwischen beiden Polen. Daß Fugger aus dem Geschäft Gewinn zu ziehen wünschte, läßt sich begreifen. Es lag in der Natur der Dinge wie seiner Persönlichkeit. Seine Schicht bewies zuweilen mehr Verständnis für die Notwendigkeiten von Politik und Sozialwesen, Technik und Kultur als die ängstlichen Räte, deren Mischung von Patriotismus mit provinzieller Engherzigkeit jeder Neugestaltung im Wege standen. Sterilität und Überkonservativismus galten irrigerweise als dynastische Treue. Dabei widersetzte sich altmodische Redlichkeit jeder Neuerung. Die Erhaltung des früheren Bestandes als solche hielt man schon für einen erstrebens= werten und rühmlichen Wert.

Zu Ende des Jahres 1518 trachtete Jakob, außer der Admassierung seiner in versiegelten Leinensäcken beim Frankfurter Rate hinterlegten Wahlgelder reichsrechtliche Schwierigkeiten auszuräumen. Die Firma zeigte damit, wie ernsthaft sie ihr Gewicht für Österreich=Spanien in die Waagschale warf. Man plante eine päpstliche Kaiserkrönung Maxi= milians I. zu Trient, um dem Enkel die Bahn zur Königswürde freizu= machen. Auch für die Kosten dieses Unternehmens sollte Fugger auf= kommen. Daß bereits zwei Drittel der kaiserlichen Revenuen fremdem Pfandrecht unterlagen, durfte niemanden stören.

Obwohl Jakob im Winter 1518/19 gefährlich erkrankte, gewährte er dem Erzhaus unablässigen Beistand. Fugger wußte das Geschick der Habsburger mit dem seiner Familie dicht verbunden. Erst als am 12. Januar 1519 der phantastische kaiserliche Pläneschmied seine Augen schloß, ohne daß zuvor die Königswahl des Enkels gelang, war die Frage nach dem Kaisertum von Grund aus neu gestellt.

Ein spanischer Kammerherr, der zu Beginn des Januars 1519 mit Wechseln im Werte von 300 000 Gulden für Fugger die Pyrenäenhalb= insel verließ, fand im Reich eine geänderte Lage vor. Jetzt ging es nicht mehr darum, die Gesellschaft mit Geld zur Erfüllung der Augsburger Fürstenverträge auszustatten. Diese Abkommen hatten mit dem Tode Maximilians jede Gültigkeit verloren. Die Firma mußte, statt dessen Regierung und Hof eilig mit Trauergewändern und makabren Behängen für die Totenfeier ausstatten.

Jakob spürte durchaus, wie sehr manche Kreise den Umschwung be= grüßten. Man hoffte, sich seiner Person und Gesellschaft zu entledigen. Jedoch so einfach ging das nun auch wieder nicht. Fugger gab sich über den Unwert der im Vorjahr umkämpften Abreden völlig klare Rechen= schaft. Ehe er es aber duldete, daß Karls Berater seine Firma beiseite schoben, sollte lieber noch die Habsburger Kandidatur geopfert werden. Unter diesem Gesichtspunkt erscheint eine Mitteilung des Königs von Frankreich an Reichsritter von Sickingen glaubhaft. Es hieß, der Valois habe durch Fugger selbst die Botschaft vom Tode des Kaisers erhalten. Dieser dürfte durch die Regierung oder seine Agenten unterrichtet wor= den sein. Tausend Bande menschlicher Beziehung und reichsstädtischer Tradition, dazu ein Konglomerat sich überschneidender Darlehen, Erz= kontrakte, Privilegien, Pfandschaften und Renten fesselten die Firma an das Erzhaus. Es war unvorstellbar, daß sich beide voneinander lösten. Als aber den Kaufleuten widrige Elemente die Oberhand ge=

wannen, zeigte sich Jakob zum Kampf um Sein oder Nichtsein gefaßt. Wenn es mit den Österreichern nicht mehr ging, dann ließ sich eine Allianz mit den Franzosen wagen.

Der Mißerfolg König Franz I. im Jahre 1518 ging zweifelsfrei auf Fugger zurück. Nun war der Monarch gewillt, die Chance für sich zu nutzen. Mit einer Verdienstspanne von 10 Prozent sollte Jakob dafür belohnt werden, wenn er die zur Kaiserwahl nötigen 300 000 Kronen nach Deutschland wechselte.

Lebensgefühl und fürstliches Selbstbewußtsein des spanischen Hofes schwebten hoch über Reichsstädten und bürgerlichen Kaufleuten. Viele verkannten die hierdurch begründete Gefährdung Karls. Oft genug hatten die Vertrauten Maximilians über das zähe, kaufmännische Wesen Jakobs gestöhnt. Nur Erzherzogin Margarete erfaßte, daß man sich über jene Schwierigkeit schnell hinwegsetzen mußte. Bei einem Abfall Fuggers zerschlugen sich die Kaiserhoffnungen ihres Neffen. Während das Mißtrauen des spanischen Gesandten Jakob anfangs erstaunte, hernach verstimmte und zuletzt kränkte, blieb die Habs=
burgerin darauf bedacht, jede Entzweiung zwischen Karl als dem neuen Chef des Erzhauses und der mächtigsten Bank Europas zu vermeiden.

Niemand anderer als Fugger kam nach Meinung der niederländischen Statthalterin für eine Sammlung des österreichischen Fonds in Betracht. Diese Auffassung wurde Karl von verschiedensten Seiten nahegebracht. Einzelne Wahlkommissare, wohl durchweg Kunden Jakobs, warben in derselben Richtung. Päpstliche und französische Operationen, die sich gegen Karl oder dessen Bruder Ferdinand richteten, bekräftigten den Kardinal von Sitten in der nämlichen Überzeugung. Besonders im Süd=
westen galt Fugger wegen seiner wirtschaftlichen und gebietsmäßigen Interessen für den Garanten der Habsburger gegen die Umtriebe Ulrichs von Württemberg, dessen oberdeutsche Vorhaben gefährlich wurden. Endlich unterstrichen die Anfragen verschiedener Kurfürsten wegen einer bankmäßigen Rückendeckung der spanischen Kandidatur die Wichtigkeit des Augsburger Bundesgenossen. Allen voran hegten die wankelmütigen Mitglieder der Hohenzollerndynastie mit Albrecht von Mainz und Joachim von Brandenburg an der Spitze „besonderen Glau=
ben und Vertrauen" zur Firma, so daß man Fugger keinesfalls umgehen durfte.

Unter dem gemeinsamen Drucke solcher Umstände erschien am 11. Februar 1519 ein spanischer Unterhändler in der Zentrale. Ritter Paul von Armerstorf deponierte dort nach auffälligem Zögern Wechsel über 275 000 Gulden und 25 000 Kronen. Sein Herr und dessen Be=
rater waren des Glaubens, solche Summen im Verein mit früheren Überweisungen müßten zum Kauf der Krone genügen. In diesem Sinne bekundete Wilhelm von Croy, Herr von Chièvres, als der Gesandte

Hans Maler, Faktor Wolf Ronner, Schwaz

Ich Jacob Fugger Richter, der einen dem Edl vnd gestreng Ritter, hauche vnd dem
durch Vetter des durchleuchtigsten vnd großmächtigsten Fürsten vnd herren
herren Carls, künigs zu Hispanien vnd Ertzhertzogs zu Österreich etc. meins
genedigisten herren, Rat vnd Camrer vff datum dits brieffs, Ist nachvolgendt
funff wechselbrief der aller datum lautend zu Saragossa an Newnten
tag Januarÿ, Jn behaltnis vberantwurt hat. Nemlich der Erst von
petro bellarÿ vnd hansj martin, vnd geselschafter vmb funfftusendfunfftzig
tausent gulden kombt lautendt an philipo gualdonaÿ oder wer von sein wegen
zu franckfurt sein wirdet. Der ander von Augustino vnd Nicolaus de grimaldis
vmb funfftusendfunfftzig tausent gulden, kombt von franckfurt an awentzo
de vivaldis oder wer von sein wegen daselbst sein wirdet. Der dritt von
vmb funfftusendfunfftzigtausent gulden kombt von franckfurt an benedicto
vnd Augustino de fornarÿs. Der virt von hainrich Oÿnger vnd Sebastion
Scheppell von wegen, Anthonj voelser vnd geselschafter vmb hundert vnd
zehen tausent gulden kombt lautend von franckfurt an anthon voelser
Der funfft vmb funffundzwaintzigtausent Cronen, von hainrich Oÿnger
vnd Sebastian Scheppell von wegen, Anthonj voelser vnd geselschafter Als
das jedes brief, wechselbrief Jn behaltnis gewißt bey meÿn handen behalten
vnnd die vff obuelten her paulßen von Armstorff oder ander forderer von
hispania gewalthabern, vndpotschafter, erfordert, gegen diser meiner
bekantnis vndervnnß hinauß geben soll vnnd will, alles getrewlich
vnd vngeuärlich, Des zu vrkundt gib ich Jnne diß bekantnis mit meiner
aigen hannß vndergeschriben versörgt, Beschehen zu Augspurg
am Neÿsten tag des Monats Februarÿ Anno ec. Xvc xixten

Jacob Fugger

*Depotquittung Jakob Fuggers über die Wechsel
zur Kaiserwahl Karls V. 1519*

Venedigs ihm das Beileid der Republik in diplomatischer Form aus=
sprach, das Vertrauen seines Monarchen zum Erfolg der Habsburger
Anwartschaft.

Grundsätzlich hatten sich die spanischen Aussichten verbessert, nach=
dem der Wahlfonds aufgestockt worden war. Jakob bezifferte ihn unter
Einrechnung der jüngsten Hinterlegung auf 450 000 Gulden. Dabei
wurden weitere 100 000 Gulden nicht einbezogen, die schon früher
vorsorglich für Berlin abgezweigt wurden. Trotzdem schien durchaus
nicht alles in Ordnung. Die Spannung zwischen den Schwaben und den
Spaniern war keineswegs bereinigt. Die Gesellschaft fühlte sich sogar
peinlich überrascht, weil unter den letzten Wechseln aus Saragossa
Papiere von Genueser Häusern sowie der Welser überwogen. Jakob
erkannte daraus, daß die Anstrengungen Wolf Hallers ihm das
spanische Terrain noch keineswegs gewonnen hatten.

Solange das Erzhaus bei dieser riskanten Transaktion Fuggers Kon=
kurrenten einschaltete, war die Luft zwischen König Karl und Jakob
ungeklärt. Folglich befand sich auch jene Allianz in der Schwebe, ohne
die keine Europapolitik des künftigen Herrschers als Römisch=deutscher
Kaiser, König von Spanien und Italien, Erzherzog von Österreich und
Herzog von Burgund möglich wurde. Vermutlich dürfte eine Ahnung
solch mühsam verhehlter Kontraste Franz I. zur Steigerung des fran=
zösischen Einsatzes bewogen haben. Hieraus wiederum ergab sich mit
mathematischer Gewißheit das Anziehen der Preise am politischen
Markt und vornehmlich an der Börse für Kurfürstenstimmen. Dieser
Vorgang wurde nur scheinbar von den Franzosen ausgelöst. In Wahr=
heit hatte ihn Karls Unschlüssigkeit verschuldet. Das rhetorische Be=
mühen spanisch=österreichischer Diplomaten, den Rivalen vor den ge=
meinsamen Wählern als hinterlistig, doppelzüngig, geschäftlich unzu=
verlässig und herrschsüchtig zu diffamieren, blieb ein zweischneidiges
Schwert. Gleiches wurde vonseiten Frankreichs den Habsburgern nach=
gesagt. Überhaupt war mit propagandistischen Redensarten wenig ge=
holfen. Den Papst erfüllte die Sorge um eine Verbesserung des ge=
trübten Kontaktes zwischen dem Heiligen Stuhl und der römischen
Fugger=Filiale. Leo X. glaubte sich ihrer am besten zu vergewissern,
wenn er Jakobs Neffen Anton als Leiter der Niederlassung beim Vati=
kan mit den Ehren eines Päpstlichen Ritters, Hof= und Pfalzgrafen über=
häufte.

Der junge Herr mag die Auszeichnungen dankbar begrüßt haben. Sie
kamen seinem von italienischen Kollegen überschatteten Ansehen zu=
hilfe. Für die Entscheidungen in Deutschland besagten solche Auszeich=
nungen indessen nicht viel. Darum zeitigten sie auch keine Auswirkung
auf die Haltung der Firma bei der inoffiziellen Versteigerung der Kur=
stimmen. Der Sohn eines Bankiers auf dem Stuhle Petri hätte erken=

nen dürfen, daß derartige Entscheidungen höchstens durch Einwirkung auf den Chef, doch nicht mittels Titulaturen für dessen Angehörige sich beinflussen ließen. Jakob wahrte aber selbst gegenüber seinen nächsten Angehörigen strengste Diskretion.

Rückhaltloser äußerte sich Fugger dagegen bei der niederländischen Statthalterin. Ihr gegenüber zeigte er eine gewisse Anhänglichkeit. Margarete und ihre Ratgeber pflogen in gebräuchlichen Formen fürst= licher Huld kluge Fühlung mit dem Augsburger Kontor. Sie ließ sich zum Glück ihres Neffen durch anderslautende Gerüchte vom Wohl= wollen Karls für Spanier, Genuesen und Welser nicht beirren. Dem König gebrach es dagegen an Personen= und Sachkenntnis. Somit kam alles auf seine Tante an. In ihrer Umgebung blieb man überzeugt: Fugger „leistet täglich dem König so viele Gefälligkeiten und Dienste auf unser Ersuchen gegenüber Kurfürsten und nach allen Seiten hin, daß der König verpflichtet ist, sich ihm eines Tages erkenntlich zu zeigen. Der König wird seiner noch bedürfen, ob er will oder nicht; denn die Kurfürsten wollen ihre Versicherungen von ihm haben und von keinem anderen. Wenn man sich von Anfang an ihn gehalten hätte, so wäre das für den König und seine Sache von größtem Vorteil gewesen. Und wenn dieser König noch 200 000 Gulden mehr gebraucht hätte, so würde er ihn nicht verlassen haben und hätte doch an dem Franzosen 30 000 Gulden gewinnen können, wenn er gewollt hätte."

Angaben über die von der Firma ausgeschlagene französische Pro= vision klangen wie eine Fuggersche Werbemeldung. Dennoch mochten sie zutreffen, da der Betrag einer zehnprozentigen Verzinsung der von Franz I. benötigten Summe genau entsprach. Schwerer wog der Hin= weis auf zusätzliche Kreditmöglichkeiten Habsburgs bei der Fugger= bank. Vielleicht hatte man ihre Leistungskraft zu früh erschöpft ge= wähnt. Seitdem die Wahlfürsten das lohnende Verfahren wechsel= seitigen Ausspielens beider Aspiranten erfaßt hatten, entwickelten sie auf diesem Gebiet eine unvorstellbare Geschäftstüchtigkeit.

Höchstens Friedrich der Weise von Sachsen gedachte aller strengen Vorschriften der kaiserlichen Goldenen Bulle von 1356. Sie sollten Be= stechungen ausschließen. Doch auch sein Gewissen sank in Halbschlaf. Amtliche und inoffizielle Notierungen stiegen in das Ungemessene. Hinter ihnen hinkten die Zusagen der Kommissare her. Für damalige Begriffe wurden astronomische Ziffern genannt. Wer möchte die restlichen Wähler schelten, nachdem der Kardinalprimas und Erzkanzler des Reiches seinen Kollegen im Kurfürstenrat mit dem schlechtesten Beispiel voranging. Wenn Bestechlichkeit zu den meistverbreiteten Schwächen europäischer Staatsmänner damaliger Zeit gehörte, dann zählte Albrecht von Mainz zu den auffälligsten Gestalten dieser Gene= ration. Nicht nur die bezeugte Unersättlichkeit, vielmehr ein durch nichts bezähmtes, einnahmesüchtiges Wesen kennzeichnet seine von Habgier entstellte hohe Begabung.

Am Anfang huldigte der Spanier ritterlichen Träumen. Seine Vorstellungen mochten für französische Romane, burgundische Vliesritter und spanische Granden passen. Schrittweise gewann Karl aber die nötige Fühlung mit der Wirklichkeit. Ohne sie blieb seine Sache verloren. Erst als der König auf dem Boden der Tatsachen stand und von unerfreulichen Begleiterscheinungen sich nicht weiter stören ließ, kamen seine Beauftragten voran. Nun zauderte die Majestät plötzlich nicht mehr, die heimatlichen Güter des Erzhauses zu verpfänden. Es fehlte Karl ohnehin zu den deutschen Landen jedes persönliche Verhältnis, weil er sie nie gesehen hatte, obwohl seine Titel zum Teil von ihnen herkamen und er ihre prächtigen Heroldsbilder in seinem Großen Wappen führte. Unter keinen Umständen mochte der Spanier mehr der obersten weltlichen Würde des Abendlandes entsagen.

Die Kurfürsten blieben bemüht, unrealisierbare Bürgschaften der Städte Antwerpen und Mecheln auszuschließen. Mit diesen wäre es ihnen ergangen wie den Fuggern vom Reh bei der Gemeinde Löwen. Statt problematischer Papiere galt es, vollwertige Obligationen Fuggers zu erlangen. Inzwischen aber vereinigte König Karl sein Bestreben darauf, nicht bloß den Franzosen bei seinen Wählern auszustechen. Er wollte zugleich zweideutigen Sympathien in der Umgebung der Krone vorbeugen. Seitens der Margarete von Österreich ward eine Erhebung seines Bruders Ferdinand in Erwägung gezogen. Solche Nachrichten dürften im Frühjahr 1519 die letzten spanischen Bedenken ausgeräumt haben. Der König wünschte die politische Lage durch einen finanziellen Vorstoß zu klären. Mit Zaudern kam die Sache nur noch teurer zu stehen.

Am 18. Mai 1519 liefen die spanischen Wechsel in Augsburg ein. Obwohl Fugger sich schon bislang konzentriert um die Wahl Karls angenommen hatte, gediehen die Bemühungen nun erst zum Abschluß. Nach allen früheren Ehrengaben und Handsalben empfingen wieder eine Kette von Fürstlichkeiten, Prälaten, Rittern, Generalen, Diplomaten, Beamten, Schreibern, Kammerdienern, Händlern und Boten köstliche Geschenke. Wie der einzelne das ihm übermittelte Präsent nennen mochte, blieb seiner Verbrämungskunst anheimgestellt. Jedenfalls sollte eine unabsehbare Reihe bedacht, abgefunden, gewonnen, ausgeschaltet, angeeifert oder von fremdem Dienst abgebracht werden. Ein zweideutiger Tau, gemischt aus Silber und Gold, Ehrengaben, Privilegien und Promissionen, senkte sich auf sämtliche Reichsteile herab. Keiner wurde von dem Talerregen verschont, mit dem ein spanischer Zeus seine deutsche Danae beglückte. Für die Staatsmoral erwies sich das finanzielle Wunder freilich als höchst fatal.

Einer Kalkulation der Zeit zufolge standen 852 000 Gulden für das Beginnen Karls den Wahlkommissaren bei Fugger zu Gebote. Hiervon brachte Jakob selbst 544 000 Gulden bei. 143 000 Gulden stammten von den Welsern, während Philippo Gualterrotti, Benedetto Fornari und Lorenzo Vivaldi jeweils 55 000 Gulden hinzufügten. Dabei waren die Aufwendungen für Kurbrandenburg in dieser Summe nahezu nicht enthalten, obwohl der Markgraf neben Kurmainz und Kurpfalz die Löwenanteile des Frankfurter Wahltages seiner Kasse zuführte. Zum Abschluß eines lange währenden Wettstreites vereinigten sich am 28. Juli 1519 sieben Stimmen auf den Enkel Maximilians I. Das Römisch=deutsche Kaisertum König Karls von Spanien war eine kost= spielige Ware. Ihr Preis wurde durch Jakob Fugger auf Heller und Pfennig aus eigenen und fremden Taschen beglichen.

Mit dem Übergang zu einer in zahllosen Bezügen materiell gewan= delten Zeit verlor das hochmittelalterliche Kaisertum seinen Zauber. Jenes heimliche Leuchten wich der Allmacht kaufmännischer Wechsel. Der bargeldlose Zahlungsverkehr verminderte zugleich konservative Hemmungen. Man mußte abwarten, wer sich auf die Dauer in der Staatsführung behauptete, politisches oder merkantiles Denken. Er= staunlicherweise verblieb mindestens zunächst ein Schimmer des alten Nimbus. Die Unzulässigkeit des Stimmenkaufs war 1519 völlig be= kannt. Allein sie schien nach Übung und Erfahrung keineswegs unge= bräuchlich. Schon frühere Wahlen in Reich und Kirche waren unter der Zusage umfangreicher Gnadenbeweise zustande gekommen. Seinen peinlichen Höhepunkt erreichte dieses Zeitübel allerdings mit dem Hochsommer 1519.

Trotz scharfer Kritik seiner Widersacher empfand Karl V. den Vor= gang, wie er zur Krone gelangte, nie als skandalös. Ihr Glanz blieb für jede Art Trübung immun. Er war durch nichts zu verdunkeln. Viel= mehr wurde ihm nach seiner Auffassung mit dem Einsatz ökonomi= scher Waffen, ein richtungweisender Triumph über seinen Gegenspieler Franz I. zuteil. Das französische Spottwort von den armen Habsburgern war nunmehr ausgetilgt. Reichtum und Kredit des Erzhauses siegten dank der Mithilfe Jakobs über die scheinbar unerschöpflichen Kassen des Valois.

Ähnliche Gefühle mögen Fugger bewegt haben, als ihn sein Kurier= dienst vom Ausgang jener Wahl verständigte. Lodernde Holzstöße und glitzernde Feuerwerke wurden vor seinem und anderen Augsburger Häusern abgebrannt. Mit Knacken, Krachen und Funkenregen feierten sie das denkwürdige Geschehen. Die Bank besaß Grund zu Festlich= keiten. Man hatte sich mit der Kaiserwahl symbolisch an die Spitze der abendländischen Hochfinanz gesetzt.

Am ganzen Kontinent galt die Augsburger Firma für am besten orientiert. Die Vorstellung von dem Radius ihrer hintergründigen Beziehungen steigerte sich phantastisch. Durch ungezählte Kanäle verbreitete der Kaufherr planmäßig die Botschaft seines Erfolges, der für einen Sieg der schwäbischen Gesellschaft über internationale Konkurrenten galt. Jakob wußte aus dem Geschehen moralisches und propagandistisches Kapital auf jede Weise zu schlagen. Nach seinem Willen sollte die Welt von gewissen Dingen erfahren, um ihre Erinnerung an schwache Stunden auszutilgen und böse Zungen verstummen zu lassen.

Freilich die Beurteilung aus den Blickwinkeln von Publizität und Werbung erschöpfte Fuggers Verhältnis zum jüngsten Geschehen keineswegs. Bei aller Rationalität blieb selbst der nüchterne Mann einer irrationalen Deutung zugeneigt. Sie entsprach dem Wesenskern seiner spätmittelalterlichen Natur. Fuggers Meisterleistung war mehr als lediglich das Resultat einer raffiniert abgestimmten finanzpolitischen Strategie. Die Firma empfand gemäß der Mehrschichtigkeit jeglichen menschlichen Wesens ihr Schaffen als die Begründung einer Art von Gottesgnadentum der eigenen Kaste und oberdeutscher Wirtschaftsfürsten. Wörtlich schrieb Jakob seinem Freund, Herzog Georg von Sachsen: „Viele, wie der Welt Lauf, sind mir feind. Sagen, ich sei reich, und ich bin reich von Gottes Gnaden, jedermann ohne Schaden."

Das Wort vom „Gottesgnadentum" des großen Kapitals erscheint als bezeichnende Aussage, wenn nicht sogar klassisches Selbstbekenntnis der aufdämmernden Epoche des abendländischen Großbürgertums. Seine Exponenten, die den eigenen Dominat über den Staat nicht leugneten, wollten aber keineswegs als bloße „Geldkönige" verschrien werden. Aus ihrer Wesensmitte fühlten sie sich zu Trägern einer neuen Ordnung berufen, nachdem die alte im Schwinden begriffen war. Diese interkontinentalen Führungskreise von Kaufleuten wußten, daß sie mehr waren als ein Haufen beliebiger, aber erfolgreicher Wechsler, Krämer und Händler. Ihre Taten wiesen sie als Künder eines anderen Gesellschaftsethos aus. Fugger und seinesgleichen waren die Heroen der modernen Aera.

Große Worte, vornehmlich im Bereich programmatischer Theorie, blieben solchen Männern fremd. Dafür war ihr eingefleischtes, aus gewerblicher Zeit herrührendes Mißtrauen gegen jede Gattung von Literaten und Juristen, obwohl diese gerne zu Sängern des neuen Morgensternes geworden wären, zu tief verwurzelt. Man meinte anders zu sein als die Voreltern, zählte nicht mehr unter die kleinen oder mittleren Geschäftsleute. Diese Menschen gingen keinem Verdienst mehr nach wie Handwerker. Sie waren von Grund auf anders. Diesem Sprache zu geben, ihm formulierten Ausdruck zu leihen, schien vorderhand unmöglich. Es hätte die Anerkennung des eigenen Bruches

gegenüber dem Mittelalter gefordert. Ihn wollte aber gerade der Vor=
kämpfer dieser aufstrebenden Gruppe, nämlich Fugger, bei aller Welt=
offenheit nicht mehr wahr haben. Die nachwachsende Oberschicht
huldigte keinen Illusionen. Höchstens hier blieb sie einer süßen Selbst=
täuschung hingegeben.

Die gesamte Situation, obwohl längst im Umschwunge begriffen,
ward durch einen Clan unter sich verfeindeter, wiewohl wesensver=
wandter Handelsherren fast nirgends prinzipiell betrachtet. Man ver=
blieb im Praktischen und Konkreten. Durch die Arbeit von Hirn
und Hand war diese Art Menschen groß geworden. Der meiste Teil
fiel irgendwelchen Rückschlägen zum Opfer. Nur die wenigen von
Glück Begünstigten konnten ihre Schatztruhen so weit füllen, daß sie
den Wettstreit mächtiger Dynastien auf der Wende zwischen roman=
tischem Spätfeudalismus und renaissancehaftem Vorabsolutismus ent=
schieden.

Wahrscheinlich erfaßten jene Kreise ihr eigenes Ich noch kaum in
seiner ganzen Fraglichkeit. Sie blieben unempfindlich für die Proble=
matik ihres Umsturzes von ganzen Ordnungen und Werten, Kategorien
und Hierarchien. Dennoch haben einige Spitzenpersönlichkeiten die
Hintergründigkeit der ganzen Position samt dem Faktum der Groß=
macht Kapital und seiner magischen Kräfte durchaus begriffen. Auch
jene Strahlung, die sich vom Wirtschaftlichen in den politischen Raum
hinein ergab, ward geläufig. Es wäre abwegig, den Vorgang zufällig
zu heißen. Jedes Abschleifen der scharfen Kanten ergäbe eine unzu=
lässige Verniedlichung der historischen Wirklichkeit. Sie stünde dem
Wesen harter, doch zugleich genialer Persönlichkeiten wie Jakob Fugger
schlecht zu Gesicht. Er selbst hat vielmehr aus der stillen Bejahung
solchen Zusammenhangs deutliche Forderungen für die Zukunft ange=
meldet. Von Halbheiten war nirgends die Rede.

Frei von ruhmrediger Überheblichkeit und jeglicher Schönfärberei bar
gab der Kaufherr dem Befund unmißverständlichen Ausdruck: „Wenn
ich allein nicht gewesen wäre mit Darstrecken meines Geldes, Treuen
und Glauben, es möchte vielleicht anders gehandelt worden sein."
Fugger wußte, daß „in vergangenen Tagen Praktiken gelaufen, wie man
die Welt austeilen wolle". Dabei erfüllte ihn neben Nützlichkeits=
erwägungen die Vorstellung, daß seine Gesellschaft einem Höheren
ihren Arm lieh. „Unser Herrgott hat uns die Gnade getan, als man
hofft. Wir haben einen guten König überkommen, der uns schützen
und beschirmen soll." Es blieb offen, ob die Firma hier stärker an die
Schutzpolitik des Kaisers wider den Türken, seine Treuebindung an
die hilfsbedürftige Kirche oder an eine Art Obhut für die wirtschaft=
lichen Mächte dachte. Maximilian hatte sie oft begünstigt, ohne daß
er ihr Wesen und Gesetz deshalb verstand.

Weit über den eigenen Vorteil hinaus zeigte sich Fugger in zahllosen Fällen dem Reich wie der Kirche sehr dienstbar. Somit durfte Jakob, als er Herzog Georg von Sachsen das eigene Verhältnis zum neuen Herrscher umriß, an dessen Beziehung zur deutschen Wirtschaft denken. Aber hierin erschöpfte sich die Augsburger Erwartung keineswegs. Geldmächte trugen Karl von Spanien zur Spitze des Reiches. Sie standen nicht nur untereinander in hartem Wettstreit, sondern befanden sich in einem heißen Zweifrontenkrieg. Er richtete sich gegen die Verfechter der überkommenen, im Alten verwurzelten Gesellschaft. Denn bei aller Kirchen= und Kaisertreue war Fugger eine Art von Revolutionär und schlug sich auf Gedeih und Verderb mit widrigen Kräften herum. Auf der anderen Seite mußte seine Firma sich erbittert gegen die Vorkämpfer der jungen Zeit wehren. Diesen erschien Fugger und seine Gesellschaft als die Bastion konservativer Mächte und darum überholt, wenn nicht gar weltanschaulich verdammungswürdig.

Solche von Widersprüchen durchwobene Auseinandersetzungen reichten in die Monopoldiskussionen vergangener Tage zurück. Ihnen galt die Schutz= und Schirmerwartung Jakobs gegenüber seinem neuen Herrn. In dieser Währung sollte der Preis für alles Wirken im Verlauf der Wahl beglichen werden. Fugger und seinesgleichen wußten genau, wie weit ihre Hilfe den Ausschlag brachte. Darnach bemaß sich auch die Forderung. Vom Standpunkt eines Kaufmannes aus war es selbstverständlich, für jede volle Leistung eine entsprechende Rechnung zu präsentieren. Sie lautete mit den eigenen Worten Jakob Fuggers: „Ich habe Seiner Gnaden gedient in Sachen, die niemand sonst tun konnte. Laßt es mich billig genießen."

8. Kapitel

DER WECHSEL DER GENERATIONEN

Man kann bei wirtschaftlichen Auseinandersetzungen den Kampf gewinnen, doch den Sieg verlieren. Fugger befand sich kurz vor dem glorreichen Frankfurter Geschehnis in der peinlichen Lage, solches verhindern zu müssen. Die Kommissare des Erwählten beteuerten ihr Bestes und taten es wohl auch. Karl selbst traf aber keine Anstalten, seine Gläubiger zu befriedigen. Hauptsächlich erfreuten sich höfische Kreise der Gunst des Kaisers. Willig lieh er ihrem Vorgeben sein Ohr, wonach er keineswegs an die Erfüllung seiner Versprechungen gebunden sei. Jakob müsse, so glaubte man, den Wagen des Erzhauses ziehen, ob er mochte oder nicht. Soviel die Krone dem Augsburger Bankier dankte, dachte niemand an Vertragstreue bei den Abreden um Zins und Tilgung. Mit gefährlichem Leichtsinn verspielte der Monarch seinen bescheidenen Rest an moralischem Kapital. Es war ihm durch seinen Großvater ohnehin wenig in dieser Hinsicht vererbt worden. Umsonst warnten treue Diener, daß „Glauben und Reputation nicht leicht wiederzubringen" wären, wenn sie einer verloren hatte.

Für andere mochten derlei Hinweise gelten. Karl V. bezog sie nicht auf sich. Im Fuggerhaus war man über diese Vorgänge unterrichtet. Unter anderem sprachen portugiesische Transaktionen mit, die eine großartige Zukunft kolonialer Räume ankündeten. Die Firma erstrebte in diesem Zusammenhang ihre Beteiligung an der Übermittlung von 200 000 Dukaten Mitgift einer Prinzessin. Man wollte in das Gewürzgeschäft der lusitanischen Könige vordringen. Darum empfahl sich die Pflege freundschaftlicher Kontakte Fuggers mit dem Erzhaus. In seiner Vertretung mußte die Gesellschaft Spesen bei der Eroberung des Herzogtums Württemberg dem Schwäbischen Bund ersetzen, weil Österreich das Gebiet seinen südwestdeutschen Besitzungen einzureihen gedachte.

Jakob besaß allen Grund, die Pläne seines jungen Herrn durch zuverlässige Agenten zu prüfen. Der Beistand der Firma hing davon ab, daß im Augenblick des Generationswechsels bei den Habsburgern, dem ein weiterer innerhalb der Fugger folgen konnte, die Fäden richtig

geknüpft waren. Wenn schon Fürsten aus Enttäuschung nervös wur=
den, fehlten der Gesellschaft erst recht nicht Ursachen zur Verstim=
mung. Sie genoß zwar lokale Vergünstigungen. Vom Aufgang einer
Gnadensonne über dem schwäbischen Lilienfeld ließ sich aber keines=
wegs sprechen. Sogar in Tirol, wo sich die Belange der Landesherr=
schaft mit den Erzhandelsinteressen ihrer Gläubiger und Großexpor=
teure engstens verzahnten, kehrte die Bürokratie zur unkonzilianten
Praxis zurück. Jakob, der am römischen Hofe darunter litt, weder
Franzose noch Florentiner zu sein, erlebte hier schmerzhafte Ent=
täuschungen.

Der Handelsherr verlor allerdings nicht die Ruhe. Nach trüben Er=
fahrungen mit dem Reichsadler, der sich stets nur die süßen Kerne
aus der Augsburger Pinie holte, stand kein plötzlicher Umschwung zu
erwarten. Freilich die Krone mußte sich vor jeder Kränkung ihrer ober=
deutschen Geldgeber hüten. Derart uneingeschränkt, wie Karl V. es
annahm, konnte man über Fuggers Konten nicht verfügen. Jedoch es
bestanden wegen der jüngsten Mißhelligkeiten auf der Pyrenäenhalb=
insel Versuchungen in dieser Hinsicht. Nach Meldungen Fuggerscher
Gewährsleute ging es „in Hispania nicht wohl". Daß kommunale Ele=
mente angeblich für die Rechte der kranken Königin Johanna eintraten,
in Wahrheit aber dem Zentralismus Karls V. und seiner Ratgeber sich
widersetzten, warf mittelbare Schatten auf die Beziehung zwischen der
Majestät und ihren oberdeutschen Helfern.

Die festländischen und Londoner Aussprachen zwischen dem Kaiser
und Heinrich VIII. konnten dazu führen, daß sich die Wertschätzung
des Tudor für die zukunftsträchtigen Mächte des Großbürgertums dem
Spanier mitteilte. Zu hoch durfte man die Erwartungen freilich nicht
spannen. Der Herrscher verlangte von seiner überschuldeten Regierung,
sie solle zur Förderung des Bergwesens der Hilfe einschlägiger Unter=
nehmen sich bedienen. Möglicherweise sprachen englische Hinweise aus
den Niederlanden hier mit. Wahrscheinlicher ging die Entwicklung auf
Jakobs Initiative zurück. Dieser dürfte durch fürstliche Personen seines
Schuldnerkreises wirtschaftliche Überlegungen und montanpolitische
Gedanken dem jungen Kaiser nahegebracht haben.

Demgemäß begleiteten Männer Fuggerschen Vertrauens den Impe=
rator im Herbst 1520 zur Krönung nach Aachen. Hier fand sich Jakobs
Neffe Ulrich als Repräsentant der Firma ein. Nach umfangreichen In=
vestitionen der Gesellschaft in der politischen Karriere Karls schien es
klug, wenn ein Namensträger der Familie am Ehrentage der Majestät
dem Geschehen im Münster beiwohnte. Schließlich durfte Fugger nicht
unterschätzen, wie einträchtig die Konkurrenz bemüht blieb, sobald es
darum ging, den Rahm von seiner eigenen Milch abzuschöpfen.

Mit dem sakralen Ereignis in der Pfalzkapelle des Reiches gliederte sich

Karl V. in die Folge kaiserlicher Schutzherren über die Römische Kirche ein. Diese bedurfte eines Protektors dringender denn zuvor. Luthers Mißachtung der Banndrohung, die Polemik seiner Freunde, die auch Fuggers Geschäfte glossierten, der Vollzug der päpstlichen Bulle gegen den Wittenberger Augustiner und seine Helfer, darunter persönliche Gegner Jakobs, ließen diesen aufhorchen. Dennoch bleibt es trotz gegenteiliger Indizien unwahrscheinlich, daß vatikanische Beziehungen der Firma zum Einsatz gegen Luther gelangten. Derartige Vermutungen mochten nur deshalb auftauchen, weil die Entfremdung zwischen Dr. Eck und der Gesellschaft verborgen blieb.

In Wirklichkeit wahrte die Firma ihre Neutralität. Man wollte sehen, wohin die Sache trieb. Wenn der Kaiser seinen ersten Reichstag zu Augsburg hielt, ließ sich die Zurückhaltung freilich nicht lange fortsetzen. Als das Ausschreiben die Stände aber nach Worms lud, bestand keine Notwendigkeit für die Gesellschaft, in den Kirchenstreit einzugreifen oder sich dem Druck des Herrschers auszusetzen. Zunächst sollte die Schuldentilgung des Erzhauses verbrieft werden. Dann mochte man weitersehen. Vorher kam für den Kaufmann ein Zusammentreffen mit Karl V. wegen zahlloser Imponderabilien und unabsehbarer Situationsüberraschungen nicht in Frage. Die Firma vermied Affekte oder Effekte. Aus dieser Vorsicht gingen die beiden Parteien mit solcher Mäßigung vor, daß zwischen dem Handelsherrn und seinem Kaiser zeitlebens nie eine persönliche Begegnung zustande kam.

Vorsätzliches Ausweichen lag nicht im Sinne der Gesellschaft. Aber die Dinge gaben sich so, nachdem Jakob der Ladung nach Worms nicht entsprach. Einstweilen sollten andere das unübersichtliche Gelände zwischen ihm und der Krone klären. Waren die Zweideutigkeiten beseitigt, durfte der Kaiser auch bei seinem Kampf mit Luther von Fugger eine feste Haltung erwarten. Sein scheinbares Zögern mag ursprünglich reformerischen Überzeugungen des spätmittelalterlichen Bürgertums entsprungen sein. Aber die sozialkritische Tendenz der neuen Bewegung erreichte eine Klärung auf Seiten Jakobs. Seitdem sich neben den humanistischen Literaten der Reformator selbst einer Auseinandersetzung mit der modernen Wirtschaft zukehrte, gab es keine Wahl mehr. Es genügte nicht, beim Papst Geld für Karl V. und außerhalb Italiens Truppen für die kaiserlichen Interessen zu mobilisieren. Das Oberhaupt der Firma meinte vielmehr von den neuesten geistigen Strömungen in Spanien, daß der Teufel dort, wo er selbst nicht hinkomme, eben seine Handlanger besitze.

Das hieß nicht, daß Jakob oder sein Wormser Beauftragter den Nuntius am Reichstag aktiv unterstützten. Man verhielt sich ähnlich wie bei der Vernehmung des Doktors durch den Legaten Cajetan. Die Firma schützte Formfehler vor, um die Auszahlung bestimmter Summen an den kurialen Gesandten zu verschleppen. Dabei bedurften die päpst=lichen Vertreter am Reichstag dringend des Geldes zur Erlangung eines kaiserlichen Patents gegen Luther. Fuggers Zögern verstimmte die Diplo=maten des Heiligen Stuhls so sehr, daß sie von den Schwierigkeiten sogar nach Rom berichteten. Trotzdem erscheint es abwegig, Jakobs Reserve als ein Sympathisieren mit der Reformation zu deuten. Hiervon war keine Rede. Umgekehrt besagte die Heftigkeit, mit der romfeindliche Kreise Fugger für einen kapitalistischen Intriganten gegen den Auf=bruch der neuen Zeit hielten, nur, daß ihm die Einnebelung der eigenen Situation gelang.

Jakob kam es auf andere Dinge an. Deshalb verließ er zur Stunde seine Zentrale nicht. Hatte sich Maximilian I. persönlich in das Fugger=haus begeben, sollte der junge Herrscher gleichfalls dorthin kommen. Die stürmischen Bemühungen oberösterreichischer Behörden um neue 40 000 Gulden zeigten, wer wessen bedurfte. Diese Einsicht sollte nicht getrübt werden. Daneben wurde der Kredit der Gesellschaft zur Hono=rierung hervorragender Generale, zur Niederwerfung von Raubrittern, für die Deckung der Hofschulden und zur Begleichung von Reichstags=spesen unablässig beansprucht. Wer solche Dinge unter dem Einsatz des Vermögens wagte, mußte zuvor über dessen Belastungsfähigkeit Bescheid wissen. Dazu gebrauchte der Kaufherr jene Woche, während deren Karl ihn zu Worms erwartete. Etwa zur selben Zeit, als dort Luther den Reichsständen Rede und Antwort gab, schloß die Firma mit oberösterreichischen Behörden einen weiteren Anleihevertrag. Seine Voraussetzung bildete eine Abrechnung über den Ungarischen Handel der Fugger=Thurzo aus den Jahren 1510 bis 1519. Diese ergab ein Guthaben beider Partner in Höhe von 535 000 Gulden. Trotzdem blie=ben frische Darlehen ein Wagnis, denn es hatte sich herausgestellt, daß innerhalb einer runden Million Tiroler Schulden die Fugger mit 450 000 Gulden Forderung an der Spitze standen.

Die Firma beharrte mit herkömmlicher Ausdauer auf ihrem Kurs. Ähnlich wie sich Jakob in den Tagen des zu Worms verweigerten Widerrufes des Reformators trotz einer Abneigung gegen kommunale Ämter die Überwachung der Augsburger Drucker auflud, hielt er im Verkehr mit dem Erzhaus die überkommene Linie. Es geschah fast ohne Rücksicht darauf, ob die finanzielle Zumutung eine Überbeanspruchung der Gesellschaft auslöste. Seine in der Form meist verbindliche, in der Sache aber unermüdliche Festigkeit, erreichte was sie wollte. Annähernd zur gleichen Stunde, in der Luther, dem kaiserlichen Zugriff entzogen, in die Anonymität untertauchte, erfolgte die Unterzeichnung des Schul=dentilgungskontraktes zwischen Karl V. und den Fuggern. Annähernd gleichzeitig entledigte sich Jakob seiner städtischen Ratsherrnwürde.

Problematisch blieb nur, wie weit der Kaiser die übernommenen Verpflichtungen erfüllte. Von rund 600 000 Gulden Forderung erwies sich ein Drittel als ungedeckt. Die jeweiligen Rechtstitel rührten vielfach noch aus dem Zeitalter Maximilians I., von der Wahl oder von dem württembergischen Kriege her. Ungeachtet ihrer Sorge um diese 200 000 Gulden fand man die Fugger zu Abreden über Pensionszahlungen im Interesse kaiserlicher Vertrauensleute und zu Subsidien an König Ludwig von Ungarn geneigt. Andere Überlegungen traten hinter dem Leitgedanken zurück, wie man der Firma und ihrem fürstlichen Freunde, Georg von Sachsen, Deckung verschaffen konnte. Nach dem kaiserlichen Vertrag vom 4. Mai 1521 und einem weiteren mit dem sächsischen Herzogshause galten die Sorgen für zerstreut. In Wahrheit wurden neue geschaffen. Das Wormser Abkommen Fuggers mit Karl V. bildete den Schlüssel für die folgenden Maßnahmen der Firma. Vielleicht bedeutete der Kontrakt Jakobs des Reichen vom 4. Mai 1521 einen tragischen Wendepunkt im Schicksal seiner Gesellschaft.

Es war nicht glücklich, daß man Vereinbarungen der Gesellschaft mit kaiserlichen Finanzräten der Unerfahrenheit des jungen Ulrich Fugger und einiger Faktoren überließ. Damit wurden diese überfordert. Jakob täuschte sich, wenn er die für Maximilian taugliche Taktik auch in Verhandlungen mit dem neuen Kaiser anwandte. Das konnte zu peinlichen Rückschlägen führen.

Eines wurde jedenfalls schnell sichtbar. Im Geschäft mit dem verstorbenen Imperator hatte die Firma nahezu ausschließlich solche Pfänder erhalten, die für verlässig galten. Sie lagen räumlich in Bezirken, die dem Zugriff deutscher Stellen offen standen. Wenn es nicht anders ging, wurden Hofwürdenträger als Bürgen gestellt. Dafür gab sich der Kaufherr mit dem bescheidenen Zinssatz von 5 Prozent zufrieden. In Worms erzwang die Abordnung Fuggers die nicht ungebräuchliche Anhebung des Zinsfußes für kaiserliche Schulden auf 8 vom Hundert. Aber die Gesellschaft nahm dafür keineswegs nur sichere Pfänder wie das staatliche Schmelzwerk von Hall in Tirol entgegen. Schon dessen Auslieferung setzte die Firma Angriffen der Bevölkerung und Beamtenschaft aus. Zusätzliche Sicherheiten Jakobs in den spanischen Herrschaftsgebieten sollten der Firma trotz scheinbarer Chancen ernste Sorge bereiten. Vermutlich glaubten Fuggers Vertreter, auf solche Weise Karl näher zu kommen. Sie übersahen aber, welch problematischen Wert die erhandelten Zusagen darstellten. Im Falle einer Auseinandersetzung mit der Krone fehlte jeglicher juristische Hebel zum Druck auf den hohen Schuldner. Man gab sich uneingeschränkt in die Hand des Monarchen. Damit befand sich die Gesellschaft in der Abhängigkeit seiner den Fuggern unfreundlich gesinnten Umgebung.

Das spanische Engagement geschah zugleich mit einer Krise der Kronautorität in Kastilien. Folglich belastete sich das Unternehmen auch hiermit. Die Schwaben beschränkten ihre Handlungsweise in bisher ungeahnter Form. Daß die Umkehr in dem Moment eintrat, als Sultan Soliman die türkische Offensive auf dem Balkan und in Nordafrika militärisch und diplomatisch aktivierte, kennzeichnet das Ineinanderwirken der künftigen Situation Karls V. und seines führenden Financiers. Dessen Entscheidungen standen fortan unter dem Diktat kontinentaler Notwendigkeiten des Imperiums, einer Verteidigung der Kirche sowie der gesellschaftlichen Ordnung.

Derartige Perspektiven waren für den Vatikan und den Kaiser gleich unerfreulich wie für politisch interessierte Wirtschaftskreise. Spanische Verbindungen besaßen die Schwaben schon früher, jedoch kam diesen für Fugger bisher keine überragende Bedeutung zu. Wie wenig die Gesellschaft auch jetzt noch bei ihrer Bindung im iberischen Raum an echte Schwerpunktverlagerungen dachte, erhärtet Fuggers Streben nach Kontakt mit dem Nürnberger Reichsregiment. Dieses sollte während der Abwesenheit Karls praktisch regieren. Weiterhin suchte die Firma zu seinem jüngeren Bruder Ferdinand, dem nachmaligen Kaiser, Fühlung, sobald ihm vom Imperator die Erblande und eine Fülle südosteuropäischer Anwartschaften abgetreten worden waren.

Solche Schritte Jakobs leiteten hinüber in die folgende Generation, zu ihrer Herrschafts= und Wirtschaftsproblematik. Allerdings beschränkte sich innerhalb seiner Gesellschaft der unmittelbare Einfluß junger Leute noch auf ein Minimum. Vorderhand regierte in unverminderter Allmacht der große, alte Mann. Seine innerbetriebliche Diktatur gab die psychologische wie organisatorische Basis ab für eine weitreichende Regentschaft der Fugger auf ungezählten Gebieten im kontinentalen Raum.

Mit einem Gastmahl feierte Jakob im Mai 1521 Erzherzog Ferdinand zu Augsburg. Dieses Fest und 170 000 Gulden Darlehen für die Hochzeiten des nämlichen Habsburgers sowie einer Erzherzogin mit dem Ungarnkönig und dessen Schwester sollten die reichspolitischen, die österreichischen, ferner die böhmisch=magyarischen Positionen der Firma untermauern. Das hieß keineswegs, daß die Gesellschaft sich jedem finanziellen Wunsche beugte. Sie trachtete, ihre Unabhängigkeit zu wahren und verweigerte selbst dem Kaiser zuweilen für den Türkenfeldzug erwartete Kredite. Karl V. sollte begreifen, daß jede Verzögerung seiner Zahlungspflicht im Umgange mit Fugger der Krone zum Nachteil gereiche. Freilich die Ausrichtung der Gesellschaft auf das Erzhaus blieb gewahrt. Eine Verstimmung zwischen der Firma und ihrem hohen Kunden war nirgends beabsichtigt. Die römische Vertretung unter Führung Antons, des Anwärters auf die Nachfolge Jakobs, operierte zugleich auf der Linie einer Unterstützung kaiserlicher Interessen am päpstlichen Hof. Erhebliche Summen wurden für diesen Zweck verausgabt. Es geschah mit der Bedingung, daß der Heilige Stuhl kuriale Ämter neben ungewöhnlichen Juwelen den Fuggern als Pfand überließ.

Unter der gleichen Voraussetzung übermittelte die schwäbische Bank römische Hilfsgelder für die Türkenabwehr nach Budapest. Bei Würdigung einer solchen Subventionspolitik ist zu bedenken, in welchem Umfang sie der Sicherheit des ungarischen Geschäftes zustatten kam. Diesen einträglichen Zweig wollte Jakob trotz des Nachlassens der Thurzo behaupten. Deshalb wurden die Ausfuhrmöglichkeiten der slowakischen Produktion sowohl über die dänischen Meerengen nach Westen wie über das Baltikum nach Innerrußland erweitert, ohne daß Lübeck oder sonstige Hansestädte diesen Einbruch abriegeln konnten.

Die allgemeine politische Lage gab der Neigung des Handelsherrn Raum zur Entfaltung. Stärkstens machte sich seine Persönlichkeit im innerdeutschen Bereich fühlbar. Fugger lehnte weitgehend die üblichen Fehden ab, da „man nicht sicher handeln noch wandeln mag". Immer deutlicher wurde Jakobs Linie, obwohl er an Feldzügen und Kriegsmaterial verdiente, auf friedliche Aktionen umgestellt. Der Tod Leos X. und die Anspannung des Verhältnisses zwischen Karl V. und Franz I. von Frankreich empfahlen der Gesellschaft außenpolitische Wachsamkeit. Hierzu kam als Alarmzeichen die Zuspitzung in der literarischen Polemik deutscher Humanisten und Reformatoren gegen Jakob Fugger.

Sein Name wurde für Ulrich von Hutten eine Herausforderung. Fugger ward ihm zum Inbegriff einer gehaßten Schicht. Daß der Junker persönlich Jakobs Beistand zur Erlangung eines päpstlichen Gnadenbriefes beanspruchte, blieb vergessen. Erinnerungen an römische Vorgänge mischten sich mit heller Phantasie zu unentwirrbaren Widersprüchen übler Nachrede und heftigem Vorwurf. Fortan galt Fugger als Schuldiger an sämtlichen Gebresten seiner Zeit.

Neben anderem übersah Hutten, daß er jene Studien des italienischen Humanisten Lorenzo Valla, auf denen seine eigene Kirchenkritik fußte, von Johannes Dobeneck=Cochlaeus empfangen hatte. Dieser war ein Freund der Fugger und gerade sie förderten auch die Drucklegung des Werkes Vallas. Blinder Haß überwucherte die Beobachtungsgabe des kampflustigen Ritters. Ein solcher Stil entsprach dem Zeitgeschmack. Dieser gestand dichterischer Freiheit weite Grenzen zu, solange die Attacken sich mit Witz und Bildung paarten und irgendwie von der Liebe zur Antike, der Freiheit und den schönen Künsten getragen schienen. Huttens Offensive gegen die Firma und Jakob persönlich, vor allem in seinen Schriften über die römische „Trias", die „Räuber", das Syphilis=„Fieber" und „Vadiscus", überboten indessen jede Vorstellung.

Unzweifelhaft wurde ihr Verfasser dabei häufig selbst zum Opfer ten=
denziöser Mitteilungen. Man trug sie ihm mit der klaren Absicht zu,
daß ihr Gift durch Huttens Feder sich tödlich für den „Geldkönig" aus=
wirken müsse.

Das Gegenteil war der Fall. Das vermeintliche Opfer übersah jene
hektischen Anfälle. Huttens Geschoß verfehlte sein Ziel. Dennoch
konnten sich die Angriffe gefährlich auswirken, obwohl sich hand=
greifliche Irrtümer von selbst erledigten. Aber wie wenige besaßen
ihren eigenen Standpunkt und die Kenntnis von Vorgängen, die sich
im Halbschatten wirtschaftlicher Diplomatie abspielten.

Die öffentliche Meinung entbehrte vorderhand einer Immunisierung
gegen die Suggestivmacht des geschriebenen Wortes. Man verfiel dem
Zauber aller mit rhetorischem Pathos und nationaler Begeisterung vor=
getragenen Tendenzmeldungen. Was der Ritter verfaßte, wurde zur
bedrohlichen antikapitalistischen Propaganda, weil die Angaben für
halborientierte Kreise glaubhaft, sein Ethos lauter und die Nachrichten
auf Verbitterte bestrickend wirkten. Noch eindrucksvoller gestaltete sich
Huttens Polemik dort, wo sie, ihrer Heftigkeit entkleidet, in Ge=
spräche und Schrifttum der Reformatoren überging. Der Dinge dieser
Welt in Wirtschaft oder Politik unkundig, dürfte Luther den Worten
des adeligen Humanisten vollen Glauben geschenkt haben. Das geschah
nicht zuletzt deshalb, weil jene Ideen mit Gerüchten sich deckten, die
ihm aus seiner römischen Zeit im Gedächtnis hafteten.

Die großbürgerliche Schicht war ihrer menschlichen Situation nach
dem Reformator mitunter vergleichbar. Sie hing mit tausend Fäden am
späten Mittelalter und wollte doch den Weg für eine Neuordnung der
Dinge ebnen. Allein das schuf noch keine allgemeine Brücke zwischen
Luther und der oberdeutschen Handelswelt. In Wittenberg vermochte
man nicht einzusehen, daß Kaufmannschaft Gott ebenso wohlgefällig
sein könne wie Ackerbau. Wenn vollends die bargeldlosen Wechsel=
vorgänge einbezogen wurden, schienen „Kaufhandel und Wucher"
unlöslich miteinander verkettet.

Bei den wirtschaftlichen Verhältnissen des sächsischen Staates und
seiner schier rein agrarischen Struktur fehlte dem Bergmannssohn das
Vorstellungsvermögen für die internationale Verflechtung und tech=
nischen Gepflogenheiten im Bankwesen oder Montangeschäft. Trotz des
väterlichen Berufs hatte Luther niemals im Wirtschaftsleben gestanden
und entbehrte eines umfassenden Begreifens der ökonomischen Situa=
tion. Was für die Träger dieser Entwicklung ohne moralische Vorzei=
chen blieb, ward aus einer Art hausväterischer Überlieferung mit
großem Ernst, aber auch mit Weltfremdheit zu buchstäblich nach der
Heiligen Schrift bewertet und aus dem Gefühl eigener Berufung zum
Richteramt verworfen.

Der Mangel konkreter Vorstellungen gab phantastischen Begriffen Spielraum. Sie kamen aus Intuition den wahren Zusammenhängen erstaunlich nahe. Dennoch griff man zuweilen daneben. So nahm der Reformator Jakobs unverbürgten Bescheid an den Augsburger Stadtrat zu wörtlich: „Er wüßte nicht, wieviel er hätte oder wie reich er wäre, darum könne er die Schätzung nicht geben; denn er hätte sein Geld in der ganzen Welt, in der Türkei, Griechenland, zu Alexandria, in Frankreich, Portugal, England, in Polen und allenthalben." Woher sollten die Wittenberger ahnen, daß diese Auskunft schon darum nicht verlässig sein konnte, weil sie zahlreiche Länder ohne Fuggersche Niederlassung aufzählte, hingegen die echten Wirtschaftsgebiete ausließ? Statt dessen schienen die Worte typisch für die Hybris neureicher Handelsleute. Darum gelangte Luther in Verbindung mit Huttens entstellten Angaben zu dem Ergebnis: „Man müßte wirklich dem Fugger und dergleichen Gesellschaft einen Zaum ins Maul legen."

Jedoch selbst derartige Äußerungen, neben denen sich landsmännischer Stolz auf das Leistungsvermögen Jakobs rührte, bewogen die Firma zu keinem Anschluß bei reformationsfeindlichen Gruppen. Allein die gegnerischen Kreise in Augsburg, wo man den Handelsfürsten der Aussetzung von Kopfprämien, auch geplanter Gewalttaten gegen Reformationsfreunde beschuldigte, vergifteten das Klima in der Umgebung Jakobs. Dabei hielt sich dieser vorsichtiger als seine Neffen. Der Umstand, daß zur nämlichen Zeit, als Fugger im Sommer 1521 sein erstes Testament niederschrieb und mit einem Stiftsbrief die Leistungen seiner Familie und Gesellschaft für die Karmelitermönche bei St. Anna zu Augsburg regelte, sich unter diesen Freunden und Gastgebern Luthers ein religiöser Wandel anbahnte, blieb dazu angetan, unsichtbare Fronten zu verhärten. Der Vorgang führte zur antireformatorischen Parteinahme der mächtigsten Bank der europäischen Renaissance.

Um 1522 war diese Entwicklung noch nicht zwangsläufig. Seinerzeit hatte die französische Krone es unterlassen, die Naht zwischen Fugger und Österreich aufzutrennen. Jetzt wurde es seitens der protestantischen Gruppenbildung, als keine klaren politischen Köpfe und auch nicht die nötige Aufgeschlossenheit für ökonomisch=politische Wechselbeziehungen vorlagen, versäumt, wahrnehmbare Risse zwischen Jakob und dem Kaiser zu erweitern. Niemand versuchte, das materielle Fundament der Universalpolitik Karls V. dort aufzusprengen, wo kritische Spannungsmomente deren neuralgischen Punkt verrieten. Nach der Konzeption Luthers lag eine Zusammengehörigkeit politisch=wirtschaftlichen Geschehens mit Gewissens= und Glaubensanliegen außerhalb jeder denkbaren Reichweite.

Albrecht Dürer, Raymund Fugger

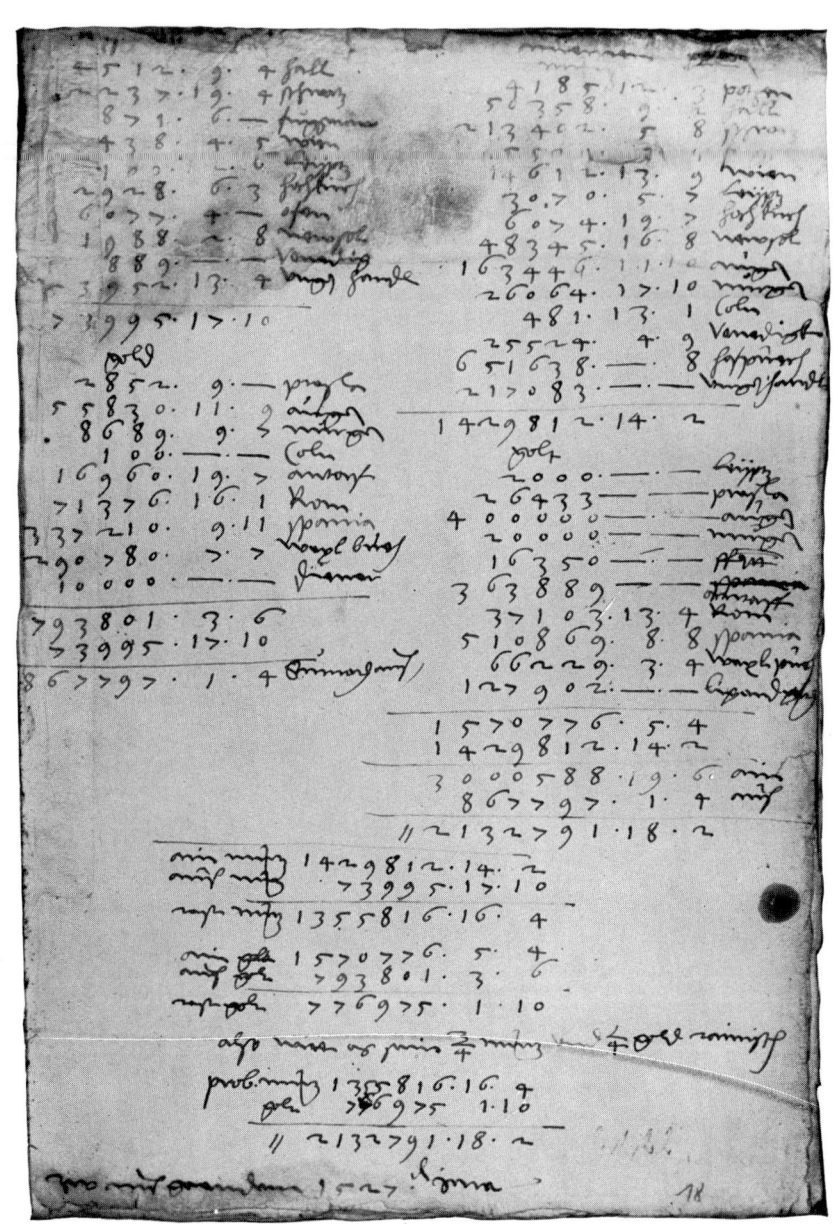

Anton Fuggers eigenhändiges Abschlußblatt zur Gesellschaftsinventur 1527

Die wirtschaftspolitischen Kommissionen der Nürnberger Reichstage zeigten häufig keine glückliche Hand. Fürstliche und ritterschaftliche Elemente, verbunden mit kommunalen Konkurrenten, wollten Fugger um jeden Preis niederringen. Man vergaß, daß Karl V. und sein Bruder Ferdinand ebensosehr wie Christian von Dänemark die schwäbische Hochfinanz brauchten. Auch die innerösterreichische Opposition zeigte sich kurzsichtig. Solange sie dem Erzhaus keinen Ersatz bot, blieb es bei der Hingabe der Salzpfanne von Hall und des Ratten= berger Schmelzwerkes an die Gesellschaft. Wenn die Räte meinten, Jakobs Bevorzugung führe zur Verstimmung der Stände, hielten die Habsburger aus ihrer an spanischen Verhältnissen geschulten Erfah= rung das für einen Beleg der unverbrüchlichen Treue Fuggers.

Der Kaufherr scheint die absurde Situation, wonach seine Ablehnung durch Bürokratie und Einwohner der Erblande ihn dem Fürsten näher brachte, wahrgenommen zu haben. Die Verständigung mit dem als bestechlich verschrieenen Finanzminister Ferdinands, Gabriel Salamanca Graf von Ortenburg, lag auf derselben Linie. Ferner deutete die Ver= längerung der ungarischen Bergwerksabkommen an, daß man hier wie in Böhmen die nämliche Taktik anwendete. Es schien bloß ungewiß, ob die Stefanskrone stark genug blieb, um den Schwaben gegen die Aristokratenopposition zu verteidigen; denn die Thurzo hatten sich aus Interesselosigkeit vom Geschäft beinahe zurückgezogen.

Im Reich lagen die Verhältnisse anders. Obwohl sich die Krisen= zeichen mehrten und der oberste Ankläger gegen die berühmtesten Fir= men Front machte, wünschte das Erzhaus keinesfalls, mit ihnen zu brechen. Wer anderes als Fugger hätte die italienische Armee bezahlt? Wenn Jakob das nicht tat, wie wollte die Krone mit England gegen Frankreich marschieren? Wer konnte in der souveränen Art des Augs= burgers die westdeutschen Unruhen des Reichsritters von Sickingen dämpfen, die Türkenfront festigen, das Reichsregiment besolden und zuletzt die Kaiserwähler befriedigen? Die Umkehr der römischen Situation mit ihrer Annäherung des deutschen Papstes Hadrian VI. an die schwäbische Kaufmannschaft empfahl eine Intensivierung der Allianz zwischen dem kaiserlichen Haus und seinen Geldgebern. Man mußte es taktisch ausnützen, daß die Kurie Fugger brauchte, weil er ihr eidgenössische Soldaten vermittelte und die Finanzierung der päpst= lichen Vertretungen im Reich übernahm, seitdem der Heilige Stuhl die römische Münze seiner Firma zurückgegeben hatte.

Nur beim Reichsregiment, das den Kaiser vertrat, und auf den Nürnberger Reichstagen von 1522 und 1523 nahm die Entwicklung einen abweichenden Verlauf. Dank der Agitation kleiner Fürsten, des niederen Adels und der Hansestädte wuchs die unklare Neigung, durch Antimonopolgesetze den Dominat süddeutscher Firmen zu brechen.

Wenn nötig, konnte das auf dem Weg von Prozessen geschehen. Die Annahme, durch ein summarisches Verbot großer Gesellschaften und der Zusammenlegung kleinerer Unternehmen würden so die Krisen= erscheinungen der Monopolwirtschaft beseitigt, war zu primitiv. Der Einwand, daß solche Maßnahmen der deutschen Wirtschaft zum Scha= den gereichten, ihrer Konkurrenz aber dienlich seien, sollte sich rasch bewahrheiten. Am Lissaboner Markt erfolgten Rückschläge des deut= schen Außenhandels infolge des „unbilligen Einschreitens und ord= nungswidrigen Prozessierens" des Kaiserlichen Fiskals.

Vergeblich erwiderten Reichsstädte und Großfirmen auf dilettantische Klagen mit der Forderung nach Straßensicherheit, Münz= und Zoll= einheit. Ihre Einwände gingen im allgemeinen Trubel unter, den Schlagworte von der Begrenzung der Kapitalhöhe sämtlicher Gesell= schaften, der Abschaffung von Zinsgebräuchen, der Offenbarung von Gewinn und Verlust, der Höchstpreisregelung für Importgüter be= herrschten. Man wollte nicht einsehen, daß voreilige Maßnahmen anti= deutschen Tendenzen am Weltmarkt dienten.

Seit dem Frühjahr 1523 verdichteten sich die Schwierigkeiten zur grotesken Tatsache, daß annähernd gleichzeitig mit einem Besuch Fer= dinands im Fuggerhaus der Reichsfiskal gegen Jakob und weitere Augs= burger Firmen amtliche Klage wegen Monopolvergehens erhob. Die Be= hörde nahm keine Notiz davon, daß die Angeschuldigten die Finanzie= rung der südöstlichen Abwehrfront des Reiches organisieren, Reichs= regiment und =kammergericht sicherstellen sollten. Wohl versuchten süddeutsche Reichsstädte diesem Affront mit einer Demarche am spa= nischen Hof zu begegnen. Jedoch Jakob zog eine praktische Reaktion auf die wirtschaftsethisch gut gemeinten Fehlgriffe vor. Es war nicht zu vergessen, daß manche der inkriminierten Abkommen gar nicht von ihm ausgingen. Sie waren infolge des Drängens kaiserlicher Unter= händler getroffen worden. Fugger brachte Karl V. nun außer der Wahlhilfe die Ausrüstung von Gewürzflotten in Vorschlag. Das blieb ein Projekt, dem sich die Spanier nach allen Erfolgen des Magalhães sowie der Molukken=Schiffahrt aus Eifersucht gegen Portugal schwer entziehen konnten.

Wahrscheinlich gingen die Schritte der Reichsbehörden gegen die Süd= deutschen auf die Hanse oder andere von den schwäbisch=fränkischen Städten überspielte Gruppen zurück. Für jene bedeutete der Eintritt der Binnenländer in die Reihe kontinentaler Exportreeder eine peinliche Überraschung. Der Schreck saß umso tiefer, weil man erkannte, daß Augsburg sich einer Begünstigung durch die Niederlande und Däne= mark sowie der wohlwollenden Neutralität Englands erfreute.

Was den Monopolprozeß selbst betraf, wartete Jakob nicht lange auf die Erfolge der deutschen Stadtboten zu Valladolid. Nachdem diese

sich auch bei den Franzosen lieb Kind machen wollten, stand kein Er=
folg am Kaiserhofe zu erwarten. Die Gesellschaft vertraute eher noch
auf Ferdinand, der die Übernahme südtiroler Gruben durch Fugger
gerne vermerkte. Außerdem stützte man sich auf die Bundesgenossen=
schaft Herzog Georgs von Sachsen. Dieser brauchte Jakob zur Regelung
seiner Forderungen an das Erzhaus. Durch solche Helfer erlangte die
Firma im Herbst 1523 ein Schreiben Karls V. aus Burgos an das Reichs=
gericht. Hierin verbot der Kaiser jedes Einschreiten gegen Fugger und
forderte die Übermittlung sämtlicher Unterlagen der Monopolprozesse
nach Spanien.

Jetzt war die Grenze gezogen. Wer die Gesellschaft angriff, bekam es
mit der Krone zu tun. Das war an sich richtig gedacht, sobald die Er=
fahrung zeigte, daß jeder, der das Erzhaus an seinem schwächsten
Punkt, nämlich den Finanzen, packen wollte, zunächst Fugger unter Be=
schuß nahm. Der Augenblickserfolg dieser hohen Intervention zeitigte
eine Achtung gebietende Wirkung. Für kommende Generationen wurde
freilich die Forderung mitangekündigt, daß sich die Gesellschaft auf
Gedeih und Verderb dem Erzhaus verschreiben solle.

Die Überprüfung des österreichischen Schuldenwesens unter Mit=
wirkung Ferdinands wies 1524 eine unerledigte Fuggerforderung von
etwa einer Drittelmillion Gulden aus. Insgesamt bestätigte sich, daß
die Gewinne der Firma in Tirol erhebliches Ausmaß besaßen. Sie be=
zifferten sich binnen 83 Jahren auf 3,5 Millionen Gulden an Silber und
1 Million beim Kupfer. Diese Summe war als Reingewinn anzuspre=
chen. Solche Beträge empfahlen dem Erzhaus wie der Firma auch für die
Zukunft stillschweigenden Kontakt. Daß der kaiserliche Botschafter in
Nürnberg wie der Generalschatzmeister sich nebenher ihr Wohlwollen
privat bezahlen ließen, entsprach dem Zeitgebrauch.

Die Opposition konnte getrost Einwände vortragen. Es geschah
zumeist auch nicht aus selbstloser Gesinnung. Seitens der kirch=
lichen Wirtschaftsethiker ließ sich kein Umschlag erzwingen. Also galt
es, praktische Anträge einzubringen, um voranzukommen. Eine Be=
schränkung der Freizügigkeit der Gesellschaften, die Einführung von
Kapitalhöchstgrenzen für Großfirmen, das Verbot von Spekulations=
käufen, von Geld= oder Warenhortung wurden empfohlen. Kurz, alles
sollte untersagt werden, woran Unternehmen und Kartelle verdienten.
Erst wenn es den „Großgeldmächtigen" glückte, diese Vorlagen zu
hintertreiben, war Jakob und seinen Freunden der Sieg gewiß.

Daß Karl V. privaten Monopoltendenzen zuneigte, scheint unglaub=
haft. Dafür stand er zu hoch über bürgerlichem Wesen. Der Monarch
wollte freie Entscheidung besitzen, um hernach aus seinen kapitalkräf=
tigen Untertanen Vorteil zu ziehen. Die in Deutschland üblichen Me=

thoden fanden dabei kaum seine Billigung. So wurde zum Spott der Reichsjustiz Fugger vor die Frage gestellt, ob er sich lieber das Odium eines Prozesses aufladen oder freiwillig 18 000 Gulden opfern wolle. Das Resultat blieb auf beiden Wegen das gleiche: Jakob sollte als Spende oder Buße die erbländischen Unkosten beim Aufbau des Reichs=gerichtswesens übernehmen.

Die moralische Verantwortung für solche Zustände traf nicht die Firma, sondern allzu geschäftstüchtige Räte. Aber auch ihr Vorgehen besaß seinen Grund. Es schien den habsburgischen Diplomaten un=tragbar, daß der Reichstag die Firmen zerschlug, selbst wenn das aus Überzeugung geschah. Ein verstärktes Schutz= und Trutzbündnis Fug=gers mit dem Erzhaus sollte fortan die Firma abschirmen.

Schon bei ungarischen Attacken des Jahres 1524 bildete Habsburg Fuggers besten Rückhalt. Rom verzeichnete diese Spannungen mit Be=sorgnis, und Ferdinand wünschte sie wegen seiner Nachfolgehoffnungen abzubiegen. Auf den tatsächlichen Verhalt der Dinge kam es weniger an. Ob die Gesellschaft laut Angaben ihrer Feinde an der ungarischen Münzverschlechterung, die dem Königspaar zugute kam, teilgenommen hatte, bekümmerte Österreich nicht. Solche Zusammenhänge, die von sämtlichen Beteiligten verunklärt wurden, konnten auf dem Weg poli=tischer Unterhandlung niemals bereinigt werden. Das Erzhaus mußte die Einbeziehung der Bergwerke oder eine Ersetzung der deutschen Geldinstitute durch die Venezianer verhindern. Denn durch Ausweisung der Fugger hätte Habsburg sein kostbarstes südosteuropäisches Boll=werk verloren.

Gleich mißlich stand es in Italien und Südfrankreich. Trotz der Tudor=Allianz fiel Mailand den Franzosen zu. Auch Marseille stand vor der Kapitulation. Deutsche und Schweizer Landsknechte wollten die kai=serlichen Fahnen verlassen und überlaufen, wenn nicht Geld aus Augs=burg eintraf. Ferdinand beschwor seinen Bruder, die Häuser Fugger und Welser in Spanien zu bedienen, damit er im Reich frische Kredite er=lange. Ähnlich sah sich der Kaiser selbst auf Jakob angewiesen. Seine Treue galt für umso glaubhafter, je geringeren Wert der reichsstädtische Schutz für die Monopolsünder besaß. Diese mußten befürchten, daß ihre Feinde sich auf der gemeinsamen Basis religionspolitischer Anliegen verständigten.

Wie stark Fugger diese Zwangslage empfand, verrät der Umstand, daß er nach erfolgter Annahme unkontrollierbarer spanischer Pfänder auf süditalienische Werte Geld lieh. Früher hätte er solches kurzerhand abgelehnt. Was bedeuteten ihm aber ein paar tausend Gulden Verlust, wenn es darum ging, Karls Währungspolitik und die Montangesetz=gebung des Reiches auf den Kurs des oberdeutschen Kapitals festzu=legen? Unter diesen Umständen war Jakob geneigt, obwohl er sich nicht

danach drängte, Anfang 1525 die Pacht von Gütern spanischer Ritter=
orden, die sogenannten „Maestrazgos", samt ihren kostbaren Gruben
im Raum von Almaden=Almagro zu übernehmen. Vielleicht hoffte die
Gesellschaft, dadurch eine Tilgung der Wahlschulden zu erlangen. An=
dererseits vermochte Karl V. mit einer Verflechtung der schwäbischen
Handelsherren in sein spanisches Quecksilber= und Zinnobergeschäft
ihre Fesselung an die Krone durchzusetzen.

Durch erhebliche Subsidien für kaiserliche Söldnerkontingente wur=
den firmenfreundliche Erlasse seitens der Augsburger Geschäftswelt
honoriert. Eine ausschlaggebende Soldzahlung Fuggers am Vorabend
der Schlacht von Pavia im Frühjahr 1525 machte die Gesellschaft zum
Vermittler des habsburgischen Triumphes über Frankreich. König
Franz I. geriet in spanische Gefangenschaft. War es ein Zufall, wenn
am gleichen 10. März 1525, an dem die Katholische Majestät von ihrem
Siege Kenntnis nahm, ein wirtschaftliches Privileg verbrieft wurde? Es
gab Jakob wie seinesgleichen freie Hand und zerschlug alle Bemühun=
gen der deutschen Antimonopolisten. Die Allianz von Krone und
Kapital ward damit honoriert.

Wer in dieser Madrider Urkunde nur eine Belohnung für die Gesell=
schaft sah, deren Gulden Karls Lorbeeren von Pavia bezahlten, fühlte
sich bald peinlich überrascht. Ein weiteres Edikt aus Toledo im Interesse
derselben und anderer Firmen erhob die Sonderregelung zur Norm
der deutschen Monopolgesetzgebung unter Übergehung aller Reichs=
tagsbeschlüsse und Zusagen. Den heimlichen Kontakt beider Doku=
mente offenbart ein Kanzleivermerk. Er bestätigt ihre Gebührenfreiheit
mit dem Hinweis, sie seien Erzherzog Ferdinand zuliebe erlassen
worden.

In der folgenden Zeit wurde das Ringen zwischen Monopolpraktikern
und Monopolgegnern von aufregenderen Ereignissen in den Hinter=
grund gedrängt. Daß der Widerstand schwäbischer Ritter, die ihre Güter
von Jakob als Herren zu Lehen nehmen sollten, mit der politischen und
sozialen Unruhe des niederen Adels zusammenhing, scheint denkbar.
Ein gewisses Spannungselement als Triebkraft läßt sich jedenfalls nicht
bestreiten. Heftigere Entladungen folgten allerdings im Bereiche klein=
bürgerlicher und bäuerlicher Schichten sowie der Bergarbeiterschaft.

Seit 1524 mehrten sich die Augsburger Widerstände gegen Fugger
und die Kirche. Jakob galt für den Rückhalt des Papsttums im östlichen
Schwaben und im gesamten Reich, erst recht, seit Clemens VII. die Fi=
nanzierung von Legaten seitens der Gesellschaft erwirkte. Nachdem
Jakob seine religiösen Überzeugungen bekannte, gerieten, obwohl der
neue Medici=Papst mit der Entziehung der Münzstätte Fugger Verluste
zumutete, breite Massen in Gärung. Soziale und religiöse Probleme

boten jene Grundstimmung, von der sich das örtliche Augsburger Kolorit abhob. Der Kaufherr wurde durch kaiserlichen Erlaß mit Familie und Firma vor jedem Nachteil des Wormser Ediktes, das Luther und seine Anhänger mit schwersten Strafen verfolgte, behütet.

Solches war nach der gesamten Entwicklung zu werten. Gefährlicher schien es, wenn Fugger einseitig im Reformator den Schuldigen sah für Bürgerkriegsereignisse, die seit 1524 Schwaben, Österreich, Mitteldeutschland und weitere Landschaften des Reiches verheerten. Aber im Urteil Jakobs blieb „Luther dieser Aufruhr, Empörung und Blutvergießen in deutscher Nation ein Anfang und Ursache, wiewohl er es jetzt vielleicht gerne wieder herumgebracht, so es versäumt" ist.

Aus verschiedensten Überlegungen bot die Gesellschaft Gelder zur Niederwerfung des Bauernkrieges auf. Erzherzog Ferdinand als Landesherr von Österreich und Stellvertreter seines Bruders sowie der Schwäbische Bund empfingen Geld, Rohstoffe und Waffen, während sonstige Firmen vor jeder Parteinahme zurückschreckten. Das Fuggerstädtchen Weißenhorn im bayerischen Schwaben wurde mit Mannschaft, Waffen und Geschütz versehen, so daß kein Bauernheer es durch Gewalt oder gute Worte einzunehmen vermochte. Dabei wurde der Widerstand seiner Bewohner vom Gefühl des wirtschaftlich fördernden und sozial aufgeschlossenen Fuggerschen Regimes angespornt. Wenn die zurückgeworfene Bauernarmee sich nach einer mißglückten Kanonade an der Plünderung der Nachbarabtei Roggenburg ergötzte, bestätigte das nur Jakobs These vom Zusammenhang zwischen religiösem und sozialem Umbruch.

In Tirol richtete sich ähnlich wie im schwäbischen Memmingen das Kampfprogramm der Bauern, ihre „Artikel", gegen Fugger und weitere Großfirmen. Allein dort wurden neben glaubensmäßigen und gesellschaftlichen noch außenpolitische Momente wirksam. Während Bauern und Bergarbeiter aus Tiroler Gesinnung zu handeln glaubten, wurde ihre Sache im Hintergrund vonseiten Venedigs wenn nicht direkt finanziert, so doch derart klug gesteuert, daß man die „landfremden" Augsburger vertreiben wollte, um den Kaufherren der Republik die Bahnen in das Montangeschäft zu ebnen. Selbst der gefeierte Bauernführer Gaismaier aus Sterzing dürfte im Solde des Dogen gestanden haben.

Bei mitteldeutschen Hütten= und Bergwerksrevolten, beispielsweise im Fuggerbetrieb Hohenkirchen, sprach kein Venezianer Einfluß mit. Dagegen mögen ähnliche Triebkräfte im Tauerngebiet vorgelegen haben, weshalb Jakob mit Zahlungen zur Verteidigung des Salzburger Kardinals nicht geizte. Noch greifbarer war derselbe Zusammenhang im Inntal und am Südrande der Berge. Dort fahndeten die Bauern nach dem Bozener Fuggerfaktor als Geisel. Auch hier verteilte Jakob mit vollen Händen Geld unter den Obrigkeiten, um nicht bloß das Ge=

schäft, sondern zugleich die Prinzipien seines Lebens wie seines Hauses zu wahren. Wer jemals die Hintergründe der Niederwerfung des Bauernaufstandes untersuchen wollte, würde noch dort auf Fuggers sichtbare oder unsichtbare Spuren stoßen, wo scheinbar weltanschauliche Momente schon überwogen.

Obwohl der Handelsherr die Beseitigung der Krisenursachen durch Reformen wie etwa den Abbau der Leibeigenschaft bevorzugte, versagte er seinen Beistand selbst dann nicht, wenn Soldaten und zuletzt der Scharfrichter Ordnung schufen. Mit den großen Firmen wurden die Unruhen „hart gestillt". Jedoch der welterfahrene Mann blieb skeptisch: „Ich weiß nicht, was da werden will. Hab Sorge, es werde nicht viel helfen."

Derartige Bedenken schienen vornehmlich in Ungarn am Platze. Dort prallten wie in Tirol schwäbische und Venezianer Interessen, gepaart mit örtlichen oder nationalen Gegensätzen, aufeinander. Schon seit etlicher Zeit bliesen die Thurzo zum Rückzug. Feindliche Elemente am Hofe, in der Aristokratie und im Landtag, dazu ein zweideutiges Ver= halten des siebenbürger Woiwoden Johann Zapolya ließen in der Zukunft Schlimmstes für das schwäbische Unternehmertum erwarten. Als dann slowakische Knappenunruhen durch Fuggers Zugeständnis einer hundertprozentigen Lohnerhöhung beigelegt wurden, schien nur für seichte Beobachter die Gefahr beschworen. Denn zwischen Arbeit= geber und Arbeitnehmer war lediglich im Augenblick eine Verstän= digung gelungen. Unter dem Druck des Balkans mit seiner Tendenz zur türkischen Expansion blieben soziale und wirtschaftliche Ordnun= gen schwerster Belastung ausgesetzt.

Die heimlichen Drahtzieher der Unruhe, die unter den politischen Widersachern Habsburgs ebenso zu suchen waren wie unter geschäft= lichen Rivalen, gaben keinen Frieden. Jakob als Rückhalt des Erzhauses sollte fallen. Teuerung und Münzverderbnis wurden ihm zur Last gelegt. Intriganten vermochten das Königspaar unschwer so weit zu beeinflussen, daß es von einem Gewaltstreich naiv die Tilgung seiner drückenden Schulden erhoffte. War anderen Monarchen Ähnliches geglückt, weshalb sollte Ludwig II. von Ungarn dieses mißlingen? Neue Gärungen unter der Grubenbelegschaft folgten, wobei die Häuer auffälligerweise die Sache ihres Unternehmers verteidigten. Was an der Anhänglichkeit der Knappen im Erzgebiet scheiterte, mochte im Milieu der Hauptstadt glücken. Dort besaß Fugger wenig Anhang. Dafür verfügten seine Gegner über willfährigen Mob. Er konnte nach Bedarf und Regie eingesetzt werden.

Im Juni 1525 ging einer der Paläste am Ofener Burgberg in Flam= men auf. Zunächst wurde nicht offenbar, wer dort gegen wen kämpfte.

Nur daß die Plünderer überlegener Führung folgten, stand außer Zweifel. Dem scheinbaren Druck einer Volkswut weichend, wurde der Hauptfaktor Fuggers, als er im Budapester Schlosse Schutz suchte, verhaftet. Die Krone machte mit der Straße gemeinsame Sache. Das blieb ein gefährliches Unterfangen, solange nicht feststand, wer der lachende Dritte bleiben würde. Für den Moment schien es, als ob es das Königspaar sei. Das Vermögen der Gesellschaft, Mobilien wie Immobilien, wurden so schlagartig sichergestellt, daß der Nuntius für seine bei Fugger hinterlegten kirchlichen Gelder bangte. Angebliche Schuldige wanderten in das Gefängnis. Dort unterzeichneten sie einen erpreßten Vertrag, der den Fuggern jede Verantwortung zuschob. Darin wurden nach dem erprobten Rezept politischer Musterprozesse Verfehlungen eingestanden. Ludwig von Ungarn und seine Gattin, die der Gesellschaft umfangreiche Gelder schuldig waren und bei Unregelmäßigkeiten ihrer Verwaltung verdient hatten, meldeten einen Schaden von rund einer Million ungarischer Gulden an.

Die Gesellschaft hat dieses üble Manöver nie anerkannt und der Monarch sich dadurch, daß er seinen Namen für trübe Sachen hergab, mehr geschadet, als ihm der Handstreich an flüchtigem Nutzen eintrug. Jakob berechnete den Verlust anläßlich dieses Rechtsbruches auf eine halbe Million. Aber weder die Einbuße der Gruben noch die Wegnahme von Bargeld, Warenlagern und Edelmetallen verursachten die größte Sorge. Fugger ging es um die Wahrung seiner kaufmännischen Ehre. Bislang hatte sie keiner mit Gewalt angetastet. Der Kampf um ihre Wiederherstellung nahm den Alten derart in Anspruch, daß selbst die Ausfahrt der dritten spanischen Flotte zu den Molukken unter dem Kommando Sebastian Cabots im Juli 1525 ihm belanglos erschien, obwohl sich seine Firma auch daran mit Geld und Vertretern beteiligte.

Fugger forderte sein Recht. Durch Flüchtung der Budapester Handelspapiere und infolge frühzeitiger Alarmierung der Neusohler Zentrale, die ihre Akten nach Krakau auslagerte, besaß die Firma genügend Unterlagen. Sie konnte bei Erzherzog Ferdinand, dem Polenkönig, dem Sachsenherzog, dem Schwäbischen Bunde, Papst und Kaiser, einem Teil der Kurfürsten und Reichsstände eine imposante Aktion gegen die Stefanskrone entfesseln. Wer künftig auf Beistand der Gesellschaft rechnete, durfte sich ihrem Blockademanöver nicht entziehen.

Jakobs strategische Idee ging dahin, militärische Zwischenfälle zu vermeiden. Ferner sollte Ungarn durch Aus= und Einfuhrsperren in seiner Produktion getroffen werden. Wenn dann die Krone und deren Ratgeber in Berg= und Münzfragen einem passiven Widerstand begegneten, konnte die Königsherrschaft im slowakischen Montanwesen trotz des Interesses deutscher wie außerdeutscher Konkurrenten kaum an=

dauern. Freilich durfte inzwischen keiner der wichtigen Stollen ertrinken. Insoweit blieb Fugger am Funktionieren der widerrechtlich enteigneten Stollen interessiert.

Obwohl Jakobs Kräfte merklich schwanden, sammelte er jede Energie auf seinen diplomatischen Schritt deutscher und europäischer Fürsten am Ofener Burgberg mit dem Zweck einer Restauration der Firma. Manches bewirkte das Interesse des Erzhauses, anderes die Türkensorge von Rom und Krakau. Nachdem schließlich ein Toledaner Edikt vom 26. Oktober 1525 für die Abschirmung der Gesellschaft gegen Nebenbuhler Sorge getragen hatte, ging es Fugger einzig noch um das ungarische Problem. Zu seiner Lösung wollte Jakob sogar Johann Zapolya als Gegenspieler des Königshauses aufbieten.

Damit bürdete sich Fugger zuviel auf. Seit dem Oktober 1525 verschlimmerte sich sein Zustand. Große Entscheidungen behielt er sich wohl vor. Allein das Detail einschließlich der Fürstengespräche unter dem Drang einer bevorstehenden osmanischen Offensive, gingen schon auf seinen Neffen Anton über. Mit der Umständlichkeit damaliger Zeit kam ein mächtiger Apparat in Bewegung. Ende November 1525 führte er zur kollektiven Intervention Fugger befreundeter Potentaten zu Budapest. Seine eigenen Bevollmächtigten blieben aus Vorsicht in der Wiener Etappe und hielten sich der ungarischen Residenz fern.

Annähernd einen Monat hindurch lief das ermüdende Gespräch. Bald wurde es mit Nachdruck betrieben, dann von Stockungen unterbrochen, bis schließlich Alarmmeldungen das Ableben des Chefs ankündigten. In Augsburg rechnete man schon so sicher mit Jakobs Tode, daß Erzherzog Ferdinand bei seinem Einzug in die Reichsstadt, als er am Sterbehause vorüberzog, Musiker und Begleitung schweigen hieß. Jedoch Fuggers Kraft war noch nicht gebrochen. Zwei Tage vor dem Heiligen Abend des Jahres 1525 verbriefte er die letzte Fassung seines Testamentes, das Anton in allen Ämtern und Gewalten die Nachfolge übertrug. Weitere vier Tage dauerte der stille Kampf. Ein eiserner Wille wollte jedem Gesetze der Natur trotzen. Unerschöpflich schienen seine Reserven, solange es um die ungarische Restitution ging.

Erst dann ging der Atem leiser. Zwischen Halbschlaf und Gebet schwanden die letzten 48 Stunden. Ein humanistischer Prediger der Moritzkirche und eine alte Magd erleichterten sie dem Sterbenden. Außer der Familie waren auch die großen Welten von Macht und Kapital abgerückt. Ihnen hatte zeitlebens Jakobs Streben gegolten. Allein diese Kraft stand nun vor ihrem Ende. Ein Augsburger Bürger begab sich zur letzten Ruhe. Als vor dem Morgengrauen des 30. Dezembers 1525 sein Licht verlosch, starb mit ihm der hervorragendste Handelsherr der deutschen Frührenaissance und wahrscheinlich der reichste Mann seiner Zeit. Es geschah ohne sonderliches Aufsehen. Schlicht und einsam ging er dahin. Die erstarrten Händen entglittenen Zügel übernahm am nächsten Tage sein designierter Nachfolger und Neffe, Anton Fugger. Florentinern der Zeit, die um das Dioskurenpaar von Handel und Herrschaft guten Bescheid wußten, galt dieser junge Mann, Repräsentant der nächsten Generation, als „ein Fürst der Kaufleute".

9. Kapitel

EIN GRIFF IN DIE NEUE WELT

Jakob Fuggers Ehe war nicht mit Kindern gesegnet. Aber auch wenn er solche gehabt hätte, waren sie nicht ohne weiteres zur Nachfolge berufen. Die Spielregeln der zuerst oligarchisch und später monar= chisch geführten Firma boten jedem Gliede der Familie scheinbar die= selbe Chance. Zeitweise schien es, als werde der jüngere Ulrich, Sohn des gleichnamigen Begründers der Firma, deren Leitung übernehmen. Allein er starb vor Jakob und ward im Gotteshaus der Silbergemeinde Schwaz begraben. Hernach kam Georgs Ältester Raymund als Erbe in Betracht. Die Vielgestaltigkeit seiner geistigen Interessen und die Ehe mit Katharina Thurzo, einer Tochter des befreundeten Handels= hauses, versprachen eine weltoffene, auf den Südosthandel gut vor= bereitete Führung. Aber seine zarte Gesundheit gab dem jüngeren Bruder bessere Aussichten, freilich nicht ohne dessen Zutun. Das Steuer der Gesellschaft fiel ihm nicht von selbst zu. Er griff darnach und wußte es durch 35 Jahre souverän zu handhaben.

Der frühe Tod des Vaters brachte Anton und seine Geschwister in Verlegenheit, weil ihr Zweig durch die Energie Jakobs sich zu einer dienenden Abhängigkeit beinahe erniedrigt fand. Freilich der Erfolg seiner Tatkraft gab der Kühnheit der Entwürfe Jakobs Recht. Aus den Neffen wurden Gesellen und Schüler des Oheims, wenn erforderlich auch im Gebrauch ihrer Ellenbogen. Jakob scheint seinen jüngeren Ver= wandten kein unbedingt angenehmer Lehrmeister gewesen zu sein. Nur wer hart wurde, konnte nach seiner Erfahrung im Wettstreite der Geschäftswelt sich behaupten. Die Bruderssöhne zeigten als Ergebnis ihrer Konstitution Neigungen zu menschlicher Weichheit und eine An= sprechbarkeit, die von jener Art, in der ihr Oheim geformt war, abwich.

Seine Neffen sollten sich dem Willen des Oberhauptes der Firma ge= mäß empordienen, wie er selbst das Geschäft von der Pike auf gelernt hatte. Nachgiebigkeit kam nicht in Frage. Während Raymund reprä= sentative Funktionen ausübte, die ihm vornehmlich in Italien Gelegen= heit zur Pflege seiner humanistischen Interessen boten, wurde Anton, auch als er bereits unter die Gesellschafter zählte, schonungslos von einem Platze zum anderen versetzt. Als Handelsdiener blieb ihm wenig erspart. Das war die Weise, in der sich Jakobs Sympathie aussprach: einem Jüngeren Gelegenheit für Ausbildung und Bewährung zu bieten, doch mit keinem Schritt ihm eigentlich entgegenzukommen.

Von einer frohen Jugend Antons kann keine Rede sein. Während sein Bruder Markus Pfründen erwarb und sogar unter den geschäfts= kundigen Deutschen am päpstlichen Hofe Beachtung fand, schritt jener seinen mühsamen aber lehrreichen Weg. Er führte in steilen Windun= gen nach oben. Nürnberg, Breslau, Krakau, Wien, Budapest, Rom, Schwaz lauteten einige seiner Wirkungsstätten. Anton diente als Ge= hilfe und erhielt Faktorengehalt wie jeder andere. Die Weise, mit der er im Alter von 21 Jahren an der Ofener Niederlassung Inkorrekt= heiten rücksichtslos aufdeckte, zeigte eine Sach= und Menschenkenntnis, die auffielen. Ob sie eines Tages zur Leitung des Unternehmens genüg= ten, ließ sich nicht sagen.

Sein Traum vom Kronprinzentum der Fuggerschen Handelsmonarchie wird den jungen Herrn „Antoni" in der Stille beschäftigt haben. Allein er war klug genug, ihn nicht zu verraten. Denn neben dem autokra= tischen Willen des alleinigen „directors" galt kein Wunsch der Nef= fen. Raymund ließ sich von der Verwandtschaft seiner Frau zu einer oppositionellen Haltung hinreißen. Sein Recht sollte nicht darunter leiden, wohl aber die beruflichen Aussichten. Jakob wollte keine eigenen Meinungen. Gehorsam und Leistung blieben jene einzigen Eigenschaften, die er durchaus gelten ließ.

Wenn die Firma während der Lehrzeit Antons eine Beteiligung an kolonialwirtschaftlichen Vorhaben in Brasilien erwog, hatte der Junge damit nichts zu tun. Sein Verhältnis zum Oheim gestaltete sich kühl und ohne persönlichen Anteil an den Entscheidungen. Nur gelegentlich schimmerte ein Aufbegehren durch. Man mußte es vor dem alten Herrn verbergen, der jederzeit Blutsverwandte, die ihm mißbehagten, aus= schließen oder zeitweilig entlassen konnte.

Anton hielt sich darnach. Er wußte die Gunst Jakobs und seiner Gattin zu gewinnen. Daneben bewies er eine so erstaunliche Rührig= keit, daß die Gesellschaft ihn nach Rom schickte. Dort sollte Anton persönliche Wünsche Jakobs fördern. Für das wahre Geschäft blieben die Handelsdiener zuständig. Jedoch als Kenner Augsburgs mochte der Neffe den Rechtsstreit seines Onkels mit geistlichen Stellen über Got= tesdienst und Predigt in der Pfarrkirche St. Moritz fördern.

Unter den Händen des jungen Fugger wurde aus dem begrenzten Auftrag etwas anderes. Anton genügte dem Zweck seiner Reise unge= fähr, faßte den Sinn der römischen Tage freilich weiter. Sie boten ihm Gelegenheit, zu beweisen, was er konnte. Daneben kamen Freuden und

Versuchungen auf ihn zu. Sein Schwager Hans Baumgartner erkannte die schlummernde ungewöhnliche Begabung. Er suchte, Anton aus der Gesellschaft zu lösen und für sein eigenes Geschäft zu verpflichten. Wirkliche Talente, die eine Möglichkeit zum Genialen in sich trugen, waren selten. Man mußte sie sich beizeiten gewinnen. Anton durch= schaute dank seiner Begabung die Hintergründe solcher Bereitschaft. Allerdings er konnte nicht auf sie verzichten, weil es einiges zu ver= bergen gab.

Der Chef witterte die Gefahr einer Zersplitterung der Interessen. Außerdem spürte er aus der Ferne die Preisgabe altschwäbischer Art zugunsten einer schillernden Romanità. Dennoch blieb Anton unge= achtet gelegentlicher Rügen in der römischen Faktorei.

Es dauerte nicht lange, dann führte der junge Fugger das Gespräch mit Behörden des Vatikans, Kurialen, Monsignori und Kardinälen, sogar den Päpsten selbst. Durch ihn wurde Johannes Eck dem Heiligen Stuhl empfohlen. Was ihn stärker als menschliche, künstlerische und kulturelle Geheimnisse der Ewigen Stadt anzog, war das grandiose Geschäft mit Metallen, Waffen, Münze, Krediten, Darlehen, Gebühren, Ablässen und Pfründen. Nirgends bot es sich in solchem Format. In Kürze eiferte Jakobs Neffe seinem Mentor, dem schlauen Johannes Zink, auf zwielichtigen Gebieten des Finanzgeschäftes erfolgreich nach. Sein Ehrgeiz wollte nicht warten. Er drängte zur Macht. So betrieb Anton die Abberufung Zinks infolge von Unstimmigkeiten. Man sah die großen Ziele und verschmähte nicht die kleinen Wege.

Jakob wollte von solchem Ungestüm nichts wissen. Jeder stürmische Aufstieg schien ihm von Übel. Der junge Mann sollte sich gedulden lernen. Zum Befehlen kam dereinst die Zeit. Papst Leo X. überschüt= tete Anton mit Auszeichnungen. „Favor und grazia" sollten ihn als Mittler zwischen der kaiserlichen Bank und der Casa Medici gewin= nen. Dieses Vorhaben glückte nicht im gewünschten Ausmaß. Dennoch übten die Ehrenämter Rückwirkungen auf den Lebensgang Antons aus. Er gewann eine Position, die selbst dem Oheim nicht verborgen blieb.

Im Pontifikat des letzten Deutschen auf dem Stuhle Petri hatte ein freundlicher Wind am vatikanischen Hügel geweht. Nun schlug Antons Abschiedsstunde. Niemals sollte er zurückkehren. Dennoch konnte der junge Fugger die berauschende Herrlichkeit und einzigartige Weite Roms nicht vergessen. Ein im Kern humanistisches Lebens= gefühl verblieb als Frucht des halben Dutzends Jahre im Schatten von St. Peter und des Kapitols. Vielleicht war Anton froh, daß er sich mit der Herrschaft Clemens VII. nicht mehr zu befassen brauchte. „Päpst= liche Heiligkeit" schien „gar schwer in Sachen, was Deutschland an= langt." Somit blieb es klüger, vor Fehlschlägen das Feld zu räumen.

Der junge Kaufmann bedurfte seiner noch immer fraglichen Stellung entsprechend eines raschen Erfolgs.

Antons Versetzung in das Schwazer Bergwerksgeschäft seit dem Herbst 1524 vermittelte ihm die bisher mangelnde Vertrautheit mit den österreichischen Erblanden. Eigentlich fehlte bloß noch der Kontakt zu Antwerpen und England, der iberischen Halbinsel und ihrem kolonialen Raum. Dann war ein Überblick auf sämtlichen Gebieten gewonnen. Das blieb ein für seine wirtschaftliche Zukunft unschätzbarer Vorteil. Alle Kenntnisse zusammen, als Einheit begriffen, sollten zum Dominium seiner Arbeit werden. Das Jahr 1525 beließ aber keine Zeit. Wahrscheinlich fielen infolge der Krankheit Jakobs dem Neffen umfangreiche Pflichten zu. Seine Mühe galt der Überwindung sozialer, ökonomischer, politischer und religiöser Spannungen. Diese Aufgaben wurden von ihm so befriedigend gelöst, daß Jakob am 22. Dezember 1525 Anton zum Nachfolger einsetzte. Die Machtvollkommenheit des Sterbenden sollte ungeschmälert auf den Träger der folgenden Generation übergehen.

Kaum hatten sich die Bodenplatten der Grabkapelle über Jakob geschlossen, begann die Initiative des neuen Chefs. Seine Darlehensverträge mit der österreichischen Regierung samt einer Garantie für 108 000 Dukaten aus Neapeler Renten Erzherzog Ferdinands dürften schon vorbereitet gewesen sein. Auch die Gründung eines Konsortiums zum Betriebe von Gruben, Schmelzhütten und Warenhandel mag noch der Verstorbene angebahnt haben. Jene Aufgabe aber, bei der Anton seine Befähigung und die Kraft der Entscheidung unter Beweis stellte, blieb das Ringen der Gesellschaft um ihre ungarische Restauration. Sie war Antons Werk.

Sobald die Umstände es erlaubten, begab er sich nach Wien, um von dort her das Budapester Gespräch anzuspornen. Auch die Beziehung zu den einstigen Kompagnons ward im Sinne klarer Unterordnung geregelt. Manche Beobachter meinten, daß Anton „in des Alten Fußstapfen trete". Dennoch lag keine Nachahmung vor. Der Ton des Jüngeren klang zunächst ungeduldiger, zuweilen schärfer. Vielleicht deshalb, weil hinter ihm nicht die Autorität eines vom Erfolg begnadeten Lebens stand, das sich nichtssagende Verbindlichkeiten leisten durfte. Sobald der Budapester Hof Neigung zeigte, weiter zu zaudern, drohte Anton mit seiner Abreise. Es geschah in dem Bewußtsein, daß die Türkengefahr jede Verärgerung der Gesellschaft verbot. Unter dem harten Zugriff Fuggers gab das Königspaar nach. Anton war ein vorderhand unbeschriebenes Blatt. Vielleicht ließ sich mit ihm auf dem Weg vermeintlicher Gnade besser auskommen als mit dem Toten. In der Hoffnung auf seinen Beistand widerrief die Krone jedes der Firma zugefügte Un=

recht. Man versprach Entschädigung und gewährte einen neuen Pacht=
vertrag.

So groß, wie Ludwig II. von Ungarn das erwartete, fielen Antons
Subventionen freilich nicht aus. Der Schwabe blieb mißtrauisch. Zudem
wurde seine Kasse durch Nachlaßverbindlichkeiten beansprucht. Erz=
herzog Ferdinand brauchte Fugger gegen die rebellischen Bauern und
seine Rivalen in Venedig. Auch der kaiserliche Bruder wartete auf Be=
weise der Ergebenheit. Anton sollte die Lage in Italien heilen. Die Be=
teiligung an der kolonialwirtschaftlichen Molukkenflotte deutete schon
im ersten Jahre seiner Handelsführung auf das steigende transatlan=
tische Interesse der Firma hin. Sie durfte auf Karls Begünstigung vor
dem spanischen Indienrate rechnen. Nachdem Privilegien vom April und
Juni 1526 aus Sevilla und Granada den Brüdern und Vettern Fugger
sogar die Grafenwürde zugestanden, konnten sich die Behörden kaum
länger widersetzen.

Das Erzhaus durfte sich beinahe uneingeschränkt auf die Hilfe An=
tons verlassen. Das galt allerdings nicht für Ungarn. Dort entbehrte
König Ludwig während der Türkenoffensive des Jahres 1526 schmerz=
haft den Fuggerschen Beistand. Nun rächten sich die Fehler von 1525,
ebenso wie die nur halben Herzens erfolgte Aussöhnung. Am 29. August
1526 verlor der letzte Ungarnkönig aus der Dynastie der Jagellonen bei
Mohatsch Krone, Land und Leben. Dem Urteil englischer Hof= und
Finanzkreise zufolge wäre diese Katastrophe durch Anton zu vermeiden
gewesen. Nun war es zu spät. Der König hatte sich die schwäbische
Wirtschaftshilfe verscherzt und dafür keinen Ersatz seiner Magnaten
gegen den Sultan aufgebracht.

Die Gesellschaft sorgte planmäßig dafür, daß derartige Betrachtungen
an die Öffentlichkeit drangen. Sie fanden Anklang; denn diese Stim=
mung entsprach der Weltgerichtsangst der Zeit samt ihrer groben Vor=
stellung vom rächenden Herrgott. Die Fürsten mochten sich hieraus eine
Lehre ziehen. Das galt nicht zuletzt für die Habsburger. Sie leiteten die
böhmische Königswahl Ferdinands zur Sicherung eines mitteleuropäi=
schen Primates in die Wege. Als Gegenkandidat trat der Bayernherzog
auf. Hinter ihm stand die französische Finanzmacht und außerdem
Papst Clemens VII. Medici. Wenn irgendein Beistand dem Österreicher
zum Siege verhalf, war er im Kontor Fuggers zu suchen.

Anton wußte, daß sich seine Firma, sobald sie auf das böhmische
Vorhaben einging und die kaiserliche Italienarmee bezahlte, in Kon=
flikte mit der Kurie begab. Dennoch wurde seine Hilfe Karl V. wie des=
sen Bruder Ferdinand zuteil. Der Erwerb Böhmens gestaltete sich nicht
nur zu einer finanziellen Leistung. Er war ein Sieg Fuggers. Freilich mit
der Einnahme Ungarns kam er zu spät, besonders da die kaiserlichen
und königlichen Soldaten weniger taugten als seine Gulden. Außerdem

zeigte sich die Firma kaum geneigt zu ferneren Investitionen. Am Hof von Westminster hieß es, daß auch die Teilherrschaft Ferdinands in Ungarn einzig durch die Finanzkraft Antons zustande kam. Aus gutem Grund vergalt daher der nominelle König Ferdinand 1527 Fuggers Subventionen mit wirtschaftlichen Privilegien.

Der Großteil Ungarns fiel dem Woiwoden von Siebenbürgen, Johann Zapolya, zu. Obgleich dieses Land in Abhängigkeit von der Pforte geriet, trachtete Anton, Verbindungen dorthin zu pflegen. Er sah keine Ursache, weshalb man das Lebensinteresse der Firma dynastischen Zielen hintansetzen sollte. Nachdem der Ungarische Handel zwischen 1519 und 1526 runde 700 000 ungarische Gulden erbracht hatte, gedachte er die guten Geschäfte fortzusetzen. Schwieriger sahen sich die spanischen Verhältnisse an. Aber auch dort war bei einer Pacht von 135 000 Dukaten der Reinertrag aus Bergwerken und Gütern günstig. Selbst nach einer Steigerung der jährlichen Zahlungen wollte die Firma das Almadener Quecksilber behalten. Es galt, gegen spanische oder deutsche Nebenbuhler, die zum Teil mit Unterstützung der Habsburger fochten, das Minengebiet als Fuggers Interessenzone zu verteidigen.

Anton entschloß sich zu diesem Kurs. Er trug ihm zur Gegnerschaft Frankreichs eine vorübergehende Entfremdung Englands ein. Das geschah umso leichter, weil am Hofe von St. James Sir Thomas Gresham und Kardinal Wolsey weniger für Antons Gesellschaft als für seine Widersacher warben. Die englischen Aspekte lagen nicht so sehr am Rande der Aufmerksamkeit, wie man glaubte. Markt und Börse an der Schelde boten dauernde Verbindung. Von Antwerpen aus führte eine Brücke zur insularen Monarchie. Seit die Konkurrenz dank der Unterstützung durch König Ferdinand Fuggers Quecksilberrevier in Spanien bedrohte, schien er jedoch geneigt, durch Vorstöße nach der Themse die Deckung seiner Nebenbuhler zu vernichten. Immer schärfer entwickelte sich die Auseinandersetzung der Fugger mit den Höchstettern zu einem Faktor des kontinentalen Wirtschaftskampfes im Bereiche hoher Politik.

Für die Gesellschaft blieb es unbegreifbar, weshalb sie sich mit der Hypothek des österreichischen Bündnisses belasten sollte, wenn andere den Vorteil kaiserlicher Gunst genossen. Als deutsche Truppen unter dem Aufhorchen Europas 1527 Rom eroberten und durch eine Plünderung der Ewigen Stadt die Sonne der Renaissance verdüsterten, benahm sich die Fuggerbank reichstreuer als Welser. Antons Firma diente als willige Mittlerin zur Überweisung deutscher Beuteerlöse in die Heimat. Das blieb ein klares Geschäft. Antons Filiale nahm erst spät päpstliche Wertsachen in ihr Depot. Es geschah annähernd zur selben Zeit, als ihr unerfreulicher römischer Vertreter auf eigene Rechnung aus den Kirchenschätzen von St. Peter und vatikanischem Tafelgeschirr Münzen schlug.

Die unausweichliche Folge dieser Parteinahme, auch wenn Anton keine Ausschreitungen guthieß, war die Schließung seiner vatikanischen Vertretung. Sie geschah, ohne daß kuriale Behörden zu einem Verbot schritten. Die Filiale wurde nach dem jüngsten Geschehen unhaltbar. Vermutlich beschränkte Anton seine Zweigstelle zunächst gerne auf den Umfang einer persönlichen Agentur. Diese konnte unauffälliger arbeiten. Aus seiner eigenen italienischen Zeit haftete ihm die Unvereinbarkeit der Aufgaben eines kaiserlichen Finanzmannes mit den Pflichten kurialer Banken im Gedächtnis. Fugger scheint sich von dem spanischen Geschäftszweig den tauglichsten Ersatz für jeden Gewinnentgang im kirchlichen Raum versprochen zu haben.

Da Antons Blick zur europäischen Westküste zugleich Süd= und Mittelamerika einbezog, erfolgten mit der ihm eigenen Vorsicht frühzeitig die nötigen Sondierungen. Beauftragte sammelten als Mitreisende Informationen. Sie dienten Antons Faktoren in den weiten Gebieten zwischen Buenos Aires, dem westindischen Archipel und Yucatan als Wegbereiter. Man knüpfte einstweilen händlerische Verbindungen an. Hingegen unterblieb der Einsatz umfangreicher Summen bei Gewürzflotten, an denen Anton sich nur formal beteiligte. Die Sorge, daß ein Vorsprung der auf iberoamerikanischem Boden erfahrenen Welser für ihn unaufholbar werde, dürfte hierzu wenig beigetragen haben. Antons Hemmung kam von einer wesentlich anderen Stelle.

Trotzdem die Fugger als Steigbügelhalter bei Ferdinands böhmischen und ungarischen Krönungen unentbehrliche Dienste leisteten, trat in der Beziehung zum Erzhaus eine Abkühlung ein. Querschüsse aus dem Kreise der österreichischen Bürokraten dürften Zutrauen vernichtet haben. Die Firma empfand es als Last, wenn der Monarch trotzdem auf ihren Beistand selbst in düsteren Unternehmungen rechnete. Sie sollte einen als Geheimjustiz organisierten Mord an dem emigrierten Bauernführer Gaismaier finanzieren. Außerdem erwartete die Krone, Anton werde sich Ferdinand zu gefallen des spanischen Geschäftes entschlagen.

Wie weit die südwesteuropäischen Wirtschaftsverpflichtungen des Erzhauses auf wohlerworbene Rechte seiner Gläubiger zurückgingen, ward vergessen. Nach einer Rechnung von 1527 besaß Fugger in Spanien 511 000 Gulden Aktiva, denen 337 000 Gulden Passiva gegenüberstanden. Österreichische und mitteldeutsche Bergknappen sowie südtiroler Blei aus der eigenen Produktion wurden dorthin gesandt. Ein dichtes Netz wechselseitiger Verbindungen im Sinne Habsburgs verwob die Erblande mit den iberischen Monarchien, um die Maestrazgosgruben lohnender zu gestalten. Die nämliche Fuggerinventur errechnete die Schuld Ferdinands auf 651 000 Gulden. Antons „rechtes Kapital" betrug 1,6 Millionen.

Scheinbar großzügig gewährte Ferdinand seinem Augsburger Helfer Vergünstigungen wie beispielsweise die Anerkennung der Pachtzahlungen Fuggers an Johann Zapolya für die Zeit, als dieser das Grubengebiet besetzt hielt. Insgeheim trug der König seine aus der politischen Zwangslage sich ergebende Verstrickung dem Kaufherrn jedoch nach. Die königlichen Berater förderten bereitwillig allerhand Illusionen. Diese verbargen Ferdinand den Nachteil für das Erzhaus, der sich aus Mißtrauensregungen für seine Zusammenarbeit mit dem leistungsfähigsten Kreditinstitut Europas ergab. Eines Tages konnten solche Risse zum Sturz der kaiserlichen Großmacht führen.

Schon innerhalb der oberdeutschen Landschaft und im reichsstädtischen Milieu hätte es verhängnisvollen Schaden angerichtet, falls Anton die Partei wechselte. Vorderhand schlug er sich uneingeschränkt und bis an den Rand seiner persönlichen Sicherheit für die kaiserliche Sache mit Wiedertäufern und Zwinglianern herum. Was sollte geschehen, wenn er zur Reformation übertrat? Die Möglichkeit war nicht auszuschließen. Sein und seines Bruders Raymund Briefwechsel mit Erasmus von Rotterdam und Philipp Melanchthon enthielt allerhand Andeutungen geistiger Art. Sie mochten als Neigung der Kapitalträger zur Neutralität zwischen beiden Lagern gewertet werden. Der Wind konnte auch vollends umschlagen. Dann hätte Antons Menschenkenntnis statt provinzieller Elemente das Anliegen der Reformation in der Welt rauher Wirklichkeiten vertreten. Nach außen gelangten solche Eventualitäten kaum zur Erörterung. Fugger und seine Gesellschafter galten für kirchentreu. Blieb aber mit ihrer Anhänglichkeit auch dann zu rechnen, wenn die Belastungen sich über ein erträgliches Maß hinaus mehrten und die Firma sich von Papst und Kaiser zurückgesetzt fühlte?

Karl V. kannte jene Schwierigkeiten, die ihm das Bündnis der Florentiner mit dem Hause Valois bereitete. Nach einer Genueser Wirtschaftskrise konnte er auf den Rückhalt der Banken Fornari, Centurione und Grimaldi nicht mehr rechnen. Habsburgs italienische und ungarische Kriege ließen sich bloß noch mit Hilfe der Fugger und Welser fortführen. Darnach erschien es bezeichnend und verständlich, wenn Antons Gelder den Genueser Feldherrn und Admiral Andrea Doria für den Kaiser gewannen. Der Übertritt des gefeierten Mannes von Frankreich zu Spanien rettete Süditalien dem Kaiseradler und zugleich den Fuggern erhebliche Werte.

Wie überall, so standen hier geschäftliche Entscheidungen mit auf dem Spiele. Durch eine Kapitulation Neapels hätte die Großfirma unabsehbaren Verlust erlitten. Ihr nord= und südtiroler Grubenbesitz war infolge der Unfähigkeit kaiserlicher Heerführer bedroht. Folglich blieb Antons Parteinahme nicht nur traditionell verursacht. Sie war wirtschaftlich prädestiniert. Andererseits durfte Habsburg kein Abschwenken

Fuggers dulden. Ein Versagen der Firma hätte die kaiserliche Quadriga zu Fall gebracht. Es galt um jeden Preis, die Gesellschaft ihr willfährig zu erhalten.

Unter diesen Aspekten wollen einzelne Verträge des Jahres 1527 begriffen sein. Mit ihnen spielte König Ferdinand den Fuggern in Ungarn und am Balkan durch Verpfändung von Einkünften aus Salzbergwerken von Siebenbürgen ein Danaergeschenk zu. Es komplizierte die Lage Antons zwischen beiden ungarischen Königen in bedrohlichem Ausmaß. Ende Februar 1528 sicherte der Habsburger die Fuggersche Restitutionsforderung von 207 000 ungarischen Gulden an den toten König Ludwig II. von Ungarn auf das rumänische Salzvorkommen.

Erstaunlich wirkt die Bereitschaft, womit die Firma zur Rettung ihrer Ansprüche sich auf derartige Transaktionen einließ. Umgekehrt versprachen sich Optimisten gerade von diesem Geschäft „ein tapferes Einkommen", vorausgesetzt, daß am Balkan Friede wurde. Einer Pax Austriaca sollte Anton die Straße ebnen. Dahin zielte Ferdinands Berechnung. Dafür wollte man die Firma in die siebenbürgische und walachische Wirtschaft einführen, wobei sich hinter dem Salzbergbau und den Kammerverträgen weitere Aussichten öffneten. Sie bezogen sich auf den landesüblichen Viehhandel mit seinen Nebenzweigen, etwa dem Vertrieb von Tierhäuten und Leder nach Ost= und Mitteleuropa. Falls die Entwicklung in einer Richtung verlief, die Habsburg wünschte, das heißt: Zapolya geschlagen und die Macht des Sultans auf das Vorfeld von Konstantinopel zurückgeworfen wurde, konnte die kommerzielle Expansion Fuggers sich bis zum Bosporus, wenn nicht gar nach Kleinasien vollziehen. Die Konsequenzen eines Rückschlags freilich waren in keiner Weise abzusehen.

Die Grundvoraussetzung für derlei Erwartungen gedachten königliche Räte durch eine wirtschaftliche Bindung Antons an das Regime Ferdinands in Siebenbürgen zu schaffen. Wahrscheinlich hielt es der Staat für angebracht, zusätzliche Sicherheiten zu gewinnen. Die Firma zeigte sich trotz sprichwörtlicher Vorsicht nicht abgeneigt. Offenbar herrschte die Überzeugung, daß man für zweifelhafte Forderungen im Zusammenhang mit den Konfiskationsverlusten von 1525 kaum bessere Pfänder erwarten mochte. Anton sandte einen Stab von Kaufleuten und Verkehrsspezialisten, aber keine Bergwerkstechniker nach Südosten, um unter Leitung seines Vertreters Hans Dernschwam die Lage zu erkunden. Dieser Mitarbeiter hatte sich in den ungarischen Krisentagen ausgezeichnet. Wegen seiner Menschen= und Sprachkenntnisse schien er die passende Persönlichkeit, ein ungarisch=siebenbürger Großgeschäft anzubahnen.

Dernschwam und sein Personal planten eine Ausweitung der Handelswege über Rumänien nach Lemberg und Krakau. Weil die Verbin=

dung zur Ofener Faktorei infolge des Krieges unterbrochen war, sollte über die untere Donau und Polen ein Ausgang nach der Ostsee gefunden werden. Man bewies zwischen Arbeiterunruhen und offener Feldschlacht im Raum von Klausenburg und Hermannstadt erstaunlichen Mut. Mitunter fragten sie die Faktoren freilich, welcher Vorteil durch diesen Einsatz errungen ward. Dabei gingen die Überlegungen auseinander. Während die Zentrale unter bescheidenen Kosten im „Possesso" der Siebenbürger Rechte zu bleiben wünschte, jagten ihre Diener traumhaften Plänen bis zur Türkei nach. Vielleicht gab ihnen das unbegreifliche Kraft. Sie wollten Lodovico Gritti, den Dogensohn, und sonstige Venezianer aus dem Felde schlagen. Ferdinands Umgebung huldigte anderen gleich trügerischen Hoffnungen. In ihrem Kreise glaubten manche, die balkanische Fata morgana werde Fugger zu Aufwendungen für das Erzhaus hinreißen. In der psychologischen Einschätzung ihres erstaunlich liquiden Bankfreundes begingen die Räte aber verhängnisvolle Fehler. Sie verdammten das Siebenbürger Projekt zum Scheitern. Einem großen Handelsherrn der Renaissance war die Freiheit seiner Entschlüsse nicht um das Linsenmus problematischer Geschäfte feil.

Anton wäre kein Schüler seines Oheims gewesen, wenn er nach wechselnden Erfahrungen mit dem Erzhaus und der ungarischen Krone das Gesellschaftsvermögen schrankenlos für militärisch=politische Manöver auf der Grenze zwischen Kreuzfahrer=Romantik und frühkapitalistisch=bürokratischem Staatsrationalismus vergeudet hätte. Trotz seiner Jugend erkannte Anton durchaus, daß er letzten Endes die Kastanien des Erzhauses aus dem Feuer holen sollte. Das kam nicht in Betracht. Seine Haltung versteifte sich vollends, als ihm klar wurde, welche hintergründige Rettungsaktion König Ferdinand während der Siebenbürger Ablenkung Fuggers für Höchstetter einleitete. Unleugbar besaß der Rivale Anspruch auf die Dankbarkeit der Krone. Er hatte durch Jahrzehnte Unvergleichliches gewagt. Jedoch die Art, wie der alte Ambrosius den König dazu bewog, in Spanien als Strohmann für zweideutige Privatgeschäfte aufzutreten, gebot äußerste Vorsicht. Wenn die Österreicher sich zur Deckung für den Quecksilbermonopolversuch Höchstetters mißbrauchen ließen, war das ganz ihre Sache. Anton blieb entschlossen, sich vor jeder Weiterung zu schützen.

Seine Verständigung mit den Welsern gelang, trotz der Interessenüberschneidungen im Geschäft mit Quecksilber und Zinnober, am Gewürzmarkt wie beim Anleihewesen. Selbst ihre einseitige Ausstattung mit conquistadorenähnlichen Rechten in Venezuela führte zu keiner Entfremdung. Fuggers eigene koloniale Absichten waren durch die Erfahrung der Welser überflügelt. Das störte jedoch nicht weiter. Eine

Annäherung an Höchstetter hingegen stand außer jeder Diskussion. Vor aller Öffentlichkeit focht die Gesellschaft gegen ihren bedrohlichsten Konkurrenten. Dank der bei ihm angelegten Spargelder kleiner Leute genoß Ambrosius große Volkstümlichkeit. In ihrem Schutz unternahm er Monopolversuche, obwohl sie jede ruhige Entwicklung auf diesem Gebiete gefährdeten. Scharfe Waffen und giftige Pfeile kamen aus dem bergenden diplomatischen Halbdunkel mit Erfolg zum Einsatz. Dennoch gelang es Höchstetter nicht, neben früheren Quecksilberrechten in Idria und Böhmen, dem Herrschaftsbereich König Ferdinands, die Gruben von Almaden und das Gebiet von Almagro in Spanien zu gewinnen. Antons Parade erfolgte noch rücksichtsloser als der gegnerische Angriff.

Seit dem Frühjahr 1528 tauchten unter der Lyoneser Geschäftswelt Zweifel an der Kreditwürdigkeit Höchstetters auf. Sie mochten auf Wahrheit beruhen. Dennoch erscheinen sie als zentral gesteuert. Weil Fugger dort keine öffentliche Niederlassung besaß, hielt der alte Ambrosius trotz seiner Vertrautheit mit den Tricks des großen und kleinen Geschäftes Anton nicht für ihren Urheber. Er mißtraute Lazarus Tucher, einem angesehenen Antwerpener Geschäftsmann aus Nürnberger Geschlecht, da zwischen ihnen merkliche Gegensätze bestanden. Seine Verfeindung mit Höchstetter, der Tucher um erhebliche Summen prellte, galt für den Grund kreditschädlicher Gerüchte. Denn sie griffen von Südfrankreich rasch auf das nordwestliche Europa über. Obwohl Anton an der Rhône keine Faktorei im engeren Sinne des Wortes besaß, verfügte er dort über Handlanger, wenn nicht gar bestellte Agenten. Die Organisation des tödlichen Feldzuges gegen Höchstetter erfolgte durch Tucher als Makler Fuggers von der Schelde aus in Lyon, den Niederlanden und England. Der Nürnberger beglich damit private Rechnungen. Dennoch wurden seine Geschosse gegen Höchstetter anscheinend von Augsburg her ferngelenkt.

Für große Tiere ist es lebensgefährlich zu altern. Es bleibt unbegreiflich, weshalb der halb ruinierte und mit Blindheit geschlagene Höchstetter bei Gegnern, die er gereizt hatte, Hilfe suchte. Daß er Anton mit gefälschten Bilanzen zu dieser Stunde überlisten wollte, verschlimmerte seine Lage. Nun zwang ihn Fugger, Verschreibungen des Brüsseler Hofes über 200 000 bis 300 000 Gulden zu zedieren, ohne daß Höchstetter verlauten lassen durfte, wie es um diese Verträge oder ihn selbst stand.

Anton verbarg dem Erzhause seine Mitwirkung an dem Verderben Höchstetters. Maßvolle Hilfen, scheinbar im Widerspruche mit dem allgemeinen Kesseltreiben, sollten einen gegenteiligen Eindruck erwecken. Darlehen zum Türkenkrieg auf taugliche Steuer= und Zollpfänder in Ungarn, Böhmen oder Schlesien zeigten Fugger als treuen Gefolgsmann der Krone. Offenbar schlug er nirgends Extratouren ein. Auch Ambro=

sius verkannte lange Zeit den Zusammenhang. Unter Anrufung alles Heiligen flehte er zum „lieben Herrn Vetter" um Beistand. Durch die Übernahme seines Tiroler Hüttenwerks Jenbach, das Fugger willkommen war, wurde er ihm nur bedingt zuteil.

In Wahrheit ließ sich das bankerotte Geschäft nicht retten. Seit Anton seine Forderungen an die Konkursschuldner durch Abtretung von Verschreibungen, Warenlager und Liegenschaften aus der Masse gesichert hatte, fehlte jeglicher Anreiz, den Ablauf des Verfahrens zu bremsen. Nachdem Höchstetter weiterhin seine Gläubiger einschließlich Fuggers zu täuschen trachtete, blieb das Schicksal besiegelt. Ambrosius ward namens der Reichsstadt verhaftet. Er beschloß sein abenteuerliches Leben im Gefängnis. Nur einem Teil seiner Angehörigen glückte die Flucht und späterer Wiederaufstieg im englischen Bergbau.

Seit dem Bankerott der Höchstetter verschwand ihr Name in der europäischen Finanzpolitik und folglich aus dem Interesse Antons. Andere Ereignisse nahmen seine Aufmerksamkeit gefangen. Im Frühsommer 1529 bestimmte ihn der Schweizer Krieg zwischen Zürich und den Katholischen Orten zu Waffenlieferungen, die offenbar an Glaubensfreunde gelangten. Das Anschwellen des türkischen Vorstoßes bewog die Gesellschaft zu Darlehen und Metallverkäufen. Man wollte die österreichische Wehrkraft steigern. Fugger bekannte unverbrämt die Überzeugung, daß Geld der eigentliche Nerv jeglichen Kriegswesens sei. Dennoch blieb er geneigt, sobald die Zurückwerfung der Türken mißlang, seine Verbindung mit Johann Zapolya zu erneuern. Denn in der Umgebung des ungarischen Nationalkönigs bewarb sich ein Sohn des Dogen Andrea Gritti wieder um die Übernahme der Kupfer und Silber aus dem Besitz der Gesellschaft.

Anderen wären solche Versuche übel vermerkt worden. Weil das Erzhaus aber die Firma brauchte, um die Landung Karls in Italien, seine Bologneser Kaiserkrönung, Verhandlungen mit der Kurie und den Zug über Tirol zu erleichtern, konnte man die Firma unmöglich mattsetzen. Selbst die Neigung bestimmter Kronjuristen und Wirtschaftspolitiker zur Eröffnung von Monopolprozessen gegen Oberdeutsche betraf Anton kaum. Das Herrscherhaus rechnete auf ihn. Ohne schwäbischen Beistand ließen sich auch ihre Ansprüche aus dem portugiesischen Molukkenvertrag in Zentraleuropa für den Kaiser kaum realisieren.

Allem anderen voran bedurfte die Dynastie ihres Bankiers zur Durchführung eines Augsburger Reichstages von 1530. Von 132 uniformierten Berittenen geleitet, holten Anton und seine Gesellschafter mit der reichsstädtischen Delegation Kaiser und König, Legat und Fürsten, „auch Afrikaner und Arabier" festlich ein. Im Vergleich mit diesem feierlichen Geschehen erstaunt die Zurückhaltung der Bank während der folgenden

Wochen. Sie erklärt sich aus der Zwangslage, daß Fugger in Augsburg als Freund Karls und Ferdinands, dagegen am Ofener Burgberg als vertrauenswürdiger Partner Zapolyas auftreten mußte. Hier stand wirklich „Stillschweigen wohl an". Denn „unser Handel und Bergwerkbauen bedürfen des Friedens". Ein voreiliger Optimist, der aus einem Strohfeuer der Begeisterung mit ersten Spähtrupps im Raume von Ofen schon den Burgberg zurückerobert sowie Siebenbürgen befreit wähnte, fand bei der Gesellschaft wenig Gegenliebe. Anton hielt sich an Tatsachen und mißtraute jedem flüchtigen Schein.

Es zählt zu den Sonderbarkeiten in der Situation der Gesellschaft, daß sich ihr Interesse auf die geographische Peripherie des Habsburgerstaates richtete. Solches galt für Ungarn, das gleiche für Neapel, Antwerpen und Spanien sowie in Zukunft den märchenhaften Reichen in Übersee. Während die Welser auf den Inseln und an der Küste Mittel- und Südamerikas Stellungen ausbauten und ihre Tatkraft der Erschließung von Venezuela zukehrten, stand Fugger noch immer vor dem Sprung nach der Neuen Welt.

Alles, was sich auf diese Absicht störend auswirken konnte, wurde eliminiert. Man brach die Fühlung zu Johann Zapolya nicht ab, doch sie wurde nach Möglichkeit verleugnet. Lockende Salzgeschäfte zwischen Siebenbürgen und Konstantinopel unterblieben. Dagegen schmuggelte die Firma Barsummen für den Kaiser von den spanischen Pyrenäen quer durch Frankreich nach Deutschland. Es gab bald nichts, worin die Fuggerbrüder und =vettern im Sommer 1530 sich dem Erzhaus nicht dienstbar zeigten. Das kühnste Unterfangen in der Kette dieser betonten Hilfsarbeiten war es allerdings, wenn sie trotz unbestrittener Millionenforderungen weitere 600 000 Gulden wagten, die deutsche Königswahl Ferdinands vorzubereiten.

Die Einzelheiten des Vorgangs gestalteten sich am Reichstag hinter der Deckung eines Austausches religiöser Bekenntnisschriften und Widerlegungen fast noch peinlicher als 1519. Unerledigte Schulden Karls wurden neu garantiert, damit man Gläubiger beruhigte. Frühere und neue Verbindlichkeiten Ferdinands bestritt die Fuggerbank teils in bar oder bot Bürgschaften, um das Vorhaben gegen jede Störung abzuschirmen. Anton ging bei der Ausnützung seines Kredits zuweilen bis an den Rand des Erträglichen. Man fragt sich, welche Überlegung dem Kaufherrn solchen Wagemut verlieh. Seine menschlichen Erfahrungen waren seit der zweideutigen Taktik im Fall Höchstetters und angesichts seiner Unfähigkeit zum Sieg über die Türken bei König Ferdinand enttäuschend.

Der Grund mußte anderwärts liegen. Auch was Österreich zu bieten vermochte, klang, am Risiko gemessen, kaum bestechend. Die Überlassung der schwäbischen Markgrafschaft Burgau an Fugger bedeutete, wenn es dazu kam, keinen prinzipiellen Fortschritt. Es handelte sich höchstens um eine Ausweitung des aus der Zeit Jakobs vorhandenen Herrschaftsbesitzes. Ähnlich erging es mit der Rückendeckung durch Neapeler Renten. Ihre Realisierung, vom Kriegsbedarf Karls V. gestört, zwang die Gesellschaft zum Aufbau einer süditalienischen Handels= organisation, wenn diese Gelder nicht verloren gehen sollten. Alles konnte nicht genügen, um einem überlegten Rechner wie Anton un= gewöhnliches Risiko abzunötigen. Seine Neigung zum finanzpolitischen Doppelspiel war schon kein Geheimnis mehr. Bei habsburgischen Diplo= maten galt er für schwieriger als sein Oheim. Dieser habe das Erzhaus aus zahllosen Nöten befreit, der Neffe hingegen bestehe härter auf den Interessen seiner Firma.

Nur ungewöhnliche Umstände konnten Fugger umstimmen, seitdem er von der Nachgiebigkeit Ferdinands gegenüber den Reichsständen in Augsburg und 1531 am Kölner Wahltag erfahren hatte. Die Lösung des Rätsels, weshalb sich seine Firma zur finanziellen Gewinnung von fünf deutschen Kurfürsten herbeiließ, wurde peinlich verhüllt. Es lag in un= durchsichtigen Beratungen begründet. Sie führten zur Gewährung eines Darlehens von 1,5 Millionen Dukaten zusammen mit Welser an den Kaiser. Dies Geld half nicht nur zur Verknüpfung des Schicksals beider Häuser durch eine Prolongation der spanischen Maestrazgospacht. An= ton verfolgte daneben ein außergewöhnliches Ziel. Es griff weit über jene Grenzen hinaus, in denen sich die Tätigkeit Jakobs bewegte. War sein Oheim im Gefolge Karls V. in das spanische und Neapeler Geschäft eingetreten, dann sollte die Königswahl Ferdinands der Firma nicht bloß ihre Aufnahme unter die kolonialen Unternehmer bescheren. Die Fug= ger wünschten für sich selbst eine überragende Position in der Wirtschaft und Politik Südamerikas sowie des Pazifik.

Spätestens im Jahre 1530 eröffnete dann der Südtiroler Veit Hörl als Beauftragter verschiedener oberdeutscher Firmen zu Lissabon Fug= gers erste Bemühungen in dieser Richtung. Sie liefen ohne merkliche Unterbrechung beim Indienrat fort, begegneten allerdings manchen Ein= wänden. Karl V. konnte erst im folgenden Januar zu Brüssel sein Ja= wort erteilen. Das Nähere mußte von dem Kolonialamt als zuständiger Behörde ausgehandelt werden. Hier wurde der Vertragsabschluß vor= bereitet. Daß Antons Wünsche bescheidener waren als jene seines Ver= treters, dünkt kaum glaubhaft. Denn auch im Raum von Siebenbürgen richtete sich die Faktorei nach Augsburger Geheiß, als sie ihre Wirt= schaftsspionage zur Erkundung der Kontakte zwischen Venedig und Zapolya aufbaute. Wenn man sich im Südosten so gut verstand, dürfte auf der anderen Flanke Europas die Fühlung zwischen Zentrale und Filiale keine schlechtere gewesen sein.

Jedenfalls bestand ein taktischer Zusammenhang der Südostpolitik Antons mit seiner Aufmerksamkeit gegenüber dem maritimen Raum. Dieser gewann seit der Fahrt des Magalhães um das Feuerland gesteigertes Interesse. Nach alter Überlieferung hatten die Darlegungen des deutschen Kosmographen Martin Behaim, eines Teilnehmers an der portugiesischen Entdeckung des Kongo, der Erforschung der nach jenem benannten Meeresstraße gegolten. Zur Zeit des Kolumbus schuf dieser Seefahrer und Gelehrte für den Nürnberger Rat den ältesten erhaltenen Globus. Gewisse Umstände begründen die Vermutung, daß sein „Erdapfel" einem durch Kaiser Maximilian I. geförderten Seehandelsplan oberdeutscher Firmen gegolten habe. Dieser scheint nur deshalb keine nähere Gestalt gewonnen zu haben, weil die Initiative des Genuesen dem Nürnberger, der Kolumbus kannte, zuvor kam.

Noch manches andere gibt zu Überlegungen Anlaß. Behaim diente vor seiner Übersiedlung nach Portugal der Nürnberger Gesellschaft Hirschvogel als Agent, die das Vermögen Melchiors von Meckau verwaltet hatte, ehe dieses durch Fugger in die schwäbische Bank verpflanzt wurde. Vielleicht hätten diese Voraussetzungen genügt, um eine iberoamerikanische Wirtschaftsepoche der fränkischen Reichsstadt Nürnberg unter Führung Behaims einzuleiten. Es fällt weiterhin auf, daß die Interessen Antons wie seiner spanischen Vertretung in die gleiche Richtung wiesen. Trotzdem dürften er wie Welser, selbst wenn man vom Weg um die amerikanische Südspitze wußte, mit einer mittelamerikanischen Passagemöglichkeit gerechnet haben. Ohne sie blieben alle auf Indien oder die westlichen Inseln abgezielten Projekte sinnlos, auch wenn man die Entfernung aus Optimismus unterschätzte. Die unverdrossene Hoffnung auf eine Art natürlichen Panamakanals zählt zu den theoretisch=illusionären Haupttriebkräften der Augsburger Kolonialpolitik. Sie bliebe ohne jenen Irrtum schier unbegreiflich.

Der Überseewirtschaft im allgemeinen und nicht eigentlich kolonialer Politik galt die Absicht Fuggers. Auf acht Jahre hinaus gewährte der Indienrat ihm freie Hand. Während dieser Zeit durfte er in dem unheimlichen Raum, angefangen mit dem Feuerland im Süden bis zum peruanischen Lima als nördlichem Grenzpunkt, in einer Tiefe bis zu den Kordilleren sein Geschäft entwickeln. Erfolge oder Fehlschläge waren vorderhand nicht abzusehen. Jedenfalls konnte er keine größere Handlungsfreiheit erwarten, nachdem breite Teile der pazifischen Inselwelt in diesen Kontrakt mit einbezogen wurden. Binnen der angegebenen Zeit mußte die Gesellschaft die nötigen Flotten mit einer Gesamtbesatzung von wenigstens fünfhundert Mann zur Erschließung solcher Bereiche einsetzen. Drei oder vier Schiffe waren innerhalb Jahresfrist zu entsenden.

Sobald Anton die ihm gestellten Voraussetzungen erfüllte, winkten seiner Gesellschaft erhebliche Handelsvorteile und auf Generationen hinaus die erblichen Würden eines Gouverneurs, Generalkapitäns und Adelantado an der südwestamerikanischen Küste des Kolonialreichs. Obwohl keine deutsche oder gar speziell Fuggerische Kolonie entstehen sollte, durfte die Gesellschaft weltliche und geistliche Würdenträger benennen, Ämter in Justiz und Verwaltung vergeben, Handels= und Seefestungen errichten. Des weiteren empfingen die Fugger Vorrechte ähnlich spanischen Granden, Gewinnbeteiligungen an den Einkünften des Staates, Monopolbegünstigungen, Zoll= und Steuerfreiheiten, schließlich rund ein Fünfzehntel des eroberten Raumes, jedoch höchstens 30 Meilen im Geviert für sich selbst.

Alle Details, sogar die Einfuhr von Pferden und Sklaven zur Entfaltung einer chilenisch=peruanischen Agrar= und Montanwirtschaft nebst Hafen= und Arsenalbefugnissen zu Sevilla schienen ausgezeichnet geordnet. Wenn keine Hindernisse auftraten oder geographische Irrtümer sich herausstellten, mußte das Vorhaben gelingen. Fraglich blieb einzig, ob sich die bedächtigen Kaufherren bei ihrem Mangel an militärischer Erfahrung gegen die Blitzkriegmethoden eines Pizarro behaupteten. Hinter dem Conquistador stand die Sympathie seiner Landsleute, wenigstens verglichen mit den Deutschen, auch wenn an Kritik nichts fehlte. Weiterhin stellten Widernisse von Wind und Wetter, See und Land, Mensch und Tier den Eroberungsplänen Antons nicht zu ahnende Schwierigkeiten in den Weg. Erst die Zukunft mochte zeigen, wie weit die Gesellschaft ihre mit Karl V. getroffenen Vereinbarungen in die Praxis umsetzen konnte.

Daß diese Übereinkunft eine Begegnung Antons mit dem Erzhause forderte, steht außer Zweifel. Sie war gleichsam Voraussetzung. Ohne das blieb jedes Unternehmen auf südamerikanischem Boden verfehlt. Die Allianz wurde von Hoffnungen unterstützt, die sich seit Mai 1531 in Ungarn zukunftsfroh an einen Waffenstillstand zwischen Zapolya und Ferdinand klammerten. Das Wohlwollen Christians II. von Dänemark erleichterte Fuggers Schiffahrt mit ungarischen Erzeugnissen durch die Ostsee nach Amsterdam und Antwerpen. In Tirol und Neapel liefen Verhandlungen zur Unterdrückung jeder Reibung, die noch zwischen Erzhaus und Firma bestand. Wie tief die Neigung wurzelte, erscheint zweifelhaft. Während des Kappeler Krieges, bei dem es Anton in der Schweiz deutlich mit der katholischen Partei hielt, unterlag diese Beziehung keiner Belastung. Daraus sprach seine Absicht zum Verfechten der konservativen Sache und der Anliegen des Erzhauses, sobald diese und Fuggers Geschäft durch einen Sieg Zwinglis bedroht wurden.

Da anscheinend mit dem Frühjahr 1532 der chilenisch=peruanische koloniale Fuggervertrag Wirksamkeit gewann und die spanische Krone bei der Maestrazgospacht der Welser für die Jahre 1533 bis 1537 auf

Interessen Antons Rücksicht nahm, erfreute sich das Erzhaus am Reichs=
tag von 1532 des Beistands der Gesellschaft. Während Bayern aus Ver=
ärgerung über die Königswahl Ferdinands sich zurückhielt, Kursachsen
seine Freunde im protestantischen Fürstenbund als Reservoir der Oppo=
sition lutherischen Bekenntnisses sammelte, bot die Firma eine wirt=
schaftliche Basis zum Wiederaufbau der Türkendefensive des Imperiums.
Durch die organisatorischen Hilfsmittel Antons sollten Geld, Waffen
und Soldaten zur Verteidigung Wiens bereitgestellt werden. Glaubwür=
digen Berichten zufolge stand seine wiederholte Belagerung mit 400 000
Mann unter der Fahne des Propheten bevor.

Was war natürlicher, als daß Karl und Ferdinand in Deutschland,
Österreich, den Niederlanden und Spanien ihre Zusammenarbeit mit
Fugger steigerten. Sie suchten für echte oder zweifelhafte Sicherheit
Geld und Geldeswert in unbegrenzter Höhe. Am 14. September 1532
bestätigten Raymund und Hieronymus Fugger mit einem neuen Gesell=
schaftsvertrag Anton als Oberhaupt der Firma und anerkannten damit
seinen wahren oder vielleicht problematischen Erfolg. Für die Zeitgenos=
sen war die Scharte in Ungarn ausgewetzt. Seine Geschäfte waren durch
Transaktionen in Siebenbürgen, Neapel und Spanien ausgeweitet. Und
als ihm der prestigemäßig wesentliche Eintritt in den Überseehandel
geglückt war, schien eine neue Phase im Siegeslauf der Firma angebro=
chen. Danach blieb es natürlich, wenn die Fuggerschen Kompagnons
ihre „brüderliche, vetterliche und freundliche Gesellschaft" zunächst um
sechs und hernach jeweils um drei Jahre verlängerten. Sie konzentrier=
ten sämtliche Macht auf Anton. Einst hatte Jakob usurpatorisch für den
„rechten Schaffierer" gegolten. Nun wurde sein Neffe aus freier Wahl
zum „obersten Verwalter und Verweser dieses unseren gemeinsamen
Handels" erhoben.

Jetzt mußte sich zeigen, welche Dauer Antons Freundschaft mit dem
Erzhause besaß. Von ihr hingen die politischen Möglichkeiten des Kai=
sers ab. Darum wurden die südostpolitischen Gäste der Fuggerfirma
im Auftrage Thomas Cromwells kontrolliert. Es rührte sich kein Zwei=
fel an der Ernsthaftigkeit der Bindung Antons an Karl V. Fuggers er=
weiterte Beteiligung am Augsburger Negerhandel ging auf dieselbe
Gunst zurück, ebenso die Erneuerung der reichsgräflichen Würde seiner
Familie. Nachdem aber um 1532 oder 1533 anscheinend die erste Er=
kundungsflotte, wie aus Sevilla verlautete, ihr südamerikanisches Ziel
verfehlte und einem atlantischen Orkan zum Opfer fiel, breiteten sich
trübe Schatten über die Beziehungen der Gesellschaft zum Kaiser.

Anton blieb dennoch der katholischen Sache weiterhin treu. Er nahm
sogar eine kurze Gefängniszeit in Kauf, als die Reichsstadt Fuggers Ab=
wehr des Zwinglianismus für Aufruhr erachtete. Jedoch bei aller

Energie in der Verteidigung von Bekenntnisfragen fühlte sich der Kaufherr kaum zum Glaubenszeugen geschaffen. Als die Gemeinde in Scheu vor den fürstlichen Kunden ihres Häftlings diesen aus der Turmzelle freiließ, entwich Anton aus der Vaterstadt und ging in das ihm untertänige Weißenhorn. Es sollte nicht das letzte Mal bleiben, daß oberdeutsche Firmen wegen des Kampfes beider Konfessionen zum Nachteil der schwäbischen Wirtschaft vom Exil her geleitet werden mußten.

Anton hielt durch. Freilich er fühlte sich von Stund an in seinem Wesen irgendwie angeschlagen. Sonst bliebe es unvorstellbar, weshalb der Kaufmann beim Gespräch mit der Innsbrucker Regierung nachgab und verärgert nach Süden weiterritt. Aufenthalte in Trient, Venedig und der Steiermark dienten Fuggers juristischer Beratung sowie seiner Ablenkung, ohne die keine Genesung möglich schien. Jenes herrliche Bankett, das Anton im Venezianer Fondaco während des Herbstes 1533 der deutschen Kaufmannschaft gab, unterstrich sein Bedürfnis nach Wiederbefestigung des erschütterten Selbstgefühls. Allein die Geschehnisse der großen Welt, vornehmlich das Ehebündnis der fürstlichen Familien Valois und Medici sowie der Friedensschluß zwischen König Ferdinand und dem Sultan, duldeten kein längeres Fernbleiben des Chefs von seiner Zentrale. Nach Weißenhorn zurückgekehrt, nahm Anton die Arbeit wieder auf. Bei seiner Heimkunft wurde durch Gegner ausgestreut, Fugger habe den von Hungersnöten heimgesuchten Augsburgern nur unter der Bedingung Hilfe zugesagt, daß diese sich der katholischen Konfession anschlössen.

Eine bis zum Widersinn verstiegene Glaubensfeindschaft, die sich mit derlei Gerüchten abgab, entsprach der bedrohten Lage und einer panischen Denkweise der damaligen Generation. Es scheint jedoch unvorstellbar, daß eine Persönlichkeit humanistischer Denkart, von caritativer Großzügigkeit und zugleich finanzpolitischem Realismus derart törichte Vorschläge gemacht haben sollte. Jene 2,1 Millionen Gulden Vermögen, über welche die Fugger Ende Juni 1533 verfügten, wurden besser anderweitig eingesetzt, beispielsweise zum Erwerb eines Herrschaftsbesitzes an der ungarisch-polnischen Grenze. Der Ankauf der Feste Orawa konnte den Silber- und Kupferexport dort sichern, wo die Verbindung bisher durch Feindseligkeiten zwischen Ferdinand und Zapolya gefährdet wurden. Antons persönliche Übersiedlung dorthin kam trotz der Mißstimmung nicht in Betracht. Nachdem die Reichsstadt ihren Kurs erstaunlich verhärtete, durfte kein verantwortungsbewußter Anhänger der alten Kirche das Weite suchen.

Auch für Karl V. war Fugger unentbehrlich. Dennoch blieb er nur so lange von echtem Wert, wie Anton dem oberdeutschen Geschehen nahestand. Seine weitreichende Finanzpolitik mußte derart schnell reagieren, daß man Weisungen des entfernt lebenden Chefs unmöglich erst einholen konnte. Diese waren aus nächster Sachkenntnis persönlich zu treffen. Fugger durfte solche Entschlüsse auch keiner allerersten Garnitur juristischer oder wirtschaftlicher Vertreter überlassen, und zwar besonders deshalb nicht, weil sich immer stärker offene wie geheime Anhänger der Reformation sowie einzelner Sekten einfanden, die ihm wesensmäßig widerstrebten.

Aus tausend Gründen empfahl sich Antons Verbleib zu Weißenhorn. Dieses ward zur Metropole der Gesellschaft mitten im evangelischen Strahlungsbereich zwischen Ulm und Augsburg. Der örtlichen Wirtschaft förderliche Maßnahmen, hauptsächlich zum Aufbau einer Barchentindustrie und ihrer ausgedehnten Heimweberei, bewiesen, daß Anton Fühlung mit seiner Umgebung gewann. Man arbeitete vielfach für niederländischen und englischen Export. Die materielle Unabhängigkeit und hoheitsähnliche Position Antons wurden durch eine kaiserliche Goldbulle vom 1. März 1534 unterstrichen. Sie gestand den Brüdern und Vettern zu allen bisherigen Vorrechten das Privileg eigener Münzprägung zu.

Wenn der Handelsherr seit seiner Selbstverbannung aus der Heimat an Depressionen und verschleierter Existenzangst litt, waren solche Auszeichnungen dazu angetan, das Gleichgewicht wiederherzustellen. Dennoch befand sich die Firma niemals darüber im Unklaren, daß Karl V. seine Gnadenzeugnisse nicht verschenkte. Sie wollten verdient sein. Das Erzhaus brauchte Geldgeber, um seine Abwehr gegen eine Heimkehr Herzog Ulrichs von Württemberg in die süddeutschen Stammlande wirtschaftlich zu bestreiten.

Grundsätzlich zeigte sich die Gesellschaft geneigt, hieran teilzunehmen. Diesmal entsprachen die österreichischen Wünsche ihrer politischen, territorialen, konfessionellen und wirtschaftlichen eigenen Einstellung. Schon Jakob der Reiche hatte den ungebärdigen Fürsten als persönlichen Gegner angesehen. Jetzt erwartete Anton von seiner Restauration das Anschwellen einer zwinglianischen Offensive im Südwesten des Reiches. Fuggers Hilfsbereitschaft sollte 100 000 Gulden oder mehr bieten. Die Absichten der Österreicher ließen sich freilich nur nach seriöser Unterhandlung verwirklichen. Der Kaufherr wollte darum vorerst 200 000 Gulden älterer, ungetilgter oder ungedeckter Darlehen gesichert wissen. Hernach konnte man von ihm namhaften Beistand erwarten.

Ferdinand erfaßte die drohende Gefahr für seine württembergische Herrschaft. Ähnliches ließ sich vom Kaiser annehmen, der mit Hilfe transatlantischer Zugeständnisse eine Beseitigung des früheren Mißverstehens anstrebte. Anders erging es in den Erblanden. Die an Eigensinn grenzende Hartnäckigkeit der eingesessenen Beamtenschaft nahm eher die österreichische Niederlage und den Verlust des Herzogtums Württemberg auf sich, als daß sie den Vorstellungen der Großfirmen, auch wenn sie zurecht bestanden, sich anpaßte. Möglicherweise war man unter den Räten gar nicht unglücklich über den Ausfall weiterer Ablenkungen des Erzhauses. Desto eher gewannen die Stammlande ihre frühere Bedeutung zurück. Im Grunde war Kaiser Maximilian von bestechlicheren Räten lebensklüger bedient worden, und er hatte als armer Erzherzog durch Schulden seinem Hause Land und Leute hinzugewonnen. Die aus Hoheitsgefühl verringerte finanzpolitische Beweglichkeit im Gespräch mit großen Geldmächten kostete die Generation seiner Enkel manchen Pfeiler, vorzüglich Ungarn und Württemberg. Es half dabei nichts, daß sie auf dem Papier über die Reichtümer einer neuen Welt verfügten. Amerika lag weit. Das Schicksal der Habsburger aber mußte in Europa entschieden werden.

Trotz anhaltender Verstimmung ließ sich die Firma zu 50 000 Gulden Darlehen und einem Kaufvertrag über 33 000 Mark Tiroler Silbers herbei. Man wollte der Krone nach ihrem schmerzlichen Fehlschlag im Juni 1534 beistehen. Andere Banken stellten sich aus Scheu vor dem Sieger oder aus Angst vor dem reichsstädtischen Pöbel taub. Mit Fuggers Sicherheit im Rücken gelang es Ferdinand, den Sturmlauf der Hessen und Württemberger in das katholisch=österreichische Südwestdeutschland abzuriegeln. Der daraus entspringende Friedensschluß von Kaden kostete die Habsburger Württemberg. Der Vertrag bot Ferdinand jedoch die Anerkennung seines umstrittenen Römisch=deutschen Königtums seitens der Protestanten. Vor allen Dingen wurde durch Antons bare Unterstützung das Gesicht gewahrt und das Erzhaus nicht zum Spielball fürstlicher Widersacher. Das war umso bedeutsamer, weil Fuggers Bruder Raymund gleichzeitig mit der Entfernung des erasmianischen Freundeskreises aus der englischen Staatsführung starb. Seit dem Anschluß Heinrichs VIII. an die europäische Reformation fehlte die ideologisch=theologische Brücke. Fugger warb durch Übermittlung persönlicher Geschenke um das Wohlwollen der englischen Krone. Ohne ihre Freundschaft war die Weißenhorner Textilindustrie verdorben. Doch selbst die schönsten Bücher halfen nicht viel.

Wie leicht konnten die mühsam geflickten Fäden zwischen Habsburg und der Gesellschaft zerreißen. Es kam aber nicht dazu. Die Öffentlichkeit erfuhr nichts von der sich dem politischen Weltspiel entfremdenden Korrespondenz Raymund Fuggers oder man vermied klugerweise jede Überschätzung literarischer Gesten. Die Kaiser= und Königstreue Antons galt dagegen für unangreifbar. Ferdinand glaubte sich ihrer so gewiß, daß er im Sommer 1534 der Gesellschaft bestimmte Geheimpläne nahelegte. Sie entsprachen ungefähr dem Papsttraum seines Großvaters oder gewissen Eingriffen, die Jakob bei Konklaven jener Zeit vornahm. Nach der Kritik der Reformatoren und angesichts des erwachenden Gewissens altgläubiger Kirchenfreunde bedeutete Ferdinands Projekt freilich eine Zumutung selbst für jeden der Krone ergebenen Bankier.

Der österreichische Hof wollte den bevorstehenden Wechsel auf dem römischen Thron zur Revision der italienisch=französischen Beziehungen wahrnehmen. Auffälligerweise widmete Ferdinand dem Beginnen größere Aufmerksamkeit als der Kaiser. Der König meinte, mit jenen unverbrauchten 100 000 Dukaten, die Fugger zur Fortsetzung des Württemberger Krieges zusagte, eine Papstwahl bestreiten zu können. Anton versagte sich nicht grundsätzlich. Trotzdem wirkte es peinlich, falls die finanzielle Aktion für eine römische Kandidatur des Trienter Kardinals Bernhard von Cles zu Lebzeiten Clemens VII. ruchbar wurde. Der Wiener Nuntius Paolo Vergerio gab sich als Verfechter, wenn nicht gar Erfinder des Unternehmens zu erkennen. Dennoch blieb die Annahme weltfremd, eine österreichische Anwartschaft werde sich unter den Kardinälen gegen Franzosen und eine neutralistische Gruppe samt den Anhängern des Kandidaten Alessandro Farnese durchsetzen können, wenn Fugger seine Summen auf den Weg brachte. Der Irrtum lag zum Teil im Rückgang der römischen Orientierung Augsburgs begründet. Oder Anton wünschte, auf symbolische Taten sich zu beschränken, von denen er gewiß blieb, daß sie zu keiner wirklichen Bestechung der Wahlberechtigten genügten. Jedenfalls sandte die Gesellschaft einen Beauftragten mit der übernommenen „Promessa" zur Ewigen Stadt. Aber sie war nicht geneigt, ihre finanziellen Zusagen aufzubessern. Möglicherweise wollte Fugger nur seine Gefälligkeit beweisen, und hielt die Offerte für so wenig aussichtsreich, daß aus dem halb verfehlten Beginnen, selbst wenn er zum Schein sich darauf einließ, kein Unheil erwachsen konnte.

Am 13. Oktober 1534 geschah die Erhebung Farneses als Paul III. Tags darauf berichtete Kardinal Cles nachhause. Augenscheinlich hatte die deutsche Gruppe aus richtiger Erkenntnis der Kräfteverteilung jede Kampfabstimmung vermieden. Die Ursache für den Mißerfolg der Trienter Eminenz lag in der Fehlorientierung über das Kräfteparallelogramm im Heiligen Kolleg, vielleicht auch bei der noch nicht überwundenen Verstimmung Fuggers. Mitschuldig war allerdings Karl V. selbst. Ihm fehlte es an Vertrauen zu Cles. Der Kaiser wollte nach verschiedenen mißglückten Papstwahlen „keinen mehr fördern, sondern sehen, was Gott wirke". Einen „Widerwärtigen" vermochte „Ihre Majestät allweg zu stillen und 30 000 Mann ins Feld zu schicken". Die Drohung mit einer Erneuerung des Sacco von Rom stand im Hintergrunde, falls die Purpurträger eine Entscheidung gegen den Kaiser trafen. Der

Zynismus jener nicht unbedingt verbürgten Antwort Karls zur Wahl Pauls III. und zum simonistischen Vorhaben seines Bruders zeigt, wie tragisch weit die Realität im katholischen Lager damals vom Ideal der religiösen Reformer entfernt lag.

Trotz des Mißerfolges trug Antons Bereitschaft zur Festigung der Zusammenarbeit zwischen Ferdinand und Karl V. bei. Obwohl eine Abrechnung zum Jahresende 1534 die Verschuldung der österreichischen Habsburger an die Firma darlegte, beteuerte das Erzhaus, es werde sämtliche Silber= und Kupferverpfändungen während des folgenden Jahrzehnts zunächst der Gesellschaft anbieten. Vielleicht geschah das zur Beschwichtigung Antons. Ob dieser Zweck mit einem Monopolvertrag auf weite Sicht erreicht wurde, und Anton damit seiner Sache diente, läßt sich bezweifeln. Für den Augenblick meinte der Kaufherr aber nichts Klügeres tun zu können. Er half deshalb, eine Augsburger Delegation am Wiener Hof durch seine Faktoren hinzuhalten, bis unter dem 30. Juni 1534 der erste tatsächliche konfessionspolitische Kampfbund mit militärischem Gepräge zwischen Kaiser Karl, König Ferdinand und verschiedenen geistlichen sowie weltlichen Reichsfürsten abgeschlossen war. Auch hinter ihm stand Anton als wirtschaftlicher Rückhalt.

Die gegenseitige Abstimmung europäischer Projekte zwischen der römischen Krone und dem schwäbischen Kapital zählte zu den Arbeitsgrundsätzen der Firma. Diese hatte ihre Konzeption nur wenig geändert. Der Konnex mit der Kurie als drittem Faktor im Dreieck von Kaiser, Kirche und Kapital löste sich allmählich. Langsam verwandelte sich die alte römische Verbindung zu einem religiösen Kontakt bei vorderhand stark äußerlichen offensiven oder defensiven Akzenten. Die politisch=finanziellen Einsätze blieben dem Zusammenspiel zwischen Fugger und der Krone vorbehalten. Von echter Gegenreformation ging noch keine Rede.

Wenn Anton 1535 und 1536 gegen Deckung auf spanische Einkünfte weitere 600 000 Dukaten Kredit gewährte, lag das auf derselben Linie. Er wurde dadurch zum Miturheber der katholischen Restaurationspläne in Dänemark. Sie schienen im Interesse seiner eigenen Belange zwischen Danzig und den Häfen von Amsterdam oder Antwerpen sowie der Brüsseler Regierung förderungswürdig. Ebenso trat Fugger als Mitorganisator des See= und Landfeldzuges in Nordafrika wohl nicht sichtbar in Erscheinung, sprach aber durch Überweisung von Geld ein bedeutsames und zugleich das terminentscheidende Wort. Die Eroberung von Tunis durch die Spanier am 14. Juli 1535 und ihre Offensive gegen Algier waren in mehr als einer Hinsicht Fuggersche Unternehmungen. Wesensmäßig religiöse oder gar konfessionelle Anliegen gelangten dabei nicht zum Durchbruch. Ignatius von Loyola und seine

Hans Maler, Anton Fugger

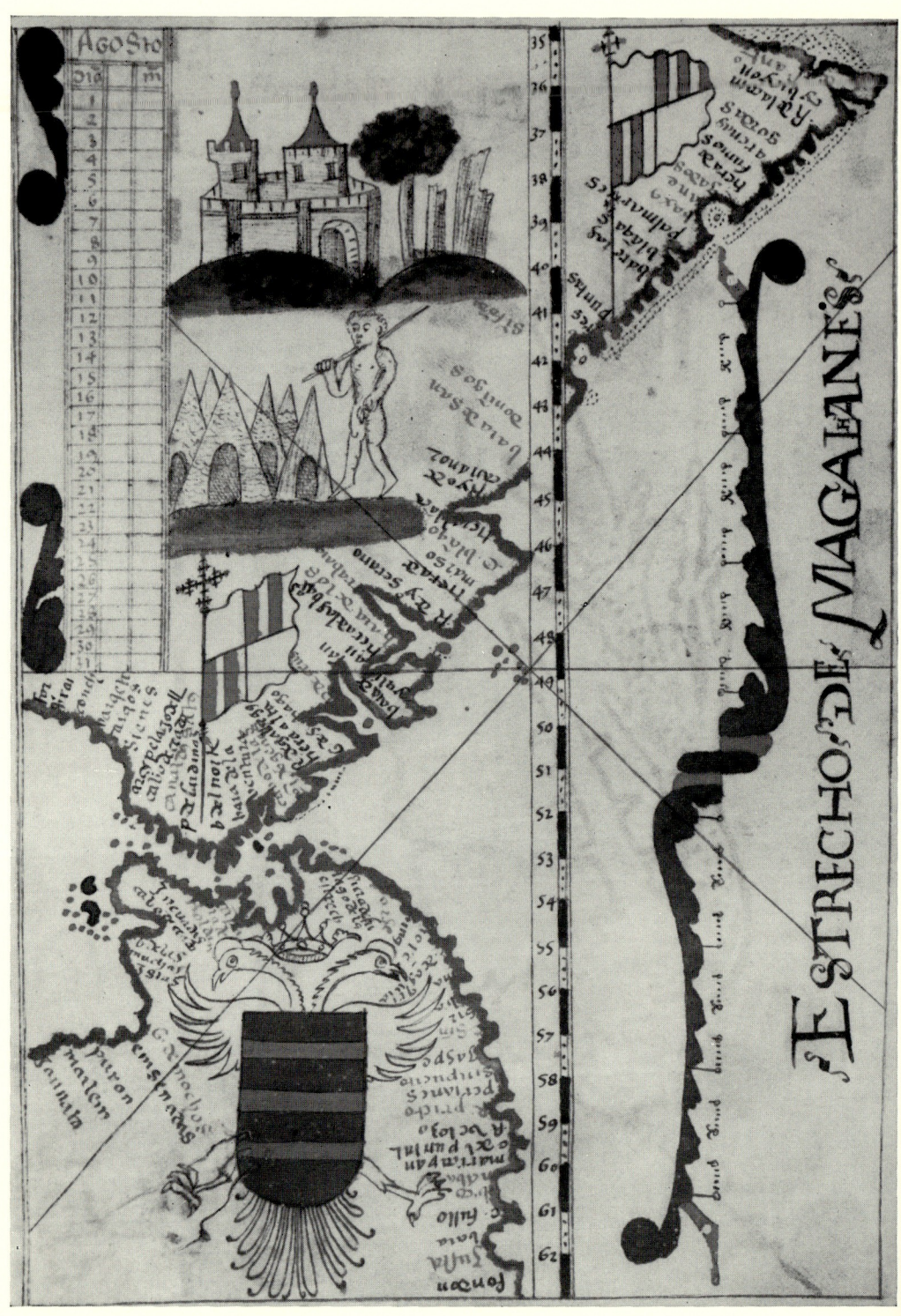

Meerenge des Magalhães, Atlas des Markus Fugger

Freunde waren als eine Gruppe von Unbekannten in dieser Zeit zu Paris versammelt. Von der Begründung des Jesuitenordens oder gar seinem Wirksamwerden in der europäischen Öffentlichkeit bestand unter den katholischen Bankiers noch keine Ahnung.

Insgesamt zeigte die Firma bei ihrer weltpolitischen Ausrichtung ein besseres Gefühl als in der Verteidigung des Ungarischen Handels. Hier opferte man aus versteiftem Prestigeempfinden große Summen für die auswärtige Sicherheit, während sich im Bezirk der eigenen Beamten, Mitbürger und Arbeiter Zündstoff sammelte. Daß die Gesellschaft sich zu keinem radikalen Abbau des Neusohler Bergwesens durchrang, son= dern ihre Position am Preßburger Reichstag von 1535 verteidigte, dürfte damit zusammenhängen, daß sie ohnehin schon die chilenisch=peruani= schen Hoffnungen abschreiben mußte. Auf sämtlichen Fronten gleich= zeitig zum Abmarsch zu blasen, wäre unrühmlich erschienen und hätte den Geschäften anderweitig geschadet. So spielte man die teure ungari= sche Partie weiter, obwohl niemand ernsthaft mit ihrem glücklichen Ausgang mehr rechnete.

Jene Hand, die nach Südamerika griff, begann in kluger Abschätzung der Wirklichkeit sich vorsichtig zurückzuziehen. Ein Verkehr von Augs= burg nach Chile und Peru um das Südkap des iberoamerikanischen Kontinents blieb ein Unding. Die erwartete mittlere Passage hatte sich wider Erwarten nicht gefunden. Es gab sie nicht. Da sie fehlte, mochte Fugger froh sein, wenn die Firma mit dem Verlust einer Probeflotte durchkam. Und noch von dieser Summe sollte manches vor dem spanischen Indienrat ausgeglichen werden. Hatte man die ungarische Restitution durchgesetzt, warum sollte hier ähnliches unmöglich er= scheinen? Anton dürfte freilich gezögert haben, bevor er seine Mittler= stelle auf Haiti liquidierte. Aber gegen den conquistadorischen Elan kaufmännischer Krieger wie Pizarro und Almagro kamen selbst kampf= bereite Kaufleute nicht an. Fuggers realistischer Verzicht bewahrte ihn vor bitteren Einbußen. Diese standen den Welsern in Venezuela noch bevor. Vorsicht blieb der bessere Teil der Tapferkeit.

Mitten während jener Wochen schwerer Belastung seiner zarten Kon= stitution widerfuhr im Dezember 1535 Anton der Tod seines Bruders Raymund. Damit verdichtete sich die absolute Monarchie des letzten der Söhne Georg Fuggers über die Familiengesellschaft. Raymunds Wai= sen hatten gegenüber Anton noch weniger mitzureden als seinerzeit dieser und Raymund unter dem Regiment des alten Oheims. Wieder hatte die Firma einen einzigen Herrn. Auch dieser besaß überragende Gaben. Anton ließ keinen anderen mitsprechen, aber die Zeiten änderten sich. Sie gestalteten die Verhältnisse politisch, wirtschaftlich und konfessionell immer schwieriger, undurchsichtiger und bedroh= licher. Selbst eine geniale Natur kam mit ihnen kaum noch zurecht.

Dem Gesetz ihrer Überzeugung und dem Gebote ihrer Interessen folgend, zugleich unter dem Drucke des Erzhauses wandelte sich der Kurs der Gesellschaft von der allgemeinen Politisierung zur langsamen, unverkennbaren Konfessionalisierung des großen Geschäfts der Fugger.

10. Kapitel

ZWISCHEN FRIEDEN UND KRIEG

Die Übereinstimmung der großen Politik mit der Fuggerschen Wirtschaft war von Jakob dem Reichen herausgebildet worden. Auch im ersten Jahrzehnt der Handelsführung Antons trug sie goldene Früchte. So wies die Inventur der Firma 1536 Aktiva in Höhe von 3,8 Millionen Gulden aus. Dieser Posten war in den letzten Jahren um 800 000 Gulden angestiegen. Die Passiva umfaßten 1,8 Millionen Gulden. Die Gesellschaft stand also auf festen Füßen. Dennoch wurde ihre Lage schwierig. Der Türke bedrohte die Investitionen in Rumänien und Ungarn. Er konnte für Österreich, Böhmen und Polen gefährlich werden. Auch die Beanspruchung durch Spanien nahm ein Sorgen verursachendes Ausmaß an.

Trotzdem ward eine Wiederholung des Systems großer Gläubiger vermieden. Die Armee kleinerer und mittlerer Einleger konnte nicht schaden. Mindestens ergab sich keine Ursache zur Beängstigung, solange Anton einer Beitreibung aller Außenstände nachging. Hier zeigte sich freilich der erste schwache Punkt. Die Fugger erfuhren, wie harmlos die Schulden Maximilians I. gewesen waren, an dessen Aufwand die Kaufleute verdienten. Karl V. übte beim Umgang mit seinen Geldgebern weniger Rücksicht. Die Verbindlichkeiten des Erzhauses an die Fugger in Österreich, Ungarn, Neapel, den Niederlanden und Spanien türmten sich immer mächtiger. Gewiß zählte der Triumph des Kaisers über den Seeräuberstaat in Nordafrika zu den Großleistungen Fuggers. Und von Rechtes wegen hätte Anton 1536 in Rom, das wieder einmal vor den Ungläubigen gerettet war, neben dem Sieger von Tunis einziehen dürfen. Allein was half das? Die Bindung an den wenig tilgungswilligen Kaiser nötigte die Firma zu unsicheren Krediten.

Karl V. verstand die Trümpfe des Schuldners auch gegen seinen Geldgeber auszuspielen. Fugger begann sich darüber mit der innerdeutschen Opposition zu entfremden. Bisher zählte Kursachsen unter seine Kunden. Jedoch die Stimmung kühlte sich ab und übertrug ihr ungutes Klima auf Frankreich als Alliierten der deutschen Protestanten und deren künftigen Freund Heinrich VIII. von England. Dabei waren keine konfessionellen, nicht einmal politische Momente maßgebend. Die wirtschaftliche Konkurrenz zwischen der protestantischen Reichsstadt Ulm und dem Fuggerschen Weberstädtchen Weißenhorn um die Belieferung des europäischen Textilmarktes führte zu Interventionen am Hofe von Westminster. Fuggers dortige Stellung sollte erschüttert werden. Es geschah aus wirtschaftlichen, keineswegs bekenntnismäßigen Gründen.

Die Gesellschaft durfte nicht ruhen, solange ihre Feinde agierten. Vielversprechende Ansätze im Kraftfeld von Lyon erreichten noch keine Vollendung. Das Bündnis zwischen dem König Franz I. und der Pforte sowie die französische Offensive gegen Italien standen im Weg. Außerdem mußte Anton beim Kaiser Anschluß suchen, wenn Sachsen und Hessen die Engländer für Ulm einnahmen. Fugger traf sich mit dem exilierten Erzbischof von Lund in Augsburg. Seit seiner Erfahrung mit den Zwinglianern im Reich und in der Schweiz, wo Zürich den Fuggern eine Unterstützung des katholischen Abtes von St. Gallen verübelte, ließ er sich nur noch selten in seiner Heimat blicken.

Große Dinge bereiteten sich vor. Fugger und Welser mußten dem Kaiser 200 000 Dukaten beschaffen. Man vertröstete sie auf peruanische Goldflotten. Wo irgendwelche Mittel gewonnen werden konnten, sollte das geschehen. Die Kopfgebühr für Negerarbeiter, die deutsche Firmen nach Amerika einführten, ward erhöht. Spätestens seit 1536 beteiligte sich die Gesellschaft an diesem Geschäft und gewann dadurch Posten für ihre Abrechnung mit Spanien. In Wirklichkeit überwog das Vorhaben der Krone, ihren kreditstärksten Bankier an sich zu fesseln, damit durch seine Hilfe ein Gegenstoß nach Frankreich vorgetragen werden konnte. Karls Truppen fielen in die Provence ein. Sie begannen ihre verfehlte Belagerung von Marseille. Der wertvollste Dienst des Handelsherrn im Jahr 1536 war das Verhindern einer Ausweitung des Krieges. Karl versuchte alles Erdenkliche, um die Protestanten zu beschwichtigen. Er fand keinen Glauben. Als aber Fuggers Geld durch den Erwerb der Reichspflege Donauwörth einen Keil zunächst zwischen Ulm, Nürnberg und Augsburg trieb, ward nicht bloß seine Textilindustrie abgeschirmt. Die Kontrolle über den wichtigsten südwestdeutschen Donauübergang, die Handelsstraße zwischen den schwäbischen und fränkischen Wirtschaftsmetropolen, lag nun in den Händen eines Karl V. ergebenen Mannes.

Solche Leistungen wogen schwerer als die Aussöhnung mit Königinwitwe Maria von Ungarn, derzeit Statthalterin der Niederlande, oder Antons Rüstungslieferungen an ihren Bruder Ferdinand nach Österreich. Es kennzeichnet die Friedensliebe Fuggers, die über den Fanatismus früherer Jahre hinauswuchs, wenn er sich nicht mehr zu Unbesonnenheiten hinreißen ließ. Die befürchteten Herrschaftskäufe in Schwa=

ben wurden allerdings durch Karl selbst vereitelt. Er sandte seine Unterhändler zur Firma. Graf Salamanca=Ortenburg sollte weitere 100 000 Dukaten auftreiben. Gespräche gediehen wegen der Ebbe am schwäbischen Geldmarkt zu keinem Abschluß oder ihre Vollendung glückte erst zu einem verspäteten Zeitpunkt. Als für Fuggersches Geld Söldner im Allgäu gesammelt wurden, war der Vorstoß von Belgien gegen Paris schon gescheitert. Kaiserliche Truppen befanden sich auf dem Rückzug von Marseille. Man kam zu spät.

Karls Prestige erlitt eine böse Schlappe. Anton ließ sich trotzdem nicht entmutigen. Der Gang seiner Betriebe riet zum Verbleib im kaiserlichen Lager. Vielleicht zeichneten sich ferne Hoffnungen ab. Wenigstens ließ man gerade in diesem Herbst durch Christoph Amberger für König Ferdinand eine Karte Amerikas malen. Der Herrscher wußte, welchen Wert der südliche Kontinent besaß, nachdem die Genueser Prägestöcke seit dem Fehlschlag von Marseille nur mehr peruaner Gold statt europäischen Silbers verarbeiteten. Es galt den Rückschlag auf der französischen Front auszugleichen. Fugger trug zur Überbrückung dieser Notlage durch monetarische Maßnahmen bei.

Im Januar 1537 gestaltete sich die italienische Lage immer trüber. Die Osmanen rüsteten zu einem neuen Feldzug. Karl selbst glaubte sich verpflichtet, an den Franzosen Rache zu üben. Unter solchen Vorzeichen fand sich ein päpstlicher Legat bei Anton ein. Wahrscheinlich sollte der Bankherr den konziliaren Plänen des Papstes zur Verwirklichung helfen. Daß Fugger seinerzeit gegen die Wahl Pauls III. gearbeitet hatte, war längst verziehen. Es schien an der Zeit, daß päpstliche Abgesandte auf einer Reise zu den Schmalkaldener Fürsten den kaiserlichen Vertrauensmann besuchten. Dieser hielt trotz einer Verschärfung des reichsstädtischen Kurses an der Restauration des katholischen Augsburg fest. Erst als die Gemeinde 1537 Bischof und Kapitel, Klerus und Ordensleute vertrieb und in Antons Gotteshaus St. Moritz die neue Lehre obsiegte, erwog dieser seine Auswanderung. Schließlich gelang es dem Herrscher, Fugger zum Verbleiben zu bewegen. Freilich ein gewisser Bruch gegenüber seinen Mitbürgern war eingetreten.

Langsam schoben sich neben geschäftlichen Interessen kirchenpolitische Erwägungen in den Vordergrund. Zur Normalisierung der Kontakte zwischen England und dem Heiligen Stuhl rechnete Kardinal Reginald Pole auf Fuggers Beistand. Die Erfüllung blieb freilich hinter dem Wunsche zurück, da König Ferdinand 200 000 Gulden für die Türkenabwehr verlangte. Dennoch bestand Aussicht, daß peruanische Goldhilfen, verbunden mit den Vorschüssen Antons, dem man spanische Pfänder verschrieb, den allgemeinen Wettstreit zugunsten Habsburgs entschieden. Diese Hoffnung bedeutete freilich den Fuggern nicht viel, wenn die Freunde Ulms die dänische Krone für dessen Sache gewannen.

Kopenhagen hatte bisher zumeist Fugger gestützt. Sobald es aber nicht mehr gegen die Hanse, sondern um evangelische Städte Süddeutschlands ging, sah König Christian III. keinen Grund, weshalb er von der Einheitsfront aller Protestanten abweichen sollte.

Am ehesten ließ sich beim Erzhaus ein Ausgleich erwarten. Jedoch das Ausmaß seiner Verschuldung ward so unheimlich, daß man trotz Tilgung der neapolitanischen Rückstände und neuer Geschäfte zu St. Joachimstal in Böhmen unmöglich in der alten Weise fortfahren durfte. Anton entschloß sich zur Kündigung der ungarischen Pacht. Allein Ferdinand, durch die Ausbreitung des Halbmonds über Rumänien erschüttert, wollte keinen Rückzug der Firma dulden.

Die Zahl der Umstände, die das Verhältnis der Fugger zu Österreich belasteten, ward immer größer. Karl mühte sich hingebend, die Gesellschaft durch spanische Leistungen zu befriedigen. Allein die Fuggerschen Kontakte durften sich nicht auf das Erzhaus beschränken. Anton brauchte daneben den protestantischen Herzog von Preußen, um seine Beziehungen zu Christian III. von Dänemark zu bessern. Solange die Firma ihre europäische Tendenz aufrecht erhielt, war an keine überwiegend konfessionelle Ausrichtung zu denken. Man mußte weiterhin zwei Herren dienen, dem einen gehorsam sein, aber den anderen zugleich nicht lassen.

Was die Habsburger zur Erleichterung der katholisch=österreichischen Orientierung Antons unternehmen konnten, ward nicht versäumt. Ein Besitztum nach dem anderen ging in seine Herrschaft über. Solche Gefälligkeiten und schlesische Tilgungsgelder bewogen ihn, den Krieg Ferdinands gegen den nationalen Ungarnkönig Johann Zapolya zu finanzieren. Selbst eine iberische Klage der Firma, die sich beim Molukkengeschäft durch den Abtretungsvertrag zwischen Spanien und Portugal um 350 000 Dukaten geschädigt glaubte, wurde geduldig hingenommen und Rückzahlungen in Spanien geleistet. Kleinere Zollmanipulationen in Vorderösterreich fanden keine Beachtung. Es blieb die Hauptsache, daß Fugger an der Seite des Kaisers ausharrte und nicht zur gegnerischen Mächtegruppe überging.

Im eigenen Hause fand Anton bei diesem Schaukelspiel wenig Hilfe. Manche Faktoren versagten. Vetter Hieronymus zog sich 1537 aus der Firma zurück und ruhte ein Jahr später in der Fuggergruft. Anton fühlte sich beinahe verlassen. An der nächsten Generation besaß er keinen Rückhalt. Wie sollte die Gesellschaft unter solchen Vorzeichen finanziell die Anstalten Papst Pauls III. für das Trienter Konzil erleichtern? Daran war kaum zu denken, solange König Ferdinand der Mut fehlte, um Fuggersche Bauern gegen die reformatorische Ausdehnung Ulms zu schützen.

Wirtschaftliche Gedanken überschnitten sich mit konfessionellen Ab=
sichten. Zudem verrät die Korrespondenz Antons im Jahr 1538 seinen
dauernden Konflikt mit der hohen Politik. Vorerst führte die Ent=
wicklung zur Heiligen Liga des Papstes, Karls V. und König Ferdinands
gegen den Türken. Auffälligerweise geschah ihr Abschluß am gleichen
Tage wie die Beauftragung des Reichsvizekanzlers zu neuen Kredit=
gesprächen mit der Firma. Am Ende stand ein Fuggerscher Pachtver=
trag über Güter der spanischen Ritterorden, vorzüglich über die Queck=
silbergruben von Almaden.

Mancherlei Fahrten von Persönlichkeiten des engsten, vertrauten
Kreises Antons dienten seiner näheren Orientierung. Friede oder Krieg
des Kaisers mit den Franzosen konnte zur Existenzfrage für die Firma
werden. Darüber ward Osteuropa nicht vergessen. Seine Bischöfe be=
saßen in Fuggers römischem Agenten einen ausgezeichneten Fürspre=
cher. Somit kam die Gesellschaft auch für einen Kampfbund der
katholischen Reichsstände als finanzpolitische Organisationsmacht in
Betracht. Die Verständigung zwischen Christian III. von Dänemark
und den Schmalkaldener Fürsten im Frühjahr 1538 entledigte Anton
mancher Reserve. Obwohl er zu keiner krisenhaften Zuspitzung neigte,
verdichteten sich seine finanzpolitischen Beziehungen zum Erzhaus in
Süditalien und Nordtirol. Die Hauptlast dieser Gespräche traf den Gra=
fen Salamanca=Ortenburg, der mit Fugger und Welser über 200 000
bis 300 000 Dukaten Darlehen für seinen Herrn verhandelte. Diese
Mittel sollten Karls drittem französischen Feldzug dienen. Im Hinter=
grunde zeichneten sich weitere Perspektiven ab. Sie griffen auf einen
kaiserlichen Vertrag über 1,5 Millionen Dukaten zurück, den die Krone
1530 mit Anton schloß, und verwiesen für die Zukunft auf die zeit=
weilig betriebene Aussöhnung der europäischen Monarchien.

Unzweifelhaft förderte die Türkensorge des Papstes dieses Beginnen.
Als aber Ferdinand zur südöstlichen Verteidigung bei der Reichsstadt
Ulm Geld auf Güter lieh, die Fugger besaß, war er schlecht beraten.
Der König gefährdete seine wirtschaftliche Deckung in Tirol und
Neapel. Außerdem verschärfte er zwischen Ulm und Fugger, als den
beiden hervorragenden Barchentproduzenten, die wirtschaftlichen und
konfessionellen Rivalitäten. Angesichts dieser Erfahrung mäßigte sich
Antons antischmalkaldische Tendenz. Von einer Umkehr versprach sich
die Firma Erleichterungen für Kupfertransporte im Sund und im Belt
sowie auf der trockenen Straße nach Hamburg. Lübeck und Preußen
sollten helfen. Dänemark wollte gewonnen werden.

Zum Nachteil des Erzhauses steigerte sich die Entfremdung zwischen
Ferdinand und der Firma. Diese mochte Kunde von königlichen Ge=
heimverhandlungen mit Ulm besitzen. Sie reimten sich schlecht mit den
Hilferufen aus Tirol und Ungarn zusammen. Immerhin brachte der

zehnjährige Waffenstillstand zwischen Karl V: und Franz I. eine leise Beruhigung. Solange aber der deutsche König eigene Wege ging, gab Anton keine Ruhe. Er trieb den spanischen Entschädigungsprozeß durch manche Instanzen und suchte über den Preußenherzog eine An= näherung an Dänemark.

Es besteht kein Anlaß zum Zweifel an der persönlichen Gesellschafts= führung Antons während dieser Jahre. Allerdings traten bereits Span= nungen zwischen ihm und seinen Neffen auf. Ihrer Übung gemäß setzte die Firma die Stützung Karls V. fort. Daneben ward eine Wie= deranknüpfung der Fuggerschen Beziehungen nach Lyon in Aussicht genommen, sobald der Ausgleich zwischen Kaiser und Franzosen sich festigte. „Gott gebe, daß ein beständiger Friede daraus erfolge", schrieb Anton seinem vertrautesten Faktor. Vielleicht ließen sich jetzt neue Projekte entwickeln. Solchen Plänen stellte ein 600 000=Dukaten=Kredit, den die Firma im Hochsommer 1538 Karl V. einräumte, vorteilhafte Prognosen.

Wohl oder übel entschloß sich Anton, den die Taktik Ferdinands ver= droß, zur Wiederannäherung an die deutschen Habsburger. Geld und Kredite bauten ihre Brücken und wirtschaftliches Interesse ging vor der menschlichen Sympathie. Außerdem konnte man nicht in Spanien, den Niederlanden und dem Reich mit Habsburg gemeinsame Sache machen, in Österreich, Schlesien, Siebenbürgen, Ungarn und Neapel hingegen mit ihm schmollen. Die Bedrohung der mitteldeutschen Fuggerbetriebe durch den Kurfürsten von Sachsen warnte vor jeder zu vielseitigen Verfeindung. Antons Abwehr aller reformatorischen Bestrebungen bot eine Basis zur Verständigung mit Ferdinand. Ihm und seinem kaiser= lichen Bruder konnte Fuggers Aufstieg in das Augsburger Patriziat zu= sätzliche Möglichkeiten geistespolitischer Einflußnahme bieten.

Der Geldbedarf Karls V. dürfte den Stimmungsumschwung Ferdi= nands zugunsten des Fuggerbarchents gefördert haben. Ein gutes Ver= hältnis zur Krone bot außerdem der Firma sicherere Chancen als ihre am Rande getroffenen Vorbereitungen eines Fuggerschen Kupfer= und Silberbergbaus in Schweden. Dieser hätte sie einer dänisch=hansischen Kontrolle unterworfen. Dennoch war es bedeutsam, wenn Anton die skandinavische Expansion erwog, während alle Welt seine Kapazität durch den Kaiser bereits erschöpft glaubte.

Sicherlich war Karl V. um die Bereinigung des Verhältnisses seines Bruders Ferdinand und seiner Schwester Maria von Ungarn zu den Fuggern bemüht. Sonst blieb der Türkenkrieg ein unerträgliches Wagnis. Die Gesellschaft ihresteils zeigte sich gleichfalls zu österreichischen In= vestitionen geneigt. Fugger bot seine Hand für eine Stärkung der habs= burgischen Position in Ungarn. Auch finanzielle Belange Ferdinands in Neapel und Aquila wurden wahrgenommen. Eine restlose Hingabe

ward aber vermieden. Der Ankauf der schwäbischen Herrschaft Baben=
hausen zeigte, wie sehr Anton bedacht blieb, Teile seines Familien=
vermögens den Kreditwünschen des Erzhauses zu entziehen. Ähnlich
fand er sich nur widerstrebend zur Erneuerung der ungarischen Mon=
tanpacht bereit, scheute aber keine Mühe eine Verständigung mit
Dänemark und Schweden durch protestantische Agenten zu erreichen.
Fugger gedachte, jenseits aller Konfessionalisierung der Politik seinen
wirtschaftlichen Entscheidungsbereich unabhängiger zu erhalten.

Die Anstrengungen der Firma um ihren Ausgleich mit Dänemark
bewegten sich auf dieser Linie. Falls sie mißlangen, verloren Antons
Niederlassungen zu Antwerpen und Amsterdam jede Bedeutung als
Umschlageplätze für ungarisches Kupfer. König Christian III. freilich
sah in Fugger den wirtschaftlichen Träger der rivalisierenden Thron=
ansprüche des Pfalzgrafen Friedrich. Die Engländer endlich wollten
wissen, daß die Gesellschaft niederländische Flottenvorbereitungen
gegen die Ostsee betreibe.

Die Firma befand sich in keiner beneidenswerten Lage. Ihre südliche
Kupferausfuhr wurde durch Nationalungarn und den Sultan verhindert.
Die Passage durch das Baltische Meer zum Atlantik war gleichfalls blok=
kiert. Wagentransporte auf den Landstraßen kamen zu teuer. Was
blieb zu tun? Anton erstrebte über den Herzog von Preußen eine Nor=
malisierung der nördlichen Beziehungen. So kirchlich seine Haltung
sonst war, im Fall wirtschaftlichen Lebensinteresses sah er keine andere
Möglichkeit, als seiner Firma durch evangelische Fürsten oder sogar
mittels zweifelhafter Agenten zu dienen. War das Ziel erreicht, fragte
niemand mehr nach den Wegen.

So elastisch die Augsburger mitunter die Wahrheit behandelten,
konnten sie ihre Beziehungen zum Kaiser, zur Königin von Ungarn,
zum bayerischen Pfalzgrafen und den deutschen Katholiken nicht ab=
streiten. Folglich stieß ihre Angabe, daß man sich keinerlei politischen
Händeln widme, auf taube Ohren. Auch die Fühlungnahme mit dem
Dänenkönig brachte nirgends eine Verständigung zuwege. Jedoch
Christian III. wollte bei aller Prinzipientreue auf die oberdeutschen
Gulden auch nicht verzichten. So geschah nun ein Feilschen um jene
Bedingungen, unter denen Antons Frachten den Sund passieren durften.
Wenn die Fuggerschen Unterhändler zuweilen mit seiltänzerischem Ge=
schick operieren mußten, dann zeigte sich der Däne seinerseits bei An=
meldungen der Wünsche keineswegs bescheiden. Unzufrieden mit der
alleinigen Steigerung des Kupferzolls, verlangte man Bargeschenke
nebst Anleihen, für die der Kaufmann auf einer Bürgschaft Hamburgs
bestand.

Das Gespräch verlief zäh, doch nicht hoffnungslos, da beide Seiten
die Verhandlung nicht abreißen lassen mochten. Anton, der das nor=

dische Geschäft zu beleben wünschte, ohne sein eigenes Geld zu ver=
zetteln, begann die liquide Kraft auf Dänemark zu konzentrieren.
Deshalb bat Ferdinand vergeblich um Fuggers Beistand, dessen Hilfs=
bereitschaft durch ungetilgte 600 000 Gulden königlicher Schuld gelähmt
war. Die Firma durfte eine Absage an Österreich ruhig riskieren, nach=
dem Karl V. seiner Schwester in den Niederlanden jede Vermittlung
im Sinne Fuggers nahelegte, weil seine Glaubenstreue und geschäftliche
Unentbehrlichkeit für unbestritten galten. In dieser mißlichen Lage
fanden darum Meldungen über einen Waffenstillstand Karls V. mit der
Türkei größte Aufmerksamkeit. Wenn schon Geld riskiert werden
mußte, taten Fugger und Welser das lieber zur Erleichterung eines
Friedensschlusses als für sinnlose Feldzüge. Auch jetzt räumte die Ge=
sellschaft ihre Kassen nicht bis zum letzten. Der Ankauf des schwä=
bischen Gutes Brandenburg zeigt, daß Anton seinem Grundsatz immo=
biler Vermögensreserven keineswegs abgeschworen hatte.

Bald sollte sich herausstellen, daß die 150 000=Gulden=Anleihe
Karls V. im Frühjahr 1539 nicht friedlichen Zwecken galt. Sie diente
der Werbung von Fußvolk, das der Kaiser für ein Landungsunterneh=
men in Tunis sammelte. Die Majestät hielt ihre Financiers lange im
unklaren, so daß Augsburg vom militärischen Geschehen minder Be=
scheid wußte als über die konfessionspolitischen Fronten. Immerhin galt
auch ihnen Antons Wachsamkeit, da er ebensowenig wie seine prote=
stantischen Mitbürger eine Verhärtung billigte. Beide Seiten blieben
wegen der katastrophalen Rückwirkungen jedes Glaubenskrieges auf
die deutsche Wirtschaft um die Wahrung eines modus vivendi be=
müht.

Frankfurter Vereinbarungen, die im Frühjahr 1539 zwischen den
Glaubensparteien zustande kamen, schienen Anton nur eine „Galgen=
frist". Die Firma brauchte sich zwar über keinen Mangel an Querver=
bindungen zu beklagen; denn sie dankte ihnen die Vermittlung eines
Abkommens mit Kopenhagen. Dafür waren die sonstigen Aspekte
trübe. Die ungarischen Umsätze gestalteten sich so schlecht, daß die
Firma jede Rückzugsmöglichkeit wahrgenommen hätte. Der Weißen=
horner Barchent litt unter seiner Ulmer Konkurrenz. Wie weit sich
Fuggers jüngste Aussicht auf eine Beteiligung am Quecksilber= und
Zinnobergeschäft von Idria bewahrheitete, blieb unklar. Das war ein
Grund mehr, dem Risiko eines Krieges auszuweichen. „Wir würden in
Deutschland großen Jammer und Verderbung empfunden haben", hieß es
in der Gesellschaft, die den Frieden anstrebte. Nur von ihm ließ sich
eine Heimzahlung seitens der Krone erwarten. Hierauf bestand die
Firma ebenso fest, wie sie von den spanischen Behörden eine Ent=
schädigung für ihre kolonialen Einbußen verlangte. Der Leitgedanke
solchen Strebens wechselnder Schattierung war die Erkenntnis, daß

nur eine umfassende politische und konfessionelle Beruhigung zur Erholung des Reiches und seiner Finanzen führen konnte.

Freilich die Wahrscheinlichkeit einer Erfüllung dieser Hoffnung galt für bescheiden. Die französische Krone umwarb deutsche Opponenten. Während Fuggersche Geheimberichte den Türkenfrieden erörterten, mußten die Faktoren frische Mittel zur Rüstung aufbringen. Um Gegenwerte für solche Darlehen zu empfangen, entschloß sich Anton zum Eintritt in das österreichische Eisengeschäft. Er hatte es bisher stets vermieden, weil er über den Ungarischen Handel nicht hinausgreifen wollte. Sämtliche Erwartungen auf eine schiedsrichterliche Lösung des Glaubensstreites blieben überdies vergeblich. Das Konzil war vertagt und im Osten erhob sich neues Kriegsgetümmel.

Sorgenvoll blickte Anton um die Jahreswende 1539 in die Zukunft. Es gewann den Anschein, als würden manche protestantischen Fürsten mit englischer Hilfe einen härteren Kurs gegen ihre katholischen Nachbarn einschlagen. Folglich galt es nach der Denkart einer altgläubigen Bank damaliger Zeit, an den päpstlichen Hilfssummen gegen den sächsischen Protestantismus zu verdienen. Eine ähnliche Situation ergab sich zu Neapel, wo König Ferdinand Renten im Werte von 200 000 Dukaten abzustoßen wünschte. Daneben winkte Fugger aus Verträgen mit den Niederlanden und Verhandlungen über den Kredit von einer halben Million Dukaten an Karl V. zusätzlicher Gewinn.

Solche geschäftlichen Interessen vermochten Antons Sorge um das Schicksal der Kirche nicht zu übertönen. In dieser Richtung dürften seine Gespräche mit dem Bischof von Lund als Unterhändler bei den deutschen Protestanten gelaufen sein. Fuggers Unruhe überdauerte auch die Ankündigung einer Begegnung Karl V. mit dem König von Frankreich. Man meinte: „Wenngleich mit den Türken Frieden ist, so werden sich die Christen selbst einander raufen müssen."

Kühne Hoffnungen galten seit 1539 der Fahrt Karls V. in die Niederlande. Vielleicht geschah sie zur Verständigung der christlichen Herrscher gegen ihren östlichen Erbfeind. Andere sagten, der Kaiser wolle die Aufständischen in Gent und hernach die deutschen Protestanten züchtigen. Vom Frieden ging keine Rede. Die Verhältnisse blieben so undurchsichtig, daß Spekulationen Tür und Tor offen standen. Anton wird nach den ihm übermittelten kaiserlichen Nachrichten mit einem Feldzug in den Niederlanden gerechnet haben. Er konnte sich auf Dänemark ausdehnen. Dabei bedurfte auch der Balkan der Einwirkung Karls. Die Stellung seines Bruders in Ungarn war erschüttert. Endlich bereitete der Sultan einen Feldzug vor, um den magyarischen Schattenstaat unter seine Oberherrschaft zu beugen.

Ringsum drangen Schreckenskunden auf Anton ein. Dennoch fiel der Firma eine Erfüllung der Kreditwünsche Ferdinands schwer. Sie sollte zugleich Königin Maria gegen aufsässige Untertanen in den Niederlanden beistehen. Daneben winkten Investitionsmöglichkeiten in Südtirol, während der Reichsvizekanzler im Augsburger Fuggerhaus einen bewaffneten Austrag der Gegensätze seines hohen Herrn und des Landgrafen von Hessen der Firma andeutete. Es sprach für das souveräne Urteil Antons, wenn er trotzdem eine Beilegung der dänischen Spannung über Herzog Albrecht von Preußen betrieb. Die Gesellschaft wünschte ihren Kaiser zu stärken, ohne mit Kardinal Farnese eine militärische Ausbreitung des Konfessionsstreites zu fördern. Die osmanische Gefahr warnte vor jedem kirchenpolitischen Experiment. In den Augen Antons war es bedrohlich, wenn Paul III. Italien beunruhigte, während die türkische Flotte zur Ausfahrt gegen Tunis, Sizilien und Apulien auf der Lauer lag.

Antons wirtschaftlich konzipierte Friedensidee deckte sich in manchem mit den kaiserlichen Gedanken. Dennoch ging die Sorge der evangelischen Länder Deutschlands mitunter zu weit, weil Karl und Ferdinand kaum den realistischen Überblick Anton Fuggers besaßen. Er wußte um die Schwäche der Habsburger in Ungarn und Süditalien. Auch die Truppenkonzentration des Herzogs von Alba fand schwerlich den Beifall der Gesellschaft, die sie nicht verhindern konnte. Über eines blieb sich die Firma im klaren: Jeder mangelhaft vorbereitete Austrag mit dem Sultan mußte zum Unheil Deutschlands ausschlagen. Allerdings lag die Entscheidung nicht mehr beim Reich. Fugger erfuhr, die türkische Hauptmacht sei von Konstantinopel bereits ausgezogen. Ihre Spitze hatte Kroatien erreicht und drang nun gegen Budapest und Wien vor.

Ähnliche Mitteilungen bewogen Karl zu einem Übereinkommen mit der Opposition. Erst recht empfahlen personelle Unstimmigkeiten der Gesellschaft Vorsicht. Denn die wirtschaftliche Kriegsentscheidung lag weiterhin bei Fugger. Sobald hier Zersetzungserscheinungen auftraten, ward die Zukunft problematisch und die Übermittlung päpstlicher Zuschüsse an die Koalition katholischer Reichsfürsten erwies sich dann als unsicher. Bei Anton persönlich traten weitere Kümmernisse hinzu. Sein ältester Neffe, Hans Jakob Fugger, der als Nachfolger in Betracht kam, zeigte wenig Neigung zur Übernahme eines Teiles der Pflichten, obwohl Kundschaften aus unteritalienischen und ungarischen Gruben der Firma höchsten Alarm empfahlen. Niemand entlastete Anton. Der Kaufherr aber wagte es nicht, auf eine neutralisierende Wirkung der Gespräche des kaiserlichen Beraters Granvella mit den Protestanten zu bauen. Man hielt lieber Geld und Pulver in Vorrat.

Es gab keinen Anlaß zu optimistischer Beurteilung der Situation. Die Gesellschaft trug noch an ihren alten Lasten, die von der Königswahl Karls V. vor über zwanzig Jahren veranlaßt wurden. Die Bergwerks=

aussichten in Ungarn und Neapel zeigten keine Besserung. Außerdem mehrten sich Krisenerscheinungen unter den Faktoren und in der Familie. Um das Jahr 1540 mochte Fugger sich fragen, ob die neuerliche Gefährdung seines Hauses von außen kam, oder ihr aus dem eigenen Verbande drohte.

Die Umstände duldeten keine längere Überlegung. Karl V. erwartete schon für sein nächstes Beginnen, das Glaubensgespräch, Fuggers geldliche Hilfe. Dieser konnte sie nicht versagen. Eine bekenntnismäßige Annäherung erschien angesicht der konfessionellen Zerklüftung seines Mitarbeiterkreises als Ausweg vor dem Chaos. Die Übertritte des Herzogtums Sachsen und Kurbrandenburgs zur Reformation schwächten ohnehin die kirchliche Stellung. Weiterhin kündeten Nachrichten von den Flanken des Reiches Unruhe an, so daß Krone und Großbank zusammenhielten. Man mußte sich zwischen den Klippen hindurchretten. Es gelang mit Geschick. Kardinal Farnese hörte von Fuggers Papsttreue. Königin Maria von Ungarn empfing Antons Hilfe. Der protestantische Herzog von Preußen ließ sich über die gemäßigte Haltung des Augsburgers berichten. Alles lief nebeneinander, ohne daß Verschiebungen eintraten. Fuggers Geschäfte mit Dänemark, nach dem Baltikum oder Rußland ebenso wie die in ihrer Rentabilität fragliche ungarische Bergwerkspacht dauerten an. Wenn ein Umschwung geschah, mußte er von anderer Seite kommen. Vielleicht erwartete Fugger bei den Konfessionsverhandlungen zu Hagenau und Worms eine Bereinigung. Dann konnte innerhalb der Gesellschaft eine Wandlung gelingen. Unter den Handelsdienern bereitete sich aber die altersmäßig anstehende Wachablösung vor. Sie erlaubte dem Chef eine schrittweise Rekatholisierung, an der ihm gelegen war. Ein grundsätzlicher Wandel als Folge der Anerkennung des Jesuitenordens durch den Papst kam noch nicht in Frage. Denn im Sommer 1540 war der Name Loyola Fugger noch immer fremd. Anton galt es nur, das Balancespiel zwischen Katholiken und Protestanten fortzusetzen und sein Versprechen an Christian III. von Dänemark zu erfüllen.

Für das Erzhaus mußte freilich soviel zurückbehalten werden, daß die Firma auf Weiterungen, die sich aus dem schmählichen Frieden der Venezianer mit dem Sultan ergeben konnten, gefaßt blieb. Johann Zapolyas Tod, den Anton früher vielleicht begrüßt hätte, bedeutete jetzt eine Gefahr. Die Pforte erlangte einen Vorwand zur Einmischung, als Arbeiterrevolten Fuggers Position im Bergwerksrevier unterspülten. Es frägt sich nur, von woher sie angezettelt wurden. Das bedrängende Gefühl, wie nahe Reich und Christenheit dem Kriege standen, ließ sich nicht unterdrücken. Der in Hagenau versuchte dogmatische Ausgleich war nach dem Urteil eines Fuggerschen Syndikus mißlungen. Die Bereinigung auf dem konfessionellen Sektor ließ sich also nicht mehr absehen. Zugleich warnten Komplikationen zwischen der Firma und ihrer ungarischen Belegschaft vor jeder Entzweiung mit den nordischen Fürsten. Anton mußte mit dem Ruin seines Kupferhandels nach dem protestantischen Deutschland rechnen. So blieb mancher Gulden, dessen die Habsburger oder die Katholiken in Niederdeutschland, Italien oder Ungarn bedurften, ihnen versagt. Die Firma begann aus Vorsicht zu thesaurieren. Andererseits wollte sich Anton seiner Bindung an das Erzhaus nicht entledigen. Jeder Rückzug aus den slowakischen Bergen hätte zu dem Augenblick, als der jüngere Zapolya in Abhängigkeit von der Pforte geriet, die deutsche Wirtschaftsstellung am Balkan zerstört.

Fuggers Kriegskredite zum Feldzug gegen Isabella von Polen, die Witwe Johann Zapolyas, glichen im Herbst 1540 einem Auftakt zu neuen Kämpfen. Sie konnten zu Rückzugsgefechten führen, seitdem die straffe Struktur der Firma schwand. Unter dem Personal rührten sich Nachwuchssorgen. „Die Jugend" sei „bei weitem nicht wie vor Jahren", meinten ältere Faktoren. Das galt genauso von den Herren selbst, deren tauglichster Kopf, Hans Jakob, mehr der Wissenschaft als Geschäften zuneigte. Doch „man bedarf solcher Leute auch bei dem Handel. Dem Herrn Antoni wird es auch schier zuviel werden". Die Menschen mochten urteilen, wie sie wollten. Fugger durfte nicht aussetzen, solange sein Nachfolger fehlte. Die innere Situation näherte sich bereits den ungnten Verhältnissen während der Spätzeit Jakobs. Nur Antons zarte Natur verbrauchte sich unter der Überlast seiner Verantwortung schneller. Aber harte Disziplin und zäher Wille halfen über manche Widernisse hinweg. Obwohl frühere Handelsdiener ausschieden und andere erst langsam Erfahrungen sammelten, gingen die Geschäfte kaum zurück. In Ungarn, Tirol, den Niederlanden und Süditalien wurden Geld und Truppen zur Verteidigung beschafft. Freilich, wie die Habsburger selbst als Sieger ihre Schulden abtragen wollten, erschien zweifelhaft. Doch eines stand fest: Ihr Untergang zog Fugger in den Zusammenbruch.

Aus dieser Einsicht verzichtete Anton auf übermäßigen Gewinn. Das Erzhaus sollte im Stande bleiben, eine Rückeroberung Siebenbürgens zu wagen. Dort hatte die Firma Forderungen aus dem Salzhandel zu stellen. Mit seiner Inanspruchnahme für die Einnahme Budapests dürfte es zusammenhängen, wenn Anton bei Christian III. von Dänemark um Zahlungsaufschub für das 1539 zugesicherte Darlehen bat. Die Lage war politisch, wirtschaftlich und konfessionell heikel. Da sich sämtliche Gebiete überschnitten, vermochte die Bank der Habsburger und des Papstes erst wieder einzugreifen, wenn ihre Ausrichtung sich klärte. Männer, die Johannes Eck, Vorkämpfer der Katholiken, ein „trunkenes Schwein" hießen und den „Plunder" der Messe schalten, durf=

ten trotz kaufmännischer Bewährung nicht länger bei Anton im Amte bleiben.

Die Gesellschaft ward durch die allgemeinen Umstände zur Bank des kriegsbereiten Erzhauses und ein wirtschaftlicher Grundpfeiler der Gegenreformation. Trotzdem beachtete sie gegenüber protestantischen Mächten alle erdenkliche Höflichkeit. Das geschah erst recht dort, wo es wie in Dänemark um die Rückgabe schiffbrüchigen Kupfers ging. Der Schwerpunkt des Interesses verschob sich aber wieder auf Millionendarlehen an das Kaiserhaus. Dieses suchte die Gesellschaft an sich zu fesseln. Das Überspringen des Krieges von Ungarn auf die Räume zwischen Tunis und Gibraltar im Spätjahr 1540 zwang Karl V. zu einem Rückgriff auf Antons Kapitalmacht.

Die Zunahme der Finanzgespräche spanischer, österreichischer und ungarischer Würdenträger mit Fugger galt weniger konfessionspolitischen Sorgen als einem Krieg mit dem Sultan. Daneben gereichte die Begeisterung einer nachwachsenden, auch der doppelzüngigen Gewohnheiten höfischer Finanzgespräche ungewohnten Generation den Habsburgern zum Vorteil. Die Firma freilich kam das teuer zu stehen. Ihr Geld ward bislang eifersüchtig gehütet. Zudem beengte jede zusätzliche Bindung infolge der Einschaltung in das steiermärkische Eisengeschäft Fuggers Entscheidungsmacht. Eines Tages konnte der Helfer des Kaisers zu dessen Befehlsempfänger werden, falls man die Entwicklung nicht rechtzeitig umbog.

Formal blieb die Unabhängigkeit der Firma gewahrt. Jedoch jene Art, wie man von Fugger Erz, Geld, Menschen und Schiffe forderte, nahm gebieterische Formen an. Wenn in Italien der Genuese Adam Centurione und in den Niederlanden Gaspar Ducci als Konkurrenten aufkamen und amtlich gefördert wurden, lag hierin Methode. Dieser Stachel sollte den Augsburger antreiben, sein Letztes zu wagen. Nach Meinung der Faktoren war die Lage des Erzhauses 1541 „heillos" zu nennen. Die Offensive des Islam stand vor der Türe. Ihr hatte der Kaiser als Trost fast nur das Auftreten Antons in Österreich und das Interesse der jüngeren Fuggergeneration am Geschäft entgegenzustellen. Es war wenig genug.

Die persönliche Teilnahme eines Familienmitgliedes an der Begegnung zwischen Eck und Melanchthon zu Worms ließ sich nicht durchführen. Anton beschränkte sich auf Zahlungen an kaiserliche Wortführer. Die Beratungen wurden ohnedies nach Regensburg verlegt. Inzwischen gestaltete sich die Tiroler Situation so bedrohlich, daß man Fuggers Barmittel aus Schwaz wegbrachte. Jeden Tag konnten Unruhen ausbrechen. Anton durfte froh sein, wenn sein Unternehmen nicht noch in den Streit um Goslar und Herzog Heinrich den Jüngeren von Braunschweig verwickelt wurde. Er wollte und konnte Habsburg nicht abweisen. Also mußte man Zuschüsse gewähren, sobald die Knappenaufstände unterblieben.

Seit Jahren schuldete die böhmische Krone der Firma Geld, dessen dürftige Tilgung aus Bergwerken von St. Joachimsthal erfolgte. Als es nach Ablauf des 15jährigen ungarischen Vertrages 1541 darum ging, diesen zu verlängern, zeigte der Kaufherr Neigung, sich aus Ungarn zurückzuziehen. Mühsam bewog Ferdinand den Widerstrebenden zu kurzfristigem Verweilen.

Die Ablehnung innerhalb der Firma wuchs. Sie nahm einen Kontrakt nur mehr an, um Gegenwerte für Darlehen zu empfangen, die man zum Türkenkrieg nicht abschlagen durfte. Mit wirtschaftlichen Dispositionen hatten erpresserische Anleihen und Pseudogarantien nichts mehr gemeinsam. Nachdem Anton im Osten geholfen hatte, sollte er den Österreichern im Westen beistehen, um den Erwerb strategisch wesentlicher Herrschaften durch Basel oder Solothurn auszuschließen. Es war eine Zumutung, wenn König Ferdinand zugleich mit Ulm über die Auslieferung jenes Gebietes verhandelte, dem ein traditioneller Stolz der Gesellschaft galt. Offenbar hielt die Fiskalbürokratie Anton für untrennbar mit der Krone verbunden, so daß sie darauf sündigte. Dennoch entschloß sich Fugger im Frühjahr 1541 zur Drittelsbeteiligung an einem Kredit von 110 000 Gulden zum Feldzug in Ungarn.

Während schwäbische Finanzleute ihre Reserven zur südöstlichen Defensive mobilisierten, strebte Ferdinand nach Beilegung jeglicher Mißhelligkeiten in Neusohl. Gleichzeitig nahmen sich Fuggers Mittelsleute um die Bedürfnisse der Diplomaten König Gustav Wasas von Schweden an. Über solche Kleinigkeiten sowie Danziger und Antwerpener Kupferlieferungen an Heinrich VIII. von England sah der Kaiser hinweg, falls die ungarische Front mit Geld und Pulver versorgt war. Regionale Bürokraten schlossen sich dieser Haltung nicht an. So erlebte Anton dauernden Behördenärger in Tirol, Österreich, Steiermark, Ungarn und Neapel.

Trotzdem vermochte keine Intrige den Herrn der Gesellschaft zu beirren. Er gab dem Kaiser in Spanien Kupfer für Geschützgießereien und Ferdinand Geld zur Belagerung von Ofen. Dem päpstlichen Nuntius erschien Fugger derart vertrauenswürdig, daß seine Bank als Hinterlegungsstelle päpstlicher Hilfssummen für den katholischen Kampfbund diente. Freilich dessen Aktivierung kam vorhand nicht in Betracht. Karl V. lenkte darum, als das Regensburger Religionsgespräch scheiterte, jegliche Fuggermittel nach Wien, um einen südöstlichen Zusammenbruch aufzuhalten. Anscheinend rechnete die Gesellschaft mit einem Fehlschlag in Ungarn. Vielleicht wurde darum eine Kommission von Bergsachverständigen zur Prüfung norwegischer Gruben abgeordnet. Sie trat außerdem mit dem Wasakönig in Verhandlung. Diese Be=

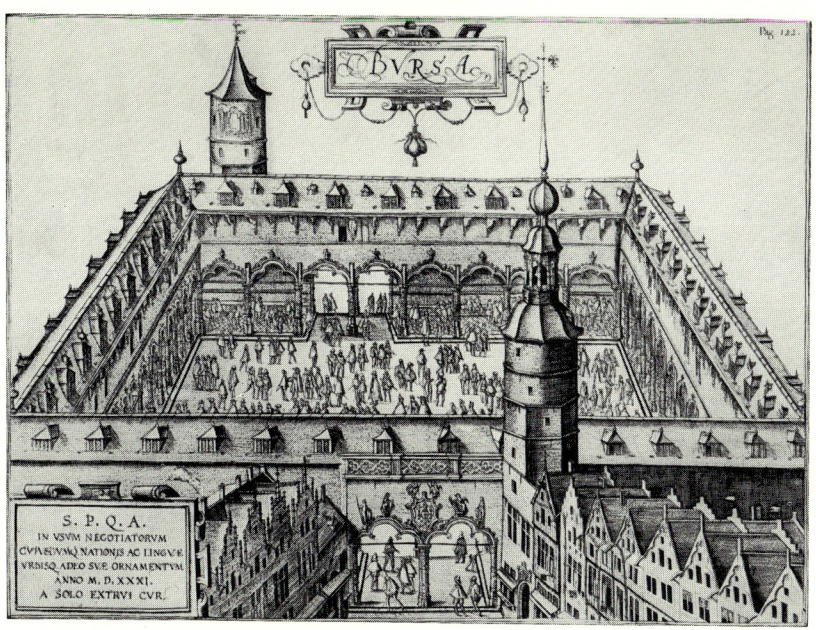

Börse von Antwerpen 1531

Dirk Jakobsz, Faktor Pompeius Occo, Amsterdam

mühungen waren noch nicht beendet, als der Türke Ofen einnahm. Nun mußte die erschütterte Position des Erzhauses durch die Firma verteidigt werden. Friedensgespräche verstummten beim Donner der Kanonen.

An jenen Unternehmungen wirkt ihr zu defensiver Charakter enttäuschend. Es scheint, als sei alle Phantasie zu echter Konzeption verkümmert. Obgleich das Kaiserhaus sein Äußerstes versuchte, erlangte man keine Initiative. Hatte Habsburg den zauberhaften Glauben an sich selbst verloren? Durch die Katastrophe des Heeres wie der Armada Karls V. vor Algier 1541 ward ein erheblicher Teil jenes Geldes vertan, das Anton aufbrachte. Dennoch mäßigten sich die Bitten nicht. Im Gegenteil sollte die Gesellschaft Anleihen und Rüstungsmaterial beischaffen; denn der „türkische Bluthund" stand „nahe vor der Türe". Falls die Firma versagte, trug sie eine Mitschuld, falls Süddeutschland dem Islam zufiel.

Es gehört zur Kunst mancher Politiker, die Verantwortung für eigene Fehler Dritten zuzuschieben. Ähnlich ging es mit den von Wien und Madrid ausgegebenen Parolen. Jedoch selbst wenn sich Fugger ihnen nicht entzog, war es kein Geheimnis, wie weit die Überbeanspruchung durch das Erzhaus die Firma schwächte. Die Krone dachte kaum an ihre Geldgeber. Als der Kaiser nach Spanien heimzog, erfuhr man, daß seine nordafrikanische Schlappe den französischen Nachbarn zum Wiederaufgreifen der alten Feindseligkeit bewog. Das hieß neue Darlehensbitten. Der oberdeutsche Kapitalmarkt war aber dermaßen erschöpft, daß Anton nicht bloß seine skandinavischen Bergwerkspläne abschrieb. Schon die Fortführung traditioneller Geschäfte in Ungarn bedeutete eine untragbare Zumutung. Die Firmen bluteten sich an den Wunden der kaiserlichen Politik aus.

Unbegreiflicherweise fand sich Fugger im Frühjahr 1542 zu einer Leistung von 80 000 Gulden für König Ferdinand und 150 000 Dukaten an Karl V. bereit. Solches wird nur durch die Annahme erklärlich, daß sie frühere Einsätze retten sollten. Mit diesem Betrag und reichlichem Rüstungsmaterial galt es, Ungarn vor dem Halbmond zu bewahren. Zugleich gedachte die Firma, Flandern gegen eine französische Offensive abzudichten. Auch die Position in Italien bedurfte fundamentaler Überholung. Unmöglich konnte daneben in England und Frankreich ein Erzhandelsprojekt gefördert werden.

Das Wiederaufflackern des alten Prozesses mit Höchstetter und die Agitation erbländischer Beamter bildeten allerdings eine schlechte Ouvertüre. Zu ihr gesellte sich die Abneigung der Statthalterin Maria von Ungarn. Sie wollte in Erinnerung unglückseliger Tage mit jeder Gesellschaft lieber als mit den Fuggern zusammenarbeiten. Weiterhin kündigte sich durch die Berufung eines Reformkonzils nach Trient ein Unternehmen von weltpolitischer Bedeutung an. Seine Realisierung ließ sich niemals ohne wirtschaftlichen Beistand Fuggers durchsetzen.

Vorderhand gab es freilich drängendere Nöte. Der Ausbruch der Feindseligkeiten zwischen Karl V. und Franz I. von Frankreich, zu dem sich Schweden und Dänemark schlugen, erschwerte das Funktionieren der Gesellschaft als Ganzes. Ihre Adern verstopften sich. Das bislang erprobte System mochte an einer Art finanzieller Embolie zugrunde gehen. Nachdem die französische Krone sich mit dem Sultan verbündete, mußten Hunderttausende neu aus dem Boden gestampft werden. Die kaiserlichen Prägestätten arbeiteten bis zur Weißglut. Da sie mit Edel=metall zu versorgen waren, fiel Anton ein Großteil der Mühe, gepaart mit problematischen Gewinnchancen, zu. Wie lange ließ sich der Hart=geldumlauf des Reiches ohne Wirkungen auf das europäische Preis=gefüge überhöhen?

Glücklicherweise waren die großen Monarchien über materielle Quer=verbindungen derart mangelhaft unterrichtet, daß es niemand einfiel, das Erzhaus von seiner schwachen wirtschaftlichen Flanke her anzugrei=fen. Vermutlich wäre es klug gewesen, den Zeitpunkt zur Eröffnung von Kampfhandlungen danach zu wählen, wann und wo die Fugger=bank eben engagiert war. Man kannte sich aber so schlecht aus, daß Gustav Wasa von Schweden für die Reise seiner Würdenträger zum Bündnisabschluß nach Frankreich und für eigenen Hofbedarf Fuggers Gefälligkeit beanspruchte. Anton war weise genug, ein freundliches Ge=sicht zu wahren. Je heftiger der ungarische Krieg sich ausweitete, an dem ein Fuggersches Kontingent Husaren sich beteiligte, umso stärker verkümmerte seine Absicht, die eigene Neutralität über alles Kriegs=getümmel hinwegzuretten.

Antons Zuschüsse für die Reichsverteidigung wurden unter Branden=burger Führung vertan. Während die Fugger am Balkan halfen, mußten sie einer verhängnisvollen Entwicklung in den Niederlanden zusehen. Weil man nicht überall gleichzeitig eingreifen konnte, erlitten die Augs=burger im Gefolge der Belagerung Antwerpens durch die Franzosen spürbaren Nachteil. Zur Abdeckung der 3,5 Millionen Karolusgulden kaiserlicher Kriegskosten vermochte die Firma wegen anderweitiger Verpflichtungen nur unerheblich beizutragen. Darum gelang es Gaspar Ducci, Anton Fugger in die zweite Linie der Geschäftsherren an der Schelde abzudrängen.

Wenn die Gesellschaft dennoch zu Karl V. hielt, sprach jener rund 50prozentige jährliche Gewinn mit, der ihr nach allgemeinem Urteil aus spanischen Pachten zufiel. Die Treue des Kaufmanns ruhte auf wirt=schaftlichen Pfeilern. Allein Anton war kein Wucherer oder Geldleiher kleinen Formates mit deren zweifelhaften Sitten. Sonst hätte man mit Fugger schwerlich über eine neue 400 000=Gulden=Anleihe für König

Ferdinand verhandeln können. Sie blieb ein schlechtes Geschäft. Die Firma bestimmte aber neben anderem die Erkenntnis, wie erbärmlich es um die Befriedung des Reiches stand.

Als einer der letzten katholischen Fürsten Norddeutschlands ward der Herzog von Braunschweig vertrieben. Mit dem Übertritt des Kölner Erzbischofs Hermann von Wied glückte der Reformation scheinbar der Einbruch in das Dreieck der rheinischen Erzbischöfe. Nicht anders erging es an der mittleren Donau. Dort verschob der Glaubenswechsel des Pfalzgrafen Ottheinrich das Gleichgewicht der Konfessionen. Aus ihrer Vertrautheit mit der Einstellung Fuggers appellierte die österreichische Politik an die Gesellschaft. Anton trachtete daraufhin, jene bei der Reichsverteidigung durch Bargeld und Münzsilberlieferungen zu stär= ken. Vor allem aber mußte sich die Linie der Firma selbst deutlicher herausschälen.

Lange ruhte die Verantwortung ausschließlich auf den Schultern An= tons. Seit dem Frühjahr 1543 begann endlich sein Neffe Hans Jakob, der sich bisher den Freuden eines gelehrten oder ländlichen Lebens hingab, unternehmerisch mitzuwirken. Seiner Natur nach geschah das nicht so sehr auf wirtschaftlichem Gebiet. Der junge Fugger mußte mit anderen Ratsherren den Vertreter des Kaisers nach Augsburg laden. Granvella kam diese Aufforderung gelegen. Er hoffte, die Türkengeld= wünsche Karls V. durchzusetzen und eine Friedensvermittlung anzu= bahnen. Während andere Bankhäuser im Dienste der protestantischen Reichsopposition oder Frankreichs wirkten, erwies Fugger dem hohen Gast in seinem Stadtpalast Ehren „gleich einem König". Unverzagt arbeitete die Bank an der Sammlung eines Kriegsschatzes Karls V. gegen die Franzosen. Dem gleichen Zwecke dienten Pulver= und Waf= fenkäufe sowie der Versuch, Landgraf Philipp von Hessen als General anzuheuern. Trotzdem ihre Gelder aus Unteritalien nur zögernd ein= trafen, halfen die Fugger auf Grund spanischer Abreden der Reichstags= vertretung Karls V. in erheblichem Umfang aus.

Es darf angenommen werden, daß die Firma bei solchen Geschäften verdiente. Auch die neue Allianz mit England, die Frankreich von den Türken trennen sollte, barg wirtschaftlichen Vorteil. Nur fragte es sich, wielange solcher Gewinn zu realisieren war. Der Aufstieg fremder Bankiers an der Börse von Antwerpen zählte noch zu jenen Schä= den, die Anton in Kauf nahm. Ihm blieb gar keine Wahl. Auch am Nürnberger Reichstag entfachte die Textilrivalität gegen Ulm wirt= schaftspolitische Kulissengespräche. Wenn die Entspannung ausblieb, mußte die Kette konfessioneller Gegensätze und ökonomischer Span= nungen zum Kriege führen. Man sprach guten Glaubens vom Evange= lium oder der alten Kirche, meinte aber oft nur den schwäbischen Bar= chent und seinen Vertrieb auf den Märkten Europas.

Mühsam gewann König Ferdinand, der Renten in Neapel abstieß, Antons finanzielle Gunst zurück. Die Vaterstadt kümmerte sich nur müde um die wirtschaftlichen Belange Fuggers. Man fürchtete seine besitzmäßige Vergrößerung, besonders beim möglichen Anfall eines Gebietes wie der schwäbischen Markgrafschaft Burgau an die Firma. Aus Bekenntnisgründen stand Ulm den Augsburgern näher als der eigene Mitbürger. Dieser wünschte daher zwischen die Krone und ihre schwäbischen Reichsstädte einen haltbaren Keil zu treiben, den Gespräche mit Granvella vergoldeten.

Die Entwicklung am Niederrhein trieb den Kaiser in die Arme der Gesellschaft. Diese nahm ihn freudig auf, damit er alle Trübung des Verhältnisses zu König Ferdinand beseitige. Solches gelang trotz der Störungsarbeit ungarischer Kommunen, weil die Firma für den Türkenkrieg Geld zuschoß und die Mitgiftkosten der polnischen Verlobung einer Erzherzogin bestritt. Man fragt sich höchstens, wie weit Anton die Übersicht im Trubel solchen Geschehens wahrte. Die Dinge durften nicht dahin treiben, daß die nach katholischer Restauration, wirtschaftlicher Prosperität und europäischem Frieden strebende Gesellschaft in das Schlepptau konfessioneller Kriegspolitiker geriet, weil sie keine Verluste, die sie an den Rand der Konkursgefahr brachten, erleiden wollte.

Daß ein Realist vom Schlage Fuggers die Möglichkeit von Verwicklungen ganz übersehen hätte, scheint undenkbar. Man dürfte spätestens beim zweiten Augsburger Aufenthalt des kaiserlichen Ratgebers Granvella im Jahr 1543 die Frage erörtert haben. Karl V. konnte unmöglich die Millionenlast eines Mehrfrontenkrieges allein tragen. Daher war die Krone aus der tödlichen Umklammerung durch Türken und Franzosen zu befreien. Neben solchen Sorgen erlangten konfessionelle Spannungen eine bedrohliche Schärfe. Dennoch wird Fugger im Sommer 1543 noch keine glaubenskriegsähnliche Entwicklung erwartet haben.

Die Friedensfreundschaft des Kaufherrn beruhte wahrscheinlich auf späthumanistisch=pazifistischen Selbsttäuschungen. Die Anfänge dieser Illusion gingen auf Erasmus von Rotterdam zurück. Vielleicht wünschten deswegen sehr unterschiedliche Gruppen, Anton Fugger zum Augsburger Bürgermeister zu gewinnen. Indessen der Kaufherr hielt sich aller Kommunalpolitik ferne. Er warb Truppen und kaufte Waffen zur Abwehr der im Bereiche von Belgrad versammelten Streitmacht des Islams. Je schneller sie zerstreut wurde, desto eher konnte sich das von Papst Paul III. suspendierte Konzil der Fortsetzung seiner Kirchenreform widmen. Tief beeindruckt bleibt die Folgerichtigkeit, mit der Anton jener Generallinie die Treue hielt, zu der sich seine religiöse Einstellung, seine politische Haltung und sein wirtschaftliches Interesse zusammenfanden. Als Belohnung für solche Arbeit konnte er es verzeichnen, daß rund die Hälfte der englischen Zuschüsse zum Türkenfeldzug über die Brüder Gresham und seine eigene Antwerpener Filiale an Ferdinand gelangte. Auch dessen Abrechnung über böhmisches Silber und Idrianer Quecksilber zeitigte günstigere Resultate als vordem.

Trotz mancher Friedensklänge blieb die Politik des Reichsoberhauptes gegenüber Köln unnachsichtig. Karl V. bestand auf der Entfernung des Erzbischofs. Da der Kaiser indessen jegliche Strömung, die auf einen verfrühten Krieg hinwies, unterdrückte, diente ihm Fugger mit bestem Gewissen. König Ferdinand empfing über die Firma Unterstützungen Heinrichs VIII., die von der Gesellschaft nicht nur überwiesen, sondern noch aufgebessert wurden. Für Anton, der sich an den spanischen Stil der Umgebung Karls V. nur mühsam gewöhnte, handelte es sich beim niederrheinischen Streit um eine Auseinandersetzung mit deutschen Parteigängern der französischen Krone. Wahrscheinlich hätten sich Fugger und Welser trotz ihrer Verflechtung mit dem Erzhaus kaum zum Abschluß eines 300 000=Dukaten=Wechsels bereit gefunden, wenn sie ihn als Vorbereitung eines Religionskrieges gewertet hätten. Denn ein solcher war mit ihrer unerschütterlichen Friedensliebe und Verständigungsbereitschaft unvereinbar.

Wo es sich gerade ergab, bekämpfte Anton in seinem Bereich die Reformation, beispielsweise im schwäbischen Donauwörth. Jedoch es geschah auf unblutigen Wegen. Man dachte an kein Glaubensringen unter Einsatz von Kanonen. Selbst die Privatbriefe Karls an seinen Sohn Philipp II. bezeichneten noch zu Jahresende 1543 die Stärkung der spanisch=deutschen Abwehrfront gegen Frankreich bei Cambrai als Zweck der Fuggerkredite. Falls sich daraus eine Verlegung der Lyoner Messe nach Straßburg, Besançon oder Mailand ergab, durfte das Fugger recht sein. Er hätte aber darum keinen Feldzug riskiert. Bei ihm wie den protestanischen Handelsherren der Welt war von der Anbahnung konfessioneller Kriegshandlungen nicht die Rede. Man scheint das nahende Unheil, so viel von Geheimnissen gemunkelt wurde, in beiden Lagern nicht geahnt zu haben. Ohne echtes Gespür für den Lauf der Dinge trieben Reich und Welt einer Katastrophe entgegen.

Im Folgejahr blieb die Situation unverändert. Da sich der Reichstag von Speyer französischen und türkischen Problemen zukehrte, galten Fuggers Aufwendungen demselben Ziel. Ihm gegenüber trat der Versuch eines systematischen Tausches von ungarischem Kupfer und spanischem Quecksilber gegen die Gewürze der portugiesischen Krone in Antwerpen zurück. Nur die Expansion der Weißenhorner Barchentausfuhr nach Spanien und England wurde fortgesetzt, weil die Gesellschaft bei Überweisung englischer Subventionen an den Kaiser mitwirken wollte. Sie half, einen Sohn des großen Franz von Sickingen und andere Reichsritter, die über Söldner verfügten, für Karl V. zu gewinnen. Trotzdem fehlten 1544 nicht die Schwierigkeiten. Die Zahlungen an Ferdinand, gleichgültig, ob sie über Österreich, Böhmen oder Italien geschahen, hielten sich im bisherigen Rahmen. Dasselbe ließ sich von Aufkäufen an Pulver oder Waffen sagen, die gegen den Sultan wie den französischen König eingesetzt werden sollten. Undurchsichtig blieb indessen die Kreditgewährung für Karl V. Ihre Gesamtsumme läßt sich nicht mehr klar schätzen. Sie dürfte wenigstens eine halbe Million Dukaten zu dieser Zeit betragen haben.

Damit ist nicht gesagt, daß Karl V. den Financier über seine Absichten orientierte. Nachdem die Majestät sich bei Kardinal Alessandro Farnese über Hemmnisse beklagte, die Papst Paul III. seinem Kampfe gegen die französisch=türkische Allianz bereitete, mochte man glauben, Karls Stoß werde sich nach Südosten kehren. Mit dieser Parole gelang es, protestantische Fürsten auf die kaiserliche Seite zu ziehen. Sie halfen, Schweden und Dänemark von den Franzosen zu trennen. Fugger war daran interessiert und deshalb finanziell behilflich.

Als sich beim Speyrer Reichstag endlich ein scheinbarer Kompromiß zwischen dem Kaiser und seiner Opposition anbahnte, wird Anton aufgeatmet haben. Seine Briefe zeigen, wie es ihm stets um die Auseinandersetzung mit den Türken zu tun blieb. Sogar Aufwendungen für den katholischen Gegenspieler des protestantischen Erzbischofs von Köln nahmen keine Dimensionen an, die seinen Beitrag zum Türkenkampf schmälerten. Die alten Beziehungen der Firma, die sich nicht aus dem Gespräch mit evangelischen Fürsten verdrängen ließ, wichen nur allmählich gegenreformatorischem Denken. Antons laufender Kontakt mit den Tudor, den nordischen Dynastien, den Fürstenhäusern von Brandenburg, Sachsen, Hessen und der Pfalz bewies, wie gut die katholischen Exponenten des oberdeutschen Großkapitals mit protestantischen Mächtegruppen der verschiedenen Zonen sich verständigen konnten. Das galt freilich nur, so lange die Existenzangst aller christlichen Staaten vor dem Sultan im Mittelpunkt jeder politischen Erwägung stand.

Karl V. sprach sich über geheimste Gedanken nicht aus. Als seine Armeen unter dem Drucke französischer Einheiten in den Niederlanden und Italien litten, kamen ihm Querverbindungen seiner wirtschaftlichen Freunde höchst gelegen. Deswegen stellte das Ringen mit Frankreich und der Pforte noch durchaus nicht den Kern des kaiserlichen Wollens dar, obwohl seine weitgehende Verständigung mit den Protestanten die Kurie verstimmte. Von vatikanischer Seite hätte Anton, selbst wenn seine römische Niederlassung nicht beschnitten gewesen wäre, kaum

Aufschluß gewonnen. Er blieb lange davon überzeugt, daß ein Sieg über die Türken den Glaubensfrieden im Reichsinnern und die Niederwerfung Frankreichs zur Voraussetzung habe. Deshalb unterstützte Fugger die englische Armee des Herzogs von Suffolk im Raume von Calais gegen die Franzosen und betete um den Sieg Heinrichs VIII. über die Schotten.

Sein Denken war durchaus konsequent. Es vermochte die Mißstimmung des Heiligen Stuhles indessen nicht zu zerstreuen. Möglicherweise hoffte Fugger zeitweise mehr auf die Wiederaufnahme der Sundschiffahrt anstelle der kostspieligen Route über Hamburg nach Amsterdam als auf eine militante Verteidigung der altkirchlichen Position, für die er römischem Denken als mitverantwortlich galt. Seine Anstrengungen zugunsten Karls V., dem Fugger Soldaten, Facharbeiter, Waffen, Material und Proviant zuleitete, waren noch kein Beleg kirchlicher Einstellung. Denn der Herrscher hatte dem Gesandten der Kurie eben mit neuer Plünderung gedroht. Umgekehrt mußte auch der Heilige Stuhl einsehen, daß ohne englische Waffenhilfe und Mitwirkung der evangelischen Reichsfürsten am Kanal jeder Erfolg über den westeuropäischen Verbündeten des Sultans ausgeschlossen blieb. In der Absicht, den Weg nach Konstantinopel zu öffnen, unterstützte Anton im Sommer 1544 den Marnefeldzug Karls V.

Wiederholt brach 1544 in der Korrespondenz Antons die Erwartung durch, Gott möge Karl V. und England zum Siege verhelfen, damit der Erbfeind der Christenheit geschlagen werde. Als der Papst den Kaiser wegen seiner taktischen Nachgiebigkeit in Glaubenssachen tadelte, mußte Fugger zweifeln, ob man sich so verhalten hatte, wie das der eigenen kirchlichen Grundeinstellung entsprach. Dennoch rollten ungezählte Dukaten in die spanischen Kassen. Anton half nicht aus der Absicht, einen Krieg zu verlängern. Seine wahre Meinung verriet vielmehr ein Wort über die französischen Verhandlungen Karls V.: „Gott gebe, daß der Friede wohl gerate und lange währe!"

Unter dem Druck der englisch=spanisch=deutschen Truppen und Firmen auf Paris, beschloß Franz I. im September 1544 die Einstellung der Feindseligkeiten. Das Wichtigste an jenem Frieden von Crépy war, daß Frankreich auf sein Bündnis mit den deutschen Protestanten verzichtete. Der König beschwor ferner, in konziliaren Fragen mit Karl V. zusammenzugehen. Das blieben Resultate, die auf Fuggers Mitwirkung zurückgingen, obwohl ihm persönlich keine Möglichkeit zum Aushandeln der Einzelheiten geboten wurde. Unbekannt blieb der Gesellschaft zunächst auch jenes Geheimabkommen, worin der Franzose dem Kaiser seine Förderung beim Austrag mit den deutschen Protestanten zusicherte. Damit geschah eine historische Wendung. Durch die Taktik der kaiserlichen Diplomaten wurde die oberdeutsche Wirt=

schaft wider Willen zu einer Triebkraft in Richtung auf den künftigen Religionskrieg.

Das Ausmaß der Leistungen war nicht geringfügig. Wohl gab es noch Hemmnisse selbst im Zentrum Fuggerscher Barchenterzeugung zu Weißenhorn. Allein die Gesellschaft ließ sich nicht stören. Sie unterstützte wieder Ferdinand, weil man annahm, der Vereinbarung von Crépy werde schnell eine christliche Offensive am Balkan folgen. Hierfür stellte die Firma mit Geschäftsfreunden 100 000 Gulden bereit. Auch Gelder, die der König aus den Niederlanden empfing, etwa eine Viertelmillion Gulden, dürften durch ihre Hände gegangen sein. Weitere Kredite folgten in der Absicht einer entscheidenden Unterstützung Habsburgs.

Daß sich aus der gleichen Annahme ostpolitischer Aktivität die Beziehung Fuggers nach Ungarn und seine Neigung zu Investitionen im dortigen Montanwesen minderten, scheint verständlich. Anton wünschte spätestens seit 1545, die Grubenpacht aufzulösen. Er war bereit, der Krone umfangreiche Darlehen zu bieten, damit sie selbst an seine Stelle treten konnte. So heftig die Arbeit der Oberdeutschen vom bürgerlichen Ungarn und der Königinwitwe sonst kritisiert ward, zeigte man sich über ihre Kündigung bestürzt. Fugger sollte bleiben. Allein der Gesellschaft schwebten andere Pläne vor. Sie hingen mit ihren Textilprojekten zusammen. Über die Niederlande, Spanien und Livorno wollte man Fuggerwaren bis in den Vorderen Orient vertreiben. Außerdem steigerte sich Antons Interesse am spanischen Quecksilber und Zinnober. Endlich scheint sich von Antwerpen und London aus ihre Neigung zum reinen Geldgeschäft verstärkt zu haben. Augsburg fürchtete die Franzosen dabei als Seemacht. Die Gesellschaft wollte jedoch auf die Zusammenarbeit mit dem Inselreich keineswegs verzichten. Ähnlich wie andere Schwaben einen schrittweisen Kurswandel vornahmen, kehrte sich Fugger allmählich gemischten Währungs- und Wechselgeschäften zu, ohne darum die Spekulationsmanieren sonstiger Firmen zu übernehmen.

Wenn inzwischen die Kirche zur Konzilstagung in Trient rüstete, oder der Kaiser Fürsten und Städte des Reiches nach Worms lud, ließ das Fugger nicht unberührt. Er hielt über Sonderbeauftragte Verbindung mit Karl V. wie dessen Bruder aufrecht und dürfte an der Kirchenversammlung als unsichtbare Finanzmacht teilgenommen haben. Antons starkes Interesse an den letzten Kardinalskreationen weist in dieselbe Richtung. Es hinderte ihn nicht, im Jahre 1545 weit über eine Million Gulden in mehrfachen Teilbeträgen Heinrich VIII. zu übermitteln.

Solche Aufwendungen blieben nur sinnvoll, wenn Fugger die Umstellung seiner Gesellschaft auf westliche Märkte erwog. Eine namhafte Mitsprache des Neffen Hans Jakob ist hierbei unwahrscheinlich. Dessen Beteiligung am großen Geschehen kehrte sich politischen Bereichen zu. Nur die Vorliebe für Kunst und Wissenschaften schien Oheim und Neffen gemeinsam. Die Tätigkeit des Jüngeren war anfangs ohne ernsthafte Bedeutung. Maßgeblich blieb der zähe Unternehmersinn Antons, der seinen Mitarbeitern allerdings solche Freiheit zugestand, daß mehrere Handelsdiener zu einer geschäftlichen Selbständigkeit bedrohlichen Ausmaßes aufstiegen. Sie besaßen eigene Wappen, vornehme Titel und ließen sich durch landesfürstliche Kunden mit Burgen und Gütern belehnen. Verkannte Fugger, welche Gefahr für die Firma so zweifelhafte Geschäfte wie die Annahme Kurbrandenburger Pfandschaften in Stendal und Tangermünde oder die Schuldverschreibungen des später mordbrennerischen Markgrafen Albrecht Alcibiades auslösten? Oder zählte Anton zu jenen letzten Humanisten, denen nichts Menschliches unbegreifbar blieb, weil sie selbst gewissen Niederungen des Menschseins fernstanden?

Kein Zeichen berechtigt zu der Vermutung eines körperlichen oder geistigen Leistungsrückgangs. Fuggers Sorge galt nur mit wachsender Energie anderen Dingen. Daß die Verschuldung Karls V. sich dem Höhepunkte näherte, war noch nicht alarmierend. Erst im Frühjahr 1545 mögen sich zusätzliche Kümmernisse geregt haben, nämlich ob die Krone anderes im Schilde führte, als sie zugab. Die Ablehnung einer Konzilsbeteiligung durch die evangelischen Fürsten erleichterte Karls Arbeit. Daß sich dieselben Reichstagsglieder aber unter der Parole eines Kampfes wider Monopolwesen und Wucher zusammenfanden, kündigte den Umschwung in einem Fugger bedrohlichen Sinne an.

Man mußte sich für die Zukunft sichern. Stärkere Beteiligungen am Bergbau Österreichs und Ungarns oder schlesische Steuerpfänder waren kein passender Weg. Hingegen boten Rentenkäufe in Neapel, vielleicht auch Salzzölle von Tirol geschäftliche Chancen. Die Gesellschaft hatte sich zu lange auf die Tauglichkeit ihres Apparates gestützt. Dieser wurde brüchig. Jetzt sollten Gefälligkeiten für vornehme spanische Herren, den älteren Granvella und seinen Sohn, den Bischof von Arras, Versäumtes nachholen. Endlich galt es, Fühlung zu Kardinal Alessandro Farnese zu gewinnen. Die Firma konnte ihm mit Nachrichten vom Stande der englisch=französischen Verhandlungen dienen, über den sie auf dem Wege von London nach Antwerpen bestens informiert war. Andererseits wollte Fugger durch den Legaten erfahren, wofür jene Summen berechnet waren, die er dem Kaiser beibrachte. Galten sie dem Türkenkrieg oder vollzog sich etwa die Hortung eines Kriegsschatzes zum Austrag mit den deutschen Protestanten?

Seit dem Juni 1545 trieb die Entwicklung einer päpstlich=kaiserlichen Allianz mit dieser Zielsetzung entgegen. Für Anton war diese Frage nicht nur als Geschäftsmann von höchster Bedeutung. Durch Karl V. erhielt der Augsburger nicht die gewünschte Auskunft. Eine solche Vertraulichkeit der Nachrichtenübermittlung hätte dem Hoheitsgefühl des Herrschers strikt widersprochen. Sie blieb überdies unvereinbar mit der spanisch=nationalen Wirtschaftsausrichtung des Finanzsekretärs Francesco Erasso. Die Firma wußte nichts über die Vorhaben der Majestät. Folglich wandte sich ihre Aufmerksamkeit einstweilen dem Fortgang des englisch=französischen Krieges zu. Hierbei galt Fuggers Unterstützung Heinrich VIII. Er sollte für seinen Feldzug um die 300 000 Kronen empfangen, falls der Engländer sich zur Abnahme von Juwelen, wahrscheinlich Teilen der alten Schmuckstücke Karls des Kühnen von Burgund, bereitfand. Land= und Seekrieg am Kanal, Pretiosen= und Kreditgeschäfte zu London und Antwerpen zählten neben dem allmählichen Rückzug aus Ungarn unter die bezeichnenden Ereignisse Fuggerscher Handelspolitik von 1545.

Dagegen erwies sich Antons Information über das hintergründige Geschehen am Reichstag als lückenhaft. Mit dieser Behandlung der Kapitalmächte beging Karl einen verhängnisvollen Fehler. Er führte dazu, daß die Gesellschaft österreichischen Wünschen entgegenkam, jedoch über so ausgedehnte Mittel anderweitig verfügte, daß Anton nicht mehr beweglich war, als der Herrscher während des Hochsom= mers 1545 in Worms Forderungen anmeldete. Die Hunderttausende oder Million Gulden, die Fugger jetzt der englischen Krone geliehen hatte, wären möglicherweise imstande gewesen, bestimmte Störungen auszuschließen, an denen der Feldzug Karls 1546 und 1547 fast schei= terte. Es bleibt die Frage offen, ob nicht Heinrich VIII. solche Mittel an sich zog, weil er sie für andere sperren wollte. Vielleicht beabsich= tigte der Tudor eine übermäßige Liquidität des Habsburgers auszu= schließen. Seit den hohen Krediten Fuggers für England war ein kaiser= licher Blitzkrieg gegen die deutschen Protestanten finanziell unmöglich. Die Bemühungen der Valois um die Vermittlung eines Waffenstill= standes zwischen dem Sultan und Österreich zeigten, daß jede antifran= zösische Aktion in diesem Moment nicht im Sinne des Kaisers lag. Karl mußte dankbar sein, wenn Franz I. durch Waffenruhe am Balkan Fer= dinand Rückenfreiheit und die Möglichkeit zu innerdeutschen militäri= schen Operationen gewährte.

Die fortschreitende Gärung im Reich blieb Anton nicht verborgen. Sein Neffe Georg Fugger zählte zu jenen Persönlichkeiten, denen die Musterung der Augsburger Truppe anvertraut war, als sich die evan= gelische Reichsstadt von Karl V. bedroht glaubte. Zum Verhängnis des Kaisers durchbrach Bischof Granvella die Nachrichtensperre auch nicht mit bescheidensten Andeutungen. Ahnungslos verhandelte deshalb die Firma mit London über ihre Beteiligung an einem weiteren Millionen=

darlehen. Im Falle dieses Kontraktes wurde es nur fraglich, ob die Niederlande den Abfluß solcher Beträge aus dem kaiserlichen Machtbereich zu den Engländern nach Calais duldeten. Auch wenn die Stadt London selbst Fugger als Bürge gutstand und Heinrich VIII. zu den Alliierten Karls gerechnet wurde, ließ sich die Sache des Hauses Tudor noch lange nicht mit jener Habsburgs restlos gleichsetzen.

Trotz späterer Erfolge ging ein Entscheidungssieg Karls V. über die deutschen Protestanten durch die Nichtorientierung Fuggers schon vor Kriegsbeginn verloren. Es wäre möglich gewesen, die Firma aus ihrer britischen Bindung zu lösen. Hingegen war es psychologisch verfehlt, durch Auszahlungsverbote ihre Handlungsfreiheit zu beschneiden. Derartige Maßnahmen verführten höchstens zur Umgehung. Statt Anton zu gewinnen, begann man ihn zu verärgern. Ähnlich erging es den deutsch=englischen Beziehungen. Durch die kaiserliche Goldexportsperre gegen Fugger kühlten sie dermaßen ab, daß der deutsche Botschafter in London persönlich eingreifen mußte. Als sich die Krone letztlich zur Lockerung der Vorschriften bewogen fand, waren die nötigen Mittel fort. Außerdem wurde der Tudor in seinem Kampfe mit Frankreich so sehr gegen Karl V. verstimmt, daß bei ihm nur wenig zum Übertritt unter die Kaiserfeinde fehlte.

Anton beharrte auf seinem eingeschlagenen Wege. Wenn die Spanier ihn nur zögernd im Spiele ließen, besaß er guten Grund, den Schwerpunkt seines Wirkens über den Kanal nach Nordwesten zu verlagern. Doch je stärker sich die Anzeichen kommender Verwicklungen mehrten, umso eifriger suchte Anton seine Neutralität zu wahren. Spanische und italienische Truppendurchzüge, die man noch als Sicherung der Südostgrenze werten durfte, bestimmten ihn nicht zu höherer Leistung. Erst als im Spätherbst 1545 aus den kaiserlichen und königlichen Kanzleien Hilferufe an die Gesellschaft ergingen, zeigte diese sich zugänglicher. Freilich auch jetzt erfolgten keine Abschlüsse im englischen Format. Die Fugger hatten über ihre Mittel langfristig verfügt.

Ausgedehnte Waffenhandelsgeschäfte und die Gefangennahme Herzog Heinrichs des Jüngeren von Braunschweig durch die protestantische Fürstengemeinschaft offenbarten dem Kaufherrn, wohin das Schiff trieb. Entweder wollte Anton die Sache nicht wahrhaben oder er suchte, seine Gesellschaft außerhalb der Verantwortung zu halten. Man gewährte König Ferdinand spürbare Vorteile, indem die Firma für rund 100 000 Dukaten Neapeler Renten kaufte. Allerdings das erwartete Eingreifen auf dem deutschen Soldatenmarkt unterblieb. Diese Maßnahmen geschahen insgesamt aus einer von wirtschaftlichen Erwägungen und von Friedenssympathie diktierten Hartnäckigkeit. Der gesamte Vorgang erweckt den Eindruck, als habe sich das Haupt der süddeutschen Finanz vorsätzlich taub gestellt. Seine Gesellschaft ermöglichte die Verbesserung diplomatischer Beziehungen zwischen dem Kaiser und Polen, denn dort standen Fuggersche Werte im Gefecht. Das Entgegenkommen ging aber nicht so weit, daß man Ferdinands Streben nach Verlängerung der ungarischen Bergwerkspacht erfüllte. Anton erklärte, daß eine Fortdauer ihm „gar zuwider" sei, und „er würde es in summa nicht tun".

Wenn die Unabhängigkeit kaufmännischer Entscheidung am Vorabend des Krieges mit solchem Freimut unterstrichen wurde, geschah Fuggers Absage schon im Bewußtsein der Umstände, welche die Anfrage der Krone verursachten. Die Gesellschaft kannte die Geldknappheit in Oberdeutschland wie den Niederlanden. Sie vermied jedoch Erweiterungen des Liegenschaftsbesitzes, etwa durch den Ankauf schlesischer Herrschaften wie Pleß, die verlockend dünkten. Stattdessen strebte Fugger nach einer Verstärkung seiner Stellung in Gebieten wie England, Ober= und Unteritalien, Sizilien, vielleicht gar Kleinasien, mit denen sich ein aussichtsreicher Erz= und Tuchhandel treiben ließ.

Endlich hielt sich Anton trotz seiner Kirchenfreundschaft dem Trienter Konzil fern. Darnach entsteht der Eindruck, als habe er zu einer Stunde, als der Krieg kaum mehr vermeidbar war, eine theoretische Neutralität der Wirtschaft innerhalb der politischen und konfessionellen Machtblöcke angestrebt. Erst als die Situation sich zum Existenzkampf des Erzhauses und der Katholiken gegen die Protestanten zuspitzte, griff Fugger in die Tasche. 200 000 Dukaten Darlehen an den Kaiser im Winter 1545 und 1546 legen beredtes Zeugnis davon ab, auf wessen Seite Anton bis zur Stunde der Entscheidung focht.

11. Kapitel

DER SCHMALKALDISCHE FELDZUG

Karls Entschluß zur kriegerischen Auseinandersetzung mit den Protestanten stand fest. Nur Zeitpunkt und Art befanden sich in Schwebe. Daß die Fugger ihre Verbindung zu Herzog Moritz von Sachsen, dem verfeindeten Vetter des Oberhauptes der Schmalkaldener Fürsten stärkten, kam der Krone zu statten. Denn sie mußte darnach trachten, diese Linie der Wettiner aus der Opposition zu lösen. Hierfür boten wirtschaftliche Kontakte ein brauchbares Mittel. Schmerzlich blieb es hingegen, wenn die Firma sich zu keiner Verlängerung der ungarischen Pacht bereden ließ. Jedoch Anton war nicht umzustimmen. Selbst die Bemühungen der Florentiner Strozzi zugunsten Frankreichs verursachten keine Schwenkung. Konflikte der Gesellschaft mit Bremen wegen der Durchfuhr von Kupfer belehrten Fugger darüber, wie schwierig sich der Handel mit kriegswichtigen Metallen fortan gestaltete. Seine Hoffnung richtete sich so dringend auf Frieden, daß sogar die Auslassungen eines kaiserlichen Sekretärs, wonach die Rückeroberung Konstantinopels bevorstand, nur kühl aufgenommen wurden.

Andere Dinge blieben wichtiger, vor allem das konfessionelle Geschehen. Wachsam verfolgte Anton die Beziehungen innerhalb der Protestanten wie den päpstlichen Kurs. Man sehnte sich nicht nur allgemein nach einer Erneuerung der Kirche und der Wiedervereinigung im Glauben. Auch dem Konzil und der Personalpolitik des Vatikans blieb die Teilnahme des Kaufherrn gewiß. Unablässig bestürmte Anton seine Gewährsleute, welche Auswirkung die letzten Kardinalsernennungen hätten. Fugger fragte, ob die Beratung der Väter in Trient sich nicht anderen Gegenständen zuwenden sollte, die eine rasche Beilegung der Zwietracht versprachen. Alles, was zur Wiederannäherung führen mochte, besaß seine Sympathie. Weder durch kaiserliche noch auch protestantische Truppenansammlungen ließ sich Fugger davon abbringen, daß der Glaubensfriede zurückkehren müsse.

Diese Hoffnung aus der Generation der Erasmusfreunde erscheint erstaunlich. Die Firma war über die westeuropäische Kriegsführung sonst gut unterrichtet. Ihre letzten Projekte waren auf den Ausbau des

Barchentgeschäftes über Norddeutschland, Hamburg und die Niederlande nach England und Frankreich, Spanien und Italien, wenn möglich dem Orient ausgerichtet. Sie entfernte sich damit von der heimischen Basis. Dennoch bleibt es unbegreiflich, wie arglos Anton die innerdeutsche Entwicklung beiseite schob. Kirchenfürsten, die sich nach Bergungsmöglichkeiten im Kriegsfalle erkundigten, wurden damit vertröstet, „daß es zu einem solchen nicht kommen soll."

Antons euphorischer Selbstbetrug wird im Hinblick auf das steigende Maß seiner englischen Geschäfte verständlicher. Sie verdrängten jedes andere kaufmännische Denken aus seinem Gesichtskreis. Wie konnte er sonst übersehen, daß die Ausdehnung der Reformation eine Klärung von Seiten des Kaisers forderte. Karl V. wollte nicht dauernd beschwichtigen. Die Zahlungen der Bank über Wien an spanische Truppenführer widersprachen offenkundig der habsburgischen Friedensbeteuerung. Dennoch erging sich Anton am gleichen Tage im Februar 1546, als Karl V. seinem Sohn Philipp den kaiserlichen Kriegsplan kundtat, in ermutigenden Ausführungen über deutsche Religionsgespräche. Das Trienter Konzil und Fuggers englische Geschäfte, die bis Paris ausgriffen, erfuhren freundliche Würdigung. Daß die Krone Oberdeutschland diesmal von der Geldbeschaffung ausnahm, trug zur Festigung des Wahnes bei. Anton glaubte, daß er weiterhin ein Gefolgsmann von Kaiser und Papst, doch zugleich ein guter Augsburger bleiben könne. Man investierte bis in das Frühjahr 1546 umfangreiche Summen in Barchent- und Metallgeschäften König Heinrichs VIII., für die nur das Wort der City von London gutstand, obwohl der Deutsche die Bürgschaft des Parlaments gefordert hatte.

Wie zum Zeichen für das Ende der alten Zeit, schloß Martin Luther die Augen. Skeptisch vermerkte Fugger in seinem Briefbuch, daß nichts unter der Sonne von Bestand sei. So zweiflerisch das klang, blieb der oft eingeweihte Mann von unerhörter Gutgläubigkeit. Höchstens der Umstand, wie weit dem Kaiser die Täuschung der Protestanten gelang, mag vergleichsweise erklären, warum der Kaufmann die Dinge nicht mehr so sah, wie sie eigentlich liefen. Mißhelligkeiten in Ungarn, wo der Reichstag von Preßburg die Firma jetzt zurückhalten wollte, dürften ihn kaum irregeleitet haben. Dafür winkte an der Themse ein Geschäft von 600 000 Dukaten, das sich mit Juwelen und Textilhandel gut verbinden ließ. Außerdem befand sich Anton in gesundheitlich schlechter Verfassung. Ein Kranker, vermeintlich vom Tode gezeichnet, klammert sich leicht an Träume.

Die Zuversicht zum Friedensstreben des großen Bankiers und weniger nur eigene Finanzsorgen dürften der Grund gewesen sein, weshalb protestantische Reichsfürsten mit der Firma Fühlung hielten. Obwohl sich ihr Verhältnis zum Kaiser verschlechterte, warnten sie Fugger, daß man seine Söhne aus Italien entführen wolle. Solche Hinweise konnten das vordem gute Verhältnis weiterpflegen. Als Anton gar von einer gefährlichen Erkrankung Pauls III. hörte, näherte sich sein Urteil über das Reformkonzil noch stärker dem Standpunkt der Schmalkaldener als bisher. Schließlich übersah Fugger sogar die Gefahr, die dem Regensburger Reichstag davon drohte, daß die meisten Fürsten ihm fernbleiben wollten.

Der große Mann traf seine Dispositionen aus Eigentäuschung. Während andere Kaufleute Geld horteten, wiegte sich Fugger im Vertrauen. Er wollte alte Geschäftszweige friedlich abbauen, neue an ihrer Stelle entfalten. Sein Herrschaftsbesitz sollte nach dem Elsaß erweitert werden, obwohl dieses von jeder Fehde zwischen Karl V. und Franz I. bedroht wurde. Antons stolzeste Hoffnung galt aber England, wobei er vergaß, wie rasch die antirömische Haltung Heinrichs VIII. ihn unter die Feinde des Kaisers führen mochte. Was Anton nicht wahrhaben wollte, schob er beiseite. Auch sein Neffe Johann Jakob bemühte sich lieber um die Gewinnung eines Erasmus=Porträts als um klare Analysen der Situation.

Der Kaiser stand inzwischen am Rhein. Man konnte kaum mehr zweifeln, daß er bald auf Fugger zurückgriff. Dennoch meinte Anton, die Firma dürfe sich aus gewissen Sparten des Montangeschäftes zurückziehen. Karls Wünsche gedachte er mit Darlehen an Sekretäre abzufinden. Es war das unrealistische Verhalten eines Mannes, der mit seiner baldigen Auflösung rechnete. In dieser Verfassung trat Anton mit Augsburger Abgeordneten zu Donauwörth dem Kaiser gegenüber. Vielleicht wollte Karl V., der seinen Financier lange nicht gesehen hatte, die wirtschaftlichen Aspekte seiner künftigen Politik vertraulich erörtern. Weil Fugger aber nicht allein kam, fehlte das rechte Klima. Karl erfuhr wohl, daß die Gesellschaft einen Wechsel der französischen Krone über 800 000 Dukaten ablehnte. Aber jenes Gespräch, dessen der Kaiser zur Vorbereitung des Krieges, der Kaufherr hingegen für Frieden und Handel bedurfte, kam bei dieser Begegnung schicksalhafterweise nicht zustande.

Karl V. zog nach Regensburg, wo die Religionsdebatten sich totliefen. Anton schrieb italienischen Freunden, daß Gott die Fürsten zum Heile der Christenheit lenken wolle. Als auf kaiserliches Geheiß Darlehensunterhandlungen eröffnet wurden, ließ sich die Illusion kaum mehr pflegen. Dennoch berichtete Anton weiter nach Rom, Karl führe nichts gegen die Protestanten im Schilde. Doch nun ließ der Kaiser seine Tarnung fallen. Fugger und Welser sollten 200 000 Dukaten in Deutschland, unter Beiziehung von Genuesen und Florentinern 400 000 Dukaten in Spanien beschaffen. Bei ferneren 200 000 Dukaten zur Aufstellung eines niederländischen Heeres wurde an die Fuggerfaktorei

Antwerpen gedacht. Als Antons Mittelsmann die Wünsche Karls V. in Augsburg vortrug, zerstob der letzte Traum vom Ausgleich in Kirche und Reich. Ein Krieg stand vor der Türe. Die Firma konnte unmöglich sich dem Verlangen ihres hohen Herrn versagen. Ohne Angabe von Gründen gestand Anton einem Verwandten, er wolle sich aus Krankheitsgründen am liebsten zurückziehen.

Was vor wenigen Jahren noch möglich gewesen wäre, ging nun nicht mehr. Kaiser und Gesellschaft ließen Anton nicht los. Während Augsburg Maßnahmen gegen jede Abwanderung seiner Vermögensträger beschloß, folgten die großen Firmen den kaiserlichen Anleihewünschen. Seit diesem Augenblick blieb ein Fuggerscher Agent im Lager Karls V., um die Fühlung zwischen Krone und Kapital zu sichern. Zugleich wurden die spanischen Faktoren mit Aufträgen des Herrschers und seines Sohnes Philipp überhäuft. Anton trachtete die Entwicklung zu zügeln. Da aber päpstliche Hilfsgelder bei der Bank hinterlegt wurden, konnte diese ihre Neutralität unmöglich fortführen. Dazu kamen Verlockungen aus Spanien, wo die Firma Ersatz für ungarische Werte suchte. Die im Frühjahr 1546 geschlossenen Verträge Fuggers mit dem Großkomtur de los Cobos fesselten das wirtschaftliche Geschick der Gesellschaft an die Monarchie. Anton bot dem Katholischen König zu Genua und Mailand Mittel für seinen Kampf gegen die deutschen Protestanten.

Obwohl ein überzeugter Anhänger der alten Kirche, ging Fugger schweren Herzens seinen Weg. Da er sich nicht mehr vermeiden ließ, suchte die Gesellschaft jene wirtschaftlichen Früchte zu ernten, die an dieser Straße reiften. Was Anton zur Wahrung persönlicher Neutralität an Lebensmitteln nach Augsburg lieferte, bedeutete nicht viel. Jedoch selbst als die kaiserliche Allianz mit dem Heiligen Stuhl sich bereits dem Abschluß näherte, gedachte Anton noch immer sehnsuchtsvoll einer Befriedung durch den Reichstag.

Seit dem Frühjahr 1546 stand Fuggers Vermögen im militanten Dienste der Krone. Ihretwegen konnte Anton seine englischen Beziehungen nicht so pflegen, wie er das wollte. Dabei blieb kein Zweifel, daß jede Versöhnung Heinrichs VIII. mit den Franzosen wahrscheinlich beide den Feinden Habsburgs zuführte. Mehrere Neffen Antons kamen mit ihm selbst nach Regensburg, um Versöhnungsformeln zu suchen. Es war der letzte Friedensdienst, den Fugger seiner Heimat leistete. Die Intervention verlief im Sande. Jener Krieg, zu dem Anton widerstrebend eine gute halbe Million Gulden, wenn nicht mehr, beschaffte, brach über Deutschland herein.

Die diplomatischen und finanziellen Bemühungen der Familie riefen unter den evangelischen Fürsten und in Augsburg Aufsehen hervor.

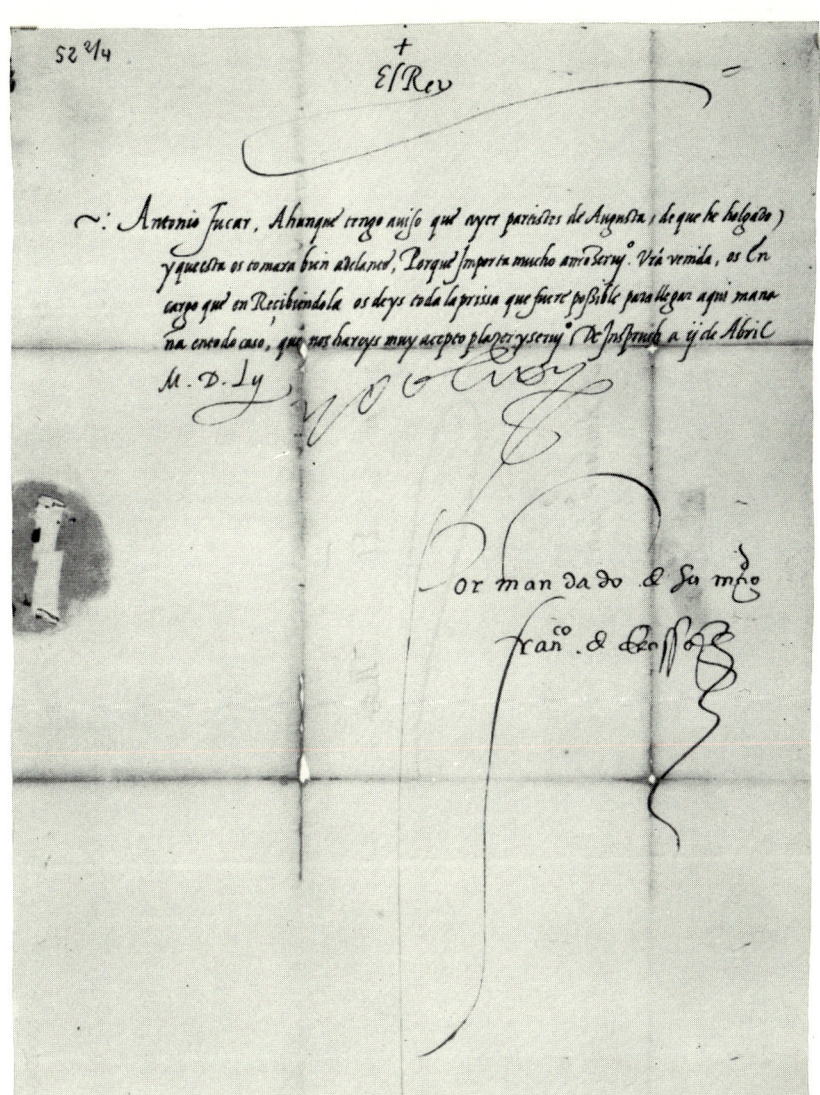

Brief Kaiser Karls V. (mit Gegenzeichnung des F. de Erasso)
an Anton Fugger 1552

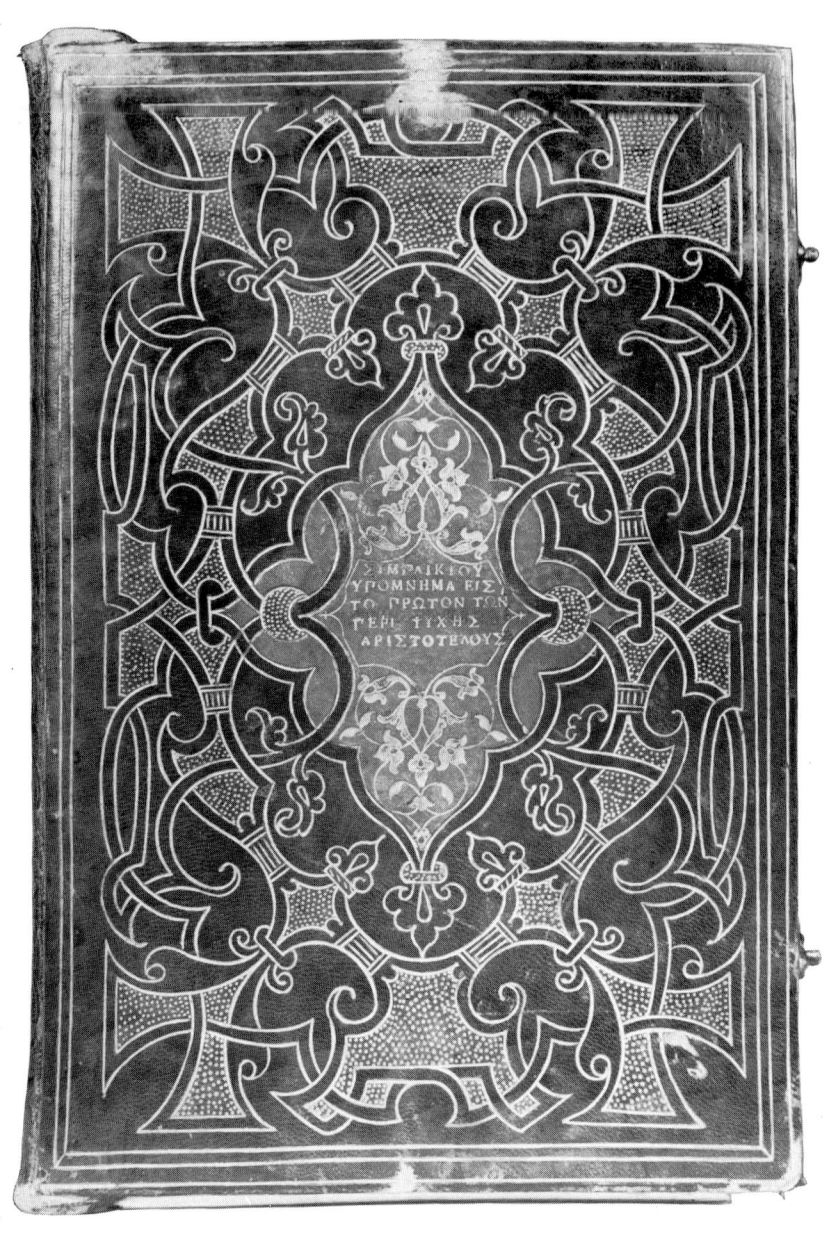

Bucheinband mit Lederprägung des Markus Fugger um 1560

Allein die Firma mußte dem Kaiser beistehen, um nicht zwischen den Steinen zermahlen zu werden. Als der städtische Rat bald darauf die Truppenwerbung für Karl V. untersagte, verstummten letzte Zweifel darüber, wessen Partei die Gemeinde ergriff. Schleunigst brachte die Firma Papiere, Geld und Sachwert in Sicherheit. Die Stadt wahrte ihrem Sohne gegenüber, der um den Frieden ehrlich gerungen hatte, freundliche Formen. Man duldete seine Abreise, die Verlagerungsmaß= nahmen und störte nicht einmal die Ausfuhr von Geld, das für Karls Kriegskasse bestimmt war. Nur eine bescheidene Vertretung der Ge= sellschaft blieb am Lech zurück. Als Augsburg anfangs Juli 1546 Feind= seligkeiten gegen das kaiserliche Heer eröffnete, waren Anton Fugger, seine Familie und Habe längst außer Gefahr.

Zu welchen Zwecken Fuggers Geld diente, dürfte man im einzelnen schwerlich gewußt haben. Die Firma wurde ähnlich manchen Fürsten von der kaiserlichen Taktik überspielt. Sie konnte froh sein, wenn ihre ländlichen Güter auf das Geschehen vorbereitet und in Augsburg trotz einer Lähmung der Zentrale unersetzliche Schäden vermieden wurden. Nach Meinung französischer Diplomaten flossen selbst jene Summen, die Fugger Heinrich VIII. borgte, über London wieder Karl V. zu. Nie= mand rechnete mit einer längeren Dauer der Feindseligkeiten. Dennoch blieb der Krieg „ein großer Jammer und Verderben deutscher Nation". Obwohl Fugger anfangs im neutralen Bayern weilte und sich erst später nach Schwaz zurückzog, bestanden Querverbindungen in dem schwäbi= schen Kriegsraum. Kaiserliche Kriegspolitiker wollten nicht einsehen, daß der Kaufmann seine Vermögenssubstanz und vor allem das Textil= zentrum von Weißenhorn unmöglich preisgeben durfte. Wie weit sich die Firma aus Gehorsam gegenüber der Majestät trotzdem ihrer Reser= ven entblößte, ward am Geldmarkt von Antwerpen und in London besser offenbar, als Spanier und Österreicher das glaubten.

Die deutsche Wirtschaft lag darnieder. Ihre Hauptstraßen wurden durch den Kampf um die Donaulinie, der nur ein Vorspiel bedeutete, bis an Ost= und Nordsee blockiert. Fugger bekam das empfindlich zu spüren. Nachdem das protestantische Heer Weißenhorn erobert hatte und seine Offensive sich gegen Tirol vorschob, drohte der Zusammen= bruch der Aushilfeorganisation der Gesellschaft. Kein kaiserlicher Schutzbrief und keine Augsburger Fürsprache bei den Protestanten, nicht einmal die Verständigung mit England hätten ihm geholfen. Dem Tudor blieb ein Kaufmann nur dann interessant, wenn er sich gegen Unbilden behauptete. Eine wankende Firma, die politischen Beistands von der Themse her bedurfte, wäre fallen gelassen worden. Die kaiser= liche Partei verkannte diese Zwangslage. Antons Zuflucht in Tirol schien der Bürokratie ein günstiger Ansatzpunkt, um die Gesellschaft in

Hall und Schwaz zu bedrängen. Diese selbst geriet in Verlegenheit, weil durch Überfälle auf Postboten und Kuriere ihr bewußtes Doppelspiel, mit dem man friedliche Wege anbahnen wollte, offenbar wurde. Jetzt steigerten sich die Einwände der Gegenseite. Allen voran forderten Kur= sachsen und Hessen, die Gesellschaft, deren Beistand Karl V. und Papst erst kriegsfähig mache, solle den Schmalkaldenern borgen. Nun be= währte sich Antons Mühe, trotz seiner Kaisertreue den Faden nach Augsburg zu schonen. Die Reichsstadt suchte, die Firma gegen ihre eigenen Alliierten abzuschirmen, da sich die Oberschicht aus allerhand augenkundigen und geheimen Ursachen den Fuggern verpflichtet fühlte.

Jenseits des Kanals wurde dieser Zusammenhang nüchterner erfaßt als im Reich, dessen konfessionelle Leidenschaften manche Einsicht trübten. Wenn die englische Krone als Partner Fuggerscher Verträge die Firma preisgab, war es um sie und den Kaiser geschehen. Aber das scheint der Absicht Heinrich VIII. nicht entsprochen zu haben. Man vermerkte zu Westminster befriedigt, daß die Gesellschaft eine halbe Million Gulden vorstreckte. Der Tudorhof hielt es trotz seiner ideolo= gischen Beziehungen zu den protestantischen Fürsten mit dem katho= lischen Kaufmann und half Karl über Schwierigkeiten hinweg. Denn auch der Schmalkaldische Krieg erwies sich vom Ausrücken der Sol= daten an beinahe stärker als wirtschaftliches denn als militärisches Ge= schehen. Ohne das staunenswerte Geschick der Faktoren in Augsburg, beim Kaiser, in den Niederlanden, am Hofe von St. James, in Antwerpen, Wien und Rom hätte der Feldzug für die Firma einen katastrophalen Verlauf genommen. Hab und Gut wären eingezogen, geplündert, abge= brannt oder verschleudert worden. Die Fugger hätten sich nicht durch bescheidene Zahlungen oder inoffizielle Gefälligkeiten für evangelische Firmen aus ihrer Klemme gelöst. Dafür wußte die andere Seite um ihre Beteiligung an kaiserlichen Kreditmanipulationen in Spanien, Italien, England und den Niederlanden zu gut Bescheid. Ernsthaften Nachrichten gemäß soll Anton sogar aus Bremen Subventionen für die Krone mobilisiert haben.

Die volle Höhe der Darlehen wurde freilich nie bekannt. Im prote= stantischen Lager nützte fast nur Ulm, das seinen Barchentkonkur= renten vernichten wollte, die Lage aus. Es genügte ihm nicht, wenn der katholische Gottesdienst in Fuggers Kirchen verboten ward. Das Groteske der Situation zwischen beiden Parteien zeigte sich drastisch darin, wie die Gesellschaft von allen Seiten verfolgt wurde. Wer aus= gleichen wollte, kam in den Verdacht, auf zwei Schultern zu tragen. So entschieden Anton sich gegen protestantische Bitten wehrte, gab es im kaiserlichen Lager Personen, die ihm mißtrauten. Vielleicht geschah es, um der Gesellschaft weitere Summen abzupressen, da der Krieg mehr kostete als veranschlagt war. Ferdinand vermochten die Erlöse aus Neapel nicht zu befriedigen, und die Schmalkaldener gaben sich mit Fuggers Getreidelieferungen kaum zufrieden. Dabei sträubten sich nicht nur Anton, sondern auch andere katholische Großfirmen gegen jede Verquickung ihrer Geschäfte mit dem politischen Verlauf.

Auf weitere Sicht hin geschah es zum Nachteil der Gesellschaft, wenn ihr Oberhaupt nicht durchgreifen konnte oder der Initiative ehrgeiziger Vertreter zu weiter Spielraum verblieb. Die Ordnung lockerte sich. Untergeordnete Stellen glaubten an eine Elastizität ihrer Bindung. Als aber der kaiserliche Widerstand sich um Ingolstadt zum Stoß gegen die Protestanten sammelte, wollte man wissen, Anton sei persönlich im Lager gewesen. Wenn das der Fall war, geschah es eher um zu zügeln denn anzueifern. Selbst Fuggers ungarische, böhmische und österreichische Finanzgespräche verliefen im Sinne einer Mäßigung. Der Augsburger Rat tat deshalb gut daran, die auswärtigen Bürger gegen seine Alliierten zu verteidigen. Ohne Anton wäre der Krieg bestimmt härter geführt worden. Die Schmalkaldener allerdings meinten, daß sich durch Drohung mit Brand und Plünderung Schätze mobilisieren ließen. Es hätte ihnen kaum geholfen. Sogar der Kaiser wußte, daß man von niemanden etwas erhielt, „wenn nicht vom Fugger". Dieser seinesteils aber gab nur zögernd.

Anton erfaßte seine Schlüsselposition. Keine Partei verfügte über Bargeld. Falls er Zurückhaltung erzwang, mußten beide Seiten den Krieg abbrechen, so leidenschaftlich ihre Generale auf Schlachtenruhm drängten. Wenn Fugger, was vermutet wurde, schließlich die italienischen und spanischen Finanzquellen unter seine Kontrolle brachte, lag bei ihm die Möglichkeit vorzeitiger Beendigung des Kampfes. Anton hat sie nicht erreicht, doch bei der Lokalisierung mitgewirkt. Seit dem Herbst 1546 begann sich seine Taktik zu lohnen. Jedes Lager zeigte Spuren von Kriegsmüdigkeit. Nun begriff Fugger das Gebot der Stunde. Daß der Chef des Hauses schon wieder Maßnahmen für Weißenhorner Weber traf, beweist, daß er keine Fachkräfte verlieren wollte. Vielleicht konnten die Stühle schon bald wieder klappern, Fuggerwaren nach den Niederlanden, England, Spanien, Portugal, Italien oder Übersee auslaufen.

Als sich die Gegner im Herbst 1546 nach einem Vierteljahr Schattenkrieges, den örtliche Artillerieduelle unterbrachen, zum Kampf an der mittleren Donau aufrafften, wurde Antons höhere Friedensstrategie von praktischen Augenblicksüberlegungen unterbrochen. Er mußte verhindern, daß Truppen in seinen Schlössern, Dörfern und Betrieben tobten. Die Schmalkaldener durften ihren begreiflichen Unwillen nicht im Raum von Donauwörth auslassen, weil die Firma unter falschem Namen Karl V. Geld zuführte. Wie es hieß, war auch die Rheinarmee durch Fugger finanziert, und Tilgungsbeträge, die aus England eintrafen, verwandelten sich bei ihm zu katholischen Subsidien. Unzweifelhaft geschah manches dieser Art. Hätte Anton aber entgegen seinem Friedensenthusiasmus aus Opportunismus gehandelt, wäre der Kaiser rascher Sieger geworden. Fugger wahrte seine Fassung und strengste Diskretion über jedes Geschäft. Nur so konnte die falsche Vorstellung aufwachsen, er habe Karls Schuldscheine verbrannt. Hätte man der Krone unbedingt helfen wollen, wäre dieser blankes Geld lieber gewesen als ein Häufchen Asche.

Fugger neigte zu keiner Theatralik. Unter seinen Mitarbeitern hieß es im Herbst 1546: „Wir wechseln mit langen Spießen und Kanonen" auf der Frankfurter Messe. Hinter solchen Worten stand nicht kriegerisches Pathos, vielmehr die Sorge eines Kaufmannes über „den schlechten Handel". Wenn Staatsmänner und Generale versagten, mußten die Kaufherren Frieden schaffen. In der Hoffnung auf Umschwung wurde mit maßgeblichen Männern des kaiserlichen Kreises wie Erasso und dem Bischof von Arras Fühlung gehalten. Die Firma gab Karl V. 100 000 Dukaten, die Gaspar Ducci in den Niederlanden besorgte. Nur ein Kaufmann, der zahlte, behielt Einfluß auf seinen Herrscher. Demgegenüber besaß die Mitwirkung eines Fuggerschen Faktors bei der Überrumpelung von Donauwörth rein demonstrativen Charakter. Praktisch war die Stadt ohnehin für die Protestanten unhaltbar.

Auffälligerweise blieb der schwäbische Feldherr Sebastian Schertlin bedacht, Anton zu schonen. Eingeweihte wußten warum. Falls das Kriegsglück umschlug, sollte Fugger den Augsburgern zur Aussöhnung verhelfen. Der Abzug des Kardinals Farnese aus dem kaiserlichen Heer förderte dort Friedensneigungen, die Johann Jakob Fugger im Sinne seines Oheims ermutigte. Wenn es zutraf, daß England dem Landgrafen von Hessen statt dem Kaiser Hunderttausende lieh, mußte ein Waffenstillstand raschestens erwirkt werden. Sonst geriet jene Gesellschaft, die ihren Friedenskurs zwischen den Parteien hindurch verfolgte, unter die Räder. Kampfmüdigkeit und Unvermögen beider Machtgruppen zur Soldzahlung konnte Ende Oktober 1546 als Zeichen dafür gelten, daß Fuggers Taktik, den Krieg am Geldmangel sich totlaufen zu lassen, dem Erfolg nahekam. Auch das Erlöschen der päpstlichen Hilfe, die Anton kontrollierte, mußte sich im Sinne baldigen Friedensschlusses auswirken. Der Streit schien vor seinem Ende, als sich Moritz von Sachsen, weniger durch die Macht des oberdeutschen Kapitals bewogen, sondern aus dynastischem Ehrgeiz zur kaiserlichen Seite schlug. Er fiel in das Land seines kurfürstlichen Vetters ein. Damit zerbrach Fuggers Plan. Der Kampf lebte wieder auf, während Anton jede Mühe gebrauchte, um die Rache des Siegers von seiner oberdeutschen Heimat abzulenken. Wann jetzt Frieden wurde, war nicht mehr zu sagen.

Je mehr das Ansehen der Verbündeten schwand, umso lebhafter wandten sich die Neigungen der schwäbischen Öffentlichkeit Fugger zu. Trotzdem fehlte es nicht an Hetzreden gegen Anton, der dem Kaiser ergeben blieb. Mühsamer gestaltete sich seine fernere Beziehung zu Ferdinand. Dieser wünschte in Ungarn oder über Böhmen mit der Firma trotz deren Verluste am Metallmarkte neue Abschlüsse. Dem König blieb keine andere Wahl. Der mitteldeutsche Krieg verschlang mächtige Summen. Inzwischen steigerte die Generalität ihren Wunsch nach rascher Entscheidung auf dem Schlachtfeld. Man fühlte sich der aus Ermattungsstrategie künstlich verlängerten Kriegsdauer nicht gewachsen. Fuggers retardierende Taktik genoß sonderbarerweise das Zutrauen sämtlicher Beteiligten. So erreichte ihn während des Novembers 1546 aus dem kaiserlichen Feldlager die Anfrage, ob er geneigt sei, zwischen der Majestät, oberdeutschen Städten und den evangelischen Reichsfürsten zu vermitteln. Ein Mann, der mit beiden Fronten Kontakt gehalten, auch nirgends sein Gesicht verloren hatte, und falls man den Feldzug fortsetzen mußte, für das Erzhaus unentbehrlich blieb, eignete sich am besten für einen Ausgleich. Oder man wollte ihn aushorchen.

Die ersten Anregungen wurden bewußt überhört. Bald folgten entsprechende Wiederholungen. Falls das Gerücht, Anton habe außer dem Kaiser auch dessen Gegnern Zahlungen geleistet, Glauben fand, war es um die Gesellschaft geschehen, wenn er jetzt nicht zugriff. Dennoch galt es klug zu operieren. Fugger, der die mitteldeutsche Lage im Auge hatte, suchte die Situation zu meistern. Seine Meldungen von den sächsischen Schlachtfeldern lauteten dem Kaiser vorteilhaft. Aber in Augsburg wußte man, diesem Siegeszuge seien Grenzen gezogen. Folglich gingen die Meinungen auseinander, ob die Reichsstadt durch Fugger eine Annäherung erstreben oder unter ihrem Feldherrn Schertlin einen letzten Schlag wagen solle. Ulm hoffte gleichfalls auf Maklerdienste der Firma. Vom Konzil her drohte keine Versteifung der Lage. Also schien die Aussicht auf einen Brückenschlag begründet. Freilich die Gesellschaft durfte nicht verärgert werden. Durch Überfälle Bremens auf Fuggersche Transporte konnte das geschehen, obwohl der Antwerpener Faktor des Königs von Portugal der Firma beistand.

Antons politische Aktivität im Winter 1546/47 will nicht nur wirtschaftlich, sondern als Frucht religiöser Überzeugungen gewürdigt werden. Diese schlossen bei einem Kaufmann nicht aus, daß er des eigenen Gewinnes bewußt blieb und während der Versuche zur Einstellung des Krieges in Sachsen König Ferdinand und Herzog Moritz Geld vorstreckte. Anton entschloß sich nur langsam zu einer Übernahme des Mittlerauftrages. Darin mag eine Rücksichtnahme auf Krisenerscheinungen an der Antwerpener Börse mitgeschwungen haben. Aber wenn ihm der Friede gelang, war das vom Krieg geschwächte Ansehen wiederhergestellt. Seit Dezember 1546 liefen die Waffenstillstands= und Aussöhnungsgespräche Antons unter Zwischenschaltung seines Agenten im kaiserlichen Feldlager, Sebastian Kurz. Die Arbeit er= streckte sich keineswegs nur auf Augsburg. Sie galt noch einer Anzahl weiterer Städte und Fürsten, möglicherweise sogar dem späteren Heidel= berger Kurfürsten Ottheinrich als Kunden der Firma. Antons ver= lässige Orientierung über die Erschöpfung sämtlicher Kriegskassen kam ihm besser zustatten als den Schmalkaldenern ihr mangelnder Nachrichtendienst, der von einem Tode Karls V. fabulierte.

Kriegführende Länder, die über Frankreich Geldhilfe vom Sultan erbaten, brauchten auf Fuggers Beistand nicht zu rechnen. Umgekehrt zeigte die Unterwerfung Ulms, wo Antons Schwager Hans Baumgartner dem Kaiser zu Füßen fiel, wessen die Kaufherren fähig waren. Dieses Beispiel mochte Fugger bewegen, ähnliches zu versuchen. Es entsprach seiner erasmischen Friedensgesinnung wie dem wirtschaftlichen In= teresse. Dauerte der Feldzug an, geschah das zum Schaden der eige= nen Güter. In Augsburg mehrten sich jene Stimmen, die zur Kapi= tulation mahnten. Wenn Karl den Ulmern und Herzog Ulrich von Württemberg verzieh, erschien ein Ausgleich denkbar. Inzwischen befahl Anton die Rekatholisierung seiner Herrschaften bei Ulm. Wei= terhin ordnete er eine Gesamtabrechnung sämtlicher Geschäfte an und bereitete sich für diplomatische Aktionen vor. Sie sollten diese unge= wöhnliche Laufbahn beschließen.

Einsichtige waren überzeugt, daß es der Reichsstadt schlecht erging, falls Antons Versuch scheiterte. Dennoch gestaltete sich sein Vorhaben schwierig. Sobald Fugger von der Unterwerfungsbereitschaft seiner Heimat hörte, leitete er die Nachricht an Alba und Granvella weiter, offenbar des Glaubens, das übrige werde sich von selbst ergeben. Das mitteldeutsche Kriegsgeschehen und der nahende Winter sollten den Kaiser versöhnungsgeneigt stimmen. Während der ersten Januarwoche 1547 traf Anton aus Schwaz in Augsburg ein. Er fand eine Bürgerschaft und Behörden, die aus Angst vor Strafe zu jeder erträglichen Kapitu= lation bereit schienen. Man nahm es hin, wenn Fugger für den Fall weiteren Widerstandes mit Auswanderung drohte. Auch daß er der Majestät abermals 300 000 Dukaten zuführte, ward geduldet. Gegen= sätze wurden erst bei der Erörterung von Einzelheiten bemerkbar. Der Kaiser mußte durch eine rasche Klärung der süddeutschen Lage die An= näherung Kursachsens und Hessens an England vereiteln. Daher durfte der Herrscher, um keine Zeit zu verlieren, äußerstenfalls von der Wie= deraufrichtung eines kaiserlichen Bundes, nicht aber von der Beseitigung der evangelischen Konfession sprechen.

Fuggers Gewährsleute erfuhren im Lager Karls V., daß dieser bedin=

gungslose Kapitulation fordere. Außerdem bestand der Kaiser auf einer Auslieferung des protestantischen Feldherrn. Wie sollte man so weiterkommen? Antons Mitbürger erkannten ihn „für einen guten Augsburger, der seinem Vaterland Gutes gönnt". Aber was wußten sie von geheimen Plänen der Majestät? Weshalb wollte der Monarch die Auslieferung der Stadtschlüssel? War an die Beseitigung der protestantischen Lehre oder gar des Zunftregiments gedacht? Welche Besatzung wurde Augsburg zugemutet? Wie würde die Strafsumme ausfallen und wer sollte sie aufbringen? Unkontrollierbare Gerüchte schwirrten durcheinander. Es fiel dem Kaufmann schwer, an den Tatsachensinn appellierend, Augsburg zur Übergabe zu bewegen. Er mußte deshalb die Gemeinde von Widerstandsparolen abbringen, für die politische und konfessionelle Desperados warben. Daß die Stadt wähnte, sie vermöge jene Bedingungen zu skizzieren, unter denen man sich Karls Joch beuge, verriet ihre Ahnungslosigkeit.

Augsburg konnte nur einige Wochen Widerstand leisten. Dann waren Freiheit und Recht, Kultur und Wirtschaft verloren. Bei seiner Abreise Mitte Januar 1547 in das kaiserliche Lager entbehrte Fugger durchaus der Gewißheit, daß zuhause Vernunft über schlecht beratenen Eifer siegte. Sobald Karl V. den Feldherrn Schertlin von seiner Verzeihung ausschloß, die Krone große Summen und Geschütz verlangte oder gar eine Herrschaft über die Tore der Reichsstadt, die deutsche, wenn nicht spanische oder italienische Besatzung aufnehmen sollte, gingen die Wogen hoch. Man haderte gegen den „Fuggerschen Frieden" und munkelte von einem Verrat Antons. Dazu erschwerten Indiskretionen der Faktoren die Verständigung. Eitelkeiten wie jene eines Augsburger Bürgermeisters, der als Friedensstifter Ruhm ernten wollte, doch tödlich bangte, Anton werde ihm selbst keine kaiserliche Verzeihung erwirken, die seinen Besitz in England rettete, gefährdeten das dornenreiche Werk. Fanatiker taten ein Übriges. Unzweifelhaft brachte Anton mit seinem Ritt zu Karl V. und folgende Demütigungen seiner Heimat harte Opfer. Anderen wäre der Gang mißglückt, und selbst für ihn blieb er bitter genug. Zwar ließen sich die Gespräche mit Granvella und dem Herzog von Alba als maßgeblichen Beratern der Majestät gut an. Jedoch Karl blieb unnachgiebig. Sowie aber nicht alles nach Wunsch ging, rührten sich daheim Opponenten, die auf französischen Beistand gegen die Majestät pochten. Straßburg und Basel beurteilten die Lage sachlich. Die Schwaben hingegen meinten, Besiegte könnten durch Beiziehung Antons ihren Willen dem Kaiser aufdrängen.

Karl V. ließ nicht mit sich markten. Die Auswanderung des feindlichen Generals blieb sein äußerstes Entgegenkommen. Über die Höhe der städtischen Entschädigung kam eine Verständigung nur dadurch zuwege, daß Fugger aushalf. Anton war es um die äußere Ehre bei dem traurigen Vorgang nicht zu tun. Diese mochten Leute einheimsen, die geringeres Verdienst, doch größeren Geltungsdrang besaßen. Er war es zufrieden, wenn die Aussöhnung trotz kaiserlicher Hartnäckigkeit und des Unverstandes mancher Mitbürger gelang. In ermüdenden Gesprächen wurde die Kapitulation schonender gestaltet. Unzweifelhaft bewahrte Fuggers Eingreifen seine Stadt vor dem Letzten. Als ihre Bürger aber noch unzufrieden waren, stellte der Herrscher sein Ultimatum, vor dem man kapitulierte. Die Verstimmung der Krone hatte letztlich einen Grad erlangt, daß Fugger kaum mehr empfangen wurde. Unter diesen Umständen mußte man sich zum Fußfall entschließen. Es war der einzig mögliche, allerdings schmerzliche Ausweg.

Am 29. Januar 1547 lag die Augsburger Abordnung in Ulm auf den Knien, mit ihr freiwillig Anton Fugger. Nach einer kurzen Bitte um Gnade verlas Vizekanzler Naves Karls Antwort. Dann erhob sich die Majestät. Der Herrscher reichte zunächst Anton die Hand, darauf den Gesandten. Die Luft blieb kalt. Nach einer kleinen Stunde war das große Ereignis vorüber.

Die eigentlichen Widerwärtigkeiten begannen später. Karl verlangte 300 000 Gulden Buße. Auch als er seine Forderung um die Hälfte senkte, wußte die Stadt nicht, woher man das Geld nehmen sollte. Kaum schien der erste Schrecken vorüber, begann Unzufriedenheit. Anton blieben Vorwürfe nicht erspart. Es zählt zu den menschlichsten Zügen des seltenen Mannes, daß er seiner Vaterstadt wegen ihres Undankes nicht grollte. Karls Heer zog aus Schwaben nach Mitteldeutschland weiter. Schon witterten Fuggers Gegner Morgenluft. Man entließ städtische Truppen, die an der Gemeindekasse zehrten. Der Kaiser sollte seine Knechte gleichfalls von Augsburg abziehen. Anton hatte sich bis an den Rand der Ungnade vorgewagt, um seinen Freund Schertlin vor der Verbannung zu retten. Ebenso unermüdlich verhandelte er um günstige Zahlungsbedingungen. Sobald das Aussöhnungswerk wegen der Leistungsunfähigkeit oder des mangelnden Vertragswillens der Augsburger wankte, sprang er mit Vorschüssen ein.

Die Firma stand auf dem Spiele. Kehrten sich die Dinge in ihr Gegenteil, wurde alles von der Reichsopposition beschlagnahmt. Hielt sich der Kaiser, blieb es immer noch fraglich, ob die Gesellschaft jene Unsummen, die als Barkredite an Karl V. und aus Metall- und Rentenkäufen König Ferdinand von Tirol, Ungarn, Böhmen und Italien zuflossen, den Weg zurück in die Kassen der Gesellschaft fanden. Anton hielt seine Linie ein, obwohl Augsburgs Verbündete ihm Abbruch taten. Er blieb es zufrieden, wenn die Zahlungen an den Herrscher pünktlich geschahen, um jede Reibung zwischen Einheimischen und Besatzung zu vermeiden.

Fugger sollte durch gute Worte bei Hofe Wunder tun. Keiner glaubte, daß einzig seine Zuschüsse bestimmte Repressalien verhütet hatten und weiterhin ausschlossen. Um Mißverständnissen vorzubeugen, ritt Fugger aber mit Kanzler Naves nach Augsburg. Als dieser auf der Reise starb, kehrte der Kaufmann nach Ulm zurück, um in Aussprachen mit dem Bischof von Arras und Alba durchzusetzen, „daß bald ein guter Friede werde". Zureden maßgeblicher Bürger bewirkten daneben, daß sich kein Zwischenfall beim Einzug der kaiserlichen Truppen ereignete. Zugleich mußte Ferdinands Umgebung ihre Haltung mildern, um die Kupferkaufsverhandlungen nicht zu stören; denn von diesem Geschäft hing jedes weitere Kriegsglück ab.

Durch drei Vierteljahre hatte sich der Kaufherr um eine Wiederherstellung des Friedens sowie um die Rettung des Kaisers unter Aufgebot aller Kredite bemüht. Daß ein Sieg der Protestanten verhindert, sinnloses Sengen und Brennen der Soldateska unterbunden sowie Augsburg gerettet wurden, blieb sein Werk. Allmählich war freilich die Grenze der Leistungskraft erreicht. Wenn Karls Vertrauensleute oberdeutschen Financiers nach dem schlichten Grundsatz „Friß Vogel oder stirb" unerträgliche Zahlungen zumuteten, verstimmte das nicht bloß die Welser. Auch Anton büßte jede Unternehmungsfreude ein. Er hatte sich „hart entblößt", die Firma ihren Betrieb teilweise eingestellt, das eigene Geld verbraucht, fremdes aufgenommen. So durfte es nicht weitergehen, wenn der kaiserliche Triumph ohne Bankerott der Gesellschaft enden sollte. „Die Fugger sind müde", hieß es im Kreise ihrer Freunde.

Trotzdem ließ sich keine Entspannung ahnen. Bereits der erste kaiserliche Fehlschlag in Mitteldeutschland, wo man wieder unter der Verzögerungstaktik Antons litt, löste Rückfragen Karls V. und Ferdinands aus. Die fällige Rate der Augsburger Bußsumme wurde in der ersten Märzwoche 1547 im Fuggerhaus geleistet. Ohne 80 000 Gulden Darlehen der Gesellschaft, die über die Hälfte des Strafgeldes borgte, wäre die Verpflichtung der Bürgerschaft unerfüllt geblieben.

Mittlerweile wurde in Wien und Prag verhandelt. Österreich wollte seinen Krieg gegen die protestantischen Fürsten aus dem Erlös von Kupfer- und Silberverkäufen bestreiten. Sie kamen Anton ungelegen. Jedoch er scheute sich, das Erzhaus zu verstimmen, um nicht Kirchberg und Weißenhorn an Ulm zu verlieren, das sich durch Geld einschmeichelte. Wiederum begann ein Wettlauf um die Gunst der Krone. Diese selbst zeichnete Anton aus. Sein Freund Jörg Seld wurde zum Vizekanzler, Faktor Sebastian Kurz zum kaiserlichen Bevollmächtigten in Lindau erhoben. Aber trotz mancher Erfolge und vielfacher Opfer bestanden wichtige Hemmnisse gegen einen dauernden Frieden. Bisher war keine Verständigung zwischen Kardinal Otto von Augsburg und seiner protestantischen Bischofsstadt gelungen. Unterblieb sie, mußte die Aus=

söhnung mit dem Kaiserhause hierunter leiden. Die Gemeinde bestürmte Anton, aus Schwaz heimzukehren, um sich dieser Frage zu widmen. Nachdem die Verschuldung Ferdinands den König nachgiebig stimmte, meinten die Bürger, ihr Oberhirte lasse sich gleichfalls durch die Gesellschaft erweichen.

Fugger beschäftigten andere Sorgen. Während die Legaten das Reformkonzil aus Trient nach Bologna verlegten, drängte der Herrscher auf eine Entscheidung gegenüber den Protestanten. Er brach nach Sachsen auf. Fuggers Agenten schlugen den gleichen Weg ein. Die kaiserliche Fürsprache beim Herzog von Mecklenburg, der Schäden der Gesellschaft verhüten sollte, läßt heimliche Zusammenhänge erkennen. Anton dürfte auch die Aufstellung einer Braunschweiger Heeresmacht Karls V. mitbewirkt haben. Dennoch bog seine Firma nicht vorbehaltlos auf die Linie des Erzhauses ein. Der verjagte Feldherr Schertlin, der von der Schweiz aus Fühlung mit Fugger wahrte, blieb seiner Fürsprache ebenso sicher wie jene Mitbürger, die sich dem Übermut kaiserlicher Mannschaften widersetzten.

Solche Dinge ließen sich nicht von der Ferne betreiben. Anton kehrte zeitweilig in die Heimat zurück. Es wäre zum Abschluß eines Kupfervertrages, den Ferdinand ihm aufdrängte, nicht nötig gewesen. Seine Vollendung gegen Fuggers Neigung erklärte sich damit, daß dieser die problematische Sicherheit einem vertragslosen Zustande vorzog. Glücklicherweise kam Eduard VI. der englischen Tilgungspflicht gewissenhaft nach. Damit wurde die Gefahr Fuggerscher Illiquidität gebannt. Zahlreiche Juristen, mit denen sich Ferdinand umgab, mehrten Antons Mißtrauen. Ihm widerstrebten die Berufe von Amtspersonen und Aktenmenschen. Es führte ihn zur Annahme, hinter der Verhandlung steckten geheime Absichten Österreichs. Die Regierung gewährte der Firma keine Bedenkzeit. Als Karl V. gegen Kurfürst Johann Friedrich von Sachsen zu Felde zog und Ferdinand sich mit ihm auf einem mitteldeutschen Schlachtfeld vereinigte, konnte Fugger sich nicht länger um niederländisch=englische Wechsel oder Weißenhorner Rohstoffsorgen kümmern. Er sandte Vertrauensleute zur Armee. Sie sollten mit Ferdinand Vereinbarungen über die schwäbischen Gebiete treffen. Der Kaufmann durfte die Herrschaften seiner alten Schlösser und Dörfer gegen eine maßvolle Kriegsanleihe behalten. Freilich der König verlangte einen Tag, nachdem er 30 000 Gulden empfangen hatte, nochmals das Doppelte.

Solchen Wünschen durfte Anton niemals nachgeben. Der Tod Franz I. von Frankreich mochte sich bald auswirken. Selbst wenn die Nachricht von jenen 1,7 Millionen Goldstücken, die man im Louvre vermutete, aus der Luft gegriffen war, ließ sich kein Kurswechsel erwarten. Dazu wäre das Einlenken des Kaisers notwendig gewesen, doch dieser gedachte „mit seinem Kriegsvolk selbst Frieden zu machen". Ohne Beistand der Nürnberger Fuggerfaktorei blieb das ausgeschlossen. In diesem Bewußtsein wagte die Firma vorsichtigen Widerstand. Hierbei ermutigten sie Nachrichten aus Venedig, wonach im laufenden Jahre keine türkische Offensive mehr zu befürchten stand. Der Sultan zog sich unter dem Eindruck des Todes Franz I. von Frankreich von Adrianopel vorderhand auf die Dardanellen zurück.

Das war der passende Moment, in dem Karl unter Ausnützung der Verwirrung von West und Ost seinen Willen erzwingen wollte. Am 24. April 1547 errang das kaiserliche Heer einen überwältigenden Sieg. Die fürstlichen Häupter der deutschen Opposition fielen in des Kaisers Hand. Daß der Fuggerfaktor Sauerzapf zusammen mit königlichen Finanzräten der Schlacht bei Mühlberg beiwohnte, war kein Zufall. Ihr Ausgang mußte über das Vermögen der Firma entscheiden. Im Gespräch mit den österreichischen Behörden spürte man ihr Selbstgefühl. Aber Anton war nicht zu beeindrucken. Der Kaufherr zeigte sich nach wie vor zu Vermittlerdiensten geneigt. Augsburg erkannte, daß Deutschland „keinen anderen solchen Bürger" besitze. Jedoch es blieb bei freundlichen Reden. Eine dauernde Ehrung wurde ihm nicht zuteil. Jedes Denkmal blieb sowohl Jakob wie seinem Neffen Anton versagt. Nur Johann Jakob Fugger, der einzige Bankerotteur im Verlauf der großen drei Generationen der Familie, erhielt Jahrhunderte später ein solches durch den Bayernkönig Ludwig I. Es wendet, Ironie des Schicksals, der Augsburger Industrie= und Handelskammer den Rücken zu.

Bereits Antons Zeitgenossen warfen die Frage auf, woher man jene Mittel nahm, die unablässig aufgebracht wurden. Im Mai 1547 zahlte die Gesellschaft 30 000 Gulden für den Kaiser. Allerdings solche Hilfe erfolgte „gedrungen", wie Fugger hervorhob. Immerhin brachte sie aus den Niederlanden und Italien unablässig Gelder heran. Jede Ziffer, die darüber Aufschluß geben könnte, wer letztlich die Last der Finanzierung trug, wurde verschleiert. Selbst Antons Faktoren, die Karl V. nach Wittenberg folgten, dürften keine klare Kenntnis besessen haben. Sie sollten nur erwirken, daß jene kaiserliche Anleihe, die hier verbrieft wurde, auf 60 000 Gulden sich beschränkte. Es gelang, aber dafür blieben Ferdinands Lieferungen hinter den Zusagen zurück. Das erfolgreiche Erzhaus glaubte sich nicht mehr an seine früheren Zusagen gebunden. Die Tage schienen entschwunden, in denen Fuggers Absage der Krone drückender schien als verlorene Schlachten.

Anton ließ sich nicht irre machen. Ihn empörte jene Dauerhaft, die Karl über den sächsischen Kurfürsten verhängte. Allein die Firma konnte daran nichts ändern. Sie trachtete nun nach ihrem Ausgleich für in Norddeutschland erlittene Schäden. Trotzdem brach Fugger nicht

219

mit den Besiegten. Besonders der sächsische Kurfürst und der Landgraf von Hessen erfuhren finanziellen Beistand. Nicht ganz so freundlich begegnete man Ferdinand. Dessen gewalttätige Anwandlungen, die Fugger „unehrbare Dinge" zumuteten, wurden abgewiesen. Das geschah ohne Bedenken, seit Anton sich „mit Gnaden" aus dem Geschäft zu lösen wünschte. „Je mehr ich mich damit belade, je ärger ist es für mich." Mit den gefangenen Schmalkaldenern ließ sich leichter sprechen.

Fuggers Übertritt zur französischen Wirtschaftsgruppe blieb außer Betracht. Doch sein Wille zum Frieden brach durch. Einzig die Türkenabwehr wurde hiervon ausgenommen. Dafür ging die Absicht zum Rückzug aus Ungarn mit diesem Gedanken Hand in Hand. Freilich die Befürchtung kam nicht zur Ruhe, daß Antons kirchliche Gesinnung überwog und manches umstieß. Die Frage eines Bündnisses der Gesellschaft mit den katholischen Reichsmächten errang gesteigerte Bedeutung, als Karl V. für den Herbst 1547 eine Tagung nach Augsburg ausschrieb. Anstalten wurden getroffen, um ihn selbst in den Fuggerhäusern einzuquartieren. Wie leicht konnten sich Anton und Ferdinand da wieder finden! Ihre Zusammenarbeit beim Verkauf von Neapeler Renten und beim Vertrieb Tiroler Silbers wies in die gleiche Richtung. Sobald die Krone ihre österreichische Schuld tilgte, stieg auch die Aussicht auf Fuggerkredite zur Abwehr des Islams von Wien.

Die Augsburger Sommerwochen des Jahres 1547 waren erfüllt durch Vorbereitungen für den Reichstag. Anton blieb ihm einstweilen fern. Es erstaunt, daß der Kaufherr Karl V. nicht begrüßte. Dafür beschaffte die Firma 200 000 Dukaten. „Große Herren wollen, daß man es mache nach ihrem Gefallen". Trotzdem verweilte Anton noch immer zu Schwaz. Sein Befinden mochte das entschuldigen. Erst als der Bürgermeister wegen des Aussöhnungsvertrages und zur Anbahnung eines Vergleichs mit dem Fürstbischof um Fuggers Heimkunft bat, besann er sich eines anderen. Seine Beziehungen zu Kardinal Waldburg waren allerdings nicht so freundlich, daß Anton als Makler taugte. Außerdem widerstrebte es ihm, Ansprüche gegen Kirche, Klerus und Klöster zu verfechten. Nur sobald der Friede zwischen Augsburg und dem Kaiser gefährdet schien, gab es kein Zaudern. Fugger kehrte in seine Stadt zurück. Es geschah sechs Wochen nach dem triumphalen Einritt der Majestät. Anton wollte offenkundig nichts mehr mit großer Politik zu tun haben, obwohl es merkwürdig erscheint, daß seine Ankunft mit der Eröffnung des Reichstages im Fuggerhaus zusammenfiel.

Karl entzog der Firma seine Gnade so wenig wie der König von Portugal. Anton war leistungsfähig, infolgedessen unentbehrlich. Niemand wußte, wie bald dem glücklichen Feldzug eine Komplikation folgte. Außer innerdeutschen Verhältnissen und der Lage in Italien bereitete der Südosten Sorge. Jederzeit konnte es zum Wiederaufleben

der französisch=türkischen Allianz kommen. Also galt es, die Bank=
häuser mit kontinentaler Organisation der Krone ergeben zu halten.
Das war schwierig, weil bestimmte Anzeichen wie die Aufgabe des
ungarischen Handels, die Abstoßung von Besitzungen in Nordböhmen,
der klare Versuch, Burgen an der ungarisch=polnischen Grenze zu ver=
äußern, deutlich auf Neigungen Fuggers zum Rückzug aus Osteuropa
hinwiesen.

Diese Maßnahmen hingen mit Antons Vorhaben zum Ausscheiden
aus der Gesellschaft zusammen. Der Schmalkaldische Krieg hatte diesen
Vorsatz nicht beseitigt, nur seine Verwirklichung verzögert. Anders
erging es der jüngeren Generation. Ihr Exponent Johann Jakob Fugger
fand an Politik oder jenen Vorgängen Gefallen, die er für große Ge=
schäfte hielt. Der Kurs der Familie begann sich folglich zu spalten.
Auf die planend gemäßigte, weltklug vorsichtige und etwas kühle Art
Antons folgte die temperamentvolle Manier Hans Jakobs. Dieser
wünschte sein Geschlecht dem Gipfel zuzuführen und ließ seinen Auf=
stieg durch Anlage eines bebilderten Ehrenbuches feiern.

Mit einem Manne solchen Charakters hatten die Räte Karls leichteres
Spiel. Er war durch Privilegien zu gewinnen. Anton hingegen wollte
sein gutes Geld nicht in zweifelhafte Pfandschaften stecken, solange
„die Läufe geschwind, auch die Straßen unsicher" waren. Während der
Neffe sich einer aktivistisch=kirchlichen Haltung befleißigte, verblieb der
Onkel bei seiner alten Übung. An Hans Jakob erscheint manches ge=
waltsam, wogegen Anton trachtete, Karl V. mit unterlegenen Feld=
herren, Städten und Fürsten zu versöhnen. Da Fuggers Gesellschaft
auf der Antwerpener Börse und am oberdeutschen Geldmarkt der Krone
unentbehrlich blieb, durfte sie dieses riskante Spiel wagen. Nach dem
Weißbluten der deutschen Wirtschaft durch den letzten Krieg gab es
laut Meldung des Kardinallegaten kaum mehr Häuser, die 800 000
Scudi vorstrecken konnten. Daß Fuggers Geld freilich für eine Zer=
trennung der Eidgenossen bestimmt war, die der Kaiser Savoyen unter=
stellen wollte, scheint unglaubhaft.

Allerhand Maßnahmen zeigten an, wie sehr sich die Haltung der
Gesellschaft intern vom alten Kurse schied. Anton veranlaßte eine
Abrechnung über sein Vermögen. Auch ein Vertrag über den Tiroler
und Kärntener Bergwerkshandel von Anfang 1548 deutet sein Abwei=
chen aus früheren Bahnen an. Der junge Hans Jakob spielte im Zeit=
geschehen eine auf Geltung abzielende Rolle, während Augsburg sich
lieber dem sachlicheren Anton anvertraute. Seine Opferbereitschaft
hatte sich in den Tagen des Fußfalles erprobt. Während der Senior=
chef des Hauses nach Tirol zurückdrängte, sonnte sich sein Neffe in
der österreichischen Gunst. Er blieb geneigt, elsäßische Pfandschaften

der Habsburger zu erwerben. Wer hurtig mit dem Geld umging, mochte Aufsehen gewinnen. Jedoch er setzte sich gegenüber harten Geschäfts=leuten wie den englischen Agenten kaum durch. Diese zahlten aus Achtung vor der Zähigkeit Antons 383 000 Karolusgulden von der Schuld Heinrichs VIII. bis zum letzten Pfennig an die Firma zurück.

Antons steigende Müdigkeit ließ sich nicht länger bezweifeln. Sie war durch Alter und Krankheit bedingt. Dennoch fehlte es ihm nicht an Einfällen zur Wiederbelebung des ermattenden Geschäftes. Mit dem Außenhandelsbeauftragten des Königs von Portugal schloß die Ge=sellschaft 1548 einen Antwerpener Vertrag, wonach sie viele tausend Zentner Messingringe aus ungarischer Produktion und thüringischer Verarbeitung liefern durfte. Diese waren als Arm= und Beinschmuck für Guineaneger berechnet gleich jenen 40 000 Kesseln, Barbierbecken und Näpfen, die Lissabon zum Vertrieb nach Afrika oder Asien bei Fugger erwarb. Mit solcher Ware zahlten die lusitanischen Monarchen afrikanisches Gold, den Malagett= und Guineapfeffer, wenn nicht gar Negersklaven, die nach Südamerika verfrachtet wurden. Fuggers Er=zeugnisse, die sich Vorbildern der westafrikanischen Beninkultur an=glichen, galten für so gesucht, daß fast jede Messingspange einem Elefantenzahn entsprach. So standen die notariell verbrieften, obwohl geheimen Kupferexporte Antons von Antwerpen über Lissabon nach Afrika und Asien kaum hinter den Juwelengeschäften zurück, die seine portugiesische Filiale abschloß.

Die Großfirmen taten gut daran, sich Ausweichmöglichkeiten zu suchen. Im Reich wußte man niemals, ob und wann die Beschlüsse der Kölner und Trierer Reichstage gegen das Monopolwesen wieder her=vorgeholt wurden. Solche Befürchtungen mögen Anton bewogen haben, auf der Liquidation des Ungarischen Handels zu beharren. Aller=dings die Gesellschaft schloß mit den Augsburger Manlich, ihren Nach=folgern im slowakischen Bergbau, ein Preiskartell und Marktverein=barungen, die von 1548 an nach Art und Umfang regelten, welche Ge=biete von welchen Firmen in welchem Ausmaß zu beliefern waren.

Nach jahrzehntelanger Unterbrechung traten auf dem Augsburger Reichstag von 1547 erstmals wieder russische Unterhändler in Erschei=nung. Sie sollten angeblich einen Befehl des Zaren Iwan des Schreck=lichen ausführen und durch Finanzierung eines Reichsheeres gegen die Türken deutsch=russische Operationen gegen Konstantinopel vorbe=reiten. Anton scheint diesen vielleicht unsoliden Maklern kaum näher=getreten zu sein. Allein sie nahmen mit Johann Jakob Fühlung, so daß man hierauf zurückgreifen konnte. Fuggers Bestreben galt einer Kon=solidierung des Friedens. Zu diesem Zweck erneuerte er seine Versuche der Annäherung zwischen Karl V. und Schertlin, der durch französische Propaganda dem Kaiser in die Flanke gehetzt wurde. Ferner suchte die

Firma eine Verärgerung zwischen der Krone und Böhmen auszuräumen. Endlich waren Unstimmigkeiten, die wegen des Raubes Fuggerscher Waren in Mitteldeutschland entstanden, beizulegen.

Mochten Geschäftsleute vom harten Schlag eines Ducci unstatthaften Gewinn durch zweifelhafte Transaktionen zwischen niederländischen und französischen Märkten anstreben, so nahm Fugger sein Pazifikationsstreben dort wieder auf, wo es bei Kriegsbeginn unterbrochen werden mußte. Das bedeutete keinen Verzicht auf große Geschäfte. Umsätze von 130 000 Gulden und mehr zwischen der Gesellschaft und Eduard VI. von England zeigen, wie hingebend Anton seinem Interesse dort folgte, wo nach Überzeugung der Firma das ohne Gefahr für den Frieden geschehen durfte. Es blieb indessen ungewiß, wie weit Fugger mit dieser Tendenz, die schon einmal schwächer gewesen war als der kaiserliche Kurs, durchdrang.

Die Gesellschaft durfte sich nicht schroff von Österreich zurückziehen. Sie borgte Ferdinand nochmals Geld auf böhmische Biersteuern. Im allgemeinen ließ sich Anton jedoch schwer beikommen, während Johann Jakob in der Gunst kaiserlicher und königlicher Privilegien aufblühte. Anton beobachtete die Übergabe südwestdeutscher und elsäßischer Herrschaften voll Mißtrauen. Wenn ihn der König zu sich entbot, folgte er der Einladung bloß widerstrebend. Der Abschluß eines Ehevertrages zwischen dem späteren Kaiser Maximilian II. und Karls Tochter, der Infantin Maria von Spanien, berührte Fugger so wenig wie die Mantuaner Hochzeit einer deutschen Habsburgerin und doch sollte er in beiden Fällen helfen. Statt der Zukunft bereitete Anton die Gegenwart Mühen. Denn die kaiserliche Kompromißlösung in Glaubenssachen, das sogenannte Interim, fand weder bei Katholiken noch Protestanten Anklang.

Aus alter Übung hielt sich die Gesellschaft aus konfessionellen Fragen der Reichspolitik zurück. Hingegen gewährte sie Maria von Ungarn ein Darlehen von über 180 000 Gulden für die kaiserlichen Niederlande. Trotzdem durfte diese Annäherung nicht überbewertet werden. Karl mußte seinen Bankier ausdrücklich nach Augsburg rufen, damit Anton erschien. Obwohl kirchlich von Gesinnung, wollte Fugger sich nicht zu einer gewaltsamen Rekatholisierung Augsburgs, die Karl V. vorschwebte, entschließen. Auch das sollte friedlich geschehen.

Nach wohltätigen Maßnahmen für alte, arme und kranke Mitbürger oder Untertanen seiner Herrschaftsgebiete gedachte Fugger sich von der Leitung der Firma zurückzuziehen, diese durch Auszahlung aller Teilhaber aufzulösen. Die Gesamtrechnung wies Ende 1546 ein Vermögen von 5,1 Millionen Gulden aus. Das bedeutete eine Mehrung um 2,9 Millionen seit 1539 oder einen jährlichen Gewinn von etwa 19 Prozent. Die Bruttoergebnisse des spanischen Geschäfts mit 1,5 Millionen

Gulden hatten jene aus Ungarn bereits um eine Viertelmillion über=
flügelt. Trotzdem war noch keine klare Verlagerung nach Südwesten
eingetreten, weil den 2 Millionen Passiva 7,1 Millionen Gulden Aktiva
gegenüberstanden, unter denen sich Außenstände von 3,9 Millionen
mit dem Hälftebetrag in Spanien am vordersten Platze befanden.

Die Firma blieb im Kerne gesund. Freilich aus Vorahnung eines
Rückganges der Prosperität verfügte Anton die Herausgabe weiterer
Teilbeträge an die Gesellschafter. Die Auflockerung und zuletzt Auf=
lösung begannen. In derselben Linie bewegte sich eine Liquidation der
mitteldeutschen und Kärntener Schmelzwerke, die Jakob errichtet hatte.
Wer sie als Vorboten endgültigen Alterns bei Anton betrachtete, hatte
freilich vorschnell geurteilt. Die erneute Gewährung von 150 000 Du=
katen an den Kaiser, der sie mit Einkünften aus Neapel sicherte,
bewies, daß der Kaufherr keineswegs von der Bühne schon abzutreten
gedachte.

Nur der Schauplatz seines Wirkens verschob sich. Wie in früheren
Jahren traten jetzt glaubensmäßige Anliegen in den Vordergrund. Trotz
seines kühlen Verhältnisses zum Kardinal von Augsburg fand die
Rückführung des vertriebenen Klerus in die Reichsstadt Fuggers Unter=
stützung. Sein Bestreben nach Wiederaufrichtung des alten Kirchen=
tums dürfte ihn zu der vom Kaiser befohlenen Annahme der Ratsherrn=
würde bestimmt haben. Denn nach dem Sturze des Handwerker=
regimes sollte sich unter der Ägide eines konservativen Flügels groß=
wirtschaftlicher Prägung die Rekatholisierung der Gemeinde vollziehen.
Ob dafür die Berufung dreier Fugger in den Rat und die Erhebung
Hans Jakobs zum Bürgermeister sehr glückliche Mittel waren, darf stark
bezweifelt werden. Indessen huldigte Kaiser Karl V. wegen seiner vorder=
hand mangelnden Beziehung zur andachtmäßigen Wiedergeburt der
Kirche noch immer der Überzeugung, daß seiner Sache mit Zwangs=
maßnahmen gedient sei. Jener bescheidene Pater, dem Fugger bei den
Aussöhnungsgesprächen des Vorjahres in Ulm wohl begegnete, Petrus
Canisius, der erste deutsche Jünger des Jesuitenordens, gewann inzwi=
schen Fühlung zu den sozial maßgeblichen Oberschichten der Reichs=
stadt. Ihre Verbindung mit ihm sollte eines Tages zum geistlichen
Umschwung in Oberdeutschland oder wenigstens dessen materieller
Förderung durch die Fugger führen.

Nach dem Abzug Karls V. lief die Restauration in Bahnen weiter, die
der Kaiser wies. Sie blieb nicht die alleinige Sorge der Gesellschaft.
Denn mit der Beruhigung traten neue Pflichten auf, neben denen man
frühere Aufgaben wie die finanzielle Sorge um den gefangenen Kur=
fürsten nicht vergaß. Während die Firma in Spanien um ihre Ent=
schädigung infolge von Verlusten bei der Kolonialschiffahrt prozes=

Christoph Amberger, Christoph Fugger

Jakob Seisenegger (früher Tizian zugeschrieben), Georg Fugger

sierte, half sie dem Erzhaus in den Niederlanden aus. Die Befestigung Antwerpens gegen Frankreich ward zu einem erheblichen Teil aus Fuggers Geld bestritten. Ruhe war kaum zu spüren. Es gärte unter den Tiroler Bergknappen, weil die Gesellschaft an Lebensmitteln vorgeblich zu hoch verdiente. Andererseits blieb die westeuropäische Lage derart ungewiß, daß sich Anton zu keinem langfristigen Kredit für England mehr entschließen konnte. Die Auslieferung elsäßischer und südwestdeutscher Gebiete, um die sich Hans Jakob bemühte, kam deshalb ungelegen. Sie verlangte Opfer an einer Stelle, die wegen der Spannung zwischen Habsburg und den Franzosen bedroht blieb.

Anders verhielt es sich mit Gebieten und Städten an der mittleren Donau, die Herzog Ottheinrich von der Pfalz gehörten. Der siegreiche Kaiser hatte sie als Abschlagsleistung auf Schulden dem Herzog von Alba übergeben. Dieser wußte damit wenig anzufangen und wünschte die Beute zu versilbern. Bald begannen Verhandlungen mit Fugger, ob er die Grafschaft Graisbach mit Lauingen, Gundelfingen, Höchstädt und die Lande ringsum, wenn nicht gar Neuburg an der Donau selbst kaufen möchte. Die Last wäre vermindert und der kostbare Besitz einer Hand übergeben worden, auf die der Kaiser rechnen durfte. Fuggers Streben nach Rekatholisierung seiner Augsburger Gotteshäuser bewies die konfessionelle Haltung der Familie, auch wenn Anton bei Behandlung evangelischer Prediger verbindlicher blieb, als es der Praxis Karls V. entsprach. Die festlichen Gaben für Philipp von Spanien, der auf seiner Reise zum Vater im Fuggerhause wohnte, illustrierten Antons dynastische Ausrichtung. Ähnlich befand sich sein Herrschaftsbesitz im Grunde stets zur Verfügung des Kaisers, der die Bindung dieser Liegenschaften im Sinne eines Fideikommisses erlaubte.

Tiefere Absicht blieb die Erhaltung des großen Kapitals als politischwirtschaftliches Potential der Krone. Der Herrscher vermochte aber keine unausweichliche Entwicklung aufzuhalten. Noch 1548 wurde der Tiroler und Kärntener Handel aus dem Gesamtverbande der Gesellschaft gelöst. Er ging den Fuggern damit nicht verloren. Aber die Zerteilung des Blocks in kleinere Gruppen mußte die Schlagkraft schwächen. Die Tochtergesellschaft verfügte immerhin über jährlich rund 430 000 Gulden. Außerdem mochte die Auflockerung zum Abbröckeln der Großfirma überleiten, deren Beginnen vom Kriege nicht vernichtet, deren Unternehmerfreude aber durch allerhand Wandlungen herabgesetzt war und bei der Entflechtung mündete.

Frische Projekte tauchten auf. Fugger erwog die Möglichkeit eines böhmischen Zinnhandels, der sich auf Sachsen ausdehnen konnte, weil man zum neuen Kurfürsten Moritz Fühlung besaß. Allein dieses Vorhaben wurde nicht ernsthaft verfolgt. Nach der überlegten Politik während des Schmalkaldener Krieges trat um 1549 ein leichter Rück=

schlag ein. Er hing mit einer Schwächung der Konstitution Antons durch die Strapazen der Friedensvermittlung zusammen. Die Firma wurde unsicher, schwankte zwischen neuen Vorhaben und dem Wunsch nach Liquidation, dem Willen zur Behauptung und der Bereitschaft zum Rückzug aus dem kaufmännischen Raum. Immer größeres Interesse galt ihrem Herrschaftsbesitz mit dem Ziel einer Territorialbildung nach dem maßgeblichen Beispiel der Mediceer.

Suchte die Familie auf wirtschaftlichem Boden ihre Zukunft, geschah es am besten in Westeuropa. Neben unfreiwilligen Geldgeschäften mit der Krone empfahl sich ein Ausbau der Quecksilber= und Zinnober= produktion, die den kontinentalen Markt beherrschte. Die Wieder= ansiedlung Fuggers im Osten erschien weniger verlockend. In Böhmen häuften sich die Schwierigkeiten ähnlich wie in den Alpenländern. Deshalb leitete die Firma eine Absetzbewegung ein. Höchstens in Süd= italien ließ sich neben Neapeler Renten zusätzlicher Gewinn aus Grund= besitz und Bergbau erwarten, die vorsichtig abgetastet wurden.

Wenn die Fugger einen Übertritt in das Territorialfürstentum erwo= gen, dann bot sich im Gefolge kaiserlicher Schuldentilgung nach dem Schmalkaldener Krieg der brauchbarste Weg. Wesentliche Einwände Karls V. standen kaum zu befürchten. Mit dem wittelsbachischen Ge= biet an der mittleren Donau, allenfalls dem Herzogtum Neuburg, besaß Anton prächtige Ansatzpunkte. Dieser Komplex fügte sich mit seinen älteren Gütern und Pfandschaften Weißenhorn und Kirchberg sowie von Babenhausen über Glött, Donauwörth nach Oberndorf zur Einheit und vermittelte den künftigen Gebietsherren politische Chan= cen. Hierbei konnte sich die Fühlung der Firma zum Herzog von Alba, die Anton während des Krieges manches kostete, noch lohnen. Der vorgesehene Kaufpreis lag bei 1,2 Millionen Gulden. Er schien hoch gegriffen, doch keineswegs überfordert und war für Fugger erschwing= lich.

Das Resultat der Unterhandlungen entsprach nicht den Erwartungen; denn der vertriebene Pfalzgraf bemühte sich offenbar selbst um den Rückerwerb seines Gebietes. Zugleich steigerten sich latente Spannungen zwischen den Ratgebern Karls V. und der Gesellschaft. Sie fanden im Wiederaufflackern des Fuggerprozesses vor dem Indienrat und in Intri= gen gegen das Quecksilbergeschäft der Gesellschaft mißlichen Aus= druck. Ein Gastmahl, das die Antwerpener Faktorei zu Ehren des künf= tigen Königs Philipp II. gab, konnte dieses Bild kaum abschwächen. Trotzdem zeitigte das beachtete Bankett psychologische Wirkungen. Es überdeckte die fortschreitende Entfremdung zwischen Anton und den Habsburgern. Wenn diese eintrat, brauchte die Konkurrenz hiervon nichts vorzeitig zu wissen.

Unbekümmert um steigende Widerstände wurde die Firma bei süd=

italienischen Transaktionen nicht abgeschrieben. Die Fugger begannen seit 1549 sogar ihre Geschäfte mit dem späteren Großherzog Cosimo I. von Florenz zu verdichten. Sie griffen in den Raum von Neapel über. Das konnte nicht ohne Darlehen für Ferdinand geschehen, der im Sommer 1549 um 80 000 Gulden bei Fugger lieh. Dennoch vermochte er keine wirtschaftlichen Schwerpunkte in seinem Herrschaftsgebiet zu bilden. Das gegenseitige Mißtrauen war unüberwindlich. Somit scheint es fraglich, ob hinter dem böhmischen Zinnmonopolversuch des Augsburgers Konrad Mair Fugger stand, der dem gerühmten Geschäftsmann freundschaftlich geneigt blieb.

Wenn um diese Zeit eine weitere Konzentration erfolgte, war sie ehestens in den Niederlanden zu suchen. Hier wurden neben älteren Handelszweigen Fuggersche Kupferverarbeitungsbetriebe im Gebiete von Aerschot organisiert. Noch wichtiger war die Wiederaufnahme von Darlehen gegenüber der englischen Krone. Im Herbst 1549 empfing Eduard VI. über Antwerpen 328 000 Karolusgulden. Solche Kredite an evangelische Fürsten zeigen, daß sich Fuggers wirtschaftliche Entscheidungen noch getrennt von der konfessionellen Ausrichtung vollzogen. Diese dürfte seit Festsetzung der Jesuiten an der bayerischen Universität Ingolstadt und der Begründung einer Universität zu Dillingen an der Donau mit gegenreformatorischem Gedankengut bereits stark sympathisiert haben. Insgesamt blieb Anton aber aus dem Bewußtsein des Rückgangs seiner Kräfte wenig geneigt, die Firma zu aktivieren. Das Ausscheiden bewährter Mitarbeiter und Enttäuschungen mit jüngeren Faktoren rieten zur Vorsicht. Also sammelten sich die Anstrengungen des Chefs auf eine Beendigung der Gesellschaft. Die Ratifikation ihrer Generalrechnung diente zur Absonderung von Privatanteilen aus dem Familienvermögen.

Anton blieb zur Auflösung der Großfirma, die er schon lange vor dem Kriege plante, entschlossen. Einen Antrieb bedeutete dabei die Handelsunlust seiner Neffen. Sie wären als Söhne Raymunds zur Führung berufen gewesen. Fugger ließ sich jedoch selbst dann nicht umstimmen, als Hans Jakob mit seinen Brüdern beim Ausscheiden Antons aus ihrem gemeinsamen Spaniengeschäft diesen Zweig fortführte. Der alte Mann erkannte klarer als Jüngere, die sich durch Tagesereignisse beeindrucken ließen, wie gefährdet die Firma auf der iberischen Halbinsel blieb. Außer gegen nationalspanische und italienische Konkurrenten mußte man sich gegen den Aufschwung von Marseille wehren, hinter dem der König von Frankreich und die Geschäftswelt von Lyon standen. Anton hätte diese Not möglicherweise beheben können, da Heinrich II. ihn um Geld bat. Jedoch das Levantegeschäft anderer Schwaben über Südfrankreich nach Konstantinopel, Syrien und dem Vorderen Orient gestaltete sich schon derart lebhaft, daß es sehr unratsam dünkte, mit ihnen zu riva=

lisieren, wenn nicht alle Glieder des Fuggerschen Stammes zum vollen Einsatz ihrer Persönlichkeiten im Handel bereit waren.

Im Frühjahr 1550 verfaßte der große Kaufherr in Todesahnung sein zweites Testament. Dieses sah für den Fall seines Ablebens die Fortsetzung der Firma auf der Basis einer Gesamtregierung von Söhnen und Neffen vor. Diese sollte aber keine Dauer besitzen, sondern nach Antons Willen sobald wie möglich zum Ende der Gesellschaft überleiten. Fuggers Gesundheit war angeschlagen. Nur seine Energie blieb ungebrochen. Aus freier Entscheidung und in klarer Würdigung der Charaktere der nächsten Generation galt das letzte Lebensjahrzehnt der möglichst verlustlosen Liquidation seines Unternehmens. Als Ziel verblieb die Umschichtung des Familienvermögens aus Handel und Bankwesen in Großgrundbesitz. Problematisch war lediglich, inwieweit die Auseinandersetzung zwischen Kaiser und Fürsten, Kirche und Reformation Fugger die Erfüllung des Vorhabens erlaubte.

12. Kapitel

DIE LETZTE STÜTZE DES KAISERS

Die Absicht zur Auflösung der Gesellschaft blieb fortan maßgebend für Antons Handlungen. Das schloß Darlehens=, Silber= und Juwelengeschäfte mit der englischen Krone nicht aus. Selbst Berichte vom Frühjahr 1550 über umfangreiche Lieferungen aus Süd= und Mittelamerika nach Spanien führten die Firma von ihrem Kurs nicht ab. Der Chef wollte noch bei seinen Lebzeiten alles zu gutem Ende bringen, ein Vorhaben, in dem ihn der plötzliche Tod seines einstigen Widersachers Höchstetter im Augsburger Gefängnis und Skandalprozesse um oberdeutsche Kaufleute bestärkten.

Deswegen brach die Firma nicht von heute auf morgen Beziehungen ab. Die Verbindung zum späteren Kaiser Maximilian II., Sohn König Ferdinands, wurde gepflegt, obwohl man daneben seinem Rivalen um die deutsche Nachfolge, Philipp II. von Spanien, Höflichkeiten erwies. Die Mittlerin zu den verstrittenen Parteien des Erzhauses, Maria von Ungarn, genoß gleichfalls die Konzilianz der Firma, die über ihren Antwerpener Faktor auch dem gefangenen Kursachsen half. In das Problem der Führung des Erzhauses nach dem Ableben Karls wollte Fugger möglichst wenig verwickelt werden, obwohl sich dieses Drama großenteils unter seinem Dach abspielte. Er war der Dinge leid. Ihre Chancen verlockten ihn ebensowenig zu einer Revision der Liquidationsabsicht wie gefärbte Berichte vom Aufschwung des Amerikageschäftes, der Entdeckung neuer Silbervorkommen in Spanien und ähnliche Propaganda. Der unbereinigte Prozeß wegen Verlusten der Gesellschaft bei der Molukken=Expedition, verbunden mit der Absicht, sie für Nachteile in Ungarn haftbar zu machen, redeten eine deutliche Sprache. Wenn Anton ein weiteres Engagement der Firma in Südamerika angestrebt hätte, fänden sich in seinem Testament Ansatzpunkte. Jedoch sie fehlen. Das beweist, wie nebensächlich Fugger hierum zu tun war.

Diese Haltung darf ebensowenig politisch verstanden werden wie die Behandlung des Geldbedarfs der Habsburger. Was das Erzhaus spaltete, ließ Anton kalt. Er hatte mit Spannungen in seiner eigenen Familie genug zu tun. Zu ihrer Beschwichtigung wurde die Aufteilung des Herr=

schaftsbesitzes eingeleitet, obgleich das einen Verzicht auf größere Ter=
ritorialplanungen mit sich brachte. Die Übernahme der schwäbischen
Herrschaften um Kirchheim wog es auf, daß man jede kämpferische Ver=
tretung der Fuggerinteressen bei der umstrittenen Reichspflege Donau=
wörth unterließ.

Anton wünschte seine Beanspruchungen zu senken. Daher erfolgte
sein Ausscheiden aus dem Geheimen Rat von Augsburg. Die mühsame
Regelung der Schulden in Spanien warnte vor neuer Bindung. Auch
verführten Zinnpläne eines Geschäftsfreundes in Böhmen die Firma zu
keiner sichtbaren Beteiligung, die Ferdinand begrüßt hätte. Dazu kam,
daß die Gesundheit Karls V. erschüttert war, während die Unterneh=
mungen seines französischen Nebenbuhlers Auftrieb verrieten. Die Nei=
gung der Zeit, die auf fürstlicher Seite zur Ausbildung von Monopolen
schritt, hätte einen schwäbischen Zinngroßhandel um das böhmische
Vorkommen gerechtfertigt, selbst wenn reichsrechtliche Vorschriften im
Wege standen. Der Eintritt der Firma, und sei es durch Strohmänner,
in diesen Wirtschaftszweig war indessen nur über Großanleihen mög=
lich. Sie hätten Antons Vermögen in den Grundfesten erschüttert, da es
ohnehin durch Lässigkeiten des Erzhauses bedroht wurde. Hans Jakobs
Ausweg, eine Steigerung des Prestiges mit Herrschaftserwerbungen —
neuerdings Belfort — anzustreben, war in dieser Form unmöglich, weil
er nebenher mit spielerischem Leichtsinn seine Metall= und Bankge=
schäfte fortzuführen gedachte. Anton blieben derlei Entschlüsse fern.
Dennoch beging auch er Fehler, sobald er alte, wenngleich überholte
Unternehmungen wie die Hütte in Thüringen abbaute, die Lenkung
seiner Bleiprodukte auf den Venezianer Markt organisierte, jedoch dar=
über den Blick auf das Ganze zeitweilig etwas verlor.

Statt seine Geschäfte in Handel, Produktion und Bankwesen ab 1550
zu beschränken, ging Fugger aktiv vor. Dadurch gewannen bedenkliche
Kräfte wie Faktor Örtel an Auftrieb. Habsburg erkannte diesen Vorteil.
Die Krone suchte bei zweideutigen Helfern durchzusetzen, was der Chef
ihr verweigerte. Statt Frieden, Sicherheit und Aufgliederung des Familien=
vermögens zu erreichen, wurde die Gesellschaft in Krieg, Zwist und
Krisen verwickelt. Sie zwangen Anton, der sich nach Ruhe sehnte, in
das Gesetz einer Folge von Handlungen, die ihn bis zum Lebensabend
aus ihrem Bann nicht mehr entließen.

Fuggers Abkehr von großen Geschäften brachte es mit sich, daß er
dem Wiedererwachen der Kirchenerneuerung, die sich mit der Belebung
des Konzils vollzog, weiter fern blieb, als das in seinem Wesen lag.
Auch die Entfremdung des Kurfürsten Moritz von Sachsen, dem man
Karls Erfolg über die Protestanten dankte, entging dem Kaufmann län=
ger als manchem Ratgeber des Erzhauses. Eine niederdeutsche Truppen=
ansammlung dieses Fürsten geschah formell auf kaiserlichen Wunsch

zum Strafvollzug an der widerstrebenden Stadt Magdeburg. Ihrer Unterwerfung galt auch der finanzielle Beistand der Gesellschaft. Fugger wäre jene Leistung freilich ohne die Schuldentilgung Eduards VI. von England unmöglich geblieben. Desto mehr erstaunt, wenn Anton diesesmal verkannte, wie sich hinter der Annäherung Sachsens an die Reste deutscher Fürstenopposition Verschiebungen anbahnten, deren Auswirkungen auch seiner Firma galten. Dabei scheint Kurfürst Moritz den Abfall mit Hilfe einer Augsburger Finanzgruppe vorbereitet zu haben. Die Anwesenheit Karls V. im Fuggerhause hätte Anton Gelegenheit zu gründlicher Orientierung gegeben, aber er verfiel offenbar dem Irrtum des Kaisers, der trotz aller Warnungen der kursächsischen Bündnistreue glaubte.

Während andere schwäbische Firmen ihr Geld Heinrich II. von Frankreich und dadurch mittelbar dem Türken zuführten, hielten sich die Fugger zurück. Ihre Abneigung gegen neue finanzpolitische Transaktionen und laufende Versuche zur Umsetzung ihres Vermögens von kaufmännischen in grundherrliche Werte konnten ihnen allerdings bedrohlich werden, solange sie nicht der Politik gänzlich entsagten. Die Herrschaftskäufe bedeuteten auf Umwegen eine Stärkung der kaiserlichen Kriegskraft. Nochmals erhob sich die Gefahr, daß der friedliebende Kaufmann, der aus traditionellen und konfessionellen Gründen zu Karl V. hielt, zwischen die Mühlsteine der Parteien geriet. Soviel er sich beim Ende des Schmalkaldener Feldzugs um die Aussöhnung der Opposition bemühte, galt er dennoch wiederum als überzeugter Parteigänger Spaniens, nachdem im Fuggerhause die Belehnung des Infanten Philipp mit Mailand, Geldern, Brabant, Luxemburg, Limburg, Flandern und Burgund geschah. Anscheinend auch unter den Habsburgern selbst zählte man die Firma eher zu den Anhängern des Kaisers als seines Bruders, der den Reichstag aus Gram über die Behandlung des Nachfolgeproblems verließ.

Antons Verständigung mit Kardinal Otto von Augsburg, der erhebliche Gelder empfing, die auf den Ausbau des bischöflichen Seminars Dillingen zu einer Universität verwendet worden sein dürften, kennzeichnete Fugger vor der Gegenseite als ihren Feind. Trotzdem erwartete Kurfürst Moritz von der Gesellschaft über deren Vertretung in Erfurt Anweisungen zum Unterhalt seines Magdeburger Heeres. 100 000 Carolusgulden zugunsten der Krone dienten ebenso wie Zahlungen für Ferdinand und die niederländische Regierung einer Stärkung der habsburgischen Gesamtlage. Da sie jedoch unter einer Fehlbeurteilung der Situation litt, konnten Rückwirkungen nicht ausbleiben. Die Firma nahm vorsichtshalber auch Investitionen in England vor, die außerhalb der spanisch=österreichischen Kräftefelder blieben. Allerdings die bewährte Zurückhaltung der Zeit um 1546 mangelte jetzt den Entschlüssen des

Handelsherrn. Es scheint, als habe er mit dem Abnehmen seiner Kräfte sich beinahe treiben lassen. Zuviel geschah nach verschiedenen Seiten. Der Einsatz des Fuggervermögens wurde wegen der Uneinigkeit des Geschlechtes wirrer und für dieses selbst bedenklich.

Es widersprach der Überlieferung aus den Tagen Jakobs, in unruhigen Zeiten Geld zu verzetteln. Allein die Mitte der Familie war langsam ins Wanken geraten. Selbst Pläne über Schiffahrtsunternehmungen unter portugiesischer Fahne im Frühjahr 1551 täuschen nicht darüber hinweg, daß die Gesellschaft der klaren Entscheidung entbehrte, was sie eigentlich wollte: Privatleben oder Geschäft, konfessionelle Politik mit kriegerischem Risiko oder den Frieden unter der Gefahr eines Verlustes kirchlicher Positionen. Antons Absicht zum Rückzug der Firma mit dem Ziel ihrer Auflösung war ernst gemeint. Jedoch verlockende Chancen auf dem iberischen Juwelen=, Gewürz= und Getreidemarkt führten zur Verzögerung. Man wird bei solchen Nebenursachen den Grund seiner retardierten Entflechtung suchen müssen. Sie vollzog fast zu langsam die Umschichtung des Vermögens in agrare Werte und zauderte bei einer Unterstützung des Trienter Konzils, das auf die Hilfe der Firma nur so lange verzichten konnte, als keine Gefahr im Anzug war. Fuggers Ablenkung erfolgte durch die Habsburger, die seinen Abschied aus dem Finanzwesen nicht dulden mochten. Ferdinand, dessen alte Schuld über 382 000 Gulden betrug, borgte sich weitere Zehntausende. Ebenso wollte die kaiserliche Umgebung ihren finanziellen Mittler zwischen Spanien, den Niederlanden, Italien und Deutschland nicht aufgeben. Beinahe nur die Geschäfte mit dem gefangenen sächsischen Kurfürsten und König Eduard VI., der weiterhin zu den Kunden der Firma zählte, besaßen stärker ökonomischen als politischen Charakter.

Im Laufe des Jahres 1551 verschärfte sich die Rivalität zwischen Kurfürst Moritz und König Ferdinand hinsichtlich des Montanwesens ihrer Gebiete. Die Gegensätze konnten diplomatisch=militärische Verwicklungen auslösen, wenn keine zeitige Entspannung erfolgte. Fugger, der zur Vermittlung geeignet gewesen wäre, hielt sich zurück. Schwerste Strafen gegen Antwerpener Kaufleute, die bei den Auseinandersetzungen zwischen Frankreich und Karl V. im Widerspruch mit der Krone sich betätigten, mochten zur Warnung dienen.

Eine der schwierigsten innerdeutschen Fragen bildete seit dem Kampf des Kaisers mit den protestantischen Fürsten die Auseinandersetzung der Majestät vor Magdeburg, das sich heftig verteidigte. Karl V. hatte den sächsischen Kurfürsten mit der Exekution betraut, die Moritz als Vorwand zur Sammlung einer norddeutschen Truppenmacht brauchte. In Erinnerung an seine loyale Arbeit als Friedensmakler scheinen die Hoffnungen der Magdeburger Protestanten sich zugleich an Fugger geklammert zu haben. Andererseits dürfte Fugger früher als der Herr=

scher die Zweideutigkeit der kursächsischen Armee erfaßt haben. Für die Gesellschaft bildete das einen Grund zur Vorsicht. Einen weiteren boten italienische Gegensätze. Die Angriffe Heinrichs II. von Frankreich gegen Parma bedeuteten eine Interessengefährdung für Fugger, unter dessen Großschuldner Cosimo I. von Florenz zählte. Das machtpolitische Dreieck der Kurie mit den Habsburgern und der Casa Medici trachtete nach einem Beistand Antons für die antifranzösische Front. Ähnlich wußte die niederländische Regierung sich der bestechlichen Faktorei in Antwerpen zu bedienen. Wahrscheinlich bleibt es so erklärlich, wenn die Firma über 100 000 Gulden Kredit gab, während das Unternehmen als Ganzes auf Darlehenskargheit ausgerichtet wurde.

Die europäische Öffentlichkeit vermochte sich nur langsam umzugewöhnen. Der Kaiser residierte im Augsburger Fuggerhause. Was lag näher, als daß er sich dessen Reserven zunutze machte, während Heinrich II. von Frankreich mit Finanzschwierigkeiten kämpfte. Dabei war die Situation der Habsburger vermutlich bedrängter. Die Bartransporte von Barcelona beruhten großenteils auf Übertreibung. Wenn Nürnberg glaubte, daß man über die Firma von Karl V. befriedigt werde, unterlag es einem Irrtum. Der Kaiser konnte oder wollte gar nicht zahlen. Er brauchte alles Geld für seine militärische Arbeit. Deshalb drang er in die Gesellschaft, sie möge für Moritz von Sachsen neue Mittel beischaffen. Gleichzeitig wurde die Firma um Tiroler Subsidien angegangen. Während Hans Jakob Fugger in Behandlung der evangelischen Prediger Augsburgs Mäßigung bewies, trachtete sein Oheim Anton auf dem Glacis hoher Politik die Kräfte zu zügeln. Jenes schicksalsblinde Sicherheitsgefühl, das Karl V. trog, hielt ihn nicht gefangen.

Im Herbst 1551 gelang Frankreichs Verständigung mit der innerdeutschen Opposition auf der Linie gemeinsamen Kampfes. Teils sollten die Gefangenen von 1547 befreit, auch die Unabhängigkeit des fürstlichen Standes gesichert, teils aber der Vormarsch der Franzosen nach Osten über Metz, Toul, Verdun und Cambrai erleichtert werden. Die Geheimdienste des Erzhauses wie der Gesellschaft verzeichneten derartige Vorgänge, aber der Kaiser schlug die Warnungen in den Wind. Mit 76 000 Dukaten Fuggers in der Tasche fühlte er sich so sicher, daß er den abtrünnigen Sachsen zu sich lud. Moritz blieb aus. Während die österreichische Mächtegruppe tatenlos wartete, zog sich das Netz ihrer Gegner zu einem Vertragssystem zusammen. Diesem war durch keine kaiserliche Handelssperre gegen Frankreich mehr zu begegnen.

Die Krone durfte sich über ihre Lage nicht täuschen. Beinahe alle französischen Börsenschwierigkeiten waren nunmehr überwunden, die Einnahme Magdeburgs aber nur ein zweifelhafter Erfolg. Denn hinter der Eroberung vollzog sich ein gemeinsamer Aufmarsch von Siegern und

Besiegten gegen das Reichsoberhaupt. Aus verhängnisvoller Selbsttäuschung erleichterte Karl V. die Sammlung einer Rebellionsarmee mit Hilfe seiner eigenen Kasse. Der Monarch blieb jeder Warnung unzugänglich. Weder die Vorgänge an der Westgrenze oder in Italien noch das Verhalten der Lutheraner gegenüber dem Konzil vermochten ihn zu überzeugen, welche Krise bevorstand. Statt dessen erweckten der günstige Absatz des spanischen Quecksilbers durch Fugger und dessen Bereitschaft zur Übernahme von Staatsrenten in den Niederlanden und Neapel finanzielle Illusionen. Hierbei hätte die Prozeßneigung der Firma in Spanien dem Kaiser die Augen öffnen müssen. Ebensowenig durfte Antons Ankündigung, er wolle sich vom Geschäft zurückziehen, unterschätzt werden. Allein Karl V. glaubte nur das, was er hören wollte, und schritt deshalb seinem Verhängnis entgegen.

Die Stärkung des Florentiner Verbündeten durch Augsburger und Genueser Banken behütete die kaiserliche Sache nicht vor peinlicher Überraschung. Ebensowenig ließ sich hoffen, daß Anton die Tilgung jener 123 000 £ Schulden Eduards VI., über die man mit Thomas Gresham verhandelte, lediglich den Habsburgern zugute brachte. Insbesondere begegneten dem Herrscher seine eigenen landschaftlichen Verwaltungen als Konkurrenz im Wettbewerb um die bewilligten Darlehen der Gesellschaft. Wenn Karl V. glaubte, er könne die heimlichen Beziehungen zwischen Oberdeutschland und Frankreich abschnüren, so täuschte er sich. Wie die revoltierenden Fürsten ihr Bündnis mit dem Westen enger knüpften, ebenso liefen weiterhin wirtschaftliche Fäden von Schwaben nach Lyon, Marseille und Paris. Erstaunt gestand sich der Herrscher: „Es ist, als ob die Kaufleute miteinander übereingekommen wären, mir nicht mehr zu dienen. Ich finde weder in Augsburg noch sonst irgendwo jemand, der mir Geld leihen will, welchen Vorteil man auch bieten mag".

Als im Februar 1552 der deutsche Fürstenaufstand ausbrach, zeigte sich selbst Anton spröde. Geistig stand er im Lager des katholischen Herrschers, wie seine Gegenreformation der Reichsstadt Donauwörth bewies. Jedoch finanziell litt die Firma stark an den Nachwirkungen des Schmalkaldener Krieges. Sie suchte darum nach Neutralität. Außerdem betrug die unerledigte Schuld des Kaisers mindestens 273 000 Dukaten, und schon forderte die Krone wieder ein- bis zweihunderttausend Gulden aus den Schatztruhen der Gesellschaft. Weder in den Zeiten seines persönlichen Augsburger Aufenthaltes noch hernach erlangte Karl V. neue Zuschüsse Fuggers. Nicht anders lagen die Dinge bei Welser. Erst mit Ausbruch des offenen Konfliktes trat der Umschwung ein. Vielleicht war Anton jetzt zu Vorschüssen, Darlehen oder Bürgschaften eher geneigt. Lediglich als österreichischer Lehensmann durfte er aufgeboten werden. Aber der Kaiser entbehrte jeder Handhabe, ihm Darlehen ab=

zuzwingen. Selbst als sich niemand fand, der niederländische Kredit=
briefe belieh, zeigte sich die Firma harthörig, während ihr Antwerpener
Faktor dem Kaiser 195 000 Dukaten besorgte. Diese Konzilianz, die auf
ein lückenloses Funktionieren der Londoner Tilgung rechnete, täuschte
sich über die wahre Situation hinweg. Alle Anstrengung König Ferdi=
nands zur Verhütung des Schlimmsten schlug fehl. Die südlichen
Reichsteile waren den protestantischen Fürsten im Verein mit Hein=
rich II. von Frankreich preisgegeben. Angesichts solch drängenden
Unheils blieb es unerträglich, abzuwarten, bis amerikanische Edel=
metalle eintrafen und sich über Antwerpen oder Genua in deutsche
Söldner umsetzen ließen.

Auf kaiserlichen Befehl schrieb Karls Sekretär Francisco de Erasso
Ende März 1552 an Fugger: „Tun Sie, was Sie immer getan haben!"
Gleichzeitig empfing der Kaufherr Nachricht vom Fall Donauwörths.
Mit einer Verteidigung Augsburgs ließ sich fortan nicht mehr rechnen.
Wenn Anton in der Stadt verblieb, geriet er in die Gewalt aufständischer
Fürsten, die ihm jene Darlehen abnötigen konnten, die er während des
Schmalkaldener Feldzugs verweigert hatte. Ein neuer Hilferuf der
Majestät befahl Fugger nach Innsbruck. Nun war des Zauderns ein
Ende. Auf die Gefahr einer Kriegsausweitung hin fand sich Anton
am 3. April 1552, als Augsburg fiel, beim Kaiser ein. Jedoch kein
Willenloser meldete sich bei Hof.

Voreilig berichtete der Innsbrucker Nuntius von 300 000 Scudi, die
man durch Anton erhalten habe. Statt dessen ging das Gespräch zäh
voran, ebenso wie die Beratungen Ferdinands mit der Gegenpartei in
Linz kein taugliches Resultat erzielten. Unter dem Drucke feindlicher
Bataillone hoffte die Krone, den Kaufmann, für den sein Vermögen auf
dem Spiele stand, zu erweichen oder einzuschüchtern. Anton hingegen
erprobte ungeahnte Härte, da er sich zu keinen Fehlschlüssen hinreißen
lassen wollte, die ihm während des letzten Ringens unterlaufen waren.
Die Tiroler Behörden rüsteten ihr Land mit Fuggers Geld zur Abwehr.
Auch zum Schutze der Konzilsstadt stellte er Mittel zur Verfügung.
Inzwischen ging das Innsbrucker Feilschen fort. Was der Firma in
Deutschland oder Italien für kleinere Kontingente abgebettelt wurde,
gab nicht den Ausschlag. Die Verhältnisse gestalteten sich derart be=
drohlich, daß man die Kirchenversammlung suspendieren mußte. Jeden
Augenblick konnte der Aufruhr um sich greifen. Auch die Schwazer
Bergknappen befanden sich neuerdings wieder in heller Gärung.

Inzwischen nahm Frankreich die Stadt Metz. Die deutschen Verbün=
deten durchzogen mit auffälliger Schonung der Gebiete Fuggers Schwa=
ben, während der Brandenburger Markgraf die fränkischen Bistümer
verwüstete. Unter diesen Umständen mögen bei Hofe Zweifel an der
Treue Antons aufgetaucht sein. Hatte die Firma den Kaiser verlassen,

nachdem Hans Jakob Fugger in der abtrünnigen Stadt zurückblieb und bei den Revoltierenden einen Schutzbrief für die Güter seiner Familie erreichte? Als am 18. Mai 1552 der Spitze des fürstlichen Heeres ein Durchbruch vom Allgäu über die Klause von Ehrenberg nach Tirol glückte, entschloß sich Karl V. zur Flucht. Wohlweislich nahm er Anton mit, sei es als Makler oder als Geisel. Was in der Sicherheit Innsbrucks mißlang, konnte auf der Flucht nach Villach glücken. Dieses Mal trog die kaiserliche Erwartung nicht. Wenige Tage nach der Einnahme Tirols durch evangelische Fürsten, etwa gleichzeitig mit neuen Verhandlungen Ferdinands zu Passau, trat der Wandel ein. Nachdem Anton Fuggers Neffen sich nicht zu beteiligen wünschten, lieh dieser persönlich seinem hohen Herrn 100 000 bare Dukaten und übernahm für weitere 300 000 Scudi, die in Genua beschafft werden sollten, eine Bürgschaft.

Mit Abschluß dieses Beistandspaktes, des berühmten Villacher Fugger=Assiento von 1552, war die Majestät vor dem Äußersten gerettet und gewann ihre frühere Festigkeit zurück. Antons Neffen fürchteten Fehlschläge bei den Diskussionen zwischen Krone und Rebellen und einen „sehr verderblichen Krieg". Inzwischen aber hatte das Eingreifen ihres Oheims die Geschehnisse umgebogen. Karl blieb fortan darauf bedacht, sich jeder Umklammerung zu entziehen. Als Kämpfer gegen ständische und konfessionelle Opposition wollte der Habsburger dank seiner Großbank das Gesetz des europäischen Handelns wieder an sich reißen. Allein hierfür war es zu spät. Was im kleinen noch glückte, genügte nicht mehr für eine Bewältigung des Ganzen.

Nun erwies sich, wie wenig Fuggers Zusage eine Rettung des Kaisers bedeutete, wenn nicht noch andere Firmen sich zu Darlehen bereit fanden. Die Ausfuhr von Bargeld und Edelmetall aus Spanien und Flandern ging seitens der Firma nur mühsam vonstatten. Was sollte geschehen, wenn die Majestät aus Genua nicht die erwarteten Summen empfing? Wohl hielten Antons zögernde Teilhaber zur kaiserlichen Partei. Aber Auflösungserscheinungen unter den Faktoren, die zuweilen offen mit rebellierenden Reichsständen, vornehmlich dem als Mordbrenner verrufenen Markgrafen Albrecht Alcibiades von Brandenburg, zusammenarbeiteten, empfahlen größte Zurückhaltung. Glücklicherweise drang diese Nachricht aber in keine weiteren Kreise, so daß der Passauer Vertrag von 1552 um den Preis begrenzter Religionsfreiheit die Erhebung beendete. Er kam wohl in Unkenntnis dessen zustande, daß Fuggers Versprechungen sich infolge unerwarteter Hindernisse nicht realisieren ließen.

Habsburg entband den Kaufherrn deshalb noch nicht von seiner Zusage, da es die ehemaligen Truppen der Opposition gegen den Sultan in Sold nehmen wollte. So blieb kein anderer Ausweg, als daß Anton über Antwerpen jene 250 000 Dukaten beschaffte, deren Aufbringung in Italien mißglückt war. Peinlicherweise verzögerte sich zur selben Zeit die Rückzahlung englischer Kredite, deren Prolongation Eduard VI. gegen den Willen Greshams verfügte. Ferdinands Fehlschläge in Ungarn ließen weiterhin Geldwünsche erwarten. Doch im Augenblick bekümmerte die Fugger eine andere Sorge. Sie galt der abermaligen Aussöhnung ihrer Vaterstadt mit dem Kaiser, dem Hans Jakob einen mehr sozialen als bekenntnismäßigen Konservativismus empfahl, um den Ausbruch von Unruhen zu verhüten. Daß die Ratschläge mit um= fangreichen Darlehen begleitet wurden, steigerte deren Wirkung. Den= noch ließ sich der Imperator, als er unter dem Schutze des Herzogs von Alba zu Augsburg einzog und in Fuggers Wohnung Quartier nahm, von seinen eigenen Plänen nicht abbringen. Sie zielten auf Beseitigung jener sozialen und konfessionellen Kräfte, die beim letzten Feldzug und während der Fürstenerhebung seine Feinde unterstützten. Eine wieder= holte Befassung Antons mit kommunalen Angelegenheiten unterblieb. Seine Mühe blieb der Erfüllung des Anleihevertrages von Villach und der Finanzierung von Krieg und Politik Karls V. zugekehrt, weil der Gesellschaft noch eine Million aus den Kassen des Kaisers wie Fer= dinands unbezahlt ausstand.

Teils ging es in diesen Monaten um die Existenz Karls V., teils um den Bestand der Firma sowie die reine Wiederverbreitung der katho= lischen Religion. Deshalb befaßte sich der Kaufherr, der eigentlich aus= zuscheiden wünschte, mit politischen Darlehensgeschäften. Daraus erklärt sich seine Neigung, Geld nach England zu verlagern, um nicht alles in Griffweite des Erzhauses zu wissen. Jenseits des Kanals lieh er der Krone annähernd 165 000 Karolusgulden, die auf solche Weise der kaiserlichen Verfügung entzogen wurden. Der Heerzug Karls V. richtete sich nach Westen. Er ging entweder gegen Frankreich im ganzen oder auf die Rückeroberung verlorener Gebiete aus. Wenn unter diesen Umständen bei der Beratung Karls Spanier gegen alle Warnung der Königin von Ungarn sich durchsetzten, konnten Fuggers Geld und das kaiserliche Prestige vor Metz verscherzt werden. Einstweilen war es nicht so weit. Die Brüsseler Fürstin überhäufte den Antwerpener Faktor mit Artigkeiten, die seinem Chef die verlangten 200 000 Du= katen niemals entlockt hätten. Jedoch der Bedienstete war für solches Entgegenkommen anfällig. Der Versuchung königlicher Gunst in den Niederlanden und des spanischen Infanten wußte Matthäus Örtel nicht zu widerstehen, obwohl er damit seine Vollmachten überschritt.

Solche Vorgänge waren bedenklich und nicht ungefährlicher als der Umstand, daß Ulm sich des königlichen Wohlwollens bereits so gewiß fühlte, daß man den Ruf nach Beseitigung des Weißenhorner Barchents erneuerte. Gleich bedenklich mußte es stimmen, wenn Karl V., als Hort

von Recht, Ordnung und Glauben gefeiert, mit dem zweideutigen Zol=
lernschen Markgrafen sich versöhnte. An dessen Händen klebten Blut
und Tränen von Bürgern, Rittern, Priestern und Bauern. Die Ehre des
Erzhauses wurde räuberischen Regimentern zuliebe geopfert.

Sicherlich erkannte Anton, daß manche Zurüstungen nur vorgeblich
gegen Türken, Franzosen oder Protestanten sich richteten. Der Kauf=
mann wird diesen Zusammenhang einzelner Forderungen der habs=
burgischen Brüder mit dem Streit um die Nachfolge im Kaisertum
durchaus erfaßt haben. Wozu sonst als für eine Stärkung seiner Stel=
lung gegen die spanische Linie warb der deutsche König um ein Dar=
lehen von 200 000 Dukaten, das durch kein militärisches Ereignis über=
zeugend begründet war. Der Handelsherr, seit langem mit Ferdinand
fast entzweit, trachtete zusätzlichen Belastungen auszuweichen und
wollte noch eher das kaiserliche Joch als jenes des Königs tragen. Er
wußte um die technischen Hemmnisse der spanisch=niederländischen
oder österreichisch=Neapler Finanzpolitik, die bei allen europäischen
Transaktionen sich durch französische Riegel behindert fühlte. Der
Briefwechsel der Ungarnkönigin mit ihrem Neffen Philipp unterstrich
die hervorragende Bedeutung des Fuggerschen Beistandes, von dem
sich der Kaiser 600 000 Dukaten erwartete. Allein was half das gegen
die abgründige Sorge, ob Karl V. die Laufgräben vor der Festung Metz
als Sieger verließ.

Anton war kein Soldat und nach Art von Zivilisten voller Mißtrauen
gegen die Zuversicht der Generalität. Vollends mußte es ihn erschüt=
tern, wenn Kunde vom Verzagen des Herrschers, seiner Krankheit und
Mutlosigkeit in die Kaufmannsstube drang. Dort wurden Dinge und
Worte vorsichtig abgewogen. Fugger kannte solche Stimmungen aus
eigenem Erleben. Sie waren trotz Geld und Feldherrnkunst keine Vor=
aussetzung dafür, das Schicksal vor den Wällen der verlorenen Bischofs=
stadt zur Umkehr zu zwingen.

Im lothringischen Feldlager schloß die Firma nochmalige Kredit=
abreden. Fast der letzte Gulden aus Antwerpen floß in die kaiserliche
Kriegskasse, für die selbst jene Münzen gedacht waren, die Anton aus
spanischem oder amerikanischem Silber zu Mailand prägte. Er tat sein
Äußerstes, so unerbittlich ihm die Rache der Feinde wie des enttäusch=
ten Feldherrn Schertlin drohte. Es geschah, wie auch sein gesamtes
Leben Kaiser und Kirche gegolten hatte. Mit und für beide erlitt die
Gesellschaft im Winterfeldzug einen verhängnisvollen Rückschlag.

Seit sieben Jahren rang Anton Fugger um die friedliche Abwicklung
seines Geschäftes. Als die kaiserlichen Trompeten dann bei Metz
Retraite bliesen, ertönte zugleich das Signal zur Auflösung der Gesell=
schaft. Dem Geschick ihres Oberhauptes blieb es überlassen, ob daraus
ein geordneter Rückzug oder offener Zusammenbruch wurde. Die Ent=

scheidung fiel zum Teil in Augsburg, ebenso aber im Kampfraum um Florenz, in Spanien und an der Schelde. Hier waltete Faktor Örtel, dessen Selbstherrlichkeit Privataufträge der Neffen ermutigten. In dem Ringen zwischen Niederländern und Genuesen an der Antwerpener Börse gedachte dieser Handelsdiener rasche Geschäfte abzuschließen. Bei Anton hingegen war der Traum von den großen Umsätzen erloschen. Man war es zufrieden, wenn die Gesellschaft sich ohne Einbuße aus unzähligen Engagements löste, und der alte Herr sich von seiner Krankheit, die ihn an den Rand des Todes brachte, erholte.

Vorderhand besaß es nicht den Anschein, als ob eine Neutralisierung gelänge. Man mußte Erzbischof Johann Albrecht von Magdeburg mahnen, daß er den Schuldrückstand Kardinal Albrechts abtrug. Die Eminenz von Trient bedurfte dringender Hilfe zum Besten des Konzils. Ihm vermochte sich Anton nicht zu versagen, da er in Donauwörth den Wiederanstieg der Reformation beobachtete und in Augsburg so wenig Ruhe einkehrte, daß seine Verwandten bereits unter den Schirm der Bayernherzöge flüchten wollten. Der Kaiser konnte zu Brüssel, wohin er sich zurückgezogen hatte, alles weitere abwarten. Die Gesellschaft kam für seine Soldkosten so gewissenhaft auf, wie andere Schwaben ihr Geld den Feinden zuführten. Außerdem unterstützte Anton Fugger nicht nur Herzog Cosimo von Florenz mit 60 000 Scudi gegen die Franzosen, sondern beteiligte sich zugleich am Ankauf niederländischer Staatspapiere, der sogenannten „Rentmeisterbriefe", die nur eine problematische Sicherheit für die Verschuldung des burgundischen Erblandes darstellten. Jedenfalls zog Fugger sich trotz des neuen Abscheus gegen politische Darlehen nicht zurück. Die Krone schloß daraus, daß eine Firma, die an der Neubesetzung des Vizeköniglichen Amtes von Neapel interessiert blieb, jene 160 000 Karolusgulden, die Fugger im Februar 1553 durch Gresham zurückbekam, dem Kaiser nicht vorenthalte. Karl konnte auf diese Hilfe nicht verzichten, da die französische Flotte zur See so erfolgreich operierte, daß sogar der Infant Philipp zauderte, Edelmetall- und Geldtransporte über das Meer zu wagen.

Von Sorgen umdrängt, hielt sich der Herrscher in den Niederlanden auf. Ihn beunruhigte die Frage, wie weit er die Zugeständnisse von Passau und Metz zurücknehmen solle. In ähnlicher Verfassung befand sich Anton. Der jugendliche Optimismus seiner Neffen war ihm fremd. Selbst die Sammlung konservativer Reichsstände in der Heidelberger Allianz verursachte einige Beschwernis, weil sie Markgraf Albrecht Alcibiades zum Anlaß für weitere Wirren diente. Unter dieser letzten Voraussetzung schien es das Sicherste, den Kaiser zu stützen, der im April 1553 300 000 Livres erhielt, die durch Einkünfte aus Flandern und Brabant gesichert wurden. Trotzdem blieb es kein gesunder und erfreulicher Zustand, wenn Fugger Vorgänge förderte, die ihm widerstrebten. Nicht einmal in der Sache des Markgrafen wußte er den Herrscher rechtzeitig umzustimmen, als der Brandenburger dem fürstbischöflichen Herrn von Bamberg, einem Geschäftsfreund der Gesellschaft, zusetzte.

Unverkennbar wich die Kontaktpflege des Kaiserhauses vom Haupte der Gesellschaft zurück und richtete sich auf labile lokale Kräfte wie Örtel ein, der 1553 um die 213 000 Dukaten vorstreckte, wiewohl die Firma sich schon schwer tat, ihren Verpflichtungen zu entsprechen. Anton mochte sich nicht mehr an Transaktionen mit Edelmetallen aus der Neuen Welt oder Kosten der Habsburger Staats= und Kriegsführung beteiligen, während ehrgeizige Mitarbeiter auf überhöhten Gewinn sannen. Sie vergaßen, auf welch schwachen Füßen jene Zusagen standen, mit denen sie durch Spanier, Niederländer, Österreicher und Italiener betört wurden. Der Geltungsdrang der jüngeren Generation erleichterte solchen Kräften ihre Arbeit. Das traf selbst für den Plan zu, Neapeler Lehensgüter der Medici an Fugger zu übereignen. Denn die Firma wußte sich gegen merkantile Intrigen in Spanien kaum durchzusetzen, während Antons persönliche Kasse unter den Verpflichtungen des Villacher Vertrages litt.

Dennoch bot der Sommer 1553 Situationen, die unentwegten Anhängern Karls als keineswegs aussichtslose Gelegenheit zur Umkehr erschienen. Daß der Kaiser einen Augsburger Reichstag plante, war noch nicht als solches Vorzeichen anzusehen. Hingegen der Tod Eduards VI., dem seine Halbschwester Maria folgte, erweckte in der katholischen Welt Hoffnungen, ebenso bei den Fuggern, die zu unentbehrlichen Helfern an der Börse von Antwerpen geworden waren. Auch das Ende des sächsischen Kurfürsten Moritz, der seinen Sieg über Albrecht Alcibiades von Brandenburg sterbend bezahlte, durfte man im Sinn einer Beruhigung auslegen. Möglicherweise gelang es zuletzt noch, durch großzügige Entwicklung des Afrikahandels Verluste auszugleichen, welche die Firma unter kaiserlichem Drucke hinnehmen mußte.

Allerdings jede friedliche Umschaltung des Unternehmens wurde von der Krone blockiert. Anton, der an dynastischen Vorteilen der Habsburger profitieren wollte, konnte sich ihren wankenden Bundesgenossen nicht entziehen. Mit 55 000 Dukaten Fuggers wurde der Feldzug des Medici gegen Siena gefördert. Das kaiserlich gesinnte Florenz bot die beste Sicherheit für einen blühenden Mittelmeerhandel gegen Attacken der türkischen und französischen Flotten. Der dauernde Blick auf das allgemeine Geschehen gehörte zum Stil Antons. Er war seine Größe und wurde sein Verhängnis. Denn um den Brandenburger durch König Ferdinand zu bekämpfen oder die kaiserliche Front in Italien zu stützen, mußten fremde Gelder herhalten. Ihre Abtragung zu ungelegener Stunde konnte der Firma Schaden zufügen. Nachdem Fugger schon zu besseren Zeiten unter italienischen Geschäftsfreunden „böse und listige Leute" vermutete, schwand nun sein Glaube an Spanien und dessen Exponenten Erasso. Sogar die Pfeiler der Vertrauensbrücke zwischen Fugger und der Krone zeigten bedenkliche Risse.

Dennoch erlangte der Herzog von Braunschweig, sobald dieser zum Kampfe gegen den gemeingefährlichen Brandenburger Markgrafen schritt, Antons Beistand. Doch was man tat, geschah nur halben Herzens. Dieses Widerstreben erscheint vorzüglich bei Abschluß eines spanischen Bergbauvertrages, der stärker von den Neffen als durch Anton selbst bewirkt wurde. Wenn Heinrich II. in Lyon hohe Summen aufnahm, führte das die Firma zu gesteigerter Achtsamkeit, weil man kriegerische Verwicklungen zwischen Spanien, England und dem Reiche mit den Franzosen als Triebkraft solcher Geschäfte vermutete. Seit dem Herbst 1553 galt das Interesse der Gesellschaft den Heiratsplänen der englischen Königin Mary. Allein die Fugger zweifelten, ob die Tochter Heinrichs VIII. „sich ausländisch einlassen" werde. Trotzdem wirkte die Firma an den Geld= und Silbertransporten von Spanien nach den Niederlanden mit, um eine künftige Ehe im Interesse der römischen Kirche wie des eigenen Geschäfts zu erleichtern. Die weltpolitischen Perspektiven einer Verbindung zwischen dem Erben Karls V. und der englischen Königin schienen unabsehbar. Ihnen zuliebe nahm die Firma Belästigungen durch den Markgrafen in Kauf, dessen Abwehr in die zweite Linie geriet und doch nicht vergessen werden durfte.

Im Verlaufe des Jahres 1554 zeigte sich Fugger für Darlehens= wünsche Marys zugänglich. Nur eine Behandlung dieser Anfrage durch den niederländischen Vertreter erregte Antons Mißstimmung ähnlich wie die Untauglichkeit süditalienischer Mitarbeiter. Zuletzt entwickelte sich die Zusammenarbeit des Chefs mit den Faktoren zum kritischen Problem der Firma. Fugger wünschte eine oberdeutsche Finanzkonzen= tration, die Männer an der Peripherie hingegen überhörten alle Augs= burger Warnrufe. Umsonst vermerkte Anton jene Schäden, die es für die Krone bedeutete, daß Karl dauernd mit geliehenen Geldern Kriege führte. Wenn der Kaufherr auf die Bestechlichkeit Erassos hinwies oder die blutige Herrschaft Marys kritisierte, achteten seine Leute zu Antwerpen nur mit halbem Ohr auf diese Worte. Die Faktoren beug= ten sich widerstrebend dem Gestrigen und spekulierten auf morgen. Manche Filialen fühlten sich durch die Neffen zu Eigenmächtigkeiten ermutigt. Antons Hinweise erschienen dagegen als Zornausbrüche oder Nörgeleien eines mürrischen Greises. Es war ergreifend zu sehen, wie rasch im eigenen Hause sein Ansehen seit dem Verblassen des kaiser= lichen Glanzes verlosch. Dabei begriff Anton klarer als andere, daß „diesen großen Herren billig die Lust zum Krieg vergehen" sollte, wenn sie ihre Feldzüge nicht zahlen könnten. Fugger huldigte nicht „der

Meinung, daß jetzt viel zu gewinnen sei". Selbst die frisch entdeckten Silbererze bei Guadalcanal in Spanien bedeuteten ihm keine Ver=
suchung mehr. „Ich habe gar keine Lust zu solcher Handlung, also genug davon." Jedoch damit stand er allein. Andere spekulierten.

Übermächtig erwachte die alte Sehnsucht nach Frieden. Anton meinte, der Kaiser würde sich besser um den Augsburger Reichstag kümmern als für tausend andere Fragen sorgen. Noch ärger war es mit Ferdinand bestellt, dessen Hof sich um die Bezahlung seiner Gläubiger kaum noch annahm. Ein Versuch von Beamtenbestechung ward bei Erasso wohl unternommen, blieb aber ziemlich ergebnislos, als gar die deutsche Sukzession und englisch=spanische Heiratspläne zur Erörterung stan=
den. Im übrigen galt es, den Rückzug der Gesellschaft aus dem Geld=
geschäft fortzusetzen, während der Handel mit Barchent, Kupfer, Quecksilber, Juwelen sowie mit kriegswichtigen Gütern andauerte. Die Firma ging immer vorsichtiger zu Werk, so daß Anton selbst an dem Parlamentsbeschluß, England zur Katholischen Kirche heimzuführen, keinen Gefallen fand aus Sorge, „ob nicht etwa ein Verlust daraus erwachse". Klugheit oder Ängstlichkeit wuchsen.

Manchen schien Fuggers Bedachtsamkeit übertrieben. Dennoch hielt er darauf, Geld über Spanien und Flandern nach Deutschland zu schaf=
fen, „es koste gleich, was es wolle". „Denn mir steht darauf mein Kredit". Diesen galt es unter Opfern zu behaupten. Vielleicht war es nicht nur berechtigtes Mißtrauen, sondern ein wirkliches Symptom des Alters, wenn das Haupt der Firma beim Amerika= und Indiengeschäft sowie in den Almadener Bergwerken Betrügereien witterte. Im Ganzen aber blieb es kein Zeichen von Lustlosigkeit, daß Anton sich neuen Risiken fernhielt, sondern bestätigte nur seinen weisen Vorsatz, das Geld der Fugger zusammenzuhalten, „damit sie aus den Schulden kom=
men." Kaiserliche Gunst hatte ganz ungeheure Verbindlichkeiten der Firma geschaffen. Als die Bilanzen das auswiesen, wollte man sich durch iberische Hilfe der Verlegenheit entziehen. Weil die Krone Ur=
heber jeder Drangsal des Geschäftes war, wünschte Fugger, auf Schif=
fen des Infanten Edelmetalltransporte durchzuführen, die sein Haus aus einem mißlichen Engpaß befreien sollten. Der Kaufherr wurde nicht müde, sondern war höchstens seinen Handel mit der Krone leid. Wie weit Antons Phantasie in gänzlich neue Richtungen schweifte, zeigte seine Befassung mit Fragen portugiesischer Kolonialpolitik in Indien oder der innertürkischen Entwicklung. Selbst die berühmte Reise des einstigen Fuggerfaktors Dernschwam nach Kleinasien mag neben der Sammlung alter Inschriften für seinen humanistischen Gönner einer wirtschaftlichen Sondierung der Lage gegolten haben. Wenn schon der Abschied der Firma aus dem Handel einstweilen unmöglich blieb, sollte

mindestens kein Geld mehr nach Spanien fließen, vielmehr sollten die dortigen Investitionen allmählich zurückgenommen werden.

Antons eigentlichen Kummer verursachten allerdings nicht laufende Geschäfte, sondern seine Sorge um die Zukunft. „Die jungen Leute" unter seinen Angestellten taugten wenig. Sie waren „faule Menschen". Das Urteil über die Neffen lautete aber kaum viel besser. Sie schienen im Handel vorschnell und für Geschäfte schwer tauglich. Dabei standen Kriege mit Frankreich und dem Zollernschen Markgrafen zu befürchten, an denen die Gesellschaft nicht unbeteiligt bleiben konnte. Selbst im Hinblick auf die erhoffte englische Hochzeit rührte sich der Verdacht, sie werde Karl V. aneifern, „dem Franzosen Abbruch zu tun." Dabei „war ein guter Friede alleweg am besten". Endlich schwang Antons Enttäuschung bei dem Urteil über die päpstliche Politik mit, weil die Kurie dem Kaiser keine italienische Macht gönnte und die Reform vernachlässigte. „Also plagt einer den andern, vom mindesten bis zum meisten. Das ist also unser Leben." Der Kaiser war nach Antons Überzeugung an der Untreue seiner Helfer mitschuldig. Besonders bei Erasso blieb es „gewiß, daß er seinem Herrn übel dient; der will es aber also haben".

Die Besinnlichkeit eines Alternden bewahrte die Firma vor Fehlentschlüssen, obwohl sie mitunter auch deren Initiative lähmte. Im ganzen schien eher Mäßigung am Platze, da man den unbezahlten kaiserlichen Schulden nicht weiteres Geld nachwerfen mochte. Wenn es die Neffen besser wußten, sollten sie ihr eigenes Lehrgeld bezahlen. Das wurde vorzüglich Hans Jakob, der seinen Oheim mitunter überspielte, nicht erspart. Den Sechzigjährigen berührten solche Differenzen wenig. Es ging ihm nur mehr um Aufgaben wie die Sache des Glaubens oder die Befriedung des Reiches. Töne klangen an, die der junge Anton nicht kannte und die Jakob den Reichen niemals anfochten. Wenn diesen einst Weltvorgänge wegen des Geschäftes interessiert hatten, so berührten sie seinen Nachfolger in fortgeschrittenen Jahren auf eine gänzlich andere Weise. Die Firma wollte in Ehren bestehen. Allein war es ein Mangel, wenn sie bei spanischen Kolonialprozessen aus der Erfahrung, „daß der Karren nicht gehen will, man schmiert ihn denn", äußerst realistische Konsequenzen zog? Trotzdem traten, je weiter die Jahre reiften, taktische Fragen hinter dem Wunsche nach Frieden in Kirche und Welt zurück.

Unter derartigen trüben Vorzeichen öffnete sich für die Firma das Jahr 1555, das Deutschland den Augsburger Religionsfrieden, einen Waffenstillstand der konfessionellen Parteien unter Duldung des Kaisers, schenken sollte. Anton gehörte zu jenen, die der Gesamtheit wegen unablässig auf einen Reichstag drangen. Für ihn selbst ließ sich dort nichts ernten. Aber bis zum Beginn überstand Fugger gefährliche

Wochen. Niemand wußte, wann der markgräfliche Aufstand mit französischer Hilfe wieder emporloderte, oder ob es klug von der Gesellschaft war, fortlaufend Kapitalien aus dem Handel zu nehmen, um sie erheblich unrentabler in Gütern, Wäldern oder Stadthäusern anzulegen. Niemals ließ sich voraussehen, inwieweit die für Amerika zuständigen Behörden das Geheiß ihres Infanten achteten und Fugger 100 000 Dukaten nebst Zins aus Gold und Silber der Indienflotten erlegten. Gresham gelang es, für Königin Mary Geld aus Spanien zu beschaffen. Allein wer trat für Augsburger Interessen ein? Don Philipp war uninteressiert. Ein Durchgreifen des müden Kaisers ließ sich nicht annehmen. König Ferdinand endlich pflog mit Antons Gegnern bessere Freundschaft als mit diesem selbst. Dabei war es wesentlich Fuggers Anhänglichkeit an das Erzhaus, die den Haß des Markgrafen oder seiner Handlanger, die sich mitunter aus übergelaufenen Faktoren rekrutierten, auf die Firma konzentrierte.

Wie sollte die Gesellschaft zu einem Tiroler Kaufvertrag sich entschließen, wenn Österreich dem fürstlichen Peiniger seiner Kaufleute zögernd begegnete, weil man dessen französische Gelder wohl abfangen, doch ihn selbst aus Scheu vor Hintermännern nicht reizen mochte. Gegenüber einer derart matten Regierung schien jede Bereitwilligkeit verfehlt. Erbittert gedachte Anton seiner Opfer, die Karl V. vor dem Fürstenaufstand gerettet hatten. Nun wütete der Zorn oppositioneller Gruppen gegen die Gesellschaft. Man wollte ihr den einfachsten Schutz vor Strauchdieben verweigern, während Philipp II. die Stunde günstig wähnte, um Fugger die nötigen und fälligen Zahlungen zu verweigern.

Angesehene Nürnberger Firmen hatten sich längst aus dem Geschäft mit hohen Häuptern zurückgezogen. Die Fugger mochten nachträglich bedenken, ob sie nicht besser diesem Beispiel gefolgt wären, statt aus Scheu vor Verlusten und wegen ideologischer Bindungen sich auf einen Handel mit Gewalten einzulassen, deren politische und militärische Macht den Einfluß privatwirtschaftlicher Kräfte überstieg. Nun konnte Anton jedoch nicht mehr aussteigen. Er mußte trachten, aus der Verlassenheit von Familie und Firma das Letztmögliche zu retten. Von Spanien und dem Infanten, der neuerdings den Titel eines Königs von Neapel führte, erwartete Fugger nicht länger Heil, wogegen sein Neffe Johann Jakob illusorischen Annahmen huldigte. Den alten Herrn hielt eiserne Skepsis gefangen, besonders in Deutschland, wo man mit der Kaufmannschaft nichts zu tun haben wollte, auf daß die Fürstengruppe um Ferdinand sich mit dem Kreise des Brandenburgers zu Lasten der Großfirmen verständigen durfte.

Für die Entwicklung des Reiches war es bedrohlich, daß die Wege von Staat und Privatwirtschaft sich langsam schieden. In England moch=

ten jene Kaufherren, die einen Handelsweg über das Weiße Meer nach Archangelsk einschlugen, mit der Hilfe ihrer Königin rechnen. Die Oberdeutschen mußten froh sein, wenn sie nicht um Beträge, die sie dem Kaiser geliehen hatten, von seinem Sohne geprellt wurden. Möglicherweise zwang den spanischen Fürsten die Lage seines Landes zu ungewöhnlichen Maßnahmen. Dennoch blieb es bedrückend, daß weder Karl noch Ferdinand die Sache ihrer schwäbischen Helfer mehr vertraten. Sie schädigten dadurch die großen Firmen schwer und halfen sich selbst nicht aus ihrer Misere. Wenn die Erblande versagten, mußten die Oberdeutschen mit Fugger an der Spitze eingreifen, um hilflose fränkische Prälaten vor ihrer Vernichtung durch die Söldner des Hohenzollern zu retten. Dafür besann man sich Antons, sobald der Kaiser in Brüssel 80 000 Dukaten brauchte und die Königin von England noch höhere Summen aus Spanien herangeschafft wissen wollte. Immerhin bleibt fraglich, ob die einschlägigen Maßnahmen mit Einwilligung des Firmen=Oberhauptes oder hinter seinem Rücken geschahen. Gleichviel, wie weit Anton von den Dingen wußte, seine Kraft war im Schwinden. Die Zeit der Fugger in der Geschichte europäischer Wirtschaft und Politik ging ihrem Ende langsam, doch unausweichlich entgegen.

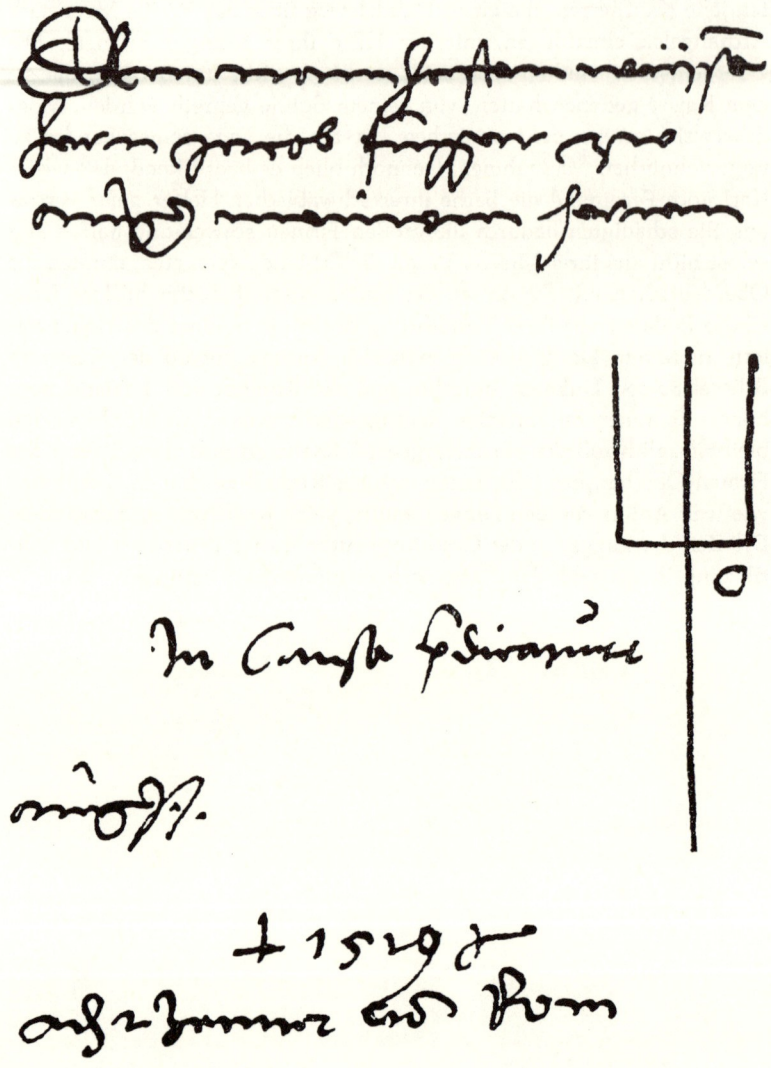

Eigenhändige Briefanschrift Anton Fuggers aus Rom an Jakob Fugger mit
dessen Empfangsvermerk von 1519 und der Handelsmarke der Gesellschaft

13. Kapitel

DER AUSGANG DER GROSSEN ZEIT

Seit dem ersten kaiserlichen Waffengang mit den protestantischen Reichsfürsten hatten sich die Verhältnisse für die schwäbische Wirtschaft zwiespältig entwickelt. Der europäische Auftrieb Habsburgs und dessen Verbindung mit dem Hause Tudor vermochten den schrittweisen Zusammenbruch der Oberdeutschen kaum zu bannen. Dieser kündigte sich während der letzten Lebensjahre Antons an. Eine Besserung schien ausgeschlossen, nachdem Karl V. der Augsburger Tagung aus Gewissensbedenken fernblieb. Die deutschen Angelegenheiten wurden König Ferdinand überlassen. Seither mußte die verborgene Mißstimmung zwischen ihm und der Firma sich öffentlich auswirken. Denn Wien und Innsbruck hatten es den Fuggern nicht verziehen, daß sie Karl V. stärker als seinem Bruder anhingen, auch die englischen Heiratspläne des Infanten besser förderten als jene des Erzherzogs Ferdinand von Österreich. Zugleich verlautete, daß die Gesellschaft dem Kaiser nochmals 150 000 Kronen lieh, wogegen der Tiroler Kupferkauf, von dem die Politik der deutschen Habsburger abhing, nur mühsam voranging. Außerdem machten Kritiker den Silberexport Fuggers für die Leistungsunfähigkeit der Haller Münzstätte verantwortlich.

Anton wird die Verstimmung des Jahres 1554 möglicherweise begrüßt haben. Sie gewährte ihm nach dem Kreditsturm eine kurze Atempause. Auf die Dauer mußte er aber mit der Krone wieder in das Gespräch kommen. Sein Hauptinteresse galt indessen Westeuropa mit England, wo die Firma für den Fall der Geburt eines Thronfolgers große Hoffnungen hegte. Im übrigen liefen die Dinge bei der Belagerung von Siena nach dem Wunsche der kaiserlichen Partei, so daß Antons Neffen der Zukunft vertrauensvoll entgegenblickten. Fast schien es, als wolle sie ihnen mühelos das zuspielen, worum frühere Geschlechter kämpften. Selbst die wichtigsten Fragen wie jene nach der Entwicklung der Reformation oder der sozialen Entlohnung der Arbeiterschaft wurden beinahe unbekümmert behandelt. Die Ahnungslosigkeit einer Generation, die Anton wohl zu lange von der Mitverantwortung fernhielt, wurde offenbar. Der Chef des Hauses hatte sich fast ausschließlich um spanische

Finanzintrigen und die Gestaltung seines Testamentes bemüht und dabei den Tagesdingen wenig Beachtung geschenkt. Dennoch ward er früher als andere Kontinentalpolitiker dessen inne, daß die englisch=spanische Ehe und die Florentiner Anleihen= und Juwelengeschäfte keineswegs jenen Umschwung auslösten, den Traumwandler erwarteten.

Der alte Jammer ging weiter. Nur daß jetzt auch in England und nicht nur zu Madrid, Wien und Brüssel die nötigen Mittel fehlten. Die Vermutung, Fugger müsse helfen, lief ruhig weiter, obwohl Ferdinand innerhalb des letzten Vierteljahrhunderts bereits eine Million Gulden Darlehen empfangen hatte. Außerdem verriet der Ankauf von Herrschaften in der Schweiz und am Bodensee, daß sich innerhalb der Gesellschaft wesentliche Interessenverlagerungen vollzogen. Sogar die Söldnerwerbung, die Anton auf Bitten der Genueser Regierung im Allgäu vornahm, bewies keinerlei aktivere Teilnahme an der habsburgischen Kriegs= und Konfessionspolitik als bisher. Die Unterhandlungen des Faktors von Antwerpen mit niederländischen, spanischen und portugiesischen Instanzen dienten zur wirtschaftlichen Absicherung der Großmachtziele des Erzhauses. Sie zeitigte das mißliche Resultat, daß die hoffnungsfroh gestartete englische Heirat für Habsburg und seinen Bankier zu einem nur mehr kostspieligen und im wörtlichsten Sinne unfruchtbaren Unternehmen wurde.

Wenn der Augsburger Reichstag im Februar 1555 zusammentrat, ergab sich hieraus für Anton die Notwendigkeit stärkerer Berücksichtigung der Angelegenheiten Ferdinands. Gleichzeitig riß das kriegerische Ringen um Siena, wofür Fugger außer den allgemeinen Kosten die Soldatenspesen bestreiten und die Reiseauslagen des Herzogs von Alba decken sollte, die Firma in seinen Wirbel. Während des März 1555 genehmigte die niederländische Filiale trotz angespannter Verhältnisse 200 000 Kronen dem spanischen Sekretär Erasso, der von London herübergekommen war. Dabei konnte die Gesellschaft solche Darlehen schon lange nicht mehr aus eigenen Reserven leisten, sondern mußte auf fremdes Geld zurückgreifen. Hielt der hohe Schuldner seine Tilgungsfristen nicht ein, dann gerieten bürgerliche Gläubiger den eigenen Geschäftsfreunden gegenüber in arge Verlegenheit.

Seitdem die französische Krone durch Aufnahme von Krediten zu Lyon im Frühjahr 1555 das finanzielle Wettrüsten eröffnet hatte, begann eine Offensive auf den europäischen Börsen, der in Kürze ein katastrophales Ende folgen mußte. Weder Heinrich II. von Frankreich noch Philipp II. von Spanien vermochten ihre Zusagen einzuhalten. Antons Neigungen widersprachen einem internationalen Run. Aber die Ereignisse nach dem Tode des Papstes Julius III., der die spanische Herrschaft in Ober=, Mittel= und Unteritalien gefährdete, verboten die gewünschte Zurückhaltung.

Der Reichstag spielte in Fuggers Korrespondenzen und Geschäfts=
büchern des Jahres 1555 nur eine bescheidene Rolle. Auch der Abbau
der Firma rückte in unabsehbare Ferne. Dafür stachelte der Widerspruch
Zürichs gegen die Festsetzung der Fugger unter den Grundherren des
Thurgau zur Gegenwehr an. Auch die Kapitulation Sienas vor dem
kaiserlichen Florenz Herzog Cosimos will in solchem Zusammenhang
gewürdigt werden. Fugger trug die Lasten dieser Operation, die dem
Kaiser und Spanien entsprach, weil er davon eine Minderung des fran=
zösischen Einflusses erwartete. Außerdem sollte einer imperialen Ge=
genrevolution die Bahn geebnet werden. Antons Einschaltung in die
Geheimkorrespondenz zwischen Spanien, England und dem Kaiser
wegen Mannschaften, Reiterei, Kriegsgerät und Heeresfinanzen des
Herrscherpaares Philipp und Maria war nicht zufällig. Sie befindet sich
im Einklang mit der zurückhaltenden Bedienung des deutschen Königs
Ferdinand, der durch den Religionsfrieden von 1555 den Protestanten
weiter entgegenkam, wie es dem Kaiser oder Anton Fugger zusagte. Als
kaufmännisches Unternehmen zählte die Firma zu den Leidtragenden
dieser Entwicklung, weil sie überlange wegen der Nachfolge des Spa=
niers im Reich die südöstlichen Habsburger vernachlässigt hatte.

Nach der Antwerpener Ostermesse 1555 wurde die finanzielle Situa=
tion prekärer. Die Prolongation der Wechsel Karls V. glückte, nachdem
König Philipp eine Mitbürgschaft übernahm. Solche Zusicherungen,
hinter denen die Aussicht auf eine spanisch=englische Allianz stand,
beruhigten Anton. Dafür mußte er österreichische Unannehmlichkeiten
ertragen. Dort erinnerte sich niemand jener Dienste, die er für Kriegs=
führung und Politik Jahrzehnte hindurch geleistet hatte. Stattdessen
warf man ihm Verbindungen mit einem Metallhändler vor, der Zoll=
und Grenzvorschriften verletzte. Vielleicht bestanden solche hinter=
gründigen Kontakte, doch wie oft brach das Erzhaus selbst Zusagen
gegenüber der Gesellschaft. Es war unklug, Fuggers Kaufmannsehre zu
jenem Zeitpunkt zu kränken, als eben Papst Paul IV. Caraffa den
Thron Petri bestieg. Denn Habsburgs italienische Stellung ward
dadurch bedroht. Es grenzte an Fahrlässigkeit, auf die Interessen=
bindung der Firma an England, Spanien und Österreich rücksichtslos
zu sündigen. Anton war schließlich kein beliebiger Händler, sondern der
königliche Kaufmann. Gekrönte und ungekrönte Herrscher standen ein=
ander nahe. Sobald sie sich bekämpften, geschah es zum Schaden beider.
Die unerbittlichen Methoden des Sekretärs Erasso, der zur Deckung
des spanisch=englischen Hofbedarfes 300 000 Kronen aufnahm, wurden
von der niederländisch=deutschen Finanzwelt 1555 mit einer Erhöhung
des Zinssatzes beantwortet. Als Zeichen bedenklich abnehmender
Selbstkritik beteiligte sich Faktor Örtel an diesem Geschäft. Hinzu

kamen Kredite auf dem italienischen Kriegsschauplatz, worüber die protestantische Fürstenopposition gut informiert wurde. Während Örtel Sondervergütungen von dritter Seite bezog, bediente sich Erasso, der in vergangenen Tagen den Weg zu Anton gegangen war, jetzt des Frankfurter Juden Josef zum Goldenen Schwan, um mit Hans Jakob Fugger die kaiserlichen Schulden zu regeln. Der große Mann gehörte beinahe schon der Vergangenheit an. Das Erzhaus bevorzugte bestech= liche Diener oder ehrgeizige Neffen, um Ergebnisse durchzusetzen, die sein kaufmännischer Sinn ihm verwehrte. Es geschah zum Nachteil der Firma, wenn Handsalben oder Hoffnungen auf Riesengewinne ihre un= zuverlässigen Mitarbeiter oder geschäftlich weniger begabten Teilhaber veranlaßten, Privatwege abseits des amtlichen Kurses der Gesellschaft einzuschlagen. Die brüchige Gesundheit des Chefs und eine begrün= dete Sorge wegen der Spießgesellen des fränkischen Markgrafen min= derten Antons Autorität innerhalb seines Hauses. Den beginnenden Führungswandel unter den Oberdeutschen nützten die Spanier, damit das Frankfurter Ghetto langsam an die Stelle der schwäbischen Hoch= finanz als Helfer rückte.

Um einem solchen Umschwung vorzubeugen, bewies Anton Fugger mit hohen Darlehen Ferdinand seine Willfährigkeit. Auch ein hoch= sommerlicher Besuch Erassos in Antwerpen verlief erfolgreich, da sich Örtel durch Erzählungen von amerikanischen und spanischen Edel= metallflotten Zusagen abringen ließ, die vielleicht Hans Jakob dem König Philipp II. oder Königin Mary gewährt hätte, wogegen sie der vorsichtigen Abbautendenz des Oheims durchaus widersprachen. Je mehr Onkel und Neffen sich zu entzweien begannen, umso spürbareren Vorsprung gewannen fremde Agenten oder das aufsteigende Hofjuden= tum am Augsburger Reichstag. Der selbstbewußte Stil der oberdeut= schen Großbürger schwand mit dem Altern Fuggers dahin. Kurz vor Abschluß des Religionsfriedens, der den Lutheranern weitgehende Gleichberechtigung einräumte, schied Josef vom Goldenen Schwan aus Augsburg. Seine Zähigkeit in der Regelung bestimmter Schulden= komplexe Karls V. hatte dank dem Nachgeben des jüngeren Fugger über Anton gesiegt. Der Tag des Religionsfriedens selbst wurde für die Gesellschaft denkwürdig, weil nun die Liquidation ihrer Barchent= industrie zur Verbriefung kam. Seit neun Jahren erstrebte Anton die Auflösung der großen Firma. So wie es jetzt geschah, widersprach das seiner Absicht, weil es sich nicht mehr um bewußte Abwickelung, son= dern einen fortan unentrinnbaren Niedergang des weltbeherrschenden Unternehmens handelte.

Sobald das Signal gegeben wurde, trieb ein Keil den andern. Erasso und Josef vom Goldenen Schwan arbeiteten sich in die Hand. Hans

Jakob sah ohnmächtig zu, wie die Feinde der Gesellschaft allenthalben Boden gewannen. Die Entschädigungskommission für erlittene Kriegs= verluste meinte Fugger billig abfertigen zu dürfen. Wegen seines mu= tigen Widerstandes gegen wirtschaftliche Unbedachtheiten Karls und Ferdinands war sein Gnadenstern verblaßt. Nachdem die Öffentlichkeit spürte, daß die Firma aus der Mode kam, glaubten sich drittrangige Unternehmen schon berechtigt, über sie herzufallen. Die Kurzsichtig= keit eines Hans Jakob Fugger hielt ihrem Andrang willfährig den Bügel.

112 000 Dukaten Darlehen Fuggers auf der spanischen Oktober= messe von 1555 milderten die Situation keineswegs. König Philipp dachte, daß er nur zu fordern brauche. Die Kaufleute hätten zu gehor= chen. Anton besaß nicht mehr die Kraft, Hans Jakob fehlte es an Festigkeit, solcher Willkür zu begegnen. Warum aber sollte der Spanier seine Deutschen loyaler behandeln als Heinrich II. ihre Landsleute zu Lyon? Geblendet vom Aufstieg westlicher Monarchien, drängten sich schwäbische Finanzherren im steten Wettlauf bei niedergehender Bahn. Man warf gutes Geld dem schlechten nach. Sie verloren Prozeß über Prozeß und gewöhnten sich daran, Behörden anzubetteln, wo sie mit besserem Recht gefordert hätten.

Der Kaiser, den körperliche Schmerzen und seelische Enttäuschung überwältigten, begab sich Stück um Stück seiner Gewalt. Im Oktober 1555 empfing König Philipp die Niederlande, aus deren Leitung Maria von Ungarn schied. Fortan ward auf der Börse von Antwerpen in der Manier Erassos verfahren wie gegenüber den spanischen Fuggerfak= toren beim Streit um das Silbervorkommen von Guadalcanal. Die Tiro= ler Textil= und Metallpolitik Ferdinands mit ihren Exportsperren ver= wies in die gleiche für Anton verderbliche Richtung. Somit sah Herzog Cosimo von Florenz im Spätherbst 1555 keinen Grund, weshalb er Dar= lehen der Firma heimzahlen sollte, wenn reichere Fürsten sich derselben Pflicht leichten Herzens entzogen.

Ende 1555 gelangte die Umgebung Karls V. zur Überzeugung, daß dessen Herrschaft nicht nur politisch, sondern wirtschaftlich an ihrem Ende angelangt war. Ein Konkurs ließ sich mit der kaiserlichen Ehre nicht vereinbaren. Folglich erklärte die Majestät am 16. Januar 1556 in Brüssel ihren Rücktritt für Spanien und Amerika, die Philipp II. übergeben wurden. Es war kein Zufall, wenn beim Staatsakt eben Se= kretär Erasso die einschlägige Urkunde verlas.

Die europäische Öffentlichkeit erkannte, daß mit dem Rückzug Karls V. eine finanzpolitische Wachablösung sich vollzog. Sein Nach= folger war nicht gesonnen, der deutschen Privatwirtschaft den alten Spielraum zu belassen. Er gedachte, nach portugiesischem oder eng= lischem Vorbild die Interessen der Krone durch eigene Faktoren wahrzu= nehmen. Die Hingabe von 1,25 Millionen Livres aus Fuggers Reserven an Philipp II. im Frühjahr 1556 hielt diese Entwicklung nicht auf. Der Prozeß gegen einen Händler in Tirol, den man als Strohmann Fuggers brandmarken wollte, bewies, wie gern Österreich ähnliche Bahnen eingeschlagen hätte.

Der Bruch mit den Fuggern war mindestens für Ferdinand unklug. Auch Philipp mochte ihn eines Tages bedauern, weil der Krieg in der Toskana sich nicht von Spanien über Genua allein bestreiten ließ. Immerhin hatte das Pendel sich gewendet und seine rückläufige Bewegung war kaum aufzuhalten. Je williger die Fugger gaben, umso mehr ging verloren. Anfangs Februar 1556 verpflichtete sich Faktor Örtel in Brüssel zur Erlegung von 400 000 Dukaten, die auf über 540 000 Dukaten anstiegen. Als Deckung erhielt er lediglich Versprechungen des Generalschatzmeisters Herzog Eugen Philibert von Savoyen. Krieg und Truppen verschlangen gewaltige Beträge, so daß im April 1556 weitere 600 000 Dukaten Schuldverschreibungen der niederländischen Rentmeister folgten, deren Kreditwürdigkeit problematisch blieb.

Anscheinend suchten die Außenstellen, auf solche Art Genuesen, Spanier und sonstige Rivalen zurückzudrängen. Was im Augenblick möglicherweise gelang, mußte auf die Dauer aber Fuggers Vermögen ruinieren. Ein schwäbischer Söldnerführer bereitete um privater Streitigkeiten willen einen Überfall auf Anton vor. Man glaubte ihn außerhalb kaiserlichen und königlichen Schutzes. Die Annäherung an das bayerische Herzoghaus bot keinen Ersatz. München konnte unmöglich mit Wien, Brüssel und Madrid konkurrieren. Hans Jakobs Nachgiebigkeit gegenüber Philipp II. kam den Spaniern zupaß, schadete aber dem Ansehen des Hauses mehr, als sie ihm nützte. Seine Sachwalter fanden in Innsbruck taube Ohren, wogegen Widersacher geneigtes Gehör erlangten. All das geschah nicht von ungefähr. Schon befand sich eine Flugschrift in Vorbereitung, um darzulegen, was die Fugger „mit ihrem Geld hin und wieder Unrat stiften, (und) wie sie mit ihrem Handel hergekommen".

Die Leitung des Geschäftes nahm die Rückschläge gleichmütig hin und glaubte durch ungewöhnliche Maßnahmen den Schaden ausgleichen zu können. Jedoch bald waren die Fugger bereits dankbar, wenn Philipp oder Ferdinand die Gesellschaft aus Franzosenangst oder Türkennot um bare Mittel angingen. Durfte das nicht für ein Zeichen künftig besserer Geschäfte gelten? Darüber vergaß man auf die schweren Einbußen, welche nächste Geschäftskollegen, nämlich die Welser zu Venezuela, erlitten hatten. Gerade deren Schicksal hätte Fugger warnen müssen. Die nämliche Abneigung spanischer Behörden offenbarte sich beim Streit mit unzuverlässigen Handelsdienern. Die Gesellschaft entbehrte nachgerade des Rechtsschutzes. Es gehörte zum guten Ton, gegen sie Partei zu ergreifen, mindestens ihre Feinde gewähren zu lassen. Dabei schwelte im Hintergrund die Brandfackel des Markgrafen Albrecht Alcibiades, der auf Rache an den Augsburgern insgemein und besonders an Fugger sann.

Während die Gesellschaft um die Gnade der Spanier warb, ihnen Waffenschmiede und Bergknappen vermittelte oder die Finanzen der Königin Mary stützte, bangte Schwaben vor erneutem Ausbruch des Bürgerkrieges. Karl V. hätte in diesem Falle der Gesellschaft wohl Rückhalt geboten. Dagegen besagt es nichts, wenn die Reichsstadt Johann Jakob Fugger zum Kriegsrat aufstellte. Er vermochte die Wolken am politischen Himmel Mitteleuropas kaum zu zerstreuen. Wenn es darauf ankam, sollte Anton durchgreifen. Er wußte Württemberg zu besänftigen und scheint den Abschluß eines süddeutschen Bundes katholischer Reichsgebiete begünstigt zu haben. Dabei sparten sie nicht an scharfer Kritik. Der Mut des alten Mannes, nicht die gelegentliche Geschmeidigkeit des Jüngeren, war der Trumpf der Gesellschaft im Spiel der Jahre 1556 und 1557. Man achtete den Tapferen und übersah die Wendigen.

Anton, der Karl V. in harten Stunden Stirne gegen Stirne widersprochen, um Frieden und Wohlstand gerungen hatte, ließ sich nicht einschüchtern. Ein schlecht inszenierter Monopolprozeß gegen niederländische Geschäftsfreunde lehrte den Schwaben nicht das Fürchten. Auch die Frankfurter Konkurrenz dünkte ihm minder bedrohlich als seinem Neffen, der zuviel Konzilianz aufwandte. Obwohl Österreich, die Niederlande und Spanien staatliche Rechtsbrüche gegen die Großfirmen erwogen, trat er keinen Rückzug an. Man gab lieber in den Niederlanden nochmals 70 000 Dukaten, bevor Erasso samt seinem königlichen Herrn provoziert wurde. An der Schelde scheint dieses Einlenken mißverstanden worden zu sein. Niemand hatte befohlen, daß spanischen Wünschen mit Gehorsam begegnet werden müsse. Die Unregelmäßigkeiten nahmen jedoch überhand. Als Karl V. im Spätherbst 1556 die Übergabe des Kaisertums an seinen Bruder Ferdinand vornahm, durfte es jetzt für sicher gelten, daß die Fugger unter ihm wenig gute Tage erleben würden. Selbst in Spanien häuften sich bald Stimmen, die eine Gesundung der Krone auf Kosten auswärtiger Kaufleute für zulässig erachteten. Eine Zwangsanleihe der Königin Mary mochte ihrem spanischen Gemahl Erleichterungen bringen.

Zähe strich der Herbst 1556 dahin. Karl V. zog sich in die klösterliche Einsamkeit von San Yuste zurück. Jedoch sein alter Bankier, der dringend und stets Frieden anstrebte, fand keine Ruhe. Er mußte mit dem Bruder des Kaisers um Tiroler Kontrakte feilschen. Nach dem Bericht eines Venezianer Gesandten wurden im späten November gleichen Jahres zu Brüssel abermals 300 000 Kronen Fuggers auf kastilianische Pfänder geliehen, die man schwerlich als Sicherheiten ansprechen durfte. Unglückseligerweise gingen die außenpolitischen Kontakte zunehmend auf Johann Jakob über, der Wachs in den Händen des spanischen Königs und seiner Vertreter war.

Sobald offenbar wurde, welch falschen Kurs die Firma steuerte, mußte Anton einschreiten. Der Vertrag, den Örtel im Namen der Gesellschaft am Neujahrstag 1557 schloß und worin diese Philipp II. weitere 430 000 Dukaten lieh, bezeugte keine finanzielle Überlegenheit der Oberdeutschen, sondern deren Ohnmacht gegenüber dem Monarchen. Dieser entzog den Kaufleuten die meisten Einnahmequellen, den Fuggern insbesondere die Pacht der Kroneinkünfte aus drei spanischen Ritterorden. Wer konnte angesichts solcher Erfahrungen die königliche Zusage, daß eine Heimzahlung aus nächsten amerikanischen Erlösen geschehe, glauben? Selbst der Tod Markgraf Albrecht Alcibiades' bedeutete für diese Zeit keine Beruhigung. Er gehörte ohnedies längst zu den toten Leuten. Erasso, der Geld annahm, seine Zusagen aber brach, war gefährlicher als der Markgraf als Nachfahre mittelalterlichen Fehdeunwesens.

Unter solchen Umständen dürfte die Firma im Februar 1557 mysteriöse Erkundigungen aus Moskau aufrichtig begrüßt haben. Jenen zufolge beabsichtigte der Zar 7,5 Millionen Taler bei den Fuggern als „reichsten und vermögendsten Privatpersonen in aller Welt" gegen mäßigen Zins zu hinterlegen, um aus Kapital und Ertrag eines Tages gemeinsam mit dem Kaiser den Feldzug gegen Konstantinopel zu führen. Jene geheimnisvollen Gelder, die, wenn überhaupt existent, vermutlich dem Goldhort der Tataren entstammten, trafen niemals zu Augsburg oder in der Antwerpener Filiale ein, so daß sich wahrscheinlich Zweifel an der Glaubwürdigkeit dieser Briefschaften rührten. Wenn aber der Osthandel abstarb, fehlte jede Ursache, die Breslauer Faktorei zu behalten. Ihr Verkauf erscheint darum symptomatisch, weil über sie der glorreiche Einzug der Gesellschaft in den ungarischen Handel einstmals geschehen war.

Alle Versuche, anderweitig Geld aufzubringen, fruchteten wenig, da Erasso den Fuggern auf der Ferse blieb. Jeder verfügbare Gulden gelangte auf kürzestem Wege in die Kammer Philipps. Vielleicht sollte er dort zum Türkenfeldzug dienen. Wenn dafür aber Söldnergenerale gedungen wurden, die Anton nach Freiheit und Leben trachteten, dann wußte die Gesellschaft, wieviel von solchen Kreditbitten zu halten war. Dennoch gab auch im März 1557 Örtel dem Herzog von Savoyen seine Zusicherung, die Firma wolle 130 000 Livres auf die königliche Unterschrift vorstrecken. Was nützte inmitten eines solchen Chaos die Empörung des Kaisers über eine finanzielle Mißwirtschaft in Spanien? Sein Zugreifen füllte wohl die Kriegskasse auf und ermöglichte die Offensive Albas und Medicis in Italien sowie den Vorstoß des Savoyers und des Grafen Egmont an der französischen Grenze. Die Übelstände blieben dennoch die gleichen. Dabei fehlte dem spanischen Habsburger jedes Verhältnis zu den bewährten finanziellen Mitstreitern des Vaters und Urgroßvaters, obwohl auch seine Soldaten von überspannten Krediten der Fugger lebten.

Verhängnisvollerweise unterblieb jede aktive Reaktion auf die spanischen Gewaltmethoden. Die Aufschiebung der Antwerpener Messezahlungen im Frühjahr wurde hingenommen. Erasso, der sich ein Vermögen beiseite legte, zu bestechen, ward selbst für Anton nachgerade zu teuer. Der Sekretär erwies sich als Diktator des Antwerpener Geldmarktes. Kein Fugger und kein Faktor durften ihm den Gehorsam aufsagen. Und wenn der Spanier klagte, daß er bei niemand soviel Beschwerde und so wenig Nutzen habe wie bei den Fuggern — ein Wort, das als Lob begriffen werden konnte, — mußte man auch solches ertragen. Sonst waren die iberischen Investitionen verloren. Zu Augsburg murrten die Neffen über die Langsamkeit, mit der sich ihre Vorschüsse an der französischen Front auswirkten. Im Gegensatze zu Anfangszeiten Antons und den Tagen Jakobs blieb die Firma aber von unmittelbarer Einwirkung auf das politische Geschehen ausgeschaltet. Keiner wehrte sich, als der Almadener Quecksilbervertrag den Fuggern genommen wurde, aus Angst, daß die Einbußen noch größeres Ausmaß annahmen. Ebensowenig ließ sich eine Mobilisierung der englischen Reserven gegen Frankreich über die Gesellschaft beschleunigen, obwohl das Mißtrauen Antons gegen Königin Mary zunahm. Schon fielen böse Glossen über die gütigen Worte, aber untreuen Werke, die Philipp an der Themse erntete. Allein was hießen solche Bemerkungen im Hinblick auf einen Fürsten, der bei sich selbst ein staatsbankrottähnliches Moratorium verkündete und bedenkenlos realisierte.

Der Schlag war so hart und Johann Jakob derart untauglich, ihn abzufangen, daß Anton aus seiner philosophischen oder religiösen Zurückgezogenheit aufgeschreckt wurde. Aber auch er mußte behutsam vorgehen. Der Herzog von Florenz näherte sich den deutschen Protestanten, die bisher mit Frankreich sympathisierten, wogegen König Philipp bei Fugger vorstellig wurde, um die französische Flut in Piemont abzudämmen. Das Geld der Firma, sobald es sich in den Händen des Kardinals von Trient befand, verwandelte sich rasch in Soldaten, Pferde und Waffen, die hinreichten, den Vorstoß Heinrichs II. aus der Toskana abzuweisen. Für die kaufmännische Denkungsart Antons blieb es beruhigend, daß die Krone sich scheinbar Mühe gab, ihrer Tilgungspflicht zu genügen.

Es war begreiflich, wenn der Spanier lieber den Kredit als seine Herrschaft verlor. Aber selbst dafür blieb es der falsche Weg, Kaufmannsrecht zu beschneiden. Denn das Heer der spanischen und kaiserlichen

Kommandanten, die zwischen den Niederlanden und Frankreich im Gefecht standen, blieb ohne Rückhalt an der Gesellschaft ein gar stumpfes Schwert. Nach wie vor bedurfte die spanische Staatsschuld von rund 7 Millionen Dukaten, von denen Anton ein Drittel zu beanspruchen hatte, irgendwelcher Lösung, falls kein Bankrott eintreten sollte. Die Firma, die auf diplomatischen wie militärischen Kriegsschauplätzen des Festlandes dauernd für das Erzhaus eintrat, konnte man nicht zugrunde richten. Deshalb sah das Finanzedikt Philipps II. eine Sonderbehandlung vor. Die Fugger sollten nur mit einer Zinssenkung erfaßt werden. Außerdem verwies man ihre Ansprüche auf Renten oder Güter der spanischen Krone. Die Pacht der Ritterorden mußte ihrerseits freilich unter gesteigerten Bedingungen erfolgen.

Die Kaufmannswelt zögerte, fadenscheinigen Versprechungen auf Entschädigung zu trauen. Der König beschlagnahmte von jenem Silber, das die Firma mit seiner Genehmigung im Sommer 1557 aus Spanien nach den Niederlanden exportierte, dort 568 000 Dukaten. So ließ sich nicht arbeiten. Weder Maximilian I. noch Karl V. hatten ihren Kaufleuten und Bankherren derart unerbittlich zugesetzt. Mit wessen Hilfe sollte man aber den spanischen Krieg gegen Papst und Franzosen führen, wenn Fugger ausfiel? Was Madrid recht war, blieb Paris billig. Es konnte somit nur für eine Frage der Zeit gelten, wann sich Heinrich II. durch Einstellung seiner Zahlungen lästige Gläubiger, darunter die deutschen Firmen, vom Halse schaffte. Doch ein König darf nicht betrügen, sonst wenden sich seine Dinge zum Übel.

Für das Erste schien alles gut zu gehen. Nachdem Graf Egmont mit einem niederländisch=englischen Heer im August 1557 die Franzosen bei St. Quentin schlug, waren Kurzsichtige geneigt, es mit den spanischen Agenten zu halten, weil auf deren Seite die Macht stand. Anton teilte solche Gedanken nicht. Die starke Zunahme seiner Herrschaftskäufe in diesen Monaten kann eher als Aufleben eines Bestrebens gelten, das Familienvermögen aus Geld= und Warenhandel auf immobile Werte, trotz ihrer geringen Rentabilität, zurückzuziehen. Faktor Örtel suchte dem zuvorzukommen. Er versprach den Spaniern, auf eine Wiederaufnahme des Kreditgeschäftes hinzuwirken, während Erasso den König erinnerte, daß Anton bereits Karl V. um Verschonung mit ferneren Anleihen gebeten habe, da er sich zurückzuziehen wünsche. Umsonst beschwor der Agent seinen Monarchen mit dem Hinweis auf die anderthalb Goldmillionen, die er in den letzten Zeiten von dieser Firma erhalten habe. Philipp II. blieb auf härtesten Maßnahmen unter dem Einfluß Erassos bestehen und konnte doch die Früchte seines Sieges nicht auskosten, weil nach dem Erfolg von St. Quentin schlecht besoldete Landsknechte scharenweise zu den Franzosen überliefen. Ihr König hatte sein Wort zum Pfand gesetzt, daß er an willigen Geschäftsleuten

Schloß Oberkirchberg bei Ulm a. D.

*Grabmäler der Georg und Ulrich Fugger
in der Fuggerkapelle bei St. Anna, Augsburg*

nicht so übel handle wie der Spanier. Die Zukunft mußte lehren, ob die Parole des Allerchristlichsten Königs schwerer wog als jene der Katholischen Majestät. Letzten Endes waren beide von der Laune der kriegerischen und finanziellen Fortuna bestimmt. Und diese wußte scharf zu rechnen.

Vergeblich hatte Örtel nach dem Tage von St. Quentin bei Fugger geprahlt, wie unrecht König Philipp geschah, wenn man dessen Falliment bereits voraussagte. Vielleicht blieb sein Staat verschont, doch dafür traf das wirtschaftliche Unglück die deutsche Geschäftswelt mit doppelter Schärfe. Anton tat das Möglichste, um seiner Gesellschaft, die hart angeschlagen aus dem Sommer 1557 hervorging, Bitterstes zu ersparen. Es blieb nicht bei den heftigen Vorwürfen gegen Örtel, der ohne Sinn und Verstand, vielleicht zu seinem privaten Vorteil geborgt hatte, worauf das Anwachsen der persönlichen Habe des Faktors hinwies. Zornig erklang aus Augsburg Antons Wort: „Der Teufel dank Euch diese Faktorei!" Damit nicht genug, wurde Örtel jegliche Vollmacht entzogen. Daß der zweideutige Diener zum Schlusse entlassen, sogar Untersuchungen hinsichtlich seiner Ehrlichkeit eingeleitet wurden, konnte höchstens eine Wiederholung des Unheils ausschließen. Der Schaden selbst war nicht wettzumachen. Weder 1547 noch 1552, sondern erst 1557 ist als schwarzes Jahr in die Gesellschaftsgeschichte eingegangen. Daran änderte es nicht viel, wenn die zu Weißenhorn auf Ulmer Betreiben eingestellte Barchentweberei von Schwaz her einen günstigen zweiten Start nahm. Was sich hier nachträglich fangen ließ, blieben kleine Fische. Die großen waren die Schelde hinabgeschwommen und brieten längst in spanischem Öl.

Die Bedrängnis seines Hauses durch die Willkür der Könige, die Untreue von Dienern und der mangelnde Geschäftssinn der jungen Generation scheuchten den alternden Anton aus der Einsamkeit auf. Wieder riß er Last und Macht der Geschäfte eigenherrlich wie ehedem an sich, aber die Kräfte ließen nach. Wie konnte er sich der falschen Faktoren erwehren, wenn die Aufregung ihn gleich neuerdings auf das Krankenlager warf. Inwieweit Fugger selbst und seine Verzögerung des Rückzuges aus den politischen Finanzgeschäften eine Mitverantwortung traf, kam nicht zur Sprache. Anton konnte sich glücklich preisen, wenn immerhin der Grundstock des privaten Vermögens der Familienmitglieder erhalten blieb, und die Gesellschaft nicht in Konkurs ging. Es galt, vor der Öffentlichkeit das Gesicht zu wahren, fremde Gläubiger abzufinden, kaufmännische Zucht und Diskretion wiederherzustellen. Dann konnte die Not überstanden und das drohende Unheil beschworen werden. Eines freilich war nicht zu vergessen. Selbst das Elend hatte in keinem Neffen kaufmännische Gaben wachgerüttelt. Sie blieben nahezu sämtlichen Dingen wesensfremd, durch die ihre Vorfahren reich und schier allmächtig geworden waren. Somit galt es für Anton, wenn einmal die Not gestillt war, daraus Folgerungen für die Zukunft zu ziehen.

Anton verlor alles Vertrauen zu fremden Kräften. Seinen jüngeren Sohn Johannes entsandte er nach Antwerpen. Dieser sollte dort zusammen mit dem Faktoreipersonal in die verwirrten Geschäfte Ordnung bringen. Ähnliche Reorganisationspläne hegte er hinsichtlich der ertrunkenen Fuggerschen Quecksilbergruben zu Almaden. Die Tatkraft vergangener Jahre schien im Haupte der Gesellschaft wieder erwacht. Dennoch wäre die erneute Krise der Fugger kaum so rasch überwunden worden, wenn nicht Maßnahmen Heinrichs II. von Frankreich, der sich auf Kosten seiner Lyoneser Kaufleute sanierte, eine mildere Beurteilung der Anordnungen Philipps ausgelöst hätten. Vielleicht war man in dem kostspieligen Schutz des spanischen Königs doch nicht so schlecht aufgehoben. Stöhnend, aber wirksam trug die Firma zur Besoldung seiner deutschen Truppen bei, die gegen Frankreich zu Felde zogen. Ungeachtet schmerzlicher Erfahrungen streckte die Gesellschaft Philipp II. im November 1557 um die 200 000 Kronen vor, mit denen der militärische Mißerfolg des Herzogs von Savoyen ausgeglichen werden sollte.

Dennoch war es keine gute Sache, wenn im wesentlichen der alte Anton Fugger allein die Verantwortung für die Gesellschaft tragen mußte. Sein Neffe Hans Jakob schied immer stärker aus der Habsburger Interessensphäre aus und schloß sich Herzog Albrecht V. von Bayern an. Vielleicht sollte er auch als Diplomat mit Einwilligung König Ferdinands vom bayerischen Hofe zur Friedensvermittlung zwischen Spanien und Frankreich eingesetzt werden. Dann fanden wieder Politik und Geschäft im Wirken der Fugger zueinander. Die Firma tat klug daran, diese Beziehungen nicht zu vernachlässigen. Manche Gegner blieben so rege, daß abtrünnige Fuggersche Angestellte ihre Kenntnis kaufmännischer Gepflogenheiten dem Kreis des Raubritters von Grumbach zur Verfügung stellten, um mit faktorenmäßigem Fachwissen Überfälle gegen Italienfahrten oberdeutscher Geschäftsleute auf dem Lechfeld zu organisieren. Nicht nur die großen Geschlechter, auch die mittleren Schichten der Kaufmannschaft offenbarten in Verhalten und Gesinnung bedenkliche Zeichen der Auflösung. Die große Zeit neigte sich dem Ende zu.

Hemmungsloser Gewinntrieb, der sich in den gesteigerten Anleihebedingungen gegenüber der französischen Krone aussprach, kennzeichnete eine Haltung, die ihre Sicherheit verlor. An solchen Geschäften um den Alaunzoll Heinrichs II. blieb Fugger unbeteiligt. Jedoch gewisse Übertretungen oder Umgehungen der Silberexportverbote verrieten in seinem Bereiche das Fortschreiten einer ähnlichen Denkungsweise, die durch überhöhte Einzelgewinne das ins Wanken geratene Wirtschafts=

gefüge retten wollte. Die gesundheitliche Schwächung Antons, den seine Gesellschaft von aller Welt her mit Drogen versah, förderte eine zunehmende Zersetzung, die von der ansteigenden innerdeutschen Kriegsgefahr gleichsam vorangetrieben wurde. Das Fehlen jeder festen Kaisergewalt begünstigte die Zerfahrenheit der politisch=ökonomischen Situation. Dagegen bot die Kaisererhebung Ferdinands keine Abhilfe. Man wußte zu gut, daß dieser niemals ein Herrscher im Sinne seines Bruders Karl werden konnte. Für die Gesellschaft brachte die Ver= änderung an der Reichsspitze wenig erfreuliche Aussichten. Sie sah sich nach entfernteren Chancen um. Dabei bot ihr der Versuch englischer Seefahrer, die seit geraumer Weile von Portugal aus mit westafrikani= schen Partnern Geschäfte trieben, vorteilhafte Ansatzpunkte. Eine eng= lische Flotte, die im Frühjahr 1558 sich über die Kanarischen Inseln südwärts in die Räume des portugiesischen Guineageschäftes vorschob, eröffnete nach dem Urteil des Lissaboner Fuggerfaktors gute Aussich= ten. Vielleicht glückte es auf diese Weise, dem Augsburger Unterneh= men, das seit geraumer Weile eine Metallausfuhr in die Gebiete von Benin und Elmina betrieb, Zukunftsmöglichkeiten in Afrika zu sichern.

Die schockierende Entwicklung des Straffalles Tiroler Kaufleute, in deren Delikte Fugger sich verwickelt fand, empfahl die Pflege auswär= tiger Beziehungen. Für den radikalen Rückzug aus der habsburgischen Machtzone, der nach niederländischen Enttäuschungen nahegelegen hätte, fehlte ein brauchbarer Anlaß. Dennoch blieben nach Antons Aussage „der Creditoren viele, und es sollte einem davor grausen". Also mußten zunächst die eigenen Finanzen geordnet werden, ehe sich der alte Wunsch nach Rückzug vom schwankenden Boden politischer Geschäfte, wenn nicht gar vom Handel überhaupt verwirklichen ließ.

Wie empfindlich die jüngste Vergangenheit den Fuggern zugesetzt hatte, war glücklicherweise in keine zu breiten Kreise gedrungen. Des= halb stand ihnen unter maßvollen Bedingungen auf der Antwerpener Börse Geld zur Verfügung. Das Ansehen des Hauses blieb gewahrt und trotz einer Epoche allgemein erschütterten Kredits der Glaube an Fuggers „Briefe" unbezweifelt. In Augsburg selbst gab man sich aller= dings keinen Täuschungen über diese trügerische Prosperität hin. Die Firma betrieb inbrünstig die Erschließung neuer Verdienstmöglichkeiten zum Ausgleich absterbender Handelszweige. Zu diesen Bemühungen gehörte Antons Versuch einer Beteiligung seines Unternehmens an Gruben in der Toskana. Außerdem verrät seine Aufmerksamkeit auf die Schiffahrt nach Mozambique, daß die Schwaben offenbar auch hier einzusteigen wünschten. An eine nennenswerte Mitwirkung Fuggers im Silbergeschäft von Guadalcanal hingegen war kaum zu denken; denn bei diesen Gewinnen dachten Philipps Ratgeber an keine Fremdbe= teiligung.

Wer die Verschärfung der innerdeutschen Lage beobachtet, die zur Ermordung des Würzburger Bischofs durch Ritter von Grumbach führte, begreift die Nervosität mancher Kaufleute. Denn die gleichen Schichten wollten ähnliche Gewalttaten gegen oberdeutsche Handelsherren ausführen, sobald man sah, daß diese sich nicht mehr der allerhöchsten Obhut erfreuten. Trotzdem war es für Deutschland kein günstiges Anzeichen, wenn eine gewaltsame Ausschaltung der Schwaben sie im Kolonialgeschäft auf ein englisches Bündnis verwies. Somit fehlte dem Reich jener überseeische Unternehmergeist, ohne den alles Beginnen in Westafrika oder Vorderindien erfolglos bleiben mußte. Angesichts der unmöglichen Geldgebarung aristokratischer oder beamteter Regierungskreise Spaniens schien es Fugger besser, sich in neuen Räumen bis zum La Plata zu versuchen, als unabsehbare Komplikationen durch die Finanznot der Katholischen Majestät zu erleiden. Wozu hätte er sich das noch antun sollen?

Entgegen manchen Vorhaben vergangener Jahre, die Antons Absetzung aus dem Spaniengeschäft ankündigten, trat 1558 eine gesteigerte Aktivität der Firma in deutliche Erscheinung. Sie fand freilich in keinen Engagements ihren Niederschlag. Statt dessen empfahl sich wegen der unübersehbaren älteren Forderungen, — unter Ausschluß der Niederlande in Fachkreisen auf rund 1,7 Millionen Dukaten zusätzlich dem Wert der eingezogenen Silber veranschlagt —, eine verschärfte Kontrolle der spanischen Filialen. Offenbar war nicht alles mit rechten Dingen zugegangen. Fuggers Wirksamkeit verlagerte sich hierbei von Sevilla nach Nordwesten, um über Lissabon die Weite der Meere und womöglich einen Weg nach Südasien zu gewinnen. Antons Barchenthandel, der ähnlich dem Edelmetallgeschäft unter Eigenmächtigkeiten Philipps II. litt, forderte die Erschließung aufnahmefähiger Märkte. Die Aussicht auf eine nutzbringende Normalisierung der französisch-spanischen Beziehungen war so bescheiden, daß man hierauf nicht warten durfte. Überdies konnte nach Meinung Fuggerscher Korrespondenten der Verlust von Calais an den Herzog von Guise dem Krieg neue Impulse schenken. Jedenfalls erschien Anton Vorsicht geboten, so daß sich seine Gesellschaft zu keiner Verlängerung der spanischen Pacht bewegen ließ. Wieviel sich Philipp II. und seine niederländischen Behörden auch anstrengten, jede Wiederbelebung des alten Vertrauensverhältnisses blieb aussichtslos. Das gebrannte Augsburger Kind scheute das spanische Feuer.

Durch über 70 Jahre hatten sich Gewinn und Erfolg der Fugger wie der Habsburger gegenseitig bedingt. Gleichviel, von woher die Zusammenarbeit gestört wurde, schien sie nun gründlich beeinträchtigt. Daß Kaiser Ferdinand I. und König Philipp II. den letzten Unternehmungen

der Gesellschaft in Italien und auf kolonialen Gebieten sich widersetz=
ten, führte zur bleibenden Trübung. Anton argwöhnte, daß spanische
Ratgeber des Erzhauses und Mißgönner aus dem Kreise erbländischer
Bürokraten seine Firma in Nöte zu bringen gedachten, die einen überra=
genden Finanzmann wie den Niederländer Gaspar Schetz auch an den
Rand des Konkurses trieben.

Der Chef des größten oberdeutschen Hauses durfte sich von der
nächsten Habsburger=Generation Beistand erhoffen. Fugger suchte sich
durch ein 12 000=Taler=Darlehen an Erzherzog Ferdinand dieses Bei=
standes zu vergewissern. Wichtiger blieb noch seine kuriale Kontakt=
pflege. Die Kardinäle Truchseß von Waldburg und Caraffa wurden
im Fuggerhaus festlich bewirtet. Das konnte mit Spannungen zwischen
dem Heiligen Stuhl und Spanien ebensogut zusammenhängen, wie mit
bestimmten Sympathien des alten Anton für die europäische Gegen=
reformation. Nachträglich erscheint es glaubhaft, als habe sich die Auf=
merksamkeit des greisen Handelsherrn aus wirtschaftlichen Sektoren
auf ideologische Bereiche verlagert. Anstelle der ökonomischen Interes=
sen seines Hauses wurde dessen Verantwortung um die kirchliche Ent=
wicklung in den Vordergrund gerückt. Kleinere Gefälligkeiten der
Habsburger, die Fugger 1558 die Ausfuhr von 40 000 Zentnern Blei
nach Italien genehmigten, zerstreuten Antons Mißtrauen nicht im ge=
ringsten. Er gab neben Faktor Örtel der spanischen Verwaltung die
Schuld an sämtlichen Unbilden, die ihm zu Lande und zur See in den
Niederlanden widerfuhren. Auch die unmäßige Übernahme von Schuld=
verschreibungen der Rentmeister konnte als „Schelmerei" bezeichnet
werden. In Spanien ähnlich wie an der Schelde mußten neben Bluts=
verwandten taugliche Faktoren unter strengstem Befehl des Kaufherrn
die Normalisierung der erschütterten Geschäfte durch großzügige Be=
friedigung ihrer Gläubiger betreiben. Wie seinerzeit Jakob seinen Kre=
dit allem anderen vorangestellt hatte, galt nun eine Parole, der zuliebe
Darlehen an die Höfe von Westminster und Wien gegeben wurden.
In den Niederlanden und dem England der Königin Mary mochte diese
Taktik sich lohnen; denn jetzt fiel ein Teil jenes Glanzes, mit dem man
Egmonts Sieg über die Franzosen bei Gravelingen im Juni 1558 umgab,
auf Fugger zurück. Anders verhielt es sich in Österreich. Hier waren
die Behörden darauf erpicht, die Gesellschaft mit der Verantwortung für
unzulässige Privatgeschäfte nebensächlicher Angestellter zu belasten.
Dabei war die Absicht nicht nur auf Beschränkung des Südtiroler Berg=
baues gerichtet. Selbst der Eintritt in das Idrianer Quecksilbergeschäft
wurde der Firma soweit möglich erschwert.

Je größere Mittel der erbländischen Wirtschaft zukamen, umso erheb=
licher mußte der Gewinn Ferdinands ausfallen. Dieser wollte die eigene
Schuldenlast auf Fugger abwälzen, ähnlich wie sich französische und

spanische Monarchen auf Kosten der Kaufleute saniert hatten. Hierfür boten Geständnisse, die der Angestellte Urban Mair auf der Folter ablegte, einen tauglichen Anlaß. Fugger mußte entweder mächtige Darlehen gewähren oder es wurde sein Vermögen im Verlauf eines vorgetäuschten Prozesses beschlagnahmt. Guter Rat wurde allmählich teuer. Karl V. lebte fern jeder großen Entscheidung, so daß mit seinem Beistand nicht mehr zu rechnen war. Hans Jakob Fugger hingegen ging so völlig in Problemen der Tagespolitik auf, daß auch von dieser Seite keine Entlastung eintrat. So blieb jeder Torheit die Türe offen.

Wie bedenklich die Verhältnisse schienen, zeigt, daß der Chef des Hauses wie im Schmalkaldener Krieg eine Verlagerung von Geschäftspapieren befahl. Die Firma machte sich auf Schlimmstes gefaßt, wollte aber weder durch mitteldeutsche Unruhen noch Zugriffe der österreichischen Finanzbürokratie überwältigt werden. Hellhörig beobachtete Anton jedes Zeichen, das ihm Rückschlüsse erlaubte. Hierbei dürfte sich sein greisenhaftes Mißtrauen zuweilen übersteigert und zum Schaden der Geschäfte ausgewirkt haben. Trotzdem waren solche Reaktionen begreiflich. Am früheren Diener Sylvester Raid, der mit Markgraf Albrecht Alcibiades und den Franzosen gegen Firma, Kaiser und Reich kooperierte, hatte man so schlimme Enttäuschungen erlebt, daß jener unter dem Schwert des Henkers endete, und durch Örtel wurde die Gesellschaft auf Betreiben Philipps II. um Hunderttausende, wenn nicht Millionen geschädigt. Somit konnten noch weitere nicht erkannte Mitarbeiter des Fuggerschen Vertrauens unwürdig sein. Die Kanzleien mochten ruhig ihre Provokationen versuchen. Fugger ließ sich nicht aus der Fassung bringen.

Umsonst warnten zuverlässige Kräfte vor jeder Übertreibung. In Stunden weltgeschichtlichen Umschwungs wie nach dem Tode der Königin Mary von England durften sich Chef und Faktoren unmöglich wechselseitig befehden. Sie mußten klar zusammenwirken. Die sofortige Reise Greshams nach Antwerpen zeigte den Wunsch der jungen Königin Elisabeth nach Rückhalt für ihre Politik an der Schelde. Zugleich bereiteten Augsburger Handwerker das Fuggerhaus als kaiserliches Quartier am nächsten Reichstag vor. Somit forderte es die Klugheit, sich auf Bittgesuche von höchsten Seiten einzurichten. Die schlechte Erfahrung der Firma derartigen Verpflichtungen gegenüber empfahl allerdings ihnen nach Möglichkeit auszuweichen; „denn große Herren haben nie unrecht und ihr höchstes Unrecht ist summum jus". Anton war außerdem der Kredite müde.

Faktor Sebastian Kurz, der sich im Schmalkaldener Krieg auszeichnete, warnte gleichfalls vor Bindungen an die Krone. Dennoch widerstrebte er Frühjahr 1559 dem Abbruch der Beziehungen zu Ferdinand. Der Kaiser wußte von Aufwendungen der Gesellschaft in spanischen und englischen Diensten. Wenn sie sich Österreich versagte, konnte sich das bei der leidigen Affäre der verbotenen Silberausfuhr rächen. Anton freilich sträubte sich gegen Kompromisse; „denn es trifft die Ehre". Er fühlte kein schlechtes Gewissen und wollte den Eindruck eines solchen vermeiden.

Während Kaiser und Kaufherr sich erbittert stritten, gingen der deutschen Wirtschaft Stützpunkte an der Ostsee wie in Südamerika verloren. Wohl handelte es sich nicht um ausgesprochen Fuggersche Interessensphären. Allein diese ließen sich nicht scharf von Gebieten abgrenzen, die andere oberdeutsche oder hansische Kaufherren angingen. Daß die Deutschen keine wirksame Unterstützung der Krone empfingen, während Franzosen, Engländer und Spanier auf den Schutz ihrer Herrscher rechnen durften, gedieh der wirtschaftlichen Weltgeltung des Reiches zum Verhängnis. Daran trug freilich Anton eine Art Mitschuld; denn seine letzten Lebensjahre waren fast durch dieselbe Starrheit und agressive Härte gekennzeichnet wie rund 35 Jahre zuvor die Auseinandersetzung des Oheims mit Ungarn. Die berühmte Elastizität des jungen Anton Fugger hatte sich in ihr Gegenteil verwandelt.

Die Gesellschaft nahm die Chance des Augsburger Reichstages von 1559 auf ihre Art wahr. Hans Jakob beteiligte sich am diplomatischen Spiel gegen die Zürcher Reformation. Bei dieser Gelegenheit wurden in Verbindung mit ihm erste Schritte zur Schweizer Gegenreformation unternommen und offenbar der rätselhafte „Tschudi=Krieg" angebahnt. Jedenfalls stand sein Urheber mit dem jüngeren Fugger und dem Augsburger Kardinal am Reichstag in Verbindung. Die Abkehr von der humanistisch=erasmianischen Geisteshaltung ward bei Anton offenkundig. Hatte er bislang protestantische Drucker von Basel wegen ihrer hervorragenden wissenschaftlichen Leistung gefördert, schlug das möglicherweise unter dem Einfluß der ersten deutschen Jesuiten jetzt in sein Gegenteil um.

Allein selbst jene stark konfessionelle Ausrichtung, die Antons Friedensliebe ablöste, trat hinter Tagessorgen zurück. Ewige Korrespondenzen um den Venezianer Silberschmuggel nahmen gehässige Formen an. Mündliche und schriftliche Rechtfertigungen des Kaufherrn vor dem Kaiser, der im Gespräch auswich, brachten kaum die Verständigung. Ferdinand wollte nur einlenken, wenn Fugger zahlte. Für Anton blieb jedes Geschäft indiskutabel, solange dieser Fall nicht ehrenhaft geordnet war. Dabei forderte die Wiederannäherung von Engländern, Spaniern und Franzosen eine Versöhnung zwischen Philipp II. von Spanien, Heinrich II. von Frankreich, Königin Elisabeth von England sowie Königin Maria Stuart und eine Fühlungnahme des deutschen Kaisers mit der Wirtschaft. Die meisten Fürsten trachteten, sich dem Reichstag fernzuhalten. Wenn Ferdinand I. an der europäischen Sonne seinen Platz behaupten wollte, konnte das nur mit Hilfe Fuggers geschehen. Hier standen ihm aber neben deren Bindung an Spanien und England seine eigenen Ratgeber im Wege. Keiner traute dem anderen, so daß sich zuletzt die Beziehungen zwischen Gesellschaft und Krone ab= kühlten.

Mittlerweile blieb der junge Johannes Fugger zu Antwerpen nicht untätig. War es kaufmännischer Ehrgeiz oder das Bestreben, die Ge= sellschaft nach Weisungen seines Vaters aus ihrer Isolation zu führen, er kam jedenfalls auffällig rasch mit Thomas Gresham zum Akkord. Die Firma lieh der Königin von England 10 000 flämische Pfund. Seinen Akzent erhielt dieser Vorgang dadurch, daß die Mißstimmung Fuggers und des Kaisers mittlerweile andauerte. Weil Ferdinand und seine Um= gebung mit schikanösen Repressalien fortfuhren, mochte Anton nicht einschwenken. Kleinere Kredite für die nächste Generation der Habs= burger an die Adresse der Erzherzöge Ferdinand und Karl wahrten nur mühsam die Form. Man vermied rein formal den Abbruch von Be= ziehungen, deren Tiefpunkt erreicht war.

Fuggers Verstimmung war ernst, ernsthafter als die Krone das an= nahm. Noch im Jahr 1558 war Karl V. gestorben, dem die Firma unab= lässig, obwohl mitunter widerstrebend geholfen hatte. Niemand sollte glauben, daß sie an den minder bedeutenden Nachfolger ebenso gebun= den sei oder daß es der Gesellschaft für eine Ehre gelte, Mittel und Kredit auf sämtlichen Schauplätzen Europas für Ferdinand zu ver= schwenden. Außer einem Abkommen mit Elisabeth von England, das die Unterschriften des Privy Council sowie des Lord=Mayors von Lon= don trug, zeigten Gespräche über die Liquidation der Fugger=Bergwerke in Tirol unmißverständlich, wie stark Anton die Einstellung des bis= herigen Kurses erwog. Der Augsburger Trauergottesdienst für Karl V. und seine Schwester Maria konnte zum Requiem werden für die Kon= takte zwischen der Krone und ihrer enttäuschten Großbank. Das brauchte nicht zu heißen, daß Fugger jenen Unternehmern folgte, die in das französische Lager abschwenkten. Freilich wenn man in Tirol die Tortur kleiner Kaufleute fortsetzte, um deren läßliche Sünden auf Fuggerkonto zu buchen, blieb bald kein anderer Ausweg. Der ergraute, selbstbewußte Mann buhlte nicht um die Gunst minderrangiger Höf= linge, nicht einmal um das Lächeln seines Kaisers. Sogar Fuggers er= probte Gastfreundschaft schwand dahin. Wer Anton seine Zuneigung versagte, mochte es unterlassen. Man kam auch so zurecht, da die Ge= sellschaft der Krone wie Faktor Örtel gegenüber „nichts wider die Bil= ligkeit wollte oder begehrte". Außerdem boten sich, falls die Fugger entgegen zahllosen Bedenken ihre Geschäfte fortführten, hinreichend fürstliche oder bürgerliche Verdienstmöglichkeiten. Man war weder auf Spanien noch auf Österreich angewiesen, am wenigsten seitdem im

April 1559 die verfeindeten europäischen Staaten zu Cateau=Cambrésis Frieden schlossen und damit versiegelte Pforten öffneten.

Die Annäherung Philipps II. an die Genueser Hochfinanz zeigte, daß man den Fuggern unannehmbare Bedingungen gestellt, diese sie aber zurückgewiesen hatten. Auch der Versuch, einen Teil der Gruben im Alpenraum dem Erzhaus käuflich abzutreten, scheiterte. Anscheinend zog es der Kaiser, der seinen ältesten Sohn König Maximilian II. in die erste Linie rückte, vor, mit der Gesellschaft gerichtlich zu verkehren. Die einschüchternde Wirkung seiner Methode entsprach allerdings nicht der Erwartung. Dafür hatte der Venezianer Zinn=, Messing= und Gewürz= handel wieder zu große Bedeutung erlangt. Er empfahl Fugger den Weg nach Alexandria und darüber hinaus durch das Rote Meer nach Indien, eine Route, die nirgends von englischen oder französischen Galeeren bedroht war. Die Majestät folgte einer schlechten Eingebung, als sie ihren Gewaltkurs gegen die Oberdeutschen fortsetzte. Das Interesse der Firma für kirchliche Angelegenheiten nahm zu, jenes für die Krone schwand. Eine gewisse Aussicht zur Annäherung verblieb, wenn Phi= lipp II., der niederländische Stände mit Darlehensgesuchen bestürmte, seine Zusagen gegenüber der Gesellschaft einhielt. Der Mai 1559 be= lehrte Johannes Fugger aber, daß der Katholische König hieran gar nicht dachte oder es nicht vermochte. Da die Schuldenlast Philipps unter Anrechnung der Zinsen im Jahr 1560 auf rund 4 Millionen Gulden stieg, mußte die Firma aus Gründen ihrer Selbsterhaltung äußerste Vorsicht beobachten. Spanien sollte sich nicht nochmals auf ihrem Rücken sanieren.

Diese späte und spröde Art war nicht unbedingt als Alterserscheinung zu werten. Auf anderen Gebieten zeigte Fugger in diesen letzten Jahren erstaunliche geistige Beweglichkeit. Als der erste General des Jesuiten= ordens nach dem Tode des Ignatius, Pater Laynez, Anton über Petrus Canisius die Ausbildung von Theologen nahelegte, die nach Vollendung ihrer römischen Studien zur Restauration der Kirche in Deutschland eingesetzt werden sollten, bewies Fugger eine zeitnahe Denkweise. Die frühere Zurückhaltung schwand. Bedenken gegen das Trienter Konzil waren verflogen. Offenbar unter Einwirkung des Index der von der Kirche verbotenen Bücher sperrte die Firma ihre bisherigen Zahlungen an reformationsfreundliche Schweizer Drucker. Dafür begannen Be= ratungen, wie sich die Errichtung eines Augsburger Jesuitenkollegs, des= sen Rekatholisierung zu den vordersten Anliegen Antons zählte, durch= führen ließ. Neben materiellen Bedenken werden es Störungen durch die Erkrankung Antons gewesen sein, die den Lieblingsplan nicht mehr zur Reife gedeihen ließen. Das meiste war um 1560 wohl aber schon auf dem Weg.

Ein Widerspruch bestand darin, daß staatliche Gewalt einerseits den

Fuggern zusetzte, doch man zugleich die niederländische Filiale für Verwaltungs= und Heeresfinanzen der spanischen Krone — zumal für das Kommando des Herzogs von Alba — beizog. Rüde Methoden, die zur Anwendung gelangten, stammten aus dem taktischen Arsenal des Francisco Erasso. Dabei hätte es zum Nachdenken anregen dürfen, wenn dieser den spanischen Habsburgern genehme Sekretär kurz darauf in einen skandalösen Prozeß wegen Bereicherung verwickelt wurde. Was er Kaufleuten, bei denen solches zum Metier zählte, an Geschäftstüchtigkeit vorwarf, hatte Erasso selbst auf unstatthaftere Weise nicht minder praktiziert.

Die Nachricht von diesen Vorgängen sollte nicht allgemein bekannt werden. Darum wurden törichte Wirtschaftsprozesse gegen Fugger fortgeführt. Man hoffte die Aufmerksamkeit abzulenken, statt im Moment des Todes König Heinrichs II. von Frankreich jede Vorkehr zu treffen, um ein Abschwenken der letzten nicht Paris ergebenen Kapitalmacht in das Gefolge Franz II. zu unterbinden. Seine antiprotestantische Politik hätte Berührungsmöglichkeiten mit Fugger geboten. Daß dieser in seinen letzten Jahren einer Rückkehr auf das Land und dem Eintritt seiner Familie unter die grundherrlichen Häuser zuneigte, war nicht zu verkennen. Gerade deshalb ließ sich das Vorgehen Ferdinands im Verkehr mit der Firma schlecht begreifen. Aber die Bürokratie hatte sich einmal verbissen, und wollte weder den psychologischen Zusammenhängen noch der politischen Situation Rechnung tragen.

Von altersher haben Fürsten oder Staaten Verfehlungen der Kaufleute benützt, um unter dem Schein eines Rechtsverfahrens ihre Schulden auf Kreditoren abzuwälzen. Auch Habsburg hat diese Methode bei den Fuggern mehrfach angewandt. Allein der sicherste Hebel bricht bei Überbeanspruchung, und selbst jene planmäßige Verletzung des Briefgeheimnisses, die Ferdinand I. gegen die Gesellschaft sich erlaubte, half ihm nicht aus jeder Verlegenheit.

Vom Kesseltreiben gegen Anton und seine Gehilfen verblieb am Schluß fast nichts, obwohl sogar Boten beraubt wurden. Desto vernehmlicher erscholl Fuggers Klage wegen der unleidlichen Machenschaften. Man glaubte ihn gefügig zu machen und mußte erleben, daß Anton nun „lieber davon sein" wollte. Die unwürdige Affäre um die Figur des kleinen Schiebers Urban Mair ward zum Skandal, der dem Erzhaus seinen Kredit kosten mochte. Landesherrliche Privilegien beschwichtigten Fugger nicht mehr. Was er seinem Kaiser bewilligte, blieben unbedeutende Beträge. Wenn die Firma sich nicht ganz zurückziehen konnte, wollte sie ihre Geschäfte fortan doch mehr außerhalb des habsburgischen Machtbereiches tätigen. Vielleicht eigneten sich das portugiesische Protektorat in Vorderindien oder Kleinasien und Nordafrika hierfür. Nach betrüblichen Erfahrungen blieben die neuen Vor=

haben freilich so verschleiert, daß sich von den genialen Ideen, die bei einer entsprechenden Nachfolge in der Führung zur Umwälzung innerhalb der weltwirtschaftlichen Betätigung der Oberdeutschen hätten führen können, nur flüchtige Andeutungen erhielten. Darin lag die Schwäche der Überlegung Fuggers. Anton verkannte, daß große Wirtschaft sich nur durch große Persönlichkeiten planen, wirken und vollenden läßt. Diese fehlten aber in Zukunft.

Jedenfalls blieben die äußeren Zeichen seiner Verstimmung wahrnehmbar. Indes Fuggers Sorge um den Herrschaftsbesitz sich eher mehrte als minderte, zeigte er nicht geringe Lust, Gruben, die unter seinem Oheim für den Rückhalt der Firma galt, abzustoßen. Wenn der Staat mit der Gesellschaft haderte, mochte er die Bergwerke zurücknehmen und zusehen, wie er damit zurechtkam. Ohne Vertrauen ließ sich unmöglich arbeiten. Entweder die Fürsten beachteten jene Rechte, die Fugger zustanden, oder sie sollten anderen Gesellschaften, die nicht unter kaiserlicher Ungnade litten, das Risiko solcher Transaktionen zumuten. Ferdinand I. vertrug den Freimut jener Reden und Briefe nicht, an die Maximilian I. gewöhnt war und die Karl V. duldete. Als Anton seine Verteidigungsschrift übergab, „alterierte" sich der Kaiser und meinte, „er wisse wohl, woran die Kaufleute so reich werden". Infolge solcher Anspielungen trat eine Verschärfung des Mißverständnisses ein. Die Innsbrucker Behörden bliesen zwischen die schwelende Glut. In Wahrheit verbarg sich dahinter ihr Ärger, daß der Nachweis grober Schädigung öffentlicher Interessen mißlang. Weil die Obrigkeit keinen Ersatz für Fugger fand, mußte sie bald wieder freundlichere Mienen zeigen, um die Gesellschaft zur Bewirtschaftung der Anton mißgönnten Bergwerke zu ermuntern. Dabei reagierte dessen Börse lustlos auf Habsburger Kontrakte und Ehrenbriefe. Er besaß solcher Dinge schon genug.

Die Nachrichten aus den Niederlanden klangen ähnlich unerfreulich. Der Bruch zwischen Philipp II. und Königin Elisabeth, gemeinsam mit der Parteinahme Habsburgs für Maria Stuart, mehrte den Geldbedarf der katholischen Regierung, seitdem der König nach Spanien heimgekehrt war. Man trachtete, der fremden Kaufmannschaft das drückende Erbe der Verschuldung Karls V., die sich unter Philipp steigerte, aufzubürden. Vornehme Personen wie die Herzöge von Savoyen oder Alba glitten selbst oder durch die Hilfe von Agenten über ihre Zahlungspflichten hinweg gleich dem hohen Herrn. Der junge Hans Fugger trachtete währenddessen, die Lage zu meistern. Freilich die Verbindlichkeit von rund 1,5 Millionen Gulden in den Niederlanden nebst annähernd 900 000 Gulden Forderungen an die Rentmeister der einzelnen Landschaften barg hinreichend Gefahren für die Gesellschaft.

Noch immer glaubte die Firma, deren Anspruch durch unbezahlte Zinsen stieg, an einen Umschwung im Verhalten der Krone. Wenn diese Kredit erbat, wollte Fugger ältere Obligationen zur Sprache bringen. Allein die glückliche Wendung blieb aus. Weder Hans noch Hans Jakob, der zur Wahrung der Interessen 1560 Spanien bereiste, erzielten durchgreifende Erfolge. Sobald freilich der Kaiser seinem Sohn Ferdinand die Hand der jungfräulichen Königin zu gewinnen trachtete, schwenkten die Behörden ein. Sie mußten Anton, der die Brautfahrt bestreiten sollte, freundlich begegnen. Man erwartete von Fugger die Einsicht, wieviel „vor allem zur Erhaltung unserer heiligen, heilsamen, wahren, christlichen und katholischen Religion" vom Gelingen dieses Plans abhing ohne zu überlegen, wie unklug man zu diesem Zeitpunkt Fugger vergrämt hatte.

Harmloserweise dachte die Krone, daß die vernachlässigte Gesellschaft sich vordränge, wenn man ihren strittigen Viehhandel aus Ungarn in das Reich dulde. Allein Anton war nicht auf dieses Projekt angewiesen. Glarus, Uri und andere katholische Gebiete der Eidgenossenschaft erwarteten seine Unterstützung zur Rekatholisierung. Nach dem Altersstil Antons beurteilt, wogen derartige Vorhaben schwerer. Hatte seine Firma unter Karl V. für die Bank des Kaisers gegolten, nahm sie jetzt insgemein den Charakter eines Finanzinstituts der Gegenreformation an, dem die Fragen der Alpen sowie Englands angelegen blieben. Nur sollte die Öffentlichkeit von derlei Zusammenhängen nichts erfahren.

Sei es, daß die Fugger bereits übermäßig belastet waren oder nach der Schmach der letzten Jahre nicht einsahen, weshalb sie das englische Vorhaben Erzherzog Karls zu unterstützen hätten, wenn der Kaiser seine finanziellen Vorbereitungen doch der Firma Jenisch übertrug, jedenfalls hielt sich Antons Hilfe in engen Grenzen. Es scheint, als sei er zu der Überzeugung gelangt, daß die Rekatholisierung der alten Welt weder durch Kaiser und Papst noch das Konzil allein, am wenigsten aber auf dem Wege dynastischer Heiratsspekulationen oder militärisch-wirtschaftlicher Rüstungsmaßnahmen geschehen konnte. Wenn eine Möglichkeit zur Rettung des alten Kirchentums verblieb, mußte sie endlich aus religiösem Bereich kommen.

In diesem Sinne meldeten sich zur gleichen Zeit, als Anton sich den österreichisch-englischen Heiratsträumen gegenüber schwerhörig stellte, maßgebliche Kräfte der jungen Generation bei ihm an. Wenn der Ordenssekretär Polanco seinen Mitbruder Canisius um die Jahreswende von 1559 zu 1560 in das Augsburger Fuggerhaus abordnete, fand der erste deutsche Jesuit diesmal offene Türen. Eine veränderte Zeit bahnte sich an.

Anton war es leid, seine Mittel im spanisch-österreichischen Dienst aufzubrauchen. Falls gekrönte Häupter mit ihren Banken gewaltsam umgingen, mochten sie selbst zusehen, wie sie ihre Geschäfte zu gutem Ende brachten. Je mehr Fugger sich seit 1558 aus dem Netz der politischen Finanzen Europas zurückzog, an dem er sein Lebtag lang gewoben hatte, umso klarer traten religiöse Probleme in den Vordergrund. Das war mehr als nur aufdämmernde Todesangst, obwohl natürlich der Gedanke an die letzten Dinge bei einem Menschen, dessen Ende näher rückte, mitgesprochen haben dürfte.

Nach Jahrzehnten landschaftlicher Auseinandersetzung mit Wiedertäufern, Zwinglianern, Lutheranern und Sektierern kam es dahin, daß nicht nur unter den Angestellten, sondern im nächsten Kreis der Familie evangelisches Denken sich ausbreitete. Der Neffe Ulrich empfand so antirömisch, daß er protestierte, wenn Anton die Kirche San Salvador, heute San Blas, zu Almagro schuf. Ulrichs Umgang war im Kreise reformationsfreundlicher Gelehrter und Aristokraten zu suchen. Seine Sympathie galt Kräften, die in Bayern gegen Herzog Albrecht V. eine Art protestantischer Adelsverschwörung anzettelten. Von den früher katholischen Frauen Fuggerschen Geblüts war eine dem Kloster entflohen. Unter den Söhnen und Neffen Antons hatten zwei gläubigen Anhängerinnen der neuen Lehre ihre Hand zum Lebensbund gereicht. Was als Folge einer geistigen Umschichtung der Nation geschah und noch keineswegs das letzte Wort zu sein brauchte, galt dem alten Herrn für den drohenden Einsturz sämtlicher Grundfesten, dämmerndes Chaos von allen Seiten.

Daß Anton jedes Mittel für die Rekatholisierung seiner Heimat gebrauchte, erscheint gemäß seiner gesamten Haltung denkbar. Man wollte wissen, Fugger glaube, daß ihn der Herr vor Erfüllung dieser Aufgabe nicht zur Ewigen Ruhe entlasse. Pater Canisius, der namens der Gesellschaft Jesu sich gegen Widerstände innerhalb der bischöflichen Behörden und des Domkapitel um eine Niederlassung seines Ordens in der Reichsstadt bemühte, fand in Fugger einen überzeugten Förderer. Auf diesem Wege wollte Anton in äußerster Stunde jene Kräfte, die er zuweilen in falscher Richtung eingesetzt hatte, im letzten Eilmarsch zum Siege zusammenfassen.

Trotz der theologischen Aktivierung der Gesellschaft dachte man an keine Vernachlässigung der geschäftlichen Betätigung. Die verzweigten Unternehmungen wurden nicht abgebaut, sondern umgebildet. Die Firma erwog ohne Rücksicht auf den Zorn von Knappen und Gewerken in den Tauern und Tirol die Organisation einer Fuggerschen Münzprägung aus Silber im Salzburger Raum. Als die Lage des spanischen Quecksilberwesens weiterhin unklar blieb, entstanden Pläne, wie Fugger das Metallvorkommen von Idria, über das sich der Kaiser mit dem Augsburger Herwart schon verständigt hatte, doch unter seine Kontrolle

bringen könne. Am entfernteren Horizont zeichneten sich überdies kolo=
nialhändlerische Unternehmen im Schutz des lusitanischen Königs ab.
Jene uralten Gedanken, die den Nürnberger Behaim zu Seefahrt und
Weltglobus bestimmten, waren noch nicht verflogen. Jedoch die Schwie=
rigkeiten türmten sich zu Bergen. Da die Vorsicht als bester Teil der
Klugheit erschien, ließ der Chef des Hauses einstweilen sogar Handels=
zweige fortführen, die wie der schlesische Silber= und Goldbergbau
keinen Gewinn abwarfen, aber zum festen Bestand des Geschäftes
zählten.

In Humanistenkreisen wurde das Umschwenken Antons schmerzlich
vermerkt. Ihr Urteil erwuchs nicht zum Letzten daraus, daß neben un=
terstützungswürdigen Vorhaben, die der Augsburger Hilfe jetzt ent=
behrten, unwürdige Nutznießer des Beistandes Antons seine Gesin=
nungsänderung kritisierten. Sachliche Beurteiler, gleichviel welchen
Bekenntnisses, konnten dagegen die Zurückhaltung Antons nicht als
ungerechtfertigt ansehen, besonders wenn man berücksichtigte, wie
lebhaft die Fehdesucht deutscher Ritter und Fürsten auflöderte, sobald
ein fränkischer Bischof angesichts von Dom und Burg durch Kumpane
jenes Ritters erschlagen wurde, dessen Freunde vormals Fuggerschen
Handelszügen, vielleicht sogar Anton persönlich, nachstellten.

In Schwaben waren solche Szenen, wie sie sich in Franken abspielten,
unwahrscheinlich. Anton forderte in weiser Voraussicht die Verständi=
gung mit den Angehörigen des vertriebenen protestantischen Feldherrn
Schertlin. Seine vielfältige Mühe fand langsam gerechte Würdigung, so=
bald der Greis, obwohl leidenschaftlicher Anhänger der Gegenreforma=
tion, Rechtsbrücken suchte, auf denen der menschliche Ausgleich mit An=
dersgesinnten glücken konnte. Die Verständigung mit Philipp II. blieb
allerdings offen. Anton dachte nicht daran, dem zweifelhaften spanischen
Geschäfte zuliebe sich auf trügerische Abkommen einzulassen, deren
Vorteil einzig der Krone zugute kam, während die Kaufleute warten
durften, ob sie noch zu ihrem Gelde gelangen. Eher lag ein Wieder=
beginn der ungarischen Fugger=Unternehmungen im Bereich des Mög=
lichen. Dieser Gedanke scheint in Prag und Augsburg während des
Frühjahrs 1560 sachlich erörtert worden zu sein. Er gedieh jedoch nicht
zur Realisierung. Trotzdem zeigte schon das Projekt im Verein mit
einem Darlehen von 40 000 Gulden zum Türkenkriege, wie die Pläne
dieses ungewöhnlichen Lebens kurz vor seiner Dämmerung ein letztes
Mal in den Lichtkreis der Wiedererweckung auftauchten. Vieles war nur
scheinbar vorbei, beinahe nichts schon für immer erledigt.

Das Schwinden seiner Kräfte ward Fugger schmerzlich spürbar und
von anderen vermerkt. Es verblieb ihm keine Zeit mehr zum Neu=
beginn verpaßter Gelegenheiten. Vergangenes ließ sich nicht heimholen.
Statt dessen kreisten Liebe und Mühe Antons um religiös=ideologische

Vorhaben, die auf das Gleiche abzielten. In dieser Hinsicht wurde der Anton des letzten Lebensjahres seinem Oheim Jakob ähnlich. Fugger dürfte geglaubt haben, er könne im kirchlichen Bereich das Schicksal zurückdrehen, zudem nach allen Seiten die Kuriere jagten, um Unerledigtes zu regeln. Während seine ermüdenden Hände die Feder über zahllose Bogen führten, damit jedes Wissen denkschriftähnlich festgehalten wurde, galt die innerste Sorge längst nicht mehr dem Antwerpener Kreditmarkt, wo die zeitweilige Erschütterung der Gesellschaft in Vergessen geriet. Vorgänge wie der Tod Melanchthons, mit dem Raymund Fugger herzliche Briefe gewechselt hatte und der als letzter des Dioskurenpaares deutscher Reformatoren 1560 zur Ewigkeit einging, klangen dem alten Manne wie ein Mahnruf. Auch ihm schlug bald die letzte Stunde.

Ohne Fuggers Widerstand wäre die Beseitigung des römischen Kirchentums in Schwaben, wenn nicht in ganz Süddeutschland und Mitteleuropa vielleicht doch gelungen. Seine Gelder, seine Waffen und Soldaten mußten solches verhindern. Jedoch die Wiederbelebung der katholischen Andacht aus der Mitte des Seins lag außerhalb seiner Macht. Fuggers letzte Monate litten unter dem Gefühl, wie spät diese Einsicht erst gewonnen wurde und wie wenig dafür geschehen war. Antons unwahrscheinlich aktiver Persönlichkeit entsprach der Versuch, innerhalb Wochen nachholen zu wollen, was man lange versäumte. Er hatte so viel durch schnelle Dispositionen bewirkt. Weshalb sollte es ihm jetzt mißlingen? Eben darin offenbart sich der Umstand, wie eben das innerste Wesen religiöser Wiedergeburt aus einer Begegnung mit Gott Anton noch nicht vertraut war. Der herrische Mann wollte mit allen Fibern etwas erzwingen, was selbst Fugger nicht vermochte. Einem Menschen, der zeitlebens befohlen hatte und seinem Berufe nach die Wichtigkeit finanzieller Vorgänge sicherlich überschätzte, fiel es sehr schwer, in späten Tagen umzulernen. Wo es um greifbare Hilfe ging, war der Zugang leicht. Fugger gewährte sie dem Vorkämpfer der nordostdeutschen Gegenreformation, Bischof Stanislaus Hosius von Ermland, in üblicher Freigebigkeit. Man scheint bis in die Umgebung des Mailänder Erzbischofs Carlo Borromeo sowie seines Onkels Papst Pius IV. diese Wesensart Antons gekannt und geachtet zu haben. Es gelang ihm ferner, seinen Neffen Hans Jakob, so vieles beide trennte, auf ähnliche Bahnen zu führen. Und auch sonst dürften spätere gegenreformatorische Denkweisen seiner Familie grundsätzlicher auf Antons Impulse zurückgegangen sein, als man hernach gemeinhin wahrnahm.

Freilich diese Gesinnung hielt sich jeder Protestantenfeindschaft ferne. Persönliche Aggressivität, das offensive Element jüngerer Jahre wich keiner Gleichgültigkeit oder ängstlicher Vorsicht. Allein höheres Begreifen, das Andersgläubigen mit Achtung und aus dem Willen nach

Gemeinschaft begegnete, hatte sich über jener Auseinandersetzung nicht verflüchtigt. Noch immer blieb das Bewußtsein dauernder Türkennot, ein Gefühl der äußeren Bedrohtheit der christlichen Welt durch den Islam, der sich 1560 gegen spanische, Genueser, Florentiner und Malteser Flotten im Mittelmeer behauptete. Das alles ließ Anton nicht zur Ruhe kommen. Seine Sorge um die Gesellschaft und ihre Zweige blieb dem geborenen Kaufmann jederzeit nahe. Bis in die letzten Lebensmonate währen beachtliche Unternehmungen, die von ihm selbst durchgeführt wurden. Am Horizont meldet sich immer wieder ein Traum vom allgemein christlichen Feldzug gegen den Islam.

Der Silberhandel dauerte an und erlangte neue Wichtigkeit. Trotz unerhörter Verschuldung des Erzhauses wurden seine vornehmsten Glieder einschließlich des Kaisers, des Königs von Spanien und des in seiner Rechtgläubigkeit umstrittenen jungen Maximilian II. mit Krediten von mindestens 70 000 Gulden versorgt, nachdem diese Beziehung für abgerissen gegolten hatte. Im Hintergrund rührte sich neben aller Angst um die Kirche, die sich zu einer Wiedereröffnung des Reformkonzils rüstete, die Verantwortung um das weitere Geschick der Familie und ihrer Handelskompagnie. Das war jene Aufgabe, die Anton im Winter 1525 vom sterbenden Oheim übernommen hatte. Sie wollte nun, als der Tod raschen Schrittes nahte, ohne falsche Sentimentalität gelöst werden.

Daß 1560 mehrere Fugger zur Würde von Domherren aufstiegen, war noch keine echte Hilfe für die gefährdete Kirche, höchstens ein Zeugnis für die katholische Ausrichtung des Hauses. Ebenso wenig genügte es im geschäftlichen Bereich, alte Ordnungen fortzuführen und an die Stelle des zum Tode Bereiten Namensträger der nächsten Generation auf die Kommandobrücke zu stellen. Der schwäbische Katholizismus wurde auch nicht durch die Konversion einzelner Fuggerfrauen gerettet. Ebensowenig ließ sich die wirtschaftliche Zukunft der Firma durch Maßnahmen zur Bewahrung des Bestehenden sichern und überlegte Schritte zur Rückerlangung des in Spanien Verlorenen. Selbst taugliche finanzielle Kontakte zur protestantischen Königin von England bedeuteten noch nicht des Rätsels Lösung. Familie und Gesellschaft, genauer gesagt Anton Fugger, in dessen Person beide sich vereinigten, mußte die Kraft zu fundamentalen Beschlüssen aufbringen. Diese fußten auf seinem Urteil über den Stand der Geschäfte, der Haltung von Gesellschaft und Geschlecht, intimer Kenntnis der Besonderheiten seiner Neffen und Söhne. Das waren Tatsachen, über die man nicht hinwegkam. Hieraus galt es Folgerungen zu ziehen. Fuggers letztwillige Verfügungen von 1560, die alle früheren Bestimmungen überholten, zeigen Anton trotz Alter und Krankheit im Vollbesitz seiner Kräfte.

Wendel Dietrich, Decke des Zedernsaales in Schloß Kirchheim

*Alexander Colin – Hubert Gerhard, Grabmal des Johannes Fugger
in der Schloßkirche zu Kirchheim*

*Emanuel Stenglin, Huldigung von Kaiser Leopold I.
1659 vor dem Fuggerhaus am Augsburger Weinmarkt*

Nach Fuggerschem Brauche hätte der älteste Neffe Hans Jakob folgen müssen. Er weigerte sich aber und wollte lieber kommunalen und wissenschaftlichen Neigungen leben. Dabei mochte ein Gefühl mitschwingen, wie wenig er zum Geschäft sich eignete. Auch die Neffen Georg und Christoph erteilten dem Oheim Absagen. Der eine bekannte sich untauglich und wollte lieber in Ruhe leben. Dem anderen waren umgekehrt Verhältnisse in Österreich, Niederlanden und Spanien so vertraut, daß er darum die Verantwortung scheute. Ein weiterer Neffe, der jüngere Raymund Fugger, mußte aus gesundheitlichen Gründen ausscheiden. So blieben nur Antons Söhne übrig, die für eine autokratische Leitung der Gesellschaft, trotz unverkennbarer Begabungen eigentlich zu jung waren.

Also mußte sich Fugger, den Bitterkeit und Enttäuschung über das Versagen des Nachwuchses anwandelten, zu einer Zwischenlösung entschließen. Sein Ältester, Markus, sollte mit dem ältesten Sohn seines Bruders Raymund, Hans Jakob, gemeinsam die Geschäfte führen. Ihre sofortige Liquidation blieb ausgeschlossen, die Fortsetzung sollte aber nicht über sechs Jahre hinaus laufen. Danach war baldige Auflösung anzustreben und nur alle Veräußerung des Grundbesitzes, der als sichere Anlage des Familienvermögens für ein dem Handel sich entfremdendes Geschlecht galt, verpönt. Daneben häuften sich wohltätige Bestimmungen, nur fehlte merkwürdigerweise ein Legat, das manche erwarteten, nämlich zur Begründung eines Jesuitenkollegs als Festung der Augsburger Gegenreformation. Soweit waren die Dinge aber nicht gediehen. Anton überließ seinen Lieblingsplan ohne Verfügung den Erben im Gefühl, daß für eine verbindliche Bestimmung dieser Art Menschen und Verhältnisse noch nicht ausgereift waren.

Ein letztes Mal bewies sich Antons Ähnlichkeit mit Jakob Fugger in seinen letzten Wochen. Nachdem das Haus im ganzen bestellt war, zog sich sein Herr nicht von den Geschäften zurück. Selbst auf dem Krankenlager, als man in den Spitälern schon für seine arme Seele betete, kümmerte er sich um die Besoldung der Bergarbeiter, die Silberbelieferung seiner Vaterstadt, das fürstliche Anleihewesen und tausend Dinge. Geschäfte waren nicht allein Gewinn oder Verlust, sie bildeten das Lebenselixier seines Geschlechts. Anton selbst konnte von ihnen nicht lassen, solange sein Atem ging, auch wenn er genau wußte, daß ihm die Vollendung des Begonnenen niemals beschieden war.

Fugger ließ durch die Armen „den Allmächtigen Gott treulich anrufen und bitten, daß er ihm Seine göttliche Gnade und Gesundheit verleihen" möge. Dann fühlte er sich besser und kräftig genug, weitere Vorhaben zu fördern. An verschiedensten Auseinandersetzungen auf der Antwerpener Börse im August 1560 beteiligte Fugger sich brieflich als tatkräftiger Streiter gegen undurchsichtige Operationen der nieder=

ländischen Finanzbürokratie. Auch im Kampf mit der spanischen Krone, die ihren Vorteil wider die erprobtesten Banken verfocht, zeigte sich kein Nachlassen der Kräfte. Die Energie eines Mannes, der infolge zarter Gesundheit schon eine Weile mit Krankheit und Tod in bewußter Nachbarschaft lebte, leistete mehr, als mancher Gesunde jemals vermochte. Vielleicht wären Anton in jüngeren Jahren für die Situation um 1560 beweglichere Lösungen zur Verfügung gestanden, wirtschaftliche oder psychologische Kalkulationsmängel nicht unterlaufen. Jedoch das waren Einzelheiten, die das Gesamtbild nicht trübten. Seiner Generation galt er trotzdem, und keineswegs nur in Deutschland sondern gerade bei der ausländischen Geschäftswelt, als König der übrigen Kaufherren Europas. Seine Konzeption und sein Stil blieben bestimmend.

Als Anton im Spätherbst 1560 „vernünftig, geduldig und gottselig" seinen Geist aufgab, spürte die Zeit, um wieviel ärmer sie geworden war. Selbst leidenschaftliche Widersacher versagten dem großen Toten ihre Huldigung nicht. Nach einem fürstlichen Trauergottesdienst in jener Kirche, für deren katholischen Charakter er vor über einem Vierteljahrhundert eine Gefängnisstrafe der Stadt erduldete, wurde seinem Leichnam ein grandioser Kondukt zuteil. Trauerbehänge, Wappen, Helm, Schild, Fackeln, Klagekleidung und Leidtragende füllten Säle, Kirche und Gassen. Sie brachten den Toten vor das Tor der Reichsstadt, da er nicht wie andere Mitbürger, Vater, Oheim und Bruder, in ihren Mauern ruhen, sondern auf eigenem Grund in einer seiner Kirchen als katholischer Grundherr und Patron bestattet sein wollte. Söhne und Neffen mußten zusehen, nachdem sie vielfach seine Mahnung mißachtet hatten, wie sie jenes gewaltige Vermögen, das trotz mancher Verluste ihnen verblieb, über die Klippen hinwegbrachten. Sie hatten zu überlegen, wie man das letzte Beginnen des Verstorbenen, nämlich einen Sturmbrecher gegen die Reformation in Deutschland zu begründen, im Sinne ihres Oheims oder Vaters vollendete. Anton selbst ruhte mittlerweile in einem Schrein aus Zinn unter seiner Schloßkirche zu Babenhausen von seinem randvoll tatenreichen Leben aus.

Manchen konnte sich die Frage aufdrängen, welcher, Anton oder Jakob Fugger, größer oder reicher gewesen sei. Wer die Ziffern sprechen ließ, durfte Anton für wohlhabender halten. Der Kaufkraft des Geldes nach wird im Besitz beider kein erheblicher Unterschied bestanden haben. Vor allem war nicht zu vergessen, daß die frühere Generation in geschäftsgünstigen Jahren des habsburgischen Aufstiegs gearbeitet hatte, während Anton die Krisis innerhalb der Dynastie samt allen Rückschlägen des Türkenkampfes und beginnender Religionskriege am Kontinent und darüber hinaus tragen mußte.

Am 14. September 1560 stand jenes nimmermüde Pendel still, dessen emsiges Wirken während 35 Jahren die Politik des Kaisers oft ange=

trieben und die Fortsetzung des Kurses einer vorausgegangenen Gene=
ration in Richtung auf die Universal=Herrschaft des Erzhauses ermög=
licht hatte. Mit dem heimlichen Schlage dieser Uhr, deren Werk jetzt
schwieg, lief die große Zeit der Gesellschaft ab. Sie hatte fast ein Jahr=
hundert lang bei tausendfachem Anlaß sichtbar wie unsichtbar in das
historische Geschehen von Wirtschaft, Staat und Kirche eingegriffen.

Nicht nur unter den Fuggern folgte eine neue, vielfach anders
gesinnte Generation. In der Welt, die ihren Namen für Geschlecht und
Gesellschaft weiter in hohen Ehren hielt, war jenes eigentliche Zeitalter
der Fugger, das die profilierten Persönlichkeiten Jakobs und Antons be=
herrschten, nun vorüber. Andere Geschlechter, neue Absichten, frische
Namen und junge Familien folgten nach, schoben sich zuweilen uner=
bittlich an ihren Platz. Dennoch war diesen beiden, obwohl ihre Epoche
zu Ende ging, etwas geglückt, was nahezu keiner vermochte. Sie traten
ungeschlagen von der großen Bühne ab. Darum sollte auch in Zukunft
trotz manchen Rauhreifs die Lilienblüte ihrer Geschäfte und ihr Name
symbolisch umgoldet bleiben. Unzerbrochen sank sein Gedenken in
die Brunnentiefe geschichtlichen Erinnerns der Menschheit hinab.

Jacobi Fuggeri

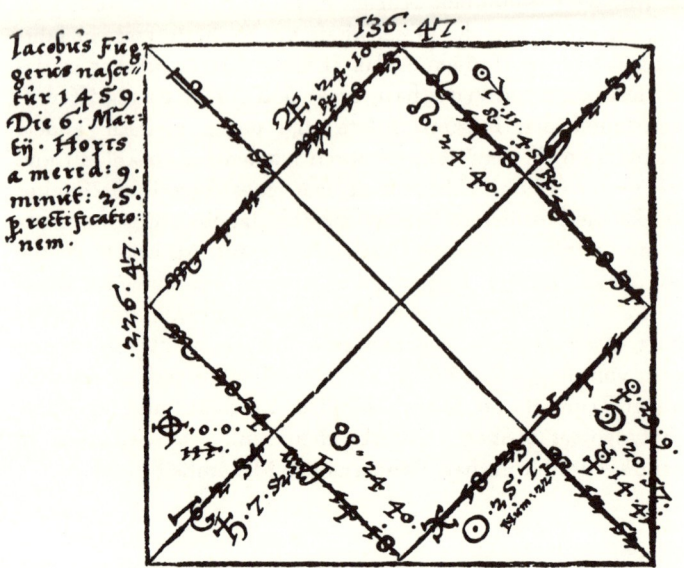

Hic sine liberis decessit. Mortuus autem est Anno domini 1525. Die 30. Decembris. Anno vero aetatis suae currente 67, cum directio gradus Horoscopi ad □ ☉ dextrum pertigisset.

Anno 1490 duxit Sibillam Artzctin in Vxorem, nullis relictis liberis e vivis discessit.

Cyprian Leovitius · Horoskop Jakob Fuggers

14. Kapitel

GESELLSCHAFT UND STIFTUNGEN

Das Einmalige in Wesen und Leistung der Fuggergesellschaft, so wie es sich für die Jahrzehnte Jakob des Reichen und des großen Anton herausformte, bestand keineswegs schon an ihrem Beginn. Es hat sich schrittweise gebildet und ist dem Lebensmark der Oberhäupter des Un= ternehmens aufs engste verbunden. Am Anfang, etwa im Zeitalter Jakob Fuggers, des Alten, ragte das Geschäft nirgends hervor, sondern hielt sich in den üblichen Grenzen anderer deutscher wie außerdeut= scher Unternehmen. Die ersten Augsburger Generationen verfügten noch über keine nennenswerten Mittel. Ebenso entfernte sich die Rechtsgestalt ihrer Firma — denn als Gesellschaft ist die Fuggersche Sozietät wohl von je anzusprechen — während der Frühzeit noch nicht von den insgemein für ähnliche Vorhaben gebräuchlichen Formen. Die eigentliche Fugger=Firma, deren juristische Ordnung beispielhafte Wich= tigkeit gewann, ist langsam gewachsen. Freilich schlug sie, obwohl unter ähnlichen Voraussetzungen arbeitend wie die übrigen, beizeiten neue Wege ein.

Zunächst bewahrten Mutter und Söhne, Geschwister und Schwäger ihre Habe ungetrennt in gemeinsamer Hand. Fremde Unterbeteiligun= gen im eigentlichen Sinn und keineswegs bloß festverzinsliche Depots waren durchaus nicht verboten. Es fällt höchstens auf, daß sie hier seltener blieben. Dazu hielt sich diese Art von Fremdbeteiligungen in einem bescheideneren Umfang als bei den übrigen Oberdeutschen, die gerne durch offene oder heimliche Einbeziehung des Kapitals größerer und kleinerer Geldgeber, Teilhaber oder Angestellter die eigene Finanz= schwäche überwanden. Eine der Besonderheiten in der Entwicklung der Fugger bleibt die systematische Umgrenzung des Gesellschafterkreises, der sich auf die nächste Familie konzentrierte und hernach auf deren erwachsene männliche Mitglieder nichtgeistlichen Standes nochmals verengte. Auf wen diese prinzipielle Entscheidung zurückgeht, bleibt ungewiß, allerdings scheinen Ulrich wie Georg Fugger ursprünglich die Zusammenarbeit mit Fremden in einer gemeinsamen Kompanie oder den Aufbau von Nebenfirmen zeitüblicher Art nicht verschmäht zu haben. Mindestens lassen sich zu Nürnberg und Breslau oder in Krakau, möglicherweise sogar auf Augsburger Boden, derartige scheinbare Verstöße gegen die klassische Regel, nach der die Fugger eine ausschließliche Familiengesellschaft bildeten, im 15. Jahrhundert beobachten. Ähnlich neigte die aufgliederungsfreudige Spätzeit dem Zusammenschlusse mit fremden Geschäftsleuten aus Kapitalmangel, zur Verringerung des Risikos und auch wegen des Rückganges echter Handelsbegabungen im Schoße des Geschlechts zu. Für die beiden klassischen Generationen der Fugger=Kompanie war jedoch eine zahlenmäßige Festlegung des Teilhaberkreises auf wenige Brüder oder Neffen die wahrhaft typische Form, in der die Welt das Wirken der Fugger zwischen 1480 und 1580 kennen lernte und durch die sie sich von der übrigen unterschieden.

Detaillierte Gesellschaftsverträge, die mit dem Jahr 1494 beginnen, haben diese Ordnung, Rechte und Befugnisse der Glieder, Art und Umfang des Vermögens, Rechnungslegung, Kontrolle und Laufzeit der verschiedenen Haupt= und Unterverträge mit tausend Einzelheiten wohlweislich geregelt. Als Vorläufer darf eine mündliche Abrede zwischen der Witwe und ihren Söhnen nach dem Tode des ersten Jakob Fugger angenommen werden. In völlig loser Folge und ohne strengen zeitlichen Abstand, freilich planvoll, reihten sich hieran die späteren Kontrakte. Dabei entsteht trotz des natürlichen Wechsels der Generationsträger, die zuweilen eine Namensänderung verursachten, das Bild einer kontinuierlichen Firma, die von Abrechnung zu Abrechnung schreitend wechselnde Phasen durchlebte, jedoch im Kern nahezu 200 Jahre stets dieselbe blieb. Sogar die Verträge der Fugger mit den Thurzo, deren Spezialfirma des „Ungarischen Handels" von der großen Gesamtunternehmung des „Gemeinen Handels" als Sondergebilde sich unterschied, verwischen diese Vorstellung keineswegs. Denn auch der Ungarische Handel wurde durch interne Verschiebungen zu einem überwiegend Fuggerschen Beginnen und kurz nach der entscheidenden Krise von 1525 zu einem ausschließlichen Familienunternehmen, das die Thurzo nur noch als gehobene Agenten aus psychologisch=taktischen Erwägungen mit umfaßte.

Wie eine mächtige Straße zieht sich das Band der Fuggerschen Gesellschaft, selbst wenn man ihre posthumen Aufsplitterungen beiseite läßt, durch eine Epoche europäischer Wirtschafts= und Sozialgeschichte. Mächtigen Meilensteinen vergleichbar umsäumte es die Folge großer Abrechnungen, die sogenannten „Inventuren" und Austeilungen der Firma, die jeweils mehrere Geschäftsjahre umfaßten. Dennoch kann von einer starren Unveränderlichkeit nicht die Rede sein. Die für jeweilige Teilepochen gültige Kompetenzregelung fand sich in den zeitlich scharf untergliederten Gesellschaftsverträgen festgehalten. Ein Haupt=

gesetz lassen die anfangs knappen und der Schreibfreudigkeit des Jahrhunderts gemäß schließlich umfangreichen Gesellschaftsstatuten allerdings im Halbschatten. Es ist das frühzeitig monarchische Prinzip der Firma.

Dieses war in den anfänglichen Urkunden Ulrich Fuggers mit seinen Brüdern noch nicht enthalten, zu jener Zeit wohl auch weder möglich noch notwendig. Erst die persönliche Dynamik Jakobs des Reichen, der eigentlich die Fugger zu den Fuggern machte, erhob ihn während des letzten Drittels des 15. Jahrhunderts zum „rechten Schaffierer" und „Direktor" der Gesellschaft. Die menschliche und geschäftliche Autorität bemaß sich keineswegs mechanisch nach der Höhe der eingelegten Summe. Vielmehr zeigt ein Vergleich der privaten Vermögensentwicklung aller Teilhaber mit der Wandlung ihrer effektiven Kommandogewalt oder unternehmerischen Initiative, daß diese beiden schon auf Jakob Fugger übergegangen waren, als die Firma sich noch nach seinem Bruder Ulrich benannte, während Georg oder dessen Erben nach Ausweis der Inventuren höhere Beteiligungen am Gesellschaftsvermögen besaßen als der jüngste Partner der Gründergeneration.

Die auffällige Abkehr von dem mechanischen, doch gemeinhin üblichen Grundsatz, dem größten Teilhaber auch die größte Verantwortung einzuräumen, und der Entschluß, an seine Stelle das individualistische Prinzip vom Primat der überragenden Begabung ohne Rücksicht auf Alter und Vermögen zu setzen, darf als der kopernikanische Einfall der Fugger in der Weltgeschichte großer Vermögen gelten. Auch wenn anderwärts ähnliches früher versucht worden sein dürfte, war der Gedanke bisher doch zu keiner so klaren Regel ausgebildet und unbeschränkt bewahrt worden. Dabei fand diese erstaunliche Diktatur des einen und Jüngsten innerhalb der Fuggerschen Handelsmonarchie, sobald man sie nach dem Wortlaut der Gesellschaftsverträge bemißt, nahezu keinen Rückhalt. Sie blieb das ungeschriebene, allein überragende Gesetz der klassischen Generationen und spricht sich fast nur in den Testamenten des reichen Jakob und seines Neffen Anton offen aus. Mit dem Welken der Gesellschaftsblüte seit dem Jahre 1560, dem ein Nachlassen der überragenden kaufmännischen Begabungen auf der einen Seite und die Ablenkung der Aufmerksamkeit von den innerfamiliären Ordnungen des Lebens auf der anderen folgte, verblaßte das monarchische Prinzip zugunsten der illegalen Mitsprache oder legalisierten Eigenmächtigkeit untergeordneter Persönlichkeiten, um zuletzt hart vor Auflösung der Kompanie diese bei einem Widereinander von wirtschaftlichen Diadochen und epigonenhafter Naturen an den Rand des Chaos zu führen. Die weise Mahnung des sterbenden Anton, der zu überlegter, aber planmäßiger Auflösung der Firma geraten hatte, wurde von Söhnen, Neffen, Enkeln und Großneffen aus Mangel an Selbstkritik überhört.

Man glaubte, es besser zu wissen, so daß die Firma nur dank der festen Basis der großen Generationen einer Tragödie entging, die andere weltberühmte deutsche Gesellschaften des 15. und 16. Jahrhunderts in tristen Konkursen unter sich begrub. Weit über den Tod der ungewöhnlichen Männer hinaus bewahrten die rechtlichen Gesetze und wirtschaftlichen Vermögensdispositionen Jakobs und Antons die Familie vor dem Ruin, ermöglichten ihr sogar den Übergang zu einer neuen Blüte, freilich in sozial verwandelter Gestalt.

Die für das kaufmännische Milieu schwer begreifbare Nichteinstufung des Herrschaftsanspruches der Teilhaber nach ihrem Kapital, ohne die allerdings jede Herausformung des genialen Prinzips einer Begabungsmonarchie ausgeschlossen geblieben wäre, wird erst verständlich, sobald man erwägt, daß die Durchbruchsschlachten der jungen Gesellschaft auf ihrem Weg zur Weltgeltung nur zu einem recht bescheidenen Teil aus eigenem Vermögen bestritten, sondern überwiegend mit Fremdkapital ausgefochten wurden.

Ein erheblicher Anteil kam aus der toten Hand, die sich anläßlich des Heimgangs Kardinal Melchiors von Brixen offenbarte. Für eine namhafte Zahl weiterer kurialer Würdenträger und verschiedene fürstliche oder bürgerliche Großvermögensbesitzer der Zeit Jakobs sowie Antons ist Gleiches erweisbar, freilich ohne Kenntnis der präzisen Beträge, welche die Fugger als verzinsliche Depots annahmen und mit denen sie arbeiteten. Auch die sonst tauglichen Inventuren schweigen sich hierüber aus. Offenbar wurden die bedeutenden Kreditorenkonten getrennt geführt, und besaßen jene Kunden, deren Namen in den Gläubigerlisten auftreten, keinen übermäßigen Belang. Man hatte sehr verlässige Rechnungen, aber sie enthielten Wahrheiten mit doppeltem Boden.

Der Hauptbuchhalter Jakobs des Reichen, der wendige Augsburger Patrizier Matthäus Schwarz, gewann in Fuggers Diensten die Überzeugung, Buchhaltung sei eine „reichmachende Kunst", die er unter italienischen Firmen kaum besser erlernen konnte als bei der schwäbischen Gesellschaft. Ihre Venezianer Handelsbücher dienten ihm als Vorlage zur Abfassung eines Lehrbuches der Buchhaltung, das er vorbereitete, aber wahrscheinlich auf Betreiben der Fugger nicht veröffentlichte. Wie Schwarz aus Rücksicht auf geschäftliche Diskretion bestimmte Änderungen vornahm, als er die Veröffentlichung der Fondaco-Bücher plante, so blieb Fugger selbst darauf bedacht, die Diskretion aller Rechnungen, die er gleich seinem Neffen eigenhändig überprüfte, intern streng zu wahren. Vor allen Dingen durfte nach außen keine Nachricht über jene Goldfäden, die da- und dorthin gesponnen wurden, dringen. Trotzdem bestanden noch gesonderte Bücher — darunter das „Hofbuch" mit den Schulden der Krone —, die sich mit den Ange=

legenheiten der vornehmsten Kunden, Kreditoren wie Debitoren, be=
faßten und stillschweigend und mit einleuchtendem Grunde vom Chef
geführt wurden, ähnlich wie die Schuldscheine Meckaus beinahe aus=
nahmslos aus Jakobs Feder stammten.

Es wäre zu gefährlich gewesen, fremden Teilhabern oder kaufmän=
nischen Angestellten, auch wenn sie das uneingeschränkte Vertrauen
der Firma genossen, Zutritt und Einblick in letzte Hintergründe zu ge=
währen. Irgendwo blieben stets Vorhänge, die niemand zurückzog und
die sich keinem Mitgesellschafter auftaten, um jede Möglichkeit eines
Vertrauensbruches auszuschließen. Die geringste Indiskretion, wie sie
sich zur Zeit Jakobs bei Auseinandersetzungen der Welser mit Kom=
pagnons und Handelsdienern ereigneten und anderwärts auch vor=
kamen, konnte sich für die Fugger tödlich auswirken, da sie mehr als die
übrigen Unternehmungen auf das uneingeschränkte Vertrauen ihrer
heimlichen Geldgeber angewiesen waren. Darin bewies sich die Geniali=
tät, doch zugleich eine gewisse Anfälligkeit ihrer Kompanie.

Wenn der Chef der Firma die Oberherrschaft ausübte, dann bildeten
die Faktoren gleichsam jenes feste und doch höchst bewegliche Gerüst
personeller Kräfte, auf die er sich bei Durchsetzung seiner Absichten
stützte und ohne deren Funktionieren der Wille des Hauptes isoliert und
seine Verwirklichung gelähmt blieb. Um vielseitigen kaufmännischen
und politischen Pflichten gerecht zu werden, genügte den Fuggern kei=
neswegs eine normale Ausbildung, wie sie im allgemeinen von Kauf=
mannsgehilfen verlangt wurde. Die Autobiographie des Hauptbuch=
halters berichtet, wie sein Chef sich selbst um die Vervollständigung
des Könnens vornehmster Mitarbeiter annahm, so wie er andererseits
den eigenen Neffen jenen mühsamen, häufig demütigenden Weg über
den Kaufmannslehrling zum Faktor nicht ersparte, bis einer von ihnen
schließlich zur Nachfolge berufen wurde.

Mancher jener Männer, die den großen Niederlassungen, Zweigbe=
trieben, Lagern oder Bankfilialen vorstanden, mögen bescheidener Her=
kunft gewesen sein. Im allgemeinen aber scheint es sich um Söhne
hochgeachteter Familien des deutschen Wirtschaftslebens oder sonstiger
Kreise aus großbürgerlichem Milieu gehandelt zu haben. Wenn sie von
zuhause etliches ökonomisch=technisches oder kaufmännisch=organisa=
torisches Wissen und Können mitbrachten, wie beispielsweise die Kin=
der aus Sippen der einstigen Ravensburger Kompanie, erschien Fugger
solches hochwillkommen. Allein es war nirgends Bedingung. Der ein=
zelne Fuggersche Lehrling mußte sich nur bis er einen verantwortungs=
vollen Posten übernahm, die nötigen Kenntnisse aneignen. Sonst kam
er niemals zum Zuge. In dieser Art wurde beispielsweise von Hilfs=
kräften in Siebenbürgen neben montanwirtschaftlichem, buchhalteri=

schem und kaufmännischem Können die Beherrschung der deutschen, ungarischen, lateinischen, polnischen und walachischen Sprachen gefordert. Das erklärt, warum sich einzelne Fuggerfaktoren wie jener Deutsch-Ungar Hans Dernschwam zu Anhängern der humanistischen Bewegung und bibliophilen Förderern der Wissenschaftspflege entwickelten. Es war ein Personal von exquisitem Können und kultureller Distinktion.

Häufig trachtete die Gesellschaft, soweit sie einen unentbehrlichen Stützpunkt schuf, neben technischen Kräften eine angesehene Persönlichkeit der lokalen bürgerlichen Oberschicht für die Leitung zu verpflichten. Das ist zu Innsbruck, Frankfurt, Breslau und Lübeck nachweisbar und dürfte an weiteren Orten gleichfalls geschehen sein. Schließlich verhielt es sich mit den Thurzo nicht wesentlich anders. Ihnen vergleichbar erteilte die Firma derartigen Helfern die Erlaubnis zur Einlage von Faktorenvermögen in ihr Unternehmen, zuweilen auch die Genehmigung einer gewinnbringenden Beteiligung. Das erschien besser, als wenn Handelsdiener in die Kasse griffen, mit Fuggerschem Geld eigene Geschäfte betrieben oder Firmenmittel verspekulierten. Dennoch ist die Gesellschaft von solchen mißlichen Erfahrungen nicht verschont geblieben.

Insgemein kam es aber nur in seltensten Fällen zu einem derben Mißbrauch. Die Gesellschaft bevorzugte zumeist, wiewohl nicht schematisch, Faktoren, die über ein maßvolles Eigenvermögen verfügten, so daß Fugger im Ernstfall Rückgriffsmöglichkeiten besaß. Jakob wie Anton hielten ihre Mitarbeiter aus kluger Überlegenheit nicht auf die Dauer in untergeordneten Positionen. Sie begünstigten den sozialen Aufstieg. Berühmtere Faktoren wurden beinahe ausnahmslos von staatlichen Behörden mit Geschenken, durch die Verleihung von Wappen oder Ratstiteln ausgezeichnet. Ihr Glanz kam der Gesellschaft wieder zustatten. Nicht wenige Faktoren sind im Fuggerdienst oder später zu erblichem Adel, auch patrizischer Würde gelangt und haben erst hernach die Erinnerung an jene Jahre, als ihre Vorväter noch im Kaufmannsrock hinter Rechenpult und Waage standen, gegen eine romantische Tradition ausgetauscht. Heraldische Zeichen lassen freilich den früheren Vorgang zuweilen noch immer ahnen.

Fuggersche Faktoren waren keine beliebigen Leute, sondern Personen von Namen, Rang und Stand. Sie wurden als solche geachtet. Manche von ihnen wollten von vornherein nur eine gewisse Zeit im Geschäft bleiben, um hernach die väterlichen Firmen zu übernehmen oder sich aus eigener Tüchtigkeit zu verselbständigen. Indessen blieben das Ausnahmen. Wenn Jakob erkannte, daß ein Bewerber seine Arbeit lediglich als Lehrzeit zu absolvieren gedachte, wurde ein solcher Gesuchsteller mit höflichen Argumenten abgeschoben.

Nicht nur die üblichen Erfahrungen mit untreuen Handlangern im Erzbergbau der Tauern, in Tirol, Rom oder Antwerpen, gegen die Jakob wie Anton mit der vollen Schärfe des Gesetzes einschritten, oder vereinzelte Überläufer wie jener Augsburger Sylvester Raid, der als Verräter an der oberdeutschen Wirtschaft sich unter die Strauchritter und zu gewalttätigen Kleinfürsten schlug, dienten als Warnung. Auch eine spätere Verwendung der im Fuggerschen Dienst gemachten Erfahrungen zum Besten anderer Gesellschaften oder die Aufrichtung eigener Großgeschäfte ähnlich dem Versuch eines böhmischen Zinnmonopols Konrad Mairs bereiteten der Kompanie namhafte Verlegenheiten. Wie leicht konnte in solchen Fällen ihr geheimstes personelles Wissen gegen sie ausgespielt oder an Konkurrenz und Staat weitergegeben werden.

Die unerhörte Ausdehnung des Fuggerunternehmens, das vier Kontinente berührte und dabei planmäßig, entsprechend der Laufbahn staatlicher Botschafter, seine Faktoren von Land zu Land oder gar von Europa nach Amerika und zurück versetzte, legte es nahe, daß verschiedene Fürsten den Versuch unternahmen, Fuggersche Wirtschaftsdiplomaten an sich zu ziehen. Man wollte sie der eigenen Regierung zuführen, so wie die Firma mitunter staatliche Beamte für privatwirtschaftliche Zwecke anheuerte. Die Notwendigkeit, dauernd mit Behörden zu arbeiten oder Wirtschaftsrechte, die verpfändet waren, für sich zu nützen, legte abgesehen vom Vorzug vertraulicher personeller Kontakte der Firma derartige Abwerbungsmethoden nahe. Man verfuhr dabei in den Einzelheiten ebenso großzügig wie bei der materiellen Beeinflussung von Staatsdienern oder in der Schonungslosigkeit, womit im Zwangsfall konkurrierende Firmen verfolgt und aus dem Felde geschlagen wurden. Das Gewissen der Kaufmannschaft jener Zeit litt an keinen übermäßig zarten Hemmungen. Was der Gesellschaft half, galt ihr für zulässig. Da die Rivalen wie der Staat selbst Gesetz, Sitte, Ordnung, Gebot und kirchliche Weisungen nach ihrem Vorteil brachen oder umgingen, hätte es im Wirtschaftsleben eher für töricht denn tugendhaft gegolten, schonender zu verfahren als der Nebenbuhler.

Dennoch bliebe es abwegig, die ersten deutschen Matadore europäischer Hochfinanz in naiver Weise als eine provinzielle Gattung ökonomischer Macchiavellis sich vorzustellen. Gewiß bestach man durch kultivierte Geschenke oder, wo das anging, auch noch unverbrämter. Allein es wurde von der Bürokratie und Aristokratie sämtlicher Länder von den Kaufleuten nichts anderes erwartet. Man wünschte es so. Die Staaten selbst verfuhren nirgend in besserer Manier. Ein jeder hinterging die Zollinstanzen, verletzte Münzordnungen, erbrach Briefschaften, täuschte Steuerbehörden, wo das irgend glückte. Aber weder Fürsten, Ritter noch Klerus handelten lauterer als die Handelskreise. Wenn die ersten großen Kapitalisten der meisten europäischen Staaten gegen

Zins- und Monopolverbote sich versündigten, waren der Heilige Stuhl, die Monarchien und Republiken ihrer Zeit ihnen mit lehrreichen Exempeln vorangegangen. Daß Derartiges hernach den Handelsfürsten zulässig schien, wenn sie nicht ertappt wurden, oder kein Richter sich fand, der über solche Delikte unbestechlich zu Gerichte saß, war dieses doppelt begreiflich. Sie blieben Kinder ihrer Zeit.

Man darf indessen nicht annehmen, diese Unregelmäßigkeiten, die einem bürgerlichen Anstand von heute als schockierend erscheinen, während sie damals gang und gäbe waren, hätten bei der Großvermögensbildung den Ausschlag gegeben. Sie wirkten mit, waren jedoch letzthin nicht entscheidend. Weit wesentlicher war das Funktionieren privater Kontakte zwischen Firma und Faktor. Da die Verkehrsverhältnisse Jakob und Anton Fugger vom Augenblick ihrer Übernahme der Gesellschaftsführung an es nur in Ausnahmefällen gestatteten, den Sitz des Unternehmens auf längere Zeit zu verlassen, mußten die leitenden Köpfe an peripheren Schnittpunkten der Weltwirtschaft ein höheres Maß an Selbständigkeit erlangen. Die Spätzeiten Jakobs sowie Antons, erst recht das Geschick der folgenden Generationen lehrten, wie verhängnisvoll alle Übertreibung solcher Eigeninitiative der Faktoren in Ungarn, Spanien oder den Niederlanden auf den Gesamtorganismus des Unternehmens sich auswirken konnte. Die Tatsache des Mißbrauches widerlegt aber nicht die elementare Richtigkeit des Prinzips.

Unzweifelhaft haben die Rührigkeit, Risikofreude und der kaufmännische Instinkt, daneben das zeitnahe Witterungsvermögen ihrer Mitarbeiter den Fuggern manche entscheidende Chance zu einem Kontakt mit dem Kardinalskolleg, dem Amerikahandel, der Edelmetall- oder Kupfer- und Quecksilberproduktion erst zugebracht. Es war durchaus nicht so, als ob Jakob und Anton alles selbst entdeckt oder vollbracht hätten. Das konnte gar nicht sein. Ihre Kunst lag in der Gabe des Entscheidens und Abwägens zwischen wichtig und unwichtig, in ihrer letzthin verantwortlichen Wahl über die Ausrichtung des Firmenkurses, bei der Schwerpunktverteilung, zuweilen auch in der Verlagerung der Gelder und bei der Akzentuierung der Handelsinitiative ihres Hauses. Dieses alles gemeinsam formte das sonderbare Mittelding zwischen Produktion, Handel und Bankwesen, welches für die Fugger bezeichnend bleiben sollte, einschließlich der souveränen Auswahl der Mitarbeiter.

Vollender und Mittler ihrer genialen Initiative blieb die Fülle gehobener Faktoren, mit denen die Fugger zuweilen in verwandtschaftlicher Beziehung standen. Im allgemeinen wurde freilich eine sachlichere Verbindung vorgezogen, da sie weniger heiklen Belastungen ausgesetzt schien. Aufgabe des Chefs war es, dauernd die Zusammenhänge zu prüfen, mitunter sie dichter zu knüpfen. Wo unzeitige Lockerung oder Verstimmungen drohten, mußte man energisch zentralisieren. Sobald die risikobereite Initiative in gedankenlosen Leichtsinn oder selbstsüchtige Eigenherrlichkeit umzuschlagen begann, galt es, mit harter Faust zuzupacken. Kein harmloser Patriarchalismus hat die Namensliste der Faktoren unter die Legatempfänger des Testament Jakob Fuggers eingefügt. Der kritische Moment eines Überganges vom Onkel auf den Neffen verlangte eine stärkere Bindung der Glieder an das Ganze, einen durch Gaben unterstrichenen Appell an die Firmentreue der maßgeblichen Männer im Gesamten der Betriebsgefolgschaft. Sonst konnten politische Störungen eintreten.

Schon in frühen Zeiten und später erst recht kümmerten sich die Häupter der Fugger in vorbildlicher Weise um soziale und menschliche Anliegen ihrer leitenden Mitarbeiter. Gegenseitiges Vertrauen wuchs. Faktorentestamente wurden mitunter bei der Firma hinterlegt, deren Chef die Vollstreckung überwachte. Einzelbeispiele von Altersversorgung, Hinterbliebenenbetreuung, Grabmalpflege und Ausbildungsbeihilfen weisen schon zu Anfang des 16. Jahrhunderts in dieselbe Richtung. Weniger wegen eines sozialen Grundsatzes, der sich nur ahnungsmäßig erkennen läßt, sondern aus Verantwortungsgefühl sowie praktischen Überlegungen sollten Glieder und Hilfskräfte der Firma dieser durch unzählige Ketten der Dankbarkeit verbunden bleiben. Aus ähnlicher Intention geschah die Sorge für die Arbeiterschaft beim österreichischen, deutschen und ungarischen Bergbau der Fugger. Sie entsprang keinem sozialpolitischen Programm aus theoretischer Erwägung, geschweige denn war sie Ausdruck allgemeiner Philanthropie. Anderseits darf es auch nicht als Gewinnstreben fehlgedeutet werden, wenn die Gesellschaft um Ernährung, Arbeitszeit, Real- oder Barlohnfragen, Wohnungsnöte, Krankheits- sowie Altershilfe ihrer Leute sich annahm. Zuweilen wurden vorhandene Einrichtungen älterer Zeit, die gewerkschaftlichen Hilfskassen zu vergleichen wären, begünstigt oder in Notfällen außergewöhnliche Unterstützung gewährt. Die Summe dieser Anstrengungen sollte die Beziehungen zwischen Familie und Firma auf der einen Seite, Angestellten und Arbeiterschaft auf der anderen widerstandsfähiger gestalten. Das Verhalten der eigenen Bauern, die Jakobs Neigung zur Freilassung kannten, seine bürgerlichen Hintersassen, die den Nutzen wirtschaftlicher Fürsorge eines großen Kaufmanns erfuhren, endlich das sozial äußerst schwierige Element der Bergknappen haben sich in Krisenzeiten zwischen 1525 und 1546 für Fugger meist als zuverlässig erwiesen. In Ungarn griffen diese Schichten sogar für die Firma gegen die Krone Partei.

Man darf freilich selbst derart fortschrittlichen Unternehmern wie Jakob und Anton Fugger dort, wo sie aus Firmenklugheit oder auch aus christlichem Sinne handelten, keinen Sozialpatriarchalismus des spä=

ten 18. oder beginnenden 19. Jahrhunderts unterstellen. Weltweite Gedanken der Menschenbeglückung blieben selbst humanistisch gebildeten Kaufherren der Renaissance noch wesensfremd. Trotzdem schritten sie auf ähnlichen Gebieten bereits erstaunlich voran. Ihre großzügige Handlungsart bewährte sich, obwohl das Überhandnehmen von Faktoreneigenherrlichkeiten in den Endzeiten Anton Fuggers die Richtigkeit des angewandten Systems mitunter in Frage stellte. Aber nicht der Kaufherr selbst ließ die Zügel schleifen. Er verlor meist nicht den Überblick. Sondern die nächste Generation korrumpierte infolge Nachlassens ihres Sippengeistes unbewußt, doch zum eigenen Schaden das Personal, auf dessen Pfeilern die Firma durch Jahrzehnte geruht hatte.

Die durch zwei Menschenalter unerschütterte Kraft der Gesellschaft ist allerdings nicht ausschließlich auf die Besonderheit und kluge Auswahl ihrer Mitarbeiter zurückzuführen. Deren glückliches und durchdachtes Zusammenwirken fand sich dank dem materiellen sowie organisatorischen Aufbau der Firma ausgezeichnet ergänzt. Das schließt keineswegs aus, daß auch die Fugger zeitenweise einer von Gelegenheiten bedingten oder durch Gefälligkeiten verursachten Zersplitterung ihrer geschäftlichen Arbeit zuneigten. Im allgemeinen obwaltete vornehmlich bei den profilierten Persönlichkeiten eine begründete Neigung zur Sammlung der wirtschaftlichen Initiative auf bestimmte Handelszweige oder hervorragend lohnende Objekte. Hier stand anfangs die Bindung an das Webertum obenan, dem sich die Fugger in ihrer frühen städtischen Existenz neben dem bäuerlichen Berufe widmeten. Diese Einstellung erhielt sich noch für die Dauer der beiden ersten Augsburger Generationen, während deren die Fugger unter dieses Handwerk zählten. Allein schon bald trat eine Verschiebung auf. Das Streben nach Beteiligung des Produzenten am Absatzgewinn seiner Arbeit führte die Familie zum Eintritt in den Tuchhandel, der sie von Augsburg nach Italien, in die Niederlande und wahrscheinlich bis in den europäischen Osten brachte. Die Mitwirkung der Fugger an der Weberei dürfte in der ersten Hälfte des 15. Jahrhunderts sich vielfach von der unmittelbaren Handarbeit auf die Organisation kontinentaler Handelsfahrten mit Textilien verlagert haben. Denn lediglich der Träger des Unternehmens durfte entscheiden, welche Güter als Gegenwert und Last für die Rückfahrt eingekauft werden sollten, und was man in der schwäbischen Heimat gewinnbringend absetzen konnte.

Wahrscheinlich handelte es sich zunächst oft um die Besorgung orientalischer Baumwolle. Sie ward auf südländischen Märkten feilgeboten und war für die Erzeugung des geschätzten schwäbischen Barchents unentbehrlich. Ob in Augsburg und seinem Umland die Leinen- und Barchentweberei von kleinen durch Kontrakte gebundenen Meistern für Fugger systematisch geschah, oder ob diese ihre Stoffe überwiegend selbst woben, läßt sich nicht mehr mit Gewißheit nachweisen. Vermutlich bestanden beide Betriebsarten. Eigenweberei und Verlags= weberei schlossen sich nicht unbedingt aus. Die Gesellschaft erwies sich bereits frühzeitig außerstande, mit den durch häusliche Produktion geschaffenen Tuchen die Nachfrage zu befriedigen. Von Fuggerschen Großwebereien des 15. und 16. Jahrhunderts innerhalb der Reichsstadt Augsburg dürften sich, wenn sie bestanden hätten, aller Wahrschein= lichkeit nach Zeugnisse erhalten haben.

So bleibt nur noch zu vermuten, daß die Fugger nicht mehr aus= schließlich selbst woben, sondern sich überwiegend anderweitiger Hilfe bedienten. Fremde Kräfte wurden mit Rohstoffen und Aufträgen ver= sehen, wie solches durch Jakob und Anton in beträchtlichem Umfang zu Weißenhorn geschah. Dabei waren Menge, Qualität und Farbe be= wußt auf den Geschmack einer niederländischen und englischen, mög= licherweise spanischen, portugiesischen und italienischen, wenn nicht gar kolonialen Kundschaft ausgerichtet. Daß diese Beziehungen zur Weißenhorner Weberschaft bis in den Zeitraum vor Einnahme der Stadt durch Jakob den Reichen zurückgingen, womöglich das Streben nach Beherrschung der kleinstädtischen und ländlichen Textilfachkräfte Fug= ger zum Erwerb des Platzes veranlaßte, ist nicht anzunehmen.

Nachdem durch Vertrieb der Webwaren, zu dem sich sehr bald die Einfuhr englischer und italienischer Textilien von hervorragender Eigen= art gesellte, der Übertritt der Fugger aus dem Handwerkertum in die Kaufmannschaft vollzogen war, traten außer diversen Sparten der Tex= tilbranche, die anscheinend bald in den Hintergrund gedrängt war, neue Handelszweige hervor. Neben unterschiedlichen Gegenständen eines verfeinerten Lebensbedarfes, die der Augsburger Kaufherr durch Im= porte zu befriedigen wußte, sammelte sich das Interesse der Firma seit etwa 1480 auf Metallgeschäfte verschiedener Gattung. Ihnen zuliebe vollzog ein Teil des Geschlechtes einen nochmaligen Zunftwechsel. Seine Einschreibung bei den Goldschmieden besagte keineswegs die persönliche Beschäftigung mit der Herstellung von kostbarem weltlichen oder sakralen Gut, sondern die Ausdehnung des Handels, der zuerst mit Webwaren und einfachen Metallen befaßt war, nunmehr auf Gold, Silber, Juwelen und Schmuckstücke. Das Geschäft mit Pretiosen, gefaß= ten und ungefaßten Edelsteinen, Perlen und Korallen besaß großen Umfang und dürfte der Firma ihren Weg zu den fürstlichen Lebensbe= reichen erleichtert haben. Päpste gaben kostbare Diamanten in Zahlung oder zum Pfande. Königinnen und Fürsten wünschten Prunkhüte, Or= densembleme, Pokale und schmuckreichen Zierrat von oder über Fugger zu beziehen.

Ungeachtet der weltweiten Ausdehnung des Handelsinteresses der

Gesellschaft, die den Umsatz von Papageien, seltenen Katzen, Rasse=
pferden, Hunden oder Pelzen ebenso wahrnahm wie den Vertrieb ein=
facher Felle oder von Salz, Lebensmitteln für den primitiven Haushalts=
bedarf, Unschlitt, Ochsen, Papier und primitiven Konsumgütern, dazu
in erheblichem Umfang der hochbegehrten Gewürze, die aus Übersee
bezogen oder von der portugiesischen Krone in Zahlung genommen
wurden, verblieb der Schwerpunkt der Fugger auf dem Kupfer, Silber,
Quecksilber und Zinnober, mitunter auch auf dem Gold beruhen. Zinn
und Eisen gewannen im Katalog ihrer Handelsgüter keine entfernt ähn=
liche Bedeutung. Selbst bei den wesentlichen Metallen, wie Kupfer und
Silber, wo eine Art regionalen Monopols oder mindestens der Dominat
über die Landschaften von Tirol und Oberungarn angestrebt wurde,
stand die Verarbeitung der Rohstoffe für Fugger erst in der zweiten
Linie des Interesses. Möglicherweise wurde ein Teil der Rüstungen
für Reiter und Fußvolk, auch der Handwaffen oder Geschütze, welche
die Gesellschaft jahrzehntelang absetzte, teilweise in eigener Fabrika=
tion gewonnen. Eine solche ist mindestens bei der Verarbeitung von
Kupfer, Messing und Bronze anzunehmen. Hier überwog freilich die
Herstellung friedlicher Verbrauchsgüter wie Pfannen, Kessel, Ringe,
Schüsseln oder Dachplatten bei weitem die Deckung des militärischen
Bedarfs. Im Waffengeschäft selbst, zu dem der An= und Verkauf von
Pfeilen, Pulver, Salpeter oder Prunkrüstungen für höfische Interessen=
ten zählte, werden die Fugger sich zumeist als Zwischenhändler oder
Grossisten betätigt haben. Mindestens lassen ihre Rechnungsbücher,
soweit erhalten, keinen anderen Schluß zu. Da die Ausbeutung der
Metallvorkommen zu den fürstlichen Hoheitsrechten des Spätmittel=
alters zählte, wurde das Erzgeschäft zu jener Brücke, auf der sich der
Eintritt der Gesellschaft in die fürstlichen und staatlichen Finanzge=
schäfte vollzog. Die Firma lieh geldbedürftigen Territorialherren und
ließ sich ihre Forderungen mit Kupfer oder Silber, zuweilen unter An=
wendung von Vorzugspreisen heimzahlen. In anderen Fällen kaufte
die Gesellschaft selbst in Nord= und Südtirol, aber auch Ungarn, Schle=
sien und Böhmen Bergwerke aus privater Hand auf oder nahm sie wie
in Spanien oder Siebenbürgen vom Staat und öffentlichen Körperschaf=
ten für längere Zeit in Pacht. Der im einzelnen umfangmäßig bedeu=
tungslose nachweisbare Handel mit Guayakholz stammte unzweifel=
haft aus fremden Kolonialimporten. Er war nicht zur merkantilen Aus=
beutung der Franzosenseuche als Konjunkturgelegenheit, sondern so gut
wie ausschließlich zur preisgünstigen Belieferung eigener gemeinnützi=
ger Anstalten der Fugger mit dem zeitüblichen Heilmittel und seinem
beherrschenden Rohstoff bestimmt. Widersprechende Angaben stehen
mit den erhaltenen Handelsbüchern im Gegensatz und beweisen
eine für anerkannte Forscher betrüblich voreilige Übernahme polemi=

scher Tendenzmeldungen der zeitgenössischen Literatur in das wissenschaftliche, sonst zumeist quellenkritisch gesicherte Schrifttum.

Es erscheint weiterhin ausgeschlossen, daß die Fugger daran gedacht haben sollten, ihre gewaltigen Metallmengen, die sie an die Spitze der zeitgenössischen Erzhändler stellten, durchwegs selbst zu verarbeiten. Allerdings blieb ihnen überlassen, wem, welcher Partei, privaten Unternehmern und Handwerkern, sie die Vorräte ihrer Magazine zukommen ließen. Österreichische wie päpstliche Arsenale, fränkische und niederländische Meister, habsburgische, kuriale, Venezianer, Schweizer, preußische, kleinfürstliche und reichsstädtische, weltliche wie geistliche Münzmeister blieben oft davon abhängig, inwieweit sie aus Fuggerschen Berg= und Schmelzwerkreserven beliefert wurden. Die Firma zeigte sich durch eine ganz planvolle Lenkung ihres Absatzes, der einmal gedrosselt und dann wieder gesteigert wurde, darauf bedacht, Rohstoffe und Fertigwaren bei stabilem Preis zu erhalten. Die Umgehung spekulativer Treibereien sollte umgekehrt Kurseinbrüche oder Marktkatastrophen ausschließen. Jene Spitzengewinne, die Jakob mitunter noch anstrebte, galten für Anton Fugger schon als verpönt. Die zweite Generation ging darauf aus, wenn nötig zur Vermeidung sozialer Krisen oder unzuträglicher Preisschwankungen auf Vorrat zu erzeugen. Es galt, die Abwanderung hochqualifizierter Fachkräfte zu verhindern, umgekehrt die Mängel der Produktion anderer Montangebiete wie in Spanien durch Beiziehung österreichischer oder thüringischer Spezialisten zu steigern. Im Ganzen enthüllt sich immer wieder Jakob der Reiche als die stärker initiativische Figur, wogegen sein Neffe Anton ihn bei der souveränen Beherrschung des weltweiten Apparates und der weisen Führung der Firma, die inmitten einer interkontinental geplanten Großraumwirtschaft sich behaupten mußte, leistungsmäßig unzweifelhaft überragte.

Solches galt besonders für das Anleihewesen, in das die Fugger erstmals mit der Linie vom Reh sowie durch Ulrich Fugger eintraten. Edelmetall=, Tuch= und Pelzhändler gehörten allenthalben unter die Kreditgeber der Fürsten. Diese waren unfähig, jenen neuzeitlichen Geldbedarf, den Staat, Kriegführung und Hofhaltung, außerdem kulturelle oder soziale Leistungen verursachten, aus eigener Kraft zu befriedigen. Der Mangel an Erfahrung oder Organisation machte sich schmerzlich bemerkbar. Nachdem die Fugger aber von der Weberei zur Kaufmannschaft überwechselten, geschah unverweilt auch ihr Eintritt unter die privaten und bald international anerkannten Banken. Einträgliche ältere Geschäftszweige brauchten deswegen nicht abgebaut zu werden. Es ergibt sich das merkwürdige Bild, daß Anton mit fürstlicher Geldleihe, eigener oder fremder Münzprägung, Metall=, Textil= und Juwelengeschäften sich befaßte, aber zugleich bemüht blieb, einen umfangreichen

Weinhandel aufzurichten, ähnlich wie seine Vorfahren sich neben anderen Dingen dem Vertrieb von Fastenspeisen gewidmet hatten. Die vielfach verbreitete Vorstellung, als ob die Gesellschaft nach Eintritt in die Klasse der Weltfirmen und Großbanken ihre kleineren Umsätze fallen ließ, ist abwegig. Letztere gingen nur an Bedeutung zurück oder sie verwandelten sich zu Gefälligkeitsangelegenheiten, auf denen vornehme Kunden mit erstaunlicher Hartnäckigkeit bestanden. Aufgegeben oder hochmütig verachtet wurde keinerlei Handel, solange die Gesellschaft überhaupt im ganzen oder in Gliedteilen bestand. Triebkraft hierzu wird die Rücksicht auf Geschäftsfreunde gewesen sein, die auf mitteleuropäischem Boden über keine Firma mit ausgebreiteten Kontakten verfügten wie Fugger. Außerdem wirkte die von Naturell und Temperament geprägte Wirtschaftsneigung des Hauses und seiner Söhne.

Darin trug ein Organisationsprinzip aus den Frühzeiten der Firma noch Jahrzehnte nach ihrer Durchsetzung seine Frucht. Die Gesellschaft hatte durch eine geraume Weile ein System von Niederlassungen, die sogenannten Faktoreien, längs der für sie wichtigen Handelsstraßen des Kontinents systematisch verteilt. Die Zentrale verblieb außer in Zeiten höchster Kriegsgefahr unablässig in Augsburg, wo man über reichlichen Raum für Büros, Buchhaltung, Lager, Remisen, Magazine, Kasse und Archiv verfügte. Als erste Außenstelle mag in der Richtung auf Mittel- und Ostdeutschland eine Nürnberger Filiale errichtet worden sein. Sie befand sich wie zahllose andere Fuggersche Außenstellen in betriebseigenen Gebäuden, während die früheste italienische Niederlassung der Firma innerhalb des staatlichen Deutschen Kaufhauses der Republik Venedig eingerichtet wurde.

Im Alpengebiet drängten sich ähnliche Stützpunkte hauptsächlich im Raum der zum Teil von Fugger erworbenen Silbervorkommen bei Schwaz und Sterzing sowie an jenen Orten, die wegen ihrer Eigenschaft als Regierungssitz, Plätze von Münze oder Markt Bedeutung gewonnen hatten. Es handelte sich vornehmlich um Innsbruck, Hall, Klausen und Bozen. Auf oberitalienischem Boden fanden sich ferner seit langem Zweigstellen in Mailand und eine geraume Weile zu Genua. Eine Sonderstellung besaß wegen ihrer Verbindung mit staatlichen wie kirchlichen Behörden des Vatikans und durch den Betrieb der päpstlichen Münzstätte, endlich infolge der Ablaß= und Pfründenvermittlung die römische Filiale. Sie wurde frühzeitig als Bank bezeichnet, die dem päpstlichen Hof eng verknüpft war. Wegen ihrer ungewöhnlichen Repräsentationsaufgaben, die dem Stil italienischer Hochrenaissance entsprachen, befand sie sich in einem prächtigen Palazzo, wogegen auf jede ansehnliche Ausstattung der Neapeler Faktorei und des zeitweise in Florenz unterhaltenen Korrespondenzplatzes kein Wert gelegt wurde.

Jenes Geflecht von Niederlassungen, das sich den wichtigsten Land= und Wasserstraßen durch eine Fülle von Zollprivilegien elastisch an= paßte, besaß nirgends starre Formen. Verschiedene Hauptplätze blieben die gesamte Dauer der Gesellschaft über erhalten. Andere kamen wegen konjunktureller Umstände empor, errangen für eine Weile erstaunliche Bedeutung und wurden hernach infolge der Verlagerung von Märkten, Handelswegen oder durch die bedrohliche Wandlung politischer Um= stände, die Fugger niemals übersah, schnellstens abgebaut. Selbst die Übergabe an staatliche Behörden oder konkurrierende Firmen war nicht ausgeschlossen. In dieser Weise dürfte die Gesellschaft früh innerhalb des Tauerngebietes verfahren sein. Am sichtbarsten offenbarte sich die gleiche Beweglichkeit aber im Ungarischen Handel. Sein Mittelpunkt im Raume von Neusohl und Altsohl verfügte über eine Menge von Häusern, Schmelzwerken, Hütten, Hämmern, Verarbeitungsbetrieben, Stollen, Gruben, Wäldern und tausend Liegenschaften. Von diesen slo= wakischen Zentren führte ein Straßengespinst unter Ausnützung klei= nerer Positionen, die sich um die Faktorei Budapest als Verbindungs= stelle beim ungarischen Hof gruppierten, zur Adria. Das andere Netz umspannte mit seitlicher Deckung durch die Faktorei Prag Schlesien mit Fuggerbetrieben in Breslau, Neiße, Teschen, daneben Freiwaldau und Reichenstein bis an die Ostsee, wo die Firma in Stettin und nicht weit davon in Frankfurt an der Oder mit Filialen verankert war. Ein fernerer Straßen= und Faktoreienzug führte über Krakau und Thorn nach Dan= zig. Von dort liefen die Fuggerwaren zu Schiff über die baltische Küste durch Mittelsleute nach Rußland, wo man anscheinend Kontaktplätze angelegt hatte. Der größere Teil des Exports hingegen gelangte aus dem Danziger Hafen quer durch das umkämpfte Herrschaftsgebiet der Hanse, in dem eine Lübecker Faktorei Wache hielt, zum dänisch=skandi= navischen Raum. Hier wurden außer in Kopenhagen entlang des Sund= schiffahrtsweges Vertretungen bescheidenen Formates unterhalten, die das Geschäft zwischen Ost= und Nordsee förderten. Das Weltmeer er= reichten manche Fuggertransporte schon in Hamburg, das durch fest= ländische Zweigstellen über Lüneburg und Erfurt mit dem Schmelz= und Hüttenwerk im thüringischen Hohenkirchen zusammenhing. Von dort her gab es regelmäßig benützte Wege der Faktorei Leipzig nach Schle= sien, Polen, Böhmen und Ungarn, das als Kernland der osteuropäischen Metallaktionen der Fugger galt.

Das Ziel des Ost= und Nordseeverkehrs der Firma bildeten die Häfen von Amsterdam und Antwerpen, dessen Börse Weltruf besaß. Dem= gemäß zählte der Fuggersche Stadtpalast an der Schelde unter die glanz= vollsten Kaufmannshäuser Antwerpens. Von hier wurden deutsche und ungarische Erzeugnisse über den Kanal nach England verbracht, wo die Firma mindestens in London eine Niederlassung unterhielt. In anderen Fällen fand zu Antwerpen selbst ein Verkauf oder Tausch gegen Bargeld und Gewürze statt, wobei der Portugalhandel der Gesell= schaft, insoweit er nicht durch ihre Lissaboner Faktorei getätigt wurde, über Antwerpen lief. An dieser Faktorei als Kopfstation endete zu= gleich die rheinische Handelsstraße Fuggers, deren Zwischenstationen in Faktoreienrang zu Frankfurt am Main, möglicherweise auch in Mainz und jedenfalls noch in Köln nachgewiesen werden können.

Die enge Verbindung der Fugger mit dem Erzhaus führte zur vor= zeitigen Auflösung des Betriebes in Ungarn. Damit geschah zwangs= läufig auch die Liquidation des rumänischen, ostdeutschen und ost= europäischen Faktoreiennetzes. Selbst Industrieanlagen in Kärnten, Thüringen und Schlesien mußten abgestoßen werden. Schließlich ver= blieb als südöstlich vorgeschobener Platz nur noch Wien, das man mit Rücksicht auf die Hofburg hielt. Eine Entzweiung zwischen Habsburg und dem schwedischen Königshause Wasa scheint die Errichtung der geplanten skandinavischen Niederlassung verhindert zu haben. Aus politischen Gründen dürfte auch keine nachhaltige Gründung an der norwegischen Küste erfolgt sein. Ähnliche Ursachen mögen das fran= zösische Geschäft der Fugger, von dem mindestens in Lyon und Paris Spuren vorliegen, nicht auf offizielle Niederlassungen basiert haben. Was geschehen mußte, wurde über fremde Firmen abgewickelt. Ihrer dauernden Gefährdung halber scheinen Transporte durch französisches Staatsgebiet, gleichgültig in welcher Richtung, unter dem eigenen Na= men und Zeichen der Gesellschaft nach Möglichkeit unterblieben zu sein. Fremde Firmen dienten zur Deckung.

Die Pflege der Beziehung nach Spanien, von dem die Geschicke der Fugger nicht weniger als zuweilen jene der spanischen Krone selbst ab= hingen, erfolgten über niederländische und italienische Häfen. In Spa= nien besaß die Gesellschaft ein wohlausgebildetes, durch Jahrzehnte bewährtes System von Stützpunkten, das zum Teil ansehnliche Sitze im Bergbaugebiet, vornehmlich in Almaden und Almagro, umfaßte. Ebenso zuverlässig und noch älter war die Vertretung am spanischen Hof, die anfangs nicht in Madrid zuhause war, sondern lange mit den Monar= chen reiste. Sie pflog Fühlung mit kleineren, agenturenähnlichen Statio= nen an den hauptsächlichen Messeplätzen und Häfen des Königreichs. Überragendes Gewicht wird man jedoch nur Sevilla unter den groß= städtischen Niederlassungen der Fugger auf der iberischen Halbinsel beimessen dürfen. Dieser Platz blieb mit der Einschaltung der Firma in See= und Überseegeschäfte befaßt. Die Aufgabe hatte freilich neben kaufmännischen auch politisch=diplomatische Seiten. Die Hafenmetro= pole war für Karl V. bereits in jenen Zeiten unentbehrlich geworden, als noch Jakob der Reiche ihm aus Nordosteuropa nicht nur Schiffe für den transatlantischen Verkehr, sondern auch Mannschaften lieferte.

Ohne Sevillaner Beziehungen ließ sich der Versuch des Eintrittes der Firma in die koloniale Gewürzschiffahrt, den man zeitig unternahm, unmöglich starten. Von der gleichen Reede aus dürfte die Teilnahme der Fugger an der iberoamerikanischen Festlandserschließung unternommen, dort allerdings auch wieder beendet worden sein. In Sevilla träumten die Fugger von ihren Kolonien. Von hier aus begründeten sie süd= und mittelamerikanische Festlands= und Inselstationen, denen freilich durchweg kein nennenswerter Umfang oder längeres Leben beschieden war, auch nicht in Santo Domingo. Über Sevilla, Madrid und Almaden liefen dann wieder bei Hof, vor Gericht und in der Bürokratie verlustreiche Rückzugsgeschäfte, nachdem die Gesellschaft ihre spanische Blütezeit überschritten hatte und aus den Staatskonkursen zu retten trachtete, was nicht endgültig verloren war. Schwerlich eigener Kolonialschiffahrt, doch einem vermutlich zeitweise durchaus erheblichen Geschäft mit überseeischen Waren, darunter neben den Gewürzen vorzüglich Schmuck und Perlen, blieb endlich die Fuggerfaktorei zu Lissabon vorbehalten.

Die kontinental umfassende Wirkungskraft der Gesellschaft, von deren Bereich nur wenige antihabsburgische Räume ausgespart blieben, brachte die Fugger mit der gesamten Welt in Beziehung. Die Notwendigkeit, sie verlässig zu verknüpfen, führte der Firma seitens der staatlichen Obrigkeit die Anregung regionaler Postorganisationen zu. Jakob der Reiche beispielsweise übernahm bereits den Aufbau eines oberitalienischen Botennetzes während bedrängter Zeiten Maximilians I. Eine dauernde Verwirklichung dieser großen Konzeption wurde allerdings nicht gewagt. Sie blieb dem nachmals fürstlichen Hause Thurn und Taxis vorbehalten. Seinen vertrauenswürdigen Händen überließ die Gesellschaft auch die Beförderung eines Großteils ihrer eigenen Korrespondenz. Dennoch wurde daneben ein privates Briefwechselsystem der Fugger gepflegt. Der schriftliche Verkehr zwischen Familie, Zentrale und Außenstellen, dazu die Nachrichtenübermittlung vornehmer Kunden, sollte insoweit es sich um diskrete Dinge handelte, nicht der menschlichen und technischen Unzulänglichkeit des Botenwesens ausgesetzt sein. Deshalb verschmähten es sogar königliche und kaiserliche Kanzleien durchaus nicht, ihre Schreiben Fugger anzuvertrauen. Seine Beförderungsart auf dem Wege eines Verstecks zwischen Warentransporten blieb harmloser und deswegen relativ sicherer als die amtliche Post. Fuhrleute wurden zu wichtigen Agenten.

Trotzdem lassen sich die Fugger nur mit starker Einschränkung zu den Vätern der modernen Post rechnen. Ihre Nennung unter den Urhebern des deutschen Zeitungswesens erscheint berechtigter. Die planmäßige Abstimmung der großen wirtschaftlichen Entschlüsse der Firma mit dem zeitpolitischen Geschehen, die nicht nur von der Gesellschaft, sondern durch das Kaiserhaus und verschiedene Dynastien sowie den päpstlichen Hof angestrebt wurde, ließen sich nur auf Grund eines verlässig funktionierenden Nachrichtendienstes realisieren. Seine Orientierungen galten zunächst der persönlichen Unterrichtung des Firmenchefs. Er sicherte sich durch einen kostspieligen Apparat, den man an das kaufmännische Faktoren= und Agentennetz anlehnte, seine Überlegenheit im Vergleich zur Konkurrenz. Die europäischen Staaten würdigten die objektive Information so ernstlich, daß selbst Republiken, die über einen derart ausgezeichneten Spionage= oder Geheimdienst verfügten wie der Venezianer Doge, bei wichtigen Anlässen wie etwa Todesfällen von Papst, Kaiser oder Sultan, sich in den Fuggerfilialen über das Nähere erkundigten. Diese galten für besser unterrichtet als manche staatliche Kanzlei. Daß aus Einzelmitteilungen von selbst der Wunsch nach laufender Orientierung erwuchs, war verständlich. Dennoch wurde solchen Bitten, die in erheblicher Menge vorgelegen haben dürften, nur mit sparsamer Auswahl entsprochen. Jakob der Reiche hat seinen Briefen an die sächsischen Kurfürsten und Herzöge in der Anfangszeit Karls V. rein zur Ausnahme Neuigkeitsberichte, die sogenannten „Zeitungen" beigefügt. Vom Gebrauch einer allgemeinen Nachrichtenversendung der Augsburger Goldenen Schreibstube an ihre Kunden war noch keine Rede.

Die Entstehung der Frühform des europäischen Journalismus ergab sich aus der notorischen Brieffreudigkeit der humanistischen Epoche. Demgemäß finden sich sogar in der Korrespondenz Anton Fuggers mit Erasmus von Rotterdam ganz typische Zeitungsmeldungen. Allein niemals nahmen solche Nachrichten die Gestalt einer regelmäßigen Bedienung des Empfängers an, etwa auf der Grundlage eines bezahlten Abonnements. Der Nachrichtenbesitz der Firma blieb in ihren klassischen Generationen ein eifersüchtig gehüteter Wert, auf dem die Fuggersche Vormacht großenteils beruhte. Die Gewährung partiellen Einblicks galt als kostbares Geschenk. Es ward nur von Fall zu Fall gemacht. Je allgemeiner sich die Orientierung verbreitete, desto wertloser wurde sie für den vormaligen Allein= und Erstbesitzer, auch wenn die Gesellschaft durch die Möglichkeit eines Vergleiches ihrerseits immer noch den Vorsprung, die Glaubwürdigkeit unterschiedlicher Quellen messen zu können, besaß.

Die Verteilung von Einzelzeitungen als Briefbeilagen oder Korrespondenzzusätze sollte selten bleiben. Sie geschah, um bedeutsame Persönlichkeiten für Anliegen Fuggers zu interessieren. Oder falls eine hintergründige Beteiligung vorlag, ward der stille Partner über den Fortgang des breiteren Geschehens auf diese Weise mit einem leicht wirtschaftlichen Nebenton unterrichtet. Der Versuch einer Orientierung der All=

gemeinheit und sei es mit der Absicht ihrer Beeinflussung oder zur Bildung einer öffentlichen Meinung, die auf dem Weg von Nachrichtensteuerung, Dosierung sowie Redaktion in der oder jener Richtung gelenkt werden konnte, ist für die Generationen Jakobs und Antons abzulehnen.

Die Epoche der Raymunds= und Antonssöhne war hingegen nach dem Zeitgeschmack von einer nahezu uferlosen Sammlungspassion beherrscht. Diese Leidenschaft dehnte sich auf das Nachrichtenwesen aus. Die Firma häufte liebhaberisch und keineswegs aus vorherrschend wirtschaftlichen Überlegungen Tatsachenmaterial verschiedenster regionaler Herkunft und von wechselndem Gewicht auf. So entstanden die berühmten „Fuggerzeitungen" des späten 16. Jahrhunderts. Große Teile von ihnen gingen verloren. Die erhaltenen umfassen zumeist die Jahre 1568 bis 1604, reichen freilich mit Ausläufern in den Dreißigjährigen Krieg hinein. Seit dem Rückgang und der schrittweisen Liquidation der politisch=wirtschaftlichen Initiative des Hauses schwand auch die Notwendigkeit zur Verheimlichung seines Nachrichtenschatzes.

Erst mit dem letzten Drittel des 16. Jahrhunderts dürfte eine systematische Vervielfältigung der gesammelten Nachrichtenpakete in kurzen, beinahe regelmäßigen Zeitabständen erfolgt sein. Sie umfaßten die Berichterstattung eines über vier Kontinente verzweigten Netzes eigener und fremder Korrespondenzen einschließlich der aus Büros sogenannter Novellanten gelieferten Mitteilungen. Die unvorstellbare Vielfalt und Ausführlichkeit der Meldungen, die durch Beiziehung von Augenzeugen möglichst große Glaubwürdigkeit wie bei dem sensationellen Bericht über die Enthauptung der Maria Stuart erstrebte, verschafften den handschriftlichen Fuggerzeitungen einen weit gespannten Leserkreis. Dieser war an politischen, höfischen, kirchlichen, militärischen oder landschaftlichen Abnormitäts= und Sensationsmeldungen der frühen Redakteure ebenso interessiert wie an tatsächlich wichtigen Mitteilungen. Die Schriftleiter ihresteils scheinen büromäßig das Korrespondenzmaterial aus den Nachrichtensammlungen der Philipp Eduard und Octavianus Secundus Fugger unter Berücksichtigung spezieller Interessen ihres Leserkreises zusammengestellt, überarbeitet, ergänzt, schließlich durch Beifügung von Bildmaterial oder Sondernachrichten aufgelockert zu haben. Die ernsthafte Zeitung und das Reportagemagazin sind gleichsam Zwillinge aus Fuggers Wiege.

Die Fuggerschen Zeitungen stehen an den Anfängen des europäischen Pressewesens internationalen Zuschnitts. Sie wurden niemals ein rentierendes Sonderunternehmen, wozu sie sich unschwer hätten ausbauen lassen. Das laufende Nachrichtenmaterial, verbunden mit einem stattlichen Zeitungsarchiv der Gesellschaft sowie deren Agentenarmee, die ebenso als Reporterstab wie als Absatzorganisation gebraucht wurde, hätten völlig hingereicht. Allein die Fuggerzeitungen, insoweit sie über Einzelnachrichten hinausgehen und als Unternehmen begriffen werden dürfen, dessen objektives Gewicht wegen fesselnder oder intimer Berichte mitunter überschätzt wurde, fiel bereits in jene Spätzeit, der es an Witterung und Initiative, Risikofreude oder Unternehmersinn zur Entwicklung eines neuen Beginnens, nämlich des ersten deutschen Zeitungsbetriebes, fehlte. Nur so bleibt es erklärlich, daß dieses gleich kostbare wie kostspielige Wissensarsenal, das man mehr als Raritätenkammer betrachtete denn als politisches Rüstzeug, trotz seines Umfangs von 15 000 Bänden um eine relativ bescheidene Summe an die Habsburger verkauft und nach Wien verbracht wurde. Auf dem Transport scheint es zu einem erheblichen Teil in den Fluten der Donau versunken zu sein.

Man hat die Frage immer wieder aufgeworfen, aus welchem Geiste die Fugger zu jenen außergewöhnlichen Leistungen befähigt wurden, die sie so weit über das Mittelmaß anderer europäischer Wirtschaftsführer der Renaissance hinaushoben. Der übliche Versuch, ihr Wirken im Sinne frühkapitalistischer Denkweise und rastlosen Gewinnstrebens um seiner selbst willen zu erklären und damit auf einen gemeinsamen Nenner zu bringen, widerspricht den Tatsachen. Diese Annahme bleibt unvereinbar mit gewissen Worten Jakobs, auf die man jene frühkapitalistische Theorie bzw. deren Alleingeltung psychologisch stützen wollte. Man darf aus taktischen Gründen gemachte Bemerkungen nicht verallgemeinern, und zwar umsoweniger, weil es daneben entscheidend andere Gesinnungsanzeichen gibt, die der anachronistischen Rückdatierung der industriekapitalistischen Mentalität des 19. Jahrhunderts in eine spätmittelalterliche Aera sich widersetzen. Wenn der Begriff des „Frühkapitalismus", unter dem man die wirtschaftliche Arbeitsweise, die Denkart sowie das menschliche Verhalten der großen italienischen, französischen und deutschen Unternehmer oder Bankherren des 15. und 16. Jahrhunderts zusammenfaßte, überhaupt bleiben soll, muß er weiter gefaßt oder eingeschränkt werden. Er darf sich zu keiner Rückprojizierung der Mentalität liberaler Industriekapitäne eines kolonialimperialistischen Maschinenzeitalters gestalten. Dieses hat in der Folge von Persönlichkeitstypen des abendländischen Unternehmertums aus seinen Voraussetzungen her den ihm gemäßen Typ ebenso eigenständig geformt wie etwa die kalvinistischen oder die spätmittelalterlichen, humanistischen und gegenreformatorischen Epochen die Wirtschaftsführer ihrer Zeit.

Das Unternehmerdenken des Spätmittelalters und der erwachenden Neuzeit, zu der die klassischen Fuggergenerationen zählen, bleibt untrennbar mit dem religiösen Lebensgefühl einer bürgerlichen Welt des ausklingenden Quattrocento verknüpft. Ähnlich wie die kleinen Leute des 15. Jahrhunderts, aber auch Ritter und Fürsten, ihr Dasein in die Doppelwelt von Diesseits und Jenseits stellten, zwischen denen Tod und Gericht die Grenze bildeten, ebenso besaß für die ersten bedeutsamen Geldmänner West= und Südeuropas eine aus christlicher Caritas erlebte religiöse Zusammengehörigkeit mit Armen und Notleidenden echte Wirklichkeit.

Üble Geschäftsmethoden toskanischer großer Wucherer des Spätmit= telalters, deren Praktiken den unerfreulichsten Erscheinungen des 19. Jahrhunderts keineswegs nachstanden, widerlegen niemals die Richtig= keit solcher Erkenntnis. Jene Bardi und Peruzzi von Florenz, oder wie sie hießen, sahen sich nicht nur als geldmächtige Herren an, sondern eingestandenermaßen zugleich als arme, doch nicht unbußfertige Sünder gegen eine Gottesordnung der menschlichen Gesellschaft und das tätig verstandene Liebesgebot der christlichen Kirche. Sie blieben bemüht, und sei es in der äußersten Stunde, den gekränkten Herrgott zu ver= söhnen. Darum enthielten die Testamente der heroischen Raubtiere einer kapitalistischen Frühzeit unterschiedlichste Versuche zur Saldie= rung ihres Lebenskontos gegenüber dem Himmel trotz greller Verfeh= lungen ihrer Schicht.

Man ist, weil kein Geschöpf aus seiner Haut kann, so weit gegangen, den Herrgott zum Kompagnon umstrittener Firmen zu deklarieren, die Partnerschaft ihm einzuräumen oder wenigstens eine zahlenmäßig fest= umrissene Einlage des Heilands zu konstruieren. Nutznießer dieses An= teils, der je nach dem Schicksal des Unternehmens Verlust oder Gewinn auswies, wurden Kirchen oder Spitäler, Arme und Kranke. Die gestei= gerte Erfüllung des häufig gebrochenen oder aus Geldgier verletzten Liebesgebotes in Gestalt religiöser sowie caritativer Einrichtungen sollte im Diesseits das Gewissen der Stifter beruhigen, im Jenseits ihren armen Seelen Verzeihung und Gnade für die Stunde des Gerichtes sichern. Wie weit man sich in solchen Spekulationen vom Wesenskerne christlicher Haltung unter dem Gesetz einer Entwicklung entfernte, die jene gleichen Menschen vorantrieben, ward niemand oder nur wenigen voll bewußt.

Als dann die Oberdeutschen zu Venedig, Mailand, Genua und Rom bei Italienern in die Lehre gingen, um deren Wirtschaftstechnik in theoretischer oder praktischer Form bis hinein in die Rationalität der Buchhaltung und den Kaufmannsjargon mit Abwandlungen oder An= passungen auf Mitteleuropa zu übertragen, erwiesen sich die Franken und Schwaben selbst bei der Methode der Versöhnung Gottes und Be= schwichtigung der eigenen Seelenunruhe mit bester Absicht als Schüler ihrer Meister. Nun entstanden in den Nürnberger und Augsburger Rechnungsbüchern verschiedener Großfirmen Kapital= oder Renten= guthaben des Erlösers, der Heiligen und Armen. Bei den Fuggern kam

es zur Aussonderung eines Kontos, das sich nach dem Augsburger Stadtpatron „St. Ulrich" benannte. Die Verwendung des Ertrags solcher Summen, der bei ihrer Firma einer Normalverzinsung fester Gesell=
schaftseinlagen glich, entsprach den herkömmlichen Bahnen. Nur war hierfür eine zweckgebundene, verwaltungsmäßig ausgeschiedene Ver= mögensmasse des Betriebskapitals gestiftet worden.

Einzelne Altarbilder im Ulrichsmünster, Gewölbe, kostbare Gitter, Kirchenstühle wurden errichtet, wie solches dem Lebensstil einer der sozialen Oberschicht zugehörigen Familie entsprach. Ungewöhnlicher erscheint die Überlassung einer Bibliothek an die Augsburger Prediger= mönche durch den älteren Ulrich Fugger. Sie bot die Brücke zur humani= stischen Stifterleistung des späten 15. und beginnenden 16. Jahrhun= derts. Die Übernahme der Patronatsherrschaft über die Augsburger Moritzpfarrei und deren Predigerstelle durch Jakob Fugger, der beides in heftigem Ringen gegen Stiftsherren und Fürstbischof dank besserer römischer Verbindungen erwirkte, zählt ihrer inneren Triebkraft nach zum geistigen Komplex von Devotion und Laienreform der alten Kirche, wie er spätmittelalterlichen Großbürgern im Sinne lag.

Bei Errichtung einer Fuggerschen Grablege an der Augsburger Anna= kirche, die nach dem Wunsche Georgs durch Jakob Fugger 1509 geschah, war gleichfalls das Neuartige dieser Stiftung nicht die Tatsache einer prunkhaften Sepultur, die ähnliche Versuche oberdeutscher Familien überragte. Eine Gleichsetzung mit dem Leitbilde solcher Schöpfungen abendländischer Renaissance, nämlich der Florentiner Nuova Sagrestia samt den Grablegen später Söhne des Hauses Medici, die Michelangelo verherrlichte, blieb nach wie vor ausgeschlossen. Dennoch beschritt die Fuggersche Familie durch die Stiftung ihrer Augsburger Kapelle, zu deren Ausgestaltung künstlerische Persönlichkeiten ersten Ranges wie Albrecht Dürer, Jörg Breu, Peter Vischer, Sebastian Loscher und die Daucher beigezogen wurden, mit ihrem Vorhaben mäzenatenhafter Re= präsentation für Deutschland neue Bahnen. Eines blieb daran allerdings noch bezeichnender als die vergoldete Marmorumkleidung, typischer als der reiche Figurenschmuck an Altar und Gestühl, als die Farbenfreudig= keit der mächtigen Orgel mit ihren weitausladenden Bildflügeln.

Es ist die innere Einfachheit des Grabraumes selbst, der unter dem Steinteppich des Paviments in unsäglicher Schlichtheit die Überreste Jakobs des Reichen und seiner nächsten Blutsverwandten zum Teil in offenen Tannentruhen zwischen Kalk gebettet verwahrt. Weder Raum noch Särge verraten mit Denkschriften, in welchem der mächtigste Kauf= herr der deutschen Spätgotik und Frührenaissance ruht. Die Fugger= kapelle, die bezeichnenderweise noch im Gefolge der überwundenen Meckau=Krise der Firma entstand, und durch ihren Aufwand die Kredit= würdigkeit des Hauses unterstreichen sollte, vermittelt deutlich ein pomphaftes Geltungsbedürfnis. Zwei Meter unter dem Boden aber wurden alle Menschen wieder gleich, und wollte auch Jakob Fugger im Augenblick seines Todes oder bei dessen Vorbereitung nichts anderes sein als ein Sterblicher unter Sterblichen, ein Sünder unter Sündern, gebettet in der Armut aller Adamskinder, ruhend im Schoße der Erde, voll Vertrauens auf die glückliche Auferstehung und Verherrlichung aller Gläubigen am Jüngsten Tage.

Wenn schon in dieser Prägung ein religiös=soziales Element vorwaltet gegenüber dem Triumph des Ästhetischen bei den Florentinern, so hat das Prinzip caritativen Mäzenatentums seinen Gipfel in einem anderen Zusammenhange der Fuggerschen Stiftungen erlangt. Ihre Magna Charta ist der Stiftungsbrief Jakobs des Reichen vom Sommer 1521. Darin schuf der Kaufherr neben sonstigen erbaulichen Einrichtungen mit einer Siedelung frommer, schuldlos verarmter Augsburger Bürger sich, seiner Familie und seiner Zeit ein unvergänglich fortwirkendes Denkmal innerhalb der Sozialgeschichte der Menschheit. Schon einige Zeit vorher war ein Komplex von Häusern und Gärten im Bereich der Jakober Vorstadt Augsburgs, seinem Rathaus am Perlach und dem Lechufer, jedoch im Rahmen der Wehrmauern aufgekauft worden. Systematisch schritt man zur Beseitigung der alten Anwesen. Auf ihrem Grund entstand in absoluter Symmetrie die Idealstadt der Armen. Es handelte sich dabei um kein Spital, sondern um eine echte Siedelung, die den Familien individuelles Leben in eigenen Wohnungen von jeweils zwei oder drei Zimmern mit Küche, die von der Straße aus und ohne gemeinsames Treppenhaus zu betreten waren, und Gärten gab.

Eine der echten Weisheiten beim Aufbau dieser winzigen Stadt im „Kappenzipfel" Augsburgs, die man im Laufe der Zeit nach ihrem Gründer als „Fuggerei" bezeichnete, lag darin, daß ein soziales Eigendasein der in sogenannten „Gnadenwohnungen" untergebrachten Familien erhalten blieb und man ihnen das demütigende Bewußtsein des Almosenempfangs ersparte. Deshalb zahlte jede Fuggereifamilie für ihre Wohnung einen bescheidenen Zins, der weder damals noch später auch nur entfernt zur Deckung von Unterhaltskosten der Gebäude reichte. Die Kaufkraft des anfänglichen Betrags eines rheinischen Gulden jährlich dürfte nach heutigem Geldwert 30 Deutschen Mark entsprechen. Die gegenwärtig üblichen 1,72 DM im Jahr für eine Dreizimmerwohnung mit Küche und Garten sowie der Mietsatz für Witwengelasse in Höhe von 1 Mark pro Jahr können lediglich noch als bescheidene Anerkennungsgebühr gelten.

Eine solche Regelung war nur möglich, weil mit dem aus dem „Konto St. Ulrich" der Gesellschaft entwickelten Grundkapital der Stiftung, das Jakob selbst und verschiedene Nachfahren aufstockten, glücklich gearbeitet wurde. Zunächst verblieben die Gelder als zinslose Depots in der eigenen Firma. Später wurden sie auf mehrere Gesellschaften mit der Absicht einer Risikoteilung verstreut. Die Unsicherheit des europäischen Geldmarktes im Gefolge spanischer und französischer Moratorien und Staatskonkurse führte endlich zu einer fundamentalen Umschichtung der Anlage in Gestalt eines Kaufs von Waldungen, Gütern, Brauereien und Miethäusern, eine Form, in der das Fuggereivermögen europäische Wirtschaftskrisen von über vier Jahrhunderten trotz Einbußen im wesentlichen unangetastet überlebte.

Die Gegengabe der Fuggereibürger und =familien besteht nach dem Wunsche Jakob des Reichen keineswegs eigentlich in dem bescheidenen Rekognitionszins. Ihre Hauptleistung bieten sie dem Stifter und allen Wohltätern im gemeinsamen täglichen Gebet, womit sie den Seelen der Verstorbenen nach dem Sinne der Katholischen Kirche und gemäß dem Geistesstil der Gründungszeit über den Tod hinaus beistehen. Damit wurde die Fuggereikirche St. Markus, eine kleine Schwester des gleichnamigen Venezianer Doms, in dessen Schatten die Firma aufwuchs, zum Mittelpunkte des Idealstädtchens der Armen. Es steht noch heute unter der Oberleitung der Familie, wird mitsamt dem Stiftungsvermögen durch eine gesonderte Administration verwaltet, in die sich laut alter Vereinbarung weder Stadt noch Kirche einmischen und das der Staat nur beaufsichtigt. Ein soziales Eigendasein unvergleichlicher Art ist auf diese Weise entstanden, eine beinahe mittelalterliche Stadt, die im Bereiche der modernen Großstadt des 20. Jahrhunderts jede Nacht ihre eigenen Tore schließt und morgens sie wieder öffnet. In dieser bergenden Schale lebt eine bürgerliche Großfamilie von etwa 400 Köpfen ihr friedliches Dasein in blitzsauberen Gassen, welche die zierlichen Treppengiebel des Baumeisters Thomas Krebs krönen.

Was die Fuggerei auszeichnet, ist eine Atmosphäre für sich, etwas durchaus Einmaliges und höchstens den belgisch=niederländischen Beghinenhöfen, die Gemeinschaften devoter Frauen umschließen, zu vergleichen. Mit ihnen mag sie entfernt zusammenhängen. Trotzdem besteht ein wesentlicher Unterschied; denn in Augsburg beschränkt sich die religiöse Bindung auf das gemeinsame Gebet. Sonst bleibt jeder Bürger und jegliche Familie als freie Individualität erhalten. Die Gemeinschaft ist ungeachtet zahlreicher Bande locker. Die Insassen sind keineswegs ehemalige Angestellte oder Arbeiter der Fuggerschen Betriebe. Sie werden in freier Entscheidung des Seniorats der Familie aus der bedürftigen katholischen Bürgerschaft Augsburgs erwählt.

Vielleicht hat diese größte Tat der Fugger ihre Wirkungskraft damit am nachhaltigsten bewiesen, daß sie nicht nur über Jahrhunderte sich erhielt, die Kaiser= und Fürstentümer, Großvermögen und kleinbürgerliche Existenz verschlangen, sondern weil sie beispielgebend wirkte. Auf Seiten der Familie folgten später Spitalgründungen, dann die Errichtung von Krankenhäusern, darunter die erste chirurgische Privatklinik Deutschlands, und viele fernere Stiftungen, deren jede eine eigene Rechtspersönlichkeit gewann. Aus dem Kreise der Faktoren, die sich dem Vorbild ihrer Herren anschlossen und ihrer würdig zeigten, entstanden zusätzliche Wohltätigkeitsstiftungen, die ebenfalls der Fuggerschen Administration unterstellt wurden, etwa jene eines Faktors namens Veit Hörl, — übrigens eines Verwandten des älteren Pieter Brueghel — der zwischen Amerika, Spanien und den Niederlanden als wirtschaftlicher Vertrauensmann Anton Fuggers wirkte, oder die religiösen Wohlfahrtseinrichtungen des Augsburger Pfarrers Dr. Scheibenhardt von St. Moritz und das Studienkolleg zu Löwen, das ein Fuggerscher Rechtskonsulent zu Madrid, Dr. Mylius, begründete und dessen Hauptwerk erst von den Napoleonischen Kriegen verschlungen wurde. Allein nicht diese aus dem Kreise der Mitarbeiter hervorgegangenen Wohltätigkeits=, Bildungs=, Kirchen= und Familienstiftungen bezeugen eigentlich das Strahlungsvermögen des sozialen Mäzenatentums der Fugger. Ihrem Beispiel mehr als jedem anderen ist eine Armee von Stiftern in fünf Kontinenten der Welt gefolgt. Denn sämtliche Stiftungen aller Erdteile sind irgendwo Früchte jener hochherzigen Tat des Goldenen Augsburg.

Mit der Organisation der Gesellschaft, bei ihrer Verbindung von Politik und Finanz, mit zahllosen Einzelleistungen kaufmännischer und kultureller Prägung sind Familie und Gesellschaft für ihre Stadt, ihren Stand, ihre Zeit und darüber hinaus richtungweisend geworden. Eben durch diese Stiftung nicht bloß als soziale Tat im einzelnen, sondern als vorbildhaftes Werk menschlich=christlicher Liebesgesinnung jenseits rechnender Vernunft haben sich die Fugger unauslöschlich in das Buch der Wohltäter der Menschheit eingeschrieben.

ALIQVOT HOMILIAE
DIVI IOANNIS
CHRYSOSTOMI, AD PIETATEM SVMMO/
pere conducibiles, nunc primũ & uersæ & editæ, per
ERASMVM ROTERODAMVM.

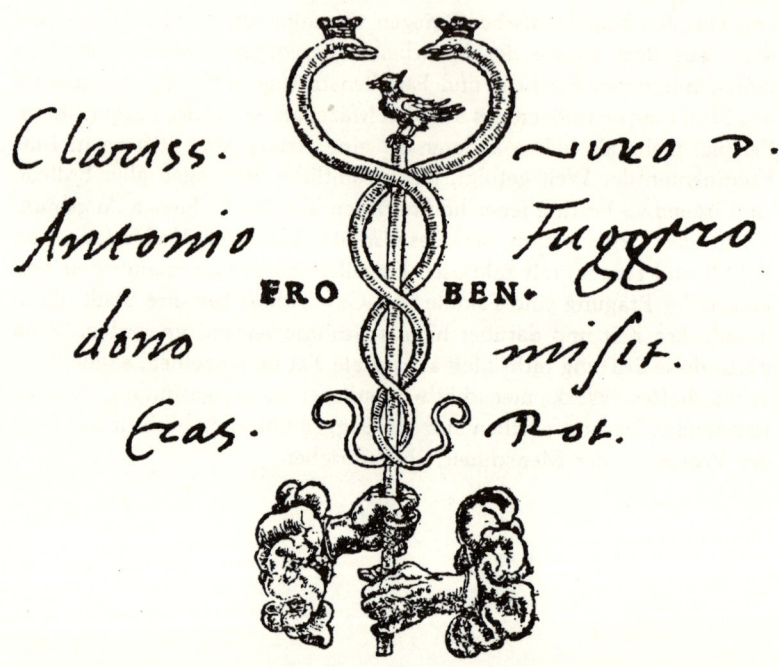

Clariss. ~uiro D.
Antonio Fuggero
FRO BEN.
dono misit.
Eras. Rot.

BASILEAE EX OFFICINA FROBENIANA
ANNO M. D. XXXIII
Cum gratia & priuilegio Cæsareo ad sex annos.

Erasmus von Rotterdam, Buchwidmung an Anton Fugger 1533

15. Kapitel

WANDEL DER FAMILIE – ENDE DER GESELLSCHAFT

Am Beginn der Fuggerzeit liegt ein schwäbischer Bauernhof zu Graben südlich Augsburgs, dem während der ländlichen Jahre des Geschlechts eine gewisse Bedeutung verblieb. Nachdem die Fugger aber in Augsburg Fuß gefaßt hatten, bildeten die dortigen Häuser ihren sozialen Rückhalt, da sie nicht bloß als Wohnung, sondern zugleich als Kontor, Verkaufsplatz und Lager dienten. Das galt neben unbedeutenderen Anwesen von jenem „Haus zum Rohr" an der Reichsstraße, dessen Erwerb der Einwanderer Hans Fugger tätigte und in dem später Jakob der Reiche 1459 das Licht der Welt erblickte.

Eine sichtbare Umwälzung vollzog sich mit dem Ankauf, Um- und Ausbau eines weiteren Fuggerhauses am Augsburger Rindermarkt. Dieses überschritt bereits die für Augsburger Großbürger jener Zeit üblichen Grenzen. Seine stolzen Treppengiebel, herrlichen Gewölbe, Tür- und Fensterumrahmungen, sämtliche in spätgotischer Steinmetzarbeit und teilweise mit Lilienwappen geziert, verkündeten das Selbstgefühl einer vom Erfolge gekrönten Firma. Diesem Geschmack dürfte die Innenausstattung entsprochen haben, von der als Hauptstück nur jene sagenhafte Goldene Schreibstube erinnerlich ist. Als Arbeitszimmer des Chefs war sie anscheinend mit betonter Üppigkeit verziert, die Freunden und Kunden den Wohlstand der Gesellschaft glitzernd vor Augen stellte.

Erst nach dem Tode des ältesten Bruders, Ulrich Fugger, erwarb Jakob schließlich am Augsburger Weinmarkt den Komplex der weltberühmten eigentlichen Fuggerhäuser, die ihm ein unbekannter Baumeister ohne Beseitigung brauchbarer älterer Bestandteile mit bemerkenswertem Geschick zum höchst repräsentativen Ganzen vereinigte. Hier stiegen Kaiser und Könige, Fürsten und Kardinäle durch die Jahrhunderte ab. Nicht nur zum Schmuck, sondern als Merkmal solcher Auszeichnung als „Pfalz" trug es den Doppeladler des Reiches an beiden Portalen.

So großartig die bürgerliche Stadtresidenz durch ihren Freskenschmuck aus der Hand des Meisters Hans Burgkmair auf der Fassade wirkte, fehlten nicht intime Räume. Ihr berühmtester ist das Damenhöfchen, dessen kühle Eleganz zu den Erstlingswerken deutscher Profanarchitektur mit Venezianer Einschlag zu zählen ist. Von seinem Schmucke blieb, abgesehen von schlanken Säulen, Türen und Bogen, nur wenig erhalten. Jedoch es genügt für den Eindruck, daß keine Neigung zu neureichem Überladen, sondern altschwäbische Schlichtheit hier vorwaltete. Sie setzt sich auch in bestimmten Wendungen des Testaments Jakobs des Reichen durch, der über Bettstatt und Kissen seine Verfügung traf wie irgendein anderer Augsburger Kaufmann und Meister. Selbst dort, wo sich das gesteigerte Ichgefühl der Renaissance unverhüllt bekannte, erscheinen Jakobs Porträts vom Pinsel und Stift der Albrecht Dürer, Hans Burgkmair, Hans Holbein oder Jörg Breu nur wie stattliche Selbstaussagen, in denen die sagenhafte goldbesponnene Kappe über der hohen Kahlstirn die Vermögensfülle des Dargestellten, der sich in seinen dunklen Pelzrock bis zur Ungreifbarkeit vermummt, durchschimmern läßt.

Als der erste Georg Fugger zum Ankauf des frühesten Landsitzes in Göggingen vor den reichsstädtischen Toren schritt, folgte er dem Vorbilde des Patriziats. Dieses liebte außerhalb der Mauern Güter, die zugleich wirtschaftlichen Zwecken dienten. Selbst die Gewinnung der Grafschaft Kirchberg und des Städtchens Weißenhorn im heutigen württembergisch=bayerischen Randgebiet bei Ulm an der Donau erfolgte 1507 noch in der Absicht kristenfester Vermögensrücklagen, die zugleich die Geltung der Familie über andere hinaushoben. Ähnliche Käufe zu Schmiechen und Biberbach sind im selben Sinne zu verstehen. Trotzdem trat jetzt eine Verschiebung ein, die zu erstaunlichen Folgerungen zwang. Nachdem durch Annahme jener Gebiete teils als freies Eigen und teils an Pfandesstatt oder Lehen ritterschaftliche und mittelbürgerliche Kreise als Lehensleute oder feudale Untertanen der österreichischen Herrschaft in Schwaben dem Fugger gleichsam mitübergeben wurden, stellte sich die Frage, ob solche sozialen und politischen Befugnisse mit der Stellung eines Mannes sich vereinbaren ließen, der in seiner Vaterstadt noch nicht den Zugang in das Patriziat gefunden hatte.

Für Ritter, Bürger und Bauern, soweit sie unmittelbar betroffen wurden, lag hier nach der Zeitvorstellung ein ständisches Problem vor. Weshalb sollten sie ihre gesellschaftliche Einstufung durch den wirtschaftlichen Erfolg eines Augsburger Großkaufmanns herabdrücken lassen? Es fehlte darum nicht an bemerkenswerten Demonstrationen, Lehenseid=Verweigerungen und Protesten. Anders sahen sich die Dinge mit kaiserlichen Augen an. Was kümmerte Maximilian das gekränkte soziale Selbstgefühl einiger Edelleute, Bürger oder Leibeigener? Durch Verleihung der Freiherren= und Reichsgrafenwürde, denen der Adel des Königreiches Ungarn folgte, verbesserte er rückwirkend die soziale Kategorie seines mächtigen Gläubigers. Nun durfte dieser getrost von ritterschaftlichen Familien durch adelige Vögte und Pfleger den Treueid fordern. Ein sozialer Substanzwandel war damit allerdings noch nicht erfolgt. In seiner Eigenbezeichnung gebrauchte Jakob niemals die ihm zugestandenen Titel. Manchen galt das als Bescheidenheit. Jedoch diese war für einen Mann nicht vonnöten, der seinen Reichtum als Gottes= lehen ansah und im vertrauten Kreise zuweilen klar seiner Überlegenheit sich rühmte. Der Nichtgebrauch des Adelstitels beließ die personelle rechtliche Privilegierung Jakobs und seiner Familienmitglieder, die der Kaiser schrittweise in derselben Art ausstattete. Er zwang aber nicht zum Eintritt in reichsgräfliche oder adelsgemäße Lebensformen, die nach deutschem Zeitgebrauch den Bergbetrieb, niemals aber Warenhandel und Bankgeschäft geduldet hätten, auf die man nicht verzichtete.

Erst seit dem Bestreben, eine rechtliche Sonderstellung zu erlangen für Fuggers Liegenschaftsbesitz, der als Fideikommiß den männlichen Na= mensträgern unzertrennt erhalten bleiben sollte, setzt eine soziologische Verschiebung ein. Sie verläßt den bisherigen Lebensraum und Daseins= stil eines bürgerlichen Milieus höchster Ordnung. Die vielgerühmten Stadtpaläste samt ihrem schimmernden Figurenschmuck, der die Be= hausung Raymunds vornehmlich zierte, ließen sich in den oberdeutschen Lebenszuschnitt, der italienische Vorbilder nachempfand, einbeziehen. Ähnliches galt von den gepriesenen Gärten, ihren Plastiken, Wasser= werken und Lusthäusern, die keinerlei sozialen Wesenswandel nach sich zogen. Allein bereits die Spätzeit des ersten Raymund, der gelehrter Arbeit, renaissancemäßigem Sammeln und wissenschaftlicher Publika= tion oblag, wenn ihn nicht die lauten Freuden einer Jagd oder geselliger Feste umgaben, darf man kaum mehr dem Typ eines Großbürgers ein= fügen. Auf seinem Porträt pressen kleine Hände einen üppigen Granat= apfel zusammen. Die Frucht birst. Ähnlich verwandelte sich die sozio= logische Situation seines Bruders, des großen Anton Fugger. Auch dieser war in seinen ständischen Vorrechten, wie die Abkommen beider „Per= sonalist", das heißt: nur für sich selbst und nicht für seinen Herrschafts= bereich gehörte er dem hohen Reichsadel an. Dennoch blieb Anton lediglich dem Namen nach ein Bürger und stand in Wahrheit sozial bereits turmhoch über der angeheirateten patrizischen oder feudalen Sippschaft.

Das Anschwellen Fuggerscher Herrschaften veränderte nochmals das Bild. Abgesehen von einer Unmenge unerheblicher Erwerbungen, stei= gerten Anton und seine Neffen die Güter wirtschaftlich in umfassender Weise. Eine Burg der polnisch=tschechischen Randsphäre — Orawa — oder die Festungen Bibersburg und Plossenstein mochten zum Schutze der Straßen und Werke des Handels bestimmt sein. Ähnlich war es seiner= zeit bei Fuggerau. Sie ließen sich dem eigentlich grundherrschaftlichen Besitz ebenso wenig zurechnen wie Freiwaldau in Böhmen oder das thü= ringische Hohenkirchen. Hingegen die stolze Kette schwäbischer Stütz=

punkte zwischen Alpen und Donau waren nicht mehr als zufällige Häufung anzusprechen. Namen wie Mickhausen, Oberndorf, Glött, Babenhausen und das vormals Höchstetterische Burgwalden lassen die weiter ausgerichtete Planung erkennen. Schlägt man den Erwerb der Donauwörther Reichspflege und die Bemühungen Antons um Gewinnung der Markgrafschaft Burgau, wenn nicht gar der Pfalzgrafschaft Neuburg hinzu, dann wird offenkundig, wie die Fugger im Gutskauf keine reine Kapitalanlage mehr sahen, auch nicht die Verlagerung ihrer wirtschaftlich=sozialen Struktur von der Stadt auf das Land mit dem Ziele regionaler Schwerpunktbildungen. Anton Fugger scheint durch seine konsequente, kostspielige Liegenschaftspolitik nicht mehr noch weniger angestrebt zu haben als die Errichtung eines lockeren territorialpolitischen Verbandes zwischen Iller, Lech, Donau und Bodensee. Seine Bezeichnung als Markgrafentum oder Pfalzgrafschaft, wenn nicht gar als Herzogtum Schwaben, mochte künftigen Stunden anheimgestellt bleiben. Jedenfalls erwies sich der große Vollender gesonnen, die oberdeutsche Parallele zum Vorbilde der Medici, ein Territorium auf der Basis des vormals bürgerlichen Wirtschaftsvermögens, zu schaffen.

Der Neffe Hans Jakob, Antons Mitarbeiter späterer Jahre, zeigte Lust, die Linie des Oheims fortzuführen. Mindestens lassen Herrschaftskäufe bei Konstanz, im Schweizer Thurgau und im Elsaß erkennen, daß die folgende Generation mit ihren Erwerbungen die soziale Umschichtung von der Kaufmannsfamilie zum landgesessenen Adel, wenn nicht gar zum Provinzialfürstentum vorantrieb. Auch die Ehen Hans Jakobs, mit denen er wie Brüder und Vettern die gewohnte reichsstädtische Versippung zugunsten ihres Eintritts in den Kreis eines regionalen Adels von höherer Geltung anbahnte, liegen auf der gleichen Linie.

Tiefergreifende Schwierigkeiten erhoben sich infolge Hans Jakobs Betätigung als Liebhaberpolitiker zwischen Augsburg, Bayern und Österreich erst mit dem Augenblick, als Anton Fugger starb. Nun war, falls eine Liquidation der Firma unterbleiben sollte, der älteste Neffe zur Gesellschaftsführung berufen. Die nächsten Jahre stellten ihn vor wirtschaftliche Probleme, die selbst versierten Kaufleuten größte Sorgen bereiteten. Unzweifelhaft spielten hierbei die für Fugger jetzt nachteiligen politischen Zeitumstände, die Jakob und Anton stets in ihre Firmenentscheidungen eingebaut hatten, eine erhebliche Rolle. Obwohl die Geschichte der dritten und vierten Fuggergenerationen weithin ihrer Aufhellung noch bedarf, scheint gewiß, daß konfessionelle und dynastische Spannungen in den Niederlanden, England, Frankreich und Spanien jene weitreichenden Engagements förderten, die zum Verhängnis Hans Jakobs wurden. Dazu kam die prekäre Situation in Bayern, wo der junge Fugger vermutlich nicht bloß diplomatisch gegen seinen

Schwager, den opponierenden protestantischen Grafen Joachim von Ortenburg, für den katholischen Herzog Albrecht V. eingriff. Der angebliche Adelsaufstand und seine Niederwerfung durch den Landesfürsten lassen sich ohne Fuggers Mitwirkung, die schon zu den kaiserlichen Entscheidungen von 1547 und 1552 beitrug, schwer erklären. Dabei sympathisierte Hans Jakobs Bruder Ulrich, dem Heidelberg und Genf nahestanden, mit der Gegenpartei.

Allerdings führten Schulden, mit denen Hans Jakob Fugger seinen Namen belastete, dazu, daß ein allgemeines Antwerpener Mißtrauen gegen wankende oderdeutsche Firmen sein Haus nicht mehr verschonte. Die Kredite wurden teurer. Auch die Vorsicht der durch Sir Thomas Gresham vertretenen Engländer stieg. Schon galt es für denkbar, daß die angesehene Bank, nachdem sie sich mit Schuldverschreibungen der niederländischen Rentmeister übernommen hatte, ihrem Falliment zutrieb. Die Aussicht auf eine Sanierung durch die spanische Stützungsaktion des Juan Curiel della Torre im Jahre 1563 erwies sich als irrig. Die Bedingungen, unter denen er 300 000 Kronen den Fuggern vorstreckte, waren schmählich, noch bitterer freilich, daß dieselbe Finanzmacht ihnen dank der Intervention Erassos die Maestrazgos abnahm. Als der Katholische König ihre Pacht den Fuggern anhand eines unerfreulichen Vergleichs 1562 wieder auslieferte, hatten sich die Umstände inzwischen dermaßen verschlechtert, daß die Gesellschaft mit dem Äußersten rechnen mußte.

Die Inventur von 1563 gewährte Einblicke in eine beinahe verzweifelte Lage. 5,6 Millionen Aktiven standen 5,4 Millionen Passiven gegenüber. Unter ihnen befanden sich spanisch-niederländische Gläubiger mit rund 2,9 Millionen, wogegen die ungewissen Forderungen an die spanische Krone auf 2—3 Millionen sich bezifferten. Bei diesen Umständen erscheint es begreiflich, wenn außer konfessionellen Widersprüchen zwischen Hans Jakob und seinem vormals zum Priester designierten, doch neuerdings protestantischen Bruder Ulrich sowie weiteren Teilhabern Streitigkeiten entstanden. 1564 erfolgte die „Auslösung" Hans Jakobs, genauer gesagt, sein Sturz als Chef der Gesellschaft.

Weder Bruder noch Vettern mochten der wirtschaftlichen Eigenmächtigkeit Hans Jakobs und dessen vornehmen Passionen ihr Vermögen opfern. Sein Vater Raymund hatte für die Sammlung antiker Inschriften und Figuren sowie den Druck gelehrter Schriften namhafte Beträge aufgewandt. Aber was damals erträglich gewesen, weil neben ihm Anton Fugger die Interessen der Familie wahrnahm, führte in der Folgegeneration an den Rand der Katastrophe. Hans Jakobs Krise kann schwerlich anders denn als Konkurs bezeichnet werden. Sein Ausverkauf läßt erstmals eine rückläufige Entwicklung im Geschick der Familie erkennen. Allein nicht nur die Verringerung des Übermaßes von

Liegenschaften, die als Konzentration genesend sich auswirken mochte, war zu verzeichnen. Vielmehr führte Hans Jakobs innerste Natur zur Tragödie.

Dem großen Oheim hatte er niemals verhehlt, wie ferne ihm geschäftliches Denken lag. Selbst tagespolitische Handlungen entsprachen dem sensiblen und differenzierten Wesen Hans Jakobs nicht. Er war kein Kaufmann, selbst kein Politiker. Anton hatte das beizeiten durchschaut. Darum schlug es seinen Söhnen und Neffen zum Verhängnis aus, wenn sie aus Ängstlichkeit oder fehlgeleitetem Selbstgefühl vermeintlichen Prestigeverlusten auswichen und eine Firma fortschleppten, die bei zeitiger Liquidation einträgliche Resultate erzielt hätte. Seinem Wesen nach blieb Hans Jakob ein humanistisch-künstlerischer Mensch. Wirtschaftliche Überlegungen drangen bei ihm kaum in die Tiefe. Seine politischen Aktionen ließen die Grenzen eines rührigen Augsburger Bürgermeisters oder bayerischen Höflings erkennen. Musikalien und antike Inschriften blieben ihm besser lesbar als Bilanzen oder Inventuren.

Hans Jakobs wissenschaftliches und literarisches Schrifttum, das sich mit der eigenen Familie sowie der Historie des Erzhauses befaßte, überschritt nur selten die spürbaren Schranken eines signorilen Dilettantismus. Was bezahlte Mitarbeiter, so Clemens Jäger, ihm lieferten, vermochte der erste Spätling weder im Hinblick auf seine problematische Gültigkeit zu erfassen, noch durch die eigene Feder zu meistern. Trotzdem blieb Fuggers Name zurecht in hohen Ehren. Es geschah wegen der erstaunenden, schier gefährlichen Großzügigkeit, womit er ohne Rücksicht auf allmählich begrenzte Mittel echten Gelehrten durch Stipendien und Druckbeihilfen voranhalf. Noch wesentlicher erscheint freilich eine andere Leistung, die infolge seiner privaten Finanzkatastrophe eher gerettet denn vernichtet wurde.

Bereits Hans Jakobs Vater Raymund und der Oheim Anton Fugger waren Sammler bedeutender Bibliotheken gewesen. Beide Büchereien konnten sich aber mit jener des Johann Jakob keineswegs messen. Sie zählt auch dank ihrer liebhaberischen Einbände zu den hervorragendsten Schöpfungen privater Kulturinitiative des oberdeutschen Großbürgertums der Spätrenaissance. Dieser Bibliothek und sonstigen gelehrten Kollektionen dürfte die wahre Anteilnahme jenes Mannes gegolten haben, der seine Zeit nur widerstrebend in politischen Kanzleien oder im Kontor der Gesellschaft verbrachte. Ihrer Bande aufgrund seiner Auszahlung, die Hans Jakobs private Schulden freilich nur teilweise beglich, ledig, wandte Fugger sich völlig mäzenatischen Neigungen zu. Sie verdichteten seine Beziehungen zu dem geistesverwandten Bayernherzog Albrecht V., in dessen Dienst er übertrat und dem er gewiß nicht leichten Herzens 1571 seine Büchersammlung verkaufte. Allein noch im Gefolge des Wittelsbachers galt Hans Jakobs liebende Fürsorge hin-

gebend dem Schatz der Hofbibliothek, aus der schließlich die Bayerische Staatsbibliothek erwuchs. In ähnlicher Weise ging die Bücherei seines protestantischen Bruders Ulrich nach dessen Niederlassung zu Heidel=
berg in das Eigentum der ihm gesinnungsmäßig verbundenen Pfälzer Kurfürsten über und hat sich als Sonderbestand der „Palatina" in welt=
berühmten Bibliotheken Europas bis heute erhalten.

Trotz oder infolge der unvergänglichen Verdienste Hans Jakobs um die humanistische Buchkultur scheiterte sein Leben als Kaufmann am Erlahmen seiner wirtschaftlichen Genialität. Es fehlte am echten Ver=
hältnis zum ökonomischen Zeitgeschehen. Mit dem Rücktritt des Vet=
ters ging die Handelsführung auf Antons ältesten Sohn Markus Fugger über. Auch bei ihm wogen gelehrte Neigungen fast schwerer als wirt=
schaftliche Ambitionen. Seine Bibliothek stand jener Hans Jakobs kaum nach, während wissenschaftliche Arbeiten und Übersetzungen des Mar=
kus aus den Bereichen byzantinischer Geschichtsschreibung und der Pferdekunde, die man unter hohem Aufwand in Druck gab, bei weitem die Schriftstellerei Hans Jakobs in den Schatten stellten.

Nachdem die Familie sich aber nicht zur empfohlenen Auflösung der Firma bereit fand, mußte der neue Chef wider Willen die Gesellschaft unter der Bezeichnung „Marx Fugger und Gebrüder" weiterführen. Dem Drucke spanisch=niederländischer Behörden folgend, unterstützte er den Feldzug des Herzogs von Alba gegen die belgisch=holländischen Protestanten. Es geschah durch hohe, ungern gewährte Überweisungen aus Spanien, Beträge, die mitunter durch die persönliche Autorität des Monarchen Fugger abgepreßt wurden. Immer wieder trachteten die Augsburger, sich durch eine Verzögerungstaktik aus der Klemme zu ziehen. Immer von neuem setzte die Finanzbürokratie ihre Schrauben an, obwohl man wußte, wie hart der Gesellschaft um 1575 die Auf=
bringung von 100 000 Kronen ankam. Lediglich die Angst davor, daß ihre spanischen Außenstände — laut Inventur von 1577 über 5 Millionen Gulden — in den Staatskonkurs Philipps II. einbezogen würden, ver=
leitete Marx Fugger zu weiteren Zahlungen an Alba, dessen Heerfüh=
rung ohne Fuggers Finanzbrücke zwischen Spanien und Antwerpen un=
denkbar blieb. Soviel die Firma bei Anspannung ihres letzten Kredits beibrachte, gelang es nicht, den Monarchen und seine Generalität zu befriedigen. Gleichgültig, welche Millionen die Gesellschaft in das spa=
nische Danaidenfaß versenkte, es wurden weitere Forderungen ange=
meldet. Zuletzt erfolgte eine Plünderung der Antwerpener Faktorei durch marodierende Söldner, deren Reiteroberst, Graf Carl Fugger, Albas Kommando unterstand. Ein symbolischer Selbstmord wurde vollbracht.

Des Elends war allmählich genug. Die Fugger mußten anderwärts, wie in Bayern, fürstliche Kunden vergrämen, um die Soldateska zu be=

schwichtigen, obwohl Philipp II. Genueser und Spanier zum Nachteil der Gesellschaft begünstigte. Immer hoffnungsloser gestaltete sich die ökonomische Situation der Söhne Antons, weil sie den Warnungen des Königs der Kaufleute nicht beizeiten folgten. Trotz der kritischen Entwicklung wurde die finanzielle Verlegenheit Fachleuten, die bald nur mehr ungern Fuggersche Schuldverschreibungen beliehen, geschickt verborgen. Freilich der Lebensstil jener Generation, die nicht mehr kaufmännisch empfand, gestaltete sich grandios. Stadthäuser und Schlösser schimmerten von Kostbarkeiten aus aller Herren Länder, zu deren Beschaffung auswärtige Agenturen gebraucht wurden. Weltweite, signorile Gastlichkeit eines Geschlechtes, das mehr von seinem Ruhm als für neue Taten lebte, erfüllte die Räume. Die eigene Existenz ward zerbrechlich wie das Muraneser Glas jener Teller und Kelche, in denen Wein und Kerzen schimmerten. Daß in den Tagen gefestigten Reichtums die Faktoreien durch keine Nebendinge abgelenkt wurden und eher Kargheit im engsten Bezirk der Familie denn Üppigkeit herrschte, schien zwischen dem Prunk, der fremde Fürstlichkeiten, Kaufherren, Gelehrte und Weltreisende in den Fuggerhäusern jetzt umfing, nachgerade unbegreiflich.

Ein Geschlecht verlor sich selbst und damit seines Wesens Mitte. Im Geheimnis der Sterne, deren Bezug auf das eigene Haus astrologische Untersuchungen klären sollten, wie in anderen Rätseln der Natur, denen die dritte große Fuggergeneration in eigenen und fremden Alchimistenküchen nachspürte, suchte man seiner selbst wieder habhaft zu werden. Der jüngere Georg Fugger jagte dem Steine der Weisen in so kühnen Experimenten nach, daß die Menge von Trient meinte, beim dortigen Fuggerhause gehe es nicht mehr mit rechten Dingen zu. Im Volksmund verblieb ihm dank der Begleiterscheinungen einer Naturforschung, die Hexentreiben stärker als der Jagd nach Geheimnissen der Natur glich, der Beiname eines „Palazzo del Diavolo".

Am großartigsten unter sämtlichen Fuggern dieses Zeitalters entsprach freilich Johannes, ein jüngerer Sohn des großen Anton, dem sublimen Lebensgefühl seiner ins Manieristische sich verwandelnden Zeit. Der Firma, für die ihn der Vater zu Antwerpen gebrauchte, blieb er nur kurze Weile hingegeben. Die Leitung des häufig Besorgnis erregenden Handels wurde Markus vorbehalten, der sie trotz seines abweichenden Naturells mit Vorsicht und nicht ohne glückliche Resultate wahrnahm. Eine Inventur von 1577 wies unleugbare Besserungen im Stande der Firma aus. Freilich das Überwiegen spanischer Außenstände mit 5 Millionen Gulden, von denen 785 000 Gulden für uneinbringlich galten, verursachte weiterhin große Sorgen. Scharfe Beobachter zweifelten, ob die Firma zeitig genug ihre Investitionen aus Spanien werde lösen können. Allein Johannes wurde von solchen Gedanken weniger be=

rührt. Nachdem ihm 1575 durch Erbteilung Herrschaften im Wert von 420 000 Gulden zugefallen waren, sammelte sich seine Mühe auf eine renaissancehafte Ausgestaltung der märchenhaften Sitze.

Schon das Leben in seiner Augsburger Behausung, dem westlichen Komplex des großen Fugger=Palastes, glich nach Kostbarkeit und Auf= wand fürstlichen Höfen und keinem großbürgerlichen Haushalt. Exo= tische Pelze, italienische Musikinstrumente, spanische Klingen, perua= nische Juwelen, indische Blumensamen bedeuteten eine bescheidene Auswahl dessen, was eine Armee von Maklern aus aller Welt zusam= mentrug. Die größten Kostbarkeiten scheint Johannes in jenem Anti= quarium, das spätere unverständige Geschlechter als Badezimmer an= sprachen, zwischen dem zartfarbigen Wandschmuck der Friedrich Sustris und Antonio Ponzano vereinigt zu haben. Sie wären den Hei= delberger, Münchener und Wiener Residenzen wie den päpstlichen oder anderen italienischen Palazzi zur Zierde gereicht. Dennoch traten sie an Bedeutung zurück, sobald der Hausherr den zahlreichen Prunkwerken seines Geschlechts mit Errichtung des schwäbischen Schlosses Kirchheim an der Mindel die Krone aufsetzte.

Im Vorlande der Alpen erstand unter Verwendung einer früheren Burg der gewaltige, quadratische, von Eckbauten umhegte Komplex, der entfernt nicht nur an alemannische Schlösser, sondern vielleicht sogar an den Escorial erinnerte. Ihn überragt weithin sichtbar die schlanke Linie des von einer kupfernen Zwiebel gedeckten Kirchturms. Schloß und Türme sind Wahrzeichen ihrer Landschaft geworden, die am Hori= zont eine bewegte Kette der Schweizer, deutschen und österreichischen Alpen duftig blau abschließt. Unter dem schöpferischen Beistand der Augsburger Meister Jakob Eschay und Wendel Dietrich schuf Johannes Fugger, der auch die großzügige Kultivierung umliegender Moore ver= folgte, in den Jahren 1578 bis 1585 sein klassisches Denkmal sublimen Kunststrebens der oberdeutschen Renaissance. Die dritte der großen Fuggergenerationen hatte die ihr gemäße Aufgabe gefunden und wußte in deren Meisterung das eigene Dasein zu steigern.

Wohl sind die italienische Loggia, Gartenhaus, Teppichbeete und Fresken, ein Großteil der Brunnen, weiterhin ein Flügel der Zeitenun= gunst zum Opfer gefallen oder verschleppt worden. Allein das eigentliche Werk, nämlich der Hauptbau mit weiten Fluchten von Gängen und Sälen, hölzernen Decken, zartgetönten Wänden und Nischen, wuchtigen Marmorkaminen, repräsentativen, von festlicher Architektur umklei= deten Portalen, bewahrt dank liebevoller und hingebender Pflege den ursprünglichen Eindruck. Somit verblieb der Fuggerschen Residenz Kirchheim intensiver als anderwärts die hinreißende Atmosphäre einer großen Zeit und ihrer Menschen mit ungetrübter Reinheit erhalten.

Wie vor vierhundert Jahren überspannt die formenreiche Kassetten=

decke aus Cedernholz in einer Ausdehnung von rund 400 Quadratmetern den Festsaal. Aus den Pfeilernischen grüßen die überlebensgroßen Terracotten heidnischer und christlicher, historischer und legendärer Männer und Frauen mit festlich gestimmter Pose. Der Holländer Hubert Gerhard hat das monumentale Doppelspalier um 1585 für diesen Platz geschaffen, auf dem es noch immer steht. Wahrscheinlich liegt darin überhaupt der Zauber dieses fortdauernden Zeugnisses. Renaissancehaftes Lebensgefühl blieb in seinen Werken wohl nicht frei von gelegentlicher Veränderung, erstarrte aber niemals zur mumienhaften Pracht eines Museums. Gemälde und Plastiken, Bronzen und Gläser, Möbel und Lüster befinden sich dort, wohin sie ursprünglich bestimmt, wofür sie aus Italien und den Niederlanden, Deutschland oder Spanien auf Befehl Johannes Fuggers beigeschafft wurden. Mit ihnen lebt und west das Haus. Es atmet festliche Kühle, schwingt im spätzeitlichen Lebensrhythmus von Menschen, die wirtschaftliche und politische Großtaten der Vorfahren in Schönheit zu sublimieren sich gedrungen fühlten.

Wie vor Zeiten ruht der Schöpfer Johannes Fugger in der Gruft seiner Kirche, verewigt durch ein mächtiges Marmorepitaph. Den wuchtigen Unterbau überdeckte Meister Alexander Colin mit einem steinernen, reich gemusterten Teppich. Sein oberes Ende ward zur Rolle eingeschlagen. Auf ihr schlummert das leicht seitwärts gewandte Haupt des denkwürdigen, gepanzerten Toten. Helm und Schwert, die das zugleich ritterliche Dasein des Handelsherrn symbolisieren, sind abgelegt, als wenn sie zu schwer geworden wären. Empfindsame, künstlerisch zarte, durchsichtig geäderte Hände offenbaren das Wesen des Heimgegangenen. Eine unvergeßliche Generation hatte souverän jegliche beengenden Dinge abgestreift. Sie erholte sich im lässigen Genuß eigener Schönheit von der Wucht weltbewegender Taten ihrer Ahnen.

Die Porträts dieser und der folgenden Geschlechter, überhaupt schon der unablässige Wunsch, das eigene Bildnis durch Kupferstichfolgen zu verewigen, erscheinen für diese Spätzeit-Persönlichkeiten typisch. Ihr Wesen spiegelt mindestens anfangs durch blühende Buntheit das übersteigerte Selbstgefühl der Spätrenaissance. Sie liebt Samt und Seide, ziert sich mit Schmuck und Waffen. Allein es dauert keine Generation, vielmehr mitten in der Zeit um 1580, wird bei den Fuggern ein Umschwung erschütternd spürbar. Ernstes Schwarz, das bloß noch gelegentlich ein Kleinod, Spitzenkragen oder die spärliche Andeutung eines heiteren Kolorits unterbricht, dominieren anstelle bisherigen Frohsinns. Man hat keine Trauerfarben angelegt, trägt vielmehr an Mensch und Gewand, die ungespalten zusammengehören, den feierlichen Ernst des spanisch-kirchlichen Zeremoniells zur Schau. Philipp II. regiert nicht nur Politik und Finanzen. Sein Wesen durchdringt das Menschsein des kaufmännischen Geschlechts seiner Helfer, vergeistigt und diszipliniert sie nach veränderten Gesichtspunkten im Stil erwachender Gegenreformation.

Schon im letzten Jahrzehnt hatte Anton unter der Macht solcher Ideen gestanden. Die merkantil=robusten kurialen Kontakte der Fuggerschen Frühzeit waren spirituellen Bestrebungen gewichen. Eine schriftliche Verbindung zum Gründer der Gesellschaft Jesu, Ignatius von Loyola, läßt sich vermuten, die persönliche Zusammenarbeit mit seinem ersten deutschen Vorkämpfer, Petrus Canisius, bleibt hingegen gewiß. Anfangs ging es hierbei um Einzelwünsche, etwa um die Errichtung eines Augsburger Jesuitenkollegs aus Mitteln und Vermächtnissen der Fugger. Auch der Rückgang der Zahlungen für Schweizer humanistische oder reformatorische Offizinen, von denen die Baseler vor allem erhebliche Zuschüsse empfangen hatten, bewegte sich auf derselben Linie.

Die Fugger waren nicht mehr katholisch nur aus Tradition oder päpstlich aus ökonomischen Interessen. Ihre Familie befand sich im Zustand einer Wesensverwandlung, die über den manieristischen Späthumanismus hinweg durch Bildungs= und Glaubensanliegen der gegenreformatorisch erneuerten Kirche aufs dichteste sich näherte. Einzelne Fuggersche Ehefrauen wurden durch Canisius zum katholischen Glauben konvertiert. Der gleiche Pater wirkte in der Armengemeinde der Fuggerei, während die bekehrten Damen der religiösen Vervollkommnung ihrer Gatten, einer moralischen Läuterung ihrer Bibliotheken und Sammlungen, außerdem Wohltätigkeit und Andacht sich widmeten. Vielleicht geschah nach Meinung echter Repräsentanten der Gegenreformation im Bannkreis Augsburger Salons an Devotion und sogar Exaltation des Guten mitunter zuviel. Huldigten früher einzelne Fugger nekromantischen Neigungen, griff nun ein leidenschaftlicher Kampf gegen Teufelsspuk und Höllenzauber um sich. Päpste wurden bei Audienzen in theologische Diskussionen verwickelt. Exorzismen an Personen des eigenen Gefolges kamen wiederholt zur Durchführung. Die Kunde solchen Geschehens hält der Fugger=Kelch fest, der, aus dem Besitze des Paters Canisius stammend, sich in der Schatzkammer des bayerischen Wallfahrtszentrums Altötting befindet.

Das Pendel schlug spürbar nach der Gegenseite aus. Auch dann, wenn man beim Schmucke häuslicher Reliquiare Fuggerscher Schlösser kultische Münzraritäten mit wunderbaren Gebeinen zu einem für jene Zeit charakteristischen Wirrsal religiös=sentimentaler Ästhetik vereinigte. Wahrscheinlich liegt die einzige Möglichkeit zur Erklärung solcher Widersprüche darin, daß sich die Menschen verändert hatten. In den älteren Fuggergenerationen fehlte es nicht an Vertretern des geistlichen Standes, für den auch Jakob der Reiche bestimmt war. Faktisch waren sie aber doch Kaufleute in klerikaler Robe gewesen. Diese Situa=

tion erfuhr ihren Umbruch, der sich in der Zahl und Ernsthaftigkeit neuer geistlicher Berufe sichtbar und mit seelsorglicher Nachhaltigkeit ausdrückte.

Der überzeugte Protestantismus des jüngeren Ulrich Fugger blieb ohne Nachfolge. Hingegen erlebte der gegenreformatorische Anruf, den der Lebensabend und das Testament Antons seinen Nachkommen und Nachfolgern widmete, in der übernächsten Generation leidenschaft= lichen Widerhall. Unter den Söhnen seines Neffen Hans Jakob finden sich ein Dompropst von Freising, ein Dompropst von Regensburg, der zugleich als Präsident des Wiener Geistlichen Rates amtierte, ein süd= tiroler Komtur des Deutschen Ordens, der in der siegreichen See= schlacht gegen die Türken bei Lepanto unter dem weltberühmten Don Juan d'Austria focht, endlich ein päpstlicher Protonotar, Sigmund Fried= rich Fugger, der 1599 den Bischofssitz von Regensburg bestieg, bis ihn zwei Jahre hernach sein früher Tod dahinraffte. Ein so hohes geistliches Amt, bis dahin unerhört für jeden Fugger, bringt unter anderem die soziale Verwandlung zum Ausdruck. Fünf Vierteljahrhunderte früher hatte man zünftischen Familien den Eintritt in das adelige Kapitel Augs= burgs durch Prozesse verwehrt. Jetzt trug ein Fugger Krummstab und Schwert, Bischofsmütze und Fürstenhut als legitime Zeichen seiner Würde und nicht zuletzt der biologischen wie soziologischen Um= schichtung, die sich vollzog.

Die Fuggerbrüder der Jakobszeit waren Bürgersöhne von bürger= lichen Eltern, bürgerliche Männer von hochgeachteten Bürgermädchen gewesen. Über das knappe Intervall patrizischer Heiraten war im Ge= folge einer Erhebung in adelige Ränge des Reiches die Verwandlung der Gattenwahl erfolgt. Schwiegersöhne und Stammütter des Fugger= schen Geschlechts wurden fortan nahezu ausnahmslos aus Familien des süddeutschen und österreichischen mittleren und hohen Adels erkoren. Durch die Frauen verschoben sich das Milieu und soziale Leitbild, das menschliche Klima und gewiß nicht an letzter Stelle die Berufswahl der Söhne. Die frühen Fugger waren Handwerksmeister und Bankherren, allenfalls Träger kommunaler Ehrenämter oder kaiserliche Räte ge= worden. Der seit dem zweiten Drittel des 16. Jahrhunderts sich immer stärker vollziehenden Profilveränderung entsprechend wechselten Ämter und Tätigkeiten. Die kaufmännische Arbeit trat dabei nirgendsmehr her= vor, während der grundherrliche Stand jedes Namensträgers unter= strichen wurde. Damit nicht genug, häuften sich zu allgemeinen Ver= waltungsstellen oberste landesherrliche, wenn nicht gar kaiserliche Hofämter. Diplomatische und höchstrichterliche Funktionen des Reiches wurden durch eine Anzahl von Fuggern wahrgenommen, die nicht mehr wie einst militärische Kontingente der kirchlich=katholischen Macht= gruppen lediglich finanzierten, sondern sich jetzt selbst als Söldner=

führer, Reiterobersten, Landkomture, schließlich Generalfeldzeugmeister des Kaisers und Ritter des Goldenen Vlieses hervortaten. Mancher ist im Streit gegen die Türken auf dem Felde der Ehre geblieben.

Insoferne war eine gänzliche Schwenkung erfolgt. Der weltanschauliche Standpunkt blieb seit dem Tage des Konzils von Trient unverändert katholisch. Ebenso kirchlich waren die Stiftungen von und für Klöster, die Erneuerung von Pfarr= und Klostergebäuden einschließlich der Wallfahrtsstätten. Hatte seinerzeit die Handelsmarke des Dreizacks der weltumfassenden Wirtschaftsmonarchie des Hauses, sein blaugoldener Schild als Zeichen strahlenden Reichtums gegolten, so mehrten sich nun die Abbildungen des reichsgräflichen Wappens. Auf sakralem Gerät bezeugen sie die andächtige Gesinnung einer Familie, deren Kraft sich in Wirtschaft, Politik und Kultur und neuerdings beim Kriegswesen der katholischen Restauration in Deutschland, Österreich, Spanien, Italien, Ungarn und Portugal zur Verfügung stellte. Hatten die Fugger vom Reh ihr Vermögen durch mißglückte Spekulationen verloren, war über Hans Jakob Fugger der Konkurs infolge gelehrter und humanistischer Neigungen hereingebrochen, bei den Fuggern des späten 16. und beginnenden 17. Jahrhunderts fehlte wenig, und sie hätten durch religiös=caritative Ausgaben sowie den unbedenklichen Einsatz erheblicher Vermögensteile im kontinentalen Ringen beider christlicher Bekenntnisse als überzeugte Anhänger der römischen Sache sich zugrunde gerichtet.

Vielleicht der bezeichnendste Vertreter solcher Gesinnungen unter den Fuggern war der jüngste Sohn des Erbauers von Schloß Kirchheim, Enkel des großen Anton, nämlich jener Jakob Fugger, der von 1604 bis 1626 den fürstbischöflichen Stuhl in Konstanz einnahm. Die mißliche Wirtschaftslage seines Hochstifts und dessen kirchliche Mängel erschwerten die verantwortungsvolle Aufgabe des Prälaten. Er befand sich zwischen protestantischen Reichsstädten und reformationsfreudigen Eidgenossen in Bedrängnis. An der Person des Bischofs lag es, ob dieser oberrheinische Pfeiler päpstlichen Kirchentums in den Fluten versank oder zur Bastion für die katholische Regeneration alemannischer Landschaften sich entwickelte. Eine angeborene Organisationsgabe, verbunden mit der bei aller religiösen Begeisterung realistischen Denkart des Fürstbischofs Jakob Fugger wußte unüberwindbare Schwierigkeiten zu meistern. Manches gelang durch verständnisvolle Fühlung mit erneuerungswilligen Kräften der alten Orden. Zu ihnen zählte die von Carl Borromäus beratene Abtei St. Gallen. Zwischen ihr und dem Hochstift Konstanz wurden von alters her bestehende Zwistigkeiten beigelegt. Damit war eine Grundlage für die Erholung des nordschweizerischen Katholizismus ebenso gewonnen wie durch Fuggers Eingreifen bei der Errichtung eines bischöflichen Kommissariats zu

Luzern. Unter tätiger Mitwirkung typisch gegenreformatorischer Or=
den, wie der Jesuiten und Kapuziner, durch disziplinäre und ideolo=
gische Läuterung des Weltklerus, mit Hilfe von Visitationen und Diö=
zesansynode vermochte der heiß umkämpfte Oberhirte sein Bistum
gegen Anfeindungen zu erhalten. Der kirchlichen Partei bot er einen
tauglichen Rückhalt während der Anfänge des Dreißigjährigen Krieges.
Seine wirtschaftliche Begabung, die in neuer Art das Fuggersche Grund=
talent zum Ausdruck brachte, erlaubte dem Prälaten, der gerne in der
Meersburg und zu Wasserburg am Bodensee residierte, zuweilen Auf=
wendungen, die dem Zeitgeschmack entgegenkamen. Neben Jagd=
waffen und Edelsteinen finden sich hier die Kosten von Papageien und
Kanarienvögeln zur Erheiterung des fürstlichen Hofstaats. Dennoch
blieb der Prälat einer fast monastischen Lebensweise treu und ward
1625 ähnlich den Augsburger Ahnen mit dem ärmlichen Habit der
Kapuziner unter deren Kirche beigesetzt.

Nicht sämtliche Glieder des Geschlechtes vermochten freilich einer
derartigen Steigerung ihres Wesens in den geistig=geistlichen Bereich,
dem Einsatz ihres diesseits zupackenden Naturells für jenseitige Zwecke
zu folgen. Manche trachteten mit ihren gleichsam bescheideneren
Pfunden im Sinne der merkantilen Tradition zu wuchern. Da wären
die Versuche Hans Jakobs zu nennen, der 1567 eine Wiederbelebung
der dänischen Geschäftsbeziehungen der Familie durch Kredite an
König Friedrich II. versuchte. Indessen der Erfolg blieb seinem Be=
ginnen versagt. Die Umstände hatten sich schon zu stark verschlechtert,
als daß man das Fuggersche Kupfergeschäft in der Ostsee erneuern
konnte.

Nachteiligerweise verkannten spätere Generationen ein ehernes Ge=
setz des Handelns ihrer Vorfahren, die Politik und Wirtschaft in
Einklang zu bringen trachteten oder höchstens den Aufbau eines neu=
tralisierten Handelssystems neben den politisch=konfessionellen Zeit=
fronten gewagt hatten. Auch jene großartige Zucht, die unter bitteren
Zumutungen an Jüngere alles Streben auf einen Willen vereinigte und
damit jede spekulantenhafte oder dilettantische Verzettelung von
Wollen und Vollbringen vermied, blieb vorbei. Jeglicher Familien=
zweig, jeder Gesellschafter, alle Filialen und bald innerhalb der ein=
zelnen Niederlassungen nochmals die unterschiedlichen Faktoren be=
gannen sich mit eigenen Geschäften zuweilen in offenem Widerspruch
untereinander zu betätigen. Zwietracht gebahr Verfall.

Die wesensmäßige Umschichtung des Fuggerschen Typus, der aus
anderem Milieu stammenden Ehefrauen folgte, und die gleichzeitige
Verschiebung des Lebensideals aus dem Bereich stolzer, aber harter Ar=
beit in die Kategorie sublimen Genusses von Kunst und Freude an den

Wissenschaften, der Neigung für schöne Damen, der Liebhaberei zu edlen Rossen oder der Förderung prächtiger Musik, ließ schon beim ältesten Sohn Antons, Markus Fugger, die Möglichkeit der Regeneration der Gesellschaft soziologisch sehr problematisch aufscheinen. Seine weltberühmten Feuerwerke oder die modisch ritterlichen Turniere im Hof des Augsburger Stadtpalastes entsprachen nur mehr am Rande jener Gastlichkeit, die einst Jakob im Damenhof und bei kommunalen Festen aus Anlaß der Kaiserwahl Karls V. übte. Form und Substanz gerieten in eine gewisse Mißproportion. Wohl konnte der gleiche Fugger einem deutschen Herzog im Schatztürmchen seines Hauses Millionenwerte an Münzen, Juwelen und pure Goldklumpen bis zur Größe von Menschenköpfen zeigen. Allein es kam nicht auf den materiellen Besitz für sich an, vielmehr darauf, ob dieser Chef der Firma, der städtische und staatliche Ämter bekleidete, mit souveräner Sicherheit und dem vollen Einsatz seiner Person für die Gesellschaft zu operieren wußte. Seine häufig kommentierte Devise: „Nichts Angenehmeres ist auf der Erd' als eine schöne Dama und ein schönes Pferd" wäre im Munde Jakobs oder Antons unvorstellbar gewesen.

Trotzdem arbeitete Markus Fugger sehr behutsam, wie sein Vater, dem er auch die Vorliebe für wissenschaftliche Arbeiten unzweifelhaft dankte, ihn das gelehrt hatte. Von seinen Kirchberger und Weißenhorner Verwandten Philipp Eduard und Octavianus Secundus hingegen, den Söhnen des Alchimistenfreundes Georg Fugger, der mit seiner Frau unter die Augsburger Gönner des Canisius zählte, ließ sich das kaum mehr behaupten. Aus jugendlichem Ungestüm glaubten sie, ohne entsprechende Vorkehrungen oder planende Umsicht dem Schicksal die Wiedergeburt strahlender Zeiten abtrotzen zu können. Während sich die Hauptfirma unter ihrem Oheim Markus mühsam in der Spitzengruppe der europäischen Hochfinanz behauptete, weil die Genuesen „allenthalben das Wasser allein auf ihre Mühle zu leiten wußten", suchten die Jüngeren kühn und etwas leichtfertig eigene Wege.

Die berühmten oberdeutschen Firmen hatten oft unter ihrer eigenen Konkurrenz gelitten. Folglich dünkte es am klügsten, alten Hader zu begraben und mit den Welsern gemeinsame Sache zu machen. Jedoch wenn sich zwei müde Reiser zusammentun, wächst daraus noch kein starker Baum. Die überseeische Pfefferhandelskompanie, zu der sich Philipp Eduard und Octavianus Fugger mit Matthäus, Paul und Markus Welser 1586 vereinigten, erfreute sich unverkennbar der weltgeschäftlichen Erfahrung beider Großfirmen. Dementsprechend universal waren die Räume von West- und Ostindien eingeplant und das europäische Faktorennetz mit Klugheit der Verzweigung aufgebaut wie selten eines zuvor. Aber den Chefs beider Kaufmannsdynastien wie ihren Helfern und Handlangern fehlte die ökonomische Witterung, das intuitive Ge=

spür samt der Sicherheit des politischen Instinktes, die vor Jahrzehnten Fugger wie Welser auszeichneten. Anders läßt es sich nicht denken, wieso dieses neue Unternehmen mitten im Kriege zwischen England und Spanien sein Geschäft über Weltmeere traumhaft zu treiben gedachte, als wenn es keine Kriegs= und Kaperflotten gäbe, keine Merchant adventurers und keine Königin Elisabeth.

Die zwei jungen Fugger hatten sich nicht unmittelbar an Kampfhandlungen Albas in den Niederlanden beteiligt, noch die Heeresmacht Philipps II. einschließlich der Großen Armada, mit der er 1588 das Elisabethanische England auf die Knie zwingen wollte, persönlich finanziert. Aber für die Öffentlichkeit standen die Fugger ohne individuelle Differenzierung hinter der militärisch=wirtschaftlichen Großmacht Spaniens. Es blieb daher ein Unding, von der englischen Regierung oder gar ihren Seehelden zu erwarten, sie würden mit bürokratischer Umständlichkeit zwischen den untereinander verbundenen und nur in Einzelfällen verfeindeten Fuggerschen Onkeln, Brüdern, Vettern und Neffen, deren es bis an die hundert gleichzeitig gab, unterscheiden oder ihre Haupt= und Nebenfirmen scharfsinnig auseinanderhalten. Derlei Illusionen zu huldigen, war schon ein Beweis des erlahmenden Realismus.

Die größten Schwierigkeiten blieben der Londoner Fuggerfiliale überlassen. Sie sollte alle Fehler bereinigen, die den Augsburgern fortgesetzt unterliefen. Seit 1579 war der Abbau der deutschen Handelsprivilegien an der Themse unaufhaltsam. Er traf die Hanse noch schmerzlicher als ihre oberdeutschen Nebenbuhler. Umsonst versuchten die Niederdeutschen über den Schlachttag des Jahres 1588 hinaus, der den maritimen Dominat Spaniens an England weitergab, zwischen Ost= und Nordsee, nach Portugal und zur spanischen Küste Schiffahrt treiben zu dürfen. Schonungslos belehrte Francis Drake, der Aberdutzende von Frachtern vor der iberischen Küste aufbrachte oder versenkte, die Hanseaten über ihren Irrtum. Dennoch wähnten die Schwaben, solche Feindseligkeit gelte nicht ihnen. Nachdem bereits manche Gewürz= frachter zu Opfern des erbitterten Kaperkrieges geworden waren, wurde das Fugger=Welser=Schiff „Madre de Dios" 1592 auf der Heimkehr von Ostindien aufgehalten, seine Gewürzladung größtenteils versteigert und nur der Pfeffer als Prise des siegreichen Kreuzers nach England verbracht.

Umsonst blieben sämtliche papierene Proteste. Königin Elisabeth erinnerte die Fugger daran, „Erfahrung und Klugheit" hätten ihnen sagen müssen, daß wer auf spanischen Schiffen zwischen spanischen Waren eigenes Handelsgut befördere, sich zwangsläufig dem Risiko einer Verwickelung in den Seekrieg aussetzte. Wirkungslos verliefen die Interventionsversuche der kaiserlichen Kanzlei Rudolfs II. Am Hofe von St. James wußte man besser als anderwärts, daß hinter den

Staatsaktionen der Prager und Madrider Höfe noch zu Ausgang des 16. Jahrhunderts die Einflußnahme der Fugger spürbar wurde. Geniales und patriotisches Freibeutertum behauptete sich glorreich gegen die klassischen, aber schon etwas antiquierten Faktoren von Politik und Wirtschaft im längst veränderten Spiele der Kräfte.

Unter den Fuggern selbst traten mittlerweile gleichfalls Veränderungen auf, die ihr Interesse an einer gemeinsamen Gesellschaft mit Welser abkühlten. 1595 ward Markus Fugger vom Schlage getroffen. Die Nachfolge seines Kirchheimer Bruders Johannes stieß auf heftigen Widerspruch der folgenden, zu lange ohnmächtigen Generation. Als 1598 die letzten Söhne Antons bei St. Ulrich in Augsburg, wie herkömmlich in prächtigen Kapellen unter einer grandiosen Orgel, die sie gestiftet hatten, zur Gruft hinabgesenkt wurden, brach ein unerbittlicher Kampf aller gegen alle bei Familie und Gesellschaft aus. Zwischen 1594 und 1600 hatte die Firma noch annähernd 600 000 Gulden Gewinn erzielt. Fast nur die 5 Millionen Dukaten=Forderung an die spanische Krone verursachte ernstere Sorge. Im folgenden Jahrzehnt ging jedoch der durch Markus Fugger eben erzielte Gewinn wieder verloren. Die Gesellschaft war 1607 am dritten spanischen Staatskonkurs schon mit 3,25 Millionen Dukaten beteiligt. Vornehmlich untergruben aber unablässige Streitigkeiten zwischen den Freundschaftsgruppen innerhalb der Familie, deren Zwist unlautere Elemente sich zunutze machten, Prestige und Vermögen des Hauses. Sein Splendor schwand.

Was sollten spanische Behörden von einer Gesellschaft halten, die fremdländische Gerichte für den Austrag internen Haders beanspruchte? Selbst die Abfertigung von Familienmitgliedern nach Spanien erzielte nicht mehr den wünschenswerten Effekt. Der Zauber des Fugger= namens verblaßte, seitdem die jungen Augsburger sich in Madrid bei privaten Angelegenheiten so eigenwillig gebärdeten, daß König und Staatsrat eingreifen mußten. Oder wie ließ es sich mit dem spanischen Sprichwort des „Reichseins wie ein Fugger" vereinbaren, wenn Augs= burger Agenten unter Umkehr der bisherigen Vorzeichen am Madrider Hof wegen staatlicher Kredite ihrerseits vorstellig wurden, damit sie den Betrieb der Quecksilbergruben fortzuführen vermöchten!

Auch als die Fugger den alten Weg beschritten und Philipp II. eine Viertelmillion Dukaten geschenkweise darbrachten, nachdem sich die Gesellschaft durch den Einsatz von erheblichem Privatvermögen etwas erholt hatte, und man dem gleichen Monarchen Münzsilber im Wert von einer Million nach Mailand lieferte, besserte sich die Lage nur scheinbar. Die Aushöhlung des spanischen Geschäftszweigs der Fugger schritt durch seine Verschuldung an Genueser Rivalen weiter. Der Katholische König mußte zuweilen schon auf die angeschlagene Situation der Firma Rücksicht nehmen, ein Kurs, den Minister Olivarez unter

Philipp IV. nicht fortsetzte. Selbst wenn sie darüber zugrunde gingen, die Fugger sollten ihm Geld zur Finanzierung des Dreißigjährigen Kriegs in Deutschland, Frankreich, Holland und Italien beibringen. Der einstige Kurs des Erasso wiederholte sich unbarmherzig auf höchster Ebene. Allein die letzten Reserven waren erschöpft.

Zugleich liefen Anleihebemühungen der deutschen Habsburger mit geringer Unterbrechung fort, und auch der Katholische Kampfbund des Reiches, die Liga, sollte gestützt werden. Nun begannen sich die Gesell= schafter zu sträuben, so wie es seinerzeit Anton Fugger gegenüber Karl V. getan hatte. Aber in ihrer Mitte fehlte die überragende Gestalt eines echten Kaufmannsfürsten. Die Ablehnung von Monatsgeldern an Philipp IV. allein half nichts. Die Fugger mußten persönliche Mittel, die wohlweislich aus dem Geschäft gezogen worden waren, in Spanien investieren. Dann mochte der König ihnen weiter helfen.

Nur mühsam glückte es, einen Teil drückender Verpflichtungen der Krone zum Vorteil ihrer Gesellschaft im Laufe des Dreißigjährigen Krieges zu realisieren. Während General Ottheinrich Fugger sich als Heerführer auf europäischen Schlachtfeldern, als diplomatischer Gegen= spieler zu Wallenstein und Reorganisator des Augsburger Katholizis= mus für das Erzhaus bewährte, mußten seine und seiner Verwandten Agenten in Spanien bergen, was irgend zu retten war. Schließlich woll= ten die Fugger sich nicht an Spanien verbluten.

Eine unverkennbare Absetzbewegung der Gesellschaft, die einen partiellen Konkurs der Fortdauer des spanischen Unternehmens vorge= zogen hätte, löste panikartige Reaktionen aus. Abgesehen von der Überschuldung an die Genueser Centurione, Spinola und Grimaldi, die bei einem spanischen Fuggerbankerott zu Leidtragenden geworden wären, drohten auch im Machtbereich der Krone von einem Falliment der Fugger schlimme Rückschläge für das Erzhaus. Die nervöse Büro= kratie befahl daher 1637 die Verhaftung von sieben maßgeblichen Repräsentanten der Firma. Jedoch so kam man auch zu keiner Ge= nesung.

Im Tiroler Bergbau bahnte sich seit Jahrzehnten klar die Heraus= lösung der lokalen Betriebe aus dem Gesamtunternehmen an. Ihr folgte der Rückzug der Fugger innerhalb der Tochterfirma. Wenigstens wurde hier jeder peinliche Skandal vermieden. Die Entsendung des Faktors Hans Hyrus nach Madrid konnte dagegen dort nur wenig ausrichten. Seine geschickte Rechnungsweise ließ die Situation freilich in gün= stigerem Licht erscheinen. Auch seine Hinweise wurden nicht überhört, wonach die Firma seit dem Ende Karls V. der spanischen Krone 28 Mil= lionen Dukaten zugebracht und ihr aus der Quecksilberproduktion zwischen 1563 und 1641 runde 50 Millionen Einkünfte verschafft hatte. Allein der Grubenbrand von Almaden setzte 1639 den spanischen

Filialen dermaßen zu, daß sie ihren Betrieb einschränken mußten, nachdem schon in den vergangenen Jahren die Heimzahlung fälliger 34 000 Dukaten den Fuggern so böse Verlegenheiten bereitet hatten, daß ihre Rivalen den Zusammenbruch bevorstehend wähnten.

Die große Tradition des Hauses, sein Personalstamm, allerletzte neutralisierte Reserven bewahrten die Fugger vor jenem schmerzlichen Ende, das der Welsergesellschaft nicht erspart blieb. Die Tätigkeit der spanischen Faktoren war allerdings bald nahezu reine Liquidationsarbeit. Beschönigte Etats halfen über die tragische Tatsache nicht hinweg, daß der Schaden der Firma durch die spanische Krone sich 1641 auf rund 4 Millionen Dukaten bezifferte. Hierbei waren die Einbußen an niederländischen Staatsverschreibungen und uneinbringlichen Forderungen in Friesland und Brabant nicht eingerechnet. Diese Debitorenposten betrugen einschließlich der angefallenen Zinsen 1673 weitere 2 Millionen Gulden, wogegen die Verpflichtungen der deutschen Habsburger, die gleichfalls unbeglichen blieben, die Millionengrenze möglicherweise nicht erreichten.

Angesichts solcher Ziffern erscheint es von beiden Seiten verständlich, wenn die Fugger seit 1647 an der Pacht der spanischen Gruben und Liegenschaften sich nicht weiter mehr beteiligten und 1657 ihre Tiroler Bergwerksanteile an den Staat zurückgaben. Mangels hervorragender Kaufmannsnaturen unter den Familienmitgliedern der letzten Jahrzehnte war es der Firma im Reiche nicht gelungen, den kriegsbedingten Kupfer- und Münzsilberbedarf von Kaiser und Fürsten zur Erholung ihres Montangeschäftes wahrzunehmen. Seit dem Westfälischen Frieden von 1648, der ihren Forderungen so wenig half wie die Reichstage vergangener Zeiten, wurde es still um die einst mächtige Gesellschaft. Nach umfangreichen Einbußen, doch mit der Substanz eines Vermögens, das man dem Wunsche Anton gemäß auf ausgedehnte Herrschaften umgeschichtet hatte, schieden die Fugger ruhig und in der Hauptsache freiwillig von den Kampffeldern der europäischen Hochfinanz. Das Zeitalter fürstlicher Faktoren und Hofbankiers, obrigkeitlich begünstigter Welthandelskompanien und staatlicher Geldinstitute folgte ihrer privatwirtschaftlichen Ära auf dem Fuße. Die hohe Politik Europas und ihr finanzieller Stil traten in neue Phasen ein.

Die Geschichte der Fugger im Barock und in der neuesten Zeit hängt nicht mehr in sämtlichen Teilen mit der Epoche ihres großen Unternehmertums zusammen. Die ökonomischen Schwerpunkte haben sich, abgesehen von einzelnen industriellen und Bankgründungen des 19. und 20. Jahrhunderts, auf Forst, Landwirtschaft und Brauereien, sowie deren Nebenbetriebe verlagert. Allein die Familie als solche blieb in Blüte. Ihre seigneurile Art des 18. Jahrhunderts, die Schlösser, Gärten,

Palais und Kirchen durch erste Kräfte der Zeit ausgestaltete, steht eindeutig in der Fortsetzung jener Generationen der Spätrenaissance, die erstmals aus königlichen Kaufherren zu vornehmsten Dienern kaiserlicher oder regionaler Landesherrschaften geworden waren. Die Fuggerporträts des Rokoko zeigen splendide Kavaliere in seidenen Fräcken, repräsentativen Harnischen, gepuderten Perrücken, mit glitzernden Kleinodien und prunkhaften Ordensschärpen oder elegante Damen. Die alten Büchereien fanden bis zum Ancien régime freigebige Gönner. Ihre vom Lilienschmuck gleißenden Einbände, mit Schleifen in den Wappenfarben graziös geziert, trachteten die klassischen Formen manieristischer Bibliophilie nach der Eingebung des Zeitgeschmacks eines neuen Jahrhunderts fortzusetzen.

Der Fuggername wurde Verpflichtung zu künstlerischer Freigebigkeit, hoheitlichem Mäzenatentum und grandioser Lebensweise. Obwohl einstweilen noch immer nur persönlich mit dem Range von Reichsständen ausgezeichnet, hielten sich dann Fuggersche Linien des Barock eigene Hofkapellmeister und Musiker von europäischem Ruf. Dahin gehörten schon der Dienst Hans Leo Haßlers bei den Fuggern und ältere Beziehungen zu den großen Italienern. Die Fuggerschen Privattheater standen hinter jenen mittlerer deutscher Barockhöfe kaum zurück. Auch das musikalische Wunderkind Wolfgang Amadeus Mozart, dessen Vorfahren als Empfänger stiftischer Wohltat in der Fuggerei wohnten, konzertierte im Fuggerpalais am Weinmarkt zu Augsburg.

Die zum Fürstlichen hin sich verdichtende Lebenslinie des Geschlechts setzte nun ihre geistlichen Anfänge aus dem 16. Jahrhundert planmäßig fort. Anton Ignaz Graf Fugger von Glött, ehemals Domherr zu Köln, gewann zur Würde eines Fürstpropstes im schwäbischen Ellwangen jene eines Regensburger Fürstbischofs, als der er von 1769 bis 1787 regierte. Die beschränkten Grenzen seines Stiftes verboten es dem kultivierten Prälaten, so heftig in das Zeitgeschehen einzugreifen wie manche Vettern, die Feldmarschallsrang besaßen und sich bei Türkenkriegen auszeichneten. Dafür sicherte der Kirchenfürst mit der Stiftung des silbernen Hauptaltars seiner Kathedrale, der unter die Meisterwerke deutscher Edelschmiedekunst zählt, sich dauerndes Gedenken.

Nur eines ließe sich gegen diese strahlenden Herren des deutschen Barock, insoweit sie als Fugger zu werten wären, einwenden: nämlich daß sie wohl den Typ ihrer Zeit in auszeichnender oder ausgezeichneter Weise vertraten, ohne daß eigentlich Schatten der *décadence* sie bereits umdüsterten. Aber sie verkörperten doch nur Wesen und Wollen ihrer Epoche und vermochten nicht mehr, diese aus eigener Kraft oder infolge ökonomischer Tatsachen sowie durch jene sublime Lebensart, die anderen Dynastien deutscher geistlicher Fürsten des Jahrhunderts eignete, nach eigenem Willen und Bilde fuggerisch zu formen.

In diesem Sinne kehrte die für Europa in manchem vorbildliche Ära der Jakob und Anton Fugger nie wieder. Die Welle sozialen Aufstiegs aber, einmal begonnen, schwang fort. Noch dicht vor dem Ausklang des alten Reiches wurden die Fuggerschen Gebiete von Babenhausen, Boos und Kettershausen im Umfange von 52 Quadratkilometern bei rund 11000 Einwohnern zum erblichen Reichsfürstentum erhoben. Mit ihm belehnte der letzte römisch=deutsche Kaiser Franz II. den ersten Fürsten Fugger=Babenhausen, Anselm Maria, im Jahre 1803. Indessen rund drei Jahre später erlosch das alte Imperium. Das neue Reichsfürsten= tum zusamt Dutzenden von Herrschaften der übrigen Fuggerschen Linien, sowie ihrer Stiftungen fielen dem jungen Königreich Bayern anheim. Die größte Zeit war vorbei.

Das vornehme Wesen einer entrückten Ära lebte freilich in den ver= bliebenen Möglichkeiten fort. Es untermischte sich mit dem deutschen Patriotismus der Romantik. Er lieferte einen Grafen Theodor Fugger= Glött, nachdem dieser mit der Volksrevolution von 1848 idealistisch sympathisiert hatte, zwei Jahre danach einer standrechtlichen Erschie= ßung durch bayerische Truppen der pfälzischen Festung Landau aus. Sonst pflegte man allerdings Formen nachbarocken Lebensstiles inmit= ten einer sich modernisierenden Zeit. Es waren alte Gebräuche von standesherrlichem Zuschnitt. Dazu bestand eine absolute Loyalität ge= genüber Landesherren aus Wittelsbacher Haus. Ihnen leistete die Familie in staatlichen und höfischen Ämtern solche Dienste, daß König Ludwig III. von Bayern 1913 eine weitere gräfliche Linie des Geschlechts mit deren Chef Carl Ernst Fugger von Glött in den erblichen Fürsten= stand erhob. Das Augsburg des 19. Jahrhunderts, dessen wirtschaft= lich=technischen Aspekt der Name Diesel verkörpert, besaß im Fugger= haus unter den Fürsten Leopold und Karl Maria Fugger=Babenhausen seinen provinziellen Hof. Dessen Festlichkeiten und eine dem Jahr= hundert verhaftete historisierende Kunst= und Wissenschaftspflege blieb zahlreichen Mitbürgern über jenes Jahr 1918 hinaus, in dem Kaiser= und Königsthrone stürzten, unvergeßlich. Der sozialen Tra= dition der Familie huldigten aus dem Überfluß vermeintlich geborgener Zeiten erhebliche Zustiftungen für eine spätere Erweiterung der Fug= gerei. Zugleich wuchs die Neigung zur politischen Betätigung des Ge= schlechts. Man suchte und fand seine neue Art.

Der politische und soziale Umbruch bei Ausgang der deutschen Mon= archien beschloß zwar auch die langjährige Leitung des Oberhauses des bayerischen Parlaments durch den Fürsten Carl Ernst Fugger von Glött. Aber die gewissensmäßige Bindung an religiöse Werte und konservative Lebensordnungen, an geistige und kulturelle Freiheit er= wies sich in der veränderten Zeit noch so stark und bestimmend, daß der Sohn jenes letzten Präsidenten der bayerischen Kammer der Reichs=

räte und Kronoberstmarschalls, Joseph Ernst Fürst Fugger von Glött, sich dem Widerstande gegen das nationalsozialistische Regime als aktives Mitglied des Kreisauer Freundeskreises um Graf Moltke anschloß. Durch den Volksgerichtshof unter dem Vorsitze Freislers zu langjähriger Freiheitsstrafe verurteilt, brachte er die letzte Zeit des „Dritten Reiches" bei dauernder Lebensgefahr im „Gefängnis des Führers" an der Lehrterstraße in Berlin sowie Zuchthäusern von Tegel und Bayreuth zu, woraus einrückende amerikanische Truppen ihn 1945 befreiten. Der Gefangenschaft folgte seine Mitarbeit am Aufbau des demokratischen Staates im Deutschen Bundestag, im Straßburger Europarat und als Mitglied des Fraktionsvorstandes der Christlich=Sozialen Union im Bayerischen Landtag. Gewandelte Zeiten forderten die ihnen eigene Form der Bewährung.

Die Verantwortung der zeitgenössischen Fuggergeneration blieb neben wirtschaftlichen und politischen aber jenen Anliegen zugewendet, die sich aus der sozial und kulturell dichten Tradition des Hauses ergaben. Als die Trümmer Augsburgs noch in beizendem Rauch und flimmerndem Funkenfluge lagen, fand sich das Familien=Seniorat einen Tag nach jenem schweren Bombenangriff des 25./26. Februar 1944, dem drei Viertel der Fuggerei während einer Brandnacht zum Opfer fielen, im Bunker des Stiftungsgeländes zusammen. Man beschloß, dem Geist der Vorfahren getreu, den vollen Wiederaufbau dieses vorbildlichen Werkes christlicher Menschlichkeit im zerstörten Herzen des Kontinents. Das Beginnen sollte wegweisend wirken. Nicht anders war von den drei Linienchefs, eben Fürst Joseph Ernst Fugger von Glött, Graf Clemens Fugger von Kirchberg und zu Weißenhorn und Fürst Friedrich Carl Fugger=Babenhausen, der Wiederaufbau der Fuggerkapelle bei St. Anna, die Erweiterung der Fuggerei, die bei gesteigerter Not gesteigerte Hilfe bieten wollte, und die Einrichtung eines stiftischen Altersheims im oberbayerischen Deutschordensschloß Blumenthal gedacht. Dabei lief die Wiederherstellung des schwerstens getroffenen Augsburger Fuggerpalastes durch den Babenhauser Fürsten fort. Neben ausgedehnten unsichtbaren Hilfen der Stiftungen wie der Familie zum Besten von Kriegsopfern, Heimatvertriebenen und Notleidenden entstand ein modernes Fuggerarchiv, das die größten privaten Bestände Deutschlands zur Finanzgeschichte der Renaissance verwahrt, zu Dillingen an der schwäbischen Donau. Manches gelang besser als zuvor, anderes ward wenigstens gerettet.

Ob das Geschlecht der Fugger und seine Stiftungen, die letztverbliebene Einrichtung aus den klassischen Tagen der Gesellschaft, dem Anspruch ihrer Zeit gewachsen blieben, stand jetzt ernsthaft zur Entscheidung. Es mußte sich zeigen, inwieweit sie nur ehrwürdige Erinnerungen bargen oder echtes Leben in ihnen pulste. Fünfzehn Jahre erfolg=

reichen Wiederaufbaus und der Ausbreitung sämtlicher sozialer und kultureller Einrichtungen haben diese Frage inzwischen eindeutig positiv beantwortet.

Wieder rauscht der Brunnen in der Fuggerei. Auf seinen Becken sammeln sich die Tauben. Die Häuser haben ihr altes, schmuckes Gelb angelegt. Gärten blühen. In der wiedererstandenen Markuskirche, Schwester jenes großen Venezianer Domes, in dessen Schatten bedeutende Geschäfte zum Abschluß gediehen, erklingt das tägliche Gebet für Stifter und Wohltäter. Morgens öffnen sich die Tore der kleinen Stadt. Abends schließen sie sich knirschend. Dann träumen die Treppengiebel. Das geschweifte Kirchendach überragt wie vor Jahrhunderten die Umfassungsmauer. Junges Grün wächst zwischen alten Bäumen. Die Zeit ist nicht stille gestanden. Sie heilte manche Wunden. So feierte die menschlich=christliche Großtat Jakob Fuggers über jedes Unheil hinweg gesegnete Auferstehung. Sie blieb unsterblicher und unzerstörbarer als die Macht der Gesellschaft, der wie jedem Ding unter der Sonne — um Anton Fuggers eigenes Wort zu gebrauchen, — kein dauernder Bestand beschieden war.

Die kleine Gemeinde ruht wie ehedem in der weiten Schale der größeren, Augsburgs selbst, und dieses ist eingebettet in die gewellten Breiten zwischen Donau und Alpen. Straßen in den naturgegebenen und überlieferten Richtungen durchkreuzen die Landschaft. Sie weisen nach Osten und Skandinavien, nach Italien und Afrika, nach den Niederlanden und England, nach Spanien und Portugal sowie Übersee. Sie führen zu den Pässen und Ufern, die vor 400 oder 500 Jahren bereits die Fugger anzogen. Namen und Sippen, gesellschaftliche Ordnungen und politische Systeme haben sich dauernd gleitend verwandelt. Selbst die klassischen Zeiten der Jakob und Anton Fugger erscheinen, an der Gesamtheit des großen Ablaufs gemessen, nur als eine Weile glücklichen Durchganges. Die Menschen dieses schwäbischen Landes, seiner Dörfer und Städte aber sind nicht vertauscht, wesensmäßig vielfach noch dieselben. Zäh und energisch, kühn und lebensnah, sparsam und hochherzig, fromm und freigebig, sobald ein Ding ihr Verborgenstes anrührt. Alle zusammen gleichen sie hierin dem größten Geschlecht ihres Stammes: nimmermüden, oft segensreichen Händen am sausenden Webstuhl der Zeit.

QUELLEN UND LITERATUR

Die Erforschung der Fuggergeschichte geht in ihren Anfängen auf die Blütezeit des Geschlechts im 16. Jahrhundert zurück. Damals gab Johann Jakob Fugger, dem Beispiel zahlreicher Handelshäuser seiner Epoche und Landschaft folgend, Auftrag zur Fixierung der Familien=
überlieferung unter Beiziehung sachlichen Quellenmaterials von Stadt und Kirche sowie des eigenen Hauses. Auf diese Art entstanden das „Fuggersche Ehrenbuch" und die „Fuggerchronik". Was früher vorlag, waren nur Geburts=, Tauf= und Patenverzeichnisse, aber nicht viel mehr.

Die Freude an Fragen der Geschichtsschreibung, in der Johann Jakob sich selbst als Autor versuchte, konnte nichts daran ändern, daß um die Mitte des 16. Jahrhunderts die Frühzeit der Familie kaum noch erschöp=
fend aufgehellt werden konnte. Der erfolgreiche Anstieg der Fugger von der Lilie legte es dennoch nahe, daß man die Erinnerungen an ihre Persönlichkeiten festhielt. Leider ist von den zahllosen Varianten der handschriftlich überlieferten Chronik nur eine wenig glückliche Fassung zum Drucke gebracht worden. Der Denkweise des 16. Jahrhunderts mit ihrer Neigung für Individualitäten gemäß entstand eine Reihe kurzer Lebensläufe, vor allem um die Bildnisse der Männer und Frauen des Geschlechts festzuhalten. Nach verschiedenen älteren Kupferstich=
werken, die meist Abwandlungen desselben hauptsächlichen Buches der „Pinacotheca Fuggerorum" mit kleineren Ergänzungen darstellen, er=
schienen im 20. Jahrhundert als Fortsetzung von Georg Lill die „Fugge=
rorum et Fuggerarum imagines". In die Gruppe früher biographischer Deutungsversuche zählt am Rande auch eine Sammlung Fuggerscher Horoskope durch Cyprian Leovitius.

Die wissenschaftlich kritische Forschung und Darstellung der Ge=
schichte von Familie und Firma, der Gestalten und ihrer Auswirkung beginnt erst 1896 mit Richard Ehrenberg. Sein Werk über „Das Zeitalter der Fugger" ist grundlegend. Charakteristisch für jenen Widerhall, den dieses in der Ära des Kapitalismus aktuelle, wissenschaftlich be=
stens fundierte Werk fand, ist die Fülle romanartiger Darstellungen von Themen zur Fuggergeschichte, die es unabsichtlich auslöste. Die ernsthafte Arbeit setzten Friedrich Dobel, Aloys Schulte, Max Jansen und Jakob Strieder fort. Seither war das Fuggerarchiv aus seiner Zer=
streuung gesammelt und öffentlich zugänglich gemacht worden. Die

Begründung einer Schriftenreihe, „Quellen und Studien zur Fuggergeschichte", die durch das Fürstliche und Gräfliche Haus aus Mitteln der Stiftungen gefördert wurde, erleichterte die Entwicklung der für die deutsche und europäische Wirtschaftsgeschichte wesentlichen Untersuchungen. Sie beschränkten sich nicht mehr auf die Frühzeit oder die Generation Jakobs des Reichen, sondern forschten auch regionalen handelsgeschichtlichen Problemen sowie den kulturellen Leistungen der Familie nach.

Als Jakob Strieder die Leitung des Fuggerarchivs und der Fuggerstudien nach wichtigsten Veröffentlichungen niederlegte, gingen beide 1936 auf den Verfasser über. Dieser begann außer einer Reihe von Spezialuntersuchungen mit einer zweibändigen Biographie Jakob Fuggers, der eine dreibändige des Anton Fugger folgen soll, wovon bislang der erste und zweite Band erschien. Zugleich gelangten in den Fuggerstudien, deren Herausgabe die Schwäbische Forschungsgemeinschaft bei der Kommission für bayerische Landesgeschichte bei der Bayerischen Akademie der Wissenschaften betreut, fernere Werke von bedeutenden Fachgelehrten zur Ausgabe. Weitere Publikationen stehen in Vorbereitung. Es gilt aus dem Speziellen zum Grundsätzlichen vorzustoßen.

Hatte die wissenschaftliche Fuggerforschung ihren Anfang mit der Erschließung des Familien= und Stiftungsarchivs gefunden, blieb jetzt die Entwicklung der Arbeiten mit diesem eng verbunden. Seine Gebäude, während des letzten Kriegs zu Augsburg völlig zerstört, wurden in Dillingen a. D. modern wieder aufgebaut. Glücklicherweise hatten die Bestände nahezu keine Verluste erlitten. Allein das Fuggerarchiv, das größte private deutsche Handelsarchiv der Renaissance, Familien=, Herrschafts= und Gutsarchiv, enthält nur einen Teil der für die Fuggerforschung wichtigen Quellen. Unentbehrlich sind daneben die österreichischen Staatsarchive von Innsbruck und Wien als Fundgruben der Finanzgeschichte. Sie finden ihre Ergänzung in den staatlichen Archiven von Brüssel und Lille für die habsburgischen Niederlande, von Sevilla und Simancas hinsichtlich der spanischen Herrschaftsgebiete, endlich jenes von Neapel für das unteritalienische Regierungs= und Wirtschaftsgebiet des Erzhauses. Für die Beziehungen der Fugger zur Kirche bietet das Vatikanische Archiv, besonders mit den Beständen der Camera Apostolica, unerschöpflichen Aufschluß. Von deutschen Stadtarchiven haben sich vorzüglich jene von Augsburg, Nürnberg und Ulm als ergiebig bewährt. Heute schwerer zugänglich sind Bestände, die der Verfasser in früheren Jahren noch benützen konnte, beispielsweise in Ungarn und Polen. Dazu kommen innerhalb der Tschechoslowakei Prag und Neusohl, wo sich reiches Fuggermaterial befindet. Auf italienischem Boden minder ertragreich waren die Bestände von Mailand, Venedig und Genua, wogegen das Florentiner Medici=Archiv kostbare

Ausbeute erbrachte. Für den europäischen Norden und Nordosten waren die Archive von Königsberg, Dresden, Weimar, auch das Reichs= archiv in Kopenhagen unentbehrlich. Außer manchen Funden zu Lyon und den erwähnten Beständen von Lille blieb die französische Aus= beute bisher gering, doch ist anzunehmen, daß sich noch Quellen fin= den lassen, seitdem feststeht, daß die Vermutung, Frankreich sei aus dem Fuggerunternehmen ausgeklammert gewesen, teilweise auf Irrtum beruht. Gleiches gilt erst recht für England, wo die Fugger, obwohl die Firma mit Rücksicht auf ihre hanseatischen Konkurrenten sich etwas zurückhielt, zu den erheblichsten ausländischen Finanzkräften des 16. Jahrhunderts gehörten. Auch sonst haben Dutzende europäischer Archive unschätzbares Material beigesteuert.

Überhaupt ergibt sich, je weiter die Forschung voranschreitet, der Eindruck, daß es zwischen Polen und Spanien, von Skandinavien bis Süditalien so gut wie kein Land gibt, das nicht irgendwelche Zusammen= hänge wirtschaftlicher, politischer oder kultureller Art mit der Gesell= schaft besaß. So groß die bisher geleistete Arbeit ohne Zweifel ist, kann sie keineswegs für abgeschlossen oder ihr Resultat für definitiv gelten, besonders nicht hinsichtlich der beiden Raymund und Anton Fugger folgenden Generationen. Wichtige Fragen harren der Aufklärung.

Wer Wirtschaft, Politik und Kultur der europäischen Spätgotik, Renaissance und des frühen Barock einschließlich gewisser Vorgänge der überseeischen Gebiete zu erfassen trachtet, darf sich niemals auf Geschichte und Quellen einer einzigen Nation stützen. Alle greifen ineinander. Die Fugger selbst sind der bezeichnende Ausdruck solchen Zusammenwirkens der damaligen Welt. Hierüber hinaus öffnet die Erschließung ihrer Geschichte Einblicke in die immer vorhandenen Be= ziehungen zwischen Wirtschaft, Politik und Finanz, Geistesleben und Kulturgeschichte, die gemeinsam um dasselbe in dauernder Wandlung begriffene Phänomen kreisen: den Menschen als ureigentlichen Ge= genstand der Geschichte, seine Erforschung, Darstellung und Deutung.

Aus der Fülle von Literatur zur Fuggergeschichte seien ohne An= spruch auf Vollständigkeit u. a. folgende Werke und Aufsätze zur Ein= führung in persönliches Studium und für die Erschließung der ange= schnittenen Problematik aufgeführt:

Babinger, Franz, Hans Dernschwams Tagebuch einer Reise nach Konstan= tinopel und Kleinasien 1553—1555 nach der Urschrift im Fuggerarchiv (1923), Studien zur Fugger=Gesch. 7. Bd.
Baruch, M., Rod Fukierow (1922).
Bechtel, Heinrich, Matthäus Schwarz, Lebensbild eines Kaufmanns und sei= ner Welt aus der ersten Hälfte des 16. Jahrhunderts (1953).
— , *Liselotte*, Die Fugger in Danzig und im nordosteuropäischen Raum (1943), Diss. München.

Brandt, Otto H., Die Fugger, Geschichte eines deutschen Handelshauses (1928).
Bretholz, B., Beziehungen der Fugger zu Brünn 1530 und 1534 (1915), Zeitschr. d. deutsch. Ver. f. d. Gesch. Mährens und Schlesiens 19. Bd.
Carande, Ramon, Carlos V y sus banqueros. La hacienda real de Castilla (1949).
Custos, Dominikus, Pinacotheca Fuggerorum (1618).
Deininger, Heinz Friedrich, Das reiche Augsburg. Ausgewählte Aufsätze Jakob Strieders zur Augsburger und süddeutschen Wirtschaftsgeschichte des 15. und 16. Jahrhunderts (1938).
— , Die Gütererwerbungen unter Anton Fugger 1526—1560 (1924), Diss. München (Ms.).
— , Wiederaufbau und Tradition (1951).
Dobel, Friedrich, Über einen Pfefferhandel der Fugger und Welser 1586 bis 1591 (1886), Zeitschr. d. Hist. Ver. f. Schwaben und Neuburg.
Düvel, Thea, Die Gütererwerbungen Jakob Fugger des Reichen 1494—1525 und seine Standeserhöhung. Ein Beitrag zur Wirtschafts= und Rechtsgeschichte (1913), Stud. z. Fuggergesch. 4. Bd.
Ehrenberg, Richard, Das Zeitalter der Fugger. Geldkapital und Creditverkehr im 16. Jahrhundert (1896) 1. Band Die Geldmächte des 16. Jahrhunderts; 2. Bd. Die Weltbörsen und Finanzkrisen des 16. Jahrhunderts.
Fink, E., Die Bergwerksunternehmungen der Fugger in Schlesien (1894), Zeitschr. d. Ver. f. Gesch. u. Altertum Schlesiens 28. Bd.
— , Mitteilungen über Beziehungen der Fugger zum Humanismus (1894), Zeitschr. d. Hist. Ver. f. Schwaben u. Neuburg, 21. Bd.
Fitzler, M. A. Hedwig, Der Anteil der Deutschen an der Kolonialpolitik Philipp II. von Spanien in Asien (1935), Vierteljahrschr. f. Soz. und Wirtschaftsgesch. 28. Bd.
Geiger, Aloys, Jakob Fugger 1459—1525 (1895).
Gründisch G., Die siebenbürgische Unternehmung der Fugger (1941), Omagiu prof. Joan Lupas.
Häbler, Konrad, Die Finanzdecrete Philipps II. und die Fugger (1894), Deutsch. Zeitschr. f. Gesch. Wiss. 11. Bd.
— , Die Fugger und der spanische Gewürzhandel (1892), Zeitschr. d. Hist. Ver. f. Schwaben u. Neuburg 19. Bd.
— , Die Geschichte der Fuggerschen Handlung in Spanien (1897), Socialgesch. Forsch. 1. Bd.
— , Die Stellung der Fugger zum Kirchenstreite des 16. Jahrhunderts (1898), Hist. Vierteljahrschr. 1. Bd.
Halm, Philipp Maria, Adolf Daucher und die Fuggerkapelle bei St. Anna in Augsburg (1921), Stud. z. Fugger=Gesch. 6. Bd.
Hartig, Otto, Alexander Secundus Fugger, Dompropst von Freising 1546 bis 1612 (1924). Wiss. Festgabe z. 1200jährg. Jubil. d .hl. Korbinian.
— , Die Gründung der Münchener Hofbibliothek durch Albrecht V. und Johann Jakob Fugger (1917), Abh. d. k. bayer. Akad. d. Wiss. philos.= philol. u. hist. Kl. XXVIII/3.
Hering, Ernst, Die Fugger (1940).
Holl, Konstantin, Fürstbischof Jakob Fugger von Konstanz (1898).
Hümmerich, Franz, Die erste deutsche Handelsfahrt nach Indien. Ein Unternehmen der Welser, Fugger und anderer Augsburger sowie Nürnberger Häuser (1922), Histor. Bibl. 49. Bd.
Jansen, Max, Die Anfänge der Fugger bis 1494 (1907). Stud. z. Fugger=Gesch. 1. Bd.

Jansen, Max, Jakob Fugger der Reiche (1910), Stud. z. Fugger.-Gesch. 3. Bd.
Kempter, Kaspar, Die wirtschaftliche Berichterstattung in den sogenannten Fuggerzeitungen (1936), Zeitung und Leben 27. Bd.
Kettner, Adolf, Die Fugger in Freiwaldau 1506—1580 (1906), Zeitschr. d. deutsch. Ver. f. d. Gesch. Mährens u. Schlesiens 10. Bd.
Kirch, Hermann Joseph, Die Fugger und der Schmalkaldische Krieg (1915), Stud. z. Fugger=Gesch. 5. Bd.
von Klarwill, Victor, The Fugger News=Letters, Being a selection of un= published letters from the correspondents of the house of Fugger during the years 1568—1605 (1925).
— , Fugger=Zeitungen. Ungedruckte Briefe an das Haus Fugger aus den Jahren 1568—1605 (1923).
Kleinpaul, Johannes, Die Fugger=Zeitungen 1568—1605 (1921), Abhandlun= gen aus d. Inst. f. Zeitungskunde an d. Universität Leipzig 4. Bd.
Koch, Ernst, Das Hütten= und Hammerwerk der Fugger zu Hohenkirchen bei Georgenthal in Thüringen 1495—1549 (1926), Zeitschr. f. Thüring. Gesch. N. F. 26. Bd.
Korzendorfer, Adolf, Jakob Fugger der Reiche als Brief= und Zeitungsschrei= ber (1928 u. 1930), Arch. f. Postgesch. i. Bayern.
Lehmann, Paul, Briefe an Ulrich Fugger (1951), Byzantin. Zeitschr. 44. Bd.
— , Eine Geschichte der alten Fuggerbibliotheken, 1. Teil (1956) Stud. z. Fugger=Gesch. 13. Bd.
Lieb, Norbert, Die Fugger und die Kunst im Zeitalter der hohen Renais= sance (1958), Stud. z. Fugger=Gesch. 14. Bd.
— , Die Fugger und die Kunst im Zeitalter der Spätgotik und frühen Renaissance (1952), Stud. z. Fugger=Gesch. 10. Bd.
Lieb, Norbert — Freih. v. Pölnitz, Götz — Freih. v. Welser, Hubert, Fugger und Welser (1950).
Liermann, Hans, Zur Rechtsgeschichte der Fuggerschen Stiftungen (1955), Zeitschr. f. bayer. Landesgesch. 18. Bd.
Lill, Georg, Fuggerorum et Fuggerarum imagines (1938).
— , Hans Fugger und die Kunst, 1531—1598. Ein Beitrag zur Gesch. der Spätrenaissance in Süddeutschland (1908). Stud. z. Fugger=Gesch. 2. Bd.
Loewe, Viktor, Geschäftsbriefe der Fugger an das Magdeburger Domkapitel (1900), Gesch. Bll. für Stadt und Land Magdeburg 35. Bd.
Maasen, Wilhelm (Ruf, Paul), Hans Jakob Fugger 1516—1575, Ein Beitrag zur Geschichte des 16. Jahrhunderts (1922), Hist. Forsch. u. Quellen 5. Bd.
Meyer, Christian, Die Chronik der Familie Fugger vom Jahre 1599 (1902).
— , Ulrich Fugger (1878), Allg. Deutsche Biographie 8. Bd.
— , Marcus Fugger (1878), Allg. Deutsche Biographie 8. Bd.
— , Raimund Fugger (1878), Allg. Deutsche Biographie 8. Bd.
Neuhofer, Theodor, Fuggerzeitungen aus dem Dreißigjährigen Krieg (1936).
Opitz, W., Die Fugger und Welser, Zwei Handelsfürstenhäuser der Reforma= tionszeit (1906).
Panhorst, Karl, H., Deutschland und Amerika. Ein Rückblick auf das Zeit= alter der Entdeckungen und die ersten deutsch=amerikanischen Verbin= dungen unter besonderer Beachtung der Unternehmungen der Fugger und Welser (1928).
— , Das Kolonisationsunternehmen der Fugger in Amerika (1927), Ibero= amerikanisches Archiv 2. Bd.
Freih. v. Pölnitz, Götz, Anton Fugger 1. Bd. 1453—1535 (1958), Stud. z. Fug= ger=Gesch. 13. Bd.

Freih. v. Pölnitz, Götz, Anton Fugger und die Römische Königswahl Ferdinands I. (1951/52), Zeitschr. f. bayer. Landesgesch. 16. Bd.
— , Der Asiento Karls V. vom 28. Mai 1552 (1955), Histor. Jahrb. 74. Bd.
— , Augsburg und die Fugger (1953), Bilder aus der bayerischen Geschichte.
— , Augsburger Kaufleute und Bankherren der Renaissance (1955), Festschrift „Augusta".
— , Die Beziehungen des Johannes Eck zum Augsburger Kapital (1940), Histor. Jahrb. 60. Bd.
— , Clemens Jäger, der Verfasser der Fuggerchronik (1941), Histor. Zeitschr. 164. Bd.
— , Cosimo I. Medici und die europäische Anleihepolitik der Fugger (1941), Quellen u. Forsch. aus ital. Arch. u. Bibl. 31. Bd.
— , Die Fugger in Nürnberg (1944), Feldpostbrief d. Hochschule Nürnberg.
— , Fugger und Hanse. Ein hundertjähriges Ringen um Ostsee und Nordsee (1953), Stud. z. Fugger=Gesch. 11. Bd.
— , Fugger und Medici (1942).
— , Fugger und Medici (1942), Histor. Zeitschr. 166. Bd.
— , Das Generationsproblem in der Geschichte der oberdeutschen Handelshäuser (1955), Unser Geschichtsbild.
— , Der deutsche Handel und sein Haus in Venedig (1944). Groß= und Außenhandel 13. Bd.
— , Jakob Fugger 1459—1525 (1956), Die großen Deutschen 1. Bd.
— , Jakob Fugger. Kaiser, Kirche und Kapital in der oberdeutschen Renaissance 1. Bd. (1949); 2. Bd. Quellen und Erläuterungen (1952).
— , Jakob Fugger und der Streit um den Nachlaß des Kardinals Melchior von Brixen 1496—1515 (1940), Quellen u. Forsch. aus ital. Arch. u. Bibl. 30. Bd.
— , Jakob Fuggers Zeitungen und Briefe an die Fürsten des Hauses Wettin in d. Frühzeit Karls V. 1519—1525 (1941), Nachr. d. Akad. d. Wiss. in Göttingen Phil. hist. Kl.
— , Petrus Canisius und das Bistum Augsburg (1955) Zeitschr. f. bayer. Landesgesch. 18. Bd.
— , Das Titelbuch des Anton Fugger. Eine Studie zur Geschichte des kaufmännischen Kanzleiwesens (1955), Archival. Zeitschr. 50./51. Bd.
Ratkos, Peter, Dokumenty k banickemu povstaniu na Slovensku 1525—1526 (1957).
Reinhardt, Emil, Jakob Fugger der Reiche aus Augsburg. Zugleich ein Beitrag zur Klärung und Förderung unseres Verbandswesens (1926).
Roth, Friedrich, Die Fugger und der Schmalkaldische Krieg (1918/19), Zeitschr. d. Hist. Ver. f. Schwaben und Neuburg 44. Bd.
Schelhorn, Johann Georg d. J., Anton Fuggers Freundschaft gegen den Erasmus (1772/73), J. G. Schelhorn Beyträge zur Erläuterung der Geschichte.
Scheuermann, Ludwig, Die Fugger als Montanindustrielle in Tirol und Kärnten. Ein Beitrag zur Wirtschaftsgeschichte des 16. und 17. Jahrhunderts (1929), Stud. z. Fugger=Gesch. 8. Bd.
Schick, Léon, Un grand homme d'affaires au début du XVIe siècle Jakob Fugger (1957). Affaires et gens d'affaires 11. Bd.
— , Une nationalisation au XVIe siècle. Les Fugger en Hongrie (1957). Banque, revue du banquier.
Schiller, Wilhelm, Die St. Annakirche in Augsburg (1939).
Schulte, Aloys, Die Fugger in Rom 1495—1523. Mit Studien zur Geschichte des kirchlichen Finanzwesens jener Zeit (1904/05) 2 Bde.
Seelmann, Theo, Jakob Fugger, der König der mittelalterlichen Kaufherren (1909).

Simnacher, Georg, Die Fuggertestamente im 16. Jahrhundert, 1. Teil Text (1960). Stud. z. Fugger-Gesch. 16. Bd.
Somerlad, B. Die Faktorei der Fugger in Leipzig (1938). Schriften d. Ver. f. d. Gesch. Leipzigs Bd. 22.
Stauber, A., Das Haus Fugger. Von seinen Anfängen bis zur Gegenwart (1900).
Strieder, Jakob, Das kaufmännische Archiv der Fugger zu Rom (1930), Quellen u. Forsch. aus ital. Arch. u. Bibl. 22. Bd.
— , Ein Bericht des Fuggerschen Faktors Hans Dernschwam über den Siebenbürgener Salzbergbau (1933). Ungar. Jahrbuch 13. Bd.
— , Die älteste Bibliotheksstiftung der Fugger (1933). Zentralbl. f. Bibl. wesen 50. Bd.
— , Die Entstehung eines deutschen frühkapitalistischen Montanunternehmertums im Zeitalter Jacob Fuggers des Reichen 1459—1525 (1929), Beitr. z. Gesch. d. Technik u. Industrie 19. Bd.
— , Die Fugger und die Guajakholzkur (1934). Dermatol. Wochenschr. 99. Bd.
— , Das Fuggerfenster in der Kathedrale von Antwerpen (1917/18). Der Belfried 2. Bd.
— , Jacob Fugger the Rich, Merchant and Banker of Augsburg 1459—1525 (1931)
— , Die Inventur der Firma Fugger aus dem Jahre 1527 (1905). Zeitschr. f. d. ges. Staatswiss. 17. Ergänzungsheft
— , Der schwäbische Kaufmann im Zeitalter der Fugger (1934) Schwabenland, 1. Bd.
— , Deutscher Metallwarenexport nach Westafrika im 16. Jahrhundert (1927), Histor. Aufs. Aloys Schulte gewidmet
— , Die deutsche Montan- und Metallindustrie im Zeitalter der Fugger (1931), Deutsches Mus. 3. Bd.
— , Aus Antwerpener Notariatsarchiven. Quellen zur deutschen Wirtschaftsgeschichte des 16. Jahrhunderts (1930). Deutsch. Handelsakten d. Mittelalters u. d. Neuzeit 4. Bd.
— , (— Freih. Karaisl v. Karais, Franz), Zur Genesis des modernen Kapitalismus. Forschungen zur Entstehung der großen bürgerlichen Vermögen am Ausgang des Mittelalters und zu Beginn der Neuzeit zunächst in Augsburg (2. Aufl. 1935)
— , Die Geschäfts- und Familienpolitik Jacob Fugger des Reichen (1927), Zeitschr. f. d. ges. Staatswiss. 82. Bd.
— , Jacob Fugger der Reiche (1926)
— , Studien zur Geschichte kapitalistischer Organisationsformen. Monopole, Kartelle und Aktiengesellschaften im Mittelalter und zu Beginn der Neuzeit (2. Aufl. 1925)
Wagenführ, Horst, Handelsfürsten der Renaissance (1957)
Weidenbacher, Josef, Die Fuggerei zu Augsburg. Die erste deutsche Kleinhaus-Stiftung. Ein Beitrag zur Geschichte des deutschen Kleinhauses (1926)
Weitnauer, Alfred, Venezianischer Handel der Fugger. Nach der Musterbuchhaltung des Matthäus Schwarz (1931). Stud. z. Fugger-Gesch. 9. Bd.
Wenzel, Gusztáv, A Fuggerek jelentösége Magyarország történetében (1882)
Wescher, Paul, Großkaufleute der Renaissance (1940)
Zorn, Wolfgang, Fürst Anselm Maria Fugger-Babenhausen (1953), Lebensbilder aus d. Bayer. Schwaben 2. Bd.

Nachträge in Auswahl (1970)

Blendinger, Friedrich Jakob Fugger als Bürger und „Ratgebe" der Reichsstadt Augsburg (1959). Amtsblatt der Stadt Augsburg Nr. 51 und 52.
Fukier, Henryk M., Wspomnienia staromiejskie (1959).
Hutter, Franz, Lieb, Norbert, Paumgartner, Bernhard, Freih. v. Pölnitz, Götz, Jakob Fugger, Kaiser Maximilian und Augsburg 1459–1959 (1959).
Kaden, E. H., Ulrich Fugger et son projet de créer à Genève une „librairie" publique. GENAVA 1959.
Lehmann, Paul, Eine Geschichte der alten Fuggerbibliotheken, 2. Teil (1960).
Freih. v. Pölnitz, Götz, Jakob Fugger – Anton Fugger (1961). Neue Deutsche Biographie Bd. 5.

Nachträge in Auswahl (1998)

Bastl, Beatrix, Das Tagebuch des Philipp Eduard Fugger (1560–1569) (1987).
Burkhardt, Johannes (Hg.), Augsburger Handelshäuser im Wandel des historischen Urteils (1996).
– , (Hg.), Anton Fugger (1493–1560). Vorträge und Dokumentation zum fünfhundertjährigen Jubiläum (1994).
Eikelmann, Renate (Hg.), „lautenschlagen lernen und ieben". Die Fugger und die Musik. Anton Fugger zum 500. Geburtstag (1993).
Hildebrandt, Reinhart, Die „Georg Fuggerischen Erben". Kaufmännische Tätigkeit und sozialer Status 1555–1600 (1966).
Kellenbenz, Hermann, Die Fuggersche Maestrazgopacht (1525–1542) (1967).
– , Das Fugger-Archiv (1985), Jahrbuch d. Hist. Vereins Dillingen 87. Bd.
– , Die Fugger in Spanien und Portugal bis 1560. (1990).
– , Kurzbiographien, in: Lebensbilder aus d. Bayer. Schwaben:
– , Jakob Fugger der Reiche (1459–1525) (1973), 10. Bd.
– , Anton Fugger (1493–1560) (1976), 11. Bd.
– , Hans Jakob Fugger (1516–1575) (1980), 12. Bd.
Lieb, Norbert, Octavian Secundus Fugger 1549–1600 und die Kunst (1980).
Lutz, Georg, Marx Fugger (1529–1597) und die Annales Ecclesiastici des Baronius. Eine Verdeutschung aus dem Augsburg der Gegenreformation (1979).
Mandrou, Robert, Die Fugger als Grundbesitzer in Schwaben, 1560–1618 (1997).
Mörke, Olaf, Die Fugger im 16. Jahrhundert. Städtische Elite oder Sonderstruktur? (1983), Archiv f. Reformationsgesch. 74. Bd.
Meissner, Erhard, Fürstbischof Anton Ignaz Fugger (1711–1787) (1969).
Nebinger, Gerhart, Die Standesverhältnisse des Hauses Fugger im 15. und 16. Jahrhundert (1986). Bl. d. Bay. Landesvereins f. Familienkunde 49. Jg.
– , u. *Albrecht Rieber,* Genealogie des Hauses Fugger. Stammtafeln (1978).
Freih. v. Pölnitz, Götz, Anton Fugger 2. u. 3. Bd. (in 4 Teilbänden, Bd. 3/II mit Hermann Kellenbenz (1963–1986).
Gräfin von Preysing, Maria, Die Fuggertestamente des 16. Jahrhunderts. II. Edition der Testamente (1992).
Schad, Martha, Die Frauen des Hauses Fugger von der Lilie (1989).
Tietz-Strödel, Marion, Die Fuggerei in Augsburg. (1982).
Unger, Eike, Die Fugger in Hall (1967).
Welt im Umbruch, Augsburg zwischen Renaissance und Barock, 2 Bde. Katalog (1980); 3. Bd. Beiträge (1981).

ZEITTAFEL
politisch, kultur= und wirtschaftsgeschichtlich wesentlicher Ereignisse
in dem Zeitraum zwischen dem Auftreten der Fugger
und dem Tode Anton Fuggers
1350—1560

Staatengeschichte	Kirchen= und Kulturgeschichte

14. Jahr= hun= dert

1356 Kaiser Karl IV. erläßt das deutsche Reichsgrundgesetz („Goldene Bulle")

1369 Tirol fällt an Österreich

    1378 Beginn der Kirchenspaltung von Avignon

1385 Sultan Murad I. erobert Belgrad

    1384 Tod des John Wicliff

1386 Sieg der Eidgenossen über Österreich bei Sempach

15. Jahr= hun= dert

1400 Begründung der 8 Orte der Eidgenossenschaft

1410 Polnischer Sieg über den Deutschen Orden bei Tannenberg

1415 Sieg Heinrichs V. von England über Frankreich bei Azincourt

    1415 Johann Hus am Konzil in Konstanz verbrannt

Wirtschafts- und Sozialgeschichte	Geschichte der Fugger	
1345 Zusammenbruch der Florentiner Firmen Bardi und Peruzzi		14. Jahrhundert
	1367 Hans Fugger wandert aus Graben nach Augsburg ein	
	1368 Augsburger Zunftrevolution	
	1386 Hans Fugger „Erster Zunftmeister" der Augsburger Weber	
1388 Sieg des Herzogs von Württemberg über die schwäbischen Städte bei Döffingen		
um 1395 Geburt des Jacques Coeur		
	1397 Ankauf des ersten Augsburger Fuggerhauses „vom Rohr"	
1402—1410 Giovanni di Bicci Medici Prior der Florentiner Wechslerzunft		15. Jahrhundert
1407 Errichtung der St. Georg-Bank zu Genua		
	1408 Tod des Hans Fugger	
	1409 Andreas Fugger erwirbt Lehen in Schwaben	

15. Jahr-
hun-
dert

Staatengeschichte	Kirchen- und Kulturgeschichte
1429 Königskrönung Karls VII. in Reims. Siegeszug der Jeanne d'Arc	1429 ff. Jacques Coeur finanziert König Karl VII. von Frankreich
	— Cosimo der Alte Medici übernimmt die Führung der Gesellschaft in Florenz
1431 Verbrennung der Jeanne d'Arc in Rouen	1431 Eröffnung des Baseler Konzils
1440 Friedrich III. deutscher König	
	1445 Gutenberg erfindet den Buchdruck
1452 Kaiserkrönung Friedrichs III. (letztmals in Rom)	
1453 Sultan Mohammed II. erobert Konstantinopel	1453 Ruin des Jacques Coeur

Wirtschafts- und Sozialgeschichte	Geschichte der Fugger	
1418 Verschuldung Papst Johann XXIII. an die Medici		15. Jahrhundert
1419/20 Frankreich gewährt Lyon Privilegien, um Genfer Messegeschäft an sich zu ziehen		
Beteiligung der Florentiner Kaufleute		
	1428 Die Fugger zahlen Steuer gegen die Hussiten	
1434 Rückkehr des Cosimo Medici aus der Verbannung. Herrschaft über Florenz		
1438 Portugiesen entdecken die Azoren und Guinea		
1440 erster Negersklavenmarkt in Florenz		
1442 Übersiedelung von Kaufleuten aus Brügge nach Antwerpen		
	1444 Konkurs des Augsburger Münzmeisters Bäsinger	
1446 Aufblühen des englischen Tuchhandels in Antwerpen		
1447 Portugiesen in Senegambien		
1450 Aufstieg der Florentiner Strozzi		

Staatengeschichte	Kirchen= und Kulturgeschichte

15.
Jahr=
hun=
dert

1468 Karl der Kühne von Burgund vermählt mit der Schwester Edwards IV. v. England

1469 Vermählung König Ferdinands v. Aragon mit Königin Isabella von Kastilien

1473 Zusammenkunft Kaiser Friedrichs III. mit Herzog Karl dem Kühnen in Trier

Wirtschafts- und Sozialgeschichte	Geschichte der Fugger	
1454 Türkisch=venezianischer Handelsvertrag	1454 Auseinandersetzung zwischen Andreas und Jakob dem Alten Fugger	15. Jahrhundert
1456 Gutenbergs erster Bibeldruck		
1460 Tod des Seefahrerprinzen Heinrich von Portugal	1459 Geburt Jakob Fuggers des Reichen in Augsburg	
— Aufblühen der Antwerpener Börse		
1462 Französisches Verbot gegen Besuch der Genfer Messe	1462 Verleihung des Reh=Wappens durch Kaiser Friedrich III. an Lukas Fugger	
1463 Entstehung der Messe von Lyon	1463 Übertritt der Fugger in die Kaufmannszunft	
1464 Tod Cosimo d. A. Medici		
— Niederlassung der Medici in Lyon		
1467 Piero Medici übernimmt eine burgundische Flotte zur Ausbeutung des päpstlichen Alaunmonopols		
1468 Darlehen der Medici an England und Burgund		
1469 Tod des Piero Medici. Nachfolger Lorenzo der Prächtige Medici	1469 Tod Jakobs des Alten Fugger. Nachfolge Ulrich Fuggers	
1471 Venedig und Mailand beginnen Silberprägung	1471 Markus d. Ä. Fugger arbeitet an der Kurie als Agent	
— Darlehen der Medici an König Eduard IV.		
	1472 Bemühen der Fugger um ein Deutsches Handelshaus in Mailand	
1473 Aufbau der Welser=Vöhlin=Gesellschaft in Memmingen	1473 Verleihung des Lilienwappens durch Kaiser Friedrich III. an Ulrich Fugger und seine Brüder in Augsburg	
1474 Friede zwischen König Eduard IV. und der Hanse		

Staatengeschichte	Kirchen- und Kulturgeschichte

15. Jahrhundert

1476 Sieg der Eidgenossen über Karl den Kühnen bei Grandson („Burgunderbeute")

1477 Tod Karls des Kühnen vor Nancy

— Vermählung seiner Tochter Maria mit Erzherzog Maximilian von Österreich

1478 Spanische Judenverfolgung durch Torquemada

1481 Vereinigung der Königreiche Aragon und Kastilien

1482 Tod Marias von Burgund. Nachfolge ihres Gatten Maximilian für ihren Sohn Erzherzog Philipp den Schönen

1483 Maximilian I. erobert Amsterdam

1481 Der Klausner Nikolaus v. d. Flüe vermittelt Frieden zwischen den Eidgenossen

1485 Eroberung Wiens durch König Matthias von Ungarn

1486 Königserhebung Maximilians I. durch Kaiser Friedrich III.

— Maximilian I. gewinnt Kärnten, Steiermark und Krain

1485 Bulle Papst Innozenz VIII. gegen die Hexen

		15. Jahrhundert
1475 Blüte des Inka=Reiches in Peru		
1476 Papst Sixtus IV. bevorzugt Francesco Pazzi gegenüber den Medici	1476 Römische Ablaßgeschäfte der Fugger	
	1477 Georg Fugger in Venedig	
1478 Verschwörung und Attentat der Pazzi gegen die Medici in Florenz	1478 Eintritt Jakob Fuggers in die Kaufmannschaft. Venezianer Lehrzeit	
1479 Friedensschluß Mohammeds II. mit Venedig	1479 Rückkehr Jakob Fuggers nach Augsburg	
	— Ulrich Fugger heiratet Veronica Lauginger (erste patrizische Ehe der Fugger)	
1482 Festsetzung der Portugiesen an der afrikanischen Goldküste		
	1483 Fugger unterstützt Maximilian I. in Holland	
	1484 Fugger erhält eigene Kammern im Venezianer Fondaco	
1485 Martin Behaim mit dem Portugiesen Diego Cao am Kongo	1485 Jakob Fugger leitet die Innsbrucker Faktorei. Darlehen an Erzherzog Sigmund den Münzreichen von Tirol	
1486 Portugiesen unter Diaz am Kap der Guten Hoffnung, unter Cao in Angola		
	1487/88 Großanleihen Fuggers an Tirol zusammen mit dem Genueser Cavalli	

Staatengeschichte	Kirchen- und Kulturgeschichte
15. Jahrhundert *1488* Maximilians I. Gefangenschaft durch Aufstand in Brügge	
1489 Maximilians I. Feldzug in den Niederlanden	
1490 Maximilian I. gewinnt Tirol und erobert Wien	*1490* Verfolgung getaufter Juden („Marranen") in Spanien
1491 Maximilian I. durch Friede von Preßburg Titularkönig von Ungarn	
1492 Bündnis Maximilians I. mit König Heinrich VII. v. England und König Ferdinand von Aragon	*1492* Papstwahl Alexanders VI. (Borgia)
— Eroberung Granadas durch das spanische Königspaar Ferdinand und Isabella	— Vertreibung der Juden aus Spanien
1493 Friede von Senlis zwischen Maximilian I. und König Karl VIII. von Frankreich	
— Tod Kaiser Friedrichs III.	
— Nachfolger König Maximilian I.	
1494 Heirat Maximilians I. mit Bianca Maria Sforza	*1494* Gottesrepublik Girolamo Savonarolas in Florenz
1495 Antifranzösische Koalition Maximilians I. mit Papst Alexander VI., Aragon, Venedig, Mailand	

	1488 Fugger=Beteiligung an der Breslauer Firma der Thurzo, Auer und Metzler	15. Jahrhundert
	— Ankauf des Augsburger Fuggerhauses am Rindermarkt	
1489 Verpfändung burgundischer Juwelen an den Genueser Negrone	1489 Geschäfte der Fugger mit Habsburg in den Niederlanden und Tirol	
1490 Verpfändung der päpstlichen Tiara an den Genueser Bankier Centurione	1490 Jakob Fugger fördert Übergang Tirols an Maximilian I. und den Sturz Erzherzog Sigmunds	
1491 Tod des Filippo Strozzi	1491 Beginn der Fuggerschen Großanleihen an Maximilian I.	
	— Fuggers Ausdehnung über Thurzo in das ungarische Montangeschäft	
1492 Tod Lorenzo des Prächtigen Medici		
— Columbus entdeckt Amerika (Watling, Cuba, Haiti)		
1493 Zweite amerikanische Entdeckungsfahrt des Columbus	1493 Fugger erleichtert Friedensschluß von Senlis	
— Papst Alexander VI. zieht die Grenze zwischen portugiesischem und spanischem Kolonialbesitz	— Fugger verhandelt über China=Expedition	
1494 Vertreibung der Medici aus Florenz	1494 Fugger erleichtert Maximilians I. Hochzeit mit Bianca Maria Sforza	
— Erste Großanleihe König Karls VIII. an der Lyoneser Börse	— Intervention Maximilians I. für Fugger in Ungarn	
— Blüte der Firma Agostino Chigi	— Erster Fuggerscher Gesellschaftsvertrag	
1495 Dritte amerikanische Entdeckungsfahrt des Columbus (Jamaica). Beginn des Sklavenhandels mit Westindien	1495 Vertrag der Fugger und Thurzo über den Ungarischen Handel	

Staatengeschichte	Kirchen- und Kulturgeschichte
15. Jahrhundert 1495 Wormser Reichstag beschließt Landfrieden und Reichssteuer („Gemeiner Pfennig")	
	1497 Bannung Savonarolas durch Papst Alexander VI.
	1498 Verbrennung Savonarolas in Florenz
1499 Krieg Maximilians I. gegen König Ludwig XII. von Frankreich — Vermählung Erzherzog Philipps (Sohn Maximilians I.) mit Infantin Johanna (Tochter König Ferdinands und Isabellas) von Spanien	
16. Jahrhundert 1500 Herzog Lodovico Moro von Mailand durch Frankreich gefangen	
	1502 Spanische Verfolgung gegen getaufte Araber (Morisken)
	1503 Tod Alexanders VI. Nachfolger: Papst Julius II. (Rovere)

	1495 Gründung der Fuggerbetriebe in Fuggerau und Hohenkirchen. Tauernbergbau der Fugger	15. Jahrhundert
1496 Judenverfolgung in Portugal	1496 Beginn der Investitionen des Fürstbischofs M. v. Meckau bei Fugger	
	— Fugger finanziert Maximilians italienischen Krieg über Genua	
1497 Vasco da Gama umschifft das Kap der Guten Hoffnung. Entdeckung des Seewegs nach Indien		
1498 Vasco da Gama in Kalikut	1498 Fuggersches Kupfersyndikat	
— Columbus erreicht auf vierter amerikanischer Entdeckungsfahrt südamerikanisches Festland am Orinoco	— Hochzeit Jakob Fuggers mit Sibylle Artzt	
— Gründung der Augsburger Welser-Vöhlin-Gesellschaft		
	1499 Prozeß der Fugger vom Reh gegen Löwen	
	— Sprengung des Kupfersyndikats durch Jakob Fugger	
1500 Portugiesen unter Cabral in Brasilien	1500 Annäherung Maximilians I. an Fugger beim Augsburger Reichstag	16. Jahrhundert
	— Intensivierung der römischen Filiale durch Joh. Zink	
1502 Deutscher Bauernaufstand („Bundschuh")	1502 Zweiter Fuggerscher Gesellschaftsvertrag	
	— Neuer Fugger-Thurzo-Vertrag	
	1503 Markus d. J. Fugger als Agent in Rom	

Staatengeschichte	Kirchen- und Kulturgeschichte

16.
Jahr=
hun=
dert

1504 Vertrag von Blois zwi=
schen Maximilian I. u. Frank=
reich gegen Venedig

— Maximilian I. überläßt
Mailand den Franzosen

1505 Bündnis Ludwigs XII. v.
Frankreich und Ferdinands v.
Aragon gegen Maximilian I.

1506 Franz von Valois fran=
zösischer Thronerbe

1507 Konstanzer Reichstag

1508 Maximilians I. Kaiser=
proklamation zu Trient

— Antivenezianische Liga von
Cambrai zwischen Maximi=
lian I., Ludwig XII., Julius II.
und Ungarn

1509 Französischer Sieg über
Venedig bei Agnadello

— Heinrich VIII. König von
England vermählt mit Katha=
rina von Aragon

— Maximilian I. erobert Ve=
rona, Vicenza, Padua, Triest,
Friaul im Krieg gegen Vene=
dig

1510 „Heilige Liga" zwischen
Papst, Venedig und Aragon

— Augsburger Reichstag

                                 1506 Einrichtung der päpst=
lichen Schweizergarde

                                 1510 Reformvorschläge des
Reiches an die Kirche („Gra=
vamina")

	1503 Vorbereitung einer ersten deutschen Molukkenfahrt der Welser mit Fugger und anderen Firmen	15. Jahrhundert
1504 Almeida portugiesischer Vizekönig von Indien	1504 Ankauf der Juwelen Herzog Karls des Kühnen v. Burgund durch Fugger aus Baseler Besitz	
	1505/06 Anwerbung der ersten päpstlichen Schweizergarde mit Fuggergeld	
	— Erste Molukkenfahrt	
	1507 Ankauf von Kirchberg und Weißenhorn durch Fugger	
	— Fuggerdarlehen zur Krönungsfahrt Maximilians I. nach Italien	
	1508 Venedighandel der Fugger ungeachtet des Liga-Krieges	
	— Versuch einer Zwangsanleihe Maximilians I. bei Großfirmen	
	1509 Tod Kardinal Melchiors von Meckau. Krise der Gesellschaft infolge päpstlicher Ansprüche	
	— Stiftung der Fuggerkapelle bei St. Anna in Augsburg	
	— Vertrag über den Nachlaß des Kardinals von Meckau	
1510 Portugiesen unter Albuquerque erobern Goa	1510 Tod Ulrich Fuggers. Jakob Fugger übernimmt alleinige Führung der Firma	
— Spanier erobern Algier, Tunis und Tripolis	— Kaperung von Fuggertransporten durch Lübeck. Auseinandersetzung mit der Hanse	

| Staatengeschichte | Kirchen- und Kulturgeschichte |

16. Jahrhundert

1511 Kardinal Schinner vermittelt zwischen Papst und Eidgenossen bei Truppenwerbung

1512 Kölner Reichstag

— Maximilian I. tritt der Hl. Liga bei

1513 Bündnis Maximilians I. mit Heinrich VIII. v. England.

1513 Tod Julius II. Nachfolger: Papst Leo X. (Medici)

— Sieg der Eidgenossen für Mailand über die Franzosen bei Novara

1514 Bündnis Ludwigs XII. v. Frankreich m. Heinrich VIII. v. England gegen Maximilian I.

1515 Maximilians I. Wiener Kongreß mit Ungarn und Polen (Vorbereitung der Donaumonarchie)

— Tod Ludwigs XII. v. Frankreich: Nachfolger: König Franz I.

1516 Maximilian I. Regent in Ungarn

— Maximilians I. mißglückter Feldzug gegen Venedig

— Tod Ferdinands v. Aragon. Kardinal Ximenez Regent f. König Karl I. (Kaiser Karl V.)

Wirtschafts- und Sozialgeschichte	Geschichte der Fugger	
1511 Portugiesen erobern Malakka, die Spanier Cuba, Haiti und Portorico	1511 Nobilitierung Jakob Fuggers — Papstplan Maximilians I. für den Todesfall Julius II. von Fugger abgelehnt — Einrichtung eines Stiftungskontos „St. Ulrich" der Fugger — Konflikt mit Lübeck	16. Jahrhundert
1512 Spanier in Florida — Versuch französischer Zwangsanleihe an der Börse von Lyon	1512 Monarchische Organisation der Firma	
	1513 Handelsaktionen der Hanse gegen Fugger im Baltikum wirkungslos — Fuggers Freundschaft mit Dänemark	
1514 Schwäbischer Bauernaufstand des „Armen Konrad"	1514 Reichsgrafenstand für Jakob Fugger — Beginn der Fuggerei — Römisches Eintreten der Fugger für Kard. Albrecht v. Mainz u. St. Peters-Ablaß — Dr. Ecks Ingolstädter Vorlesungen zur Verteidigung der Zinswirtschaft	
1515 Beginn des spanischen Negerimports nach Südamerika — Joh. Eck verteidigt in Bologna die Zinslehre — Darlehen der Welser für Franz I. von Frankreich	1515 Bologneser Zinsdisputation Dr. Ecks für Fugger — Fugger ermöglicht finanziell den Kongreß von Wien. Ungarischer Handelsvertrag — Abkommen Fuggers mit der Stadt Augsburg über die Fuggerei	
1516 Entdeckung der Silbervorkommen v. St. Joachimsthal („Taler", Dollar) in Böhmen	1516/17 Großanleihe Fuggers für Heinrich VIII. v. England	

Staatengeschichte	Kirchen- und Kulturgeschichte
16. 1517 Sieg Gustav Wasas von Schweden über König Christian II. v. Dänemark, Schwager König Karls von Spanien	1517 Thesenanschlag Dr. Martin Luthers in Wittenberg
1518 Augsburger Reichstag: Verhandlungen Maximilians I. wegen Nachfolge seines Enkels Karl v. Spanien; Anwartschaft Franz I. und Heinrichs VIII. auf das Kaisertum	1518 Luther vor dem Legaten Cajetan in Augsburg
1519 Tod Kaiser Maximilians I. Kaiserwahl Karls I. von Spanien als Karl V.	1519 Zwingli reformiert Zürich
	1520 Bannbulle Leos X. gegen Luther
1521 Karls V. Reichstag in Worms (Wormser Edikt gegen Luther)	1521 Ächtung Luthers und dessen Entführung zur Wartburg
— Krieg Karls V. gegen Franz I. von Frankreich	— Tod Leos X.
— Türken erobern Belgrad	
1522 Karl V. tritt seinem Bruder Ferdinand die österreichischen Erblande ab	1522 Papstwahl Hadrians VI. (von Utrecht)
— 1. Nürnberger Reichstag (Türkensteuer)	
— Erzherzog Ferdinand (Kaiser Ferdinand I.) erobert Württemberg	
— 2. Nürnberger Reichstag	
— Türken erobern Rhodos	

(16. Jahrhundert)

Wirtschafts- und Sozialgeschichte	Geschichte der Fugger	
	1517 Überweisung spanischer Subsidien durch Fugger an Maximilian I.	16. Jahrhundert
	— Beteiligung der Fugger am St. Peters=Ablaß	
	1518 Jakob Fugger bereitet die Königswahl Karls von Spanien in Augsburg vor	
	— Luther im Fuggerhaus zu Augsburg von Cajetan vernommen.	
	— Albrecht Dürer porträtiert Jakob Fugger	
	1519 Jakob Fugger finanziert Kaiserwahl Karls V. im Kurkolleg. Verfeindung der Firma mit Frankreich	
	— ff. Polemik Ulrichs v. Hutten gegen Fugger	
1520 Magelhães umfährt Südspitze Amerikas in Richtung auf die Philippinen	1520 Angriffe Luthers gegen Fugger	
— Verkauf der Welserschen Zuckerplantagen auf Palma an eine Kölner Firma	— Teilnahme der Fugger an Karls V. Aachener Krönung	
1521 Cortez erobert Mexiko für Karl V.	1521 Karls V. Tilgungsvertrag über Wahlschulden bei Fugger am Wormser Reichstag geschlossen	
	— Jakob Fuggers „Stiftsbrief" (Fuggerei) und erstes Testament	
1522 Rückkehr der Magelhães=Flotte	1522 Abwehr der Antimonopolpolitik von Reichstag, Reichsfiskal und Reichsregiment durch Fugger	
— Konzession Karls V. zur Errichtung einer Welser=Faktorei in Santo Domingo		
— Rückzug der Medici aus England	— Annäherung Fuggers an Erzherzog Ferdinand und Papst Hadrian VI.	
— Angebliche Bereicherung der Grimaldi infolge Plünderung Genuas durch Pescara		

| Staatengeschichte | Kirchen- und Kulturgeschichte |

16. Jahrhundert

1523 Allianz Karls V., Hadrians VI. mit England, Österreich und Mailand gegen Franz I. von Frankreich

— Gustav Wasa König von Schweden

— Seeräuberei des Chaireddin Barbarossa gegen Italien und Spanien

1524 Nürnberger Reichstag

1523 Tod Hadrians VI. Nachfolger: Papst Clemens VII. (Medici)

— Tod Ulrichs von Hutten

1525 Allianz Papst Clemens VII. mit Frankreich gegen Kaiser Karl V.

— Sieg Karls V. bei Pavia (Gefangennahme König Franz I. von Frankreich)

1525 Hochmeister Albrecht v. Brandenburg tritt zur Reformation über (Herzog von Preußen)

1526 Friede zu Madrid zwischen Karl V. und Franz I.

— „Hl. Liga v. Cognac" zwischen Clemens VII., Franz I., Mailand, Venedig, Florenz und England gegen Karl V.

— Reichstag von Speyer

— Niederlage der Ungarn bei Mohatsch; Einzug Sultan Solimans II. in Ofen

Wirtschafts- und Sozialgeschichte	Geschichte der Fugger	
1522 Aufstieg des Bankiers Erasmus Schetz in Antwerpen	1522/23 Fugger-Subsidien zum Türkenkrieg	16. Jahr- hun- dert
1523 Spanier auf den Philippinen	1523 Monopolklage gegen Fugger. Durch Karl V. niedergeschlagen	
	— Beschaffung einer Kolonialflotte für Karl V. durch Fugger	
1524 Süddeutscher Bauernaufstand	1524 Augsburger Unruhen gegen Fugger	
— Spanier in Honduras und Panama	— Opposition gegen Fugger in Ungarn	
	— Beiziehung Fuggers zur Finanzierung der Reichsjustizverwaltung. Kampf gegen den Reichstag	
1525 12 Reformartikel der schwäbischen Bauern	1525 Finanzierung des Sieges bei Pavia	
— Schwäbischer Bund vernichtet Bauernheere	— Pacht aller spanischen Maestrazgos. Kaiserliches Monopolschutzprivileg	
— Vernichtung des mitteldeutschen Bauernheeres Thomas Münzers bei Frankenhausen	— Jakob Fugger beteiligt sich finanziell am Krieg gegen die Bauern	
— Pizarro in Peru	— Aufstand gegen Fugger in Ungarn. Beschlagnahmen in Ofen u. Neusohl	
— Welser erwägt Übernahme des ungarischen Kupferhandels	— Zweites Testament Jakob Fuggers	
	— Tod Jakob Fuggers in Augsburg	
	1526 Übernahme der Gesellschaftsführung durch Anton Fugger	
	— Restitutionsvertrag König Ludwigs II. von Ungarn mit Fugger; Erneuerung der ungarischen Bergwerkspacht	
	— Grafenprivileg für Anton Fugger	
	— Darlehen zum Türkenkrieg	

355

Staatengeschichte	Kirchen- und Kulturgeschichte
16. Jahrhundert 1526 Erzherzog Ferdinand König von Böhmen; Johann Zapolya ungarischer Nationalkönig	
1527 Böhmische Königskrönung Ferdinands — Einnahme u. Plünderung Roms durch kaiserliches Heer — Geburt des Infanten Philipp (Philipp II.) v. Spanien — Errichtung des Reichskammergerichts — Königskrönung Ferdinands für Ungarn in Stuhlweißenburg	1527 Plünderung Roms durch kaiserliche Truppen — Tod des Niccolo Macchiavelli — Reformation in Schweden
1528 Bündnis Zapolyas von Ungarn mit den Türken	1528 Tod Albrecht Dürers
1529 Reichstag zu Speyer — Friede v. Barcelona zwischen Karl V. u. Clemens VII. (z. Restauration der Medici) — „Damenfriede v. Cambrai" zwischen Karl V. u. Franz I. von Frankreich — Türkenbelagerung Wiens scheitert — Bologneser Bündnis zwischen Karl V. und Clemens VII. — Friedensschluß König Ferdinands mit Johann Zapolya	1529 Protest der evangelischen Stände gegen Speyerer Beschlüsse („Protestanten") — Marburger Religionsgespräch der Reformatoren

16. Jahr= hun= dert

1527 Spanier am La Plata

1527 Anton Fugger heiratet Anna Rehlinger
— Anton Fugger finanziert Königserhebung Ferdinands in Ungarn u. Böhmen
— Schließung der römischen Fuggerfaktorei nach Abzug der kaiserlichen Armee
— Intrigen Ferdinands I. für Höchstetter gegen Fugger in Spanien (Quecksilberstreit)

1528 Kolonialkonzession Karls V. für die Welser in Venezuela
— Entdeckung der Karolinen
— Projekt eines Panamakanals
— Ausbruch der Höchstetterkrise
— Konkurs der Genueser Sauli
— Beteiligung der Welser an den Maestrazgos

1528 Siebenbürgener Salzvertrag der Fugger
— Fugger erleichtert Übertritt des Andrea Doria zu König Ferdinand
— Fuggers Kampf gegen Höchstetter erfolgreich
— Gemeinsame Maestrazgospacht der Fugger und Welser

1529 Ausbreitung des Welserschen Kolonialhandels in Venezuela
— Verhaftung der Höchstetter

1529 Fuggersche Finanzierung der Italienfahrt Karls V.
— Fugger lädt Erasmus nach Augsburg ein
— Fugger unterstützt Verteidigung Wiens gegen die Türken

	Staatengeschichte	Kirchen- und Kulturgeschichte
16. Jahrhundert	1530 Kaiserkrönung Karls V. in Bologna (letzte Kaiserkrönung) — Augsburger Reichstag — Restauration der Medici in Florenz — Deutsche Königswahlabreden Ferdinands — Kardinal Wolsey als englischer Kanzler durch Thomas More abgelöst — Granvella Berater Karls V.	1530 Rückkehr Christians II. von Dänemark zum Katholizismus — Übergabe der „Confessio Augustana" am Reichstag; Katholische „Confutatio"
	1531 Frankfurter Königswahl Ferdinands	1531 Bund der protestantischen Reichsstände („Schmalkaldener Bund"). Annäherung an Bayern — Zwingli fällt zu Kappel
	1532 Türkenfeldzug gegen Ungarn	1532 Religionsfriede von Nürnberg
	1533 Waffenstillstand zwischen König Ferdinand und Sultan Soliman. Dessen Allianz mit Frankreich — Krönung der Anne Boleyn	1533 Tod des Veit Stoß — Tod des Ariost — Rücktritt des englischen Kanzlers Thomas More
	1534 Landgraf Philipp von Hessen besiegt König Ferdinand bei Lauffen — Friede von Kaden. Restauration Württembergs	1534 Gottesstaat der Wiedertäufer in Münster i. W. — Erzbischof von Köln schließt sich der Reformation an — Luther beendet Bibelübersetzung — Ignatius von Loyola gründet in Paris den Jesuitenorden
	1535 Feldzug Karls V. gegen Tunis und Tripolis	1535 Calvin reformiert Genf — Sturz des Wiedertäuferstaates in Münster i. W.

1530 Monopolklage gegen Welser
— Wohltätigkeitsstiftung des Nürnbergers Hans Kleberger in Lyon
— Niedergang der Florentiner Frescobaldi=Gesellschaft

1530 Fuggersche Finanzierung der Deutschen Königswahl Ferdinands I. anläßlich des Augsburger Reichstages vor= bereitet

16. Jahr= hun= dert

1531 Pizarro in Ecuador
— Schuldhaft Ambrosius Höchstetters
— Neue Börse zu Antwerpen eröffnet

1532 Nobilitierung der Wel= ser durch Karl V.

1531 Umfangreiche Handels= konzessionen für Fugger in Chile und Peru. Kolonial= pachtvertrag. Einräumung erb= licher Besitz= u. Ehrenrechte

1532 Aktivierung des Chile= u. Perugeschäfts der Fugger
— Fugger unterstützt Ab= wehrkrieg gegen Türken
— Gesellschaftsvertrag zwi= schen Raymund, Anton und Hieronymus Fugger

1533 Pizarro läßt den Inka= König enthaupten. Spanier gründen Lima

1533 Rückschlag der Fugger= schen Südamerikapläne nach Scheitern einer Kolonialflotte

1534 Kaiserliches Münzpri= vileg für Fugger
— Kriegsunterstützung Öster= reichs gegen Württemberg
— Begünstigung des konfes= sionellen Kampfbundes Kö= nig Ferdinands
— Versuch einer finanziellen Beeinflussung des Kardinal= kollegs im Falle der Papst= wahl
— ff Zuschüsse für eine ka= tholische Restauration in Dä= nemark

1535 Spanier in Californien
— Spanier gründen Buenos Aires

1535 Finanzierung des kai= serlichen Feldzugs gegen Tu= nis und Algier

Staatengeschichte	Kirchen- und Kulturgeschichte
16. Jahrhundert	*1535* Kirchenbann gegen König Heinrich VIII. — Hinrichtung des Thomas More
1536 Karl V. auf Rückfahrt v. Nordafrika in Rom — Türkei und Frankreich gegen Karl V. u. Venedig alliiert — König Christian III. v. Dänemark erobert Kopenhagen	*1536* Tod des Erasmus von Rotterdam — König Gustav Wasa von Schweden schließt sich der Reformation an
1537 Sieg Johann Zapolyas über König Ferdinand bei Esseg — Feldzug Karls V. gegen Frankreich	*1537* Jesuitenmission in Brasilien
1538 Friedensschluß zwischen König Ferdinand und Johann Zapolya — Verständigung zwischen Karl V. und Papst Paul III. in Nizza	

Wirtschafts- und Sozialgeschichte	Geschichte der Fugger	
1535 König Franz I. v. Frankreich verleiht seinem Bankier zu Lyon Hans Kleberger den Titel „le bon Allemand" — Entstehung der Messe von Besançon 1536 Großanleihe Frankreichs an der Börse von Lyon	1535 Abwehr der ungarischen Opposition am Preßburger Reichstag — Tod Raymund Fuggers	16. Jahrhundert
	1536 Bemühungen des Schmalkaldener Fürstenbundes bei Heinrich VIII. gegen Fugger — Beteiligung Fuggers am Negerhandel zwischen Afrika und Amerika — Finanzierung des kaiserlichen Feldzuges gegen Marseille — Erwerb der Reichspflege Donauwörth durch Fugger	
1537 Restauration d. Cosimo Medici durch Karl V. in Florenz — Handelskrieg der Türkei gegen Venedig — Tod des Pompeius Occo in Amsterdam — Richard Gresham beantragt die Errichtung einer Börse in London	1537 Finanzielle Unterstützung der Fugger für König Ferdinand gegen Johann Zapolya und die Türken — Fugger droht mit Rückzug aus Ungarn — Kolonialentschädigungsprozeß der Fugger in Spanien	
	1538 Erneuerung der Fuggerschen Maestrazgopacht in Spanien — Ankauf der Herrschaft Babenhausen durch Fugger — Finanzierung des französischen Feldzugs Karls V. — Verstimmung gegen Ferdinand wegen seiner Annäherung an Ulm in Sachen des Weißenhorner Barchenthandels — Großanleihe Fuggers für Karl V. — Planung einer schwedischen Expansion der Firma — Verlängerung der ungarischen Fugger-Pacht — Fuggers Eingreifen in dänischen Thronstreit	

Staatengeschichte	Kirchen- und Kulturgeschichte
16. Jahrhundert	1539 Karl V. siegt über die innerspanische Opposition der Cortes	1539 König Christian III. von Dänemark schließt sich dem Schmalkaldener Bund der deutschen Protestanten an

1540 Tod Johann Zapolyas. Nachfolge seines Sohnes in Ungarn unter türkischem Protektorat
— Marsch Karls V. durch Frankreich in die Niederlande
— Krieg der Türken mit König Ferdinand

1540 Ergebnisloses Religionsgespräch in Hagenau
— Paul III. bestätigt den Jesuitenorden
— Jesuitenmission in Japan

1541 Regensburger Reichstag. Neue Spannung mit Frankreich
— Sultan erobert Budapest
— Feldzug Karls V. gegen Algier
— Friede zwischen Türkei und Venedig
— Mißerfolg der kaiserlichen Flotte unter Doria vor Nordafrika. Rückzug aus Algier

1541 Calvins Gottesstaat in Genf
— Tod des Paracelsus

1543 Frankreich fördert islamische Seeräuberstaaten im Mittelmeer

1543 Tod des Kopernikus

Wirtschafts- und Sozialgeschichte	Geschichte der Fugger	
	1539 Kriegsanleihe für Karl V. gegen Tunis — Wirtschaftskrise der Fugger in Ungarn. Schwierigkeiten im Barchenthandel — Niederländische und Neapeler Kontrakte Fuggers mit Habsburg 1540 Unterstützung Fuggers für das Religionsgespräch von Hagenau — Ungarische Bergarbeiterunruhen gegen Fugger — Kriegskredite Fuggers an König Ferdinand gegen die Witwe Johann Zapolyas — Kriegsdarlehen Fuggers für Karl V.	16. Jahrhundert
1541 Pizarro ermordet — Französische Zwangsanleihe an der Börse zu Lyon	1541 Unruhen der Bergleute in Schwaz gegen Fugger — Fuggerkredite für König Ferdinand — Verlängerung des ungarischen Fugger-Vertrags Nordeuropäische Kontaktpflege Fuggers zu Heinrich VIII. und Gustav Wasa — Planung eines Fuggerschen Bergwesens in Norwegen — Fuggerzuschüsse für Karl V. nach dem Fehlschlag bei Algier	
1542 Handel der Portugiesen mit Japan — Einrichtung der „Bank von Lyon"	1542 Großanleihe Fuggers an die Habsburger gegen Frankreich und Türkei — Rivalität Fuggers mit Gaspar Ducci in Antwerpen	
1543 Cosimo Medici wird Herzog von Florenz mit Hilfe Karls V. — Vermittlung von Großanleihen in Lyon für König Franz I. von Frankreich durch Hans Kleberger	1543 Mitarbeit Hans Jakob Fuggers in der Firma — Kriegsvorbereitungen der Fugger für Karl V. gegen Frankreich — Textilrivalität Fuggers mit Ulm am Nürnberger Reichstag	

Staatengeschichte	Kirchen- und Kulturgeschichte
16. Jahrhundert	

1544 Speyerer Reichstag gegen König Franz I. von Frankreich wegen Türkenallianz	
— Friede von Crépy zwischen Karl V. und Franz I. Hilfe gegen Türken und deutsche Protestanten zugesagt	
— Heinrich VIII. landet in Calais und erobert Boulogne	
— Französische Flotte vor der englischen Küste	
1545 Wormser Reichstag unter Teilnahme Karls V.	*1545* Eröffnung des Trienter Konzils. Beginn der Gegenreformation
— Frankreich vermittelt Waffenstillstand zwischen König Ferdinand u. d. Sultan	
— Waffenstillstand v. Adrianopel zwischen Karl V., Frankreich und der Türkei	

	1543 Kredite Fuggers zu Feldzügen gegen Frankreich und die Türken	16. Jahrhundert
	— Granvella bei Fugger in Augsburg	
	— Fugger übermittelt englische Subsidien zum Türkenkrieg	
	— Großanleihe der Fugger-Welser für Karl V.	
	1544 Antwerpener Metall- u. Gewürztauschverhandlungen Fuggers mit Portugal	
	— Weißenhorner Barchentausfuhr nach England und Spanien	
	— Steigerung der Fuggerkredite an Karl V. angeblich gegen Türken u. Franzosen, in Wirklichkeit zur Vorbereitung des deutschen Konfessionskrieges	
	— Zuschüsse Fuggers an die englische Armee b. Calais	
	— Kredite Fuggers zum Marne-Feldzug Karls V.	
1545 französische Kronanleihe in Lyon	*1545* Absicht der Fugger zum Rückzug aus Ungarn	
	— Fuggers steigendes Interesse an Kirchenreform und Trienter Konzil	
	— Großanleihe Fuggers für Heinrich VIII.	
	— Annäherung Fuggers an Kardinal Alessandro Farnese	
	— Fuggersche Subsidien für Heinrich VIII. gegen Frankreich. Dagegen Kaiserliche Exportsperre auf Bargeld	
	— Kreditwünsche Karls V. an Fugger zur Vorbereitung des Schmalkaldener Krieges	
	— Großankauf Neapeler Renten König Ferdinands durch Fugger	

Staatengeschichte		Kirchen- und Kulturgeschichte
16. Jahr= hun= dert	*1546* Oberdeutscher Feldzug Karls V. gegen d. Schmalkal= dener Bund	*1546* Religionsgespräch am Regensburger Reichstag — Martin Luther stirbt — Deutscher Konfessionskrieg Karls V. gegen den Schmal= kaldischen Bund
	1547 Sieg Karls V. über den Schmalkaldener Bund bei Mühlberg. Gefangennahme der Oberhäupter des Bundes — Tod Franz I. v. Frankreich. Nachfolger: König Heinrich II. — Tod Heinrichs VIII. v. England. Nachfolger: Eduard VI.	*1547* Verlegung des Trienter Konzils wegen des Krieges nach Bologna

1546 Portugiesen in Japan
— Fehlschlag des Welser=Unternehmens in Venezuela
— Tod des deutschen Großbankiers zu Lyon Hans Kleberger

1547 Tod des Cortez

1546 Kriegskredite Fuggers an Karl V. zum deutschen Konfessionskrieg
— Fortdauer der Darlehensgeschäfte Fuggers mit Heinrich VIII. unter Bürgschaft der Stadt London
— Aussprache Karls V. mit Anton Fugger in Donauwörth
— Gesteigerte Kriegsanleihen der Fugger und Welser für Karl V.
— Erweiterung der spanischen Fugger=Verträge
— Verlegung der Fuggerschen Zentrale von Augsburg nach Schwaz wegen des Schmalkaldener Krieges
— Fortdauer der Subventionen der Gesellschaft an Karl V. Trotzdem planmäßige Friedenspolitik Anton Fuggers

1547 Anton Fugger vermittelt Aussöhnung Augsburgs mit Karl V. in Ulm
— Fugger erleichtert Kontributionszahlung Augsburgs durch Darlehen
— Fortsetzung der Kriegskredite Fuggers für Karl V.
— Fuggerfaktoren begleiten den mitteldeutschen Feldzug Karls V. gegen die Schmalkaldener
— Fuggerdarlehen an Karl V. nach dem Sieg von Mühlberg
— Neapeler und Tiroler Fugger=Verträge mit König Ferdinand
— Abbau des ungarischen Fuggerhandels
— Russische Unterhändler in Augsburg
— Angebliche Verbrennung kaiserlicher Schuldscheine durch Fugger

16. Jahrhundert

Staatengeschichte	Kirchen- und Kulturgeschichte
16. Jahrhundert	*1548* Steigende deutsche Opposition gegen Karl V. — Augsburger Reichstag	*1548* Versuch eines kaiserlichen Kirchenkompromisses (Interim) scheitert
	1549 Ausdehnung König Ferdinands nach Siebenbürgen	*1549* Tod Papst Pauls III.

1548 Kommunale Reaktion in Augsburg auf Befehl Karls V.	1548 Ausbau des Tiroler und Kärntener Fuggerhandels	16. Jahr= hun= dert

1548 Ausbau des Tiroler und Kärntener Fuggerhandels

— Pünktliche Schuldentilgung der Tudor an Fugger

— Portugiesischer Messingvertrag der Fugger zu Lieferungen nach Westafrika (Benin)

— Ungarisches Kupferabsatzkartell der Fugger und Manlich

— Fuggersche Handelsverträge mit König Eduard VI. von England

— Fugger=Anleihen für die Niederlande

— Mitwirkung der Fugger bei Rekatholisierung und Verfassungsreform Augsburgs

— Verkauf der Fuggerwerke in Hohenkirchen u. Fuggerau

— Fugger=Subvention für militärische Verteidigung Antwerpens

— Ausdehnung des Fuggerschen Herrschaftsbesitzes nach dem Elsaß

— Verhandlungen über Verkauf der Pfalzgrafschaft Neuburg durch den Herzog von Alba an Fugger

— Aufbau des Fuggerschen Fideikommisses begonnen

— Auslösung des Tiroler und Kärntener Handels aus der Fugger=Gesellschaft

1549 Sächsisches Zinnhandelsprojekt der Fugger

— Herrschaftsankäufe der Fugger in Süditalien aus dem Besitz der Medici

— Verstimmung zwischen Fugger und Spanien

— Wiederaufnahme der Fuggerschen Anleihepolitik gegenüber König Eduard VI.

| Staatengeschichte | Kirchen= und Kulturgeschichte |

16. Jahr=
hun=
dert

1550 Belagerung Magdeburgs durch Kurfürst Moritz v. Sachsen im Auftrag Karls V.
— Mißerfolg Karls V. vor Algier gegen den Sultan

1550 Papstwahl Julius III.
— Rückverlegung des Konzils von Bologna nach Trient
1550 Jesuiten in Tibet und Mongolei

1551 Siebenbürgener Feldzug gegen den Türken
— Geheimbund der deutschen Fürstenopposition mit Frank= reich gegen Karl V.
— Italienischer Feldzug König Heinrichs II.

1552 Deutscher Fürstenauf= stand gegen Karl V. Ein= marsch in Schwaben und Ti= rol. Karls V. Flucht
— Passauer Kompromiß zwi= schen Kaiser u. fürstlicher Opposition
— Haftentlassung d. Schmal= kaldener Fürsten
— Offensive Heinrich II. von Frankreich gegen d. Reich
— Verständigung Karls V. mit Markgraf Albrecht Alcibiades v. Brandenburg

1552 Tod des Jesuitenmissio= nars Franz Xaver in Goa

	1549 Anton Fugger trennt sich vom spanischen Geschäft Dieses wird durch die Neffen fortgesetzt	16. Jahr= hun= dert
	— Absicht zur Auflösung der Fuggergesellschaft	
1550 Ehe der Philippine Wel= ser mit Erzherzog Ferdinand von Österreich	1550 Anton Fuggers zweites Testament	
1550 Venezuela wieder in spa= nischer Verwaltung	— Verhandlungen der Habs= burger im Augsburger Fug= gerhaus über die Nachfolge im Kaisertum	
— Tod des Erasmus Schetz. Nachfolger: Gaspar Schetz	— Zuschüsse Fuggers an Kur= fürst Moritz v. Sachsen zur Belagerung Magdeburgs	
	1551 Portugiesische Schiff= fahrtspläne Fuggers	
	— Fuggerdarlehen an Habs= burg in Österreich, den Nie= derlanden und Italien	
	— Weitere Beihilfe Fuggers auf Geheiß Karls V. für die Armee vor Magdeburg	
	— Fuggerdarlehen für Herzog Cosimo Medici	
	— Fuggeranleihe für König Eduard VI.	
1552 Überquerung des Stillen Ozeans von den Philippinen nach Südamerika	1552 Fugger=Zuschüsse für die Sicherheit des Konzils	
— Thomas Gresham wird eng= lischer Finanzagent zu Ant= werpen	— Aufruhrtendenzen in Schwaz gegen Fugger	
	— Anton Fugger begleitet Karl V. auf der Flucht von Innsbruck nach Kärnten	
	— Großdarlehen Fuggers für Karl V. (Villacher Asiento)	
	— Vermittlung Fuggers zur Aussöhnung Augsburgs mit Karl V.	
	— Fuggerdarlehen für Eduard VI.	
	— Enge Zusammenarbeit des Antwerpener Fuggerfaktors Örtel mit den Niederlanden und Spanien	
	— Fuggerzahlungen an Karl V. zur Belagerung von Metz	

| Staatengeschichte | Kirchen- und Kulturgeschichte |

16. Jahrhundert

1553 Krieg deutscher Fürsten gegen Markgraf Albrecht Alcibiades v. Brandenburg. Kurfürst Moritz v. Sachsen fällt als Sieger b. Sievershausen
— Fehlschlag der Belagerung von Metz durch Karl V.
— Tod Edwards VI. Nachfolgerin: Königin Mary v. England

1553 Lukas Cranach stirbt
— Rekatholisierung Englands unter Königin Mary

1554 Philipp, Sohn Karls V., König von Neapel und Herzog von Mailand
— Philipp mit Königin Mary von England vermählt

1555 Augsburger Reichstag unter König Ferdinand
— Siena kapituliert vor der kaiserlichen Armee

1554 Fortschritte der englischen Gegenreformation unter dem Einfluß Philipps von Spanien

1555 Augsburger Religionsfriede. Kompromiß der konfessionellen Parteien. Protest von Kaiser und Papst

	1552 Unterstützung Cosimo Medicis durch Fugger gegen Frankreich — Ankauf niederländischer Rentmeisterbriefe durch Fugger zur Hilfe gegen Frankreich	16. Jahrhundert
1553 Englische Kaufleute in Archangelsk. Wirtschaftsbeziehungen des Zaren Iwan mit Königin Mary — Rückgang der Hanse — Erschließung der spanischen Silbervorkommen in Guadalcanal	1553 Großanleihe Fuggers über Antwerpen an Karl V. — Unterstützung Herzog Cosimos Medici gegen Siena durch Fugger — Ernste Vertrauenskrise zwischen Fugger und den spanischen Ratgebern Karls V. — Unterstützung Braunschweigs durch Fugger gegen Brandenburg — Finanzielle Förderung des Eheprojektes Philipps II. von Spanien mit Königin Mary von England durch Fugger — Enttäuschung Fuggers über seine Zurücksetzung in der Frage spanischer Silbergruben bei Guadalcanal	
	1553/55 Reise des ehemal. Fuggerfaktors Hans Dernschwam in die Türkei	
1555 Großanleihe („Grand parti") König Heinrichs II. an der Lyoneser Börse wegen des Sieneser Krieges	1555 steigende Spannung zwischen Fugger und den Königen Ferdinand und Philipp II. — Unterstützung der fränkischen Territorien gegen Markgraf Albrecht Alcibiades v. Brandenburg — Weitere Zuschüsse Fuggers für Cosimo Medici gegen Siena — Angespannte Vermögenslage der Fugger in den Niederlanden. Versagen des Faktors Örtel — Konkurrenzkampf Fuggers in Augsburg gegen den	

16.
Jahr=
hun=
dert

1556 Waffenstillstand zwi=
schen Karl V. und Heinrich II.
v. Frankreich
— Abdankung Karls V. zu=
gunsten Ferdinands I.

1557 Sieg der Niederländer u.
Engländer über Frankreich bei
St. Quentin
— Philipp II. übergibt Siena
an Cosimo Medici
— Feldzug Spaniens gegen
den Kirchenstaat

1558 Maximilian (II.) König
von Böhmen
— Sieg der Spanier b. Grave=
lingen über Frankreich
— Tod der Königin Mary.
Nachfolgerin: Königin Elisa=
beth v. England
— Parteinahme Philipps II.
für Maria Stuart gegen Kö=
nigin Elisabeth
— Tod Karls V.

1556 Tod des Ignatius von
Loyola

1557 Protestantenverfolgung
in Paris
— Erbauung des Escorial
durch Philipp II.

1558 Ermordung des Würz=
burger Fürstbischofs
— Bruch der Kurie mit Köni=
gin Elisabeth

	Frankfurter Josef vom Goldenen Schwan — Abbau der schwäbischen Barchentproduktion Fuggers — Trübung des Fuggerschen Verhältnisses zu Österreich, Spanien, den Niederlanden u. in Italien	16. Jahrhundert
	1556 Großanleihe Fuggers für Philipp II. in Italien u. den Niederlanden — Attentatsplan gegen Anton Fugger — Spanische Verschuldung der Fugger unter dem Einfluß Hans Jakob Fuggers	
1557 Spanischer Staatsbankrott — Französischer Staatsbankrott	*1557* Eigenmächtige Großanleihen der Antwerpener Fugger=Faktorei an Philipp II. — Annäherung des russischen Zaren an die Gesellschaft — Abbau der Gesellschaft erwogen — Minderung der spanischen Investitionen — Silberbeschlagnahme Philipps II. bei den Fuggern in den Niederlanden — Entlassung des Antwerpener Faktors Örtel — Verlegung der Fuggerschen Barchentproduktion nach Schwaz — Neue Fugger=Kredite f. Philipp II. — Bergbauversuche der Gesellschaft in der Toskana	
	1558 Wachsende Entfremdung zwischen Habsburg und den Fuggern — Erschwerung des Idrianer Quecksilbergeschäfts durch die Regierung	

Staatengeschichte	Kirchen- und Kulturgeschichte
16. Jahrhundert 1559 Friede von Cateau-Cambrésis zwischen Philipp II., Heinrich II., Königin Elisabeth und Maria Stuart — Tod Heinrichs II. v. Frankreich. Nachfolger: König Franz II. — Tod Christians III. v. Dänemark. Nachfolger: König Friedrich II.	1559 Schweizer Gegenreformation (Tschudi) — Petrus Canisius beginnt sein Augsburger Wirken — Beginn der französischen Gegenreformation — Rückkehr Englands zur Reformation — Tod Papst Pauls IV. Nachfolger: Pius IV. (Medici)
1560 Franz II. und seine Gattin Maria Stuart verzichten auf England und Irland — Tod Franz II. v. Frankreich. Nachfolger: König Karl IX. unter Regentschaft der Katharina Medici — Tod Gustav Wasas. Nachfolger: König Erich XIV. v. Schweden. Englische Heiratspläne	1560 Tod Philipp Melanchthons

	1559 Annäherung der Königin Elisabeth von England an Fugger	16. Jahrhundert
	— Vorbereitung des Schweizer Tschudikrieges am Augsburger Reichstag in Fühlung mit Fugger	
	— Fehlschlag eines Verständigungsversuches zwischen Fugger und Ferdinand I.	
	— Aktivierung der Fugger auf der Antwerpener Börse. Darlehen an Königin Elisabeth	
	— Begünstigung von Heiratsplänen der Habsburger mit Königin Elisabeth durch Fugger	
	— Vorbereitung des Rückzugs der Firma aus Tirol	
	— Gewürzhandel der Fugger über Venedig	
	— Beteiligung Fuggers am ungarischen Viehhandel	
	— Unterstützung einer Rekatholisierung Schweizer Orte durch Fugger. Verstimmung Zürichs	
	— Petrus Canisius in Fühlung mit den Fuggern	
1560 Cosimo Medici wird Großherzog der Toskana	1560 Verhandlungen der Fugger wegen einer Wiederübernahme des ungarischen Metallhandels	
— Kampf der Spanier und Genuesen um Tunis		
— ff. Überseeschiffahrt und Orienthandel des Augsburgers Melchior Manlich	— Bewußte Eingliederung der Familie' und Gesellschaft in die europäische Gegenreformation	
— Verbesserung der englischen Münze auf Betreiben Thomas Greshams	Fuggerkredite für Ferdinand I., Philipp II. und Maximilian II.	
	— Letztes Testament und Tod Anton Fuggers	

VERZEICHNIS DER ABBILDUNGEN

Albrecht Dürer, Jakob Fugger (Bayerische Staatsgemäldesammlung München). (Titelbild, mit frdl. Genehmigung des Verlags Hermann Rinn, München wiedergegeben).

Augsburger Weber, Holzmodell des 17. Jahrhunderts im Besitz des Verfassers (phot. Stadtbildstelle Augsburg).

Erster Eintrag des Hans Fugger im Augsburger Steuerbuch 1367 (Stadtarchiv Augsburg; phot. Stadtbildstelle Augsburg).

Fuggersches Webstück 1461 (Bayerisches Nationalmuseum München).

Wappenbrief Kaiser Friedrichs III. für die Fugger von der Lilie 1473 (Fuggerarchiv Dillingen; phot. I. Vogel).

Venedig, Fondaco dei Tedeschi (nach Stichen von R. Custos, 1651).

Fugger=Gebetbuch um 1500 (Fst. Fugger=Glött, Schloß Kirchheim/Schwaben; phot. I. Vogel).

Jakob Fugger und sein Hauptbuchhalter Matthäus Schwarz (Herzog Anton Ulrich-Museum in Braunschweig, Kostümbiographie des Matthäus Schwarz).

Wolfgang Kilian, Fuggerei. Ausschnitt aus dem Augsburger Stadtplan von 1626 (phot. I. Vogel).

Ältester Brief König Karls von Spanien (Kaiser Karls V.) an Jakob Fugger zur Eröffnung der Finanzverhandlung über die Kaiserwahl 1519 (F. u. G. Fuggersche Stiftungen Augsburg; phot. I. Vogel).

Hans Maler, Faktor Wolf Ronner, Schwaz (Bayerische Staatsgemäldesammlung München).

Depotquittung Jakob Fuggers über die Wechsel zur Kaiserwahl Karls V. 1519 (German. Nat. Museum Nürnberg, phot. I. Vogel).

Albrecht Dürer, Raymund Fugger (Hess. Landesmuseum, Darmstadt).

Anton Fuggers eigenhändiges Abschlußblatt zur Gesellschaftsinventur 1527 (Fuggerarchiv Dillingen; phot. I. Vogel).

Hans Maler, Anton Fugger 1525 (Staatl. Kunsthalle, Karlsruhe).

Meerenge des Magalhães, Darstellung im Atlas des Markus Fugger (Marit. Museum, Greenwich).

Börse von Antwerpen 1531, Kupferstich (im Besitz des Verfassers; phot. Stadtbildstelle Augsburg).

Dirk Jakobsz, Faktor Pompeius Occo, Amsterdam (Sammlung von Pannwitz; phot. I. Vogel).

Brief Kaiser Karls V. (mit Gegenzeichnung des F. de Erasso) an Anton Fugger 1552 (Fuggerarchiv Dillingen; phot. I. Vogel).

Bucheinband mit Lederprägung des Markus Fugger um 1560 (Schloßbibliothek Harburg; phot. Hirsch, Nördlingen).

Jak. Seisenegger (früher Tizian zugeschrieben), Georg Fugger um 1541 (Schloß Oberkirchberg; phot. Bayerische Staatsgemäldesammlungen München).

Christoph Amberger, Christoph Fugger 1541 (Bayerische Staatsgemälde=
sammlungen, München).

Schloß Oberkirchberg bei Ulm a. D. 1555 (Bayerische Staatsbibliothek
München).

Fuggersche Grabkapelle bei St. Anna, von Sebastian Loscher, Grabmäler der
Georg und Ulrich Fugger (nach Entwurf von Albrecht Dürer; phot. I. Vogel).

Wendel Dietrich, Decke des Zedernsaales in Schloß Kirchheim 1585 (Fst.
Fugger=Glött, Schloß Kirchheim; phot. I. Vogel).

*Alexander Colin — Hubert Gerhard, Grabmal des Johannes Fugger in der
Schloßkirche zu Kirchheim 1586* (Fst. Fugger=Glött, Schloß Kirchheim; phot.
I. Vogel).

*Emanuel Stenglin, Huldigung vor Kaiser Leopold I. 1659 vor dem Fugger=
haus am Augsburger Weinmarkt* (Städtische Kunstsammlungen Augsburg;
phot. I. Vogel).

ABBILDUNGEN IM TEXT

*Fugger=Wappen in dem Antikenwerk von P. Apian und B. Amantius
von 1534* (Titelblatt).

Kaufmann, Holzschnitt von Hans Weiditz (phot. I. Vogel). (Seite 24).

Ostindienfahrt des Balthasar Sprenger im Auftrag der Fugger, Welser,
Höchstetter und anderer Kaufherren 1505/06, Holzschnitt des Jörg Glocken=
don nach Hans Burgkmair d. Ä. (F. u. G. Fuggersche Stiftungen Augsburg;
phot. I. Vogel). (Seite 70.)

Johannes Eck, Bericht über die Zinsdisputation zu Bologna 1515, Titelblatt
mit eigenhändiger Widmung des Verfassers an Jakob Fugger (Fst. Fugger=
Babenhausen, Schloß Babenhausen; phot. I. Vogel). (Seite 116).

*Eigenhändige Briefanschrift Anton Fuggers aus Rom an Jakob Fugger mit
dessen Empfangsvermerk von 1519 und Handelsmarke der Gesellschaft.*
(Fuggerarchiv Dillingen; phot I. Vogel). (Seite 246.)

Cyprian Leovitius, Horoskop Jakob Fuggers (Fuggerarchiv Dillingen; phot.
Stadtbildstelle Augsburg). (Seite 276.)

Erasmus von Rotterdam, Buchwidmung an Anton Fugger 1533 (Fuggerarchiv
Dillingen; phot. I Vogel). (Seite 302.)

REGISTER

A
(Z = Zeittafel)

Aachen 137, Z 353
Acciaiuoli 26
Adrianopel 219
Aerschot 227
Afrika (Afrikaner) 12, 64, 166, 222, 240, 259, 325, Z 343, 360 — siehe auch Nord=, Westafrika
Agnadello (Cremona) 103, Z 348
Alba, [Fernando Alvarez de Toledo] Herzog von 183, 214, 215, 217, 225, 226, 237, 248, 254, 266, 267, 309, 318, Z 369
Albuquerque, [Alfonso d'] Z 349
Alemannen 14, 16
Alemannien 47, 90
Alexandria 144, 265
Algier 176, 193, Z 349, 359, 362, 370
Allgäu 181, 236, 248
Almaden (Ciudad Real) 149, 160, 165, 183, 242, 255, 258, 292, 293, 320
Almagro (Ciudad Real) 149, 165, 192 — Kirche 269
Almagro, [Diego d'] 177
Almeida, Francesco d' 96, Z 349
Altötting 313
Altsohl (Slowakei) 291
Amberger, Christoph 181
Amerika 65, 96, 169, 174, 180, 181, 229, 235, 238, 242, 244, 250, 251, 254, 283, 284, 301, 324, 331, Z 345, 347, 361 — (s. a. Ibero=, Mittel=, Süd=, Südwest=A.)
Amsterdam 58, 78, 111, 119, 170, 176, 185, 199, 291, Z 342, 361
Angola Z 343
Antwerpen 31, 35, 46, 73, 78, 104, 111, 112, 119, 121, 131, 158, 160, 165, 167, 170, 176, 185, 192, 194, 195, 197, 200, 201, 208—210, 213, 221, 222, 225—229, 232, 233, 235, 237—241, 245—241, 248—251, 254, 255, 258, 259, 262, 264, 271, 273, 283, 291, 292, 307, 309, 310, 332, 333, Z 339, 355, 359, 365, 369, 371, 373, 375, 377
Aosta 82
Apennin 90
Apulien 188
Aquila [degli Abbruzzi] 184
Araber 64, 166, Z 346
Aragon 84, 104, Z 342, 344, 348 — König Ferdinand 61, 64, 74, 91,
Z 340, 344, 346, 348, 350 — Katha= rina Z 348 — Kardinal Ludwig 121, 122
Arc, Jeanne d' 30, Z 338
Archangelsk 245, Z 373
Ariost, [Ludovico] Z 358
v. Armerstorf, Paul 128
Arnoldstein 77
Arras 201, 212, 217
Artzt 89, Z 347
Asien (s. a. Klein=, Süd=A.) 10, 65, 222, 330
Auch (Cers) 82
Auer 68, Z 345
Augsburg 7, 9, 11, 12, 14—21, 23, 25, 26, 28—32, 36, 37, 39, 42—49, 52, 60, 68, 69, 74—76, 79, 86, 91, 92, 95, 98, 100, 104, 106, 114, 119, 123, 125—127, 131, 132, 138, 141, 146, 148, 149, 153, 156, 165—168, 171—174, 176, 177, 180, 181, 195, 196, 202, 207, 208, 210, 212—224, 227, 229, 231, 233—235, 237, 239, 240, 242, 247, 248, 250, 253—255, 257, 259, 262—264, 270, 273, 274, 277, 278, 286, 287, 290, 297, 299—304, 306, 313, 317, 319, 320, 323—325, 328, Z 337, 341, 347, 348, 351, 355, 357, 358, 359, 365, 367, 368, 369, 371, 372, 376 — Ausgrabungen 13 — Bischöfe 15—22, 25, 32, 181, 269, 298, Sintpert 16, Hl. Ulrich 10, 17, Otto [Truchseß v. Waldburg] 217, 220, 224, 231, 261, 263 — Bistum 16, 82, 332 — Brunnen 9, 10 — Bürgermeister 20, 40, 49, 196, 215, 220, 224, 308 — Domkapitel 17, 25, 32, 45, 181, 269, 314, 332 — Drucker 139 — Fuggerei 299, 301, 313, 322—325, 333, Z 351, 353, 355, 357 u. f. — Geheimer Rat 230 — Geschlechter 18—23, 25, 26, 29, 31, 55, 69, 184, 280, 304, 314, Z 341, 343 — Industrie= und Handelskammer 219 — Kirchen und Pfarreien 225, Dom 10, 11, 17, 18, 27, St. Afra 16, 17, St. Anna 298, 324, 330, 332, Z 349, St. Markus 300, 325, St. Moritz 46, 107, 153, 156, 181, 298, 301, St. Peter 18, St. Ulrich 10, 27, 46, 298, 319 — Klöster und Orden 17, 19, 181, Jesuiten 269, 313, Prediger 298, St. Anna 144, Sternkloster 25 — Perlachturm 18, 299 — Rathaus 9, 10, 20, 25, 299 — Religionsfrieden 243, 249, 250, Z 372

380

— Schulen 51 — Stadtarchiv 328
— Stadtrat 144, 209, 211, 224 —
Stadtrecht 19 — Stadtschreiber 85
— Straßen und Plätze: Reichs=
straße 27, 46, 303, Rindermarkt
303, Z 345, Römerstraße 16, Wein=
markt 303, 322 — Jakober Vor=
stadt 299 — Zünfte 9, 22, 23, 25—
28, 31, 32, 38, 47, 69, 215, 224,
286, 287, Z 337, 341
Augusta Vindelicorum 11, 14, 16
Augustus (Kaiser) 9, 10
Austria, Don Juan d' 314
Avignon (Vaucluse) Z 336
Azincourt Z 336
Azoren Z 339

B
siehe auch P

Babenhausen (Illertissen) 185, 226, 274, 306, 323, Z 361
Baden 63, 73
Bayern 10, 11, 57, 62, 73, 97, 98, 113, 114, 159, 171, 209, 227, 239, 252, 269, 306, 308, 309, 323, Z 358 — Herzog Albrecht V. 258, 269, 307, 308, 330 — König Ludwig I. 219, Ludwig III. 323, Landtag 324 — Reichsrat 323
Baiern (Volk) 16, 58, 59, 62
Bayreuth 324
Balkan 10, 11, 47, 67, 86, 115, 141, 151, 163, 164, 187, 190, 194, 200, 202
Baltikum 49, 109, 111, 142, 185, 189, 291, Z 351
Bamberg 77, 240
Barcelona 233, Z 356
Bardi 26, 297, Z 337
Basel 50, 92, 192, 215, 263, 313, Z 338
Bäsinger 42, 43, Z 339
Bauernkrieg 150, 151, Z 347, 351, 355
Baumgartner 157, 214
Beauvais 82
Behaim, Martin 64, 71, 169, 270, Z 343
Belfort 230
Belgien 34, 37, 49, 181, 309
Belgrad 196, Z 336, 352
Bellini, Giovanni 49
Bellinzona 90
Belt 109, 183
Benin 222, 259, Z 369
Berlin 129
Besançon 197, Z 361
Biberbach (Wertingen) 304
Bibersburg [Vereskew] (Slowakei) 305
Bisignano 86

Byzanz 17, 67, 309
Blois 105, Z 348
Bodensee 248, 306
Böhmen 26, 47, 60, 77, 83, 91, 114, 141, 145, 159, 161, 165, 179, 182, 192, 197, 198, 211, 213, 216, 223, 225—227, 230, 283, 288, 291, Z 356, 374 — siehe auch Nordböhmen
Boleyn, Anna Z 358
Bologna 90, 107, 114, 166, 218, Z 351, 358, 366, 370
Borgia (Familie) 85, 86, 90, Z 344
Borromäus [Borromeo], Carl [Graf] 271, 315
Bosporus 163
Boulogne=sur=mer 62, Z 364
Bozen 33, 150, 290
Brabant 37, 231, 239, 321
Brandenburg (s. a. Hohenzollern, Mainz, Zollern) 121, 122, 124, 125, 128, 132, 189, 194, 198, 201, 235, Z 354, 373
Brandenburg=Kulmbach, Markgraf Albrecht Alcibiades 201, 235, 236, 238—241, 243—245, 250, 253, 254, 262, Z 372, 373
Brandenburg (Ulm) 186
Brasilien 156, Z 347, 360
Braunschweig 218, Z 373 — Hzg. Heinrich d. J. 191, 195, 203, 241
Bremen 205, 210, 213
Brenner 33
Brescia 107, 118
Breslau 56, 67, 68, 156, 254, 278, 282, 291, Z 345
Bretagne 46 — Hzgn. Anna 61
Breu, Jörg 298, 304
Britannien 10
Brixen 82 — Erzbischof Melchior v. Meckau 71, 72, 79, 80, 82, 84, 102 —104, 107, 108, 125, 169, 280, 281, 298, 332, Z. 347, 349
Brueghel, Pieter d. Ä. 301
Brügge 31, 35, 58, Z 339, 344
Brunelleschi, [Filippo] 46
Brünn 330
Brüssel 165, 168, 176, 237, 239, 245, 248, 251—253 — Staatsarchiv 328
Buckingham 58
Budapest 47, 142, 151—153, 156, 158, 164, 167, 188, 190, 192, 193, 291, Z 16, 17, 23
Buenos Aires 161, Z 359
Burgau (Günzburg a. d. Donau) 167, 196, 306
Burgkmair, Hans 303, 304
Burgos 147
Burgund 34, 46, 47, 50, 58, 95, 120, 129, 131, 231, 239, Z 341, 345 —

381

Herzöge: Karl der Kühne 36, 46, 47, 49—51, 92, 93, 95, 202, Z 340, 342, 349, Philipp der Gute 46, Maria 47, 50, 56, 58, Z 342
Burgwalden 306

C
siehe auch K, Z

Cabot, Sebastian 152
Cabral, [Pedro Alvarez] Z 347
Caen 46
Caesar, C. Julius 10
Cahors (Lot) 82
Cajetan [Thomas Jacob de Vio von Gaeta] 138, Z 352, 353
Calais 199, 203, 260, Z 364
Calvin, [Johannes] Z 359, 362
Cambrai 101, 104, 197, 233, Z 348, 356
Canisius, Petrus 224, 265, 268, 269, 313, 317, 332, Z 376
Cao, Diego Z 343
Caraffa 249, 261
Caravajal, Bernardino 98
Cateau=Cambrésis 265, Z 376
Cavalli Z 343
Centurione 162, 191, 320, Z 345
Chaireddin Barbarossa Z 354
Chièvres 128
Chigi Z 345
Chile 170, 177, Z 359
China 65, Z 345
Claudius 11
Cles, Bernhard von, s. Brixen
Cobos, de los 208
Cochläus s. Dobeneck
Coeur, Jacques 30, Z 337, 338
Cognac (Charente) Z 354
Colin, Alexander 312
Cortez, [Fernando] Z 353, 367
Corvinus s. Ungarn (Könige)
Courteville, Jean de 123, 124
Cranach, Lukas Z 372
Crépy [=en=Lannois] 199, 200, Z 364
Croy, Wilhelm von 128
Cromwell, Thomas 171

D
siehe auch T

Dänemark 111, 142, 146, 176, 181, 183—189, 191, 194, 198, 291, 316, Z 351, 359, 362 — Könige: Christian II. 111, 145, 170, Z 352, 358, Christian III. 182, 183, 185, 189, 190, 198, Z 360, 362, 376, Friedrich II. 316, Z 376
Danzig 78, 109, 111, 176, 192, 291, 329
Dardanellen 219

Daucher 298, 330
Dernschwam, Hans 163, 242, 282, 329, 333, Z 373
Deutsche 56, 65, 68, 92, 125, 142, 156, 180, 197
Deutsches Reich, Deutschland 21, 22, 44, 47, 50, 55, 61, 64, 69, 82, 90, 91, 96, 112, 115, 118, 119, 121, 122, 124, 127—131, 135, 142, 145, 147, 148, 150, 153, 157, 167, 171, 180, 184, 186—190, 194, 195, 197, 207—210, 232, 235, 241—244, 260, 263, 265, 274, 298, 301, 312, 315, 320, 323, 324, Z 372 — Reichskammergericht Z 356 — Reichstage 47, 63, 74, 86, 91, 97, 99, 104, 110, 121, 123, 124, 138, 139, 145, 148, 149, 166, 167, 171, 195, 197, 198, 201, 202, 207, 208, 220, 222, 231, 240, 242, 243, 248,—250, 262, 263, 321, Z 346, 348, 350, 352, 353, 354, 355, 356, 358, 359, 361, 363, 364, 366, 368, 372, 377 — Zeitungswesen 293 — s. a. Mittel=, Nieder=, Nord=, Nordost=, Ober=, Ost=, Süd=, Südwest=, Westdeutschland
Deutsche Kaiser und Könige: Karl der Große 16 — Friedrich I. Barbarossa 19 — Karl IV. Z 336 — Friedrich III. 32, 36, 42, 46—48, 60, 66, 106, Z 338, 340, 342, 344 — Maximilian I. 32, 38, 39, 47, 48, 56, 58, 60—92, 95—115, 118—128, 132, 134, 136, 139, 140, 169, 174, 175, 179, 256, 267, 293, 304, Z 342 u. f. — Karl V. 83, 106, 121—152, 159, 162, 166—176, 179—226, 229—253, 256, 259, 262, 264, 267, 268, 292, 294, 317, 320, 330, 332, Z 353 u. f., 370 u. f. — Ferdinand I. 175, 176, 180—188, 192—198, 200—204, 210, 213, 216—220, 223, 227—232, 235—240, 244—253, 258—267, 272, 332, Z 358, 359 u. f., 365, 368, 372, 374, 377 — Maximilian II. 223, 229, 265, 272, Z 374, 377 — Rudolf II. 318 — Franz II. 323
Deutscher Bund, Bundestag 324
Deutscher Orden 34, 111, 314, Z 336
Diaz, [Bartholomeo] Z 343
Diesel, [Rudolf] 323
Dietrich, Wendel 311
Dillingen 122 — Fuggerarchiv 324, 328 — Universität 227, 231
Dilln (Slowakei) 68
Diocletian (Kaiser) 15
Dobeneck=Cochläus, Johannes 142
Donau 10, 58, 164, 180, 195, 209, 211, 225, 226, 296, 306, 325

Donauwörth 180, 197, 207, 211, 212, 226, 230, 234, 235, 239, 306, Z 361, 367
Doria, Andrea 162, Z 357, 362
Dorpat 110
Drake, Francis 318
Dreißigjähriger Krieg 295, 316, 331
Dresden (Landeshauptarchiv) 329
Drusus 10, 11
Ducci, Gaspar 191, 194, 212, 223, Z 363
Dürer, Albrecht 39, 298, 304, Z 353, 356

E

Eck, Dr. Johannes 113, 114, 138, 157, 190, 191, 332 Z 351
Ecuador Z 359
Egmont, [Lamoral] Graf, 255, 256, 261
Ehrenberger Klause (Reutte) 236
Eichstätt 63
Ellwangen, Fürstpropstei 322
Elmina 259
Elsaß 207, 221, 223, 225, 306, Z 369
England (Engländer) 18, 26, 34, 35, 46, 47, 52, 58, 62, 69, 72, 78, 109, 112, 118—120, 137, 144—146, 158 —160, 165, 166, 173, 180, 181, 185, 187, 193, 195, 197—202, 204, 206, 207, 209—212, 214, 215, 225, 229, 231, 237, 241, 242, 244, 247, 249, 251, 259, 261, 263, 264, 268, 287, 291, 306, 307, 318, 325, 329, Z 339, 340, 353, 354, 365, 371, 372, 373, 374, 376, 377 — Hosenbandorden 92 — Könige: Heinrich V. Z 336, Eduard IV. 46, 50, 92, Z 341, Heinrich VI. 46, Richard III. 52, 58, Heinrich VII. 61, 102, 104, Z 344, Heinrich VIII. 115, 118— 120, 126, 137, 174, 179, 192, 197— 203, 206—210, 222, 241, Z 348, 350, 352, 360, 363, 365, 366, Eduard VI. 218, 223, 227, 231—234, 237, 240, Z 366, 369, 371, Maria [I.] 240, 241, 243—250, 253, 255, 261, 262, Z 372, 374, Elisabeth [I.] 262—264, 267, 268, 272, 318, Z 374, 376
Erasmus [Desiderius gen.] von Rot= terdam 162, 174, 196, 205, 207, 294, 332, Z 357, 360
Erasso, Franzisco (de) 202, 212, 235, 241—243, 248—251, 253—256, 266, 307, 320
Erfurt 231, 291
Ermland, Bischof Stanislaus Hosius von 271
Eschay, Jakob 311

Escorial 311, Z 374
Estland 123
Etsch 58, 120
Europa 17, 30, 32, 36, 42, 46—50, 54, 55, 60, 64, 67, 84, 86, 90, 96, 102, 104, 114, 115, 118, 121, 124, 125, 128—130, 144, 153, 160, 162, 166, 168, 174—177, 180—183, 194—196, 236, 245, 247, 248, 251, 261, 264, 265, 269, 274, 278, 283, 294—296, 300, 309, 317, 320—323, 328, 329, Z 377 — Europarat 324 — siehe auch Mittel=, Nord=, Nordost=, Nordwest=, Ost=, Süd=, Südost=, Südwest=, West=E.

F

siehe auch V

Farnese 175, 188, 189, 198, 201, 212, Z 365
Fär=Öer 110
Fernandez, Diego 65
Feuerland 169
Flandern 58, 59, 193, 231, 236, 239, 242
Florenz 26, 28, 30, 46, 49, 52, 60, 74, 81, 82, 90, 93, 125, 137, 154, 162, 207, 234, 239, 240, 248, 249, 272, 290, 298, 299, Z 337, 338, 339, 343, 344, 346, 354, 358, 361, 363 — (Groß)herzog Cosimo I. 227, 233, 239, 249, 251, 255, 297 — Archive 328
Florida Z 351
von der Flüe, Nikolaus 93, Z 342
Fornari 132, 162
Franken 46, 49, 55, 71, 78, 110, 146, 169, 180, 235, 245, 270, 289, Z 373 — (Volk) 16, 64, 95, 99, 297
Frankenhausen Z 355
Frankfurt a. Main 7, 34, 61, 77, 81, 124, 127, 132, 136, 186, 212, 250, 253, 282, 292, Z 358, 375
Frankfurt a. d. Oder 78, 291
Frankreich 10, 18, 26, 30, 42, 46, 47, 58, 61, 63, 66, 74, 78, 82, 83, 90, 96, 101, 129, 144, 149, 159, 160, 162, 167, 175, 179, 181—184, 193— 195, 197—203, 205, 206, 209, 214, 215, 220—225, 232—237, 240—244, 252, 255, 256, 258, 264, 292, 300, 306, 320, 329, Z 336, 338, 339, 341, 346, 348, 350, 351, 352, 354, 356, 358 u. f., 370, 374 u. f.
Franzosen 16, 62, 91, 103, 105, 107, 120, 132, 137, 145, 147, 148, 180, 196, 207, 208, 238, 239, 262
Französische Könige 46, 104 — Karl VII. 30, Z 338 — Ludwig XI. 46,

50 — Karl VIII. 61, 63, 67, 74, 80, 82, Z 334 — Ludwig XII. 84, 86, 90, 93, 104, Z 346, 348, 350 — Franz I. 121, 123—132, 147, 149, 180, 184, 187, 194, 198, 199, 202, 207, 218, 219, Z 350, 352, 354, 356, 361, 364, 366 — Heinrich II. 227, 230, 231, 233, 235, 241, 248, 251, 255—258, 263, 266, Z 366, 370, 373, 374, 376 — Franz II. 266, Z 376 — Karl IX. Z 376
Freising, Dompropst 314, 330 — St. Johann 45
Freiwaldau 291, 305, 331
Frescobaldi 119, Z 359
Friesland 321
Frundsberg, Georg von 120
Fugger (allgemein: Bank, Familie, Firma, Gesellschaft, Kompanie usw.) 7, 8, 23, 27—31, 41, 43, 48—50, 60, 64, 71, 72, 75—85, 93, 97, 103, 105, 109—111, 114, 115, 118, 119, 130, 133, 136, 139—142, 144, 145, 147—150, 152, 153, 155—174, 176—186, 188—200, 202, 203, 205, 207—213, 216, 218—244, 247—268, 271—273, 275, 277—298, 301, 303—310, 313—325, 327—329, Z 339, 341, 343, 345 u. f. — Ämter 314, 315 — Archiv 324, 327, 328 — Ehrenbuch 32, 221, 327 — Faktoreien 290—293 — Fideikommiß 225, 305, Z 369 — Fuggerzeitungen 293—296, 331 — Gesellschaftsverträge 69, 88, 171, 278, 279, Z 345, 347, 359 — Häuser 27, 46, 52, 69, 98, 132, 136, 139, 146, 153, 188, 217, 220, 225, 231, 233, 237, 261, 262, 268, 303, 304, 310, 311, 317, 322—324, Z 337, 345, 351, 371 — Herrschaften 304—306, 323 — Konto St. Ulrich 298, 299, Z 351 — Porträts 41, 49, 304, 305, 312, 322 — Standeserhebungen 105, 112, 159, 170, 171, 304, 305, Z 349, 351, 357 — Stiftungen 298—301, 315, 323, 324, 328, 331 — Wappen 32, 48, 315, Z 341
Fugger vom Reh 32—34, 36, 37, 39, 40, 46, 49, 72, 83, 85, 131, 289, 315, Z 347
— (Einzelpersonen): Alexander Secundus 330
Andreas 28—30, 42, Z 337, 341
Anton 7, 8
Anton 123, 129, 141, 144, 153—275, 277, 279, 280, 282, Z 357, 359, 367, 371, 375, 377
Christoph 273

Georg 44, 46, 49, 55, 63, 67, 69, 72, 75, 80, 82—91, 104, 123, 155, 177, 277, 279, 298, 304, Z 343
Georg 202, 273, 310, 317
Hans 23, 25—28, 303, Z 337
Hans (Johannes) 258, 264—268, 310—312, 315, 319, 331
Hans Jakob 188, 190, 195, 201, 207, 212, 219—273, 306—309, 314—316, 327, 330, 331, Z 363, 375
Hieronymus 171, 182, Z 359
Jakob (der Alte) 28, 29, 32, 39, 41—43, 45, 49, 277, 278, Z 341
Jakob (der Junge, der Reiche) 7, 43, 51—158, 164, 168, 171, 173, 175, 177, 179, 190, 219, 224, 232, 243, 255, 261, 263, 267, 271—275, 277, 279—289, 292—296, 298—300, 303—306, 313, 314, 317, 323, 325, 328, 330—333, Z 341, 343, 347, 351, 353, 355
Jakob 315, 330
Karl 309
Lukas (vom Reh) 31—41, Z 341
Markus (d. Ält.) 44, 45, 52, 56, 82, Z 341
Markus (d. J.) 90, 93, 156, Z 347
Markus 273, 309, 310, 317, 319, 331
Octavianus Secundus 295, 317
Ottheinrich 320
Peter 44, 46, 48, 49
Philipp Eduard 295, 317
Raymund 155, 156, 162, 171, 174, 177, 227, 271, 273, 295, 305, 307, 308, 329, 331, Z 359, 361
Raymund 273, 329
Sigmund Friedrich 314
Ulrich 27, 298
Ulrich 43, 44, 46, 48—52, 55—57, 59, 60, 63, 69, 71, 72, 75, 80, 82—91, 104, 277, 279, 289, 303, 331, Z 341, 349
Ulrich 137, 140, 144, 155
Ulrich 269, 307, 309, 314
— (—Babenhausen), Anselm Maria Fürst 323, 333 — Friedrich Carl Fürst 324 — Karl Maria Fürst 323 — Leopold Fürst 323
— (—Glött), Anton Ignaz Graf 322 — Joseph Ernst Fürst 324 — Karl Ernst Fürst 323 — Theodor Graf 323
— (—Kirchberg=Weißenhorn), Clemens Graf 324
Fuggerau [Fuggerthal] (Villach) 77, 305, Z 347, 369
Fünfkirchen 68, 69

G

Gaismaier, [Michael] 150, 161
da Gama, Vasco 64, Z 347
Gastein, [Bad] 57
Gattinara, Mercurino 100
Geldern 47, 231
Genf 82, 307, Z 339, 341, 358, 362
Gent 187
Genua 33, 67, 81, 86, 100, 123, 124, 129, 130, 162, 169, 181, 191, 207, 208, 234—236, 239, 248, 252, 265, 272, 290, 297, 310, 317, 319, 320, Z 337, 343, 345, 347, 353, 357, 377 — Archive 328
Georgenthal 77, 331
Gerhard, Hubert 312
Germanien 11, 12
Gfattermann, Elisabeth 28
Glarus 268
Glött (Dillingen) 226, 306
Goa (Vorderindien) 64, Z 349, 370
Göggingen 304
Goldküste Z 343
Goslar 68, 78, 191
Gossembrot 75, 80, 81, 84
Graben 25, 303, Z 337
Graisbach 225
Granada 64, 159, Z 344
Grandson 50, 92, Z 342
Granvella 188, 195, 196, 201, 202, 214, 215, Z 358, 365
Gravelingen 261, Z 374
Gresham 160, 197, 234, 237, 239, 244, 262, 264, 307, Z 361, 371, 377
Griechenland 10, 26, 144
Grimaldi 81, 162, 320, Z 353
Gritti 164, 166
v. Grumbach, [Wilhelm] 258, 260
Guadalcanal 242, 251, 259, Z 373
Guayakholz 288, 333
Gualterrotti, Filippo 132
Guinea 222, 259, Z 339
v. Guise, [Franz] Herzog 260
Gundelfingen [a. d. Donau] 225
Gutenberg, [Johann Gensfleisch gen.] Z 338

H

Habsburger 21, 31, 36, 47, 48, 50, 56, 58—63, 66, 67, 71, 73, 75, 77, 81, 83, 86, 91, 95—101, 103, 105, 106, 110, 112, 114, 118, 120, 121, 123, 124, 126—130, 132, 136, 141, 145, 148—151, 159—163, 167, 168, 174, 176, 181, 182, 184, 188, 190—193, 200, 202, 203, 206, 208, 222—226, 229—234, 236, 238, 240, 247—249, 255, 258—261, 264, 266, 267, 274, 289, 292, 296, 320, 321, Z 345, 363, 371, 375, 377 — s. a. Deutsche Kaiser und Könige, Österreich
Hagenau 189, Z 362
Haiti 177, Z 345
Halberstadt 112
Hall i. Tirol 36, 59, 140, 145, 210, 247, 290
Haller, Wolf 120, 129
Hamburg 78, 111, 183, 185, 199, 206, 291
Hämmerlin 30
Hanse 34, 109—112, 118, 142, 145, 146, 182, 184, 263, 291, 318, 329, 332, Z 341, 349, 351, 373
Haßler, Hans Leo 322
Heidelberg 214, 239, 307, 309, 311
Henneberg, Grafschaft 89
Hermannstadt 164
Herrieden 51, 52, 88
v. Hertenstein, Peter 93
Herwart (Familie) 75, 80, 81, 84, 269
Hessen 174, 180, 188, 198, 210, 214
— Landgraf Philipp I. 195, 212, 219, Z 358
Hirschvogel (Familie) 71, 169
Hyrus, Hans 320
Höchstädt [a. d. Donau] 225
Höchstetter (Familie) 34, 59, 160, 164—167, 193, 229, 306, Z 357, 359
Hohenkirchen (Thüringen) 77, 150, 291, 305, 331, Z 347, 369
Hohenstaufen 19, 20
Hohenzollern 122, 123, 128, 245 — siehe auch Brandenburg, Mainz, Preußen, Zollern
Holbein, Hans 304
Holland s. Niederlande
Honduras Z 355
Hörl, Veit 168, 301
Hus, Johann Z 336 — Hussiten Z 339
v. Hutten, Ulrich 126, 142—144, Z 353, 354

I (J, Y)

Jagellonen 83, 91, 96, 114, 159
Jäger, Klemens 308, 332
Japan Z 362, 363, 367
Iberien 42, 64, 65, 121, 141, 158, 161, 227, 232, 242, 255, 292 — s. a. Portugal, Spanien
Iberoamerika 161, 169, 177, 293
Idria (Krain) 165, 186, 197, 261, 269, Z 375
Jenbach 166
Jenisch 268
Jesuitenorden 177, 189, 224, 227, 263,

265, 268, 269, 273, 313, 316, Z 358, 360, 362, 370
Iller 306
Indien [auch Westindien!] 12, 64, 65, 92, 96, 169, 242, 244, 265, 311, 330, Z 347, 349 — s. a. Ost=, Vor= der=, Westindien
Indischer Ozean 91
Ingolstadt 114, 211 — Universität 113, 227, Z 351
Inn 36, 150
Innsbruck 36, 57—60, 74, 87, 88, 120, 126, 172, 235, 236, 247, 252, 267, 282, 290, Z 343, 371 — Landes= regierungsarchiv 328
York 46, 92
Irland Z 376
Isar 58
Islam, 67, 87, 101, 193, 196, 220, 272, Z 362
Island 110
Italien (Italiener) 13, 16, 18, 21, 26, 28, 33, 34, 42, 45, 47, 52, 53, 57, 61, 63, 65, 67, 74, 78, 82, 84, 87, 90, 93, 101, 103, 114, 118, 119, 129, 138, 145, 148, 155, 159, 162, 166, 175, 180, 181, 188, 190—193, 198, 203, 206, 207, 210, 211, 216, 219, 220, 227, 232—237, 240, 243, 250, 254, 258, 261, 280, 286, 287, 292, 297, 311, 312, 315, 320, 322, 325, Z 347, 349, 354, 357, 371, 375 — s. a. Mittel=, Nord=, Ober=, Süd=, Unter=I.
Juden 22, 27, 29, 35, 65, 250, Z 342, 344, 347
Judenburg 57
Yukatan 161
Iwangorod 88, 111

K
siehe auch C

Kaden [Kaaden] (Nordböhmen) 174, Z 358
Kalikut Z 347
Kanal [von Calais] 20, 34, 46, 52, 67, 79, 119, 199, 202, 203, 210, 237, 291
Kanarische Inseln 259 — s. a. Palma
Kap der Guten Hoffnung 64, Z 343, 347
Kappel 170, Z 358
Kapuzinerorden 316
Kärnten 58, 77, 87, 101, 221, 224, 225, 292, 332, Z 342, 369, 371
Karolinen Z 357 (357)
Karolinger 16
Kastilien 84, 104, 120, 141, 253, Z 342 — Königin Isabella 64, Z 340,

344, 346 — Johanna die Wahn= sinnige 84, 120, 137
Kelten 10, 12, 14, 16
Kettershausen (Illertissen) 323
Kiew 88, 109
Kirchberg (Grafschaft) 98—100, 217, 226, 304, Z 349
Kirchenstaat 87, 93, 100, 104, 113, Z 374
Kirchheim 230, 317 — Schloß 311, 312, 315
Klausen 290
Klausenburg 164
Kleberg(er), Hans Z 359, 361, 363, 367
Kleinasien 163, 204, 242, 266, 329
Köln 34, 91, 110, 111, 168, 197, 222, 292, 322, Z 350, 353 — Erzbischof Hermann v. Wied 195, 197, 198, Z 358
Kolumbus, Christoph 64, 169, Z 345, 347
Kongo 64, 169, Z 343
Königsberg (i. Pr.), Staatsarchiv 329
Königsberg (Slowakei) 68
Konstantinopel 67, 86, 163, 167, 188, 199, 205, 222, 227, 254, 329, Z 338
Konstanz 74, 82, 97, 98, 100, 306, 315, 316, Z 336, 348 — Bischof Ja= kob Fugger 315, 330
Kopenhagen 78, 182, 186, 291, Z 360 — Staatsarchiv 329
Kopernikus, [Nikolaus] Z 362
Krakau 67, 68, 76, 152, 153, 156, 163, 278, 291
Krain 47, 58 Z 342
Kramer, Hans 55
Krebs, Thomas 300
Kreisau 324
Kremnitz 68
Kroatien 188
Kuba Z 345
Kurland 123
Kurz, Sebastian 214, 217, 262

L

Laynez, P. [Jakob] 265
Lancaster 46
Landau [i. d. Pfalz] 323
Lang [v. Wellenburg], Matthäus 89, 106, 108
La Plata 260, Z 357
Lauffen [a. Neckar] Z 358
Lauginger 55, Z 343
Lauingen [a. d. Donau] 225
Lech 11—13, 15, 16, 62, 209, 299, 306
Lechfeld 16, 23, 25, 48, 258
Leipzig 291, 333

Le Mans 82
Lemberg 88, 163
Leovitius [de Leonicia], Cyprian 327
Lepanto [Naupaktos] 314
Levante 227
Libethen (Slowakei) 68
Lille, Staatsarchiv 328, 329
Lima 169, Z 359
Limburg 231
Lindau 33, 217
Linz 235
Lyon 82, 83, 124, 165, 180, 184, 197, 227, 234, 241, 248, 251, 258, 292, 329, Z 339, 341, 345, 351, 359, 361, 363, 365, 367, 373
Lissabon 64, 91, 104, 146, 168, 222, 259, 260, 292, 293
Litauen 111
Livland 111, 123
Livorno 81, 200
Loyola, Ignatius von 176, 189, 265, 313, Z 358, 374
Lombardei 30, 49, 66
London 34, 35, 118, 119, 137, 200—203, 206, 209, 235, 248, 264, 291, 318, Z 361, 367 — St. James 63, 118—120, 160, 210, 318 — Stahlhof 112 — Westminster 118, 119, 160, 180, 210, 261
Loscher, Sebastian 298
Lothringen 58, 238
Löwen 37—39, 131, 301, Z 347
Lübeck 109—112, 142, 183, 282, 291, Z 349, 351
Lund 82, 180, 187
Lüneburg 78, 291
Luther, Martin 104, 114, 122, 125, 138, 139, 143, 143, 144, 150, 206, Z 352, 358, 366 — Lutheraner 234, 250, 269
Luxemburg 231
Luzern 92, 93, 316

M

Macchiavelli, Niccoló 85, 100, 283, Z 356
Madrid 149, 193, 248, 252, 256, 292, 293, 301, 319, 320, Z 354
Magdeburg 112, 122, 231—233, Z 370, 371 — Domkapitel 331 — Erzbischof Johann Albrecht 239
Magalhães, [Fernão de] 64, 146, 169, Z 353
Mailand 33, 49, 66, 74, 81, 86, 91, 93, 148, 197, 208, 231, 238, 290, 297, 319, Z 341, 344, 346, 348, 350, 354, 372 — Erzbischof Carlo Borromeo 271, 315 — s. a. Sforza

Mainz 82, 122, 132, 292 — Erzbischöfe: Bertold v. Henneberg 56, Albrecht [v. Brandenburg] 112, 113, 122, 125, 128, 130, 239, Z 351
Mair, Konrad 227, 283 — Urban 262, 266
Malagettpfeffer 222
Malakka Z 351
Malta 272
Manlich 222, Z 369, 377
Mantua 105, 223
Marburg a. d. Lahn Z 356
Marne 199, Z 365
Marseille 148, 180, 181, 227, 234, Z 361
Masowien 82
Mecheln 131
Mecklenburg 218
Medici 7, 28, 30, 45, 46, 49, 52, 60, 74, 82, 112, 125, 150, 157, 159, 172, 226, 233, 240, 254, 298, 306, 332, Z 339, 341, 343, 345, 350, 353, 354, 356, 358, 361, 363, 369, 371, 373, 374, 376, 377 — Archiv 328 — s. a. Florenz
Meersburg a. Bodensee 316
Meißen, Bischof Benno 125
Melanchthon, Philipp 162, 191, 271, Z 376
Memmingen 33, 150 — Stadtarchiv 328
Merkur 9, 14
Metz 233, 235, 237—239, Z 372
Metzler 68, Z 345
Meutting 30, 31
Mexiko Z 353
Michelangelo [Buonarroti] 298
Mickhausen 306
Mylius, Dr. 301
Mittelamerika 65, 161, 167, 169, 229, 293
Mitteldeutschland 39, 77, 89, 122, 150, 161, 184, 213, 214, 216—218, 223, 224, 262,, 290, Z 355, 367
Mitteleuropa 10, 56, 63, 82, 87, 90, 159, 163, 166, 253, 271, 290, 297
Mittelmeer 11, 13, 17, 19, 46, 66, Z 362
Mohatsch 159, Z 354
Moldau (Rumänien) 60
Moltke, [Helmuth James] Graf 324
Molukken 91, 146, 152, 159, 166, 182, 229, Z 349
More, Thomas Z 358, 360
Moskau 34, 67, 88, 109, 254
Mozambique 259
Mozart, Wolfgang Amadeus 322
Müelich 43
Mühlberg [a. d. Elbe] 219, Z 367

387

München 57, 59, 252, 311 — Hof=
bibliothek 330
Münster i. Westf. Z 358
Münzer, Thomas Z 355
Murano (Venedig) 310
Murten 93

N

Nancy 50, Z 342
Napoleon 301
Narbonne 82
Narwa 110, 111
Naves, [Johann von] 216, 217
Neapel 26, 66, 74, 90, 158, 162, 167
171, 179, 182—184, 187, 188, 192,
196, 201, 203, 211, 220, 224, 226,
227, 234, 238—240, 244, 290, Z 363,
365, 367, 372 — Staatsarchiv 328
Negrone Z 345
Neiße 291
Neuburg a. d. D. 225, 226, — s. a.
Pfalz=Neuburg
Neusohl 68, 76, 152, 177, 192, 291,
Z 355 — Archiv 328
Neuß 50
Niederdeutschland, Niederdeutsche
34, 78, 99, 109—111, 190, 230, 318
Niederlande, Niederländer 9, 34, 37,
38, 42, 49, 51, 52, 58, 77, 109, 119,
120, 128, 130, 137, 146, 165, 171,
173, 179, 180, 184—191, 194, 198,
199, 203, 204, 206, 207, 210—212,
218, 219, 223, 225, 227, 231—235,
237—241, 248, 249, 251—253, 256,
259—261, 265—267, 273, 284, 286,
287, 289, 292, 301, 306, 307, 309,
312, 318, 320, 321, 325, 328, Z 342,
344, 362, 369, 371, 373, 375
Nizza Z 360
Nordafrika 141, 176, 179, 193, 266,
Z 359, 362
Norddeutschland 122, 195, 206, 219,
232
Nordeuropa 56, 87, 108—110, Z 363
Nordsee 12, 111, 209, 291, 318
Norwegen 110, 192, 292, Z 363
Novara Z 350
Nürnberg 28, 30, 34, 39, 49, 50, 52,
55, 64, 67, 68, 71, 79, 120, 122,
141, 145, 147, 156, 165, 169, 180,
195, 219, 233, 244, 270, 278, 290,
297, 332, Z 352, 354, 358, 363 —
St. Sebald 48 — Staatsarchiv 328

O

Oberdeutschland (Oberdeutsche) 28,
30, 35, 39, 46, 52, 64, 65, 68, 75,
79, 83, 90, 95, 99, 109, 110, 114,
115, 117, 120, 122, 125, 128, 133,
137, 143, 148, 162, 166, 168, 169,
172, 185, 193, 198, 199, 204, 206,
212, 213, 217, 221, 224, 229, 234,
241, 245, 247, 250, 254, 258, 260,
261, 263, 265, 267, 277, 283, 297,
298, 306—308, 311, 317, 318, 332,
Z 366
Oberitalien 10, 14, 16, 49, 81, 101,
118, 204, 248, 290, 293
Oberndorf (Donauwörth) 226, 306
Oberösterreich 120, 139
Obwalden 93
Occo, Pompeius Z 361
Ofen (Buda) s. Budapest
Öhem 30
Ohrdruf (Thüringen) 77
Olivarez [Gaspar de Guzmán,
Graf v.] 319
Orawa (Arva) (Slowakei) 172, 305
Orient 17, 19, 67, 200, 206, 227, 286,
Z 377
Orinoko Z 347
Orléans s. d'Arc
Örtel, Matthäus 230, 237, 239, 240,
249, 250, 252, 254, 256, 257, 261,
262, 264, Z 371, 373, 375
v. Ortenburg (Vilshofen), Joachim
Graf 307
v. Ortenburg (Spittal a. d. Drau),
Gabriel Salamanca, Graf 145, 181,
183
Osmanen siehe Türken
Ostdeutschland 34, 39, 78, 290, 292
Österreich 10, 21, 32, 36, 37, 47—49,
58, 60, 62, 63, 67, 77—79, 83, 84,
91, 96, 101, 102, 106, 107, 118,
119, 121, 124—128, 136, 141, 144,
145, 147, 150, 158, 161, 166, 167,
171, 173—175, 179, 180, 184, 186,
187, 191, 192, 195, 198, 201, 202,
209, 217—221, 223, 233, 234, 240,
244, 249, 252, 253, 261—264, 273,
285, 289, 306, 314, 315, Z 336, 352,
354, 359, 371, 375 — s. a. Ober=,
Vorderösterreich — Erzhaus 63,
66, 74, 77, 78, 81—83, 95—97, 103,
105—107, 112, 115, 123—125, 127—
129, 131, 132, 136, 138, 139, 141,
145, 147, 148, 151, 153, 159, 161,
162, 164—167, 170, 171, 173, 174,
176, 178, 179, 182, 183, 185, 189—
191, 193, 194, 197, 204, 213, 217—
219, 225, 229, 230, 233, 237, 238,
244, 248—250, 256, 261, 265, 266,
272, 275, 292, 308, 320, 328— siehe
auch Habsburg
Österreich, Erzherzöge von, Ferdi=

nand 128, 131, 141, 145—150, 152, 153, 158—165, 167, 168, 170—174, Z 353, 356, 358, 359 — siehe auch Deutsche Kaiser und Könige — Ferdinand 247, 261, 264, 268, Z 368 — Karl 120, 129, 264, 268 — Margarethe 121, 128, 130, 131 — Maximilian 36, 37, 50, 174, Z 342, siehe auch Deutsche Kaiser und Könige — Philipp der Schöne 37, 38, 58, 84, 85, 96, Z 342, 346 — Sigmund der Münzreiche 36, 57, 59, 60, 72, Z 343, 345
Osteuropa 34, 42, 47, 56, 76, 82, 87, 88, 114, 115, 163, 183, 221, 286, 291, 292
Ostindien 317, 318
Ostrom 67
Ostschwaben 62, 150
Ostsee 34, 108—111, 164, 170, 185, 209, 263, 291, 316, 318

P
siehe auch B

Padua 82, Z 348
Paläologus, Andreas 67
Palma [Kanarische Inseln] Z 353
Panamakanal 169, Z 355, 357
Päpste, Papsttum 26, 45, 46, 93, 104, 125, 150, 162, 175, 192, 256, 289, 311, Z 341, 344, 348 — Johann XXIII. Z 339 — Pius II. 113 — Sixtus IV. 53, Z 343 — Innozenz VIII. Z 342 — Alexander VI. 65, 74, 81, 85, 86, 90, 102, Z 344, 346 — Pius III. 90 — Julius II. 90—94, 100, 101, 103, 105—108, 110, 112, Z 346, 348, 350 — Leo X. 112, 118, 123, 127—129, 138, 142, 157, Z 352 — Hadrian VI. 145, 157, Z 352, 354 — Clemens VII. 150, 152, 157, 159, 175, Z 354, 356 — Paul III. 175, 176, 181—183, 188—190, 196, 198, 207, Z 360, 362, 368 — Julius III. 248, Z 370 — Paul IV. 249, Z 376 — Pius IV. Z 376 — siehe auch Rom
Paracelsus [Aureolus Theophrast Bombast von Hohenheim] Z 362
Paris 82, 83, 177, 181, 199, 206, 234, 256, 266, 292, Z 358, 374 — Louvre 218
Parma 232
Passau 11, 236, 239, Z 370
Paumgartner 84
Pavia 149, Z 354
Pazifik s. Stiller Ozean
Pazzi 49, Z 343

Peru 169, 170, 177, 180, 181, 311, Z 355, 359 — Inkareich Z 343, 359
Peruzzi 26, 297, Z 337
Pescara Z 353
Peutinger, Konrad 85, 92
Pfalz 125, 132, 198, 309
Pfalz, Pfalzgraf Friedrich [II.] 185
Pfalz [=Neuburg] 226, 306, Z 369 — Ottheinrich 195, 214, 225, 226
Philippinen Z 353, 355, 371
Piccolomini 90
Piemont 255
Pisa 81
Pizarro, [Francisco] 170, 177, Z 355, 359, 363
Pleß 204
Plock 82
Plossenstein [Blasenstein?] 305
Po 33, 81
Poitiers 82
Polanco, P. [Johannes] 268
Pole, Reginald 181
Polen 34, 40, 47, 49, 55, 60, 67, 69, 76—78, 83, 111, 144, 164, 172, 179, 196, 204, 221, 291, 328, 329, Z 336, 350 — König Sigismund 114, 152 — Isabella 190
Ponzano, Antonio 311
Portugal 64, 65, 91, 96, 104, 109, 136, 144, 146, 166, 169, 182, 197, 211, 213, 220, 222, 232, 242, 248, 251, 259, 266, 270, 287, 288, 292, 315, 318, 325, Z 339, 343, 347, 349, 363, 367, 369, 371 — König Manuel 65 — Prinz Heinrich der Seefahrer Z 341
Prag 217, 270, 291, 319 — Staats= archiv 328
Preßburg 68, 177, 206, Z 344, 361
Preußen 183, 185, 289 — Herzog Albrecht 182, 184, 188, 189, Z 354
Provence 180
Pukancz 68

Q
Querini, Vincenzo 98

R
Raid, Sylvester 262, 283
Rätien 10, 12
Rattenberg (Kufstein) 36, 121, 145
Rauris 57
Ravensburg 30, 281
Regensburg 11, 13, 30, 39, 191, 192, 207, 208, Z 362, 366 — Alte Ka= pelle 45 — Bischof 314, 322 — Dompropst 314
Rehlinger Z 357
Rehm 31

Reichenstein 291
Reims 30, Z 338
Reval 110
Rhein 10, 30, 31, 46, 67, 78, 91, 125, 195, 207, 211. 292
Rhodos Z 352
Rhône 165
Richmond 58
Roggenburg 150
Rom 9—14, 16, 33, 44, 45, 52, 55, 56, 66, 82, 87, 88, 90, 93, 97, 100, 101, 108, 109, 112, 114, 123, 129, 137, 139, 141, 145, 148, 153, 156, 157, 160, 179, 183, 198, 207, 210, 283, 290, 297, 332, Z 338, 343, 347, 351, 356, 360 — Anima 44, 45, 103—106 — Campo dei Fiori 93 — Kapitol 157 — Kurie 33, 44, 45, 49, 50, 56, 79, 87, 88, 98, 103, 106, 110, 113, 118, 139, 145, 159, 161, 166, 176, 198, 233, 243, 261, 289, 314, Z 341, 374 — Münze 102, 112, 123, 145, 290 — Sacco 160, 175, 199, Z 356 — St. Maria in ara coeli 108 — St. Peter 93, 97, 105, 113, 122, 157, 160 — Vatikan, Hl. Stuhl 90, 93, 98, 104, 105, 122, 129, 138, 139, 141, 142, 145, 156, 157, 160, 161, 181, 198, 199, 205, 208, 261, 284, 290 — Vatikanische Archive 328
Römer, Römerstädte 10—14, 16
Rostock 109
Rotes Meer 265
Rothschild 7
Rottenmann 57
Rotterdam 59
Rouen Z 338
Rovere 103, 106, Z 346
Rumänien 163, 179, 182, 292
Rußland 67, 109, 111, 123, 142, 189, 222, 291, Z 367, 375 — Iwan der Große 67, 222, Z 373 — [Iwan der Schreckliche] 254

S

Sachsen 77, 79, 124, 125, 140, 143, 171, 179, 180, 184, 187, 189, 198, 210, 213, 214, 218, 231, 233, 294, 332. Z 370 — Kurfürsten [Ernestinische Linie]: Friedrich der Weise 104, 130, Johann Friedrich 218 bis 220, 224, 229, 232 — Herzöge [Albertinische Linie]: Georg 125, 133, 135, 140, 147, 152, Moritz 205, 212, 213, 225, 230—233, 240, Z 370, 371, 372
Salins 63

Salzburg 56, 57, 67, 269 — Kardinal [Matthäus Lang] 150
San Yuste 253
St. Gallen 92, 180, 315
St. Joachimsthal 182, 192, Z 351
St. Quentin 256, 257, Z 374
Santo Domingo 293, Z 353
Saragossa 126, 129
Sauerzapf, [Sebastian] 219
Sauli Z 357
Savoyen 100, 221 — Herzog Eugen Philibert 252, 254, 258, 267
Savonarola, Girolamo 74, Z 344, 346
Scheibenhardt, Dr. [Simon] 301
Schelde 160, 165, 194, 239, 253, 257, 261, 262, 291
Schemnitz 68
Schertlin [v. Burtenbach], Sebastian 212, 213, 215, 216, 218, 222, 238, 270
Schetz 261, Z 355, 371
Schladming (Liezen) 57
Schlesien 49, 55, 69, 78, 165, 182, 184, 201, 204, 270, 288, 291, 292, 330
Schmalkalden (Bund) 181, 183, 205 ff., 231, 234, 235, 262, 331, 332, Z 358, 361, 362, 366, 367, 370
Schmiechen 304
Schotten 199
Schwaben 10, 11, 18, 28, 32, 42, 44, 46, 49, 52, 65, 90, 94, 97, 110, 113, 129, 146, 149, 150, 167, 180, 185, 186, 196, 209, 215, 216, 218, 227, 230, 234, 235, 239, 253, 259, 260, 270—272, 280, 286, 297, 303—306, 318, 325, Z 337, 370 — Wirtschaft 17, 29, 31, 36, 37, 46, 57, 58, 62, 64, 80, 82, 83, 91, 96, 99, 111, 122, 126, 133, 145, 151, 159, 172, 180, 181, 192, 195, 230, 231, 245, 247, 250, 251, 333, Z 373 — Reichsstädte Z 337
Schwabenkrieg 74
Schwäbischer Bund 58, 136, 150, 152, Z 355
Schwarz, Matthäus 280, 329, 333 — Ulrich 49
Schwarzes Meer 11, 67
Schwaz 36, 42, 154, 156, 158, 191, 209, 210, 218, 220, 235, 257, 290, Z 363, 367, 371, 375
Schweden 50, 55, 82, 110, 184, 185, 194, 198, Z 352, 356, 360, 361 — Könige: Erich XIV. Z 376 s. a. Wasa
Schweiz (Eidgenossen) 10, 47, 50, 63, 74, 80, 83, 90 92—94, 112, 118, 119, 121, 145, 148, 166, 170, 180, 218,

221, 248, 263, 265, 268, 289, 313, 315, Z 336, 342, 348, 350, 376
Schwyz 118
Seld, Georg 217
Sempach Z 336
Senegambien Z 339
Senlis 63, Z 344
Sevilla 159, 170, 171, 260, 292, 293 — Staatsarchiv 328
Sforza 33, 49, 66, 86, Z 344
Sickingen, Franz von 127, 145, 198
Siebenbürgen 151, 160, 163, 164, 167, 168, 171, 184, 190, 281, 288, 330, 333, Z 357, 368, 370
Siena 240, 247—249, Z 373, 374
Simancas, Staatsarchiv 328
Syrien 227
Sitten, Bischof Matthäus Schinner 93, 119, 128, Z 350
Sizilien 188, 204
Skandinavien 50, 55, 108, 110, 184, 190, 193, 291, 292, 325, 329
Slowakei 67, 88, 142, 151, 152, 190, 222, 291
Solothurn 192
Spanien 10, 65, 84, 90, 91, 96, 105, 106, 109, 120, 122—132, 135, 137, 138, 140, 141, 145—148, 152, 160—162, 164, 165, 167—171, 176, 179—182, 186, 191—193, 195, 197, 199, 200, 203, 206—211, 223, 224, 227, 229—232, 234, 236—244, 248—253, 255, 256, 258, 260—262, 264, 267, 268, 272, 273, 284, 287—289, 292, 293, 300, 301, 306—310, 312, 315, 318—21, 325, 328—330, Z 342, 344, 345, 346 u. f., 359 u. f., 365, 367, 369, 371 u. 373, 374, 375 — Indienrat 159, 168, 169, 177, 226 — Ritterorden (Maestrazgos) 149, 161, 168, 170, 183, 194, 254, 256, 307, Z 357, 361 — Könige: Karl I. Z 352 — Philipp II. 197, 206, 208, 225, 226, 229, 231, 237—242, 244, 245, 247—260, 262, 263, 265, 267, 270, 272, 309, 312, 318, 319, 330, Z 356, 372 u. f. — Philipp IV. 320 — Karl III. 183 — s. a. Aragon, Kastilien
Speyer 197, 198, Z 356, 364
Spinelli 119
Spinola 320
Steiermark 58, 172, 191, 192, Z 342
Stendal 201
Sterzing 150, 290
Stettin 109, 291
Stiller Ozean 168, 169, Z 371
Stoß, Veit Z 358
Stralsund 109

Straßburg 82, 92, 197, 215 — Europarat 324
Strozzi 28, 205, Z 339, 345
Stuart, Maria 263, 267, 295, Z 374, 376
Stuhlweißenburg Z 356
Südamerika 161, 167, 168, 170, 171, 177, 222, 229, 263, 293, Z 347, 351, 353, 359, 371
Südasien 260
Süddeutschland 33, 35, 52, 64, 65, 69, 113, 145, 146, 173, 182, 193, 194, 214, 253, 271, 314, Z 355
Südeuropa 297
Südfrankreich 148, 165, 227
Süditalien 148, 162, 168, 183, 188, 190, 226, 227, 241, 329, Z 369
Südosteuropa 67, 87, 91, 141, 146, 148, 163, 168, 169, 171, 183, 192, 198, 220
Südwestamerika 170
Südwestdeutschland 58, 98, 128, 136, 173, 174, 180, 223, 225
Südwesteuropa 65, 161
Suffolk 199
Sund 79, 109, 111, 183, 185, 199, 291
Sustris, Friedrich 311

T
siehe auch D
Tacitus, Cornelius 12
Tangermünde 201
Tataren 254
Tatra, Hohe 79
Tauern, Hohe 57, 150, 269, 283, 291 Z 347
Teschen 291
Tessin 90
Tetzel, [Johann] 122
Themse 34, 112, 119, 160, 206, 209, 255, 318
Thorn 291
Thurgau 249, 306
Thüringen 77, 89, 222, 230, 289, 292
Thurn und Taxis 293
Thurzo 67, 68, 75, 76, 78, 82, 84, 111, 117, 139, 142, 145, 151, 155, 158, 278, 282, Z 345, 347
Tiber 44, 74, 93
Tibet Z 370
Tirol 31, 36, 42, 57—62, 67, 69, 71—73, 75, 85, 86, 89, 90, 92, 95, 97, 111, 120, 123, 137, 139, 147, 150, 151, 166, 170, 174, 183, 190—192, 201, 209, 216, 220, 221, 225, 233, 235, 236, 244, 247, 251—253, 259, 264, 269, 283, 288, 320, 321, 332, Z 336, 343—345, 369, 370, 377 — Landtag 123, 126

Titus 10
Toledo 149, 153
Torquemada, Tomás de 65, Z 342
Torre, Juan Curiel della 307
Toskana 28, 30, 35, 45, 49, 74, 82, 112, 125, 252, 255, 259, 297, Z 375, 377
Toul 233
Tours 82, 96
Trient 100, 101, 127, 172, 182, 193, 200, 204—206, 218, 232, 235, 239, 265, 310, 315, Z 348, 365, 366, 370, 371 — Bischof Bernhard von Cles 175, 255
Trier 47, 121, 124, 125, 222, Z 340
Triest Z 348
Tripolis Z 349, 358
Tschechoslowakei 328
Tschudi, [Ägidius] 263, Z 376, 377
Tucher, Lazarus 165
Tudor 52, 62, 72, 112, 118, 119, 137, 148, 198, 202, 203, 209, 210, 247, Z 369 — s. a. England, Könige
Tunis 176, 179, 186, 188, 191, Z 349 358, 363, 377
Türkei (Hohe Pforte) 47, 67, 144, 160, 164, 180, 186, 190, 198, 242, Z 360, 362, 364 u. f., 373 — Sultane: Murad I. Z 336, Mohammed II. 67, Z 338, Bajesid II. 67, Soliman II. 141, 159, 163, 172, 185, 187—191, 193, 194, 198, 199, 202, 214, 219, 236, Z 354, 358, 362, 364, 370
Türken 56, 67, 86, 87, 101, 108, 134, 141, 142, 145, 151, 153, 158, 159, 165—167, 171, 179, 181—184, 187, 188, 192—198, 201, 219—222, 231, 238, 240, 252, 254, 270—272, 274, 314, 315, 322, Z 341, 352, 356, 359, 360, 362 u. f., 370

U

Ulm 30, 98, 173, 180—183, 186, 192, 195, 196, 210, 213, 214, 216, 217, 224, 237, 257, 304, Z 361, 363, 367 — Stadtarchiv 328
Ungarn 16, 17, 47, 55, 58, 60, 61, 67—69, 75—79, 83—87, 91, 95, 96, 101, 102, 108, 111, 115, 119, 120, 139, 141, 142, 145, 148, 151—153, 158—167, 170—172, 174, 177, 179, 182—194, 196, 197, 200—202, 204—206, 208, 211, 213, 216, 220—222, 224, 229, 237, 254, 263, 268, 270, 278, 284, 285, 288, 291, 292, 304, 315, 328, 332, Z 344, 345, 348, 350, 354, 355, 356, 357, 358, 361, 362, 363, 365, 367, 369, 377 — Könige Z 344, 356, Mathias Corvinus 60, 68, Z 342, Ladislaus VII. 61, 69, 114, Ludwig II. 140, 141, 148, 151—153, 158, 159, 163, Z 355, Königin Maria 180, 184—186, 188, 189, 193, 200, 223, 229, 237, 238, 251, 264, s. a. Zapolya — Reichstag 87, 151, Z 361 — s. a. Oberungarn
Unteritalien 74, 188, 195, 204, 248, 328
Uri 118, 268
Utrecht Z 352

V

Valla [della Valle], Lorenzo 142
Valladolid 146
Valois 75, 83, 86, 96, 118, 121, 124, 127, 132, 162, 172, 202, Z 348 — s. a. Frankreich, Könige
Venedig (Venezianer) 20, 31, 33, 36, 38, 43, 49, 53, 57, 59, 66, 68, 74, 81, 84—87, 91, 96, 98, 100—104, 120, 129, 148, 150, 151, 159, 164, 168, 172, 189, 219, 230, 253, 263, 265, 280, 289, 294, 297, 300, 304, 333, Z 341, 343, 344, 348, 349, 350, 354, 360, 362, 377 — Canale grande 33 — Fondaco dei Tedeschi 32, 52, 53, 57, 59, 85, 172, 280, 290, 332, Z 343 — Rialto 33, 52, 57, 74, 81, 84, 101 — Staatsarchiv 328
Venetien 30
Venezuela 164, 167, 177, 252, Z 357, 367, 371
Verdun 233
Vergerio, [Pier] Paolo 175
Verona 104, 118, 120, 121, Z 348
Vicenza Z 348
Villach 77, 236, 237, 240, Z 371
Villinger, Jakob 89, 121, 123, 126, 147
Vindelizien 10, 12
Vischer, Peter 298
Vivaldi, Lorenzo 132
Völin Z 341, 347
Vorderindien 260, 266
Vorderösterreich 182

W

Walachei 60, 163
Wallenstein, [Albrecht v.] 320
Warschau 40
Wartburg Z 352
Wasa 192, 194, 198, 292, Z 352, 354, 360, 363, 376
Wasserburg a. Bodensee 316
Watling Z 345
Weimar, Landeshauptarchiv 329

Weißenhorn (Neu=Ulm) 98, 100, 150, 172—174, 180, 186, 197, 200, 209, 211, 217, 218, 226, 237, 257, 287, 304, 317, Z 349, 361, 365
Weißes Meer 245
Welser 34, 91, 115, 120, 124, 129, 130, 132, 148, 160—162, 164, 167—170, 177, 180, 183, 186, 197, 207, 217, 234, 252, 281, 317—319, 321, 330, 331, Z 341, 347, 349, 351, 353, 355, 357, 365, 367
Wertach 11
Westafrika 222, 259, 260, 333, Z 369
Westdeutschland 74, 145
Westeuropa 16, 30, 49, 50, 61, 63, 67, 92, 161, 199, 205, 225, 226, 247, 297
Westfälischer Friede 321
Westindien 65, 161, 317, Z 345
Wicliff, John Z 336
Wiedertäufer 162, 269, Z 358
Wien 33, 47, 60, 114, 115, 153, 156, 158, 171, 175, 176, 188, 192, 193, 206, 210, 217, 220, 247, 248, 252, 261, 292, 296, 311, Z 342, 344, 351, 357 — Geistlicher Rat 314 — Staatsarchiv 328
Wismar 109
Wittelsbacher 21, 57, 62, 73, 97, 159, 226, 308, 323 — s. a. Bayern

Wittenberg 138, 143, 144, 219, Z 352
Wolmar 111
Wolsey, [Thomas] 118, 119, 160, Z 358
Worms 74, 138—140, 150, 189, 191, 200, 202, Z 346, 352, 364
Württemberg 90, 136, 140, 174, 175, 253, Z 352, 358 — Herzöge: [Eber=hard der Greiner] Z 337, Ulrich [VI.] 128, 173, 214
Würzburg, Bischof [Melchior v. Zo=bel] 260, 270, Z 374

X

Ximenez [Francisco Jiménez de Cis=neros] Z 350

Z

Zapolya, Johann 151, 153, 160, 162, 163, 166—168, 170, 172, 182, 189, 190, Z 356 u. f. — [Johann Sig=mund] 190, Z 362
Zink, Johannes 87, 90, 113, 157, Z 347
Zollern 63, 238, 243 — s. a. Hohen=zollern, Brandenburg, Mainz, Preußen
Zürich 166, 180, 249, 263, Z 352, 377
Zwingli, Ulrich 170, 171, 173, 180, Z 352, 358 — Zwinglianer 162, 269